SCARRON

ET

LE GENRE BURLESQUE

Ille ego Sum Vates rabido data præda dolori,
Qui Supero Sanos Lusibus atque jocis.
Zenonis Soboles vultu mala ferre ferno,
Et potuit Cynici libera turba Sophi.
Qui medios inter potuit lusisse dolores
Me præter toto nullus in orbe fuit.

       Egid. Menagii

SCARRON

ET

LE GENRE BURLESQUE

PAR

Paul MORILLOT

ANCIEN ÉLÈVE DE L'ÉCOLE NORMALE SUPÉRIEURE
CHARGÉ DE COURS A LA FACULTÉ DES LETTRES DE GRENOBLE
LAURÉAT DE L'ACADÉMIE FRANÇAISE

Avec un Portrait de Scarron.

PARIS

H. LECÈNE ET H. OUDIN, ÉDITEURS

17, rue Bonaparte, 17

1888

A

M. PETIT DE JULLEVILLE

MAITRE DE CONFÉRENCES A L'ÉCOLE NORMALE SUPÉRIEURE
PROFESSEUR ADJOINT A LA SORBONNE.

Hommage respectueux.

SCARRON

ÉTUDE BIOGRAPHIQUE ET LITTÉRAIRE

PREMIÈRE PARTIE.

LA VIE DE SCARRON

CHAPITRE Ier

JUSQU'A SA MALADIE ET SON RETOUR A PARIS

1610-1640

Des biographes de Scarron : Bruzen de la Martinière, La Beaumelle, Chauffepié, Mme Guizot, le duc de Noailles, Édouard Fournier, M. Henri Chardon.
La famille de Scarron. — L'Apôtre. — Naissance et enfance de Paul Scarron. — Scarron abbé. — Scarron au Mans chez les Lavardins. — Voyage à Rome. — Scarron, chanoine de Saint-Julien. — Sa vie dans le Maine : ses protecteurs, ses amis. — Première atteinte de la maladie ; récit de La Beaumelle. — Scarron chez Mme de Hautefort. — Départ du Mans.

Scarron n'est assurément pas de ceux, qui, selon le précepte du sage, ont caché leur vie : il a plutôt étalé la sienne, et il l'a livrée en pâture à la curiosité publique ; ses œuvres sont pleines de lui-même, et proclament bien haut ses malheurs et sa pauvreté. Il n'a pas vécu à l'écart, en misanthrope ; mais il a été l'ami et le courtisan des plus grands personnages du temps ; il s'est mêlé à toutes les sociétés d'alors, aux bonnes et aux mauvaises. Enfin, par le genre burlesque qu'il a créé, il a joui d'une célébrité qui est souvent refusée de leur vivant aux plus grands hommes. Et pourtant cet homme, que tous ses contemporains ont connu, en a été assez mal connu ; de nos jours encore, non seulement on s'accorde peu sur la valeur de son talent, mais sa vie même est restée par bien des côtés obscure et énigmatique.

Cela tient d'abord à l'étrangeté du personnage, qui a prêté plus qu'aucun autre à la légende. Tout a contribué à faire de Scarron un être extraordinaire et presque mystérieux : sa bizarre maladie qui lui a valu tant de gloire et tant de mépris, et que ses propres confidences rendaient plus bizarre encore (le terme impropre de *cul de jatte* dont il se décorait en est la preuve); ce contraste surprenant entre les horribles souffrances du corps et la gaieté intarissable de l'esprit; ce mélange de courage presque héroïque et de bouffonnerie cynique ; cette poésie contrefaite sortant d'un auteur estropié ; ce mariage invraisemblable et pourtant librement consenti avec celle qu'on aurait pu justement appeler la plus jolie fille de France, et plus tard la fortune inouïe de la veuve... Voilà de quoi dérouter le jugement des contemporains, qui tantôt ont fait comme Balzac et ont mis Scarron au-dessus du Prométhée de la Fable et du Job de l'Écriture[1], tantôt, comme Cyrano de Bergerac, l'ont pris pour un monstre épouvantable qui expiait dans son corps toutes les impuretés et tous les crimes d'une époque[2] : on en fit plus et moins qu'un homme. Bien peu, parmi ceux qui l'ont connu, nous ont laissé des témoignages précis sur son compte : à part les anecdotes parfois contestables du *Segraisiana,* qui n'est pas de Segrais, et une courte historiette de Tallemant des Réaux, qui médit souvent, on est réduit à glaner sur Scarron de trop rares renseignements.

Après sa mort, l'oubli arriva vite ; on ne se souvint plus guère du poète, parce qu'on était las de ses petits vers, et surtout de ceux de ses imitateurs. La raison régentait alors la littérature devenue plus austère; et quand on voulait s'amuser, on aimait mieux rire avec Molière que ricaner avec Scarron. Mme Scarron survécut pourtant pendant cinquante-neuf ans à celui qu'elle avait consolé par sa présence : il semble que ce long veuvage aurait dû prolonger un peu la célébrité du mari, ou tout au moins conserver à la postérité des souvenirs et des indications précieuses. Il n'en fut rien, et l'on devine aisément pourquoi. La veuve du paralytique, parvenue à un tel degré d'élévation que si elle ne fut jamais appelée la reine de la France, elle fut du moins

---

[1] *Lettre de Balzac à Costar,* reproduite en tête des éditions de Scarron.
Cyrano de Bergerac. Lettres : *Contre Ronscar,* et *Contre les Frondeurs.*

soupçonnée d'en être presque le roi[1], ne devait pas aimer à rappeler cette période de sa vie. Ce n'est pas que Louis XIV semble avoir eu contre la mémoire de son indigne prédécesseur la haine féroce et puérile que la légende lui attribue ; l'histoire de la disgrâce de Racine chassé de Versailles pour avoir prononcé le nom de Scarron n'est qu'une simple histoire : nous voyons au contraire toute la cour, le roi en tête, assister par deux fois à la représentation des comédies de Scarron[2]. Mais il n'en est pas moins vrai que Mme de Maintenon évita de parler de Scarron pendant plus de cinquante ans : pouvait-elle vanter au roi ou aux jeunes filles de Saint-Cyr les vertus de son premier mari ? et de quel mari !

> Sur telles affaires toujours
> Le meilleur est de ne rien dire[3].

Aussi Scarron fut-il oublié durant la seconde partie du siècle ; on le laissa reposer doucement dans cette tombe à laquelle il avait longtemps aspiré. C'est à peine si l'on trouve son nom dans les écrits du temps. Les provinces seules continuent à admirer le *Typhon* ; il faut être distrait comme La Fontaine pour se souvenir tout haut qu'il y a un *Roman Comique*, et pour écrire la comédie de *Ragotin*.

Au XVIIIe siècle, Scarron revient en honneur ; on édite plus complètement ses œuvres, on écrit sa vie. Mais ces éditions sont confuses, et ces biographies venues après la légende et après l'oubli ne sont pas exactes. Le premier de ceux qui se sont occupés de Scarron est Bruzen de la Martinière, qui a composé une consciencieuse *Vie de Scarron* ainsi qu'un *Discours sur le style burlesque*, qu'on trouve en tête de l'édition d'Amsterdam[4], et de celle de Paris, plus commune[5]. Cette biographie contient des

---

[1] Depuis quelques années on essaie de réduire presque à rien le rôle qu'elle joua dans le gouvernement de Louis XIV : peut-être, en effet, l'a-t-on souvent exagéré ; d'autre part, comme le remarque très finement M. G. Monod. (*Revue critique*, 1887), c'est faire bien peu d'honneur à l'intelligence de Mme de Maintenon que de supposer que cette femme n'avait aucune influence dans les conseils qui se tenaient dans sa propre chambre.
[2] A celle de *Jodelet* le 14 février 1688, à celle de *l'Héritier ridicule* le 10 octobre 1703 (Dangeau).
[3] *Amphitryon*, fin.
[4] Wetstein, 1737, 10 volumes in-12.
[5] Bastien, 1786, 7 volumes in-8°. Cette édition est la plus répandue et la moins mutilée. Nous y renverrons toutes les fois que nous citerons un passage de Scarron. Elle n'est pourtant pas complète : elle ne contient ni l'intéressante *Gazette burlesque* de 1655, ni les originales *Boutades du Capitan Matamore*, ni le *Gardien de soi-même* qui est une des bonnes comédies de Scarron, ni beaucoup de petites pièces parues du vivant de l'auteur, ni plusieurs dédicaces que les éditeurs n'ont jamais reproduites. Quand nous citerons quelque partie de ce Scarron presque inédit, nous renverrons naturellement aux éditions originales qui se trouvent à la Bibliothèque nationale

erreurs graves, trop souvent reproduites depuis, sur le séjour de
Scarron au Mans, sur son mariage, sur la date de sa mort, etc.;
mais, malgré ces inexactitudes, et le désordre dans lequel sont
présentés les faits, elle est assez complète, et fort utile à consulter ; tous ceux qui ont parlé depuis de Scarron y ont d'ailleurs
largement puisé : elle fait notamment le fonds du long article
Scarron qu'on trouve dans le dictionnaire de Chauffepié.
Après l'œuvre de Bruzen de la Martinière, on peut citer une
courte notice dans le *Parnasse français* de Titon du Tillet, quelques indications éparses dans Moreri et dans les principales
bibliothèques du temps. Mais celui qui a le mieux étudié
Scarron et qui lui a consacré l'étude la plus détaillée est sans
contredit La Beaumelle [1]. Si cet auteur a joui de son vivant d'un
succès à rendre jaloux Voltaire, on peut dire qu'il l'a chèrement
expié dans notre siècle, où il est couramment traité comme un
criminel de lettres. Loin de nous la pensée de chercher à
réhabiliter La Beaumelle de l'arrêt qu'on a porté contre lui ;
il y aurait fort à faire : car il est bien évident qu'il a souvent
imaginé, souvent falsifié et souvent menti. Mais autant il est
naturel que Lavallée, après avoir dévoilé la fabrication des prétendues lettres de Mme de Maintenon, ait, dans un mouvement
d'indignation, rejeté La Beaumelle tout entier loin de lui, et l'ait
déclaré capable, pour avoir souvent trompé, de tromper toujours;
autant il est injuste aujourd'hui de procéder encore ainsi et de
mettre un auteur en quarantaine perpétuelle. L'histoire ne se
fait pas de la sorte, mais elle demande une investigation impartiale ; quand on veut savoir la vérité, on ne doit pas fermer un
seul livre par humeur et par colère ; on peut haïr un homme,
mais on n'a pas le droit de haïr un auteur, au point de lui refuser le droit commun qu'on accorde à tous les autres. Que La
Beaumelle ne soit digne ni de notre estime, ni de notre bienveillance, ni de notre confiance, c'est juste : mais nous ne devons
pas non plus nous priver systématiquement de la très riche
source de renseignements qu'il nous offre. On ne fera pas
qu'il n'ait pas eu entre les mains des documents précieux, dont
il a nourri son œuvre, les *Souvenirs de Mmes de Glapion et du
Pérou*, supérieures de Saint-Cyr, la *Vie de Mme de Maintenon* par
Mlle d'Aumale, les *Mémoires* de Manseau, ceux de l'abbé Pirot,
de Hébert, et d'autres encore ; il connaissait les *Souvenirs* de

---

[1] Dans le premier tome (livre II) des *Mémoires pour servir à l'histoire de
Mme de Maintenon*. La première édition est de 1753 ; la seconde, bien plus
complète, à laquelle nous renvoyons, est de 1756.

Mme de Caylus [1] et les *Mémoires* de Languet de Gergy [2], fort inexacts d'ailleurs et à peu près insignifiants ; et il ne semble pas que ceux du Père Laguille [3], découverts depuis, aient jeté aucune lumière nouvelle sur le sujet. Personne, à aucune époque, n'a réuni autant de matériaux que La Beaumelle sur Mme de Maintenon ; personne n'a été mieux placé que lui pour écrire sa vie et l'histoire de son mariage avec Scarron ; et l'on ne sait pas ce qu'aurait été le piquant chapitre de Walkenaër [4] sur ce sujet, ni même l'ouvrage (un peu trop loué) du duc de Noailles, si La Beaumelle, tant décrié, n'avait pas existé. Pour ce qui est de Scarron, qui doit seul nous occuper ici, on peut dire que La Beaumelle a fait en maint endroit preuve d'une perspicacité et d'une science remarquables. A travers les récits romanesques et prétentieux on entrevoit un grand fonds d'exactitude ; pour ne citer qu'un fait (mais il est très important), La Beaumelle n'est-il pas le premier à avoir su et à avoir dit que le canonicat de Scarron était antérieur à sa maladie, et devait être placé par conséquent avant 1638 ? Or, il y a environ dix ans, M. Henri Chardon a prouvé rigoureusement ce que La Beaumelle savait dès 1756, et ce qu'on avait méconnu avant lui et après lui pendant plus d'un siècle. Il est donc parfaitement juste de tenir compte, dans une biographie de Scarron, du long chapitre que La Beaumelle lui a consacré, ainsi qu'à Mme Scarron, dans les fameux *Mémoires* ; il faut seulement le soumettre à une critique fort rigoureuse, défiante même, si l'on veut, mais équitable.

De notre temps on a essayé plus ou moins heureusement d'élucider les points obscurs de la vie de Scarron. Je ne parle pas du chapitre de Walkenaër et du livre de M. de Noailles, cités plus haut, non plus que des articles de la *Biographie générale* : car on n'y trouve aucun essai sérieux de critique tenté pour contrôler La Beaumelle ; mais M. ou plutôt Mme Guizot, dans une étude publiée à la suite de *Corneille et son temps*, a commencé à faire servir les œuvres mêmes de Scarron à sa biographie ; et sur

---

[1] Les *Souvenirs* de Mme de Caylus écrits en 1728, publiés seulement en 1770, furent vingt-quatre heures entre les mains de La Beaumelle qui les fit copier.
[2] *Mémoires sur Mme de Maintenon,* par Languet de Gergy, archevêque de Sens. Écrits vers 1741, ils furent tenus secrets, puis donnés en 1753 aux dames de Saint-Cyr, et édités seulement en 1863 par Lavallée. « Un illustre prélat écrivit une histoire de Mme de Maintenon. Je n'ai pu obtenir qu'elle me fût communiquée ; elle ne sera jamais imprimée, et ce n'est pas un mal, m'a-t-on dit. J'ai eu en mains tous ses matériaux. » (La Beaum. Préface des *Mémoires*.)
[3] Édités par Edouard Fournier (*Variétés litt. et histor.*, VIII, 53).
[4] *Mme de Sévigné* (chap. v sur Mme Scarron).
[5] *Histoire de Mme de Maintenon.*

certains points elle y a réussi ; c'est l'étude la meilleure qui ait paru jusqu'au jour où M. Henri Chardon a découvert les dates vraies du séjour de Scarron au Mans et du fameux canonicat. M. Chardon, qui est du Maine, peut seul nous donner des renseignements précis sur le séjour que fit jadis Scarron dans son pays ; il les a promis depuis longtemps ; espérons qu'il ne les fera pas trop longtemps attendre, bien qu'ils ne doivent pas modifier beaucoup, j'imagine, l'idée que nous pouvons nous faire du personnage. Enfin, Édouard Fournier, dans une *Vie de Scarron* qui a paru en tête d'une édition prétendue complète du *Théâtre de Scarron* [1], a réuni tout ce que l'on savait à peu près sur Scarron, mais il l'a fait avec si peu d'ordre et avec une telle négligence dans les détails, que cette biographie est à refaire tout entière. Il faut d'ailleurs tenir compte d'un nouveau document, découvert assez récemment, que Fournier a connu, mais dont il n'a pas tiré grand parti, et qui est pourtant d'une notable importance. Il s'agit d'une *note anonyme* [2] écrite par quelqu'un qui fut l'ami de Scarron, son confident, et qui s'occupa activement de son mariage : il y a là quelques détails tout nouveaux et d'un intérêt assez piquant.

Mais une biographie de Scarron ne doit pas seulement être faite de ces renseignements divers, soigneusement comparés et contrôlés : c'est dans les œuvres de Scarron lui-même qu'il faut surtout chercher sa vie. Il s'est dépensé chaque jour en petites pièces de vers, en épîtres, en lettres : beaucoup sans doute ont disparu, mais beaucoup existent encore, et c'est de cette poussière qu'il faut tenter de faire sortir un Scarron plus vivant, lié plus intimement à ses contemporains et à son époque. Quelques points resteront encore obscurs ; mais mieux vaudra signaler les lacunes que tenter de les combler par des anecdotes peu sûres et par les bons mots peu authentiques qui traînent dans les *Anas* [3] ; car les mots historiques, on le sait, n'appartiennent presque jamais à l'histoire.

La famille Scarron tire son origine de Montcallier, en Piémont, où l'on voit encore dans l'église collégiale une chapelle fondée sur la fin du XIIIe siècle par Louis Scarron qui y est enterré : sa sépulture est en marbre blanc, avec ses armes gravées [4]. Le

[1] Chez Laplace et Sanchez.
[2] Voir (à l'appendice) le texte de cette *Note anonyme* et les raisons pour lesquelles nous croyons devoir l'attribuer au chevalier de Méré.
[3] Cousin d'Avallon a publié un *Scarroniana* en 1805.
[4] Moreri, *Dictionnaire*. Article *Scarron*.

créateur de la poésie burlesque en France est donc venu d'Italie, c'est-à-dire de la patrie des Berni et des Caporali. Une branche de la famille semble s'être fixée à Lyon d'assez bonne heure; car on y trouve l'acte de décès d'un Claude Scarron, mort en 1595 [1]. A Paris, dès le xvie siècle, les Scarron sont connus et occupent des charges importantes; le trisaïeul de notre poète fut un magistrat redouté des Guise et des Seize [2]. Jean Scarron est reçu conseiller au Parlement en 1588 [3] : c'est très probablement le grand-père de Scarron, celui dont il a dit qu' « il fut aussi bien qu'on pouvait être avec le grand chancelier de Bellièvre [4]. » Ce Jean Scarron, si c'est bien celui que nous pensons, eut au moins trois fils : Urbain, qui fut prieur à Mongon, près de Niort [5], et qui, lors de la publication du *Virgile travesty*, envoya à son neveu quatre vers latins qui figurent parmi les épîtres liminaires [6] ; Pierre, reçu conseiller au Parlement en 1603, puis prieur à Bellenoue, près de Mareuil, enfin évêque de Grenoble de 1621 à 1670, célèbre par la longueur de sa barbe, qui rendait jaloux le président Molé : c'est lui qui en 1641 prononça une harangue en forme de remontrance faite au roi au nom de l'Assemblée du clergé de France à Mantes [7]; enfin Paul Scarron, le père du poète [8].

[1] Jal, *Dictionnaire*. Article *Scarron*.
[2] La Beaumelle, *Mémoires pour servir à l'histoire de M*[me] *de Maintenon*, tome I, page 151. Il dit aussi qu'on comptait huit conseillers au Parlement dans la famille de Scarron.
[3] Moreri, *ibid*.
[4] *Œuvres*, I, 150. Epître dédiée à Mgr de Bellièvre.
[5] Et aussi à Longpont, près de Blois.
[6] *Scarroni ex patre nepoti*. Le quatrain est signé ainsi dans l'édition originale de 1648 : *Vrb. Scarron patruus*.
[7] Il est cité par Scarron dans la *Suite du factum*. Il reste à la bibliothèque de Grenoble beaucoup de ses harangues et de ses mandements.
[8] Il y avait aussi la branche des Scarron de Vaujours ; il y eut un Jean Scarron, sieur de Vaujours et de Mendiné, reçu conseiller au Parlement en 1600, que les éditeurs des mémoires de Bassompierre et de Mathieu Molé confondent perpétuellement avec le conseiller Paul Scarron; ce Jean Scarron, devenu prévôt des marchands, est cité dans la *Suite du factum ;* il devait donc vivre encore en 1649. A ces Scarron de Vaujours se rattache aussi Michel-Antoine Scarron, sieur de Vaure (ou de Vavres) dont parle Tallemant des Réaux (édition P. Paris, VII, 330) ; son fils Thomas épousa une aventurière nommée Diodée ; sa fille Catherine, très riche, nous dit Dangeau (III, 432), épousa M. de Villequier, qui devint le maréchal d'Aumont. Scarron a dédié une ode au maréchal, où il ne fait aucune allusion à leur parenté qui ne devait pas être très étroite. On trouverait des renseignements sur cette branche de la famille Scarron dans le XIIIe plaidoyer de l'avocat Gaultier : *Pour messire Antoine Scarron* (Gaultier, *Plaidoyez*, chez Girard, 1662). Il y eut aussi des Scarron qui servirent dans la marine, dit M. Jal (*Intermédiaire*, 1870). Scarron nous parle aussi de quelques autres parents, de Prosper Bavin, de Barnabé Brisson, son neveu, fils de Marie Goguet (VII, 325), de Robin de Sigogne et de Daniel Boileau (*Factum* et *Suite du Factum*), maris de ses deux sœurs, etc., mais ce ne sont plus des Scarron.

Paul Scarron, le père de notre poète, fut un personnage assez curieux. Tallemant a dit de lui que c'était un original [1], et il semble avoir dit juste. C'était aussi un excellent homme, s'il faut en croire son fils, mais bigot, maniaque, entêté. « Tout le monde sait que le bonhomme Scarron a vécu toute sa vie en philosophe, et, si l'on veut, en philosophe cynique. Il fut le meilleur homme du monde, et non pas le meilleur père.... Il a menacé cent fois son fils aîné de le déshériter, parce qu'il osait lui soutenir que Malherbe faisait mieux des vers que Ronsard, et lui a prédit qu'il ne ferait jamais fortune, parce qu'il ne lisait pas la Bible et n'était jamais aiguilleté [2]. » Admirer Ronsard après l'arrêt de Malherbe, et attacher encore son haut de chausses au pourpoint avec des aiguillettes, c'était montrer, en plein règne de Louis XIII, un esprit bien récalcitrant ! Il était surnommé l'Apôtre, parce qu'il citait toujours saint Paul, son patron et son auteur favori, qu'il n'abandonnait même pas en voyage [3] : c'est le prince de Condé [4] qui semble l'avoir le premier appelé de ce nom qui lui resta [5].

L'Apôtre avait acheté sous Henri IV, en 1598, une charge de conseiller à la Cour des Comptes, qu'il occupa jusqu'en 1640. Ami de Deslandes-Payen, de Bellièvre [6], il semble avoir joué dans cette assemblée un rôle assez important : il s'y distingua du moins par son mauvais caractère et par l'ardeur qu'il mit toujours à défendre les revendications de la Compagnie. En 1610, aux funérailles du roi, il s'était fait arrêter comme l'un des plus récalcitrants aux prétentions des évêques, qui voulaient suivre immédiatement l'effigie royale, portée sur une litière, derrière le char funèbre : le comte de Soissons avait jugé en leur faveur ; mais cela mit les gens de justice et principalement le conseiller Scarron en telle humeur, disent les mémoires du temps, « qu'ils poussèrent rudement les évêques tout le long du chemin [7]. » Pellisson nous apprend qu'en 1635, lorsque Richelieu soumit à l'approbation du Parlement les statuts de la future Académie française, Scarron fut un de ceux qui s'opposèrent le plus vive-

---

[1] Tallemant, *Historiette du petit Scarron*.
[2] *Œuvres*, I, 119. *Factum ou Requête, ou tout ce qu'il vous plaira*.
[3] *Œuvres*, VII, 44. *Requeste au cardinal de Richelieu*.

Un seul saint Paul faisant son équipage.

[4] Henri II (1588-1646), père du grand Condé.
[5] *Œuvres*, VII, 69. *Épître à Monsieur le Prince*.
[6] Fils du grand chancelier de Henri IV et père du premier président auquel Scarron a dédié ses œuvres en 1654 (*Œuvres*, I, 150).
[7] Voir Noailles, *Histoire de Mme de Maintenon*.

ment à cette création ; il dit qu'il ne comprenait pas qu'on assemblât le Parlement pour si peu de chose ; il alla jusqu'à rappeler l'histoire du Sénat romain convoqué pour le turbot de Domitien [1]. L'Apôtre personnifie assez bien l'esprit parlementaire dans ce qu'il a d'étroit et d'obstiné.

Il avait épousé en 1595 ou 1596 une nièce du célèbre historien La Popelinière, Gabrielle Goguet, qui avait dû lui apporter quelque bien. Il en eut au moins huit enfants : Marie ; Anne ; Françoise ; Pierre, filleul de son oncle Pierre Scarron qui devint évêque de Grenoble ; Jean ; un premier Paul, mort jeune ; un second Paul, qui est notre poète ; et Gabriel. Trois seulement survécurent : Anne, Françoise et Paul, qui fut baptisé le 4 juillet 1610 à Saint-Sulpice [2] : l'enfant avait eu pour parrain Alexandre d'Elbène, capitaine d'armes, premier maître d'hôtel de la Reine, et pour marraine Marie d'Aligre, femme de Philippe de Béthune, gouverneur de Monsieur. Gabrielle Goguet, sur laquelle on n'a presque aucun renseignement, mourut bientôt, en 1613.

L'Apôtre ne resta pas longtemps veuf : il se remaria peu de temps après avec Françoise de Plaix, fille du sieur de Rosny ; il en eut encore trois filles, Marie, Magdeleine et Claude, et un fils, Nicolas : les trois derniers seuls vécurent. S'il avait désiré donner une seconde mère à ses trois premiers enfants, il ne réussit qu'à leur imposer une marâtre, et la jeune famille de l'Apôtre se trouva partagée en deux camps.

Il est facile de médire d'une belle-mère, et le beau-fils n'y a certes pas manqué : il semble pourtant que Françoise de Plaix mérita bien ces railleries. Scarron en trace un amusant portrait, presque une caricature, dans le joyeux Factum qu'il composa en 1649, pendant le long procès qu'il eut à soutenir contre les enfants du second lit. Il nous la dépeint comme « la plus plaidoyante dame du monde », hasardant de grosses sommes au jeu suivant la vicieuse habitude des femmes du temps [3], et tâchant de rattraper par une usure effrénée l'argent qu'elle avait perdu ; prêtant à si gros intérêt qu'on ne lui rendait pas toujours ; et, dans la maison, marâtre ladre et querelleuse, « assez avare pour avoir un jour fait apetisser les trous de son sucrier...... J'en pourrais compter cent stratagèmes de ménage, aussi plaisants que rares,

---

[1] Pellisson, *Hist. de l'Académie*, I, 474.
[2] Jules Ravenel a découvert cette date sur les registres de Saint-Sulpice (*Annuaire de l'hist. de France*, année 1639, p. 34).
[3] La Bruyère a flétri ce vice dans un célèbre passage des *Caractères*. Mazarin passe pour avoir importé en France le jeu de hoc, qui fit fureur à l'époque de la Fronde : on le lui a assez reproché dans les pamphlets.

ajoute Scarron, si je n'avais ici dessein de faire pitié plutôt que de faire rire ¹. » Cette femme avide s'empara si complètement de l'esprit du pauvre conseiller, que le bonhomme, déjà distrait de sa nature, ne sut bientôt plus s'il avait du bien ou non : « En une maladie qu'elle eut, qui fit peur à son mari d'être veuf, il la conjura de lui laisser après sa mort une pension de six cents livres », alors qu'il possédait de son chef près de vingt mille livres de rente. Telle fut la belle-mère de Scarron : il ne faut pas s'étonner que, dans sa verve burlesque, il l'ait souvent envoyée à tous les diables ainsi que celles de son espèce.

Les trois enfants de Gabrielle Goguet durent souffrir dans cette maison où ils grandirent sans amour. Ils n'eurent pas de mère à chérir, et l'Apôtre ne sut pas leur inspirer assez de respect ni d'affection. Devant cette femme qui resta pour lui une étrangère, et devant ce père dominé et maniaque, le jeune Scarron développa, peut-être à l'excès, le goût pour la raillerie qu'il avait inné. Ce furent sans doute des moqueries incessantes, des querelles, des révoltes. Ce qu'il y a de certain, c'est qu'il fut bientôt expédié chez un parent, au fond des Ardennes, à Charleville ; il y passa, nous dit-il, sa treizième et quatorzième année ². De retour à Paris, il dut y terminer ses études, nous ne savons sous quels maîtres ; il ne nous en a jamais parlé. Comme on ne le jugeait pas assez sérieux pour faire un magistrat, et aussi peut-être à cause de la cherté des offices et de l'avarice de la belle-mère, on le destina à l'état ecclésiastique : à l'âge de dix-neuf ans, on en fit un abbé, sans abbaye ; on l'*ensoutana*; dans l'espoir que l'habit pourrait peut-être pour une fois faire le moine ³. D'ailleurs la robe, à cette époque, n'engageait pas à grand chose : en tout cas elle ne semble pas avoir gêné beaucoup Scarron ⁴. Il se lança dans le

---

¹ *Œuvres*, I, 120, sqq. *Factum*.
² *Œuvres*, I, 194, à M. ***.
³ Cette date de 1629 est certaine. Scarron dans une *Epître à Mme de Hautefort* (VII, 139), écrite en 1643, se plaint de n'avoir jamais eu d'abbaye, bien qu'on l'appelle *Monsieur l'abbé* :

> On ne m'a jamais rien donné,
> Quoi que je sois ensoutané ;
> Et depuis que robe je traine,
> Je compte près d'une semaine
> Quatre ou cinq mois et quatorze ans,
> Dont les cinq derniers peu plaisants...

Ed. Fournier se trompe quand il prétend que Scarron prit la soutane à vingt-trois ans, en 1633.
⁴ Il ne porta probablement, quoi qu'il en ait dit, que le petit collet. « Paris a toujours été richement fourni de gens qui préfèrent cet habillement, parce qu'il est facile de se mettre ainsi proprement et à peu de frais. Un homme qui l'a endossé et qui peut se faire suivre par un laquais, a les entrées dans

plaisir avec toute la fougue de son âge ; il avoue lui-même ces folies de sa jeunesse dans l'*Épître à la Reine,* où il se repent, mais sans grande contrition, d'avoir été

> Un très mauvais petit vilain.

Nous l'en pouvons croire sur parole : il fréquentait alors les ruelles et les salons, peut-être même d'autres lieux moins relevés ; on le voyait chez la belle Marion Delorme, où il rencontrait l'abbé Paul de Gondi, un autre écervelé, qui devint son ami, et qui vint souvent le voir au temps de la Fronde [1]. De cette époque datent sans doute ses premiers essais poétiques, c'est-à-dire des vers galants, adressés à des Iris et à des Silvies, qu'il célèbre sur le mode langoureux du temps. Il s'était lié avec quelques-uns des poètes et des romanciers les plus connus, avec Tristan l'Hermite, avec Georges de Scudéry. En tête du *Lygdamon,* qui parut en 1631, se trouvent quelques vers de Scarron, au milieu de ceux de Rotrou, de Corneille, de Hardy, de du Ryer : cette épître liminaire n'est certainement pas, comme on l'a dit, la première pièce de Scarron ; elle prouve au contraire qu'il commençait déjà à se faire quelque réputation de poète [2].

Comment cette vie facile et dissipée fut-elle brusquement interrompue ? On ne sait au juste. Il est probable que la belle-mère se fâcha, et que l'Apôtre n'osa pas défendre un fils, dont le dérèglement l'inquiétait. En 1632, ou en 1633 au plus tard, le jeune Scarron fut envoyé au Mans, comme « domestique » de l'évêque Charles II de Beaumanoir. Le séjour de Scarron dans le Maine se place donc de l'année 1633 à l'année 1640, et non pas dix ans plus tard, pendant sa maladie, comme l'ont prétendu jusqu'à nos jours tous ses biographes, sauf La Beaumelle. M. Chardon,

---

les maisons où le même homme habillé autrement ne trouverait peut-être à la porte qu'un Suisse brutal et inflexible. » (Bruz. de la Mart., *Œuvres de Scarron,* I, 50.)

[1] « J'en fus connu et aimé dès ma jeunesse », dit Scarron dans une lettre (I, 268).

[2] Ces vers n'ont jamais été recueillis dans les éditions de Scarron. Les voici tels qu'on peut les lire en tête de *Lygdamon et Lidias* ou *la Ressemblance,* tragi-comédie par M. de Scudéry, 1631.

A Monsieur de Scudéry.

Rare de Scudéry que tout le monde admire,
  Puisqu'après tous ces grands esprits
  Qui louent tes divins écrits
  Je ne trouve plus rien à dire,
  Tout ce qui peut sortir de moy
Pour reconnaître aussi ton excellent ouvrage,
  C'est que j'en crois bien davantage
  Que tout ce qu'ils ont dit de toi.
            SCARRON.

du Mans, a rétabli la vérité d'une façon irréfutable, en découvrant sur les registres de l'église Saint-Julien du Mans le nom de Scarron : il y figure dès 1634. Mais à défaut de cette preuve formelle, le simple examen des œuvres de Scarron aurait dû empêcher Bruzen de la Martinière et ses successeurs de commettre une pareille erreur. A la fin de la première *Légende de Bourbon*, qui est de 1641, Scarron parle longuement, en termes émus, de son séjour au Mans, où il n'est plus, et des soirées qu'il y passait chez Marie de Hautefort. Dans l'*Épithalame du comte de Tessé*, qui est de 1638, il parle de toute la famille des Lavardins et des visites qu'il leur fit à Vernies et à Malicorne. Bien d'autres preuves pourraient encore en être alléguées.

Aller au Mans, c'était presque aller en exil. Scarron, Parisien de naissance et d'allure, ne dut s'y résigner qu'à regret. Il trouvait dur de quitter à vingt-trois ans la vie joyeuse et brillante qu'il menait à Paris, reçu dans les sociétés à la mode, ami déjà des poètes et des lettrés, peu gêné par sa robe ecclésiastique, tout juste assez abbé pour que ce titre le rendît plus intéressant, mais non plus réservé dans son libertinage. Au Mans, c'était une nouvelle vie qui allait commencer : il fallait se vouer décidément à l'Église, pour laquelle il se sentait peu de vocation. Sans doute il y avait alors, plus que jamais, des accommodements avec le ciel; il était pourtant nécessaire de garder plus de mesure, de conserver un peu de ce décorum, de ce « paraître » plus important souvent que l'« être ». Heureusement Scarron tombait bien : la famille des Lavardin-Beaumanoir, à laquelle appartenait son évêque, n'avait rien d'austère ; elle était plutôt crainte pour sa puissance que vénérée pour ses vertus. Son attachement assez récent, et par là d'autant plus violent, à la cause royale, datait de Jean III de Lavardin, fait catholique à la Saint-Barthélemy, ligueur acharné, acheté par Henri IV; sous Louis XIII, Richelieu n'eut pas de plus chauds partisans que les Lavardins, et, quand la Fronde éclatera, la révolte des Manceaux ne pourra pas entamer la fidélité des seigneurs. Les mœurs de cette famille semblaient en revanche assez faciles, si l'on en juge au moins par l'épithalame que composa Scarron à l'occasion du mariage de Madeleine de Beaumanoir, et qui fut agréé par les époux : malgré toute sa hardiesse, il fallait que Scarron fût bien sûr de ses protecteurs pour oser leur dédier une pareille œuvre ; aujourd'hui l'on jetterait à la porte de toute maison honnête un auteur qui apporterait un pareil chant d'hyménée. Mais les Lavardins ne s'offusquaient pas de si peu. La veuve d'Henri Ier s'était remariée au trop jeune duc de Modène, dont la liaison avec la Béjart n'était un secret pour personne. Enfin Philibert-Emmanuel, qui devint en 1649 évêque du Mans, a laissé une si mauvaise réputation, qu'après sa mort on dut réordonner sous condition quelques prêtres qui avaient reçu de lui des ordres, et parmi eux, Mascaron [1].

Telle était la famille qui prenait Scarron à son service. Le neveu de l'évêque de Grenoble ne dut pas y développer beaucoup sa vocation ecclésiastique et ses aspirations chrétiennes. Du moins il ne s'ennuya pas. Au bout de très peu de temps, il était reçu dans la société mancelle [2]; au commencement de l'année 1635, il avait si bien su se faire apprécier, que l'évêque l'emmenait avec lui à Rome pour un voyage qui dura quelques mois.

Ce qu'il fit à Rome, nous ne le savons guère. Il y connut le poète Maynard, avec qui il se lia d'une étroite amitié. Le futur président d'Aurillac n'avait rien de sévère dans la vie, ni dans l'aspect : grand ami de l'épicurien Flotte, à qui Scarron a dédié une chanson à boire, il plut vite au jeune abbé de mœurs faciles et d'estomac complaisant. Plus tard, en 1642, il reprocha à Scarron d'oublier un peu cette ancienne amitié : « Notre amitié, contractée dans Rome, vous donne-t-elle de la peine ? Écrivez-moi, s'il vous plaît, une fois le mois, quand vous ne devriez dire sinon : je me porte bien et je vous aime toujours [3]. » Scarron lui

---

[1] Voici un tableau très sommaire de cette famille des Lavardins, dont Scarron parle souvent dans ses œuvres :

JEAN III, de Beaumanoir, maréchal de Lavardin, gouverneur du Maine, mort en 1614.

- HENRI Ier, m^{is} de Lavardin.
  - HENRI II, tué à Gravelines en 1644.
    - HENRI-CHARLES DE B., marquis de L., ambassadeur extraordinaire à Rome en 1687.
  - PHILIB.-EMMANUEL, abbé de L. évêque de 1649 à 1671.
- JEAN-BAPTISTE, b^{on} de Lavardin. Etc...
- CHARLES de B., évêque de 1601 à 1637.
- CLAUDE, vicomte de L. Etc...
- MADELEINE DE L., épouse en 1638 le comte de Tessé. Etc...

La famille des Jarzé (Œuvres, VII, 207) était alliée aux Beaumanoir.

[2] H. Chardon, Revue hist. et arch. du Maine, 1885, 2me sem., p. 18. Scarron fut parrain d'un enfant appartenant à la famille des Essarts.

[3] Lettres de Maynard, chez T. Quinet, 1652, p. 869. Dans la même lettre, le pauvre président dit : « Vous ne sauriez vous figurer le nombre infini de pensées poétiques qui m'empêchent de dormir aussi bien que mon mal. »

envoya une épître à l'occasion de la publication de ses œuvres en 1646, l'année même de sa mort ; plus tard il composa aussi en son honneur une épigramme burlesque [1].

Scarron connut aussi à Rome le Poussin, pour lequel il conserva toujours la plus vive admiration. Le futur auteur du *Typhon*, celui qu'on pourrait appeler le Callot de la poésie, aimait la peinture grande et simple du chef de l'école française ; le poète burlesque était parfois épris du beau, et il désira ardemment obtenir une toile du maître. C'était douze ou treize ans après le voyage de Rome. Le peintre, devenu célèbre, avait oublié le poète. Scarron, par l'intermédiaire du secrétaire du duc d'Enghien, M. de Chantelou, qu'il avait connu au Mans, insista beaucoup auprès de l'artiste ; pour le bien disposer, il l'accabla de ses livres, il lui envoya ses *Œuvres burlesques*, puis le *Typhon*, puis le *Virgile*, sans compter des lettres et une épître en vers. Mais le peintre ne consentit qu'à contre-cœur. Ce sans-gêne de Scarron lui déplaisait, et la vulgarité de cette poésie sacrilège blessait en lui l'admirateur respectueux de l'antiquité. « J'ai parcouru ce livre, écrit-il à M. de Chantelou, et c'est pour toujours ; vous trouverez bon que je ne vous exprime pas tout le dégoût que j'ai pour de pareils ouvrages.... (4 février 1647). » « Je voudrais bien que l'envie qui lui est venue lui fût passée, et qu'il ne goûtât pas plus ma peinture que je ne goûte son burlesque... Il prétend me faire rire d'aussi bon cœur qu'il rit lui-même, tout estropié qu'il est ; mais, au contraire, je suis prêt à pleurer, quand je pense qu'un nouvel Érostrate se trouve dans notre pays... (12 janvier 1648) [2]. » Enfin il se décida pour faire plaisir à M. de Chantelou ; il voulait traiter d'abord un sujet bachique, approprié au destinataire ; il finit par lui envoyer en 1650 l'admirable toile du *Ravissement de saint Paul* [3]. Ce jour-là les mânes de l'Apôtre durent tressaillir de joie.

Bien que Scarron ne fût pas encore en 1635 le malheureux cul-de-jatte forcé de faire rire le public avec des vers grotesques, déjà se révélait en lui le goût pour les violents contrastes, qui constituent un des principaux éléments de la poésie burlesque. Il semble

---

[1] Maynard, qui fit des vers si bons,
Eut du laurier pour récompense :
O siècle maudit, quand j'y pense !
On en fait autant aux jambons.
(*Œuvres*, VII, 348).

[2] *Lettres de Nicolas Poussin*, éditées chez Didot, 1824.
[3] Scarron, souvent besogneux, ne sut pas garder longtemps ce chef-d'œuvre ; ce tableau est maintenant au Louvre. (Voir Florent Lecomte, *Cabinet des singularités d'architecture*, 1702, III, 30.)

qu'on ne puisse aller à Rome, sans se laisser prendre au spectacle que présentent les glorieuses ruines de l'empire disparu. Scarron admira peut-être, mais il se défia de son enthousiasme, et il composa un sonnet, où l'on sent déjà germer sa poésie future, faite de bon sens et de moquerie, où les idées sérieuses sont parfois revêtues de la forme la plus plaisante, et où un grain de mélancolie vient souvent tempérer ce mélange bizarre.

> Superbes monuments de l'orgueil des humains,
> Pyramides, tombeaux, dont la vaine structure
> A témoigné que l'art, par l'adresse des mains
> Et l'assidu travail, peut vaincre la nature !
>
> Vieux palais ruinés, chefs-d'œuvre des Romains,
> Et les derniers efforts de leur architecture,
> Colisée, où souvent des peuples inhumains
> De s'entr'assassiner se donnoient tablature ;
>
> Par l'injure des ans vous êtes abolis,
> Ou du moins la plupart vous êtes démolis :
> Il n'est point de ciment que le temps ne dissoude ;
>
> Si vos marbres si durs ont senti son pouvoir,
> Dois-je trouver mauvais qu'un méchant pourpoint noir
> Qui m'a duré deux ans, soit percé par le coude ? [1]

Voilà un commentaire bien inattendu de la philosophie chrétienne : *vanitas vanitatum*. Huit ans après, Saint-Amant, plus hardi que Scarron, fera sa *Rome ridicule*.

Au retour de son voyage à Rome, qui avait duré huit mois, l'abbé Scarron obtint enfin de son évêque un canonicat longtemps demandé : c'était le commencement de sa carrière ecclésiastique. L'histoire de ce canonicat a tellement été dénaturée qu'il importe de rétablir les faits. Presque tous les biographes de Scarron prétendent qu'il l'obtint seulement en 1646, sur la protection de Mme de Hautefort. On s'appuie sur l'épître où il raconte le voyage qu'il fit alors au Mans, et l'on suppose qu'il s'y était rendu pour prendre possession de son bénéfice [2]. On invoque aussi l'épître de 1643, où Scarron dit qu'on ne lui a jamais rien donné et qu'il n'a pas d'abbaye [3]. Enfin on cite la lettre de 1649 à Mgr de Lavardin, où Scarron parle des promesses de Mgr de Beaumanoir,

---

[1] *Œuvres*, VII, 330.
[2] *Œuvres*, VII, 131, *à Mme de Hautefort*.
[3] *Œuvres*, VII, 138, *à Mme de Hautefort*.

« d'heureuse mémoire, mais de peu de parole [1], » semblant indiquer par là qu'il n'en a rien obtenu. Ces trois témoignages ne prouvent rien du tout. Dans la première épître il n'est pas question du canonicat ; de plus Mme de Hautefort était depuis deux ans en disgrâce ; enfin, lui eût-elle obtenu cette charge, il semble étrange que Scarron ne l'en ait pas remerciée dans sa lettre. La seconde prouve seulement que Scarron n'avait en 1643 aucun bénéfice *royal*, aucune abbaye, comme il dit, puisqu'il supplie la reine de lui en accorder une ; mais il pouvait bien à cette époque avoir reçu de son évêque une prébende et dire à la reine qu'il n'avait rien reçu d'elle. Enfin le reproche fait à Mgr de Beaumanoir d'avoir mal tenu sa promesse prouve que Scarron lui avait demandé autre chose qu'un simple canonicat ; il en espérait sans doute un bon prieuré, ou une grosse cure, comme celle de Sablé qu'obtint plus tard Costar, tout en conservant son titre de chanoine [2]. C'est le 18 décembre 1636 que Scarron, qui n'était encore ni un paralytique, ni un poète burlesque, fut installé dans son canonicat et pourvu en même temps d'une prébende [3]. Cette date a été relevée sur les registres du chapitre de Saint-Julien, au Mans [4]. L'évêque étant mort quelques mois plus tard, cette prébende devint contentieuse et donna lieu à un procès qui traîna pendant le temps que le siège épiscopal demeura vacant ; il ne fut terminé qu'en 1640, après l'installation du nouvel évêque, Emmeric de la Ferté, au moment où Scarron malade quittait le Mans.

Le nouveau chanoine, à qui son titre donnait place au chœur et dans le chapitre de l'église Saint-Julien, fit comme bien d'autres, et ne renonça pas aux choses de la terre pour celles du ciel. S'il n'a pas laissé au Mans la mauvaise réputation qu'y laissa quelques années plus tard le secrétaire de Costar, Pauquet, chanoine et archidiacre, célèbre par son ivrognerie et par ses rixes dans la rue [5], il passe du moins pour y avoir mené, avec plus d'élégance, une vie parfaitement frivole. C'est l'époque la plus heureuse de la vie de Scarron. Il faut oublier pour un temps le pauvre paraly-

---

[1] *Œuvres*, I, 185.
[2] Voir *Vie de Costar*, par un anonyme (publiée par P. Paris dans le IXe vol. de son édition de Tallemant).
[3] Le canonicat proprement dit n'était qu'un titre spirituel ; la prébende qui y était toujours jointe donnait droit à une portion du bien ecclésiastique (Voir *Dictionnaire universel des sciences ecclésiastiques*, par l'abbé Glaire, Poussielgue. 1868). — Nous ignorons quel était au juste le revenu de cette prébende : nous savons seulement que Scarron la céda pour 1,000 écus à Girault.
[4] Par M. H. Chardon.
[5] Voir *Vie de Pauquet*, par un anonyme (à la suite de la *Vie de Costar*).

tique dont nous avons vu si souvent la bizarre silhouette, le dos tourné, le chapeau sur l'oreille, assis sur sa chaise de douleur, et ne songer qu'au chanoine de vingt-six ans, bien fait de sa personne, quoique un peu petit, gras et replet comme c'était un des devoirs de sa profession [1], assez beau, nous dit-il effrontément, « pour avoir mérité les respects des Boisroberts de son temps [2]; » ami de la bonne chère et du vin, buvant souvent à l'allemande [3]; doué de jambes assez lestes pour avoir eu la réputation d'être le meilleur baladin du Mans : ce qui lui attirait cet hommage en 1644 :

> Vous qui dansâtes des aubades,
> Qui dans ballets fîtes gambades,
> Non pas au ballet des Romans,
> Mais dans quelques autres au Mans [4].

Il savait agréablement jouer du luth, et il conserva jusqu'à la fin de sa vie, alors même que la paralysie nouait ses doigts, une prédilection pour cet instrument [5]. Il savait peindre aussi et dessiner ; il nous reste de son talent plus que son propre témoignage : deux cartes composées par lui et ornées de très fines enluminures [6]. Tel était l'abbé Scarron en 1636, bien différent du célèbre portrait qu'il traçait de lui-même dix ans plus tard, quand il était devenu un « raccourci de la misère humaine [7] ».

Comme tout bon Parisien, Scarron prétendit s'être ennuyé en province, et il parla toujours avec injustice de ce pays où il avait pourtant passé les meilleures années de sa vie. « Séjour hideux », dit-il à plusieurs reprises [8]. Sans doute, il était facile à un gamin de Paris, comme fut Scarron, de se moquer des ridicules de province, des types campagnards, des modes surannées. Dix ans plus tard, quand il retourna passer quelques semaines au

---

[1] Plus gras qu'un engraissé gorret.
(Œuvres, VII, 207, Épith. à M. de Tessé).

[2] Œuvres, I, 201. Lettre à Marigny. Pour comprendre cette prétention cynique, il faut savoir que Boisrobert avait la réputation d'apprécier un peu trop la beauté du corps humain, à la façon des contemporains d'Alcibiade.
[3] Ibid.
[4] Voir la pièce de vers qui est avant le Ballet des Romans ou le Libraire du Pont-Neuf (1644).
[5] Œuvres, I, 250. Lettre à ***, sur le fils de Mme de Mongeron.
[6] Ces cartes se trouvent dans une maison que Scarron a habitée à Fontenay-aux-Roses, vers la fin de sa vie.
[7] Œuvres, I, 131.

[8] Séjour hideux, n'en déplaise aux chapons.
(Œuvres, VII, 196).

Le Mans serait un séjour bien hideux,
Sans votre sœur, sans vous, sans votre frère.
(Œuvres, VII, 336, à Mlle d'Escars).

Mans, il retrouva sa verve juvénile pour railler la jeunesse dorée du pays :

> Parlerai-je des jouvenceaux
> Tous argentés par leurs manteaux,
> Tous enchérissant sur la mode,
> Commode soit, ou non commode,
> Ayant tous canon trop plissé,
> Rond de botte trop compassé,
> Souliers trop longs, grègue trop large,
> Chapeaux à trop petite marge,
> Trop de galons dessus les reins,
> A la tête de trop longs crins ;
> Crins où nonobstant la farine
> L'humide graisse trop domine ;
> Et pour conserver l'escarpin,
> Vu la cherté du maroquin,
> Ayant aux pieds malles chaussées,
> Galoches de cuir renforcées,
> Dans lesquelles ils passent l'eau
> Tout ainsi que dans un bateau,
> Avec lesquelles à la boue
> On peut faire hardiment la moue,
> Enfin, pour vous en dire tout,
> Galoches à dormir debout ! [1]

Les Mançelles,

> Aux très redoutables aisselles,

ne sont pas plus ménagées. Scarron nous décrit avec une précision extrême de détails quel était l'accoutrement des élégantes du Mans :

> Comme durant la canicule,
> Qu'à la cave même l'on brûle,
> Elles portent panne et velours.....
> . . . .
> Comme descendent de leurs têtes
> Des moustaches de cheveux gras
> Qui sont plus longues que le bras.....
> . . . .
> Que sur elles blanche chemise
> N'est point que de mois en mois mise,
> Et qu'elles prennent seulement
> Le linge blanc pour l'ornement ;
> Comme rarement chausson chausse
> Leur pied que grand pont-levis hausse,

---

[1] *Œuvres*, VII, 134. *Épître à Mme de Hautefort.*

> Quoique les chaussons en été.
> Soient de fort grande utilité.....
> Qu'au lieu de mouches les coquettes
> Couvrent leur museau de paillettes,
> Ont en bouche canelle et clous
> Afin d'avoir le flairer doux [1].....

Tous les détails ne peuvent être cités. Mais Scarron raille les provinciaux sans les détester vraiment : on n'a jamais de haine contre ceux aux dépens de qui l'on exerce son esprit.

Les indigènes que Scarron préféra à tous les autres, ce furent les chapons : de ceux-là il ne dit jamais de mal. Plus tard, à Paris, malade, cloué sur son petit fauteuil, quand il en recevait un en directe provenance du Maine, quelle joie et quelle adoration ! Le jour où il déballa devant ses amis émerveillés « six vénérables corps », bravement lardés,

> Frais et friands, gros et gras, beaux et bons [2],

le paralytique, à qui il ne restait de vaillant que la langue et l'estomac, goûta un des rares bonheurs qu'il pût encore apprécier. La patrie des chapons est naturellement la patrie des gourmands [3]. Scarron y contracta cet amour de la bonne chère qui ne l'abandonna jamais. Il était à bonne école chez les Lavardins et chez les Tessé, qui l'invitaient souvent, et dans la reconnaissance qu'il leur voua, la bouche tenait bien autant de place que le cœur :

> A Verny, maison bien bâtie,
> La sœur de Monsieur de Bordeaux
> Vous fera manger fruits nouveaux,
> Boire du cidre avecque la rôtie,
> En hiver manger des marrons,
> En automne manger de fort bons potirons,
> Et tout en grande modestie.
>
> Un jour en bonne compagnie,
> J'y mangeai d'un fort beau saumon,
> Duquel, tant je le trouvai bon,
> La mémoire de moi ne sera point bannie.
> Lavardines et Lavardins
> Aiment à remplir leurs boudins,
> Ils mangent par grand gloutonnie [4].

Scarron trouvait fort heureusement à satisfaire aussi d'autres

---

[1] Œuvres, VII, 134. Épître à Mme de Hautefort.
[2] Œuvres, VII, 80. Épître à l'infante d'Escars.
[3] Au Mans l'on faisait bonne chère (Roman comique, I, 23). Scarron dit que la province abonde en personnes ventrues.
[4] Œuvres, VII, 207.

goûts plus relevés. C'est là que se forma vraiment le poète. Il conserva toujours un peu de cette élégance gracieuse et légère qui fut le premier caractère de son talent. Il fut le Marot de la société parisienne qui habitait le Maine vers 1636 ; cette province, peu éloignée de Paris, était devenue un petit centre littéraire, où se forma plus d'un jeune poète ; il y eut presque une littérature mancelle, comme il y eut une littérature normande. Ainsi, il s'éleva au Mans, comme à Paris, une querelle du *Cid*; Rotrou qui y habitait alors s'y trouva mêlé, et il ne semble pas que « le père de Corneille » ait joué à cette occasion un rôle bien clair ; il ne serait pas impossible que Scarron ait mis aussi la main à une pièce de cette polémique [1]. Grand ami de Rotrou [2], il le voyait souvent chez le comte de Belin, qu'il accompagnait dans la plupart de ses voyages au pays du Maine [3]. Chez les Lavardins, il pouvait voir Tristan l'Hermite, très bien reçu dans la famille, ainsi que l'honnête et prétentieux Costar, qui finit par se fixer dans le pays et par rester dans son canonicat [4]. De cette première période, trop peu connue de la vie de Scarron, datent bien des pièces aujourd'hui perdues, des poésies légères et gaillardes, qui valurent à leur auteur une grande réputation ; il nous en reste très peu dans les recueils qu'on a faits de ses œuvres [5].

C'est en esprit et en petits vers que Scarron payait l'hospitalité qui lui était offerte dans les grandes maisons du Maine. Non seulement il pénétra dans l'intimité des Lavardins, reçu à Malicorne chez la comtesse de Modène, ami de l'abbé, auquel il écrivit une lettre fort enjouée au moment de son élévation à l'épiscopat, mais il fréquenta aussi la famille de Tessé, chez qui nous l'avons vu généreusement traité au château de Vernies ; le comte, parent de l'archevêque de Bordeaux, de Sourdis, brillait au premier rang de la noblesse du Maine et l'éblouissait par son faste et par ses

---

[1] H. Chardon. *La vie de Rotrou mieux connue ; documents inédits sur la société polie du XVIIe siècle et la querelle du Cid.* Paris, Alph. Picard, 1884.
[2] Dom Liron *(Singularités,* I, 331, 332), dit de Rotrou : « Il fut lié d'une étroite amitié avec M. Scarron. »
[3] « M. Scarron, estant aussy amy de M. le comte de Belin et fort attaché à sa personne, avait la complaisance de l'accompagner tous les ans dans les voyages qu'il faisait au païs du Mayne. Ce fut une occasion à Rotrou de se lier avec luy d'une estroite amitié, dont il l'a honoré tant qu'il a vécu. » (Abbé Brillon, *Notice sur Rotrou,* 1698.)
[4] Scarron disait de Costar : « Mon Dieu ! que j'aymerais bien mieux qu'il dist sans y prendre garde *mangy* pour *mangea,* et qu'il donnast des soufflets à Ronsard, que de parler toujours si bien et si juste ! » *(Vie de Costar.)*
[5] Peu de pièces peuvent avec certitude être rapportées à cette époque. Citons pourtant l'*Epithalame de M. le comte de Tessé;* — *Etrennes à Mlle de Longueville;* — *Etrennes à Marie de Hautefort;* — quelques-uns des sonnets *(sur Rome,* par exemple), et quelques pièces galantes qu'il est impossible de distinguer.

galanteries[1] ; le 8 novembre 1638, il épousa Madeleine de Lavardin, et c'est à cette occasion que Scarron composa cet épithalame qui ne fait honneur ni au poète ni aux jeunes époux. A Sablé, où la future amie de La Rochefoucauld venait parfois, Scarron dut connaître la Mesnardière, qui fut le médecin de la marquise, avant le célèbre docteur Vallant; il pénétra certainement dans ce séjour de douce et sage galanterie, où Mlle Boisdamour faisait avec grâce les honneurs du lieu[2]. Un grand seigneur auprès duquel Scarron trouva aussi l'accueil le plus généreux fut François d'Averton, comte de Belin[3], dont il a fait un si magnifique éloge, sous le nom du marquis d'Orsé, dans le *Roman comique;* grand chasseur, grand amateur de poésies, qui attirait chaque année au Mans les meilleures troupes du royaume, « un vrai Mecœnas moderne[4]. » Sans lui peut-être ni le Destin ni la l'Étoile ne seraient venus s'offrir au pinceau de Scarron. D'autres fois, en accompagnant son évêque, Scarron dut parcourir les grands chemins effondrés qui menaient à Bonnétable[5], dans la petite cour qu'y tenait la comtesse de Soissons ; il y connut son fils, Louis de Bourbon, sa fille Louise qui devint la première femme du duc de Longueville, son autre fille, la princesse de Carignan, sa petite-fille, Mlle de Longueville, future duchesse de Nemours, à qui il adressa des *Étrennes* qui nous sont restées[6] ; des poètes venaient souvent à Bonnétable, l'abbé de Croisilles, l'auteur des *Bergeries*, et Rotrou, déjà commensal du comte de Belin. Des troupes de passage se détournaient parfois de leur route pour charmer les loisirs de la maîtresse du lieu et de son fils, protecteur des artistes et des comédiens[7]. On y dansait des ballets qu'organisait Louis de Mollier, le célèbre musicien, danseur et luthiste que Scarron

---

[1] Costar, dans une de ses lettres, le plaisante lourdement sur sa polygamie (Courbé, 1858).
[2] Voir *Lettres de Costar*.
[3] Il mourut le 29 septembre 1638. Un de ses fils, Emmanuel, épousa la fille du comte de Tresmes, gouverneur du Maine ; un autre, René, fut assassiné le 7 décembre 1642 par son beau-frère, François de Rochechouart, marquis de Bonnivet. Scarron a célébré sa veuve. (*Étrennes à Mme de Belin*.) — Voir dans Chardon (*La vie de Rotrou mieux connue*) un chapitre consacré au comte de Belin.
[4] *Roman comique*, II, 17.
[5] *Roman comique*, I, 7
[6] *Œuvres*, VII, 322. *Étrennes à Mlle de Longueville*.
[7] *Légende de Bourbon, 1641*. Scarron y raconte que M. de Longueville le vint visiter deux fois et qu'il donna à Bourbon force comédies :

> Il lui coûta deux mille livres
> En argent, vêtements et livres,
> Dont les pauvres comédiens,
> Gueux comme des Bohémiens,
> Devinrent gras comme des moines
> Et glorieux comme chanoines.

connut et dont il resta l'ami[1] : c'est peut-être dans cette société qu'il développa son goût pour les ballets, mascarades, courantes, et pour la musique en général[2].

Au Mans, Scarron était reçu dans les meilleures familles de la ville, chez le sénéchal des Essarts, chez les Portail, chez le gouverneur du Maine, le comte de Tresmes, avec qui il resta lié d'une façon assez singulière. Scarron, comme on l'a vu, avait deux sœurs ; l'une, Anne, deux fois veuve, ne nous est connue que par la description qu'en fait son frère : « Elle allait dans les rues de son pied, la tête la première et crottée jusqu'au cul, façon de marcher qu'elle avait retenue de son père[3] » ; mais l'autre, Françoise, plus belle, « plus propre et plus délicate, habituée à porter de beaux souliers, » était appelée à une brillante fortune. Elle vint sans doute au Mans chez son frère, puisqu'elle fut connue de Mlle d'Escars ; ou peut-être M. de Tresmes fit-il sa connaissance plus tard à Paris, chez Scarron, qui habitait au Marais ; en tout cas, elle devint, en dépit de sa bigoterie[4], la maîtresse du comte[5], qui l'aima toute sa vie et qui en eut un fils. Scarron, au dire de Segrais, plaisantait sans pudeur sur les nobles relations de sa sœur, et il appelait le bâtard « son neveu à la mode du Marais[6] ». Mais ce fut surtout avec le secrétaire du duc

---

[1] Dans la *Sixième Gazette burlesque* (1655), Scarron dit qu'il vient de faire bonne chère avec « Molière, sa femme et sa fille ; » c'est Mollier qu'il faut entendre.

[2] Voir Chardon. *La Troupe du R. C. dévoilée*, IVe appendice.

[3]. *Œuvres*, I, 123. *Factum.*

[4] Mlle d'Escars écrit à Scarron en 1641 :

> Tu recevras aussi la gélinotte
> Et du gruau pour ta sœur la dévote.
>
> (*Œuvres*, VII, 84).

[5] M. de Tresmes ne devait pas être très jeune, car en 1639 son fils, le marquis de Gèvres, faillit épouser Marie de Hautefort. (Voir une pièce de la Bibliothèque nationale, fonds du Puy, 548, 549, 550. Hautefort-Gesvres, 1639.) — La Beaumelle raconte un peu différemment l'origine des relations de Françoise avec le duc de Tresmes : « Elle avait été fille d'honneur de la princesse de Conti, Marguerite de Lorraine. Cette petite cour vivait avec beaucoup de dissolution. Le maréchal de Bassompierre fut l'amant de la princesse, et le duc de Tresmes prit la fille d'honneur ; pour jouir d'une plus grande liberté, elle sortit de l'hôtel de Conti. » (*Mémoires pour servir à l'histoire de Mme de Maintenon*, I, 148.) — Françoise Scarron mourut en 1682.

[6] « Une des sœurs de Scarron, qui était très belle, a été entretenue par M. de Tresmes qui l'a aimée jusqu'à la fin de ses jours, et en eut un fils que Scarron appelait son neveu. » (Ce prétendu neveu fut baptisé sous le nom du sieur d'Estrumel, et on l'appela dans la suite Monsieur de Fontenay ; il épousa Anne de Thiboust, demoiselle d'une noble et ancienne famille, dont il eut deux filles. Mme de Maintenon eut la bonté de prendre soin de M. de Fontenay, qui fut son écuyer pendant quelque temps, et de ses deux filles qu'elle plaça à Saint-Cyr.) — « Scarron étant sur sa chaise percée, une personne vint le prier de vouloir parler à M. de Tresmes en sa faveur pour une affaire ; Scarron lui dit : « Ce n'est point à moi à qui il faut vous

de Tresmes, Rosteau, que Scarron se lia étroitement. Rosteau était un homme d'esprit, qui écrivait plutôt dans la manière de Voiture que dans celle de Balzac[1] ; railleur agréable, célèbre au Mans par sa générosité et par ses galanteries, il fut en correspondance avec Costar, qu'il fournissait de poudres, pommades, gants, bourses et sachets, et il étonnait le mondain et naïf chanoine par ses prodigalités et par ses exploits amoureux[2]. Il fut un ami précieux pour Scarron, qui l'aima beaucoup et en fit son confident le plus intime. La cinquième épître chagrine (1652) lui est adressée et débute par ce magnifique éloge :

> Rosteau, que j'estime et que j'aime,
> Pour le moins autant que moi-même ;
> Ami loyal et généreux,
> Galant, libéral, amoureux,
> Faisant toujours quelque maîtresse,
> Qui n'étant point ourse ou tigresse
> Aime mieux guérir des blessés
> Que de faire des trépassés,
> . . . .
> Le mal de ton éloignement
> M'a rendu chagrin diablement.

Avec lui et avec quelques autres jeunes gens du Mans[3], il menait une vie joyeuse, il faisait des escapades de nuit, il galantisait les dames, courait après les Angélique et les l'Étoile des troupes de passage, ou bien se moquait des petits avocats rageurs comme Ragotin, et des flegmatiques hobereaux comme La Baguenodière. Le jeune chanoine dépensait en une existence folle une santé qu'il croyait devoir être inusable.

On connaît le fameux récit de La Beaumelle, et il semble admis qu'on n'en doit tenir aucun compte : qui sait pourtant si le roman n'est pas infiniment plus près de la vérité qu'on ne l'a supposé ? « Au Mans, comme dans la plupart des villes de province, le car-
« naval finit par des mascarades publiques qui ressemblent assez
« à nos foires de Bezons. L'abbé Scarron voulut en être. Mais sous

---

« adresser pour cela : voyez ma sœur qui est là-haut ; elle le fera bien mieux
« que moi. » C'est assez dire que, sa sœur étant aimée de M. de Tresmes, elle pourrait mieux que lui faire réussir l'affaire dont il s'agissait. » (*Segraisiana*, dans les *Œuvres de Segrais*, 1755, tome II, page 105.)

[1] Il nous a laissé : *Sentiments sur quelques livres qu'il a lus,* mss. à la Bibl. Nat.
[2] Voir *Lettres de Costar* (I, 775-786).
[3] Par exemple avec Armentières dont Tallemant a parlé dans l'*Historiette de M*^{me} *de Sablé*. Armentières avait été l'amant de la marquise, puis il courtisa Mlle de Lavardin ; après l'avoir compromise durant quatre ans, il fut provoqué en duel par le vicomte de Lavardin, et tué à terre, paraît-il.

« quel déguisement s'envelopper ? Il avait à sauver à la fois la sin-
« gularité de son caractère et la décence de son état, l'église et
« le burlesque. Il s'enduit de miel toutes les parties du corps,
« ouvre un lit de plume, s'y jette et s'y retourne jusqu'à ce que le
« sauvage soit bien empenné. Il va courir à la foire et en attire
« toute l'attention. Les femmes l'entourent : les unes s'enfuient,
« les autres le déplument ; tout se réunit contre lui, et bientôt le
« beau masque a plus l'air d'un chanoine [1] que d'un Américain. A
« ce spectacle, le peuple s'attroupe, est indigné, crie au scandale.
« Scarron se dégage de la foule. Poursuivi, dégouttant de miel et
« d'eau, partout relancé, aux abois, il trouve un pont [2], le saute
« héroïquement et va se cacher dans les roseaux. Ses feux
« s'amortissent. Un froid glaçant pénètre ses veines et met dans
« son sang le principe des maux qui l'accablèrent depuis..... [3] »
Quelle que soit l'authenticité de ce récit, il est certain qu'une
étrange maladie dont il avait déjà ressenti trois années auparavant les premières atteintes [4], fondit sur lui en 1638 [5], alors qu'il
ne songeait qu'à s'amuser et à bien vivre. Dans l'*Épithalame du
comte de Tessé*, qui fut sans doute écrit à la fin de cette même
année (car le mariage fut célébré le 8 novembre dans la chapelle
du château de Malicorne), il parle déjà de ses maux :

> En danger d'être cul-de-jatte,
> Pour moi, je suis dans un grabat,
> Sans manchettes ni sans rabat,
> Sans remuer ni pied ni patte ;
> Je n'ai plus de force au jarret,
> Quoique je sois plus gras qu'un engraissé gorret [6].

Il s'agit du début de la maladie, puisque Scarron a seulement
peur de devenir cul-de-jatte, et puisqu'il n'a pas encore perdu
son embonpoint ; cinq ans plus tard il dira qu'il est « assis sur
deux os pointus [7] ».

---

[1] Il faut noter que La Beaumelle donne son canonicat comme antérieur à la maladie, et il a raison.
[2] « Ce pont a été longtemps appelé le pont Scarron. » (Note de La Beaumelle.)
[3] La Beaumelle. *Mémoires pour servir*, etc..., tome I, p. 129.
[4] *Ibid.*
[5] Dans le premier chant du *Typhon*, Scarron fixe expressément la date : il dit qu'il fut persécuté par la maladie, dès lors

> Que du très adorable corps
> De notre reine, que tant j'aime,
> Sortit Louis le quatorzième.

Or Louis XIV naquit le 15 septembre 1638. — Voir aussi *Œuvres*, VII, 69.
[6] *Œuvres*, VII, 208. Il devait loger alors à l'évêché ; mais il avait commencé par habiter dans une maison qui existe encore, place Saint-Michel, n° 1.
[7] *Œuvres*, VII, 257.

Quelle fut la nature de cette maladie? Il faut écarter les hypothèses malveillantes de Cyrano de Bergerac[1] à qui sa ferveur mazarine a dicté une invective furieuse, de Gilles Boileau[2], ennemi personnel de Scarron, et de Tallemant des Réaux[3], qui a sali de ses médisances presque tous ceux dont il a parlé. S'il n'était pas répugnant de discuter une pareille question, on pourrait montrer que tout ce que nous savons des souffrances de Scarron proteste contre la supposition injurieuse de ses ennemis. Mais passons. Cette maladie, dont Scarron ne guérit jamais, semble avoir été au début une attaque de rhumatisme articulaire, qui se compliqua de myélite. L'auteur anonyme de la *Vie de Costar*, qui a connu Scarron, et qui a recueilli de sa bouche même, à ce qu'il nous affirme, des renseignements sur sa maladie, dit qu'elle consista d'abord « dans une fièvre continue, qui fut suivie d'un violent rhumatisme. » Qu'est-ce autre chose que la « lymphe âcre » qui, suivant La Beaumelle et Bruzen de la Martinière, se jeta sur les nerfs de Scarron, et occasionna bientôt après « la sciatique, la goutte, le rhumatisme? » Dès lors, cette histoire de carnaval, dont on se moque si fort, ne devient pas si ridicule, ni si invraisemblable; elle ne contredit ni le caractère de Scarron, ni la nature de son mal, et s'il n'y a pas de preuve certaine qui la confirme, il n'y a du moins aucune raison de la rejeter *a priori*. Il est vrai que Scarron, d'ordinaire assez bavard, n'a jamais rien raconté de pareil : on pourrait pourtant voir une lointaine allusion dans les remords que le malade a laissés parfois percer :

> Pour moi, je sais que mes offenses
> Veulent de rudes pénitences,
> Et que si j'ai des maux cuisants,
> J'en ai fait en mes jeunes ans
> Qui méritent ce que j'endure,
> Et même une peine plus dure[4].

et ailleurs :

> Car j'ai trop mérité le tourment que j'endure[5].

---

[1] Cyrano de Bergerac. *Lettre XI, contre Ronscar*. La maladie de Scarron y est appelée du nom le plus cru, et l'auteur entoure cette accusation de plaisanteries ignobles sur le dieu Mercure, sur l'archet où l'on faisait suer les malades, sur la drogue de Naples, etc.
[2] Dans une épigramme citée par Scarron lui même (I, 272, *Lettre à Fouquet*), qui méprisait cette calomnie, ainsi que d'autres.
[3] Tallemant dit que Scarron eut « une maladie de garçon. »
[4] *Œuvres*, VII, 133.
[5] *Œuvres*, VII, 245.

Faut-il seulement voir dans ces vers un accès d'humilité chrétienne, ou bien des regrets plus précis ?...

Le mal, après s'être annoncé violemment, semble avoir donné quelque répit au patient. Scarron se releva de ce grabat d'où il avait écrit son *Épithalame,* et il vit ses souffrances diminuer pendant deux ans. Dans des vers écrits en 1643, il se plaint d'être cloué sur sa chaise depuis trois ans[1] ; il aurait dit cinq, si la maladie n'avait eu aucune trêve. Sans redevenir le baladin ingambe qui dansait des aubades, il put goûter encore quelques plaisirs, plus sages et plus durables, dans ce pays qu'il allait bientôt quitter.

Le 26 décembre 1639 arriva au Mans Marie de Hautefort[2] qui se fit présenter Scarron, et qui resta toujours pour lui la plus douce et la plus indulgente des protectrices. Elle y venait en disgrâce, après avoir eu de grands succès à la cour dans la charge de dame d'atours qu'elle occupait avec sa grand-mère Mme de la Flotte-Hauterive. Profondément dévouée à la reine, qui la chérit jusqu'au moment où Mazarin s'empara de son cœur, elle la consolait doucement de l'abandon où la laissait le roi ; elle avait même su inspirer une chaste et profonde passion à ce monarque désœuvré, qui oublia un instant pour elle ses oiseaux et ses favoris[3] ; Anne d'Autriche s'en réjouissait, et dans cet amour qui n'était pas pour elle elle croyait pourtant recouvrer un peu son royal époux ; mais le pieux manège avait éveillé la jalousie soupçonneuse du cardinal qui sentait le roi lui échapper, et qui exigea l'éloignement de la dame d'atours. Elle partit, avec sa sœur aînée, Mlle d'Escars[4], son jeune frère, M. de Montignac, et celle qu'elle croyait son amie, Mlle de Chémerault. Elle arrivait au Mans dans l'hôtel de sa grand-mère, à vingt-trois ans, précédée par la renommée de sa fortune et de ses vertus, aimée d'un roi, chérie d'une reine, dans tout l'éclat de cette beauté blonde[5], que les

---

[1] *Œuvres,* VII, 196. *Élégie à Mme de Hautefort revenant à la cour* (après la mort de Louis XIII).
[2] Voir le livre de Cousin : *Mme de Hautefort.*
[3] L'histoire du billet que le roi voulut prendre avec des pincettes dans la gorge de Mme de Hautefort est trop connue pour que je la raconte ici.
[4] Charlotte de Hautefort, appelée Mlle d'Escars, née en 1610, fille d'honneur de la reine, mariée en 1653 à François de Choiseul, marquis de Praslin, morte en 1712 à cent deux ans. D'un naturel fort gai, elle fit des vers à Scarron, qui lui a dédié plusieurs pièces ; elle flattait ses instincts de gourmandise et lui envoyait à Paris des chapons, des perdrix, un pâté, des pruneaux, du gruau, etc.
[5] Voici le portrait qu'en trace l'auteur de la *Vie manuscrite de Mme de Hautefort :* « Mme de Hautefort est grande et d'une très belle taille ; le front large en son contour, qui n'avance guère plus que les yeux, dont le fond est bleu et le coin bien fendu ; leur vivacité est surprenante et leurs regards

poètes de Louis XIII ont chantée dans leurs vers à Aurore, et qui fut encore célébrée dans le portrait d'Olympe, du recueil de Mademoiselle.

Sa maison ouverte à tous, même aux petites gens, fut bientôt connue de Scarron, qui devint un des familiers de la belle exilée. Marie de Hautefort et sa sœur, qui avaient un caractère fort enjoué, durent se plaire dans la fréquentation du joyeux abbé ; leur bon cœur dut prendre aussi en compassion les souffrances du malade mal guéri ; elles surent s'en faire aimer, non seulement pour le bien qu'elles lui firent, mais pour elles-mêmes. Scarron qui a loué, flatté et remercié tant de personnes pour de l'argent, chérit vraiment Marie de Hautefort, pour sa bonté simple, pour sa piété droite, éloignée de toute pruderie. Il faut lire la fin de la première *Légende de Bourbon,* où le pauvre cul-de-jatte, en 1641, parle avec une émotion, qui ne lui est pas ordinaire, de l'hiver qu'il passa auprès de ses aimables protectrices, blotti sous cette grande cheminée,

> Dont si chaude était l'haleinée,

des longues causeries, où l'on se moquait des Manceaux et des Mancelles, mais sans méchanceté ; des attentions dont le comblaient les deux sœurs ; des excellentes confitures qu'on lui offrait ; de tous les gens de service, dévoués à leur bonne maîtresse et obligeants pour les hôtes de la maison :

> Hélas ! que vite fut le cours
> De ces irretournables jours
> Pendant lesquels j'eus l'honneur d'être
> Connu de vous et vous connaître !
> Hélas ! qui me peut consoler
> A moins que de me faire aller
> Vers l'heureuse ville où vous êtes,
> Où tant de bienheureux vous faites,

modestes ; ses sourcils sont blonds, assez bien fournis, se séparant les uns des autres à l'endroit où se joint le front ; le nez aquilin ; la bouche ni trop grande, ni trop resserrée, mais bien façonnée ; les lèvres belles et d'un rouge vif et beau ; les dents blanches et bien rangées. Deux petits trous aux côtés de la bouche achèvent la perfection et lui rendent le rire fort agréable. Elle a les joues bien remplies ; la nature s'est complue à y mêler le blanc et le vermeil avec tant de mignardise que les roses semblent s'y jouer avec les lis. Elle a les cheveux du plus beau blond cendré du monde, en quantité et fort longs, et les tempes bien garnies. Elle a la gorge bien faite, assez formée et fort blanche, le cou rond et bien fait, le bras beau et bien rond, les doigts menus et la main pleine. Elle a l'air libre et aisé, et quoiqu'elle n'affecte pas de certains airs que la plupart des belles veulent avoir pour faire remarquer leur beauté, elle ne laisse pas d'avoir un air de majesté dans toute sa personne, qui imprime à la fois le respect et l'amitié. »

> Où j'ai pu vous considérer,
> Et sans cesse en vous admirer
> La vertu la plus consommée,
> La fille la plus renommée,
> Que la France jamais aura
> Tant que le monde durera ?
> Félicité trop tôt ravie !
> Seuls moments heureux de ma vie !
> Tous mes souhaits sont superflus ;
> Non, non, vous ne reviendrez plus ! [1]

Scarron disait vrai : cet heureux moment, en effet, n'avait guère duré, seulement un hiver. Dans le courant de l'année 1640, Scarron, inquiété peut-être par le retour de son mal, ou bien appelé par la disgrâce subite de son père, quitta la ville où s'étaient écoulées les plus belles années de sa vie. Il pensait faire un simple voyage, pour régler des affaires de famille, et revenir bientôt dans son canonicat, qu'il occupait toujours. Il n'y devait retourner que six ans après, pour y passer à peine quelques semaines : il avait compté, hélas ! sans les misères et les souffrances qui l'attendaient au sortir du Mans.

[1] *Œuvres,* VII, 9.

CHAPITRE II

JUSQU'A SON MARIAGE

1640-1652

Disgrâce de l'Apôtre. — La maladie de Scarron s'aggrave. — Les eaux de Bourbon ; l'hôpital de la Charité. — Mort de l'Apôtre, au moment où son fils venait d'obtenir sa grâce. — Le procès de Scarron. — Scarron chez la reine. — Premiers recueils de vers burlesques. — La dédicace du *Typhon*. — La pension de Scarron. — Voyage au Mans. — Réputation de Scarron. — Peinture de ses maux. — La Fronde : Scarron est d'abord royaliste. — Il se déclare contre Mazarin. — Il est entraîné par la Fronde et a l'air de la diriger. — Calomnies auxquelles il est en butte : Cyrano de Bergerac. — Fin de la Fronde ; découragement de Scarron.

Scarron ne trouva plus son père à Paris. Depuis longtemps l'Apôtre était mal en cour, à cause de la sourde opposition qu'il faisait dans le Parlement aux projets du Cardinal. Déjà en 1638, l'orage avait failli éclater sur sa tête ; Richelieu avait exilé maître Barillon, président aux enquêtes ; le président Gayan, les conseillers Salô, Beauregard, Sevin et Tibeuf-Bouville [1] ; Scarron fut par bonheur épargné. Mais au commencement de l'année 1640, le roi ayant soumis à la vérification du Parlement un édit qui créait seize nouvelles charges de maître des requêtes, la Compagnie, lésée dans ses prérogatives et dans ses intérêts, fit l'opposition la plus vive : l'Apôtre prononça alors un violent discours. Devant cette résistance, Richelieu résolut de frapper un grand coup :

---

[1] *Mémoires de Bassompierre*, IV. 328.

Paul Scarron fut exilé près de Blois [1], le conseiller Laisné à Ruel, et le maître des requêtes Gamin fut emprisonné à la Bastille [2] (31 janvier). L'Apôtre se retira d'abord au prieuré de Longpont, où il avait un frère religieux [3]. C'était un rude coup pour lui et pour les siens, et le fils a souvent reproché au père d'avoir causé la ruine de sa famille par sa *Catonnerie* :

> Je jure alors et même je médi
> De l'action de mon père étourdi,
> Quand, sans songer à ce qu'il allait faire,
> Il m'ébaucha sous un astre contraire,
> Et m'acheva par un discours maudit
> Qu'il fit depuis sur un certain édit !
> Mais, n'en déplaise à sa Catonnerie,
> Il fut Caton avec trop de furie [4].

> ....
> Quatre ou cinq fois maudit soit sa harangue,
> Que langue fit et dont punie est langue !...
> O Barillon, Salò l'aîné, Bitaux,
> Votre parler nous cause de grands maux ;
> S'eussiez été toujours harpocratiques
> Point ne seroient les deux Pauls faméliques [5].

Cet exil ne devait pas être cette fois, comme il l'avait été pour tant d'autres, un court éloignement, suivi d'un retour en grâce ; l'Apôtre s'en aperçut bien à la lettre royale par laquelle on lui signifiait sa punition : il s'y trouvait des reproches très durs ; on y parlait de son incontinence et de son incapacité à rendre la justice. Dans le premier moment de colère, il répondit par boutade que c'était chez le premier président qu'il avait appris à boire ; mais bientôt il se fit plus humble et envoya une lettre très soumise au terrible cardinal [6]. Rien n'y fit ; loin de désarmer, Richelieu voulut en finir une fois pour toutes avec les résistances : le 21 février 1641, le roi fit lire une déclaration par laquelle il restreignait les pouvoirs du Parlement et il supprimait purement et simplement les charges de Paul Scarron l'aîné, de Bitaut, de Sévin et de Salò, conseillers, ainsi que de Barillon, président ;

---

[1] Jean Scarron, que les éditeurs des mémoires du temps confondent perpétuellement avec Paul Scarron l'aîné, ne se signala jamais par son indépendance : il resta tranquillement en possession de sa charge ; il en est encore question en 1645 dans les *Mémoires de Mathieu Molé*.
[2] *Mémoires de Bassompierre*, IV, 328 ; *de Mathieu Molé*, II.
[3] Urbain Scarron.
[4] *Œuvres*, VII, 89. *Épître III à Pellisson*.
[5] *Œuvres*, VII, 43. *Requête à Monseigneur le Cardinal duc de Richelieu*.
[6] *Lettres de Henry Arnauld. Au président Barillon*, 5 février 1640.

défense était faite au Parlement de les recevoir, aux sujets de les reconnaître. Les magistrats tentèrent une timide protestation en faveur de Scarron ; ils laissèrent longtemps sa place vide à la grand'chambre : le roi dut se plaindre encore et ordonner de pourvoir au remplacement de l'Apôtre [1] ; le Parlement effrayé, se soumit, et l'Apôtre, privé de sa charge, resta en exil, aigri, découragé, au milieu des récriminations et des médisances stériles de sa femme [2]. La colère du cardinal était si forte qu'il n'y avait pas de grâce à implorer : il n'y avait qu'à attendre.

On ne sait si dès cette époque le jeune Scarron, arrivé à Paris, intercéda en faveur de son père : il n'en eut du reste guère le temps, forcé de songer à lui-même et à ses propres misères. Le mal dont il se croyait guéri était revenu plus horrible. Ces débuts de la maladie de Scarron sont tellement obscurs et ont donné lieu à tant de légendes, qu'il importe d'insister sur deux ou trois témoignages précieux et peu connus qui en sont restés. Il est hors de doute que cette rechute fut causée par un remède que lui donna un médecin ignorant. Tallemant dit qu' « un charlatan, voulant le « guérir, lui donna une drogue qui le rendit perclus de tous ses « membres [3]. » L'auteur de la *Vie de Costar,* dédiée à Ménage, affirme que Scarron lui-même a certifié la chose, « dans toute « l'ingénuité et la franchise dont son esprit et son cœur étaient « capables… Il commençait à se guérir de ces deux grandes ma- « ladies (fièvre continue et violent rhumatisme) ; et, fatigué du « chagrin et de l'ennui d'avoir été longtemps retenu dans sa « chambre, il crut qu'un peu d'exercice dissiperait le reste de « l'humeur qui l'incommodait encore, et il s'en alla, s'appuyant « sur un bâton, entendre la messe de Saint-Jean-en-Grève ; il « n'était point logé loin de cette église, et passant par le marché, « qui en est proche, il y rencontra un jeune médecin qu'il con- « naissait et qui était domestique de l'illustre Mme la marquise de « Sablé. Après qu'ils se furent salués, et que cet empoisonneur, « de volonté ou probablement par ignorance, eut appris du pauvre « convalescent ce qui l'avait mis dans cet état de faiblesse, il lui « promit qu'il lui enverrait le lendemain matin une médecine « toute prête à prendre, et il l'assura qu'elle achèverait de le « guérir si promptement et si entièrement que deux jours après

---

[1] Voir les *Mémoires du président Molé.*
[2] « Il est vrai que la femme de l'Apostre déclame contre l'Amy (Barillon) en toutes occasions ; mais je n'ai pas encore éclairci si elle a dit ce que l'on a dit touchant M. de Vendosme. Son animosité, comme vous savez, vient de l'affaire de certaine fille… » (Lettre de Henry Arnauld, 27 mars 1641.)
[3] Tallemant des Réaux. *Histor. du petit Scarron* au début.

« il se trouverait en parfaite santé. Il fut véritable en ce qui était
« de l'envoi du breuvage, qu'il appelait médecine, mais il fut très
« faux en ce qui était de l'effet heureux dont il l'avait assuré ; car
« dans le temps qu'il lui avait marqué pour sa guérison, elle lui
« brûla les nerfs, et il sentit une si terrible contraction que jamais
« homme n'a été plus estropié, ni plus contrefait que lui[1]...... »
Quel fut ce « charlatan », « ce jeune médecin de la marquise de
Sablé » qui rendit un si mauvais service à Scarron ? Nous pourrions le deviner assez aisément, mais un troisième document, très précieux, dit clairement son nom[2]. C'est le galant, pédant et ignorant La Mesnardière, aussi mauvais poète que maladroit médecin, qui sut pourtant se faufiler auprès de la marquise de Sablé, cette éternelle malade imaginaire, et qui eut même la chance d'entrer, par la faveur du Cardinal, à l'Académie française. On se moqua toujours de lui ; il était ridicule, nous dit Tallemant, par des bas couleur de feu qu'il arborait toujours dans les ballets, croyant par cela enflammer tout le monde[3] ; pourtant la protection de Richelieu et sa propre vanité lui ouvraient tous les salons. Ce fut ce personnage, d'après les témoignages formels que nous avons cités, qui fut la cause du long martyre de Scarron ; et pourtant, comme il avait péché par sottise plutôt que par méchanceté, le pauvre malade ne lui en garda pas rancune[4]. Le nom de La Mesnardière se trouve deux ou trois fois dans les œuvres de Scarron : c'est à peine si l'ironie perce sous l'appellation de *docte* que lui décerne le poète, qui avait pourtant bien le droit de douter de sa science. Le bourreau ne garda pas non plus rancune

---

[1] *Vie de Costar* par un anonyme.
[2] *Note de l'anonyme*. Il y est dit expressément : « Ce fut La Mesnardière qui donna, pour un léger mal, des pilules à feu M. Scarron (mary de Mme la marquise de Maintenon) qui luy causèrent une contraction des nerfs qui augmenta jusques à sa mort. »
[3] Tallemant dit encore : « Dans ses vers il mettait en italiques certains mots par ci par là, on n'a jamais su pourquoi. On le lui demanda : « C'est « un mauvais conseil que quelques-uns de mes amis m'ont donné de mar- « quer ainsi ce que je croyais de plus fort dans mes vers. » Saint-Amant, à qui on le rapporta, dit : « Je pensais qu'il eût voulu marquer le plus faible. » (*Histor. de Chapelain.*)
[4] Il y a dans la première *Légende de Bourbon* (1641) un passage obscur qui pourrait peut-être se rapporter à La Mesnardière. Scarron parle de sa brouille avec un personnage qu'il appelle « notre Scholastique » (?).

> L'on m'a dit qu'il ne m'aime mie
> Pour certaine quérimonie :
> Mais que le mal que je lui veux
> Depuis les pieds jusqu'aux cheveux
> M'afflige, si pour lui rancune
> Dans le cœur je conserve aucune,
> Si pour lui je garde aucun fiel ;
> Ainçois je me sens tout de miel !

à la victime, comme il arrive souvent ; en 1656, il célébra à son tour, sans la moindre gêne, « le rare et fameux malade... de cent maux tributaire » ; il lui fit même l'honneur de devenir fort amoureux de sa femme [1].

Dès lors la vie de Scarron ne fut plus qu'un long martyre : la souffrance habita pour toujours dans son pauvre corps amaigri et tordu ; les nerfs se retirèrent, les articulations se nouèrent : des légions de maux torturèrent chacun de ses membres. Le désespoir du malade fut immense. Avoir trente ans, s'être vu admiré et choyé pour les grâces de son corps et pour les charmes de son esprit, poète heureux à qui la fortune souriait, et, au moment où il pouvait prétendre à la gloire et à l'amour, être brusquement terrassé par la maladie la plus atroce, devenir un objet d'horreur en même temps que de pitié, enfin être condamné à n'être plus même un homme, mais un cul-de-jatte, tel était le sort réservé au galant abbé Scarron, qui avait dansé le ballet chez Mme de Soissons et fait tourner plus d'une tête au Mans. Il ne put croire d'abord à une telle injustice, et il se révolta contre cette affreuse destinée. Il quitta le lit de douleur qu'il occupait dans son petit logement de la rue de la Tixéranderie, au Marais ; porté sur un brancard, il courut de côté et d'autre après une guérison qui fuyait toujours devant lui :

> J'ai mainte province courue
> Pour trouver quelque allègement,
> Mais, hélas ! toujours vainement,
> Vainement je bats la campagne,
> Toujours ma douleur m'accompagne,
> Toujours de ma douleur chargé
> Je crie comme un enragé [2].

Les eaux thermales de Bourbon-l'Archambault étaient alors en grande faveur [3] : elles passaient pour avoir une vertu à peu près universelle [4], mais étaient surtout employées contre les rhumatismes et les paralysies. Scarron y accourut et y passa six semaines, à l'automne de 1641. S'il n'y obtint pas de soulagement à ses maux, comme il l'avait espéré, du moins il y rencontra une nom-

---

[1] *Poésies de Jules de la Mesnardière*, 1656. Sommaville. (*Galanterie à la belle Indienne.*)
[2] *Œuvres*, VII, 4. *Légende de Bourbon* (1641).
[3] Cette faveur se continua pendant tout le XVIIe siècle : ce fut le Vichy du temps.

[4] Quoique le ciel ait en ces eaux
Mis des remèdes pour tous maux.
(*Ibid.*).

breuse et brillante compagnie de baigneurs qu'il fréquenta et où il conserva de précieuses relations. Il y retrouva quelques-unes des personnes qu'il avait connues au Mans : M. de Vassé, M. de Longueville, qui vint le visiter deux fois, et qui joua au Mécène, retenant à grands frais une troupe de comédiens, pour distraire la noble société. L'amitié de Mme de Hautefort ne fut pas non plus inutile à Scarron ; elle avait connu à la cour la plupart des personnages qui se trouvaient à Bourbon et elle en était aimée ; il suffit que Scarron parlât d'elle pour obtenir les bonnes grâces du comte de Béthune et de son beau-frère, le comte de Saint-Aignan. Bien d'autres noms sont encore cités dans la relation poétique que Scarron envoya à sa protectrice sur son séjour à Bourbon, les noms de Beautru, de la Feuillade, de Rantzau, blessé récemment au siège d'Arras. Enfin Scarron revint à Paris, toujours malade, accompagné de Mlle de Clisson, la sœur de la belle Montbazon[1]. On ne sait ce qu'il fit pendant l'hiver : il le passa sans doute à souffrir ; mais, dans l'été de 1642, il retourna à ces eaux de Bourbon, dont il s'obstinait à espérer sa guérison. Comme la première Légende avait eu un grand succès, et que certaines personnes lui avaient su bon gré d'y être citées, il en adressa une seconde à Mme de Hautefort, au Mans, plus longue, plus détaillée, plus remplie de noms, et en somme moins intéressante. Le malheureux perclus s'était logé devant les sources, pour avoir moins de chemin à faire, et il voyait défiler sous ses yeux les princes et les grands seigneurs. Il y connut Gaston d'Orléans qui, souffrant de la goutte, était venu à Bourbon avec son médecin Brunier ; le prince s'intéressa aux misères de Scarron et conserva de l'amitié pour lui. Scarron ne s'ennuya point, malgré ses souffrances ; il se faisait porter au bal, et fréquentait des gens de lettres comme Patrix et le Sauvage[2], les gentilshommes de Gaston, comme le baron de Clinchamp, et Valon, joueur effréné, ou bien de grands seigneurs comme le comte d'Avaugourt, qui allait épouser la belle et infortunée Mlle de Lude[3], la veuve du maréchal de Schomberg, avec son fils, futur époux de Marie de Hautefort, Mme et Mlle de Lesdiguières, la duchesse de Rohan, le comte de la Châtre, à la table desquels il était admis, M. et Mme de Fransaiche, qui l'emmenèrent chez eux et le soignèrent pendant tout un mois. Le séjour de

---

[1] Œuvres, ibid., page 7.
[2] Patrix, l'ami de Saint-Pavin et de Desbarreaux, est très connu. — Le Sauvage était un ami de Scarron, grand original, une sorte de mystificateur. (Voir son *Historiette* dans Tallemant.)
[3] Sœur de Mme de Roquelaure ; son mari la laissa mourir, toute jeune, de la petite vérole, à Clisson.

Scarron se prolongea bien plus cette année-là que la fois précédente, mais il ne semble pas, malgré les bons soins du médecin Guenault[1], lui avoir été plus profitable ; c'est à peine si sa main put tracer les vers qu'il envoya à sa protectrice ; il revint à Paris, plus malade que jamais.

Alors il eut recours aux expédients ; il apprit qu'à l'hôpital de la Charité un empirique passait pour guérir les paralysies, au moyen de bains de tripes ; il surmonta le dégoût que lui devait inspirer pareil remède, et il résolut de se transporter, à cet effet, dans le faubourg Saint-Germain. Il lui en coûtait de quitter ces petites chambres qu'il occupait au troisième étage, tout vis-à-vis de l'hôpital Saint-Gervais, dans une maison de la rue de la Tixéranderie, ce logis où il avait déjà tant souffert, mais où il avait reçu tant d'amis qui venaient consoler ses peines[2]. Il aimait ce quartier du Marais, si riche et si gai, où les financiers, qui y étaient en grand nombre, attiraient les dames galantes et de mœurs faciles, où avait été nourrie la jeunesse paresseuse de Cinq-Mars[3], où se donnait rendez-vous toute cette société voluptueuse et épicurienne que Scarron fréquentait déjà, avant de la réunir chez lui, comme il le fera dix ans plus tard, par les grâces de son esprit et par les charmes de Mme Scarron. Avant de partir, il voulut dire adieu à ce quartier favori,

> De tant d'honnêtes gens chéri,

à cette place Royale, si brillante et si propre auprès des autres quartiers de Paris,

> ..... Beau pays où la botte
> Se conserve longtemps sans crotte,

à ces belles maisons qui l'enveloppaient d'un tour régulier, à ces rangées d'arbres sous lesquelles s'était battu le malheureux

---

[1] Scarron resta l'ami de son frère et de son fils.

[2] C'est là que mainte âme loyale
Daigne venir dessous mon toit,
Où tout malheureux on me voit,
Quoique dans une bonne chaise,
Et jour et nuit mal à mon aise.
Œuvres, VII, 26. *Adieu au Marais*.

[3] Scarron a pleuré la mort de Cinq-Mars (1642) dans un sonnet composé pour Mlle Marie de Gonzague. (*Œuvres*, VII, 331.)

comte de Boutteville, à ces fontaines jaillissantes, à cette statue de Louis XIII,

> beau roi de métail,
> Juché dessus un piédestail,

et surtout aux amis qu'il laissait, à Sarrasin, dont il appréciait tant les spirituelles causeries [1], à Mondori, à tous les grands seigneurs et grandes dames du lieu, notamment au prince et à la princesse de Guyméné, à la duchesse de Rohan, si bonne pour lui, à la comtesse de Belin, qu'il avait connue au Mans, aux comtesses de Lude et de Suze, qu'il célébra plusieurs fois dans ses vers, à l'équivoque Mme de Bassompierre, à la toujours belle Marion Delorme [2] :

> Chez qui l'on voit grande chiorme,
> De beaux amants tout parfumés,
> De qui les soupirs enflammés
> Ont tout noirci la cheminée...

enfin à celle qui, déjà célèbre par son esprit et par ses galanteries, allait devenir la reine de ce pays de plaisir :

> Charmant esprit, belle Ninon :
> La maîtresse d'Agamemnon,
> N'eut jamais rien de comparable
> A tout ce qui vous rend aimable,
> Était sans voix, était sans luth,
> Et mit pourtant les Grecs en rut
> De si furieuse manière
> Que, ma foi, ne s'en fallut guère
> Que tout leur camp n'en fût gâté
> Par messire Hector irrité :
> Tant est vrai que fille trop belle
> N'engendre jamais que querelle.
> De peur qu'il n'en arrive autant,
> Tâchez de n'en blesser pas tant,
> Et commandez à vos œillades
> De faire un peu moins de malades.

Tel fut l'adieu que Scarron adressa *au Marais et à la place*

---

[1] Adieu, doux ami Sarrasin ;
Moins savoureux est un raisin
En la saison de la vendange
A moi qui volontiers en mange,
Que n'est ta conversation
Très digne d'admiration.
(*Adieu au Marais*).

[2] Voir aussi les *Étrennes à Mlle Marion Delorme* (*Œuvres*, VII, 326) ; elles sont sans doute du même temps.

Royale, la veille du jour où il partit au faubourg Saint-Germain pour tremper son « très sec parchemin » dans l'horrible « tripotage » auquel il demandait la santé.

Le lendemain, il se fit transporter dans le logement qu'il avait loué, à cent pas de l'hôpital, dans la rue des Saints-Pères. Il y avait longtemps qu'il n'avait fait un pareil trajet dans Paris, et le pauvre malade, assis et cahoté dans sa chaise, trouva le moyen de rimer joyeusement, chemin faisant, sur la douleur que lui donnait

>Un derrière pointu qui n'a plus d'embonpoint.
>..............................
>Étant une pièce si rare
>Que l'on devrait vous tenir cher !
>Hé ! que la coutume est barbare
>De porter vêtements afin de vous cacher [1] ! .

On ignore le temps que dura le traitement de Scarron à l'hôpital de la Charité ; il y resta au moins jusqu'à l'époque de la célèbre foire Saint-Germain qui se tenait au printemps de chaque année ; il la décrivit longuement dans des vers burlesques qu'il dédia à Gaston d'Orléans [2]. Il n'y dut pas rester longtemps [3], car il s'ennuyait à mourir, loin de ses amis du Marais, qui le négligeaient et ne venaient plus le voir si loin. Il s'en plaint vivement dans une épître à Sarrasin [4], son ancien voisin :

>Tu pouvais bien me rendre une visite,
>Lors, te voyant, de joie non petite
>Mon pauvre cœur eût été consolé....

En attendant, il n'allait pas mieux ; il se déclare « hâve, pâle et défait », « le plus chétif d'entre les culs-de-jatte », « carcasse décharnée ». Le bain de tripes fut de nul effet, s'il n'aggrava pas le mal. Et pourtant le pauvre Scarron, en dépit de ses souffrances, ne perdit pas tout à fait confiance ; il passa sa vie à courir après des guérisons imaginaires. S'il a été si gai, et s'il a porté si allègrement sa douleur, ce n'est pas, quoi qu'on en ait dit, à la façon des stoïciens qui supprimaient le mal par un triomphe d'énergie morale, c'est parce qu'il est resté jusqu'à sa mort un grand enfant, qui ne put croire que l'existence fût fermée à jamais devant lui,

---

[1] *Œuvres*, VII, 232. *Le chemin du Marais au faubourg Saint-Germain.*
[2] *Œuvres*, VII, 234. *La foire Saint-Germain, à Son Altesse Royale.*
[3] En avril 1644, il était déjà retourné demeurer derrière la place Royale, chez une dame Bacot, dans un logis fort peu vénérable, dit-il, quoiqu'il touchât à l'hôtel de Mme de Chabot. *Œuvres*, VII, 259.
[4] *Œuvres*, VII, 77. *Épître à M. Sarrasin.*

et qui s'obstina à vivre par droit de jeunesse. Les moments de désespoir sont rares chez Scarron : il espéra toujours contre toute espérance.

Il avait peu d'argent : les revenus de son canonicat du Mans étaient bien minimes ; ses voyages, les soins qu'exigeait son mal, absorbaient ses faibles ressources ; son père, toujours exilé et dépouillé de sa charge, ne pouvait lui venir en aide. Avant son départ de la place Royale, il avait voulu profiter des précieuses amitiés qu'il avait contractées à Bourbon pour s'adresser au Cardinal lui-même. Il fit parler en sa faveur, puis se risqua à lui envoyer une *Requête*, la première, on peut dire, de ses œuvres vraiment burlesques [1]. L'entreprise était dangereuse : il fallait craindre d'exaspérer le ministre malade et facilement irritable. Scarron s'en tira à force d'esprit et de franchise ; il plaisanta sur la triste situation de son père

> A qui le nom d'Apôtre
> Sied maintenant bien mieux que pas un autre ;
> Car le bonhomme avec son hocqueton
> Se voit réduit à besace et bâton.

Il osa rappeler la faute du vieux conseiller, et parler

> De certain mal qu'on prend au Parlement
> Et qu'on ne prend ailleurs aucunement.
> Ce mal, nommé le zèle des enquêtes,
> Fait aujourd'hui grand mal à bien des têtes :
> Et croit celui qui s'en trouve entaché,
> Que trop parler ne fut jamais péché,
> Et n'est rien tel que monter en tribune
> Pour discourir de la chose commune.
> Depuis ce temps, mon père, ce dit-on,
> Crut qu'il fallait faire un peu le Caton.

Mais ce fut la faute des autres conseillers plutôt que la sienne. Il supplie le cardinal qui vient de faire quitter la *campagne*

> Au roi tanné qui commande en Espagne,

de la faire quitter aussi à l'Apôtre

> Qui reviendra sans mulet ni bagage,
> Un seul saint Paul faisant son équipage,
> Droit à Paris boire à votre santé,
> Car vous l'aurez certes bien mérité.

La péroraison est d'un burlesque presque pathétique ; le

---

[1] *Requeste du petit Scarron au grand Cardinal. M. DC XL II.* Elle parut à part, avant de figurer dans le recueil des Œuvres burlesques. (*Œuv.*, VII, 43.)

pauvre cul-de-jatte ne peut aller implorer lui-même le ministre :

> Car je ne peux marcher ni peu ni prou,
> Ne remuant ni pieds, ni mains, ni cou.

La pauvreté et la misère attristent les derniers jours du vieillard :

> Car l'Apôtre Scarron
> Bien que son nom rime au grand Montauron,
> N'est pourtant pas riche à la Montauronne,
> Ains un vieillard que misère environne,
> Et que misère enfin accablera :
> Mais, si Dieu plaît, votre Éminence aura
> Compassion d'un vieillard misérable,
> Qui fut plutôt malheureux que coupable.
> Permettez donc que ses membres veillis
> Soient vus encor dessus les fleurs de lis ;
> Vous lui rendrez certes un bon office ;
> Et, si vouliez que j'eusse un bénéfice,
> Ceci soit dit seulement en passant,
> Je n'en serais certes méconnaissant :
> Car être ingrat ne fut jamais le crime
> De moi qui suis pauvre en tout hors qu'en rime,
> C'est, en français, à dire que n'ai rien,
> Donnez-m'en donc ; ce faisant, ferez bien.

Enfin l'auteur sut dater cette requête de manière à rendre un délicat hommage aux conquêtes du grand ministre :

> Fait à Paris, ce dernier jour d'octobre,
> Par moi Scarron, qui malgré moi suis sobre,
> L'an que l'on prit le fameux Perpignan,
> Et sans canon la ville de Sedan.

Le cardinal daigna sourire ; et celui qui n'avait pas ressenti de pitié pour les malheurs d'un Cinq-Mars ou d'un de Thou se laissa fléchir par la requête burlesque du poète ; mais au moment où il allait accorder le retour de l'Apôtre, il mourut, le 4 décembre 1642. Scarron en fut pour sa requête et pour le *Remerciement* dont il l'avait fait suivre ; il y vit la suite de ce « guignon » qui ne le lâcha à aucun des moments de sa vie, et dont il finit par prendre philosophiquement son parti [1]. Il se hâta alors d'adresser au roi

---

[1] Il fut, nous dit-il, le pire des *porte-guignons* (Œuvres, VII, 142) ; quand on se faisait son ami ou son protecteur on avait grand'chance de mourir dans l'année : « Il en a coûté la vie à feu Armentières, et depuis peu au pauvre d'Haucourt, sans vous parler de beaucoup d'autres, que je vous

lui-même une autre requête [1], où il rappelait les bonnes dispositions du cardinal à son égard et où il implorait un peu de pitié pour ses maux et pour les malheurs de sa famille :

> Rendez le père au fils, et au père cassé
> Sa dignité cassée !

Le roi consentit ; mais, comme il tardait à signer l'arrêt de grâce, le poète effrayé s'adressa à Gaston pour le prier de hâter la décision souveraine :

> Mais puisque notre Roi veut bien qu'on désupprime
> Mon père, qui faillit par malheur seulement,
> Et qu'il ordonne enfin son rétablissement,
> Avancez-en l'effet, ô prince magnanime !

Scarron avait-il le pressentiment que sa requête porterait malheur à Louis XIII comme elle avait fait à Richelieu ? Il n'avait que trop raison : le roi eut à peine le temps de signer l'arrêt ; treize jours après il mourut. Cette fois Scarron crut avoir vaincu la malechance ; mais, par une fatalité extraordinaire, le vieux conseiller, lassé d'attendre, usé par l'inaction et par la disgrâce, venait de mourir lui aussi, dans la petite maison qu'il habitait entre Tours et Amboise [2] ; il ne put remonter sur ce siège fleurdelisé d'où il avait si souvent fulminé contre les ministres. Son ombre seule et sa mémoire furent vengées : le 28 avril 1643, le roi rétablit dans leurs charges tous les conseillers exilés, même Paul Scarron qui était mort ; le roi, dans la déclaration qui fut lue à la cour expliquait que c'était « .....non seulement pour con-
« server en la famille de l'un de ces Messieurs, qui est décédé, la
« résignation de son office, mais même pour effacer le préjudice

---

pourrais nommer et que vous ne connaissez pas, et que la mort n'a pris de trop bonne heure qu'à cause qu'ils s'étaient trop hâtés de m'aimer. Vous faut-il encore d'autres exemples pour vous faire voir que mon malheur est contagieux ? En voici : le cardinal de Richelieu est mort un mois après que j'en ai été connu, et que je fus assez heureux pour lui plaire. Le prince d'Orange n'eut pas plus tôt envie de me régaler qu'il en eut la petite vérole dont il est mort. Le président de Mesme ne la fit pas longue depuis qu'il m'eut visité dans un troisième étage. » (Œuvres, I, 176.) Nous pouvons ajouter à cette énumération Louis XIII, mort quelques semaines après la *Requête au Roi* ; Henri de Condé, mort quelques jours après l'*Epître à Monsieur le Prince* ; le père de Scarron, mort juste au moment où son fils venait d'obtenir sa grâce ; Scarron enfin, mort aussitôt après avoir obtenu l'office des déchargeurs qu'il ambitionnait depuis plusieurs années.

[1] Œuvres, VII, 45. *Requête au Roi*.
[2] Œuvres, VII, 51. *A la reine-mère* ; il était exilé à Loches, mais il mourut dans la métairie des Fougerets qu'il possédait près d'Amboise.

« que telle déclaration avait pu faire, estimant que le rétablisse-
« ment ne pouvait leur être que glorieux et honorable et les
« rendre plus considérables dans la compagnie et plus autorisés
« dans les fonctions de leurs charges[1]. »

La mort de l'Apôtre, qui aurait dû procurer à son fils une certaine aisance, devint au contraire pour lui la source de longs ennuis et d'un interminable procès. L'héritage devait se monter à une vingtaine de mille livres de rente (les frères Parfait disent vingt-cinq mille), auxquelles s'ajoutait sans doute le prix de la charge qui avait été restitué à la famille. Il semblait donc naturel que les enfants du premier lit, tous majeurs, fussent mis en possession de la part d'héritage qui leur revenait. Par malheur, Scarron, toujours pressé d'argent, avait commis l'imprudence de faire une donation entre-vifs de cette part d'héritage en faveur de la veuve et de ses trois autres enfants, moyennant une rente qui lui serait payée pour ses sœurs et pour lui. Quand fut faite cette donation? Sans doute du vivant même du père. Quoi qu'il en soit, ou bien la rente fut mal payée par la belle-mère qui trouvait que le paralytique vivait trop longtemps; ou bien Scarron voulut reprendre sa parole et faire annuler la donation; toujours est-il qu'à la mort de l'Apôtre s'engagea un grave procès entre les enfants de Gabrielle Goguet et ceux de Françoise de Plaix.

Ce procès dura neuf ans; ce fut, avec sa maladie, le grand tourment de la vie de Scarron; car tout son bien y était engagé. Que de fois il maudit cette donation faite à la légère:

> Et surtout le Seigneur vous garde
> D'être donateurs entre-vifs,
> Car les donataires sont juifs:
> Sitôt que la sottise est faite,
> Le trépas du sot l'on souhaite,
> Et s'il ne meurt c'est un larron,
> *Exemplum ut Paulus Scarron*[2].

Il n'est pas jusqu'à Énée qu'il ne loue, dans le *Virgile travesty*, de s'être gardé de pareille sottise. Il eut à lutter contre les lenteurs d'une procédure interminable, contre toutes les ruses qu'ourdissaient contre lui la belle-mère et ses enfants; seul il tint tête à tous, et défendit les intérêts de ses sœurs, qui étaient aussi les siens, avec la plus grande énergie. En 1646, il écrit à M. du

---

[1] Voir *Mémoires de Mathieu Molé*.
[2] *Œuvres*, VII, 107. *Épître à M. Fourreau*.

Laurent, conseiller des requêtes, pour le supplier de hâter la solution que retardait toujours la partie adverse :

> Souffrirez-vous qu'une donzelle
> Et qu'un procureur digne d'elle,
> Tous deux vrais diables en procès,
> Se disent maîtres du succès
> D'une affaire que l'avarice
> Et la chicane et l'artifice
> Font durer depuis si longtemps,
> Malgré les juges et leurs dents[1] ?

La chambre des requêtes finit par condamner les enfants du second lit à restituer à ceux du premier ce qui leur revenait, avec dépens. Sur ces entrefaites, la belle-mère mourut, à laquelle Scarron fit cette belle épitaphe :

> Ci-gît qui se plut tant à prendre,
> Et qui l'avait si bien appris,
> Qu'elle aima mieux mourir que rendre
> Un lavement qu'elle avait pris[2].

La Grand'Chambre allait confirmer par un arrêt la sentence des premiers juges, quand un des beaux-frères de Scarron, Robin de Sigogne, mari de Madeleine Scarron, le plus âpre et le plus hostile au poète, trouva le moyen de tout arrêter ; il fit intervenir un nommé Pasquier, invisible et introuvable, son créancier, disait-il, à qui il devait 3,000 fr. gagnés au hoc. L'affaire fut renvoyée à la chambre de l'édit ; comme l'arrêt allait être rendu, le même Pasquier, d'accord avec son débiteur, demanda évocation en un autre parlement : il eût fallu que Scarron allât plaider jusqu'à Castres. En vain Sigogne fut-il sommé de désintéresser son créancier, en vain Scarron et ses sœurs voulurent-ils, pour en finir, le désintéresser eux-mêmes, sauf recours contre le beau-frère, rien n'y fit ; un nouvel obstacle se dressa encore sous la forme de Nicolas Scarron, troisième fils de Françoise, encore mineur (il allait avoir vingt-cinq ans), qu'on mêla au procès et qu'on excita à demander une provision de 20,000 livres. Alors Scarron sentit sa patience lui échapper, et, au risque de perdre son procès devant les juges, il ne résista pas au plaisir de le gagner devant l'opinion. D'une plume encore plus alerte et plus caustique que celle dont Beaumarchais, un siècle plus tard, fustigera le juge Goezman et sa digne épouse, Scarron railla l'avidité de ses adversaires et la len-

---

[1] *Œuvres*, VII. 57. *Recommandation à M. du Laurent.*
[2] *Œuvres*, VII, 349. *Épitaphe.*

teur de la justice ; il composa le *Factum*[1] et la *Suite du Factum*. On ne peut rien imaginer de plus vif ni de plus amusant que ces pamphlets ; les beaux-frères, la belle-mère, l'Apôtre même n'y sont pas épargnés ; la triste situation de ses sœurs, ses propres maux sont décrits avec une verve burlesque ; il supplie les juges de ne pas rendre immortelles les chicaneries qui durent depuis plus de six ans, et d'empêcher que « le pauvre malade soit con-
« traint de se faire porter de la porte du conseil à celle d'une
« église..... S'ils sont assez indulgents pour ne pas faire rouer
« tout vifs le frère et les beaux-frères des enfants du premier lit
« et pendre leurs femmes, comme recéleuses, pour avoir volé
« leurs propres frères et sœurs dans la capitale du royaume, à la
« barbe de la justice, plus hardiment qu'on ne fait dans les grands
« chemins ; au moins seront-ils assez justes pour les condamner
« aux dépens, dommages et intérêts envers les enfants du pre-
« mier lit. Amen[2]. » C'était une imprudence ; car d'ordinaire il ne fait pas bon avec les juges avoir raison plus vite qu'ils ne le permettent. Scarron le vit bien. En vain il s'adressa au président de Bellièvre[3], qui avait connu son père, pour protester contre les lenteurs du procès et les chicanes des demandeurs :

> Les drôles sont sur leurs palliers,
> Tandis qu'après les conseillers
> Mes sœurs amassent force crottes.

Mais il resta à lutter seul contre les quatre procureurs de la partie adverse[4]. Madeleine Scarron avait juré de manger jusqu'à sa chemise en plaidant contre lui[5] ; elle espérait toujours que la

---

[1] *Factum, ou Requête, ou tout ce qu'il vous plaira, pour Paul Scarron, doyen des malades de France ; Anne Scarron, pauvre veuve deux fois pillée durant le blocus ; Françoise Scarron, mal payée de son locataire ; enfants du premier lit de feu maître Paul Scarron, conseiller en Parlement ; tous trois fort incommodés, tant en leurs personnes qu'en leurs biens, défendeurs ; — Contre Ch. Robin de Sigogne, mari de Magdeleine Scarron ; Daniel Boilleau, sieur du Plessis, mari de Claude Scarron ; et Nicolas Scarron, enfants du second lit ; tous sains et gaillards et se réjouissants aux dépens d'autrui, demandeurs* (1649). (Voir *Œuvres*, I, 119.)
[2] *Œuvres*, I, 123, 124.
[3] *Œuvres*, VII, 47. *Requête à M. le président de Bellièvre*. C'est à peu près le *Factum* mis en vers.
[4] MM. Targes, Jolly, Bruslé, Jurandon.
[5] Aussi faut-il lire la belle peinture qu'en fait Scarron dans une épigramme qu'il lança contre elle :

> Grand nez digne d'un camouflet,
> Belle au poil de couleur d'orange,
> Mâchoire à recevoir soufflet,
> Portrait de quelque mauvais ange,
> Face large d'un pied de roi,
> Gros yeux à prunelle grise, etc....
>   *Œuvres*, VII, 349. *Contre une chicaneuse qui jurait de manger jusqu'à sa chemise en plaidant contre Scarron.*

mort viendrait prendre le cul-de-jatte et assurer par là les pleins effets de la donation. Grâce à des intrigues et à des manœuvres de toutes sortes, le procès ne fut définitivement jugé qu'en 1652 ; dans l'intervalle, la Fronde avait eu lieu ; le Parlement, d'abord brouillé, s'était réconcilié avec la royauté ; Scarron, en revanche, s'était fait beaucoup d'ennemis, et, comme il annonçait son prochain départ pour l'Amérique, il n'était plus à ménager. En vain son avocat tenta d'émouvoir la pitié des juges en citant au début de sa plaidoirie ce vers de Virgile :

> Sedet, æternumque sedebit
> Infelix *Scarron* [1] ;

la donation entre-vifs fut maintenue ; les enfants du second lit durent seulement payer une rente à ceux du premier, ce qu'ils firent en grommelant. Au fond, Scarron avait perdu son procès, puisqu'il ne rentrait pas en possession de cette part de patrimoine qu'il avait imprudemment cédée.

Mais revenons à l'année 1643 ; jusqu'alors Scarron avait vécu, pour ainsi dire, sans penser : il avait encore son père et il croyait sa maladie guérissable ; il espérait toujours l'aisance et la santé. Quand son père fut mort, quand ses maux, loin de diminuer, eurent étreint toutes les parties de son pauvre corps, quand il vit s'engager le long procès d'où dépendait tout son bien, il lui fallut bien songer à vivre : il n'avait pour ressources que sa plume et quelques nobles amitiés. Sans doute il avait bien de l'esprit et de la gaieté ; ces petits vers qu'il avait faits au Mans, ceux qu'il avait composés à Paris après ses séjours à Bourbon ou lors de son transfert au faubourg Saint-Germain étaient bien lestement tournés ; ils annonçaient un poète de talent, mais ils n'avaient eu vraiment de succès qu'auprès des comtes et des duchesses en l'honneur desquels ils étaient faits, et, quelque brillante qu'ait été cette approbation, elle ne valait pas celle du public. Faire fortune par la poésie, ou tout simplement vivre par les lettres, a été de tout temps une entreprise bien hasardée, mais surtout peut-être à cette époque. Scarron pouvait-il promener sa muse indigente par les rues boueuses, comme Marc de Maillet, ou de table en table, comme Montmaur ? Pouvait-il se donner à un grand, comme firent Marigny, Segrais ou Pellisson ? Il aurait fallu des jambes pour marcher, une échine pour se courber, des mains pour saluer ; il aurait fallu être un homme, et Scarron n'était

---

[1] *Voir* les Mémoires manuscrits de Philibert de la Mare (année 1682).

qu'un cul-de-jatte. En attendant que ses petits vers lui rapportassent quelque gloire et un peu de profit, il fallait vivre. Il courut au plus pressé; et il s'adressa à celui qui a toujours été la ressource espérée de la plupart des Français, celui que par un abus de la langue on peut dilapider sans être un voleur, et implorer en tendant la main sans être un mendiant ; il s'adressa au Trésor public qui, au lendemain de la mort de Louis XIII, se trouvait être le Trésor de la reine. En ce moment, Mme de Hautefort venait de rentrer à la cour, plus admirée et plus puissante que jamais, rappelée par l'amitié fidèle d'Anne d'Autriche. Scarron qui avait conservé avec sa bienfaitrice de précieux rapports d'amitié, et qui était resté en correspondance avec les deux aimables sœurs, crut enfin sa fortune assurée : il se hâta d'envoyer à Marie de Hautefort une élégie sur son retour [1] ; il entonnait de sa voix cassée un chant d'allégresse, et il se promettait d'aller au-devant d'elle, si son mal voulait bien souffrir qu'il fût « chariable » : il ne le fut pas ; mais aussitôt qu'il la sut arrivée, il se fit porter à la cour : les dames de compagnie, voyant cet être bizarre, lui refusèrent la porte et le renvoyèrent sans pitié ; il écrivit à sa Hautefort pour lui conter sa mésaventure, et la prier de le faire admettre la prochaine fois qu'il irait au Louvre [2]. Elle fit mieux, elle parla à la reine, l'apitoya sur le sort de Scarron, et obtint pour lui une audience. Ce fut un grand jour dans la vie du paralytique, que cette journée du commencement de l'été de 1643, où rasé, peigné, « enjolivé » autant que possible, il se fit porter au Louvre, assis dans sa chaise grise, et qu'il vit, face à face, la reine-mère, si belle dans ses longs habits noirs,

> Corps d'ivoire, habillé d'ébène.
> ....
> Contemplant son divin visage
> Je me sentais dans le courage
> Je ne sais quelle émotion
> Pleine de vénération.
> Elle avait au bout de ses manches
> Une paire de mains si blanches,
> Que je voudrais en vérité
> En avoir été souffleté,
> En dût ma face jà flétrie
> En paraître toute meurtrie [3].

[1] *Œuvres*, VII, 196. *Élégie à Mme de Hautefort revenant à la cour.*
[2] *Stances à Mme de Hautefort sur son retour.* (*Recueil de quelques vers burlesques*, Quinet, 1643.) Cette pièce ne se trouve pas dans les recueils postérieurs.
[3] *Œuvres*, VII, 138. *Épître à Mme de Hautefort.*

Heureusement il avait près de lui Marie de Hautefort, son
« bon ange », qui l'assistait et le rassurait dans sa confusion. Il
fit pitié à la reine par ses souffrances et l'amusa par sa bonne
humeur. Il lui demanda d'être son *malade* en titre : Anne sourit
et ne dit pas non. En même temps, il sollicita un logement au
Louvre, comme officier de Sa Majesté, et il crut l'avoir obtenu.
Rentré chez lui, il écrivit à Mme de Hautefort[1] pour la remercier
et la prier de lui faire avoir, par dessus le marché, quelque bénéfice, une abbaye par exemple : cela aurait empêché de mentir les
gens qui, depuis quatorze ans, s'évertuaient à l'appeler *Monsieur
l'abbé*, bien qu'il n'eût rien. Il osa aussi adresser à sa souveraine
ses premiers vers[2], une requête où il réclamait de nouveau très
sérieusement le droit d'exercer l'office de *malade de la reine*, et
où il la remerciait par avance du logement qu'il espérait :

>Sachez que la bonté suprême
>Vous guerdonnera largement
>Pour m'avoir donné logement,
>Car en ma petite personne,
>O Reine, aussi belle que bonne,
>Vous fonderez en la logeant
>Un hôpital pour peu d'argent ;
>Car je pense avoir, ce me semble,
>Tout ce que peut avoir ensemble
>De grands maux, curables ou non,
>Un hôpital de grand renom.

Ce remerciement parut imprimé chez Quinet, mais, hélas ! le
logement ne vint pas, quoique le malade eût exercé sa charge
avec intégrité :

>..... Pour servir Sa Majesté
>Depuis peu l'os la peau lui perce :
>Tous les jours s'accroît son tourment.
>Mais il le souffre gaiement,
>Il fait sa gloire de sa peine,
>Et l'on peut jurer sûrement
>Qu'aucun officier de la Reine
>Ne la sert plus fidèlement[3].

Il demandait aussi des livres parmi ceux qu'on venait de faire

---

[1] *Œuvres*, VII, 138. *Épître à Mme de Hautefort*.
[2] *Œuvres*, VII, 50. *Requête à la reine-mère. Il demande à être son malade en titre d'office.*
[3] *Œuvres*, VII, 243. *Stances à la reine.*

magnifiquement relier pour le roi[1], une litière, des muletiers et des mulets pour retourner à Bourbon[2]; il réclamait surtout un bénéfice, aussi petit qu'on voudrait[3]. Il demandait trop. Anne d'Autriche consentit seulement, sur les instances de M. de Schomberg, que Scarron avait connu à Bourbon, à lui faire don de cinq cents écus[4].

Ce n'était pas encore la pension espérée, ni le bénéfice si souvent imploré, mais c'était de quoi vivre pendant quelques mois. Après avoir obtenu ce premier secours, Scarron, pour ne pas importuner davantage sa bienfaitrice, n'insista plus pour le moment, et il songea à tirer de sa poésie un revenu plus assuré. Vers la fin de l'année parut le premier volume de ses œuvres sous un titre fort modeste : *Recueil de quelques vers burlesques de M. Scarron, chez Toussainct Quinet;* il se vendait un quart d'écu, c'est-à-dire quinze sols; à la première page se trouve une gravure représentant deux satyres, avec cette inscription : SIC SE RIDENDUM DAT DERISORIBUS ORBIS. Il n'y a aucune dédicace; l'auteur souhaite seul, en termes comiques, bonne chance à ses « vermisseaux », ou plutôt il les tance de s'être échappés de son cabinet pour courir le monde et pour finir peut-être à la halle, chez quelque vendeuse de merlans. Il suit aussi la coutume des auteurs qui feignaient toujours d'être imprimés malgré eux. Ce recueil, qui contient quelques pièces qui ne figurent pas dans les *Œuvres* prétendues *complètes*, qu'on a publiées depuis, eut un très grand succès, et fut bientôt après réimprimé avec une lettre fort élogieuse de Balzac à Costar[5].

Sa réputation de poète devint très grande. Jusqu'alors il n'était guère connu que du grand monde pour lequel il avait composé ses *Légendes,* et des gens de lettres auxquels il s'était mêlé pen-

---

[1] *Œuvres*, VII, 249. *A la reine pour lui demander des livres.*
[2] *Recueil de quelques vers burlesques, 1643.* Cette pièce ne se trouve pas dans les éditions postérieures.
[3] *Œuvres,* VII, 242. *Stances à la reine.*
[4] *Œuvres,* I, 161. *Dédicace à Guillemette.*
[5] Parmi les pièces qui ne se trouvent pas ailleurs que dans ce premier recueil, citons une *Épître* à une dame Boullengère (?) à qui Scarron, en hiver, demande vingt justes; — *Étrennes à Mlle d'Escars* (janvier 1643), où l'auteur s'offre lui-même; — *Étrennes à Mme de Bassompierre :* Scarron lui envoie un plat de la Chine; — *Stances sur le retour de Mme de Hautefort,* citées plus haut; — *Requête à la reine* (il demande litière et mules); — *à Mademoiselle,* sur le chant de la Jardinière (chanson faite pour Mlle d'Escars), etc.; quelques pièces, qui se retrouvent ailleurs, sont un peu différentes dans ce recueil (*Stances pour un gentilhomme qui était à Bourbon;* — *Élégie à Mademoiselle*). — Ce recueil qui parut en 1643 ne se trouve plus aujourd'hui, mais il en existe une réimpression de 1645, qui doit être absolument conforme. Le privilège est du 17 avril 1643; l'achevé d'imprimer pour la première fois, du 8 juillet 1643.

dant la croisade dirigée par Ménage contre Montmaur, et à l'occasion de la querelle des fameux sonnets ; il avait écrit la *Requête de Fainmort, parasite, à un président,* suivie bientôt d'un *Sonnet en bouts rimés* [1] ; d'autre part, il avait pris parti pour Job, son patron en maladies et en misère ; il avait lancé, à cette occasion, un étrange *cartel de défi* à ceux qui l'attaqueraient :

> Si de ceci quelqu'un s'offense,
> En prose, en vers, ou bien de vive voix,
> Je lui donne le choix,
> Et m'offre à le combattre à toute outrance
> Sur le sujet de Job mon bon patron ;
> Je m'appelle Scarron [2].

Très apprécié de ceux qui le fréquentaient, Scarron ne devint connu du public et vraiment populaire qu'à cette date de 1643, lors de la publication de son premier recueil imprimé.

Encouragé par ce succès, il voulut profiter du goût que le public manifestait pour la poésie familière et triviale ; il résolut de faire une œuvre exclusivement burlesque, où sujet, personnages et style, tout fût bouffon ; il se mit au travail, et servi par son extrême facilité il acheva en peu de semaines le *Typhon* [3]. Il crut faire un coup de maître en le dédiant au cardinal de Mazarin ; après avoir lassé la patience de la reine, il s'adressait au ministre et pensait en retirer quelque gros présent ; il lui en envoya un exemplaire, magnifiquement couvert de chiffres et d'armoiries, accompagné d'un sonnet qui n'existe plus, mais qui devait être fort louangeur, à en juger par le panégyrique sans pudeur que l'auteur entonne dans les premiers vers du poème :

> O grand Mazarin ! ô grand homme !
> Riche trésor venu de Rome,
> Laquelle n'a pas, sur ma foi,
> Rien gardé de pareil pour soi,
> . . . .
> Esprit qui ne t'endors jamais,
> Expert en guerre, expert en paix ;
> Jule, plus grand que le grand Jule,
> Qui nous sers autant qu'un Hercule,
> Sur lequel on dit qu'étant las
> S'accoudait autrefois Atlas,
> Si tu voulais ton arc détendre
> Et daignais jusqu'à moi descendre,

---

[1] *Œuvres,* VII, 189, 334.
[2] *Œuvres,* VII, 343. *Cartel de défi sur les sonnets de Job et d'Uranie.*
[3] *Le Typhon ou la Gigantomachie, poème burlesque, dédié à Monseigneur l'Éminentissime cardinal Mazarin.* A Paris, chez Toussaint Quinet, 1644. (Le privilège du roi est du 20 décembre 1643.)

> Si les petits vers que j'écris
> T'arrachaient le moindre souris,
> S'ils te causaient la moindre joie,
> Je le jure, afin qu'on me croie,
> Par le chef de sainte Hautefort,
> Et c'est à moi jurer bien fort,
> Que malgré les maux que j'endure,
> Malgré fortune toujours dure,
> Je me tiendrais aussi content,
> Que si n'étant plus impotent
> Je pouvais à ton Éminence
> Faire profonde révérence.

Hélas ! le cardinal goûta peu de plaisir à ces plaisanteries écrites dans une langue qu'il comprenait mal ; d'ailleurs, le nom de Marie de Hautefort, que Scarron avait imprudemment invoqué, sonnait mal aux oreilles de Mazarin, qui la jalousait déjà et cherchait à la séparer de la reine ; enfin l'avare italien vit clairement que l'auteur, avec ses louanges, en voulait tout simplement à sa précieuse cassette ; aussi ne daigna-t-il pas sourire ; il ne répondit même pas au poète, qui en fut pour ses frais de reliure et de poésie. Non seulement Scarron fut très fâché de ne point recevoir la gratification espérée, mais il fut aussi cruellement mortifié dans son amour-propre. Il sentit vivement cet affront, et, quoiqu'il ne fût pas méchant, il en conserva une telle rancune que, six ans plus tard, il n'avait pas pardonné au Cardinal et couvait encore sa vengeance : il le fit bien voir, lors de la *Mazarinade*. En attendant, il déchira le sonnet louangeur et épancha sa rage dans un sonnet bien différent, qu'il ne se risqua pas encore à publier, mais qu'il fit lire à ses amis :

> Après que d'un style bouffon,
> Pur et net de pédanteries,
> J'eus bâti mon pauvre *Typhon*
> De cent mille coyonneries ;
>
> Avide d'or comme un griffon,
> D'or, d'argent ou de pierreries,
> Je le couvris, non d'un chiffon,
> Mais de chiffres et d'armoiries.
>
> Mon livre étant ainsi paré
> Et richement élaboré,
> J'en régalai le mauvais riche.
>
> Mais, ô malheureux Scarronnet !
> Il n'en fut jamais un si chiche.
> Déchire ton chien de sonnet [1].

---

[1] *Œuvres*, VII, 333. *Sonnet*.

Le grand succès du poème auprès du public ne le consola jamais de cette déconvenue.

Il eut encore un grand ennui dans la première partie de l'année 1644. Marie de Hautefort avait commencé par retrouver toute sa faveur auprès de la reine qui l'avait rappelée : elle en était aimée et ne la quittait jamais ; au mois d'août, elle avait été de ce fameux voyage de la Barre, où les carrosses versèrent et où dames et seigneurs de la cour attrapèrent maint horion et force crotte [1] ; plus tard, la dame d'atours avait obtenu le tabouret, honneur envié et que Scarron célébra dans des stances assez inconvenantes [2]. Elle avait de grands succès dans cette cour où l'on portait assez joyeusement le deuil de Louis-le-Juste ; aimée du duc de Ventadour, déjà chérie du petit roi, comme elle l'avait été de l'ancien, elle avait retrouvé cet ascendant et cette puissance qui avaient si fort déplu au cardinal de Richelieu. Le nouveau ministre, qui avait essayé de la gagner, y renonça vite et la considéra comme une dangereuse ennemie, mais il eut l'habileté de ne pas s'attaquer à elle avant d'avoir séduit le cœur de la reine : le jour où Anne d'Autriche commença à aimer Mazarin, Mme de Hautefort fut perdue. Elle vit diminuer sa faveur et comprit d'où venait le changement ; elle fut alors assez imprudente pour se donner l'air de conspirer contre le ministre [3] ; la reine s'en détacha de plus en plus ; il y eut entre elles des scènes pénibles ; enfin le 16 avril, Marie de Hautefort reçut l'ordre de quitter la cour : elle se retira au couvent des Filles de Sainte-Marie, dans la rue Saint-Antoine. Cette fois sa disgrâce était définitive. L'exilée n'avait plus à attendre, comme en 1640, la mort d'un ministre malade ou d'un roi moribond ; elle était chassée par la reine elle-même qui l'avait aimée jusqu'alors : elle ne devait plus jamais reparaître dans cette cour qu'elle avait longtemps charmée par sa grâce et par son esprit.

La chute de sa protectrice fut pour Scarron « un rude coup de tonnerre » ; il ne la cultivait pas seulement par intérêt, mais il l'aimait vraiment pour sa bonté et pour les soins qu'elle lui avait donnés au Mans. Elle disparaissait avant qu'il eût obtenu cette pension et ce logement tant désirés, juste au moment où il allait peut-être recevoir de la reine autre chose qu'un don passager. Cette catastrophe, jointe à la mésaventure du *Typhon*, lui semblait bien être un coup de ce mauvais sort qui venait toujours contre-

---

[1] *Œuvres*, VII, 155. *Épître à Mlle d'Escars.*
[2] *Œuvres*, VII, 257. *Stances pour Mme de Hautefort.*
[3] Voir le livre de V. Cousin sur Mme de Hautefort.

carrer ses projets et détruire ses espérances de bonheur. Il s'en plaignit amèrement dans des stances au commandeur de Souvré, que nous trouvons dans le second recueil des poésies burlesques qui parut peu après[1].

> Quoi ! toute la compassion,
> Qu'on témoigna de ma misère,
> Ne fut donc qu'une illusion ;
> Et l'espoir d'une pension
> Rien qu'une chose imaginaire !
>
> Quoi ! tous mes vers et mon *Typhon*,
> Hélas ! j'en pleure quand j'y pense,
> Me serviront moins qu'un chiffon,
> Et le nom de rimeur bouffon
> Sera toute ma récompense !
>
> Quoi ! la reine m'aura donc vu,
> Et les yeux d'une grande reine
> Sur mon corps n'auront eu
> Non plus de force et de vertu
> Que de l'onguent miton-mitaine !
>
> Quoi ! le don de cinq cents écus
> N'a donc été qu'une passade,
> Et bonnement je me déçus,
> Quand je crus mes malheurs vaincus
> Par l'honneur d'être son malade !
>
> Quoi ! ce bienheureux logement,
> Dont je me montrai tant avide,
> Me fut donc promis vainement,
> Et j'ai fait malheureusement
> Tant de remerciements à vide ?
>
> Quoi ! du défunt et du vivant,
> De l'une et de l'autre écarlate
> Les promesses seront du vent ;
> Et serai, comme ci-devant,
> Scarron, malheureux cul-de-jatte[2] !

Le bailli de Souvré, ému de compassion et plus charmé par les vers de Scarron qu'il ne le fut plus tard par ceux de Racine[3], intercéda auprès de la reine. Anne d'Autriche ne tint pas rigueur

---

[1] *La suite des Œuvres burlesques de M. Scarron.* Quinet, 1644. Le privilège est encore du 17 avril 1643 (c'est le même que pour le premier recueil) ; l'achevé d'imprimer est du 10 novembre 1644.
[2] *Œuvres*, VII, 258. *A Monsieur le Commandeur de Souvré.*
[3] « Le Commandeur voulait la scène plus exacte. » (Boileau, *Épître VII, à Racine.*)

au protégé de Marie de Hautefort, et elle consentit à convertir en pension régulière de 500 écus le don qu'elle lui avait fait l'année précédente[1]. Pour remercier dignement son bienfaiteur, Scarron aborda le théâtre et, en trois semaines, il composa sa première comédie, *Jodelet* ou le *Maître valet* (1645), qu'il dédia à Monsieur le Commandeur de Souvré. La pièce, jouée au Marais avec un grand succès, mit Scarron au nombre des écrivains les plus connus du temps ; il dit lui-même que c'est « le *Typhon* et le *Jodelet* qui l'ont fait fameux écrivain », et que le libraire « Quinet en rompt la tête à tous ceux qui vont et viennent dans la galerie du Palais[2] ». Cette même année, il tenta encore une fois d'obtenir le bénéfice qu'il rêvait et qu'il espéra toute sa vie ; il avait bien sa pension, mais il lui fallait « trotter » sans cesse et implorer pour en avoir le paiement ; il dépendait des trésoriers ou officiers de la reine qui pouvaient un beau jour, par ce temps de désordre dans les finances, fermer la caisse et le renvoyer les mains vides ; défiant de l'avenir, il préférait quelque bénéfice assuré, qui fût à l'abri des ministres et des courtisans et dont il n'eût qu'à toucher les revenus. Il envoya à la reine une nouvelle épître, bien humble et bien sage, quoiqu'il y eût toujours le mot pour rire, où il cherchait à l'apitoyer sur son sort, parlant de son long procès et de sa mort prochaine :

> Dans peu de temps notre squelette
> Tout cousu dans une serviette
> (Quelques-uns disent à me voir
> Que ce serait prou d'un mouchoir),
> Sera mis avec torche et cierge
> De belle blanche cire vierge,
> Prêtres chantants *De Profundis*,
> Au rang de ceux du temps jadis[3].

Il la supplie de placer sa pension sur un bénéfice. Quelque gros abbé, qui ne sait ni A ni B, retranchera quelques mets de sa table et les derniers jours de Scarron seront sauvés de la misère. En même temps, il s'adressait encore une fois au Cardinal, malgré le *Typhon* et la sourde rancune qu'il nourrissait déjà ; dans l'*Estocade*[4], il lui poussa une vive pointe, espérant que Mazarin ripos-

---

[1] *Œuvres*, I, 161. *Dédicace à Guillemette.*
[2] *Œuvres*, I, 156. *Ibid.*
[3] *Œuvres*, VII, 122. *A la reine ; il lui parle de sa pension.*
[4] *Œuvres*, VII, 59. A moins d'une erreur fort improbable de la part de Scarron, qui d'ordinaire est très exact, la date de cette pièce est certaine ; l'auteur y parle de *sept ans de martyre* : elle a donc été écrite en 1645. On comprendrait mieux qu'elle eût été composée avant le *Typhon* ou en même

terait par l'abbaye souhaitée. Mais rien n'y fit. Quoique Scarron ne fût pas difficile et demandât un bénéfice si simple « qu'il fallût seulement croire en Dieu pour en exercer la charge [1] », il n'obtint rien du tout. La reine crut avoir assez fait pour lui, et le Cardinal ne jugea pas à propos d'accorder ses faveurs. Il était dit que l'abbé Scarron mourrait sans abbaye.

Puisqu'il ne pouvait obtenir un bénéfice royal, il songea du moins à ne pas laisser péricliter la prébende qu'il possédait. Au commencement de 1646, il se rendit au Mans pour montrer qu'il était toujours chanoine et pour assister au chapitre général de la Saint-Julien. Le trajet fut pénible ; deux fois un cheval fit tomber de son brancard le pauvre paralytique et lui donna un affreux torticolis ; il put cependant arriver et logea dans une des maisons canoniales. De là il envoya à Mme de Hautefort, alors au couvent, une épître [2] pour lui raconter les détails de son voyage et pour lui faire une peinture plaisante de cette société qu'ils avaient fréquentée jadis ensemble. C'était l'époque où l'intendant d'Haire appliquait la taxe des aisés, et Manceaux et Mancelles de cacher leurs lits et tapisseries pour éviter de payer l'impôt. Scarron quitta le Mans à la fin du mois de mars, y laissant un valet malade [3]. Ce très court passage de Scarron au Mans a été confondu très souvent [4] avec le vrai séjour qu'il y fit de 1633 à 1640 ; est-il besoin de répéter ici qu'en 1646 il ne resta au Mans que deux mois, qu'il était chanoine depuis dix ans, malade depuis huit ans, et qu'il ne put certes pas observer alors les mœurs des comédiens de campagne qui formèrent la troupe du *Roman comique* ? C'est à dix ou douze ans en arrière qu'il faut rapporter ces exploits de sa saine jeunesse.

Pendant la seconde partie de cette année 1646, il célébra dans ses vers le mariage de sa protectrice, Marie de Hautefort, qui, après avoir refusé les hommages du duc de Ventadour et du

---

temps (1644) ; la grande colère de Scarron, qui commença à s'épancher dans le sonnet du *Mauvais Riche* et qui finit par la *Mazarinade*, serait alors facile à expliquer : elle n'aurait pas été coupée par ce retour imprévu à la flatterie et à la prière. Mais peut-être l'*Estocade* est-elle une dernière tentative faite au commencement de 1645, alors que Scarron attendait encore la réponse du Cardinal au *Typhon*, et la colère du poète déçu n'a-t-elle éclaté qu'après ce deuxième refus, dans le fameux sonnet.
[1] *Segraisiana.*
[2] *Œuvres*, VII, 131. *Épître à Mme de Hautefort.*
[3] Au grand ennui du chanoine Le Comte, qui devait occuper cette maison en personne, et qui dut s'excuser, le 25 mai suivant, devant le chapitre, de ne pas l'avoir encore occupée. (*Lettre de M. Anjubault, bibl. du Mans,* citée par V. Fournel. *Littér. indép.*, p. 259.)
[4] Par Bruzen de la Martinière, par Chauffepié, par Guizot, par M. V. Fournel lui-même.

maréchal Gassion, renonça brusquement à sa vie de couvent pour épouser le maréchal de Schomberg, le vainqueur de Leucate, le futur protecteur de Bossuet à Metz [1]. Il chanta aussi Henri, prince de Condé, et lui envoya une épître fort élogieuse quelques jours avant sa mort [2]; il avait déjà, deux ans auparavant, salué dans son fils le héros de Thionville et de Rocroy [3]. En même temps, il avait donné à Toussaint Quinet la *suite de la première partie* de ses œuvres burlesques, et au théâtre du Marais une nouvelle comédie, les *Trois Dorotées* ou *Jodelet souffleté*. Dès lors, les œuvres se succèdent et tombent de sa plume avec une incroyable fécondité. En 1647 paraît, toujours chez Quinet, un nouveau recueil de poésies burlesques avec une dédicace bizarre : « Épître dédicatoire à très honnête et très divertissante chienne dame Guillemette, petite levrette de ma sœur, salut. » Cette épître est tout simplement un des plus jolis morceaux de prose de Scarron ; il raille avec esprit la manie des dédicaces, plus redoutables aux grands seigneurs que les exploits d'huissier : « Un auteur a beau présenter un livre en souriant, « celui qui le reçoit n'en devient que plus sérieux, et l'on en a vu « quelques-uns devenir plus pâles que des morts à la vue d'un « livre qui ne leur promettait rien moins que de les faire vivre « éternellement. » Scarron a bien raison ; mais l'auteur qui fit le premier sonnet du *Typhon*, celui qui harcèlera Fouquet et tant d'autres de ses dédicaces et de ses supplications avait-il bien le droit de faire la leçon à autrui ? La même année, il fait jouer une farce étrange qui ne prétend pas au nom de comédie : les *Boutades du Capitan Matamore*. En janvier 1648, il commence la publication de l'œuvre la plus connue, mais aussi peut-être la plus décriée qu'il ait faite, le *Virgile travesty*; cette fois sa muse burlesque s'essayait à un travail de longue haleine : chaque mois de l'année devait voir paraître un des douze chants de l'Enéide bur-

---

[1] *Œuvres*, VII, 201-205. *Épithalame, ou tout ce qu'il vous plaira, sur le mariage de M. le maréchal de Schomberg et de Mme Marie de Hautefort. — A M. le maréchal de Schomberg sur son mariage.* — Scarron, en 1649, dédiera encore deux pièces au Maréchal après la prise de Tortose : *Chœur des Muses à Monseigneur de Schomberg* (*Œuvres*, VII. 205), et *Ode sur la prise de Tortose* (*Œuvres*, VII, 230). Le IIIe chant du *Virgile travesty* est dédié à la fois aux deux époux.

[2] *Œuvres*, VII, 66. *A Monsieur le Prince.*

[3] *Œuvres*, VII, 70. *A Monseigneur le duc d'Anguien, après son retour d'Allemagne.*

[4] *La suite des Œuvres burlesques de M. Scarron, 2e partie*; Quinet, 1647; le privilège est du 22 décembre 1643, l'achevé d'imprimer pour la première fois est du 27 mars 1647. — C'est le *troisième* recueil de Scarron, car la 1re *partie des Œuvres burlesques* contient deux recueils. Voir plus haut.

lesque [1]. Ce n'est pas le lieu d'apprécier cette œuvre importante ; qu'il suffise de dire que le succès en fut immense, que la vogue du burlesque envahit tout : ce fut un vrai triomphe ; Corneille n'a pas recueilli plus d'applaudissements pour avoir fait le *Cid,* que Scarron n'en reçut pour les billevesées qu'il fait débiter à messire Æneas. C'est alors vraiment la belle époque de la carrière littéraire de Scarron ; si imméritée qu'ait été cette faveur, si profonde qu'ait été plus tard la chute, il ne faut pas oublier que Scarron a été de son temps un chef d'école, honneur qui n'est échu qu'à trois ou quatre poètes en France, à Ronsard, à Malherbe, à Victor Hugo ; plus de cent poètes vont surgir, qui se réclameront de son nom, qui le proclameront leur maître, qui l'imiteront, qui lui attribueront leurs vers pour les faire vendre. Ce fut la revanche de l'esprit sur la matière : le pauvre corps qui souffrait tant était bien vengé. Le cul-de-jatte goûta un instant à la gloire : gloire épaisse et impure, si l'on veut, mais qui enivre peut-être d'autant plus.

Scarron dut cette célébrité inouïe presque autant à sa maladie qu'aux petits vers qui s'échappaient de sa plume. Cet auteur qu'on ne voyait ni dans la rue, ni à la cour, ni au théâtre, ni partout où l'on rencontrait ses confrères, mais que la douleur clouait toujours chez lui, dans son éternelle chaise, était devenu le poète le plus populaire de Paris ; jamais auteur ne fut plus connu de ses lecteurs ; jamais existence ne fut aussi livrée à la curiosité du public. Aussi devons-nous, à cette date de 1648, jeter un coup-d'œil sur le triste état de Scarron et sur ces souffrances dont il faut toujours parler quand on parle de lui. Le séduisant abbé de jadis était devenu un être misérable, dont le corps inspirait autant de répulsion que de pitié. Comme on le voyait peu, il prêtait à toutes les suppositions les plus absurdes. Beaucoup de gens se figuraient qu'il était vraiment cul-de-jatte, assis dans un plateau, les jambes supprimées ou repliées sous lui : « On a fait des por« traits de Scarron, dit Bruzen de la Martinière [2], où il était « représenté de face, ayant les jambes rangées autour d'une jatte « de bois dans laquelle le bas de son corps était enchâssé, ou « même sans cuisses absolument. Le tout était posé sur une « table. Au-dessus de sa tête était une ficelle à laquelle pendait à « plomb un bonnet qu'il ôtait en baissant la tête, et qu'il se remet« tait en se plaçant perpendiculairement dessous, et le laissant

---

[1] On sait que Scarron ne tint pas sa promesse ; de 1648 à 1652, il ne parut que huit chants, et le huitième, inachevé, resta le dernier.
[2] Dans les *Œuvres de Scarron,* édition Bastien, I, 96.

« retomber par le moyen de la ficelle qui était passée dans une
« poulie. » Lui-même n'avait-il pas prêté souvent à ces plaisanteries en se qualifiant tout le premier de cul-de-jatte, dès 1638,
dans l'*Épithalame de M. de Tessé,* puis en 1642 dans sa *Requête* à
Richelieu, et en bien d'autres occasions? N'avait-il pas écrit à
la reine, que quand il mourrait ce serait « prou » d'un mouchoir
pour l'envelopper? Aussi, se montra-t-il fort peu ému de tous ces
racontars qui entretenaient la gloire étrange dans laquelle il
vivait. Pourtant, à la fin de 1648, dans un petit recueil de pièces
diverses qu'il dédia à ses amis Ménage et Sarrasin, peu après la
mort de Voiture [1], il eut la coquetterie de se montrer au public
tel qu'il était : en tête du livre est une figure où Scarron est vu
par derrière, dans une position grotesque, le chapeau sur l'oreille ;
sur le dossier de la chaise est cette inscription : ÆTATIS
SUÆ 31º ; il est entouré de bonnes femmes qui l'examinent ; au
loin, on voit des satyres jouant de la flûte. Cet étrange dessin que
Scarron fit seulement graver alors, en 1648, remonte à 1641
ou 1642, comme l'indique l'âge de trente-un ans, inscrit sur le
dos de la chaise, et était l'œuvre de della Bella ; depuis lors, ses
maux n'avaient pu qu'empirer.

Non seulement il offrait à la badauderie du public ce singulier
croquis de sa personne, mais il avait mis en tête de ce recueil un
portrait en prose qu'il avait fait de lui-même, et qui, sans parler
des renseignements curieux qu'il contient, est un vrai chef-
d'œuvre de style et d'esprit. Voici la description qu'il fait de son
pauvre corps :

Lecteur, qui ne m'as jamais vu et qui peut-être ne t'en soucies guères, à
cause qu'il n'y a pas beaucoup à profiter à la vue d'une personne faite
comme moi ; sache que je ne me soucierais pas aussi que tu me visses, si
je n'avais appris que quelques beaux esprits facétieux se réjouissent aux
dépens du misérable et me dépeignent d'une autre façon que je ne suis
fait. Les uns disent que je suis cul-de-jatte ; les autres que je n'ai point de
cuisses et que l'on me met sur une table, dans un étui, où je cause comme
une pie borgne ; et les autres que mon chapeau tient à une corde qui
passe dans une poulie, et que je le hausse et baisse pour saluer ceux qui
me visitent. Je pense être obligé en conscience de les empêcher de mentir

---

[1] *La Relation véritable de ce qui s'est passé en l'autre monde au combat des
Parques et des Poètes, sur la mort de Voiture ; et autres pièces burlesques,
par M. Scarron.* Quinet, 1648 (achevé d'imprimer le 30 septembre). — Ce
volume comprend : *Au lecteur qui ne m'a jamais vu.* — La dédicace : *A
Messieurs mes chers amis Ménage et Sarrasin, ou Sarrasin et Ménage.* — La
Relation. — Deux pièces de vers sur M. et Mᵐᵉ *de Schomberg.* — *Rogatum à
M. Tubeuf.* — *Recommandation à M. du Laurent.* — *Épitaphe* de sa belle-
mère. — *Épigramme contre une chicaneuse* (sa belle-sœur), et d'autres pièces
peu importantes.

plus longtemps, et c'est pour cela que j'ai fait faire la planche que tu vois au commencement de mon livre. Tu murmureras sans doute, car tout lecteur murmure, et je murmure comme les autres quand je suis lecteur ; tu murmureras, dis-je, et trouveras à redire que je ne me montre que par le dos. Certes, ce n'est pas pour tourner le derrière à la compagnie, mais seulement à cause que le convexe de mon dos est plus propre à recevoir une inscription que le concave de mon estomac, qui est tout couvert de ma tête penchante, et que par ce côté-là, aussi bien que par l'autre, on peut voir la situation ou plutôt le plan irrégulier de ma personne. Sans prétendre faire un présent au public (car pour Mesdames les Neuf Muses je n'ai jamais espéré que ma tête devînt l'original d'une médaille), je me serais bien fait peindre, si quelque peintre avait osé l'entreprendre. A défaut de cette peinture, je m'en vais te dire à peu près comme je suis fait. J'ai trente ans passés, comme tu vois au dos de ma chaise. Si je vais jusqu'à quarante, j'ajouterai bien des maux à ceux que j'ai déjà soufferts depuis huit ou neuf ans. J'ai eu la taille bien faite, quoique petite. Ma maladie l'a raccourcie d'un bon pied. Ma tête est un peu grosse pour ma taille. J'ai le visage assez plein pour avoir le corps très décharné ; des cheveux assez pour ne porter point perruque ; j'en ai beaucoup de blancs, en dépit du proverbe. J'ai la vue assez bonne, quoique les yeux gros : je les ai bleus ; j'en ai un plus enfoncé que l'autre, du côté que je penche la tête. J'ai le nez d'assez bonne prise. Mes dents, autrefois perles carrées, sont de couleur de bois et seront bientôt de couleur d'ardoise. J'en ai perdu une et demie du côté gauche, et deux et demie du côté droit, et deux un peu égrignées. Mes jambes et mes cuisses ont fait premièrement un angle obtus, et puis un angle égal, et enfin un aigu. Mes cuisses et mon corps en font un autre, et ma tête se penchant sur mon estomac, je ne ressemble pas mal à un Z. J'ai les bras raccourcis aussi bien que les jambes, et les doigts aussi bien que les bras. Enfin je suis un raccourci de la misère humaine [1]....

En effet, jamais plus de maux n'assaillirent à la fois une seule créature humaine. Scarron fut plus qu'un malade ; il fut à lui seul, comme il dit plaisamment, un véritable hôpital fourni des maladies les plus diverses :

> Par exemple paralysie,
> J'en ai, mais de la mieux choisie ;
> De fièvre, toujours quelque accès ;
> De rhume, toujours par excès ;
> Des yeux, je ne vois quasi goutte ;
> Aux jointures, j'ai toujours goutte ;
> Aux nerfs, souvent contorsion,
> Et partout ailleurs fluxion [2].

---

[1] *Œuvres*, I, 129. Dans ce *Portrait* Scarron se moque agréablement de la précision puérile avec laquelle les auteurs du temps décrivaient leurs héros dans les moindres détails.
[2] *Œuvres*, VII, 52. Ailleurs encore il s'appelle :

Hôpital allant et venant (*Œuvres*, VII, 243).

Assis sur deux os pointus [1], estropié au point d'avoir « les pattes en chapon rôti et la jambe toute desséchée »[2], perclus des bras, incapable de chasser une mouche qui se posait sur son nez [3], privé de sa main, où il sentait des tortures telles qu'on en fait subir aux suppliciés [4], forcé bien souvent de recourir à celle d'un valet pour écrire [5], souffrant des fluxions si violentes au cou, à l'épaule [6], à la hanche [7] ou dans l'oreille, qu'il fallait parfois recourir au bistouri d'un chirurgien [8], il ne put bientôt plus tenir sa tête droite, il la pencha à gauche et en bas, obligé de faire mettre à genoux, pour les voir, les personnes qui venaient le visiter [9]; voilà, sans compter la fièvre, la toux et bien d'autres maux, ce que souffrit le malheureux Scarron; bien souvent, la nuit, quand tout dormait, il entendait sonner toutes les heures au clocher de Saint-Gervais, et il criait de douleur, car il n'obtenait un peu de sommeil que par l'hébêtement que procure l'opium [10]; pendant le jour, il ne sortait presque jamais : les cahots de la chaise à porteurs lui causaient d'horribles douleurs dans tout le corps [11]; il restait cloué dans ce petit fauteuil à bras, que Segrais nous décrit, auquel on ajustait une planche pour écrire et manger, quand il pouvait se servir de ses doigts [12].

Et pourtant, à part de courts moments de désespoir, où il semble avoir vaguement songé au suicide [13], il sut se résigner et

[1] *Œuvres,* VII, 12, 257
[2] *Ibid.,* 129.
[3] *Ibid.,* 99.
[4] *Ibid.,* 244.
[5] *Ibid.,* 12, 87, etc.
[6] *Ibid.,* 141.
[7] *Ibid.,* 242.
[8] *Gazette burlesque de 1655.*
[9] Je suis torticolis, j'ai la tête penchante.
(*Œuvres,* VII, 251).

Ma tête à gauche trop s'incline,
Ce qui rabat bien de ma mine,
De plus sur ma poitrine chet,
Mon menton touche à mon brichet ;
Et, ce qui plus me désespère,
Barbier ne me pouvant plus raire,
Je vais mettre au jour un barbon,
Qui ne sera ni beau ni bon.
(*Ibid.,* 133).

Voir aussi *Œuvres,* VII, 129, 137, 160, 252, etc.
[10] *Ibid.,* VII, 158, 245, etc...
[11] *Œuvres,* I, 133, etc.
[12] *Segraisiana.*
[13] *Œuvres,* VII, 63, à Fouquet :

Si vous manquez jamais à moi chétif,
Je m'ouvrirai les veines d'un canif,
Et qui voudra verra mon sang aduste
Couler le long de mon difforme buste.

et à Marigny (I, 202) : « Je vous jure, mon cher ami, que s'il m'était permis de me supprimer moi-même, il y a longtemps que je me serais empoisonné. »

faire par courage

> Bonne mine à fort mauvais jeu [1].

Être resté gai au milieu de tortures aussi réelles, voilà le vrai prodige de la vie de Scarron. En tête de ses œuvres, on lit généralement la lettre si élogieuse pour le cul-de-jatte que Balzac a adressée à Costar : trop belle louange peut-être, trop pompeuse à coup sûr, et pourtant comment ne pas être de l'avis de Balzac quand il dit : « J'ai bien vu des douleurs constantes, des dou« leurs modestes, voire des douleurs sages et des douleurs élo« quentes ; mais je n'en ai point vu de si joyeuses que celle-ci ; il « ne s'est point encore trouvé d'esprit qui sût danser la sarabande « et les matassins dans un corps paralytique. » Sans égaler le courage de Scarron à celui d'Épictète à qui son maître brisait la jambe, ni à la sérénité d'âme des martyrs, il faut reconnaître cependant qu'il fut merveilleux. Sans puiser dans la noblesse de son âme la force qu'y trouvent les sages, sans goûter à cette vision du bonheur éternel qui soutient les illuminés, très peu stoïque, assez peu chrétien, Scarron, sans nier ses souffrances, sut leur rester supérieur ; il les décrivit, il les proclama ; je n'ose pas dire qu'il s'y complut ; mais, comme Figaro, il se hâta d'en rire, pour s'empêcher d'en pleurer. Il ne faut pas en rapporter l'honneur à sa vertu, mais seulement à son génie si vivant qui ne voulut pas rester le prisonnier du corps et qui se fit jour à tout prix. De quelle quintessence bien française et bien originale était faite la gaîté de Scarron, pour avoir su, malgré vingt-deux années de tortures physiques, se répandre en tant de vers burlesques et d'œuvres comiques ! Quelle devait être la flamme intérieure qui le brûlait, pour que des souffrances plus qu'humaines n'aient pu l'éteindre, mais lui aient au contraire fourni un nouvel aliment ! Scarron, du temps de sa belle jeunesse, avait conçu de l'ambition : on trouve d'amers regrets dans ses œuvres ; quand un mal stupide lui cassa tous les membres et fit du séduisant abbé le cul-de-jatte hideux, plutôt que de se résigner à tout perdre, Scarron voulut au moins être célèbre par sa difformité même ; ce n'était certes pas la gloire qu'il avait espérée, mais ce n'était pas l'oubli, et il faut être un héros pour consentir à souffrir de pareilles douleurs sans le dire à personne. Puisque la nature s'était jouée de son corps, l'avait mutilé, disloqué, travesti comme celui d'un bouffon, autant valait compléter de bonne grâce la métamorphose

---

[1] *Œuvres,* VII, 243.

que le destin avait imposée ; autant valait devenir un poète burlesque que de chanter langoureusement Philis ou d'essayer de refaire le *Cid* : c'était du reste plus facile.

Par une lâcheté vis-à-vis de son propre talent, il consentit à exploiter ses maux dans ses vers et à devenir une sorte de Triboulet de la poésie. Malgré quelques efforts par lesquels il tend à s'élever plus haut[1], il est resté dans la trivialité burlesque ; il a toujours senti peser sur lui cette fatalité de sa laideur physique. Cyrano de Bergerac avait un excellent moyen d'empêcher qu'on raillât la longueur de son nez : il tuait en duel ceux qui osaient sourire. Scarron n'avait pas de pareils arguments à son service ; comme il ne possédait pas la résignation qui fait les saints, mais comme il avait cette sotte peur du ridicule qui hante les gens d'esprit, il a ri de ses propres maux ; il en a ri haut et fort, pour que personne ne pût se moquer de lui autant qu'il le faisait lui-même ; il s'est abreuvé de ses propres sarcasmes, pour échapper à ceux d'autrui. Triste nécessité et triste rôle : mais que celui qui a souffert autant lui jette la première pierre. Il est peut-être plus aisé de composer en bonne santé un beau livre sur le mépris de la douleur, que d'écrire le *Chemin du Marais* au milieu de rhumatismes articulaires bien réels :

> Tel d'un Sénèque affecte la grimace
> Qui ferait bien le Scarron à ma place[2] !

Si Scarron échappa ainsi à la raillerie qui s'attache bêtement aux infirmes, il se priva du même coup de cette pitié consolatrice qui adoucit l'infortune. Personne ne songea à pleurer sur ses maux, alors qu'il semblait les porter si joyeusement. On en plaisanta, puisqu'il en riait ; on le plaignit aussi, puisqu'il se plaignait, mais on ne fut pas véritablement ému. On le considéra comme un être, sans doute malheureux, mais surtout amusant ; on allait le visiter (il le dit lui-même et il en souffrit intérieurement plus d'une fois[3]), comme on allait voir l'éléphant ou le lion de la foire, et il ne venait à l'idée de personne que Scarron eût pu exister avec deux jambes comme tout le monde, et un cou qui ne fût pas tordu : ce n'aurait plus été Scarron. Il eut pour lui l'engouement extrême du peuple parisien, qui aime qui l'amuse et qui se laisse toujours prendre à la réclame, sans estimer davantage celui qui la fait. Cette fois, il se mêlait bien un peu de sym-

---

[1] Ses tragi-comédies, ses nouvelles, son roman.
[2] *Œuvres*, VII, 85.
[3] *Œuvres*, I, 263, 231 ; VII, 174. *Épître chagrine au maréchal d'Albret.*

pathie en faveur de Scarron, mais c'était la curiosité qui dominait. Ces petits vers qui paraissaient presque chaque mois chez Toussaint Quinet étaient si gais, si pimpants, il y avait des drôleries si imprévues (comme la dédicace à la chienne), que le public, tenu en haleine, attendait toujours avec impatience quelque excentricité nouvelle[1]. Qu'on ajoute encore le mérite très réel de cette poésie, si franche d'allure, si gauloise par la verve et par la langue, et l'on comprendra à quel degré de popularité était parvenu Scarron en 1648, au moment où commençait la Fronde ; il était bien le poète qui convenait à cette époque un peu détraquée, où l'on parla et où l'on agit souvent comme font les fantoches du *Virgile travesty*.

Il est assez difficile de dire avec précision quel fut le rôle de Scarron pendant la Fronde : mais il fut à coup sûr moins important qu'on n'a dit. D'opinion politique, il ne faut pas demander à un pareil homme d'en avoir, quand les Retz, les Condé et autres acteurs de cette lugubre farce n'en eurent pas d'autre que leur intérêt personnel. Scarron se souciait assez peu des prérogatives du Parlement ou de la convocation des États-Généraux : il ne partageait ni les folles utopies de François Davenne, ni les haines sanglantes de Dubosc-Montandré. Il n'a pas réfléchi un seul moment sur la condition du peuple ni sur l'origine du pouvoir. Il conserve pour le petit roi et pour la régente la fidélité traditionnelle. Il les assure maintes fois de son dévouement et de son amour. Il n'y eut jamais rien en lui d'un révolutionnaire ni d'un révolté. Au début même de la Fronde, il tient pour la cour. Pendant le blocus de Paris (février-mars 1649), il ne se gêne pas pour dire leur fait aux Frondeurs :

> Ma foi, nous en avons dans l'aile,
> Les Frondeurs nous la baillent belle,
> Malepeste de l'union !
> Le bled ne vient plus qu'en charrette !
> Confession, communion !
> Nous allons mourir de disette.
>
> Qu'en dites-vous, troupe frondeuse,
> Moitié chauve et moitié morveuse ?

Il raille les Parisiens d'avoir tout dépensé en soudrilles et en

---

[1] Le public, toujours cruel, attendait aussi sa mort, se figurant qu'elle ne serait pas comme celle de tout le monde ; on fit plusieurs fois courir le bruit que Scarron était mort, notamment en 1647 (Voir Poussin, lettre du 3 novembre.), en 1648 (Voir Scarron, *lettre à l'évêque de Lavardin*, Œuvres, I, 185.) ; cette fois la nouvelle en avait été jusqu'au Mans. Voir aussi le *Burlesque malade* (Loyson, 1660).

capitans, comme de vrais Jocrisses, et de n'avoir su opposer à l'armée de Monsieur le Prince que des chansons sur laire-lan-laire [1] ; il espère que la conférence de Ruel va tout rétablir. Dans le *Triolet contre les Frondeurs*, il ne fait rien moins que de les menacer de la corde :

> Il faut désormais filer doux,
> Il faut crier miséricorde.
> Frondeurs, vous n'êtes que des fous ;
> Il faut désormais filer doux.
> C'est mauvais présage pour vous
> Qu'une fronde n'est qu'une corde.
> Il faut désormais filer doux,
> Il faut crier miséricorde [2].

Enfin, quand le roi revint à Paris, après le blocus, Scarron, dans une épître en vers adressée à Deslandes-Payen, qui prenait l'air des champs aux bords de la Loire, parle de Mazarin lui-même sans trop de colère ; il semble presque prendre parti contre ses insulteurs et réprouver ces mauvais libelles

> Dont les auteurs mêlent toujours un brin
> De maltalent contre le Mazarin ;

et il constate qu'on commence à redire Éminence à ce cardinal que l'on a tant frondé [3].

Scarron semble donc être resté étranger aux deux premiers mouvements de la Fronde, à ce qu'on appelle la Fronde parlementaire [4] et la Fronde des princes [5]. Pourtant il fut soupçonné d'y avoir trempé et sa réputation n'en sortit pas nette. Quand le généralissime des Frondeurs était un petit bossu, tout emplumé et tout chamarré, il était bien naturel de penser que Scarron avait sa place dans cette mascarade si bien faite pour lui. Il était difficile de croire que le poète, qui manquait si périodiquement de respect à Virgile et à son œuvre révérée, conservât une soumission aveugle envers l'autorité de la reine et du ministre. On ne peut pas être longtemps insurgé en littérature, sans être accusé de l'être aussi en politique ; les romantiques de 1820 ont subi

---

[1] *Œuvres*, VII, 318. *Chanson sur le blocus de Paris.*
[2] *Œuvres*, VII, 314. *Triolet contre les Frondeurs.*
[3] *Œuvres*, VII, 73. *Épître à Deslandes-Payen.*
[4] M. Gérusez dit que Scarron « chanta en vers burlesques les Barricades et le triomphe de Broussel, puis la fuite de la cour à Saint-Germain. » (*Études littéraires :* article sur Scarron.) C'est une affirmation sans aucune preuve.
[5] Naudé dans le *Mascurat* ne cite absolument rien de Scarron.

cette nécessité tout comme les poètes burlesques de 1648. Scarron eut beau faire, il fut le prisonnier de sa gloire ; à tort ou à raison, il passa pour le chef de cette nuée de poèteraux, qui barbouillèrent tant de papier contre le Mazarin ; il fut le général malgré lui de cette armée peu recommandable ; chacun se réclamait de son nom, l'inscrivait en tête de son œuvre pour la faire vendre : le pavillon couvrait une marchandise souvent avariée. Scarron ne prit pas la peine de renier alors ses amis maladroits : il ne le fit que trop tard ; il jouit en glouton de la popularité équivoque qui s'attachait à lui et il ne tarda pas à en porter la peine.

La pension de cinq cents écus que la reine lui avait accordée en 1644 lui avait toujours été payée assez difficilement : il lui fallait implorer le trésorier ; il lui fallait adresser des vers à Tubeuf, Lionne et Bertillac [1], à la reine elle-même [2] pour en obtenir le paiement ; pourtant il dut en toucher encore le montant en 1648 : ce fut la dernière fois. Survinrent les Barricades, puis, le 6 janvier 1649, le départ de la cour. Quand cette bourrasque fut passée, quand la reine et son ministre furent rentrés à Paris (avril 1649), et qu'on crut que l'ordre allait renaître dans l'État, Scarron, qui n'était pas riche [3], réclama le paiement de la sixième année : il ne put rien obtenir. Il comprit bientôt que le refus était irrévocable, et que sa charge de malade de la reine n'était plus prise au sérieux. On l'avait desservi auprès de Mazarin, on l'avait accusé d'avoir écrit contre lui. Dans une *Épître à M. **** [4], il nie formellement avoir publié une seule ligne contre le ministre, et nous pouvons l'en croire, car il ne niera plus deux ans plus tard. Sous le coup de cette même colère, qui lui avait dicté le sonnet du *Mauvais riche* après le *Typhon*, il jeta sur le papier des vers injurieux contre l'Italien ; c'est la première esquisse de la *Mazarinade*, qu'il n'osa pas encore publier : il la réservait pour la Hollande, mais il osa en menacer directement, et par deux

---

[1] *Œuvres*, VII, 53. *Rogatum à MM. Tubeuf, de Lionne et de Bertillac* (1647).
[2] *Œuvres*, VII, 251 *A la Reine* (1646).
[3] Il avait bien, outre son *marquisat de Quinet* (il appelait ainsi les revenus qu'il tirait de son libraire), le produit de son canonicat du Mans. Mais cette dernière ressource était peu sûre. L'évêque ne cherchait qu'à se débarrasser d'un chanoine aussi peu pratiquant. En 1648, il y eut dans le pays une maladie pestilentielle qui enleva huit chanoines et l'évêque lui-même ; Philibert-Emmanuel de Lavardin, qui succéda à Mgr de la Ferté, se hâta de distribuer à ses créatures, Costar, Pauquet, de l'Eslée et autres, les canonicats vacants ; il y ajouta même celui de Scarron, en dépit de leurs anciennes relations d'amitié : un homme si malade ne pouvait-il pas passer pour mort ? Scarron protesta dans une lettre fort vive et fort amusante et il obtint le rétablissement de sa prébende (I, 185).
[4] *Œuvres*, VII, 93.

fois [1], le Cardinal ; il lui jeta son argent à la face, et le traita de *chiche* et de *jean-fesse*. C'était l'époque où Mazarin, bien qu'il fût rentré à Paris, était plus attaqué et plus bafoué que jamais, et où Condé l'appelait en face : « Illustrissimo signor faquino [2]. »

Cette fois, Scarron prenait parti et se jetait dans la Fronde [3] ; il y retrouvait du reste la plupart des grands seigneurs qu'il avait connus au Marais et à la place Royale, la famille des Condé, qu'il avait déjà cultivée, et où il espérait se faire de puissants protecteurs, le coadjuteur Paul de Gondi, avec qui il avait couru jadis les ruelles et les endroits joyeux de Paris, la comtesse de Fiesque, Marigni, Blot, presque tous ses anciens amis. A cette époque, il avait abandonné son petit logement du Marais et il était venu demeurer à la rue d'Enfer, près du Luxembourg, dans une belle maison, l'hôtel de Troyes, où habita aussi l'amie de la marquise de Sablé, Mme de Maur. Il y occupait un grand appartement dont il louait une partie [4]. Il vivait alors avec Mlle Céleste de Harville-Palaiseau, qu'il avait jadis aimée dans sa jeunesse, et qu'il avait recueillie depuis peu par charité et par pure affection. Cette femme, très connue des amis de Scarron sous le nom de « sœur Céleste », était aimable et intelligente ; elle fut bonne pour le poète, et, en souvenir de leur ancien amour, le soigna avec une tendresse touchante ; c'est elle qui tint sa maison durant le temps de la Fronde : elle y fit régner une décence relative et sut éloigner bien des gens à qui la faiblesse du maître du lieu n'aurait jamais su fermer la porte. Scarron, dans une de ses lettres, la remercie de « l'avoir délivré des mauvaises compagnies dont il

---

[1] Cyrano de Bergerac (*Lettre XI, contre les Frondeurs.*) raconte le fait d'une façon peut-être inexacte : « Ronscar a eu l'effronterie (après s'être « vanté d'avoir reçu de la reine mille francs de sa pension) de dire que si « on ne lui en envoyait encore mille, il n'était pas en sa puissance de « retenir une nouvelle satire, qui le pressait de sortir au jour, et qu'il con- « jurait ses amis d'en avertir au plus tôt. » — La menace est fort claire dans l'*Épître à ****, et dans l'*Épître à M. d'Aumale*. Ajoutant la raillerie à la menace, il lançait aussi le plaisant *Avis de Dix Millions et plus* qui était déjà gros de la *Mazarinade*.

[2] Pour tout ce qui a rapport à ces événements, voir plus loin (chapitre *Pamphlets et Gazettes*) le passage où nous démontrons l'authenticité de la *Mazarinade*.

[3] Il prenait parti contre le Mazarin ; mais au fond tout le reste lui était parfaitement égal, comme le prouve le *Sonnet sur les affaires du temps*, écrit après le départ de la cour pour la Guyenne (4 juillet 1650) ; toute la philosophie et toute la politique de Scarron sont dans ce dernier vers si inattendu :

Et moi, je voudrais bien avoir un bon melon.

(VII, 329).

[4] *Note de l'anonyme.*

était accablé et qu'il ne voyait qu'avec répugnance[1]. » C'est dans cet appartement de l'hôtel de Troyes que le coadjuteur venait souvent passer chez son ami quelques heures, au sortir de chez Gaston[2] ; il s'asseyait sur le petit lit jaune[3], et écoutait quelques pages du *Roman comique* dont il devait accepter la dédicace. Il y attirait ses partisans et Monsieur le Prince y envoyait aussi plusieurs de ses gens[4]. C'étaient de vrais conciliabules qui se tenaient chez Scarron, et le Cardinal y était peu ménagé. La société n'y était pas toujours très choisie, en dépit de sœur Céleste ; on y subissait la présence de ces agitateurs de bas étage, que les ambitieux sont toujours forcés de traîner après eux, poètes à la douzaine, démagogues sans conviction, espions de la police du coadjuteur : il fallait tout accepter, et Scarron connut alors les dégoûts comme les joies de la popularité ; enchanté de jouer un rôle, incapable d'en tenir un sérieux, il se laissait compromettre à plaisir par des gens qui savaient être plus prudents ou qui n'avaient plus rien à risquer.

Ce fut pourtant une époque féconde dans la vie de Scarron : il donnait en pâture à l'avidité publique les chants ridicules de son *Virgile*, s'en dégoûtant lui-même avant d'avoir lassé le goût de ses lecteurs ; il composait cet admirable *Roman comique* qui est resté son chef-d'œuvre ; il écrivait, sinon la meilleure de ses comédies, du moins la plus célèbre et la plus étrangement burlesque, *don Japhet d'Arménie,* qu'il dédia plus tard au roi. Enfin, il se

---

[1] C'est un personnage bien romanesque que *Sœur Céleste,* et elle mériterait d'être un peu remise en lumière. Aimée de l'abbé Scarron, aimée de Scudéry « qui venait de fort loin, avec un morceau de pain qu'il mangeait sous le manteau, dans le jardin du Luxembourg, pour avoir occasion de la voir », Mlle de Palaiseau fut séduite par un gros gentilhomme, qui lui promit le mariage et qui se garda bien de tenir sa parole. Il y eut procès ; Scarron, que sa maladie dispensait d'avoir trop de rancune en pareille matière, aida son ancienne maîtresse ; ses amis Vardes et Souvré rédigèrent une sentence burlesque, qui fut acceptée par le séducteur, et par laquelle ils le condamnèrent à donner à Mlle de Palaiseau 20,000 fr. parce qu'elle était grosse, 20,000 fr. parce qu'elle était demoiselle, et 20.000 fr. parce qu'il était financier. Céleste se retira avec cette somme (Segrais dit 40,000 fr. seulement) au couvent de la Conception qu'on édifiait alors dans Paris. Ce couvent ayant fait de trop grandes dépenses en bâtiments fit banqueroute après le blocus de Paris. Sœur Céleste perdit ainsi tout son avoir et se trouva dans la rue, sans ressources. C'est alors que Scarron, toujours généreux, la retira chez lui avec une de ses compagnes. (Tallemant des Réaux : *Hist. du petit Scarron ;* il y est dit inexactement que Scarron la logea avant qu'elle se fût retirée dans un couvent ; — Segrais : *Mémoires anecdotiques,* p. 99 ; — La Beaumelle : *Mémoires pour servir à l'histoire de Mme de Maintenon,* page 150 ; les dates y sont confondues ; Mme Scarron est mêlée à toute cette histoire, alors qu'elle ne connut Céleste, si elle la connut, que plus tard). Là ne se bornent pas les aventures de Mlle de Palaiseau : elle finit sa vie d'une façon tout aussi romanesque. V. plus loin, p. 79.

[2] *Note de l'anonyme.*
[3] *Œuvres,* I, 231.
[4] *Segraisiana,* 120.

décidait, au commencement de 1651, à lancer, sans nom d'auteur, sa fameuse *Mazarinade*, qu'il regretta tant plus tard. La vogue en fut immense; mais c'était aussi se faire bien des ennemis.

En vain dans une pièce intitulée : *Cent quatre vers contre ceux qui font passer leurs libelles diffamatoires sous le nom d'autrui*[1], essaya-t-il de réagir contre cette fâcheuse popularité; il y désavoua ceux qui imprimaient leurs sottises en son nom, et qui allaient jusqu'à attaquer la reine-mère et le petit roi, envers qui Scarron se piquait d'une inaltérable fidélité. Il les menaça de la bastonnade ou de la potence et leur conseilla de devenir plutôt voleurs de nuit que malfaiteurs littéraires :

> Mais, bâtards d'Apollon, rimeurs de Belzébuth,
> De qui l'esprit malade a pis que le scorbut,
> Ennemis du bon sens, corrupteurs du langage,
> Écrivez, imprimez ouvrage sur ouvrage,
> Décriez sans respect princes et magistrats,
> Comme si vous étiez réformateurs d'États;
> Nuisez aux innocents, attaquez les puissances,
> Inventez tous les jours de nouvelles offenses,
> Faites bien enrager les hommes de bon sens,
> Abusez lâchement de mon nom, j'y consens;
> Si la comparaison le mérite relève,
> Vos déplorables chants, rossignols de la grève,
> Opposés à mes vers tout malheureux qu'ils sont,
> Découvriront bientôt la bassesse qu'ils ont,
> Seront bientôt au rang des sottises passées,
> Et papiers déchirés sous les chaises percées ;
> Laissant à leurs auteurs, outre mille remords,
> Une éternelle peur des sergents et recors.
> Ne prétendez donc plus par vos chansons malignes,
> Malencontreux hibous, vous ériger en cygnes ;
> Et puisqu'à rimailler vous réussissez mal,
> Et pendu pour pendu que le sort est égal,
> Ne faites plus de vers, allez tirer la laine,
> Vous y gagnerez plus avecque moins de peine.
> Un livre de vos vers ne vaut pas un manteau[2].

Cette protestation fut inutile, et Scarron resta débordé par ces contrefaçons dont il se serait bien passé. Plus que jamais on lui attribua nombre de pamphlets, la plupart exécrables, auxquels il n'avait jamais mis la main; son nom seul en assurait la vente. Dans les quatre ou cinq mille mazarinades qui nous ont été conservées et qui ne sont qu'une faible partie des pièces publiées au

---

[1] Le permis d'imprimer est du 16 mars 1651.
[2] *Œuvres*, VII, 179, *Satire IV*.

temps de la Fronde, il est facile d'en retrouver bon nombre que libraires ou auteurs, pour gagner leurs six deniers, colportèrent avec le nom de Scarron [1]. Rien n'y fit ; Scarron n'en fut pas moins rendu responsable de sottises qu'il n'avait point écrites et chargé de tous les péchés d'Israël.

Dans une des réponses que provoquèrent les *Cent quatre vers*, l'auteur, qui prétend avoir été insulté et avoir demandé en vain une rectification, montre la pernicieuse influence de la poésie burlesque, et accuse Scarron de tout le mal ; quand on a fait le *Virgile travesty*, il est bien superflu de se disculper de telle ou telle autre mauvaise pièce ; ces rimailleurs que flétrit Scarron n'auraient jamais existé sans lui ; il est le grand coupable. Cette pièce curieuse semble reproduire, avec moins de violence, les accusations que Cyrano de Bergerac, dans deux lettres fameuses, a portées contre notre poète, en déguisant son nom sous l'anagramme bien transparent de Ronscar. C'était au temps du siège de Paris, à un moment où il y avait quelque courage à se dire *animal mazarinicum* : Cyrano, lui, se proclame bien haut mazarin, et, dans son humeur batailleuse, il pourfend avec une verve horrible Scarron, royaliste alors, mais « point mazarin. » Le pauvre homme n'eut jamais à supporter pareil orage. Cyrano le couvre de tous les outrages et lui reproche son ingratitude envers le ministre : « Ce monstre, semblable au Codinde, aussi bien « en sa difformité qu'en son courroux, ne peut supporter la vue « d'un chapeau d'écarlate sans entrer en fureur. » Puis il décrit avec une joie cruelle les tourments de son ennemi : « Sans « mourir, il a cessé d'être homme et n'en est plus que la façon... « A le voir sans bras et sans jambes, on le prendrait (si sa langue « était immobile) pour un Terme planté aux parois du temple de « la Mort... A curieusement considérer le squelette de cette « momie, je vous puis assurer que si jamais il prenait envie à la « Parque de danser une sarabande, elle prendrait à chaque main « une couple de Ronscars au lieu de castagnettes, ou tout au « moins elle se passerait leurs langues entre ses doigts, pour s'en « servir comme on se sert de cliquettes de ladres. Ma foi, puisque « nous en sommes arrivés là, il vaut autant achever son portrait. « Je me figure donc (car il faut bien se figurer les animaux que « l'on ne montre pas pour de l'argent) que si ses pensées se for- « ment au moule de sa tête, il doit avoir la tête fort plate... On « ajoute à sa description qu'il y a plus de dix ans que la Parque

---

[1] Voir plus loin le chapitre : *Pamphlets et Gazettes*.

« lui a tordu le col sans le pouvoir étrangler; et, ces jours passés,
« un de ses amis m'assura qu'après avoir contemplé ses bras tors
« et pétrifiés sur ses hanches, il avait pris son corps pour un
« gibet où le diable avait pendu son âme, et se persuada même
« qu'il pouvait être arrivé que le Ciel, animant ce cadavre infecté
« et pourri, avait voulu, pour le punir des crimes qu'il n'avait pas
« commis encore, jeter son âme à la voirie[1]. »

Dans une autre lettre, Cyrano, avec un mouvement superbe d'éloquence, convoque tous les frondeurs autour de la *parlante momie* de Scarron et leur montre tous les crimes de l'époque expiés dans un seul corps; s'il ne s'y trouvait quelques pointes trop spirituelles, on croirait, suivant la juste remarque de M. Victor Fournel[2], entendre la voix d'un orateur sacré, d'un Bossuet, appelant le peuple et les fidèles autour du cercueil du grand Condé : « Peuple
« séditieux, accourez pour voir un spectacle digne de la justice
« de Dieu : c'est l'épouvantable Ronscar qui vous est donné
« pour exemple de la peine que souffriront aux enfers les ingrats,
« les traîtres et les calomniateurs de leurs princes. Considérez
« en lui de quelles verges le Ciel châtie la calomnie, la sédition
« et la médisance. Venez, écrivains burlesques, voir un hôpital
« tout entier[3] dans le corps de votre Apollon; confessez, en regar-
« dant les écrouelles qui le mangent, qu'il n'est pas seulement le
« malade de la reine, comme il le dit, mais encore le malade du
« roi. Il meurt chaque jour par quelque membre, et sa langue
« reste la dernière, afin que ses cris vous apprennent la douleur
« qu'il ressent. Vous le voyez, ce n'est point un conte à plaisir;
« depuis que je vous parle, il a peut-être perdu le nez ou le men-
« ton. Un tel spectacle ne vous excite-t-il point à pénitence?
« Admirez, endurcis, admirez les secrets jugements du Très-
« Haut[4]. » Que semble la Mazarinade à côté d'une telle Scarronade? Et pourquoi tant de haine, tant d'odieuses invectives? A cause d'un sonnet dont Scarron avait refusé d'écouter la lecture![5] Devant un si furieux assaut, Scarron se tut : fut-ce par dédain? ou bien se dit-il tristement que pour répondre à une pareille insulte il eût fallu être un homme[6]?

---

[1] Cyrano de Bergerac. *Lettre XI, contre Ronscar.* Je passe, comme trop grossier, ce qu'il dit de l'origine de la fameuse maladie.
[2] V. Fournel. *La Littérature indépendante et les écrivains oubliés au XVIIe siècle;* Didier, page 82.
[3] Cyrano prend à Scarron même cette expression.
[4] Cyrano de Bergerac. *Lettre XXI, contre les Frondeurs.*
[5] Cyrano l'avoue dans sa lettre contre Ronscar.
[6] Le nom de Cyrano de Bergerac n'est pas cité une seule fois dans les *Œuvres de Scarron.* Est-ce à lui que pense Scarron dans l'*Avis au lecteur*

C'étaient pour lui bien des déboires et il payait cher sa royauté burlesque. Quand il avait lancé la *Mazarinade* et quand il avait donné au public la troisième partie de ses *Œuvres burlesques* [1], où se trouvent des vers peu faits pour plaire à Mazarin, il croyait le cardinal bien tombé, et il était loin de s'attendre au retour triomphal de l'Italien (février 1653); mais, quand il vit que le ministre continuait à gouverner la France du fond de son exil et qu'il avait conservé toutes les bonnes grâces de la reine-mère, il comprit bien que le dernier mot resterait à l'autorité royale, et que la Fronde, à laquelle il avait imprudemment attaché sa fortune, était perdue. Paul de Gondi, qui avait obtenu le chapeau tant désiré, ne songeait plus qu'à le sauver de la bagarre; les flatteurs de la veille étaient devenus des indifférents; les vrais amis étaient absents et dispersés. Scarron, il est vrai, avait été choyé et adulé du public pendant ces trois années; mais qu'avait-il gagné à faire sa fronde? Il restait avec une pension de moins et quelques mauvais vers de plus. Ses maux avaient encore augmenté; ses affaires n'allaient pas mieux; son procès durait toujours après huit ans, et il le savait perdu. Le poète dut se sentir bien triste, quand il se retrouva à peu près seul, avec sœur Céleste, dans le grand appartement de la rue d'Enfer, jadis si fréquenté, et qui s'était vidé peu à peu. Tout avait tourné contre lui, et la mauvaise chance ne s'était pas encore lassée. Il y avait bien de quoi être désespéré et maudire l'existence. Mais son heureux caractère le sauva; il s'était alors laissé bercer par un nouveau rêve, le plus fou, le plus irréalisable de tous, et qui devint pourtant, en partie, une réalité. Pour la première fois, un peu de bonheur allait éclairer sa triste destinée.

publié avec le III⁰ livre de l'*Énéide travestie*, lorsqu'il dit : « Il me vient de
« souvenir que j'avais fait un avant-propos pour me défendre d'un homme
« qui met tout en œuvre, soit qu'il aime, soit qu'il haïsse. Mais une per-
« sonne de mérite m'a prié de supprimer ce que j'avais fait contre un des
« plus supprimables hommes de France. Je le rengaîne donc, pour le dégaî-
« ner, s'il lui prend jamais de faire contre moi à la plume. » Y eut-il donc
vraiment une *querelle* entre les deux poètes? L'attaque de Cyrano nous
serait-elle donc seule parvenue? Ce ne sont là que des hypothèses, peu
probables, quoi qu'en dise M. Victor Fournel. (*Édition du Virgile travesty*.)
[1] *Les Œuvres burlesques de M. Scarron, III⁰ partie*. Quinet, 1651. L'achevé
d'imprimer est du 12 septembre 1650. Le livre est dédié à M. Galard, conseiller du roi en ses conseils, maître des requêtes, etc. Scarron le remercie
de lui avoir procuré de la farine pendant le blocus. Dans ce volume, sont le
*Factum, Suite du Factum, Épître à Deslandes-Payen, Remerciement au
prince d'Orange, Requête à Bellièvre*, beaucoup de *chansons*, de *courantes*,
de *sonnets*; il s'y trouve non seulement le *Triolet contre les Frondeurs* et le
Sonnet sur les affaires du temps, mais, chose plus grave, l'*Épître à d'Aumale*
(4 janvier 1650), l'*Épître à ****, l'*Avis de Dix Millions et plus*, et le *Sonnet* du
mauvais riche, que Scarron n'avait pas encore publié. Voilà ce que Mazarin
pouvait difficilement pardonner après la Fronde.

CHAPITRE III

M. ET Mme SCARRON. — DERNIÈRES ANNÉES

1652-1660

Projet de départ pour l'Amérique. — Françoise d'Aubigné à l'hôtel de Troyes. — Liaison de Scarron avec Françoise. — Le mariage. — Fin du procès avec les beaux-frères. — La chambre de Scarron et la société qui y fréquente. — Les grands seigneurs, les hommes de lettres, les femmes. — Caractères de cette société : libertinage modéré, gourmandise, esprit satirique, gaîté. — Rôle de Mme Scarron : est-elle restée vertueuse ? — Situation malheureuse du ménage ; tentatives désespérées de Scarron pour guérir et pour s'enrichir ; l'or potable, les dédicaces. — Fouquet devient son protecteur. — L'affaire des Déchargeurs. — Mort de Scarron. — Les *Pompes funèbres*. — L'oubli.

La simple raison de voisinage suffirait à expliquer pourquoi Scarron fit la connaissance de Mlle d'Aubigné ; mais il y eut encore un autre motif. Depuis quelque temps, Scarron avait formé un étrange projet. Irrité par les difficultés qu'il éprouvait à se faire payer sa pension, fatigué de jouer le rôle d'un bouffon auprès des grands seigneurs, qui s'amusaient de lui sans le plaindre assez et sans l'aimer vraiment, il avait résolu d'aller chercher loin de Paris la fortune et la santé. Que de rêves fantastiques éveillait alors dans les imaginations la pensée du Nouveau-Monde ! On croyait que là-bas la vie était plus clémente et que le bonheur souriait à tous sur une terre prodigieusement riche. Ceux qui en revenaient en faisaient de si merveilleux récits ! A l'hôtel de Troyes même, chez Scarron, dont l'appartement était trop grand, était venu loger un homme qui avait parcouru ces régions lointaines. Ce locataire mystérieux, qui n'a point dit son nom, mais qui semble devoir être le chevalier de Méré [1], et qui entra dans l'intimité de Scarron au point de prendre ses repas chez lui [2], dut fortifier son hôte dans ses projets encore un peu vagues. Il avait séjourné longtemps à Saint-Christophe et à la Martinique, et il lui raconta avec une singulière précision de détails la cure miraculeuse du commandeur de Poincy, qu'il avait autrefois vu là-bas et chez qui il avait passé deux mois. « Étant allé à la Martinique « tout goutteux, le commandeur de Poincy y guérit en moins de « rien, et recouvra une santé si parfaite qu'il jouait à la paume, « montait à cheval et allait tous les jours à la chasse, comme s'il « n'avait jamais été indisposé [3]. » La tentation était trop forte pour le pauvre cul-de-jatte, et son enthousiasme pour l'Amérique ne connut plus de bornes; il ne rêva plus que les chauds climats des tropiques, qu'il célébrait un peu plus tard dans ces termes emphatiques :

> Là nulle fluxion ni goutte,
> Là nul froid que tant je redoute ;
> La nuit seulement un vent frais
> Y semble être fait tout exprès
> Contre le chaud de la journée ;
> Là le printemps toute l'année
> Y conserve sa gaieté,
> L'automne sa maturité ;
> Et l'été, sans brûler les herbes,
> Chaque mois y donne des gerbes,
> Et tous trois des fruits ravissants
> A la fois mûrs, nés et naissants [4].

Scarron était dans ces dispositions quand il vit la jeune Françoise d'Aubigné, qui était venue habiter à côté de chez lui avec Mme de Neuillant. Méré connaissait la jeune fille pour l'avoir vue jadis à Niort, puis en Amérique; dans un de ses voyages, il avait même demeuré chez ses parents, à la Martinique, pendant que son navire était en charge, et il l'avait revue encore à Saint-Christophe [5]. Ce fut donc lui, à n'en pas douter, qui la présenta à Scarron, toujours désireux de voir de nouveaux visages et de con-

---

[1] Cette hypothèse est si probable (voir l'*Appendice* à la fin de ce volume) que nous désignerons toujours par le nom de Méré l'auteur de la *Note anonyme*, quoiqu'il n'existe pas à ce sujet de certitude *absolue*.
[2] « M. Scarron me loua une partie de son appartement, ensuite de quoy « il me prist en pension avec la Fleur qui me servoit, et à qui il fesait « faire souvent des tortes de frangipane devant lui. (*Note de l'anonyme.*)
[3] *Segraisiana*, p. 94.
[4] *Œuvres*, VII, 187. *Épitre chagrine à Rosteau*.
[5] Voir *Note de l'anonyme*.

naître tous les charmes du Nouveau-Monde. Françoise (ou Francine, comme on l'appelait souvent), était alors à l'âge ingrat où la jeune fille sort de l'enfant ; elle avait quatorze ou quinze ans, l'air un peu gauche et embarrassé, la robe trop courte des fillettes qui ont grandi trop vite. Son enfance avait été malheureuse, tiraillée en sens divers. Depuis qu'on l'avait arrachée à Mme de Villette, elle n'avait guère senti d'amitié autour d'elle [1] : elle se voyait à charge à Mme de Neuillant, dont la ladrerie égalait la richesse, et qui la nourrissait mal, l'habillait à peine. « Quoique sa parente, dit « Tallemant [2], elle la laissait toute nue. L'avarice de cette vieille « était telle, que pour tout feu dans sa chambre, il n'y avait qu'un « brasier : on se chauffait à l'entour. » Francine en était restée timide et sérieuse pour son âge ; ses beaux yeux, tant admirés de ceux qui la connurent, se voilaient d'un nuage de mélancolie. Outre les souffrances qu'elle avait supportées, peut-être sentait-elle vaguement peser sur elle l'indignité de son père, qu'elle subissait, en même temps que le passé héroïque du vieux huguenot, son aïeul, qu'elle avait renié. Elle entra dans la chambre de Scarron, troublée et rougissante, et se mit à pleurer [3]. Si le poète n'eut pas ce jour-là les récits d'Amérique sur lesquels il comptait, du moins il fut touché profondément par l'intelligence et la grâce de celle à laquelle il venait de lier, bien à son insu, sa malheureuse existence.

Conçut-il dès lors le projet qui devait si fort surprendre ses contemporains et rester un sujet d'étonnement pour la postérité ? Certainement non ; si fou que fût Scarron, il n'osait prétendre à ce bonheur. Il conserva seulement un délicieux souvenir de cette apparition ; mais la mémoire s'en serait peu à peu obscurcie dans son esprit, si un incident n'était venu rapprocher, cette fois pour toujours, ces deux âmes si différentes. Quelques mois après cette première entrevue, Françoise d'Aubigné, alors dans le Poitou, où elle était probablement avec Mme de Neuillant, écrivit à une de ses amies, Mlle de Saint-Hermant, une lettre charmante, qui contenait quelques mots élogieux à l'adresse de Scarron [4]. Scarron la lut, en fut ravi et écrivit à Mlle d'Aubigné la lettre fameuse :

Je m'étais bien toujours douté que cette petite fille que je vis entrer il y a

---

[1] Il faut noter, si l'histoire en est vraie, l'innocente tendresse qu'elle inspira à un petit berger, quand elle était reléguée à la basse-cour de Mme de Neuillant (La Beaumelle).
[2] Tallemant. *Hist. du petit Scarron.*
[3] *Œuvres*, I, 170. *Lettre à Mlle d'Aubigné* : « *Je m'étais toujours bien douté.....* » Voir ci-dessus.
[4] Cette lettre se trouve en tête du recueil édité par La Beaumelle (Ams-

dix mois dans ma chambre avec une robe trop courte et qui se mit à pleurer, je ne sais pas bien pourquoi, était aussi spirituelle qu'elle en avait la mine. La lettre que vous avez écrite à Mlle de Saint-Hermant est si pleine d'esprit, que je suis mécontent du mien de ne pas m'avoir fait connaître assez tôt tout le mérite du vôtre. Pour vous dire vrai, je n'aurais jamais cru que dans les îles d'Amérique ou chez les religieuses de Niort on apprît à faire de belles lettres, et je ne puis bien m'imaginer pour quelle raison vous avez apporté autant de soin à cacher votre esprit que chacun en a de montrer le sien. A cette heure que vous êtes découverte, vous ne devez point faire difficulté de m'écrire aussi bien qu'à Mlle de Saint-Hermaut, je ferai tout ce que je pourrai pour faire une aussi bonne lettre que la vôtre, et vous aurez le plaisir de voir qu'il s'en faut beaucoup que j'aie autant d'esprit que vous ; tel que je suis, je serai toute ma vie.....

Il s'établit donc un commerce de lettres entre Scarron et Mlle d'Aubigné avant qu'elle revînt à Paris.

Elle retourna chez Scarron et le trouva admirablement disposé en sa faveur. Méré avait sans doute raconté bien des fois à son hôte l'histoire de la jeune Francine, qu'il connaissait mieux que personne ; il lui avait vanté les charmes de sa personne, son intelligence, son esprit, avec d'autant plus de chaleur qu'il nourrissait pour sa petite amie un tendre sentiment qui dura toujours[1]. Scarron, ému des malheurs de la jeune Indienne, comme on se plaisait à l'appeler, voulut lui venir en aide, et, dans la première inspiration de son bon cœur, il lui offrit une somme assez considérable qui lui permît de se marier honorablement ou d'entrer dans un couvent[2]. Françoise d'Aubigné déclina cette offre généreuse. Ce noble refus ne faisait que rendre plus critique la situation de la jeune fille. Elle ne pouvait rien espérer de sa mère, déjà malade, qui avait peine elle-même à se nourrir, et qui poursuivait contre des créanciers et des parents avides le règlement de la succession de Constant d'Aubigné. Elle ne pouvait plus compter sur la patience de la rapace marquise de Neuillant, qui ne lui pardonnait pas d'avoir rejeté l'offre de Scarron, et qui la pressait de choisir entre un époux et le couvent. Le couvent lui répugnait, malgré toute sa

---

terdam, 1756) ; c'est une de celles dont Lavallée a constaté l'authenticité. Il est certain que La Beaumelle, à supposer qu'il ait eu la vraie lettre entre les mains, ce qui n'est pas prouvé, l'a au moins arrangée et il ne l'a pas fait toujours très adroitement.

[1] Au moment où Mme de Maintenon allait épouser secrètement Louis XIV, Méré, âgé de près de soixante-dix ans, lui offrit sa main, ou peu s'en faut. Voir cette lettre curieuse dans les *Lettres à diverses personnes* (du chevalier de Méré), chez Barbin, 1682.

[2] Ce fait, tout à l'honneur de Scarron, non seulement est rapporté par La Beaumelle, mais est aussi affirmé dans les *Mémoires* de Mlle d'Aumale.

piété[1]; elle avait trop connu les religieuses de Niort, elle avait trop souffert chez elles pour désirer s'y enterrer vivante. Il fallait qu'elle trouvât un parti. On dit que, jolie et spirituelle comme elle était, elle ne devait avoir que l'embarras du choix. Le duc de Chevreuse l'aima[2], dit-on ; mais sait-on s'il la demanda, s'il songea vraiment à épouser cette petite fille qui avait de beaux yeux, mais qui n'avait pas un sou vaillant et dont la noblesse ne valait pas celle de sa maison? Méré l'aimait peut-être ; mais ce grand sceptique qui, suivant l'expression de La Beaumelle, « considérait une belle personne comme une belle fleur, » cœur froid, capable d'avoir plutôt des sensations que des sentiments, s'amusait tout le premier de son amour pour une enfant qu'il avait vue grandir ; de plus, il avait horreur du mariage : l'envie ne lui en devait venir qu'à soixante-dix ans passés, et alors il sera trop tard[3]. Sans doute, à défaut de Chevreuse et de Méré, Francine aurait peut-être pu trouver quelque mari sortable ; mais le temps pressait et il devait lui tarder de se soustraire aux maigres bienfaits que lui reprochait Mme de Neuillant.

Il y eut encore au mariage de Francine avec Scarron une autre raison qu'on n'a jamais dite. On représente toujours Mlle d'Aubigné comme une pauvre victime sacrifiée, obligée d'épouser un homme qu'elle n'aimait pas, forcée de passer les plus belles années de sa vie dans une compagnie qui lui faisait horreur. Peut-être croit-on servir ainsi la mémoire de Mme de Maintenon et faire valoir son mérite. On risque de se tromper du tout au tout. Selon toute vraisemblance, ce ne fut pas la mort dans l'âme que Françoise d'Aubigné épousa Scarron : elle l'accepta librement et avec joie. Elle n'avait alors que seize ans, l'âge des rêves dorés et des beaux enthousiasmes ; mais, pour une âme d'élite, mûrie par l'infortune, le bonheur souhaité peut ne pas apparaître toujours sous la figure d'un fils de roi ou d'un Prince Charmant : il peut se présenter, une fois par exception, sous la forme plus austère du devoir. Ce pauvre cul-de-jatte, si misérable et si martyrisé par le mal, et en même temps si spirituel et si bon, a pu devenir, en dépit de sa triste mine, le héros de roman qui a séduit cette jeune

---

[1] Tallemant lui prête ce mot au sujet de Scarron : « J'ai mieux aimé l'épouser, qu'un couvent. »
[2] La Beaumelle. — Dans les pamphlets protestants cette histoire est travestie de la façon la plus odieuse ; il en fut de même dans la *Suite de la France galante et les derniers déréglements de la cour,* publiés après l'*Histoire amoureuse des Gaules,* dans l'édition de 1740. Ce n'est qu'une suite de calomnies obscènes.
[3] Voir plus haut.

fille à l'esprit ardent et aux sens froids. Et cet entraînement de l'imagination, cette exaltation du devoir, n'est-ce pas une forme de l'amour? Celui qui a été témoin de leurs longues fiançailles, le chevalier de Méré, dit, en parlant de l'hôtel de Troyes, où habitaient Scarron et Francine : « C'est là où commencèrent *leurs amours*[1]. » Voilà un mot qui n'a jamais été prononcé par aucun de ceux qui ont raconté ce mariage, et, si paradoxal que cela paraisse, ce mot est peut-être juste. Françoise d'Aubigné a pu aimer Scarron : n'est-ce pas l'explication la plus vraisemblable, celle qui fait le plus honneur aux deux époux ?

Pour le pauvre poète, accablé de maux et d'ennuis, sevré des tendresses de la famille, c'était le Paradis qui s'ouvrait. Il allait être soigné par la plus charmante des gardes-malades; il allait avoir près de lui, bien à lui, un être qui l'aimerait malgré sa laideur, et qui le vengerait de toutes les curiosités, de toutes les plaisanteries, de toutes les fausses amitiés auxquelles il était exposé. Il partirait avec elle, loin de ce Paris où il avait tant souffert, et il irait en Amérique, où il guérirait, où il pourrait redevenir un homme comme un autre, et n'être plus ce Scarron condamné aux perpétuelles grimaces de la poésie burlesque. Quel rêve pour le malheureux ! Il lui fallut seulement le temps de s'y habituer et d'y croire : il lui fallut aussi assez de courage pour oser parler, malgré la honte et le ridicule. Comment s'y prit-il pour faire à Françoise cet aveu délicat et pour l'amener doucement à consentir ? C'est ce que nul ne saura jamais, et il faut avoir la fatuité de La Beaumelle pour oser imaginer, sans document, la scène tout entière, la pathétique déclaration du prétendant, la réponse douce et reconnaissante de la jeune fille[2]. Quelque esprit qu'ait déployé le narrateur à cette occasion, il est à présumer que Scarron en montra plus encore : il fit vraiment ce jour-là la meilleure de ses œuvres.

Le mariage fut donc décidé en principe, mais le projet resta secret. Peu de personnes furent dans la confidence : Mme de Neuillant, Méré, qui semble avoir joué le rôle d'intermédiaire, Mme d'Aubigné, qui envoya à Méré sa procuration, et qui le pria de mettre sa fille en « quelque religion[3] » en attendant la célé-

---

[1] *Note de l'anonyme.*
[2] La Beaumelle, p. 137. Le passage est joli et le sentiment en est très attendrissant. Mais c'est un pur roman, et cela justifie bien la prévention qu'on peut avoir contre l'auteur.
[3] Voir la *Note d'un anonyme*. Cette note semble indiquer que Mme d'Aubigné fit en quelque sorte de Méré le tuteur de sa fille : sa confiance n'était pas trop bien placée.

bration du mariage, qui fut ajourné à deux ans, à cause de la grande jeunesse de Françoise. Mlle d'Aubigné passa-t-elle dans un couvent ces deux années ou plutôt cette seule année, à supposer que le délai ait été abrégé sur les instances de Scarron[1]? C'est peu probable[2], et je croirais volontiers qu'il faut entendre en un autre sens la recommandation que fit Mme d'Aubigné à Méré de mettre sa fille « en quelque religion ». Méré devint tout simplement le professeur de philosophie et de bon ton de la jeune Indienne. Il l'accompagna en Poitou, comme l'indique la lettre où Scarron demande à la jeune fille des nouvelles de sa fièvre. Cette lettre, fort intéressante, est certainement du temps où le mariage était déjà projeté et elle prouve que Françoise n'était pas au couvent : « Je ne sais si je n'aurais point mieux fait de me défier
« de vous la première fois que je vous vis », dit Scarron par plaisanterie. « Je le devais faire à en juger par l'événement. Mais
« aussi quelle apparence y avait-il qu'une jeune fille dût troubler
« l'esprit d'un vieux garçon ? » Plus loin, la déclaration d'amour est encore plus catégorique : « La malepeste que je vous aime,
« et que c'est une sottise d'aimer tant ! Comment ! vertu de ma
« vie ! à tout moment il me prend envie d'aller en Poitou, et par
« le froid qu'il fait n'est-ce pas une forcenerie ? » Il vient à parler avec quelque jalousie de Méré : « L'impatience de vous voir est
« un maudit mal. Ne vois-je pas bien comme il prend au pauvre
« M*** de ce qu'il ne vous voit pas si souvent qu'il voudrait,
« encore qu'il vous voie tous les jours ? Il nous en écrit en désespéré, et je vous le garantis âme damnée, non pas à cause qu'il
« est hérétique[3], mais parce qu'il vous aime et c'est tout dire.
« Vous devriez pourtant vous en tenir à vos conquêtes, laisser le
« genre humain en paix,

> Et commander à vos œillades
> De faire un peu moins de malades.

« Vous êtes bien heureuse de n'avoir pas affaire à moi, je vous
« rosserais d'importance[4]. » Cette éducation de Françoise d'Au-

---

[1] Bruzen de la Martinière le dit avant La Beaumelle, qui l'a répété.
[2] Le Père Laguille dit qu'elle fut mise chez les Ursulines de la rue Saint-Jacques en attendant son mariage ; il doit confondre avec le séjour que Mlle d'Aubigné y fit lors de sa première communion et dont il ne parle pas.
[3] Méré était d'une famille protestante.
[4] Œuvres, I, 179. Lettre à ***. « Vous êtes devenue malade de la fièvre tierce... » Dans cette lettre se trouvent des vers assez peu convenables adressés par Scarron à sa fiancée :
> Tandis que la cuisse étendue...
Étrange manière de faire sa cour !

bigné par le chevalier de Méré est trop célèbre pour qu'il soit besoin d'insister : ce fut lui qui la forma au monde et qui compléta son instruction ; il s'acquitta d'autant mieux de sa tâche qu'il aimait son élève [1] ; peut-être même le lui disait-il trop et en fut-il rebuté un peu sèchement : on le dirait, à l'entendre porter sur Mme Scarron peu de temps après son mariage ce jugement curieux : « Comme je la connais, elle soutiendra bien des assauts « avant de se rendre..... Ce qui me fâche d'elle, je l'avoue, c'est « qu'elle s'attache trop à son devoir, malgré tous ceux qui cher-« chent à l'en corriger [2] ». Singulière réflexion pour un ancien professeur de morale ! On se demande avec effroi ce qu'avaient pu être les leçons d'un tel maître.

Pendant que Scarron faisait son stage, pour obtenir la main de Françoise d'Aubigné, il ne renonçait pas pour autant à son voyage d'Amérique. La Fronde tournait décidément mal pour lui, et la *Mazarinade* semblait avoir été plus dangereuse pour son auteur que pour le cardinal qu'elle visait. Mieux valait quitter la France et aller chercher le bonheur dans un autre pays avec cette jeune Indienne qui serait le plus agréable des guides. Au lieu d'aller à Barèges au printemps de 1652, comme il en avait l'intention [3], il ne songea plus qu'à hâter les préparatifs du départ, et par conséquent du mariage. Comme il attachait le plus grand intérêt à la poursuite de cette richesse qu'il ne devait jamais atteindre, il avait d'abord songé à former lui-même une compagnie commerciale avec quelques marchands, quelques religieux et quelques beaux esprits curieux [4] ; il en offrit la direction à son jeune ami Segrais [5]. L'affaire alla assez loin : Scarron s'en occupa activement, et écrivit à la marquise Renaud de Sévigné [6] pour obtenir sa protection auprès du Parlement, où l'affaire était soumise, et auprès du gouverneur du Hâvre où devait avoir lieu l'embarquement. Ce projet ayant échoué, Scarron plaça alors mille écus dans la nouvelle Compagnie des Indes, qui allait coloniser la Guyane, sur les bords de l'Orillane et de l'Orénoque [7] ; pour cela, il vendit sa prébende du Mans qu'il avait failli perdre

---

[1] « Elle m'a fait passer de fâcheuses nuits, et, si je la voyais souvent, cela pourrait bien encore arriver. » (Lettre du chevalier de Méré à M. de Marillac, intendant du Poitou ; octobre 1675.) — Dans une autre lettre (LXVI), il charge le comte de Sourdis d'embrasser de sa part Mme Scarron.
[2] Lettre du chevalier de Méré à Mme la duchesse de Lesdiguières.
[3] *Œuvres*, I, 168. *Lettre à Sarrasin.*
[4] La Beaumelle. *Vie de Mme de Maintenon* (1753, 1re édit.), p. 33.
[5] *Segraisiana*, p. 84.
[6] *Œuvres*, I, 175. Il s'agit de la mère de Mlle de la Vergne, qui devint Mme de La Fayette.
[7] *Œuvres*, I, 168.

en 1648 ; il la céda pour la même somme au secrétaire de Ménage, Girault, « bien fait de sa personne et qui avait de l'esprit », nous dit Segrais[1] ; ce fut par l'entremise de Céleste de Palaiseau qu'eut lieu la résignation.

Enfin, il fit annoncer partout son prochain départ, sans parler encore de ses projets de mariage. Loret, dans sa *Gazette* du 31 décembre 1651, se fait le premier l'écho de cette nouvelle :

> Monsieur Scarron, dit-on, se pique
> De transporter en Amérique
> Son corps maigret, faible et menu,
> Quand le printemps sera venu,
> Et *que* l'aimable sœur Céleste,
> Qui pour l'esprit en a de reste,
> Doit être aussi, sans manquement,
> Comprise dans l'embarquement[2].

et il déplore le départ de celui qu'il appelle « le saint et le patron des burlesques ». Mais il ne dit pas mot du futur mariage. Dans le même temps, il parut à Paris des pièces de vers qu'on attribua à Scarron et qui contenaient ses adieux au Roi[3]. Furetière, apprenant la résolution de son ami, lâcha cette plaisante épigramme :

> *Sur le voyage de M. Scarron en l'Amérique.*
>
> Donc ce fameux paralytique,
> Qui ne marchait qu'avec anhan,
> Va voyager en l'Amérique,
> Comme Vespuce et Magellan !
> Il veut faire des découvertes
> De mers et de plaines désertes ?
> Et va peupler de nouveaux ports
> Avec marchands, gueux et manœuvres ?
> Je meure, s'il ne fait alors
> La plus burlesque de ses œuvres[4] !

Enfin Scarron écrivit lui-même à son ami Sarrasin, alors à Bordeaux, une lettre comique, où il expliqua les raisons de son voyage et où il fit un adieu général :

Mon chien de destin m'emmène dans un mois aux Indes occidentales, ou plutôt j'y suis poussé par une sorte de gens fâcheux, qui se sont depuis peu élevés dans Paris et qui se font appeler *pousseurs de beaux sentiments*..... Voilà, notre cher ami, le plus spirituel d'Europe, ce qui me fait fuir dans l'Amérique..... Adieu, France ! adieu Paris ! adieu, tigresses déguisées en

---

[1] *Segraisiana*, p. 99.
[2] Loret. *Muse historique, 31 décembre 1651.*
[3] Ces pièces ne sont probablement pas de Scarron. Voir plus loin : *Pamphlets et Gazettes.*
[4] Furetière. *Épigramme XXXI.*

anges ! adieu, Ménages, Sarrasins et Marignis ! Je renonce aux vers burlesques, aux romans comiques et aux comédies pour aller dans un pays où il n'y aura ni faux béats, ni filous de dévotion, ni inquisition, ni hiver qui m'assassine, ni fluxion qui m'estropie, ni guerre qui me fasse mourir de faim[1]!

Scarron attendit encore quelques mois ; il régla le sort de sœur Céleste qu'il n'emmenait pas. N'ayant pu lui faire donner l'hôpital de Montargis, dont la supérieure s'obstina à ne pas mourir[2], il obtint du moins pour elle un prieuré près d'Argenteuil, qui rapportait 2,000 livres[3]. Enfin, quand tout fut prêt, avant de partir, il se maria, à la stupéfaction générale. C'est probablement au mois de mai 1652 que le poète burlesque épousa la petite-fille d'Agrippa d'Aubigné[4]. Mme d'Aubigné devait sans doute être morte, on ne sait au juste à quelle époque[5] ; il se pourrait que cet événement ait précédé de peu le mariage et en ait fait reculer la célébration, s'il est vrai que Françoise s'enferma trois mois chez les religieuses de Niort après la mort de sa mère[6]. On ne trouve aucune mention du mariage sur les registres paroissiaux des églises de Paris ; M. Jal en a fouillé inutilement les archives, et il en a conclu que la cérémonie dut avoir lieu dans quelque

---

[1] *Œuvres*, I, 170.
[2] *Œuvres*, I, 165. A Mme la comtesse de Fiesque.
[3] *Segraisiana*, p. 103. Segrais ajoute : « Quoiqu'elle eût de quoi subsister raisonnablement, elle mourut sur la paille et de faim, à la lettre. C'est qu'ayant résigné son prieuré, la résignataire prit si peu de soin d'elle, lorsqu'elle fut tombée malade, qu'elle ne lui faisait donner que des bouillons fort simples. » La Beaumelle raconte sa fin à peu près dans les mêmes termes ; mais il suppose que le prieuré ne vint qu'après le mariage, et que Mme Scarron accepta chez elle sœur Céleste et son amie, les entretint, et écrivit même à Céleste une lettre fort édifiante. C'est une invention de La Beaumelle qui a confondu les dates. (*Mémoires pour servir*..... p. 150.)
[4] Dans la *Gazette* du 9 juin 1652, Loret parle du récent mariage de Scarron, mais il ne semble pas l'annoncer à vrai dire ; il en parle incidemment à propos du fameux procès dont il annonce la fin :

> Ayant contracté mariage
> Avec une épouse ou moitié,
> Qu'il a prise par amitié,
> Il était chargé, ce me semble,
> De deux pesants fardeaux ensemble.
> Or, ses faibles et petits bras
> N'ont besoin de tant d'embarras ;
> Car avec la paralysie,
> Cruel fléau de sa poésie,
> Ce serait un mal plein d'excès
> Qu'une femme avec un procès !

[5] La Beaumelle la fait mourir à la fin de 1649, tout de suite après la première présentation de Françoise à Scarron. Le témoignage de Méré (*Note de l'anonyme*) contredit d'une façon très précise cette assertion. Mme d'Aubigné vivait certainement quand le mariage fut décidé, puisqu'elle envoya sa procuration. D'autres historiens, comme le P. Laguille, Languet de Gergy, Mme de Caylus, ne mentionnent pas sa mort. L'auteur de la *Vie de Mme de Maintenon, institutrice de la royale maison de Saint-Cyr* (Paris, Buisson, 1788, 2e édit.), adopte la version de La Beaumelle. Lavallée fait de même.
La Beaumelle..

église de campagne, aux environs de Paris[1] : rien n'autorise une pareille supposition ; Méré dit qu'ils furent mariés à l'hôtel de Troyes[2] ; ne pourrait-on pas prendre ce témoignage à la lettre et conclure qu'ils furent véritablement unis dans cet hôtel, dans le logement même de Scarron, qui désirait fuir en un pareil jour la badauderie railleuse de la populace ? Dans le grand appartement qu'il occupait il y avait un petit autel, puisqu'on y disait la messe exprès pour lui[3]. C'était l'aumônier de M. Deslandes-Payen qui officiait ; c'est lui sans doute qui bénit l'union de Scarron avec Mlle d'Aubigné, à qui Mlle de Pons avait prêté des habits de noce[4].

Il y eut certainement un contrat, mais de quelle nature ? « Quand on dressa le contrat, Scarron dit qu'il reconnaissait à « l'accordée quatre louis de rente, deux grands yeux fort mutins, « un très beau corsage, une paire de belles mains et beaucoup « d'esprit. Le notaire demanda quel douaire il lui assurait : « *L'immortalité,* répondit Scarron ; *le nom des femmes des rois* « *meurt avec elles, celui de la femme de Scarron vivra éternelle-* « *ment.* » Tel est le récit de La Beaumelle ; si piquant qu'il soit, il est bien invraisemblable, quand on songe à la modestie très réelle de Scarron, qui ne s'est jamais pris pour un grand poète ; d'autre part, les stipulations du contrat furent sérieuses et ne consistèrent pas dans une simple plaisanterie. Dans une lettre que Mme Scarron écrivit à M. de Villette, en novembre 1660, c'est-à-dire au lendemain de la mort de son mari, elle parle de sa position précaire, et dit qu'au lieu des 23,000 fr. qui lui sont dus par son contrat de mariage, elle ne pourra guère en retirer que 4 à 5,000 de la succession du défunt[6]. Ces 23,000 fr. furent-ils une

---

[1] Jal. *Dictionnaire.*

[2] « J'ai demeuré avec M. et Mme Scarron pendant trois ans à l'hostel de Troyes, rue d'Enfer, où ils furent mariés en 1652. » (*Note de l'anonyme.*)

[3] *Œuvres,* I, 184. *Lettre à M. de Segrais* sur une jupe que Mme la comtesse de Fiesque lui avait promise pour faire un ornement de chapelle. — Voir aussi : *Œuvres,* VII, 255. *Remerciement à Mme de Pommereuil;* Scarron en avait reçu une jolie toile d'argent à fleurs isabelles et jaunes ; il parle de son petit autel et du prêtre, fort homme de bien, aumônier de M. Deslandes,

Qui dit la messe en moins de rien.

[4] La Beaumelle, p. 140.

[5] *Ibid.,* p. 139.

[6] « M. Scarron a laissé 10,000 fr. de bien et 22,000 fr. de dettes ; il m'en est dû 23,000 par mon contrat de mariage, mais il est fait en si mauvaise forme, que bien que ma dette soit la première et que par conséquent je dusse être préférée aux autres créanciers, je n'aurai d'avantage sur eux que d'absorber une bonne partie de leurs dettes, à cause que la mienne est plus grande toute seule que toutes les autres ensemble ; si bien que venant à contribution, il faudra que je partage avec eux ; après donc avoir bien plaidé, il m'en reviendra franc et quitte 4 ou 5,000 fr. » (*Lettre à M. de Villette.*) L'authenticité de cette lettre n'est pas contestée.

donation anticipée que Scarron fit à sa femme sur les plus clairs biens de sa succession, ou bien représentent-ils la dot que Françoise aurait apportée en se mariant, et qui aurait été consumée en grande partie par le ménage? Je ne sais, mais j'inclinerais plutôt vers la première hypothèse, qui concorde mieux avec la pauvreté de Mlle d'Aubigné tant de fois proclamée par ses biographes. D'ailleurs on remarquera qu'à cette époque Scarron devait être, malgré ses plaintes incessantes et sa perpétuelle soif de pensions, dans une situation de fortune assez favorable. C'est l'époque de la grande vogue de sa poésie : jamais son *marquisat de Quinet* ne lui rapporta autant que dans ces quatre années où parurent trois de ses recueils de *vers burlesques,* les sept chants de l'*Énéide travestie,* le premier volume du *Roman comique,* sans compter les produits de *Jodelet,* de l'*Héritier ridicule* et de *Don Japhet.* De plus son mariage le faisait rentrer dans une partie de l'héritage paternel qui semble avoir précisément atteint ce chiffre de 23,000 fr.[1]. A coup sûr ce n'est pas cette considération qui décida Mlle d'Aubigné à épouser Scarron[2] ; elle ne fit alors aucun de ces calculs ; mais la rapace Mme de Neuillant les fit peut-être pour elle : elle vit dans ce mariage un parti assez avantageux pour sa jeune parente. Quand La Beaumelle, toujours très favorable à Mme Scarron, se laisse aller à dire : « Ce mariage, quoique si mal assorti, était pourtant une fortune pour elle », on ne peut pas nier qu'il ait un peu raison[3].

On rapporte sur ce fameux mariage d'autres anecdotes[4] dont il est impossible de vérifier l'exactitude. « Scarron exigea que Mlle d'Aubigné abjurât solennellement les erreurs de ses pères, quoiqu'elle y eût déjà renoncé à Niort, et ensuite formellement aux Ursulines de la rue Saint-Jacques. » Ce scrupule religieux n'a rien qui nous étonne ; si Scarron ne s'occupa guère de son salut, si même il railla parfois les choses sacrées, jamais il ne fut

---

[1] Voir plus loin, page 84.
[2] Il serait très injuste de prétendre que Françoise d'Aubigné eut cette mauvaise pensée, car elle était bien jeune alors. Pourtant ses historiens les plus louangeurs, comme Lavallée, ne peuvent nier le caractère sérieux et pratique qu'elle eut dans la suite. Elle aima l'argent ; c'est elle qui, non contente de sa pension et des cadeaux royaux (au moins deux fois cent mille francs), se faisait donner par Colbert une foule de concessions et privilèges bizarres mais lucratifs, comme celui de faire des âtres à des fourneaux, fours et cheminées d'une nouvelle invention (Correspondance de Louis XIV, publiée par Depping). Lavallée, qui prétend que Mme Scarron était *naturellement fort désintéressée,* n'y voit que la préoccupation légitime de ne pas retomber dans le dénuement. Cette même année (1674), deux mois plus tard, elle achetait Maintenon pour 250,000 fr.
[3] La Beaumelle, p. 141.
[4] *Ibid.,* p. 140.

vraiment « libertin »; il conserva toujours un certain « loyalisme » envers son Dieu comme envers son Roi; il n'eut aucune tendresse pour le calvinisme, et il ne manqua pas une occasion de dauber sur les huguenots[1]; le récit de La Beaumelle n'a donc rien d'invraisemblable. En revanche est-il prudent de suivre le narrateur lorsqu'il entr'ouvre hardiment les rideaux de l'alcôve et qu'il prétend nous raconter, avec des circonlocutions trop spirituelles pour être vraiment chastes, ce qui resta toujours le secret des époux ? « Quelques jours avant son mariage, il dit à un de ses
« amis : *Je ne lui ferai point de sottises, mais je lui en apprendrai beaucoup !* Il n'avait alors de mouvement libre que celui
« des yeux, de la langue et de la main[2]. Mlle d'Aubigné fut plutôt
« sa compagne que son épouse, et ne perdit que le nom de
« Mlle d'Aubigné[3]..... La première nuit fut marquée par de violentes douleurs que souffrit Scarron. Ainsi le lit conjugal ne
« promit au mari que des regrets, et à la femme que des soucis.
« C'était une union, a-t-elle dit depuis, où le cœur entrait pour peu
« de chose, et le corps, en vérité, pour rien[4]. » Je ne sais ce qu'a pu raconter plus tard la veuve de Scarron; si elle a tenu de pareils propos, elle a commis inutilement une assez mauvaise action, et son témoignage est trop intéressé pour avoir aucune valeur; c'est un pareil langage qui ferait douter de sa vertu, plutôt que les calomnies de ses ennemis[5].

Quelques mois après son mariage, Scarron, qui n'était toujours pas parti pour l'Amérique, fit un voyage en Touraine avec sa femme. Tout le monde annonça derechef qu'il partait pour l'Amérique : Loret en informa aussitôt Mme de Longue-

---

[1] Voir *Légende de Bourbon* et *Invective contre une vieille dame campagnarde*.

[2] Tallemant des Réaux est plus généreux, et, dans une phrase que je ne puis citer, il lui accorde un peu plus.

[3] Voir une lettre où elle dit : « Vous savez que je n'ai jamais été mariée. » (Note de La Beaumelle.)

[4] La Beaumelle, p. 140-144. La Beaumelle revient avec plaisir sur ce sujet délicat et fait une grande dépense d'esprit à nous expliquer la chose.

[5] Le mariage de Scarron a donné lieu à plusieurs comédies qui parurent sous ce titre même. Citons entre autres celle de Barré, Radet et Desfontaines (un acte en prose), représentée le 19 floréal an V au Vaudeville. Avec Scarron, les principaux personnages sont Villarceaux, Ménage, Girault, Marigni, un notaire, Mlle d'Aubigné, Ninon, Babet. C'est un recueil assez amusant de toutes les anecdotes qui ont couru sur Scarron : au reste, cela fourmille d'erreurs et d'anachronismes. — Citons aussi une comédie (un acte en prose) par un poëte genevois, mort jeune, Charles Fournel (Sandoz et Fitzbacher, 1878, avec notice de Fréd. Amiel). Elle est moins gaie que la précédente, mais la vérité historique y est un peu mieux respectée.

ville ¹. Scarron, lui-même, dans une épître qu'il adressa à son ami Rosteau, des bords de la Loire, parle encore de son projet de départ et fait un tableau enchanteur de ce pays fortuné, où il n'y a ni maladies, ni hiver, ni pauvreté.

Pourtant dans cette épître curieuse, où Scarron ne dit pas un mot de sa femme, l'auteur ne parle pas du jour de l'embarquement ; malgré le lyrisme avec lequel il décrit l'Amérique, on sent qu'il ne partira peut-être pas ; c'est surtout le découragement et la désolation qui l'y poussent :

> Comme un malheureux, je m'y coule
> Loin du tumulte et de la foule ².

Avait-il encore vraiment l'envie de s'embarquer? C'est possible : mais une tragique aventure vint détruire ce projet. L'abbé de Marivau, qui était le directeur de la compagnie, se noya au Cours la Reine, en voulant passer dans le bateau qui devait le conduire au Hâvre ³; du coup l'affaire fut aussi dans l'eau, et Scarron ne partit pas ⁴. Peut-être la belle Indienne préférait-elle aussi le séjour de Paris et de l'hôtel de Troyes.

Du reste, Scarron avait d'autres raisons pour rester. Son fameux procès, qui durait depuis neuf ans, venait de finir : il avait été définivement jugé. Scarron, qui ne pouvait avoir tous les bonheurs à la fois, avait « perdu tout net », suivant l'expression de Loret, et avait maudit de bon cœur une fois de plus les « commis de sainte Thémis ⁵. » Mais le mariage qui eut lieu à la même

---

¹ Monsieur Scarron, auteur burlesque,
  Fort aimé du comte de Fiesque,
  Est parti de cette cité
  Ayant sa femme à son côté,
  Ou du moins en étant bien proche,
  Lui dans une chaise, elle en coche,
  Pour, devers la ville de Tours,
  Aller attendre quelques jours
  L'embarquement pour l'Amérique,
  Où sa personne poétique
  Espère trouver guérison,
  Prétendant que cet horizon,
  Dont la douce température
  Réjouit toute créature,
  Aura la force et la vertu
  De redresser son col tortu.
       (Loret, *Muse hist.*, 5 oct. 1652).

² *Œuvres*, VII, 181. *Épître chagrine à Mgr Rosteau.*
³ Voir Loret. *Muse historique*, 26 mai 1652.
⁴ Scarron n'était pas encore rentré à Paris le 4 janvier 1653 :

> Scarron n'est pas en cette ville,

dit Loret à cette date.
⁵ *Muse historique*, 9 juin 1652.
Voir plus haut (chapitre II), sur le procès de Scarron.

époque vint singulièrement atténuer le coup qui frappait Scarron. Tallemant nous dit la chose sans l'expliquer : « Il croyait, en se « mariant, faire révoquer la donation qu'il fit de son bien à ses « parents ; mais il faut donc que quelqu'un fasse des enfants à sa « femme. Or, depuis il a trouvé moyen de retirer ou le tout ou « partie du bien qu'il avait donné à ses parents[1]. » Pour que Scarron ait pu retirer ce bien après son mariage, quoiqu'il n'ait pas eu d'enfant, il fallait évidemment que la donation entre vifs, qu'il avait faite jadis et si amèrement regrettée, contînt une clause de résiliation en cas de mariage. Mais qui aurait cru, en 1643, que le cul-de-jatte pût jamais prendre femme ? Les beaux-frères se croyaient bien gardés de ce côté là, et ils durent faire une vilaine grimace en apprenant la nouvelle. Mme Scarron leur faisait perdre ainsi ce même procès qu'ils gagnaient alors devant les juges ; Scarron leur jouait encore un tour, et donnait un digne corollaire au *Factum*.

La part de l'héritage paternel qui revenait ainsi à Scarron consistait dans la métairie des Fougerets, près d'Amboise ; c'est là que l'Apôtre était mort, et dans leur voyage en Touraine, les nouveaux mariés qui ne partaient décidément plus en Amérique, durent sans doute la visiter. C'était une propriété assez importante, à laquelle tenait fort Robin de Sigoigne, mari de Madeleine Scarron. Pour la ravoir, il offrit 3,000 écus à Scarron qui ne désirait pas la garder ; Scarron l'estimant un peu plus cher, 4,000 écus, en parla à son ami, l'avocat Nublé, honnête homme, « *quo non Catonior alter* », dont la probité était universellement reconnue[2]. M. Nublé, qui avait envie de la propriété, alla la visiter, et, après en avoir estimé loyalement la valeur, eut la délicatesse de dire à Scarron que cette métairie ne valait pas 4,000 écus, mais bien 5,000 ; Scarron la lui céda pour cette dernière somme ; ses parents, qui voulaient la garder, furent réduits à la retirer, par retrait lignager, au prix qu'en avait offert M. Nublé : Scarron y gagnait ainsi 6,000 fr.[3] Ces 15,000 fr. n'étaient pas une fortune pour lui, car ses charges se trouvaient alors augmentées, et il

---

[1] Tallemant des Réaux : *Le petit Scarron.* — Segrais dit : « En se mariant, il n'avait pas de bien, mais ses parents le lui rendirent. » (*Segraisiana*, p. 65.)
[2] Scarron en fait l'éloge à maintes reprises. — Segrais dit : « M. Nublé était un des premiers avocats consultants et un des plus honnêtes hommes de son temps. » (*Segraisiana*, p. 65.)
[3] Voir Tallemant des Réaux qui a l'air bien renseigné là-dessus. — Segrais raconte le même fait avec d'autres chiffres : M. Nublé aurait offert d'abord 6,000 écus, puis après avoir visité les lieux en aurait donné spontanément 8,000. Segrais ne dit pas que Robin ait usé du droit de retrait lignager (*Segraisiana*, p. 65).

n'avait jamais su être économe ; c'était du moins l'aisance pour quelques années [1].

Cela le décida tout à fait à rester en France ; il en profita pour faire imprimer *Don Japhet*, composé et joué depuis quelques mois, et qu'il dédia au jeune roi : il n'osait pas encore s'adresser directement à la reine-mère, ni au cardinal. Le grand succès de la pièce rattachait Scarron encore davantage à Paris. Il continua d'abord à demeurer dans cet hôtel de Troyes, où il s'était marié ; mais bientôt le couple eut une installation définitive, et probablement moins dispendieuse, à la rue Neuve-Saint-Louis, au coin de la rue des Douze-Portes [2]. Scarron revenait avec plaisir à ce brillant quartier du Marais qu'il avait toujours chéri et où s'était écoulée une grande partie de son existence.

Du jour où Françoise d'Aubigné habita avec Scarron, on peut dire qu'une autre vie commença pour lui. Sa célébrité s'accrut encore, et son salon, que l'échec de la Fronde avait dépeuplé, redevint fort à la mode ; mais ces réunions prirent un caractère un peu nouveau, et le monde qui s'y rencontra fut un peu différent de celui qui les fréquentait jadis. Car il y eut pour ainsi dire trois époques dans la société dont Scarron fut le centre.

Il y eut d'abord le temps de sa jeunesse, lorsque le pimpant abbé de Saint-Julien venait à Paris, ou même lorsque, au début de sa maladie, il y habita, dans la rue de la Tixéranderie : il faisait alors partie d'une joyeuse bande de libertins, et même de rouge-trognes et de goinfres, assez semblable à celle que Saint-Amant traînait après lui chez la Coiffier. Ses amis étaient l'aimable Rosteau, d'Elbène, Potel le Romain, « gros garçon, noir et plein de rougeurs, la bouche enfoncée et les yeux de travers [3] », Cinq-Mars, dont la destinée est si connue, Charles Beys, dont Loret fit, en 1659, la burlesque épitaphe :

> Beys, qui n'eut jamais vaillant un jacobus,
> Courtisa Bacchus et Phœbus ;

---

[1] Si l'on adopte les chiffres de Segrais, Scarron aurait touché 24,000 fr. ; c'est précisément la somme dont il avait fait donation à sa femme dans le contrat de mariage, mais dont il conserva la jouissance sa vie durant.

[2] Le propriétaire de Scarron s'appelait Méraut. On n'a pas d'autres détails sur son installation. Saint-Foix (*Description de Paris*, I, 320) dit que Scarron habitait au deuxième étage : « Lui et sa femme n'avaient pour tout logement que deux chambres, sur le devant, séparées par l'escalier ; une cuisine sur la cour et un cabinet où couchait un petit laquais. » Mais cette description se rapporte au logement de la rue de la Tixéranderie, où Mme Scarron ne mit pas les pieds et où Scarron vivait avec une de ses sœurs.

[3] Il s'appelait de son vrai nom Le Parquet. Voir son *historiette* dans Tallemant.

Flotte, le plantureux ami du président Maynard; de graves conseillers au Parlement, comme d'Artige, « dont les chansons ont tant d'esprit »; le bon Deslandes-Payen; peut-être aussi le futur cardinal de Retz : on y célébrait l'orgie; on buvait, mangeait, causait, chantait; et Scarron mêlait lui-même sa petite voix au chœur général. C'est à cette période que se rapportent deux chansons à boire que nous trouvons dans ses œuvres; elles donnent l'idée d'une débauche assez crapuleuse : l'une, faite en l'honneur de Cinq-Mars, se distingue par une certaine verve, et par l'emploi du vers de treize syllabes :

> Et d'estoc et de taille
> Parlons comme des fous;
> Qu'un chacun hurle et braille,
> Hurlons comme des loups.
> Jetons nos chapeaux, et nous coiffons de nos serviettes,
> Et tambourinons de nos couteaux sur nos assiettes.
> Que je sois fourbu, châtré, tondu, bègue, cornu,
> Que je sois perclus, alors que je ne boirai plus[2]!

Le dernier vers indique bien que la chanson est antérieure à la maladie de Scarron.

Puis, à mesure que Scarron vieillit, la société qui vint chez lui s'épura un peu et devint plus choisie; elle prit un caractère plus sérieux; des seigneurs, de grandes dames ne dédaignèrent pas de fréquenter le logis du cul-de-jatte : la littérature et la politique tinrent une plus grande place dans la conversation; Sarrasin, Ménage, Marigni, Segrais, Méré y parurent plus d'une fois, ainsi que les amis du prince de Condé, et les clients du coadjuteur. On y buvait, on y mangeait encore, mais on y causait davantage, on y lisait la dernière poésie de l'auteur ou le dernier chapitre du *Roman Comique;* la chambre du malade était devenue insensiblement un salon fort couru, un peu équivoque pourtant. Il y manquait une maîtresse de maison pour présider à ces réunions et pour y répandre plus de grâce et de dignité. Sœur Céleste avait bien de l'esprit; mais elle ne tenait pas tout à fait la place d'une honnête femme.

Ce fut Mme Scarron qui donna à ces fêtes tout leur éclat. La marquise de Rambouillet et l'incomparable Sapho n'ont pas réuni une société plus brillante et plus spirituelle que celle qui fréquenta l'humble logis du paralytique. Il faut dire que jamais

---

[1] *Œuvres*, VII, 350. *Billet.* « Vous êtes convié jeudi... »
[2] *Œuvres*, VII, 312.

salon ne fut plus ouvert et ne reçut des hôtes de naissance ou d'esprit plus différents. Pour être admis à l'Hôtel, il était besoin d'une certaine initiation ; il fallait se déclarer le chevalier servant de Julie d'Angennes ; de plus, un certain bon ton était de rigueur ; il y avait là très peu de laisser-aller et beaucoup d'afféterie, et il n'aurait pas fait bon apporter dans la chambre bleue l'odeur des tavernes ou des cabarets ; Saint-Amant y devenait l'élégant Sapurnius ; d'ailleurs, au moment où M. et Mme Scarron sont le plus recherchés à Paris, l'hôtel de Rambouillet est en pleine décadence ; la guirlande de 1641 est déjà un peu fanée ; Julie s'est mariée ; Voiture est mort ; Mlle Paulet vient de mourir ; la Fronde a dispersé la plupart des habitués du lieu. Chez Ninon de Lenclos, il y a bien une réunion qui ressemble par plusieurs côtés à celle de Scarron ; mais là encore le cercle est assez restreint ; il comprend, comme on l'a dit spirituellement, les amants du passé, ceux du présent et ceux de l'avenir ; la maîtresse de la maison est un lien un peu étroit, qui rattache les uns aux autres tous les invités et crée entre eux je ne sais quelle parenté ; en un mot, la femme y tient trop de place et attire tout à elle. Encore plus fermée est la société qui se réunit le samedi chez Mlle de Scudéry ; c'est une sorte de congrégation de l'amour platonique, avec une langue à part, des conventions réglées comme des rites, des surnoms mystérieux donnés à chacun des fidèles, des procès-verbaux pour relater chaque semaine la célébration du culte. Quels sont, à Paris, les autres lieux de réunion ouverts à cette époque ? Il y aura bientôt le salon de Mademoiselle, au Luxembourg, où se fabriqueront les portraits, et celui de Mme de Sablé à Port-Royal, où s'élaboreront les maximes. Au dessous, il faut descendre aux cabarets pour trouver la compagnie de Saint-Amant, dit *le Gros*, de d'Harcourt, dit *le Rond,* et de Faret, dit *le Vieux,* société fort amusante et d'où sont sortis des chefs-d'œuvres de poésie gauloise, mais société peu relevée, où la goinfrerie et l'ivrognerie tenaient trop de place et où aucune femme digne de ce nom ne pouvait s'aventurer, sauf peut-être les servantes de Colletet.

Ce qui fait l'originalité de la chambre de Scarron, c'est qu'elle n'est fermée à personne, sinon aux importuns et aux fâcheux ; la bonne humeur et l'esprit y donnent seuls entrée : c'est la seule devise qu'on puisse inscrire au fronton de cette abbaye de Thélème. Tous les genres de monde y sont admis, sauf le genre ennuyeux. Pour la première fois, on voit un simple poète recevoir chez lui les grands seigneurs : ce n'est plus la marquise de Rambouillet, Catherine de Vivonne, qui daigne accueillir Pierre

Corneille : c'est le petit Scarron qui reçoit les marquis et les ducs ; ces derniers en sont fort aise et réclament la faveur d'être admis[1]. Les grandes dames y vont aussi, même les petites dames, quand elles ont de l'esprit comme Ninon : les membres du Parlement, les avocats, les artistes, les hommes de lettres, poètes de cour comme Benserade, ou chantres bachiques comme Beys ; les désœuvrés, les jeunes gens à la mode ; en un mot, le tout Paris d'alors, avec ses vices aimables et ses vertus équivoques, ses talents apparents ou réels et surtout cet air spirituel, qui ressemble d'une façon frappante à de l'esprit. Voilà le monde qui vint chez Scarron.

Mais pénétrons un instant dans cette chambre de malade, avec ses meubles en damas jaune et la chaise grise du paralytique, et voyons défiler les principaux amis de la maison.

Voici au premier rang le maréchal d'Albret[2] ; en noblesse, nul ne l'égale, sinon Condé, car il est comme lui « du sang des dieux et de la race de Henri IV » ; il a soutenu dignement en France et en Flandre la valeur gasconne ; « ses victoires d'amour égalent « celles de la guerre ; il est vrai qu'on l'accuse de courir inces- « samment à de nouvelles conquêtes ; mais l'ambition d'un « conquérant n'est jamais bornée, et qui peut vaincre avec facilité « ne peut s'empêcher d'attaquer. » Scarron, qui en a tracé un magnifique *Portrait,* lui écrit en Saintonge, où il s'attarde : « Peut-être voulez-vous faire nom dans vos trophées amoureux « des câlles et des bavolets, mêlés avec des couronnés, des cor- « nettes de point de Venise et des coëffures à grandes bombes. » Dans la deuxième *épître chagrine,* Scarron revient encore sur cet air charmant, par lequel le maréchal séduisait tant de cœurs :

> Cet air charmant, dont, même en tes vieux ans,
> Il paraîtra que tu fus Miossens,
> Ce Miossens aux maris si terribles,
> Ce Miossens à l'amour si sensible,
> Mais si léger en toutes ses amours
> Qu'il change encore et changera toujours.

Ce don Juan, qui osa présenter ses galants hommages à

---

[1] « L'on fait dire tous les jours aux princes, ducs et officiers de la couronne qu'il n'y a personne. » (*Œuvres*, I, p. 264. *Lettre à M. de Villette.*)
[2] César Phœbus d'Albret, comte de Miossens, maréchal de France en 1653, mort en 1676. Voir dans les œuvres de Scarron le *Portrait* (*Œuvres*, I, 145) qui se rapporte certainement à lui, les quatre lettres qui lui sont adressées (I, 206-214), la deuxième épître chagrine (VII, 165), qui lui est dédiée, et quelques autres indications éparses çà et là (I, 184, 257, etc.).

Mme Scarron avec l'approbation du mari, avait de l'esprit et de la gaieté ; il fut un des familiers les plus intimes de la rue Saint-Louis.

A ses côtés, nous trouvons le commandeur de Souvré[1], qui avait fait donner au poète la pension qu'il touchait avant la Fronde, ami libéral, protecteur plus généreux qu'éclairé des gens de lettres ; le jeune de Mortemart, duc de Vivonne[2], futur marin distingué, le célèbre frère de Mme de Montespan, spirituel et prétentieux, grand viveur, qui allait s'enfermer dans son château de Roissy pour faire la débauche avec l'abbé le Camus, son ami Mancini et quelques autres[3] ; Villequier, maréchal d'Aumont, parent éloigné de Scarron par sa femme Catherine Scarron de Vavres ; Gaspard de Châtillon, petit-fils de Coligny, « héros en Hongrie, à Paris le prosélyte de Ninon, à la cour l'émule de Condé[4] ; » Charles de Bourdeilles, comte de Mata[5], petit-neveu de Brantôme, grand joueur, homme d'esprit, dont Hamilton nous a conservé les bons mots ; le duc de Grammont[6], son ami, le héros des fameux *Mémoires* ; François de Beauvilliers, duc de Saint-Aignan[7], que Scarron connaissait depuis son séjour à Bourbon et qui resta son ami ; Charles de Lorraine, duc d'Elbeuf, à la gaieté bruyante et un peu grossière[8] ; les trois Villarceaux[9], dont l'aîné, le marquis, fut célèbre par ses galanteries avec Ninon et avec Mme Scarron, et le cadet, l'abbé de Villarceaux, se signala par le désordre de sa conduite et par sa gourmandise ; le beau comte de Lude[10], l'ami de Mme de Sévigné ; l'impétueux et bizarre du Raincys[11], sorte de petit maître qui passait des journées entières à s'habiller et qui faisait l'homme d'importance le soir chez

---

[1] *Œuvres*, I, 161 ; VII, 258.
[2] L. Victor de Rochechouart, comte, puis duc de Mortemart et de Vivonne (1636-1688). M. de Noailles en fait à tort deux personnages différents. (*Histoire de Mme de Maintenon*, I, 138.) Voir *Œuvres*, I, 198, 263, 265 ; deux lettres de Scarron lui sont adressées.
[3] On racontait que certain vendredi saint, au milieu d'alleluias peu édifiants, on avait baptisé des grenouilles, un cochon de lait, tué un homme et mangé de sa cuisse. (Voir *Mémoires* de Bussy, *Mémoires* de Motteville.) Mme de Sévigné appelle Vivonne le *gros crevé*, elle dit qu'il *mourut aussi pourri de l'âme que du corps*.
[4] La Beaumelle. Voir aussi *Œuvres*, I, 262.
[5] *Ibid.*, I, 262, 265.
[6] La Beaumelle.
[7] *Œuvres*, VII, 5, 95, 96, 261.
[8] *Ibid.*, I, 262. Mme de Caylus dans ses *Souvenirs* le représente comme un parfait débauché. Chez Mme de Montespan, dont il épousa la nièce, on ne l'appelait que le *goujat*.
[9] *Ibid.*, 173, 175, 213, 266 ; VII, 75.
[10] *Œuvres*, VII, 30, 252.
[11] *Ibid.*, I, 200, 207, 210 ; VII, 90. Voir Tallemant et Cousin (*La Société française au temps de la Clélie*).

Mlle de Scudéry ; le duc de Sully[1] ; le comte de Salle[2] ; le comte de Maulevrier[3] ; Turenne lui-même[4] ; Fourreau[5], qui eut le mérite d'être le banquier de Ninon sans devenir son amant ; cet étrange abbé Fouquet[6], qui voulait, pendant la Fronde, enlever, assassiner et saler le coadjuteur : personnage peu édifiant, qui fut l'amant de Mme de Châtillon, craint de tout le monde, même du surintendant son frère, ami de Scarron, qui lui dédia le *Marquis ridicule*; Dupin, le trésorier des menus plaisirs du roi[7] ; Beautru, si connu par les historiettes de Tallemant, et son frère, le prieur de Matras[8], gros homme débauché, le plastron des plaisanteries de Scarron ; le jeune Moreau[9], fils du lieutenant civil, un des fidèles de Ninon, mort à vingt-deux ans. N'oublions pas les vieux amis du poète, Rosteau, son ancien camarade du Mans ; Alphonse d'Elbène, seigneur de la Mothe[10], le meilleur et le plus intime de ses amis, qui s'occupa de son mariage, fut son exécuteur testamentaire et édita ses œuvres posthumes. Il avait la fonction de premier maître d'hôtel de la reine ; désordonné dans sa vie, il était souvent harcelé de créanciers et savait les éconduire un peu à la façon de M. Dimanche ; homme d'esprit d'ailleurs et qui fut toujours excellent pour Scarron. Nommons encore l'ami Guénault[11], fils du médecin de Bourbon ; le vénérable, mais toujours jeune Deslandes-Payen[12] ; l'honnête avocat Nublé[13], dont nous avons parlé plus haut.

Quant aux gens de lettres qui venaient chez Scarron, il faudrait énumérer presque tous ceux qui étaient alors connus à Paris : citons Ménage[14] et Sarrasin[15], deux amis intimes du poète, qui les connaissait depuis sa jeunesse et qui leur a dédié un volume et adressé plusieurs lettres ; Segrais[16], le factotum de Made-

---

[1] *Œuvres*, VII, 351.
[2] *Ibid.*, 342.
[3] *Ibid.*, 316.
[4] La Beaumelle le cite : Scarron lui a d'ailleurs dédié en 1655 une de ses *Gazettes*.
[5] *Œuvres*, VII, 107. — Tallemant.
[6] *Ibid.*, 215 ; voir aussi dédicace du *Marquis ridicule*.
[7] *Ibid.*, 260.
[8] *Segraisiana*.
[9] *Œuvres*, VII, 332. — *Gazette burlesque de 1655*; dédicace des *Hypocrites*.
[10] *Ibid.*, I, 199, 204, 262, 265 ; VII, 89, 175. — Voir *Segraisiana*, Tallemant, Moreri, Jal, etc.
[11] *Ibid.*, I, 205 ; VII, *Légende de Bourbon*.
[12] *Ibid.*, VII, 71, 350 ; IV, 268 (dédicace du Ve chant du *Virgile travesty*).
[13] *Ibid.*, 182 ; I, 151 ; *Segraisiana*, Tallemant.
[14] *Ibid.*, I, 151, 170, 186, 231, 244, 274, 276 ; VII, 32, 90, 111, 182, 218, 325.
[15] *Ibid.*, 168 ; VII, 32, 77, 31, 111, 160. Voir la curieuse épître en vers de trois syllabes : Sarrasin, — Mon voisin, — Cher ami, — Qu'à demi — Je ne vois, — ....
[16] *Ibid.*, I, 183, 260 ; VII, 100. Voir le *Segraisiana*.

moiselle, que Scarron consultait sur ses ouvrages et qui a laissé sur lui des anecdotes intéressantes ; le gras et joyeux Marigni [1], chansonnier de la Fronde, partisan du prince de Condé, qui cherchait pour Scarron des comédies espagnoles ; Blot [2], l'auteur des triolets ; le galant abbé Montreuil [3] ; Georges de Scudéry, fervent défenseur de Théophile ; Furetière, qui n'était pas encore de l'Académie ; Boisrobert [4] et Gilles Boileau [5], qui devinrent dans la suite des ennemis de Scarron, après avoir été fort bien avec lui ; Chapelain, qui craignait la langue mordante du poète burlesque et qui tenait à le ménager ; Ch. Beys, Des Yveteaux, Flotte, Saint-Pavin, Charleval, même Faret et Saint-Amant, qui venaient parfois faire l'orgie chez lui, au moins dans les premiers temps ; il faudrait citer encore Pellisson [6], l'intendant de Fouquet ; Méré, quand les hasards de sa vie aventureuse le fixaient à Paris ; le musicien Mollier [7] ; le pédant la Mesnardière [8], médecin peu habile, poète encore pire ; Tristan l'Hermite [9], qui ne meurt qu'en 1655, et dont Scarron fut un instant le collaborateur ; l'abbé d'Espagny [10] ; le gazetier Loret [11], l'auteur de la Muse historique, ami du vin clairet ; le doux Benserade [12] ; Hénault, l'abbé Testu, le peintre Mignard [13] et bien d'autres dont les noms sont épars çà et là dans les œuvres de Scarron.

Les femmes étaient brillamment représentées dans cette société : de tout temps elles avaient aimé la compagnie du joyeux poète ; plus d'une avait déjà furtivement grimpé les deux étages qui menaient à la chambre de la rue Tixéranderie et était venue passer une après-midi auprès de lui ; il avait eu ainsi les visites de Mme de Villarceaux et de sa sœur Mlle de Leuville, de Mme la Bazinière [14], femme du trésorier de l'épargne ; celle d'Honorée de Bussy, cette fille étrange que Tallemant qualifie d'évaporée, et dont il raconte les singulières aventures [15]. Ces nobles dames, de conduite souvent assez légère, ne se croyaient pas compromises

---

[1] *Œuvres*, I, 170, 201, 203, 204.
[2] Cité par La Beaumelle.
[3] *Ibid.*
[4] *Œuvres*, I, 136, 160, 201, 237, 270, 279 ; VII, 183.
[5] *Ibid.*, I, 269 ; VII, 176.
[6] *Ibid.*, I, 140, 210, 220, 237, *passim* ; VII, 85, 87, 89, 91.
[7] *Gazette burlesque.*
[8] *Œuvres*, VII, 31. 176.
[9] *Ibid.*, VII, 96, 97, 187.
[10] *Ibid.*, VII, 143.
[11] *Ibid.*, I, 136. Voir la *Muse historique*.
[12] *Ibid.*, I, 137, 212 ; VII, 105, 130, 343.
[13] *Ibid.*, VII, 265, 343, 350.
[14] *Ibid.*, VII, 75 ; *à Mlle de Leuville.*
[15] *Ibid.*, VII, 102 ; *à Mlle de Neuillant.* Voir Tallemant.

pour aller seules chez Scarron ; le pauvre cul-de-jatte était-il un homme? D'autres venaient le voir par curiosité, comme on allait visiter le lion ou l'éléphant de la foire, et Scarron en souffrait parfois. Mais sa cynique gaieté reprenait le dessus et il déclarait qu'il défendait sa porte seulement pour les femmes grosses, à cause de sa laideur[1]. Il avait vu aussi chez lui la « divine Chémérault », l'infidèle amie de Marie de Hautefort, et plus tard, au temps de la Fronde, Madeleine d'Outrelaise et cette toujours jeune Gilonne d'Harcourt, comtesse de Fiesque, le plus vaillant lieutenant de Mademoiselle, avec Mme de Frontenac ; elle avait promis au poète un chien et une jupe, qui lui furent souvent réclamés dans des pièces burlesques, et jusque dans la dédicace du VIe chant du *Virgile travesty*. Quand Françoise d'Aubigné devint la compagne de Scarron, les femmes ne traversèrent plus seulement la chambre du malade, elles vinrent d'une façon plus régulière. Outre celles qui sont déjà citées, Scarron vit souvent chez lui les plus hautes dames de la noblesse, cette comtesse de la Suze, sœur de Châtillon, qu'il avait connue au Marais, à qui on pardonnait, en faveur de son esprit, les faiblesses de son cœur[2], la comtesse de Brienne[3], avec laquelle il eut un commerce de lettres familières, la marquise d'Estissac[4], la savante marquise de la Sablière, qui accompagnait son mari[5], la duchesse de Lesdiguières, qui avait tenu à voir cette belle Indienne dont Méré lui faisait un si magnifique éloge[6], Mlle de Saint-Maigrin[7], la comtesse de Lude[8], Mme de Montchevreuil[9], qui se lia d'une amitié très étroite avec Mme Scarron, Mme de Revel[10], enfin la célèbre marquise de Sévigné[11], que Scarron voulait connaître avant de mourir, et dont il obtint une première visite en 1651 ; elle venait de perdre son mari, tué en duel, et Scarron la remercia par le madrigal suivant :

Bel ange en deuil qui m'êtes apparu,
Je suis charmé de votre vue :

[1] *Œuvres*, I, 195 ; *à Mme la comtesse de Brienne*.
[2] La Beaumelle.
[3] *Œuvres*, I, 195, 196.
[4] *Ibid.*, VII, 144.
[5] La Beaumelle.
[6] *Lettre de Mme de Lesdiguières au chevalier de Méré*.
[7] *Œuvres*, VII, 104.
[8] *Ibid.*, VII, 30, 252.
[9] *Ibid.*, I, 262.
[10] *Ibid.*, VII, 108.
[11] *Ibid.*, I, 171. «Madame, j'ai vécu de régime... » *(à Mme de Sévigny la veuve)* ; une autre lettre (I, 174), intitulée : *à Mme de Sévigny la marquise*, s'adresse à Mme de la Vergne, mère de Mme de la Fayette, et remariée au chevalier Renaud de Sévigné. Voir aussi *Œuvres*, VII, 340.

> Je ne l'aurais pas cru,
> Que vous eussiez été de tant d'attraits pourvue.
> Sont-ils de votre crû ?
> Ou si l'on vous les vend, enseignez-moi la rue
> Où vous prenez de si charmants attraits
> Qui charment de loin et de près.

Ninon, qui avait souvent vu chez elle Scarron, et qui aimait à y attirer sa femme, vint certainement de la rue des Tournelles à la rue Neuve-Saint-Louis ; elle y retrouvait plusieurs de ses adorateurs, et prenait sa part dans les joyeusetés qu'on y débitait ; depuis longtemps elle comptait en Scarron un ami d'autant plus fidèle, qu'il ne pouvait aspirer au titre d'amant : elle en avait reçu un jour des étrennes en vers qui contenaient un souhait singulier :

> Je souhaite donc à Ninon
> Un mari peu hargneux, mais qui soit bel et bon,
> Force gibier tout le carême,
> Bon vin d'Espagne, gros marron,
> Force argent sans lequel tout homme est triste et blême,
> Et qu'un chacun l'estime autant que fait Scarron[1]...

Madeleine de Scudéry dut aussi accompagner parfois son frère chez Scarron, qu'elle connut assez pour en tracer un portrait détaillé dans son roman de *Clélie,* sous le nom transparent de Scaurus : elle y venait avec la discrète Mlle Bocquet[2].

Telles furent les personnes qui composèrent la compagnie de Scarron et de sa femme : c'était en somme, à peu de noms près, la meilleure société de Paris, celle qui a fait la Fronde, et qui s'est tant amusée durant l'interrègne de Richelieu à Louis XIV. Elle ne se réunissait pas seulement chez Scarron ; elle se répandait aussi, suivant ses goûts, dans les autres salons qui s'offraient à elle, chez Ninon de Lenclos, chez Mlle de Scudéry, à l'hôtel de Rambouillet, chez la comtesse de la Suze, la comtesse de Martel, la duchesse de Sablé. Mais nulle part, on peut l'affirmer, elle ne se sentit aussi à l'aise et ne se divertit autant que chez Scarron. Les précieux, les galants, les philosophes, les libertins, les débauchés pouvaient mieux trouver leur compte ailleurs ; mais quand ils n'avaient pas d'autre préoccupation que de rire et de s'amuser, ils venaient chez Scarron. La gaieté intarissable

---

[1] *Œuvres,* VII, 326 ; *Étrennes à Mlle de Lenclos.*
[2] Voir la 1re épître chagrine *à Mlle de Scudéry, Œuvres,* VII, 161 ; celle à d'Albret, VII, 165 ; et une lettre à d'Albret, I, 209.

du poète réjouissait tout le monde ; railleur perpétuel, sans être méchant, il étonnait par le tour toujours imprévu et drôlatique de son esprit. Segrais dit de lui : « Il était agréable et « divertissant en toutes choses, même dans ses chagrins et dans « sa colère; c'est parce que, tout ce qu'il y avait de burlesque « sur chaque chose se présentant à son esprit, il exprimait aus- « sitôt par ses paroles tout ce que son imagination lui représen- « tait.....[1] » Et ailleurs : « Il était beaucoup plus agréable dans « la conversation qu'il ne l'est dans ses livres; on n'a jamais vu « une imagination plus vive que la sienne[2]. » Alors que tant d'auteurs s'efforcent à condenser dans leur œuvre plus d'esprit qu'ils n'en ont dans leurs discours ordinaires, qu'on s'imagine un Scarron à la parole encore plus spirituelle que la plume ! Combien on comprend l'engouement extrême qu'il inspira même à ceux qui, comme Balzac, semblaient le moins disposés à goûter le genre burlesque !

Scarron, qui n'aimait pas à être raillé[3], aimait beaucoup à se moquer du prochain, comme de ce pauvre prieur de Matras, qui s'en allait furieux, piquant une épingle dans son manteau pour se souvenir qu'il avait à se venger[4]. Ses conversations devaient sans doute manquer de retenue : sans être obscène, il n'est pas un de nos auteurs les plus décents; mais l'esprit faisait alors tout passer. Ces sortes de plaisanteries lui semblaient d'ailleurs être le ragoût obligé de tout entretien. Dans une lettre à Vivonne, il l'invite à venir le voir dans sa petite chambre et il dit : « Le prochain serait souvent la matière de « notre conversation, et souvent aussi nous dirions, pour nous « délasser, des *coyonneries*, sans lesquelles je soutiens que toute « conversation doit périr à la longue[5]. » C'est lui qui se glorifiait d'avoir reçu sur son petit lit jaune le cardinal de Lyon[6] et le cardinal de Retz, et d'avoir souvent parlé avec eux de tout autre chose que de la Fronde : « Je me puis vanter qu'en ces deux « Éminences j'ai triomphé de la morgue et du sérieux que « donne le chapeau rouge[7]. » Il était bien le digne continuateur de Rabelais, de des Périers et des joyeux conteurs du XVIe siècle.

---

[1] *Segraisiana*, p. 105.
[2] *Ibid.*, p. 58.
[3] Il le prouva par la façon dont il prit le tour que lui avait joué M. de Madaillan. (Voir, sur cette aventure de la dame inconnue, Segrais, Bruzen de la Martinière, La Beaumelle, Ed. Fournier, etc.)
[4] *Segraisiana*, p. 72.
[5] *Œuvres*, I, 265.
[6] Frère de Richelieu.
[7] *Œuvres*, I, 231 ; *à Fouquet*.

On a prétendu que Mme Scarron avait tout changé en trois mois [1] ; il s'est formé là dessus une vraie légende que La Beaumelle a brodée, que Walkenaër a rendue populaire [2], et que M. de Noailles, dans son zèle pour Mme de Maintenon, a acceptée sans contrôle. Que la présence d'une femme, surtout quand cette femme était Françoise d'Aubigné, ait inspiré un peu plus de réserve aux amis de Scarron, et à Scarron lui-même, c'est ce qu'il est légitime de supposer. Pourtant, il ne faut pas oublier qu'à cette époque une honnête femme pouvait prêter l'oreille à des propos plus que légers, sans que sa réputation en souffrît ; la pudeur dans le langage et dans les écrits n'existait pas alors, et il n'est guère de grave personnage du temps qui n'ait sacrifié plus ou moins à la Muse égrillarde. Voilà pourquoi il ne faut pas supposer, sans preuve, que Mme Scarron a tout régenté, tout purifié chez elle, et qu'elle a réformé son époux comme elle devait former plus tard les demoiselles de Saint-Cyr. Il faut être un partisan bien déterminé de Mme de Maintenon, pour découvrir dans les œuvres de son mari quelque trace de sa salutaire

---

[1] « Scarron était extrêmement libre en ses propos ; mais au bout de trois mois de mariage, Mme de Maintenon l'avait corrigé de bien des choses. » (*Segraisiana*, p. 105.)

[2] Walkenaër a amplifié d'une façon ridicule l'assertion très contestable de La Beaumelle. Cette page est un tel modèle de déclamation creuse et d'inexactitude constante qu'elle vaut la peine d'être citée : « Par cette conduite, elle (Mme Scarron) parvint à opérer un changement extraordinaire, une métamorphose complète dans le caractère, les sentiments et l'esprit même de ce *vieillard*, et ce fut avec une promptitude qui parut tenir du miracle. Scarron, qui se montrait auparavant si impatient de dissiper dans la joie et dans la débauche le peu de jours qui lui restaient, si insouciant, si déhonté, si impudique, n'est plus semblable à lui-même ; il pense, il parle, il agit, il écrit tout différemment qu'il n'a fait jusqu'alors. Voyez-le, ce bouffon cynique, qui plaisantait sur le déshonneur de sa propre sœur : il croit à la vertu, il en fait l'éloge ! *L'ange* lui est apparu, c'est comme une révélation. Il ne s'inquiète plus de lui-même ; une seule idée le poursuit et l'assiège, le tourmente sans cesse. Cette idée, c'est de trouver le moyen d'assurer un sort à cette orpheline après qu'il ne sera plus. Voilà sa seule pensée, son unique préoccupation. Il sait qu'il n'a plus longtemps à vivre et qu'il faut qu'il se hâte. Rien ne lui coûte pour expier sa faute envers le tout puissant ministre, pour reconquérir la protection de la reine-mère, dont il se dit le malade en titre et envers laquelle il s'est montré ingrat (M. Walkenaër cite en note l'*Estocade à Mazarin,* qui date de 1645 et qu'il croit postérieure au mariage !) ; il n'est pas de projet qu'il n'enfante pour courir après cette fortune qu'il a laissée s'échapper avec tant d'indifférence. Lui, le burlesque, veut devenir financier ; il se fatigue à calculer ; il propose des plans d'entreprise, en souscrit le privilège, mais toujours au nom de sa femme, pour sa femme, pour elle seule ; il n'a besoin de rien, elle a besoin de tout ; il ne parle que d'elle, que pour elle. Il la recommande à tous ses amis, disant en pleurant qu'elle est digne d'un autre époux, digne d'un meilleur sort. Il travaille et écrit sans cesse pour obtenir de l'argent des libraires ou des comédiens, mais tout ce qui sort de sa plume est plus délicat, plus spirituel, sans mauvais goût. Il est gai sans être bouffon, et badin sans gravelure ; son âme, son esprit, son cœur se sont améliorés, épurés ; il amuse, il réjouit, il attendrit, il est devenu plus cher à ses amis et à tous ceux qui le connaissent. » (Walkenaër, *Histoire de Mme de Sévigné.*)

influence : Scarron, il est vrai, a interrompu lors de son mariage la composition du *Virgile;* mais il est certain que la plume lui tomba des mains par dégoût, et non sur l'ordre de sa femme; dès 1648, il s'était montré peu disposé à achever la tâche qu'il avait imprudemment assumée. En revanche il a écrit, après 1652, des lettres assez risquées [1], des épigrammes très peu chastes, où Boisrobert est traité de s...*orboniste,* la deuxième partie du *Roman Comique,* où sont décrits avec précision les charmes opulents de la Bouvillon, enfin, la *Baronade,* qui est un recueil d'injures assez grossières. Walkenaër qui traite de « vieillard impudique » le Scarron de 1652, aurait quelque peine à trouver ici les traces de « l'ange révélateur [2]. » Enfin, Scarron lui-même, dans la dernière lettre qu'il ait écrite, et où il sent déjà venir la mort, dit au comte de Vivonne : « Ma maison est tou-« jours celle de France où l'on dit le plus de coyonneries [3] », et nous pouvons l'en croire. Il n'était pas homme à retenir un bon mot; il en a fait maintes fois sur sa femme qu'il aimait, et il aurait certes mieux fait de les garder pour lui; il en a parlé avec un sans-gêne qui nous révolterait si nous n'étions pas édifiés sur le langage du temps [4]. Que Mme Scarron, qui, malgré sa liaison un peu équivoque avec Ninon, semble avoir pris un grand soin de sa réputation, ait eu à souffrir parfois des licences de son mari, c'est tout ce que l'on peut admettre. Mais qu'elle ait, par une miraculeuse influence, changé du tout au tout le ton de la maison de Scarron, et fait d'un être abject l'homme le plus vertueux de Paris, c'est un simple roman. Avant son mariage, Scarron avait déjà un excellent cœur, et il ne cessa pas d'avoir une très mauvaise langue après.

La gaieté est sœur de la bonne chère, quand elle n'en est pas

---

[1] Par exemple : *Œuvres,* I, 262 (*à M. d'Elbeuf*) ; 246 (*à M. ***).
[2] Expressions de Walkenaër ; voir la page précédente.
[3] *Œuvres,* I, 199.
[4] *Ibid.,* I, 262 ; *à M. d'Elbeuf.* « Mme de Montchevreuil m'a enlevé Mme Scarron ; j'ai grand peur que cette dame débauchée ne la fasse devenir sujette au vin et aux femmes et ne la mette sur les dents avant de me la rendre... » Voir aussi, dans le *Testament,* ce qui concerne Mme Scarron. — Enfin le pastoral Segrais nous raconte, sans en paraître choqué, une anecdote assez piquante : « Je lui dis que ce n'était pas assez pour faire plaisir à « sa femme de s'être marié, qu'il fallait qu'il eût d'elle au moins un enfant, « et je lui demandai s'il croyait être en état de le faire : « *Est-ce,* dit-il en « riant, *que vous prétendez me faire ce plaisir-là? J'ai ici,* ajouta-t-il, *Mangin* « *qui me fera cette office à point nommé.* » Mangin était son valet de « chambre et bon garçon. « *Mangin,* lui dit-il en ma présence, *ne feras-tu* « *pas bien un enfant à ma femme?* » Mangin lui répondit : « *Oui-dà, Mon-* « *sieur, s'il plaît à Dieu!* » Cette réponse de Mangin, à qui on la fit répéter « plus de cent fois, fit bien rire tous ceux qui avaient coutume de voir « Scarron. » (*Segraisiana,* 105.)

la fille : c'est peut-être à son estomac que Scarron dut de conserver tout son esprit. Il fut un poète gourmand et friand, et trouva une consolation à ses maux dans le plaisir de manger[1] ; il avait contracté cet aimable vice dans le Maine, auprès des Lavardin et des Tessé ; il n'y renonça jamais : à peine perdit-il un peu l'appétit quand la Fronde tourna mal[2] ; en 1659, moins d'un an avant sa mort, il écrivait à Marigni : « J'ai le dedans du « corps encore si bon que je bois de toutes sortes de liqueurs et « mange de toutes sortes de viandes avec aussi peu de retenue « que feraient les plus grands gloutons[3]. » Dans son testament burlesque, il est encore question de vin clairet, de marron et de fromage. Croyons-le donc sur parole lorsqu'il s'écrie :

> O cher ami Potel, je suis pour la mangeaille,
> Il n'est rien tel qu'être glouton[4],

et lorsque, dans le *Portrait* qu'il a laissé de lui-même, il s'accuse d'avoir toujours été *un peu gourmand*[5]. Dans la société qui l'entourait, on mangea donc et on but tout en causant ; ce ne furent peut être plus des orgies aussi complètes que celles où il invitait le grand Flotte et l'ami Potel ; ce ne furent certainement pas des débauches crapuleuses, comme celles auxquelles se livraient Saint-Amant et sa bande joyeuse dans les tavernes de la banlieue ; c'étaient le plus souvent des « repas de pièces rapportées », des pique-niques où chacun apportait son plat, et où Scarron fournissait toujours le sel et l'esprit. Les habitués de sa chambre payaient en présents l'hospitalité toujours agréable que le poète leur offrait ; les *Œuvres de Scarron* sont littéralement remplies de remerciements pour des viandes ou des pâtisseries reçues et d'invitations adressées aux amis[6]. D'Elbène, d'Albret, Mata, Vivonne, d'Elbeuf, Raincys, Châ-

---

[1] . . . .
Le plaisir qu'on a quand on mâche,
Le seul que mes maux m'ont laissé.
(*Œuvres*, VII, 85. Épitre chagr. à Rosteau).
[2] *Ibid.*
[3] *Ibid.*, I, 202.
[4] *Ibid.*, VII, 309. *Chanson à manger*.
[5] *Ibid.*, I, 131.
[6] *Légende de Bourbon* : souvenir des confitures mangées au Mans chez la Hautefort. — *Œuvres*, VII, 335, *à M*^me^ *Radique ;* remerciements pour un pot de coings confits. — VII, 341, *au duc de Sulli ;* pour un pâté. — VII, 342, *au comte de Selle ;* pour du muscat et des pastilles. — VII, 350, *à M. Mignart ;* il l'invite pour manger potage, ragoût, rôti, dessert, fromages, compotes ; vin excellent et liqueurs. — VII, 350 ; invite à une orgie où l'on rira, boira, mangera et causera. — VII, 265 ; nouvelle invitation à Mignard : succulentes perdrix, chapons du Maine. — VII, 310, 329 ; amour de Scarron pour le melon.

tillon, Chamboy, Creuilly, de Lussans[1] étaient ses commensaux les plus ordinaires, quelquefois aussi Ninon de Lenclos. C'étaient là les invités toujours bien reçus et qui n'ennuyaient jamais ; il y en eut parfois d'autres chez Scarron, à ce que raconte Tallemant : « Scarron a souffert que beaucoup de gens aient porté « chez lui de quoi faire bonne chère. Un jour le comte de Lude, « un peu brusquement, voulut en faire de même. Il mangea bien « avec le mari, mais la femme se tint dans sa chambre[2]. » Mme de Caylus, dans ses *Souvenirs*, renchérit encore et dit de Mme Scarron : « Elle passait ses carêmes à manger un hareng au « bout de la table et se retirait aussitôt dans sa chambre, parce « qu'elle avait compris qu'une conduite moins exacte et moins « austère, à l'âge où elle était, ferait que la licence de cette jeu- « nesse n'aurait plus de frein et deviendrait préjudiciable à sa « réputation[3]. » Tout cela sent bien la prude, et cette histoire trop édifiante semble être une simple légende ; je me figure Mme Scarron, pieuse, vertueuse même, mais non pas pimbêche à ce point. Elle se retirait dans sa chambre, quand les amis de son mari l'ennuyaient ; elle fuyait les importuns : voilà tout. Écoutons la plainte discrète de Scarron :

>   Je suis souvent de sots environné,
>   Mauvais plaisants, plus froids que de la neige,
>   Enfin plus froids que toute la Norwège.
>   Ma femme alors me laisse en un danger
>   Qu'elle devrait avec moi partager.
>   Prend son manchon et va voir quelque amie.
>   Mais quand je suis en bonne compagnie,
>   Toi, par exemple (*Pellisson*), d'Elbène ou le Raincys,
>   La dame alors n'en use pas ainsi[4].

Or, je ne sache pas que la compagnie de d'Elbène ou de Raincys fût plus édifiante qu'une autre. Anecdote pour anecdote, combien je préfère au trop fameux hareng le récit, peut-être inventé, mais vraisemblable à coup sûr, de La Beaumelle qui nous représente

---

— VII, 178 ; invitation à d'Elbène pour manger un jambon et une saucisse qu'un duc lui a envoyés. — VII, 143 ; il remercie l'abbé d'Espagny de deux sarcelles bien lardées. — VII, 89 ; il va boire avec d'Elbène à la santé de la *gothique reine.* — VII, 80 ; remerciements à l'infante d'Escars pour un pâté, entouré de six chapons lardés ; boisseau de pruneaux, etc. — VII, 83 ; envoi à Scarron d'une gélinotte et de gruau. — I, 213 ; lettre à d'Albret qui lui a envoyé encore un pâté et des fromages. — I, 262 ; remerciement au duc d'Elbeuf pour les pâtés qu'il lui a donnés, etc., etc.

[1] Voir *Septième Gazette burlesque*.
[2] Tallemant, *Hist. du petit Scarron*.
[3] *Souvenirs* de Mme de Caylus.
[4] *Œuvres*, I, 90. *Épître III à Pellisson*.

Mme Scarron aimable et accueillante, et servant à ses convives une histoire de plus pour remplacer le rôti qui manquait[1] !

Par cette alliance de la gaieté et de la bonne chère, les réunions de la chambre de Scarron ressemblent beaucoup aux agapes qui se tenaient chez Ninon ; la rue des Tournelles n'est pas loin de la rue Neuve-Saint-Louis, et nous y retrouvons plusieurs des mêmes familiers : Gaspard de Châtillon, d'Albret, d'Elbène, Villarceaux, Saint-Évremond. Comme chez Scarron, on s'y amusait, on y riait et on n'y jouait pas. Ninon, « ivre dès la soupe », régnait par droit de beauté et d'esprit sur sa cour d'adorateurs. Pourtant, j'imagine que la conversation devait être moins libre devant cette courtisane[2] que devant la sage Mme Scarron ; certains sujets trop brûlants ne pouvaient être traités : on sentait qu'en pareil lieu les galanteries menaient trop loin et qu'il ne fallait pas trop s'y aventurer[3]. Des dames fort honorables allaient chez Ninon : elles y envoyaient leurs fils pour les former au bon ton, on pourrait presque dire aux bonnes mœurs. En revanche, la moderne Leontium se laissait aller dans ces réunions à un libertinage fort à la mode alors : « Si vous saviez comme elle dogmatise sur la religion, cela vous ferait horreur », dit Mme de Sévigné, dont le mari avait été l'amant de Ninon et dont le fils devait l'être. Certain jour de carême, où les convives étaient excités par la bonne chère et par la boisson, on commit l'impertinence de jeter un os de poulet dans la rue, sur un prêtre de Saint-Sulpice qui passait. Ce grave sacrilège faillit coûter cher à Ninon, qui ne parlait de rien moins que de s'expatrier. Quand on ne « saucissonnait » pas chez Ninon, on se laissait aller à philosopher à la façon de Saint-Évremond, qui est intermédiaire entre celle de Montaigne et celle de Voltaire : ce n'était pas l'athéisme grossier qui nie brutalement et qui insulte parfois, c'était une Fronde élégante, qui ne s'attaquait plus au trône, mais à l'autel.

Chez Scarron, malgré la présence de Mata et de quelques autres libertins, on ne railla guère la religion. A coup sûr, il n'y a rien du parfait chrétien en Scarron et il s'est toujours vivement défendu d'être « un petit saint en gerbe » ; il a parlé assez légèrement de l'autre monde, de la mort, du salut éternel[4] ; il a pu s'accuser en

---

[1] La Beaumelle. *Mémoires*, livre II, p. 145.
[2] « Ninon, livre charmant, toujours ouvert », dit spirituellement M. Arsène Houssaye. (*Le Quarante-unième fauteuil.*)
[3] « Tout se passait chez elle (Ninon) avec un respect et une décence extérieure que les plus hautes princesses soutiennent rarement avec des faiblesses. » (Saint-Simon. Hachette, V, 61.)
[4] *Œuvres*, I, 259. *Lettre à* ***. « Je ne sais si vous êtes... »

conscience de jurer trop volontiers durant ses souffrances [1], et il écoutait impatiemment les bons religieux qui le félicitaient d'être si souvent visité de la Providence [2]; mais il croyait en Dieu, tout comme Gassendi, son maître; il allait à la messe quand il était valide [3], et il se la fit dire chez lui quand il ne put plus se transporter [4]; il exigea, paraît-il, une nouvelle abjuration de Françoise d'Aubigné [5] : il a toujours dit beaucoup de mal des protestants [6]; il a imploré de la reine-mère une édition de la Bible et des Conciles [7]; il s'est indigné contre ceux qui apportaient des sentiments profanes dans une église [8]; c'est dans le sentiment religieux qu'il a puisé, à un moment trop court peut-être, de fugitives consolations : il nous en a laissé le témoignage dans des stances [9], dont quelques-unes sont assez belles ; enfin il nous a confié, en une heure de tristesse, qu'il se serait certainement empoisonné, « s'il était permis de se supprimer soi-même [10] ». Sa religion, sans doute, n'était pas très fervente, car elle s'alliait plutôt en lui au sensualisme de Gassendi [11] qu'au noble spiritualisme de Pascal ; mais il n'en est pas moins vrai que, en dépit de ses railleries, il ne fut jamais un des *libre-penseurs* du temps, et après son mariage il le devint moins que jamais dans la compagnie de la dévote Françoise d'Aubigné.

Si l'on ne disait pas trop de mal de la religion dans la chambre de Scarron, on avait d'autres sujets de raillerie : on y parlait souvent de littérature, on y faisait la guerre au mauvais goût et au précieux sous toutes ses formes. Ce n'est pas le lieu d'analyser ici le talent de Scarron et de l'opposer à l'esprit maniéré et affecté qui faisait fureur alors. Disons seulement que dans aucun endroit de Paris, il ne se dépensa tant de moqueries contre ce mal du *précieux* dont souffrait notre littérature ; Scarron précède Molière, et avant lui il a tourné en ridicule les Cathos et les Madelons de l'époque. Son amitié avec les Scudéry ne l'arrêta pas ; Sapho, du reste, pour ceux qui l'ont bien connue ou qui

---

[1] *Œuvres,* I, 203 ; *à Marigni.*
[2] *Ibid.,* I, 237 ; *à* ***. « Je voudrais bien vous écrire un billet... » La Beaumelle a fabriqué là-dessus une anecdote.
[3] *Vie de Costar à Ménage,* par un anonyme.
[4] *Œuvres,* I, 184 ; *à Segrais.*
[5] La Beaumelle.
[6] *Œuvres,* VII, 195 et passim.
[7] *Ibid.,* VII, 249.
[8] *Ibid.,* VII, 26. *Adieu au Marais.*
[9] *Ibid.,* VII, 124. *Stances chrétiennes.*
[10] *Ibid.,* I, 202 ; *à Marigni.*
[11] Scarron avait commencé la traduction de la *Morale de Gassendi* (*Note de l'anonyme*).

maintenant l'étudient sans parti-pris, n'a jamais été la pédante qu'on a prétendu ; à l'encontre de Madelon, elle ne recherchait pas le bruit ni la réputation de savante ; elle était la première à haïr les Philaminte, et elle en a tracé le portrait satirique, avant Molière, sous le nom de Damophile ; enfin elle n'était pas prude, et, si elle ne s'est pas mariée, ce n'est pas pour les motifs physiologiques qu'invoque Armande, c'est pour ne pas s'asservir et pour maintenir les droits de la femme[1]. Scarron qui lui a dédié sa satire sur les pédants, l'a toujours exceptée de l'anathème qu'il lançait contre les précieuses : ou plutôt, comme Somaize, il les divisait en fausses et en vraies :

> Mais revenons aux fâcheux et fâcheuses
> Au rang de qui je mets les précieuses,
> Fausses, s'entend, et de qui tout le bon
> Est seulement un langage ou jargon,
> Un parler gras, plusieurs sottes manières,
> Et qui ne sont enfin que façonnières
> Et ne sont pas précieuses de prix
> Comme il en est deux ou trois dans Paris,
> Que l'on respecte autant que des princesses ;
> Mais elles font quantité de singesses,
> Et l'on peut dire avecque vérité
> Que leur modèle en a beaucoup gâté[2].

Il les poursuivait aussi de ses sarcasmes, non seulement pour leur jargon mais aussi pour leurs mines affectées et il se moquait des gens pointus qui s'efforçent de « pousser de beaux sentiments[3] ».

L'Académie n'était pas non plus toujours épargnée dans ces causeries auxquelles prenaient part parfois plus d'un académicien ; on lui reprochait de ne pas ouvrir ses portes au vrai talent et d'accueillir des nullités pédantes ; on faisait et on défaisait des immortels, et l'on approuvait en riant l'opinion du grave Balzac qui jugeait assez sévèrement ses collègues :

> Que le fameux Balzac à mon gré jugeait bien
> D'un indigne confrère académicien !
> Il disait, raisonnant sur cette synagogue,
> Où l'esprit le plus bas est souvent le plus rogue,
> Qu'on y devrait placer chacun selon son prix,
> Et mettre différence entre les beaux esprits :

---

[1] V. Cousin, dans la *Société française au temps de la Clélie*, l'a parfaitement montré.
[2] *Œuvres*, VII, 168. *Épitre chagrine à d'Albret*.
[3] *Œuvres*, I, 169 ; *à Sarrasin*.

> Qu'aucuns d'eux ne sont bons qu'à moucher les chandelles,
> Balayer, éclairer, donner des escabelles,
> Être portiers, enfin être frères servants,
> Honorés plus ou moins, selon qu'ils sont savants ;
> Qu'aucuns à ce beau corps pourraient servir de membres,
> Ainsi qu'au Parlement les buvetiers des chambres,
> Ou comme les bedeaux, peuple toujours crotté,
> Sont réputés du corps de l'Université.
> Un homme d'un mérite au-dessus du vulgaire,
> Aura dans ce beau corps un pédant pour confrère !
> Un Armand, un Séguier, un ministre d'État,
> Un magistrat savant, un éloquent prélat,
> N'y seront rien de plus qu'un pédant qu'on méprise !
> Ha ! ce grand corps malade a besoin d'une crise,
> Et, s'il ne met bientôt tous ces pédants dehors,
> Je me tiens aussi sain que cet illustre corps [1].

C'est dans la chambre de Scarron que s'est ourdie, entre Ménage, Mlle de Scudéry et Pellisson, la cabale qui voulait s'opposer à l'élection de Gilles Boileau à l'Académie.

D'autres fois, quand on avait assez médit, Scarron lisait à ses amis la dernière de ses œuvres. « Je me souviens, dit Segrais, « qu'étant allé le voir un jour avec M. l'abbé de Franquetot : « *Prenez un siège*, nous dit-il, *et mettez-vous là que j'essaye « mon Roman comique*. En même temps, il prit quelques cahiers « de son ouvrage et nous lut quelque chose, et lorsqu'il vit que « nous riions : *Bon*, dit-il, *voilà qui va bien : mon livre sera « bien reçu, puisqu'il fait rire des personnes si habiles;* et alors « il commença à recevoir nos compliments [2] ». Scarron prenait ainsi ses visiteurs *ex abrupto* dès leur entrée ; Molière prendra sa domestique : c'est le même procédé, la même recherche du vrai. Plus d'une fois, l'auditeur dut être Mme Scarron elle même et son esprit était assez ouvert pour pouvoir donner un sage avis. Quelle influence eut la future marquise de Maintenon sur les œuvres du burlesque Scarron ? Quelles traces en reste-t-il ? C'est ce qu'il est impossible de préciser et ce qu'il ne faut certainement pas exagérer. La petite fille qui, à l'âge de treize ou quatorze ans, écrivait à Mme de Villette dans le style provincial et avec l'orthographe poitevine que nous savons [3], si intelligente et si spirituelle qu'elle fût (et sa lettre à Mlle de Saint-Hermant le prouve

---

[1] *Œuvres*, VII, 162. *Épître chagrine à Mlle de Scudéry ;* voir aussi l'*Épître à d'Albret*.

[2] *Segraisiana*, p. 105.

[3] Voir cette lettre dans Lavallée (*Correspondance générale*, p. 33). L'autographe existe.

assez), eut pourtant tout à gagner dans la société de Scarron. Certains critiques voudraient lui attribuer presque tout le mérite du *Roman comique*, dont la première partie, la plus importante, parut avant son mariage ! C'est pousser l'admiration un peu loin. Dans cette association de Scarron et de sa femme, on ne voit pas très clairement ce que la femme apporta, mais on voit à coup sûr ce qu'elle gagna. Elle apprit alors l'italien, l'espagnol, le latin[1], que Scarron savait déjà et qu'il lui enseigna ; on peut dire d'un mot qu'elle y apprit presque tout. C'est dans la compagnie de Scarron et dans la société de poètes, de gens de lettres, de gens du monde et d'artistes, qui fréquentaient le malade, que la petite fille au front rougissant et à la robe trop courte forma et développa les dons naturels de son intelligence[2]. Sa venue dans la maison de Scarron fut pour lui une consolation et un bonheur inespérés, mais sans lui qui sait si elle serait devenue Mme de Maintenon ? Dans cette union, qui semblait si mal assortie, chacun trouva agrément et profit : ne les plaignons ni l'un ni l'autre[3].

La haine du précieux et des « beaux sentiments » n'excluait pas cependant chez Scarron une certaine galanterie : on tombe toujours un peu dans le travers dont on se défend le plus. Si la chambre de Scarron ne fut pas transformée en cour d'amour platonique, comme le salon de Sapho, ou en antichambre d'amour moins platonique, comme le boudoir de Ninon, on s'y aima pourtant ou du moins on se le dit dans la langue délicate et un peu maniérée du temps. Le maître du lieu donnait l'exemple, en dépit de sa triste figure ; il n'hésita pas à se déclarer amoureux de plus d'une de ses belles invitées ; dans des vers et dans des lettres, il se mit aux pieds de la charmante marquise de Sévigné, de Mme de Brienne, de la présidente de Pommereuil et même de la peu séduisante Tambonneau, qu'il avait connue chez Ninon et dont Tallemant dit pis que pendre dans une historiette[4] ; il chanta maintes fois des Iris et des Cloris qui n'étaient pas toujours en

---

[1] La Beaumelle.
[2] « Mme de Maintenon est redevable de son esprit à Scarron, et elle le connaît bien. » (*Segrais.*, 84.) — « Stratonice (Mme Scarron) fait bien des vers et de la prose ; elle n'aurait que les connaissances qu'elle a acquises avec Straton (Scarron) qu'elle y réussirait aussi bien que pas une autre de celles qui s'en mêlent. » (Somaize, *Dict. des Précieuses.*)
[3] On s'est vraiment un peu trop apitoyé sur le sort de Françoise d'Aubigné, qu'on exalte aux dépens de Scarron. On fait de l'une une martyre et de l'autre le plus vil des bouffons. M. François Coppée, dans le prologue de sa pièce : *Madame de Maintenon*, a revêtu ce sentiment d'une forme dramatique ; mais est-on en droit de demander beaucoup d'exactitude à un poète ?
[4] *Le président et la présidente Tambonneau. CCCXXI.*

l'air[1], et la reine de Suède elle-même lui permit de déclarer sa flamme. Mme Scarron n'en prenait aucun ombrage : elle avait sans doute pleine confiance dans les maux de son mari. Elle-même permettait qu'on l'aimât et l'on profitait de la permission. Heureux temps où les femmes semblaient naturellement faites pour être aimées, où l'on croyait leur être infidèle en ne les courtisant pas toutes et où l'on pratiquait librement la doctrine de Don Juan : « Je ne puis refuser mon cœur à tout ce que je vois d'aimable, et dès qu'un beau visage me le demande, si j'en avais dix mille, je les donnerais tous[2]. » Mais si aimables qu'elles fussent, ces galanteries n'étaient pas sans danger dans un ménage où le mari était cul-de-jatte, où la femme était belle et avait vingt ans. L'épouse de César pouvait faire en sorte de n'être pas soupçonnée : celle de Scarron devait nécessairement l'être.

Il y aurait quelque naïveté à discuter trop longuement la question de savoir si Mme Scarron resta fidèle ou non à son mari. Un pareil problème, quand il se pose, est toujours très difficile à résoudre, et à celui qui apporterait des conclusions trop précises on serait tenté de demander, comme faisait Mme de Lassay à son mari : « Comment faites-vous, Monsieur, pour être si sûr de ces choses-là[3] ? » Il faut surtout bien se garder d'absoudre ou de condamner Mme Scarron, suivant qu'on aime ou qu'on déteste Mme de Maintenon : et par malheur on ne l'a fait que trop souvent. Les uns suivent la tradition de Saint-Cyr et voient en elle le modèle de toutes les vertus : l'élévation à laquelle elle est parvenue ne sert qu'à mieux faire ressortir son humilité ; l'immense fortune qu'elle a amassée ne prouve que son noble désintéressement ; sa conduite vis-à-vis de Mme de Montespan et des protestants ne fut dictée que par la charité chrétienne la plus pure envers le roi et les peuples qu'il fallait sauver : ceux-là évidemment ne peuvent concevoir aucun doute sur sa chasteté et ils l'iraient dire à Rome[4]. Les autres, au contraire, suivent la tradi-

---

[1] Dans ces *stances, chansons* et *sonnets* d'amour de Scarron, on a voulu trouver des vers adressés à Françoise d'Aubigné ; La Beaumelle en a choisi çà et là quelques-uns qu'il a intercalés dans de fausses lettres de Scarron ; il n'y a à cela aucune preuve ni même aucune vraisemblance. Il prétend de même que Scarron a fait des vers sur le sein de sa femme : je ne sais à quoi il fait allusion. Il a dû confondre avec la *Galanterie* de La Mesnardière à la belle Indienne.

[2] Molière, *Don Juan*, acte I, scène II.

[3] *Souvenirs* de Mme de Caylus.

[4] Voir plus loin, à propos d'un témoignage de Ninon, commenté par M. Feuillet de Conches, un curieux exemple de cette prévention en faveur de Mme de Maintenon. La Beaumelle, de Noailles et Lavallée y ont cédé assez souvent.

tion de la duchesse d'Orléans qui traitait couramment Mme de Maintenon de « vieille guenipe » ; pour ceux-là, les faits les moins prouvés, les calomnies stupides qui traînent dans les pamphlets d'outre-Rhin, deviennent de sérieux arguments ; on serait bien fâché que Mme Scarron fût restée sage, car on perdrait une occasion de se venger sur elle de la Révocation de 1685 et du despotisme royal. Il faut donc laisser également de côté les libelles diffamatoires parus en Hollande ou en Allemagne [1] et les certificats de vertu décernés libéralement par Saint-Cyr. Quelle fut l'opinion de ceux qui ont vraiment connu Mme Scarron, ou bien qui, sans l'avoir personnellement approchée alors, ont connu ses contemporains et peuvent en rapporter des témoignages sérieux ?

Interrogeons d'abord Scarron lui-même. Il semble n'avoir jamais douté de la vertu de sa femme. On trouve dans ses *Œuvres* une pièce de vers très cynique, où l'on a prétendu qu'il plaisantait sur son propre déshonneur [2] : mais il est impossible qu'elle ait cette signification, comme l'a très bien fait remarquer La Beaumelle [3]. Scarron n'a jamais rien dit de pareil, mais il semble avoir été un mari peu défiant et peu jaloux, malgré les raisons qu'il aurait pu avoir de l'être. Il sait que le maréchal d'Albret fait la cour à sa femme, mais il le tolère et n'y voit aucun mal ; il écrit même à son ami des lettres où il affecte de lui parler de Mme Scarron, et il trouve tout naturel qu'elle entretienne une correspondance avec lui [4]. Françoise recevait encore d'autres lettres et son

---

[1] Les principaux sont :
— Le *Cochon mitré*, 1688 (Voir Fournier, *Variétés historiques et littéraires*, VII, 209) ;
— La *Suite de la France galante, ou les derniers déréglements de la cour* (imprimé après l'*Histoire amoureuse des Gaules*, dans l'édition de 1740) ;
— La *Cassette ouverte de l'illustre créole*; amours de Mme de Maintenon ; 1690 ;
— Le *Divorce royal ;* 1692 ;
— Le *Tombeau des amours de Louis XIV ;*
— *Almanach commençant avec la guerre de 1701* (il y a une estampe indécente).
— A ces pamphlets on peut joindre les couplets chantés contre Mme de Maintenon (notamment ceux de la duchesse de Bourbon), le billet invraisemblable qu'on a prétendu avoir trouvé dans la cassette de Fouquet et qui est reproduit dans les manuscrits de Conrart (5420, Arsenal, tome XI), etc.
[2] *Œuvres*, VII, 315. *Courante*. « Je vous ai donné des bijoux… »
[3] Il y est question de sœurs de sa femme, qui n'ont jamais existé, d'un mari qui entre et qui sort souvent, etc. Enfin il y a une raison encore plus convaincante que La Beaumelle n'a pas dite : cette courante parut dans l'édition de 1651 (*Œuv. burlesques*, 3e partie), quand Scarron n'était pas marié.
[4] *Œuvres*, I, 206-214. *Lettres au maréchal d'Albret*. On y lit ceci : « Mme Scarron dit qu'elle ne peut se résoudre à vous écrire, qu'elle n'ait vu quelque enjouement dans vos lettres. » Cela semble contredire un peu le récit de La Beaumelle, qui prétend que Mme Scarron s'efforçait de convertir le sceptique maréchal.

mari n'y trouvait à reprendre que les sottises du style[1]; il la savait aimée de Villarceaux, mais n'en prenait aucun ombrage[2]; il la laissait aller sans inquiétude chez Fouquet, et regrettait même de n'avoir pas un carrosse pour l'y faire conduire plus souvent, ainsi qu'à Brouage où était la cour. Était-ce complaisance coupable? Assurément non. Si Scarron avait eu des craintes de ce genre, il nous les aurait bien confiées; il aurait été le premier à faire une épigramme contre sa femme, si elle l'avait trompé. Alors même qu'il en parle avec le moins de respect, on sent, sous la raillerie inconvenante, la sécurité du mari. Ainsi, il ne lui aurait pas fait le grotesque reproche de ne pas lui donner d'enfant[3], s'il l'avait crue capable de s'exposer à lui faire un jour cette désagréable surprise. Ces plaisanteries, si grossières qu'elles soient, ne s'expliquent que par la confiance qu'avait Scarron dans sa femme, sans quoi elles auraient couvert de ridicule leur auteur, si chatouilleux sur un pareil chapitre.

Dans les moments où il ne jouait plus le misérable rôle de bouffon, Scarron a su montrer au contraire combien il aimait celle qui consolait sa vie. Nous n'avons aucune raison de douter du témoignage de Segrais quand il dit : « La dernière fois que je vis Scarron en prenant congé de lui avant de faire le voyage de Bordeaux : *Je mourrai bientôt*, me dit-il, *je me sens bien; le seul regret que j'aurai en mourant, c'est de ne pas laisser de bien à ma femme qui a infiniment de mérite et de qui j'ai tous les sujets imaginables de me louer*[4]. » En tout cas, nous croirons Scarron lui-même quand il fait ce bel éloge de sa compagne :

> Celle par qui le ciel soulage mon malheur,
> Digne d'un autre époux comme d'un sort meilleur[5].....

Enfin le poète burlesque sut sortir de son impassibilité le jour où Gilles Boileau, furieux d'avoir échoué à l'Académie, épancha son fiel dans une épigramme outrageante : « Mme Scarron n'a pas daigné s'en offenser, dit Scarron, et je crois qu'il enrage. » Mais si la femme méprisa cette injure, le mari ne fit pas de même ; il

---

[1] « M. de *** écrivit l'autre jour à Mme Scarron qu'il passerait des journées entières dans sa chambre à l'attendre de plain pied : un moins plaisant que lui aurait dit de pied ferme !... » (*Œuvres*, VII, 257 ; *lettre à ****).
[2] Tallemant : « Villarceaux s'y attache, et le mari se moque de ceux qui ont voulu lui en donner tout doucement quelque soupçon. »
[3] *Segraisiana*; *Testament burlesque* de Scarron. — On fit souvent courir par plaisanterie le bruit que Mme Scarron était grosse (Loret, *Muse histor.*).
[4] *Segraisiana*, p. 85.
[5] *Œuvres*, VII, 162. *Épitre chagrine à Mlle de Scudéry*.

voulait seul avoir le droit de plaisanter sur Françoise et il le fit
bien voir ; Boileau, menacé de la bastonnade, fut obligé d'adresser
à Mme Scarron, sous le nom d'Iris, une deuxième épigramme, où
il niait effrontément ses premiers vers et où il l'assurait de son
estime, tout en insultant encore Scarron. Scarron répondit ; Gilles
Boileau riposta par une troisième épigramme, injurieuse cette
fois pour la femme ; s'il ne la signa pas, tout le monde du moins
la lui attribua :

> Vois sur quoi ton erreur se fonde,
> Scarron, de croire que le monde
> Te va voir pour ton entretien.
> Quoi ! ne vois-tu pas, grosse bête,
> Si tu grattais un peu ta tête,
> Que tu le devinerais bien ?

Ce fut l'origine d'une guerre de plume, comme il y en eut souvent
au XVIIe siècle et dont chacun des deux adversaires nous a laissé
le récit, Boileau dans une lettre au chancelier Séguier, Scarron
dans une relation au surintendant Fouquet. Il composa quatorze
épigrammes contre son ennemi, et il avait fait le serment téméraire (espérons-le) d'en composer une par jour pendant trois ans :

> Que comme lui je sois infâme,
> Si, chaque jour, pendant trois ans,
> Je ne le sers d'une épigramme [1] !

Ce n'est donc pas dans Scarron qu'il faut chercher des preuves
contre la vertu de sa femme. Il faut invoquer d'autres témoignages. Écartons d'abord les accusations malveillantes de Saint-
Simon et du chevalier de la Fare [2], qui n'ont pas pu voir personnellement le ménage de Scarron et qui l'ont peint d'après des
on-dit et surtout d'après leurs antipathies. Mais parmi ceux qui
ont vraiment pu connaître Mme Scarron, et qui en ont parlé, qui
trouvons-nous ?

En 1656, La Mesnardière lui a adressé une *Galanterie* fade et
ridicule, où il suppose que le roi d'Espagne va faire une guerre
de trente ans pour reconquérir la belle Indienne ; il fait l'éloge de
son enfance « qui naquit blonde » ; de ses yeux, de sa gorge
même, mais il se plaint des *rigueurs* de la dame. On n'en peut
rien conclure, ni en bien ni en mal, car il ne fallait pas être bien

---

[1] *Œuvres*, I, 269.
[2] Ils disent très crûment que Mme Scarron eut pour amants d'Albret, de
Beuvron, les trois Villarceaux et bien d'autres.

vertueuse pour repousser un galant fait comme La Mesnardière.

Sorbière, d'ordinaire assez malveillant, a fait un grand éloge de Mme Scarron et a rendu hommage à sa vertu [1] ; témoignage précieux, quand on songe que Sorbière est mort avant l'élévation de Mme de Maintenon et n'a pu avoir aucun intérêt à embellir le tableau ; mais il faut remarquer que Sorbière ne semble pas avoir connu bien intimement Scarron ni sa femme.

Le chevalier de Méré, qui était amoureux de Mme Scarron, mais qui se résigna à n'être que son ami, pouvait parler par expérience de la vertu de son élève ; dans une lettre à Mme la duchesse de Lesdiguières, il ne tarit pas de louanges : « Elle est fort belle et d'une beauté qui plaît toujours ; elle est douce, reconnaissante, secrète, fidèle, modeste, intelligente » ; il vante un peu son écolière, comme M. Josse vante ses bijoux, mais il ajoute : « Et ce que j'admire d'une si noble personne, c'est que tous les galants ne sont bien reçus auprès d'elle qu'autant qu'ils sont honnêtes gens, et, suivant cette règle, il me semble qu'elle n'est pas en grand danger ; cependant, les mieux faits de la cour et les plus puissants dans les finances l'attaquent de tous les côtés. Mais, *comme je la connais,* elle soutiendra bien des assauts avant de se rendre [2] ». Bel éloge, mais qui date de 1653 ou de 1656 [3] et qui n'engage pas l'avenir ; le sceptique gentilhomme, peu convaincu de la vertu des femmes en général, semble dire que c'est une affaire de temps et que la place n'est pas inexpugnable : témoignage de la fatuité de Méré, plutôt que de la fragilité de Mme Scarron.

Les lignes que Tallemant des Réaux a consacrées à Mme Scarron sont fort curieuses, mais assez contradictoires. Tous les partisans de Mme de Maintenon citent Tallemant parmi ses défenseurs, à cause de la fameuse phrase : « Sa femme (de Scarron) est bien venue partout ; jusques ici on croit qu'elle n'a point fait le saut ». Sans doute, Tallemant est une mauvaise langue, et quand il décerne un éloge, si mince qu'il soit, il faut que la personne qu'il loue le mérite bien. Mais que prouve cette phrase, si souvent répétée, sinon qu'à une certaine année, je ne sais laquelle, du

---

[1] « L'indisposition de son mari, mais surtout la beauté, la jeunesse et l'esprit galant de cette dame, n'ont fait aucun tort à sa vertu, et quoique les personnes qui soupiraient pour elle fussent des plus riches du royaume et de la plus haute qualité, elle a mérité l'estime générale de tout le monde par la sagesse de sa conduite, et on lui doit même cette justice de dire qu'elle s'est piquée d'une belle amitié conjugale sans en pratiquer les principales actions. » (*Sorberiana.*)

[2] *Lettres du chevalier de Méré* (2ᵉ vol., LXI, p. 157. Amst., 1692).

[3] Lavallée penche pour 1656 ; M. Revillout pour 1652 ou 1653.

vivant de Scarron[1], sa femme était réputée ne l'avoir pas trompé ? Témoignage de vertu, mais de vertu conditionnelle. Parmi ces courtes réflexions que Tallemant jetait de temps en temps sur le papier, il y en a d'autres postérieures à celles-ci et qui sont bien moins favorables : « Villarceaux s'y attache et le mari se moque de ceux qui ont voulu lui en donner tout doucement quelque soupçon ; elle a de l'esprit, mais l'applaudissement la perd, elle s'en fait bien accroire...... » Plus loin, l'historien raconte comment la veuve de Scarron, retirée à la Charité de Paris, se lassa des générosités de la maréchale d'Albret et renvoya une charrette de bois qu'on lui envoyait : « Aussitôt sa pension fut réglée et elle paya : *on saura qui lui en a donné l'argent*. Les religieuses disent qu'elle voit furieusement de gens et que cela ne les accommode pas » ; et enfin il dit : « J'oubliais qu'elle fut ce printemps avec Ninon et Villarceaux, dans le Vexin, à une lieue de la maison de Mme Villarceaux, *femme de leur galant*. Il semblait qu'elle allât la narguer ». *Leur galant* : l'accusation est grave, car il est difficile de prendre ce terme dans un sens honnête, puisqu'il s'agit aussi de Ninon. Pour être juste, il faut citer encore un alinéa ajouté par Tallemant en 1663 et qui contient un détail favorable avec d'autres qui le sont moins : « Depuis, on a trouvé moyen de lui faire avoir une pension de la reine-mère de 2,500 ou 3,000 livres ; *elle vit de cela*, a une petite maison et s'habille modestement. Villarceaux y va toujours, mais elle fait la prude..... » Tout cela sans doute est bien vague, et personne ne peut s'écrier comme Orgon :

> Je l'ai vu,
> De mes propres yeux vu, ce qu'on appelle vu ;

et pourtant il ne semble pas que le témoignage de Tallemant soit fait pour venger la réputation de Mme Scarron aussi complètement qu'on l'a dit. Il est vrai que Tallemant est un médisant, parfois un calomniateur : il a dit du mal de presque toutes les femmes. Mais il a surtout parlé des femmes équivoques. Le plus souvent les femmes honnêtes sont comme les peuples heureux : elles n'ont point d'histoire, — ni d'historiette.

La liaison de Mme Scarron avec Ninon, dont parle Tallemant, et qui semble bien certaine, quoiqu'il ne reste aucune lettre authentique qui la démontre, est peut-être ce qui contribue le plus à la

---

[1] Dans la même phrase, il y a : « Tout misérable qu'*est* Scarron, il *a* ses flatteurs..... » Donc Scarron vivait encore quand Tallemant a écrit ce fragment.

compromettre. Noailles et Lavallée s'évertuent à tourner les choses du bon côté et à soutenir qu'il n'y avait là aucun mal. Ces écrivains sont les mêmes qui, à chaque page, parlent de la passion que Mme Scarron avait pour sa gloire, pour sa bonne renommée ; elle éloignait d'elle, disent-ils, jusqu'à l'apparence du mal. Il est bien difficile de concilier tout cela ; Ninon ne faisait pas mystère de sa conduite, elle n'était pas prude, et Mme Scarron, en allant chez elle, savait bien où elle allait. L'intimité fut grande, puisqu'on a pu dire que Mme Scarron partagea parfois le lit de Ninon (une honnête femme pouvait-elle le faire ?) et puisque, devenue veuve, elle alla au Vexin avec elle. Mais laissons la parole à Ninon elle-même ; elle écrit dans sa vieillesse à Saint-Évremond : « S. estoit mon amy ; sa fame m'a donné mille plaisirs par sa conversation et, dans le temps, je l'ay trouvée trop gauche pour l'amour. Quant aux détails, ie ne scay rien, ie n'ay rien veu, mais ie lui ay presté souvent ma chambre jaune à elle et à Villarseaux[1] ». Voilà un témoignage assez grave, s'il est, comme il semble, authentique. Les défenseurs de Mme de Maintenon insistent sur la phrase : *je l'ay trouvée trop gauche pour l'amour ;* il est pourtant impossible d'y voir une justification. Que Mme Scarron n'ait pas eu pour *l'amour* l'aisance et la grande habitude de Ninon, soit ; mais cela prouve-t-il qu'elle n'ait pas aimé ? Comment Ninon aurait-elle pu dire pareille chose ? Elle se défend uniquement d'avoir vu et d'avoir su *les détails ;* mais les détails ne sont pas là l'important et, en général, ils ne se laissent pas voir. La phrase relative à la chambre jaune est d'une précision gênante : c'est merveille de voir comment les partisans de Mme de Maintenon l'expliquent. Lavallée[2] s'en tire en déclarant que c'est un « malicieux souvenir » rappelé par Ninon, et il le met sur le compte de la jalousie. M. Feuillet de Conches[3] se demande si ce n'est pas une « réminiscence de gaieté de la moderne Léontium » ; puis, comme cette

---

[1] *Lettre autographe.* M. Feuillet de Conches, qui la possédait et qui l'a produite, l'a déclarée authentique (*Causeries d'un Curieux,* Plon, 1862, t. II, p. 588). M. Geffroy (*Mme de Maintenon, d'après sa correspondance authentique*) semble la considérer comme fabriquée ; M. Brunetière également (*Revue des Deux-Mondes,* 1er février 1887). M. Hervé (*Discours de réception à l'Académie française,* 10 février 1887) dit à son tour : « Cette lettre paraît apocryphe et manquerait d'autorité si même elle était authentique. » Il n'y a rien à répondre à un pareil argument. Il est pourtant fâcheux que personne n'essaie de prouver la fausseté de cette lettre par des raisons critiques et autrement que par des raisons morales. Il ne faut pas oublier que M. Feuillet de Conches, qui a publié la lettre et qui l'a garantie, n'avait pas la moindre hostilité contre Mme de Maintenon, bien au contraire. Cette lettre doit d'ailleurs se trouver encore dans le cabinet de M. Feuillet de Conches, récemment décédé.

[2] Lavallée. *Correspondance générale,* I, 81.

[3] Feuillet de Conches. *Causeries d'un Curieux,* II. 591.

remarque est insuffisante, il ajoute que d'ailleurs « Mme Scarron « était femme à ne pas fuir le tête-à-tête, parce qu'il y avait pour « sa gloire une satisfaction de haut goût à l'avoir bravé ». Voilà une excuse commode pour toutes les femmes qui se laisseraient surprendre en flagrant délit !

Mais il est des critiques plus difficiles à satisfaire, et ceux-là, sans condamner formellement Mme Scarron, regretteront toujours qu'elle ait été assez imprudente ou assez malheureuse pour laisser subsister derrière elle un doute de cette espèce. Ne fit-elle rien pour l'y autoriser ? Qui oserait l'affirmer ? Au rebours de Doudan [1], qui croit que Mme Scarron s'est perfectionnée et s'est relevée moralement, et qu'elle a fini à la longue par éprouver une foule de bons sentiments qu'elle avait commencé par feindre, je croirais plutôt qu'elle s'est un peu gâtée dans le milieu très dangereux où elle vivait et que l'amie de Ninon ne valait pas la jeune fille rougissante de 1650. Il semble certain (Lavallée lui-même l'admet) que Françoise d'Aubigné, mariée à un paralytique, forcée de fréquenter une société assez corrompue, exposée à beaucoup d'attaques, a eu au moins une intrigue avec Villarceaux. Cela a duré de 1658 à 1663 environ. Le marquis avait quitté pour un temps Ninon et, comme il se croyait un Don Juan irrésistible, il s'était attaqué à Mme Scarron, qui le reçut d'abord froidement. Villarceaux, désespéré, confiait ses peines à ses amis, et Boisrobert lui adressait sur ce sujet une épître qui fait grand honneur à la résistance de la jeune femme :

> Marquis, j'ai raison de te plaindre,
> Car son humeur est fort à craindre :
> Elle a presque autant de fierté
> Qu'elle a de grâce et de beauté.
> Comme ton mérite est extrême,
> Songe à n'aimer que ce qui t'aime.
> Suis qui t'estime et ne perds pas
> En l'air tes soupirs et tes pas [2].

Par malheur, l'amant rebuté ne s'en tint pas là. C'est environ à cette époque que Villarceaux fit exécuter ce fameux tableau [3] qui

---

[1] X. Doudan (*Mélanges et Lettres*, I, 359). — Il faut dire que Doudan jugeait exclusivement d'après La Beaumelle. Du reste, il faut s'entendre sur les dates. Doudan dit que Mme de Maintenon valait beaucoup mieux à soixante ans qu'à trente ; c'est possible : mais je crois qu'elle valait moins à trente ans et même à vingt-cinq ans, qu'à dix-huit.
[2] *Épîtres en vers et autres œuvres poétiques*, de M. de Boisrobert. Paris, 1659.
[3] Le tableau existe encore au château de Villarceaux. MM. Walkenaër et Feuillet de Conches l'ont vu.

représente Mme Scarron nue, sortant du bain, assise sur un lit de repos ; à sa droite, un petit amour agenouillé, dans l'attitude de l'admiration ; un épagneul pose au pied du lit. Il est probable que le dépit seul et la convoitise guidèrent Villarceaux et non le souvenir d'un triomphe ; celle qui en était l'objet ne connut peut-être pas cette peinture outrageante. Mais pourquoi, sachant Villarceaux amoureux et entreprenant, sachant qu'on causait publiquement de cet amour, eut-elle la faiblesse ou la coquetterie de continuer à le voir ? Chez Scarron, elle pouvait y être forcée, mais chez Ninon, dans la chambre jaune, seule avec lui ? Mais au Vexin, avec Ninon elle-même [1] ? mais chez elle, dans cette petite maison où elle se retira après avoir quitté la Charité des femmes [2] ? Ne l'a-t-elle jamais aimé ce beau Villarceaux qu'elle chercha des yeux lors de l'entrée triomphale de Louis XIV et de Marie-Thérèse, le 26 avril 1660, et dont elle admirait alors la belle taille et la tête brune [3] ? Qui pourrait le garantir ? Pour une femme si circonspecte, quelle imprudence ! Où est le souci jaloux de sa réputation ? Ne fut-elle pas coupable au moins de quelque légèreté ? A ceux qui seraient tentés de soupçonner autre chose, que peut-on répondre ? On peut dire que la solide raison de Mme Scarron, sa piété fervente, son tempérament calme, ses sens glacés, ont dû la préserver de la faute [4]. Il est tout naturel de le souhaiter, de l'espérer, de le supposer même, si l'on veut : mais, en vérité, que peut-on faire davantage ?

S'il plane une ombre un peu douteuse sur trois ou quatre

---

[1] Tallemant.
[2] *Ibid.*
[3] Lettre autographe de Mme Scarron à Mme de Villarceaux : « Je cherchai des yeux M. de Villarceaux, mais il avait un cheval si fougueux qu'il était à vingt pas de moi avant que je le reconnusse. Il me parut fort bien. Il était des moins magnifiques, mais des plus galamment, de plus il avait un beau cheval qu'il maniait bien. Sa tête brune paraissait fort aussi, et on se récria sur lui quand il passa. » On fait remarquer que c'est à Mme de Villarceaux elle-même que Mme Scarron fait ce récit, et que ces compliments semblent tout naturels. Il faut remarquer d'autre part que Villarceaux, à cette époque, faisait publiquement la cour à Mme Scarron, et que la crainte de donner raison à la calomnie eût dû arrêter la plume de la narratrice. — Dans les manuscrits de l'Arsenal (Recueil 4,123), on trouve un madrigal fort compromettant envoyé à Villarceaux par Mme Scarron, avec des galants, pour une course de bague. Mais il doit être apocryphe, comme beaucoup d'autres pièces du même recueil.
[4] Il faut reconnaître ce qu'un pareil débat a de stérile, de pénible et même d'injurieux pour Mme Scarron, au cas où elle est restée sage. Mais la question est posée depuis deux cents ans, et elle a fait couler trop d'encre pour qu'il soit possible de l'éluder. Il est également impossible de la résoudre, puisqu'on est réduit à juger d'après les apparences et d'après l'opinion du monde. Dans le doute, il est donc humain, il est même juste de ne pas condamner : mais le soupçon, à tort ou à raison, demeurera toujours. J'ai seulement essayé de résumer avec impartialité les pièces du procès : assez d'autres se chargeront de conclure en sens divers.

années de la vie de Mme Scarron, il faut pourtant reconnaître en toute justice que, de son vivant, elle a joui généralement d'une bonne renommée et qu'elle a été honorée d'une façon singulière, alors qu'elle était simplement la femme du cul-de-jatte Scarron. Non seulement les grands seigneurs la recherchèrent, mais elle sut, chose plus rare, se faire chérir des femmes, malgré sa beauté et son esprit. Sans parler de sa liaison avec Ninon de Lenclos, à qui elle donnait « mille plaisirs par sa conversation », elle sut être l'amie de Mlle de Pons, future Mme d'Heudicourt, dont elle parla souvent plus tard dans sa correspondance, de Mme de Bonneau, dont elle fit faire le portrait à son mari[1], de Mme de Montchevreuil[2], cette grande femme sèche, froide, dont Mme de Caylus nous a fait le spirituel portrait, de la duchesse de Lesdiguières[3], la *Reine des Alpes;* par elles, elle fut introduite chez le surintendant, et Mme Fouquet devint tellement *férue* de Mme Scarron qu'elle voulait l'avoir souvent à Saint-Mandé ou à Vaux et l'y garder plusieurs jours[4]; la cour même, si brillante et si enviée, s'ouvrait à elle : Marie Mancini la désirait à Brouage pour plus d'un jour, honneur d'autant plus rare qu'il n'était pas sollicité[5]. Enfin quand la reine de Suède vint à Paris, elle désire voir Scarron et sa femme. Ménage les présenta; le poète n'hésita pas, dans une des saillies spirituelles qui lui étaient familières, à demander à la reine de tomber amoureux d'elle et de devenir son Roland; Christine, charmée de la plaisanterie, ordonna à cet étrange galant de lui écrire[6]. En voyant Mme Scarron, elle dit à Mme de Brégy : « Ne le savais-je pas, qu'il ne fallait pas moins qu'une reine de Suède pour rendre un homme infidèle à cette femme-là? » et elle dit à Scarron qu'elle n'était pas surprise qu'avec la plus aimable femme de Paris, il fût, malgré ses maux, l'homme de Paris le plus gai[7].

Telle était la réputation de Mme Scarron et le lustre qu'elle jetait sur les réunions qui se tenaient dans la chambre de la rue Saint-Louis; Scarron aimait à dire, par matière de plaisanterie, « qu'il s'était marié pour avoir compagnie, qu'autrement on ne viendrait plus le voir »; au fond, il disait vrai, et il est probable que toute sa verve burlesque n'aurait pas suffi à retenir toujours

---

[1] *Œuvres*, I, 257. *Lettre à* *** « Si la bonté de vos premières lettres... »
[2] *Ibid.*, I, 262. *Lettre à Mgr le duc d'Elbeuf.*
[3] Lettre du chevalier de Méré à Mme de Lesdiguières.
[4] *Œuvres*, I, 208 ; *à Mgr le maréchal d'Albret.*
[5] *Ibid.*, I, 263 ; *à M. de Villette* (17 novembre 1659).
[6] *Ibid.*, I, 177. Scarron le fit.
[7] La Beaumelle, p. 168. La plupart de ces détails sont tirés des *Œuvres* même de Scarron.

ces visiteurs inconstants ; il fallait le charme d'une femme aimable et intelligente pour combler les vides que la Fronde avait faits et pour conserver à Scarron la faveur souvent changeante des courtisans. Aussi, cette belle Françoise d'Aubigné, dont Mignard voulut peindre les traits charmants dans un tableau qui ne nous est malheureusement pas parvenu [1], était-elle devenue une des femmes les plus célèbres et les plus honorées de Paris. En 1660, Somaize n'hésitait pas à la ranger parmi les plus belles et les plus spirituelles personnes d'*Athènes ;* et du vivant même de Scarron, Mlle de Scudéry avait rendu au couple un solennel hommage dans sa *Clélie*. Elle représente les deux époux sous les noms de Scaurus et de Lyriane, entrant dans le temple de la Fortune pour interroger l'oracle sur leurs destinées :

Une femme, dit-elle, attira tous les regards..... Lyriane était d'une naissance fort noble ; ses parents persécutés par la fortune l'avaient, dès l'enfance, emmenée au fond de la Libye, d'où elle était revenue si belle et si charmante qu'on ne pouvait presque rien lui comparer sans injustice. Elle était grande et de belle taille, mais de cette grandeur qui n'épouvante point et qui sert seulement à la bonne mine. Elle avait le teint fort uni et fort beau, les cheveux d'un châtain clair et très agréable, le nez très bien fait, la bouche bien taillée, l'air noble, doux, enjoué, modeste, et pour rendre sa beauté plus parfaite et plus éclatante, les plus beaux yeux du monde. Ils étaient noirs, brillants, doux, passionnés, pleins d'esprit : leur éclat avait je ne sais quoi qu'on ne saurait exprimer. La mélancolie douce y paraissait quelquefois avec tous les charmes qui la suivent. L'enjouement s'y faisait voir à son tour avec tous les attraits que la joie peut inspirer. Son esprit était fait exprès pour sa beauté : grand, doux, agréable, bien tourné. Elle parlait juste et naturellement, de bonne grâce et sans affectation. Elle savait le monde et mille choses dont elle ne se souciait pas de faire vanité. Elle ne faisait point la belle, quoiqu'elle eût mille appâts inévitables ; de sorte que, joignant les charmes de sa vertu à ceux de sa beauté et de son esprit, on pouvait dire qu'elle méritait toute l'admiration qu'on eut pour elle, lorsqu'elle entra dans le temple de la Fortune.

Scaurus, son mari, est représenté assis dans une machine peinte et dorée, couverte d'une espèce de petit dais ; il s'approche

---

[1] Voir *Œuvres*, VII, 265 ; *à M. Mignart, le plus grand peintre de notre siècle ;* le poète engage l'artiste à venir achever son œuvre et à partager en même temps le souper de la rue Saint-Louis :

> Tu sais bien que le crayon
> Qui se gâte à la poussière
> N'est encore qu'un rayon
> De sa future lumière.

> Viens, viens donc demain chez moi
> Finir cet ouvrage rare.
> ....

et il demande à l'oracle la santé, mais le vieux devin lui répond :

> Les dieux en vous donnant l'aimable Lyriane vous ont mille fois plus donné qu'ils ne vous ont ôté, quand même vous auriez été plus beau que Pâris. — L'oracle, dit Scaurus en se retirant, ne m'a rien appris de nouveau.

Quant à Lyriane, elle ne veut rien demander; elle s'en rapporte à la destinée et le devin lui dit : « Je ne doute pas que vous soyez aussi heureuse que vous méritez de l'être. » Curieuse prophétie, faite en 1656, à celle qui devait être vingt ans plus tard Mme de Maintenon et à qui, vers la même époque, un simple maçon avait déjà prédit qu'elle deviendrait un jour l'égale d'une reine [1].

En attendant la réalisation de ces rêves brillants et malgré la vogue dont jouissait leur société, Scarron et sa femme menaient une existence peu heureuse. La maladie et la misère habitaient toujours dans le logis du poète. Le mal, dont il souffrait depuis tant d'années, loin de relâcher ses rigueurs, augmentait chaque jour ; la souffrance venait toujours plus dure pour empêcher le patient de s'habituer à elle ; les fluxions sur les yeux, au cou, dans la tête, se succédaient sans relâche ; aussi, au milieu de sa gaieté, avait-il quelques accès de découragement et de tristesse, dont plusieurs de ses lettres portent la trace. Puis il se prenait à espérer encore, à rêver une guérison qui ne devait jamais venir. Sa femme semble l'avoir secouru et consolé avec un entier dévouement dans ses épreuves. Tantôt il revenait à son ancien projet de départ pour l'Amérique [2], et Françoise d'Aubigné consentait facilement à abandonner la société mondaine qui l'entourait pour la solitude du Nouveau-Monde. Tantôt il se laissait bercer par des chimères qui ne le quittèrent qu'avec la vie : il voulait lui-même trouver un remède que les médecins étaient impuissants à lui offrir ; sa femme ne s'opposait pas à ces folies et elle permettait qu'il dépensât dans ces tentatives stériles l'argent dont ils avaient tous deux tant besoin : « Le pauvre homme, dit-elle, avait toujours quelque chimère dans la tête et mangeait tout ce qu'il avait de liquide en l'espérance de la pierre philosophale ou de quelque autre chose aussi bien fondée [3]. » Scarron avait beau-

---

[1] *Segraisiana*. « Barbé était un maçon qui allait souvent chez Scarron, et comme il se mêlait d'astrologie, il regardait toujours Mme Scarron avec admiration, en disant qu'elle était née pour être reine et qu'elle serait un jour dans un haut degré d'élévation. »
[2] La Beaumelle.
[3] Lettre autographe à M. de Villette, publiée par M. Honoré Bonhomme. (*Bulletin du Bibliophile*, mars 1862.)

coup connu Méré qui s'occupait de sciences et prétendait être plus savant que Pascal ; le vaniteux personnage poussait le poète dans cette voie sans issue et encourageait ses essais. En 1654, Scarron lui écrit : « Je me trouve depuis quinze jours plus mal que je n'ai jamais été, et n'ai plus d'espérance qu'en l'or potable..... Envoyez-moi tout ce que vous trouverez de Raymond Lulle ; je vous en rendrai l'argent à Paris [1]. » Et le malheureux se lança à corps perdu dans la médecine spagyrique. Trois ans plus tard, en 1657, nous le voyons demander et obtenir du roi la permission d'établir chez lui un laboratoire :

Aujourd'hui le vingt-deuxième jour du mois de mars 1657, le roi étant à Paris, lui ayant été présenté par le sieur Paul Scarron, son conseiller et maître ordinaire des requêtes de Monsieur, frère unique de Sa Majesté [2].... qu'il s'est depuis longtemps employé avec beaucoup de dépense à la recherche des secrets des métaux, minéraux, semi-minéraux et végétaux, et s'est acquis par un grand et pénible travail l'expérience d'extraire les essences et sels, et à composer des baumes et médicaments qui peuvent servir aux plus dangereuses maladies du corps humain, dont l'usage peut apporter un notable avantage au public...., S. M. lui a accordé la permission d'avoir et dresser en la maison où il demeure un laboratoire avec toutes sortes de fourneaux, fournaises, forges, vaisseaux..... »

Signé : LOUIS ; et plus bas : DE LOMÉNIE [3].

Une autre autorisation lui fut accordée plus spécialement pour l'or potable :

Louis, par la grâce de Dieu..... Paul Scarron ayant depuis plusieurs années étudié en la médecine spagyrique et médité la manière de rendre l'or en liqueur potable, désirant d'y travailler et d'en faire quelques expériences au moyen desquelles il puisse subvenir aux infirmités corporelles internes et externes, voire même aux maladies que l'on nomme incurables, ce qui serait un bien inestimable pour en secourir les pauvres et en aider le public..... ; à ces causes, voulant favoriser et autoriser une si louable entreprise...., avons permis et accordé, confirmant notre brevet du 22e mars 1657..... d'extraire des végétaux, animaux, minéraux et métaux, les esprits, huiles, vitriol, sels et teintures pour le susdit dessein, etc [4].....

Nous ignorons ce qu'il advint de ces belles entreprises, nous

---

[1] *Œuv.*, I, 194 ; à ***. « Que diable faites-vous sur les bords de la Meuse... »
[2] Ce sont là des titres purement honorifiques.
[3] Voir *Bulletin de la Société de l'Histoire de France* (année 1862, 2e série, t. III, p. 316.).
[4] *Ibid.*
Ces lettres royales, du 1er décembre 1657, garantissent à Scarron la faculté de jouir de son privilège sans trouble ni empêchement quelconque ; il n'aura à recevoir la visite d'aucun archer ni exempt, mais seulement celle d'un ou de deux conseillers de la cour des monnaies. — Enfin suit une dernière pièce : *Ordonnance du 19 décembre 1657, que les lettres et le brevet obtenus par Paul Scarron pour extraire des végétaux, etc... huiles, sels, etc., seront registrés. Fait à la cour des Monnaies, le 19 décembre.* Signé : DE MAJET (?), LECOUSTEUR.

savons seulement que Scarron y engouffrait plus que ses modestes revenus ; l'or fondait chez lui, non pas pour la guérison de l'humanité souffrante, mais pour la plus grande pauvreté du ménage. Ce n'était pas l'indigence de ceux qui n'ont rien, mais c'était la gêne de ceux qui sont forcés de se donner le superflu et de se passer souvent du nécessaire ; c'était ce qu'on appelle de nos jours la misère en habit noir. Scarron était tenu de faire bonne figure dans la société qu'il fréquentait et de recevoir généreusement ses hôtes. Il y avait presque toujours table ouverte chez lui. Quand on lui avait envoyé des pâtés ou du gibier, on se croyait quitte envers lui et on était autorisé à mettre sa maison au pillage. Dans ces pique-niques qui se tenaient dans sa chambre de malade, j'imagine qu'il devait se glisser aussi quelques pique-assiettes et l'amphytrion y mettait toujours du sien. Puis il fallait souvent répondre à ces largesses par d'autres largesses ; Scarron ne recevait pas seulement des cadeaux, il était forcé d'en faire aussi, sous forme d'offrande ou d'étrennes, aux dames qui daignaient lui sourire. En somme, les libéralités qu'il recevait le ruinaient : car les protecteurs coûtent souvent aussi cher que les protégés. Ses goûts, du reste, le portaient vers la dépense ; quand il venait de toucher quelque argent d'une pension ou d'un livre, il le semait sans compter et se payait de royales fantaisies ; il se sentait né pour être un Montauron et il prenait plaisir à rapprocher son nom de celui du célèbre financier [1]. Mais, hélas ! dans Scarron, la rime seule était riche et la bourse presque toujours à sec. Sa maison était souvent assaillie par des créanciers qu'il ne pouvait pas toujours éconduire à la façon de son ami d'Elbène et qui mettaient le siège devant sa porte. C'était un vrai blocus,

> Dont créanciers, gens de mauvais visage,
> D'esprit mauvais, de plus mauvais langage,
> Sourds à la plainte et sourds à la raison
> Troublaient souvent la paix de *sa* maison [2].

Ou bien c'était M. Méraut, son propriétaire, qui avait la sotte habitude de lui réclamer son loyer :

> Or, les Mérauts, d'ailleurs très honorables,
> A débiteurs sont très impitoyables ;
> Et comme il est plusieurs Messieurs Mérauts,
> Parlez à l'un, il vous renvoie au gros,
> Et pour ce gros, il se tient toujours ferme
> A recevoir de l'argent chaque terme [3].

---

[1] *Œuvres*, VII, 45. *Requête à Richelieu.*
[2] *Ibid.*, VII, 87. *Épitre II, à Pellisson.*
[3] *Ibid.*

Le salon de Scarron était toujours aussi brillant, mais pendant ce temps le poète, par économie, gardait toujours le même justaucorps noir[1] ; Mme Scarron, ne pouvant se payer un équipage, prétextait une indisposition pour ne pas aller à Brouage ; le bois manquait l'hiver et Scarron se demandait si c'était de faim ou de froid qu'il allait mourir[2].

Pour vivre, il publiait force ouvrages ; il se donnait surtout au théâtre, ayant reconnu que c'était encore la source de revenus la plus sûre ; en moins de six ans, il fit jouer l'*Écolier de Salamanque*, le *Gardien de soi-même*, le *Marquis ridicule* ; il écrivit les *Fausses apparences* et le *Prince corsaire* qu'il n'eut pas le temps de faire représenter ; il avait commencé deux autres comédies ; il avait collaboré à la dernière pièce de Tristan l'Hermite : les *Coups de l'Amour et de la Fortune*, dont Quinault s'attribua tout l'honneur[3]. Comme il n'avait pas le courage de continuer son *Virgile*, ni le temps de finir son *Roman*, qui lui demandait un travail d'assez longue haleine, il en était venu, en 1655, à se faire simple nouvelliste, à la façon de son ami Loret, et à rédiger chaque semaine une *Gazette burlesque*[4], où il dépensait en pure perte beaucoup d'esprit.

Mais la principale ressource était encore dans les requêtes par lesquelles il s'adressait à la charité ou plutôt à la vanité des puissants. Ce satirique, qui ne pouvait jamais retenir une raillerie et que le timide Chapelain craignait à l'égal d'une peste, dut, pour vivre, débiter gravement les compliments les plus outrés : il dut flatter. Nul n'était moins fait pour cela, et le malheureux a maugréé toute sa vie contre cette dure nécessité ; il sentait ce qu'il y avait de vil et de ridicule dans ces éloges dont l'auteur ne pense pas un mot et qui sont un simple appel aux écus ; mais il était bien forcé de faire comme tout le monde, comme le grand Corneille lui-même. Par malheur, il avait souvent la main lourde, comme

---

[1] Voir une lettre de Scarron à M. Nublé, publiée par Feuillet de Conches dans les *Causeries d'un Curieux* (elle est tirée du *fonds Nublé* de la bibl. imp. de Vienne). Scarron dit qu'il ne peut sortir « faute d'habit d'été. »

[2] *Œuvres*, VII, 89. *Épître III à Pellisson* :

> Ce long hiver, où je me trompe fort,
> Joue à tout perdre, et j'en suis demi-mort,
> Ou pour le moins, j'en suis pour quelque membre.
> Il est bien vrai qu'un grand feu dans la chambre
> Du plus grand froid tout homme garantit :
> Mais d'un grand feu toute bourse pâtit :
> Et des deux morts, de faim ou de froidure,
> Je ne sais pas laquelle est la plus dure.

[1] Voir plus loin : chapitre sur le *Théâtre*.
[2] Voir plus loin : chapitre sur les *Pamphlets et Gazettes*.

les maladroits ou les naïfs, et son encensoir heurtait parfois la tête du héros ou du demi-dieu; il est bien rare qu'il ait montré dans ces panégyriques tout l'esprit qu'il avait. Ne va-t-il pas jusqu'à féliciter Condé de sa trahison [1]? Pour se tirer avec habileté d'une pareille louange, il faut être Voltaire, et Scarron n'était pas assez courtisan. Solliciteur acharné, il mendia donc; mais à cette époque Montauron, la Providence des gens de lettres, avait fait faillite [2]; il fallut frapper un peu à toutes les portes, au risque de se les faire fermer un peu durement au nez. Si l'on voulait dresser la liste des personnes dont Scarron a voulu tirer quelque argent à l'aide d'une pièce de vers, d'une lettre ou d'une dédicace, il faudrait citer presque tous les personnages un peu influents de l'époque. Parfois, il réussissait [3]; il échouait souvent; il regrettait alors le papier barbouillé, la peine perdue; il maudissait ces grands seigneurs qui lui manquaient de parole et qui répondaient à un sonnet par un simple coup de bonnet [4]; il en venait, dans

---

[1] Il écrit à Marigni : « Pour votre héros, il me semble qu'il s'est héroïfié au centuple depuis qu'il prend quelquefois la peine de chausser les éperons à nos invincibles troupes, et l'on peut dire de lui que s'il fut grand prophète en son pays, il fut encore plus grand dans un pays étranger. » (8 mai 1659. I, 205.)

[2] Ce n'est que maroquin perdu
Que les livres que l'on dédie,
Depuis que Montauron mendie,
Montauron dont le quart d'écu
S'attrapait si bien à la glu
De l'ode ou de la comédie...

Œuvres, VII, 217. *Remerciement au pr. d'Orange.*

[3] « Personne n'a fait plus de dédicaces que Scarron, mais c'est qu'il dédiait pour avoir de l'argent. M. de Bellièvre lui envoya cent pistoles pour une qu'il lui avait adressée, et je lui en portai cinquante de la part de Mademoiselle pour une méchante comédie qu'il lui avait aussi dédiée. » (*Segraisiana*, 65.) — La dédicace à Bellièvre est celle qui est en tête du Recueil de 1654; la méchante comédie est l'*Écolier de Salamanque* (1653). Scarron reçut des gratifications du prince d'Orange, de la reine de Suède, de Condé, etc. : l'énumération n'en finirait pas. Il mendiait sans vergogne

Ce n'est pas un crime pour moi,
Étant malade et n'ayant rien
De demander un peu de bien.

(*Ibid.*, VII, 60).

Il avait à subir souvent bien des rebuffades (VII, 93, 149; I, 236, 240), mais il ne se décourageait pas. Aucun sacrifice de dignité ne lui coûtait ; il disait à Mᵐᵉ de Hautefort qu'il aurait voulu être son laquais, s'il n'avait pas été infirme (*Œuvres burlesques 1654, Stances*, p. 108); il écrivait à M. Dupin, trésorier des menus plaisirs, pour le prier très sérieusement d'organiser à la cour une quête en sa faveur (VII, 260).

[4] « Depuis vingt ans, il ne s'est pas passé d'année que quelque grand seigneur, de ceux qui me viennent voir dans ma chambre, comme on allait voir autrefois l'éléphant, ou qui y viennent passer l'après-dînée, quand ils ont manqué leurs visites ou qu'ils n'ont rien à faire; il ne s'est point, dis-je, passé d'année que quelqu'un de ces faux généreux et ces francs fanfarons d'amitié ne m'ait manqué de parole, et ne m'ait aussi souvent offert

un moment de rage, à dédier ses vers à sa chienne et à se moquer de ceux qui divinisent pour de l'argent de riches imbéciles :

> Je ne doute point que ces marchands poétiques n'aient donné à ces publicains libéraux toutes les vertus, jusqu'aux militaires, et qu'ils ne les aient pour le moins fait descendre du trésorier des menus plaisirs de Clodion le Chevelu, ou, parce qu'il était païen, du neveu du premier aumônier du roi Clovis..... On diroit que ces enfants prodigues du Parnasse en veulent aliéner le domaine. Ils donnent l'immortalité au plus offrant ; un brevet de demi-dieu va pour un habit de drap de Hollande ; enfin on y trafique sordidement de tout ce qu'on estime dans les grands hommes des siècles passés avec ceux du nôtre, qui ne passent parmi les personnes de bon sens que pour de vrais..... je n'ose dire une si grosse injure. Ce qui console les honnêtes amis des Muses, c'est que ces lâches escrocs ne réussissent pas toujours et qu'on se passe bien mieux des louanges qu'ils donnent que de l'argent qu'ils demandent. Les grands même ont trouvé l'adresse de ne leur rien donner, sans qu'ils s'en puissent plaindre ; les uns leur disent : *Apollon vous assiste* ; les autres leur font civilité et les reconduisent jusques dans la rue, c'est-à-dire les mettent hors de chez eux. Il y en a qui rendent de l'encens pour de l'encens et des louanges pour des louanges, pas un ne le retient à dîner, et c'est là le dernier désespoir du pauvre auteur ; car lui, qui pensait ce jour-là manger de l'entremets ou se traiter opulemment dans quelque cabaret aux dépens du seigneur libéral, est contraint de s'en retourner en son bouge, plus pauvre qu'il n'était de ce qu'il a dépensé à couvrir son livre de vélin ou de maroquin du Levant, pestant tout son saoûl contre le siècle et les mœurs ou contre la destinée, selon qu'il est orateur ou poète [1].

Voilà un bien joli tableau de la condition des gens de lettres au temps de la Fronde : du reste, la dédicace à Guillemette est charmante d'un bout à l'autre. Mais l'indignation de Scarron est-elle bien sincère ? N'a-t-il pas été plus que personne l'homme des petits vers et des dédicaces ? A-t-il bien le droit de railler ces faméliques poètes, contraints de vivre d'expédients ?

---

pour mes amis ou pour moi ce que je ne leur demandais pas. » (I, 231 ; *à Fouquet*).

> Nos princes sont beaux et courtois,
> Doux en faits ainsi qu'en paroles ;
> Mais au diable si deux pistoles
> (Fût-on devant eux aux abois)
> Sortirent jamais de leurs doigts,
> Arbalètes à croquignoles.
> Et l'auteur enragé qui leur fait un sonnet
> N'en tire qu'un coup de bonnet.
>
> (*Rem. au pr. d'Orange*).

> O veaux dorés, fausses idoles !
> Qui m'avez tant repu de vent,
> O que je déteste souvent
> Vos Iscariotes paroles !
>
> (*Léandre et Héro*).

[1] *Dédicace à Guillemette.*

Ce qu'il désirait, ce qu'il a toujours rêvé et ce qu'il a obtenu à un moment, c'était une pension sur la cassette royale ou sur celle d'un grand ministre. L'État lui semblait fait tout naturellement pour protéger les gens de lettres et les sauver de la misère ; de combien de louanges a-t-il honoré la mémoire du *grand Armand*, qui avait su se montrer généreux aux poètes ! Il appelle de tous ses vœux le patronage officiel des lettres et les futures pensions que donnera Colbert. Faut-il le blâmer ? Vivait-il dans un temps comme le nôtre, où le talent procure généralement l'aisance et quelquefois la fortune ? A l'époque où Scarron écrivait, les droits d'auteur étaient presque nuls, la publicité très restreinte et les écrivains avaient besoin, pour vivre, d'être payés par quelque protecteur. L'État devait-il assumer cette tâche, ou bien devait-il la laisser à la sotte vanité des riches ? Triste alternative, mais là est toute la question. Coûtait-il plus à la dignité d'un poète de chanter les vertus d'un Richelieu, d'un Colbert ou d'un Louis XIV, que de célébrer les perfections de M. de Montauron ? De quel côté était la pire servitude ? La liberté relative n'était-elle pas encore dans la sujétion au pouvoir ? Scarron avait trop souffert avec ces grands « qui n'ont pas d'âme » ; c'est pourquoi il appelait de tous ses vœux la protection moins humiliante du roi.

Il n'avait plus cette pension de cinq cents écus, obtenue en 1644 après tant de prières et perdue depuis par sa faute, et il n'osait pas en demander le rétablissement ; car, depuis la Fronde, il y avait entre le ministre tout puissant et lui la *Mazarinade*. Les premiers temps, après avoir renoncé à son voyage en Amérique, il ne cherchait qu'à être oublié ; puis, ayant appris que la reine avait daigné demander de ses comédies, il essaya du moins, en attendant mieux, d'obtenir son pardon. N'osant pas d'abord s'adresser directement à elle, il eut recours à un de ses amis, bien en cour, auquel il envoya une lettre très humble et très repentante, destinée sans doute à être montrée ; il n'y désavoue pas formellement la *Mazarinade*, à laquelle il fait une légère allusion ; il ne nie rien, il insiste plutôt sur son repentir que sur son innocence [1]. Il osa ensuite écrire à la reine elle-même une courte lettre, où il rappela les bienfaits passés, la disgrâce causée par son malheur plutôt que par sa faute. « Ce misérable n'est pas « assez insensé pour demander de nouvelles grâces à Votre Ma- « jesté, il la conjure seulement de n'avoir plus d'indignation pour

---

[1] *Œuvres*, I, 268 ; *à* *** « Je vous suis infiniment obligé..... » (Voir le chapitre : *Pamphlets et Gazettes*).

« lui, afin qu'il puisse achever le peu de vie qui lui reste avec la
« joie de pouvoir dire qu'il est de Votre Majesté le très humble,
« très obéissant et très respectueux serviteur [1]. » Il se hasarda à
lui dédier sa *Première Gazette burlesque* [2]. En même temps,
Scarron tentait d'amadouer le Mazarin lui-même par le fameux
sonnet :

> Jule, autrefois l'objet de l'injuste satire.....

Il louait sans vergogne la pureté de son mérite et la pénétration
de son esprit. Cette palinodie lui coûtait peu ; il la renouvela dans
la *Première Gazette burlesque* (14 janvier 1655) et fit un éloge
outré de son ancien ennemi :

> Ce successeur de Richelieu
> A qui l'on doit tout après Dieu.

Enhardi par l'acquiescement muet du ministre, il osa enfin lui
dédier directement sa *Quatrième Gazette burlesque* en des vers
fort embarrassés :

> Je pousserais cet entretien
> Et pour vous de mes vers je doublerais la dose ;
> Mais, ô grand Cardinal, je n'ose :
> Nul ne sait mieux que vous si je fais mal ou bien [3].

Le cardinal ne bougea pas et laissa tranquillement monter cet
encens jusqu'à lui. La pension de Scarron ne lui fut jamais
rendue : il fallait attendre la mort de Mazarin pour en espérer le
rétablissement, mais alors ce ne sera plus Scarron, ce sera sa
veuve qui la touchera.

Ne pouvant plus recourir à Dieu, Scarron s'adressa du moins à
ses saints et il chercha à se créer un protecteur sérieux parmi les
hauts personnages de l'État. Il s'attaqua à la fois à Servien, à
Séguier et à Fouquet. Il ne semble pas avoir cultivé bien longtemps l'amitié du premier, bien qu'il lui ait dédié sa *Onzième
Gazette burlesque* [4] et qu'il l'ait importuné souvent de ses requêtes

---

[1] *Œuvres*, I. 192. *A la Reine-mère du Roi.*
[2] Il y fait allusion à la protection de jadis,

> Mais mon chien de sort a voulu
> Qu'enfin je vous aye déplu,
> Et que, par malheur, non par crime,
> Je me voye hors de votre estime.

Il espère qu'on lui fera grâce ; c'est la répétition en vers de ce qu'il a écrit
à M. *** et à la reine-mère.
[3] *Quatrième Gazette burlesque* (9 février 1655).
[4] Du 26 mai 1655 ; elle est précédée d'une *Épitre de M. Scarron à Mgr le
comte de Servien, surintendant des finances.*

pour lui ou pour ses amis[1]. Il s'attacha davantage à Séguier ; dès 1650, il le célébrait dans son *Remerciement au prince d'Orange* et le félicitait d'avoir donné aux Muses de *quoi manger et boire* ; dans une épître, il le mettait au-dessus de tous les grands hommes de l'antiquité ; il déplorait son éloignement des affaires et il faisait sur son retour des stances burlesques[2], où il le traitait de Mécène et vantait sa générosité. Il semble n'avoir pas été trop bien payé de ses louanges. Car en 1659, Séguier fut hostile à Scarron dans l'affaire des Déchargeurs, et il écouta d'une oreille complaisante les calomnies de Gilles Boileau, son protégé, à l'adresse de Mme Scarron[3].

Avec Fouquet, Scarron fut plus heureux ; il tombait sur l'homme de France le plus vaniteux et le plus opulent. Il l'avait entrevu jadis au Mans, il l'avait chanté comme procureur général, il le chanta sur tous les tons comme surintendant des finances, et il composa sur son retour des vers d'une belle facture :

> Muses, ne pleurez plus l'absence du Mécène[4].....

Fouquet du reste l'avait, dès 1653[5], royalement et spontanément gratifié d'une pension de seize cents livres, qui lui fut toujours régulièrement payée, celle-là, malgré quelques démêlés avec les gentilshommes de la cour[6] ; une autre fois, il lui envoya trois mille livres d'un coup pour le délivrer de ses créanciers[7]. Pellisson servait ordinairement d'intermédiaire, et Scarron lui adressa quatre épîtres qui sont toutes à la louange du Patron ; dans chacune, ainsi que dans les nombreuses lettres adressées au surintendant, on ne trouve qu'éloges, remerciements et requêtes pour

---

[1] Notamment pour Scudéry (*Œuvres*, I. 241. *Lettre à* ***. « Je suis en peine du mal de vos yeux..... ») Scarron était d'une grande obligeance et il usait son influence auprès des grands au service d'autrui. (Voir par exemple la lettre à l'évêque du Mans, en faveur de Ménage, et les lettres à Fouquet remplies de sollicitations de toutes sortes pour des amis.)

[2] Cela ne l'empêchait pas de féliciter Châteauneuf, son successeur, et il implorait sa protection dans un sonnet peu adroit dont voici la fin :

> Je perds pourtant en l'autre chancelier ;
> Car il m'aimait, le bon Pierre Séguier,
> Et faisait cas de notre poésie ;
> Quand je faisais des vers il les lisait.
> Si vous voulez m'aimer comme il faisait,
> Cela dépend de votre courtoisie.
>
> (*Œuvres*, VII, 328).

[3] Dans les *Lettres du chancelier Séguier*, t. XXX, p 120 (Biblioth. Nat.), il reste une lettre autographe de Scarron, qui recommande un parent de sa femme : l'écriture est grosse, les lettres bien faites, quoique un peu tremblées. Il faut remarquer que l'auteur a signé *Scarron* et non *Scaron*.

[4] *Œuvres*, VII, 125. *Sur le retour de M. Fouquet*.

[5] C'est la date fournie par La Beaumelle ; est-elle exacte ?

[6] C'est les lettres à *** : I, 236. et à ***. (M. de Lorme sans doute ; I, 240).

[7] Voir les *Épîtres à Pellisson*.

de nouvelles faveurs. Scarron ne se lassait pas de prier et Fouquet semble ne pas s'être trop lassé d'accorder. Scarron, du reste, l'attaquait de tous les côtés : par son frère l'abbé, auquel il dédiait le *Marquis ridicule,* par son fils dont il pleurait la mort dans un sonnet et dans une lettre [1], par sa femme à qui il envoyait parfois Mme Scarron et à qui il dédiait la seconde partie du *Roman comique*; par Pellisson, son ami, qu'il priait sans cesse d'intercéder pour lui en haut lieu. Il lui fallait bien user de tous ces stratagèmes, puisqu'il ne pouvait guère se faire porter chez le surintendant et qu'il n'allait jamais à Vaux, tandis que les Boisroberts et les Corneilles s'y rendaient en personne pour cultiver l'amitié du Patron [2]; il se rattrapait en lui envoyant des lettres plaisantes, où il essayait de le distraire des soucis de l'administration et de le *décatoniser,* comme il dit ; il écrivait pour lui l'ode burlesque de *Héro et Léandre,* une de ses plus charmantes œuvres, ou bien il lui faisait le récit détaillé de sa querelle avec Boileau.

Scarron, durant les dernières années de sa vie, trouva dans Fouquet une vraie Providence et, s'il avait su vivre avec quelque économie, il aurait été à l'abri du besoin ; mais prodigue et insouciant comme il était, les revenus de Fouquet lui-même ne lui auraient peut-être pas suffi. Ses expériences d'alchimie dévoraient le plus clair de son argent ; il se lamentait de voir la misère toujours assise à son foyer et la vie toujours aussi dure pour celle qu'il aimait. Il sentait approcher sa fin et, comme il le confia un jour à Segrais [3], il regrettait amèrement de ne pas laisser de bien à sa femme. Aussi fit-il, avant de mourir, encore une de ces tentatives hasardées, dont il était coutumier, pour se procurer de l'argent. Il se lança dans des affaires de commerce et de finance assez obscures, que nous connaissons seulement par sa correspondance avec Fouquet et avec l'entourage du surintendant. La plus importante est celle des *Déchargeurs ;* il explique lui-même, à deux reprises [4], le projet bizarre qu'il avait conçu de former une

---

[1] *Œuvres,* I, 217 ; le sonnet est perdu.

[2] *Œuvres,* I, 238 ; *à Pellisson.* Scarron en enrageait et il écrivait : « Je reconnais par là que le proverbe : *face d'homme fait vertu,* est des plus véritables. Si j'allais et venais comme un autre homme, vous en auriez été moins importuné de plus de vingt billets et j'irais faire ma cour en ma figure irrégulière. »

[3] *Segraisiana,* 85.

[4] *Œuvres,* I, 218 ; *à ***.* Cette lettre, dans les éditions, est portée comme lettre à Fouquet ; mais il suffit de la lire pour s'apercevoir que Scarron s'adresse à un des courtisans du *Patron* et non au surintendant. — Voir aussi *Œuvres,* I, 244 ; *à ***.*

société de camionneurs, autrement dit de *Déchargeurs* aux portes de Paris :

> C'est une commodité publique, plutôt qu'une charge ; la fondation des déchargeurs s'est établie d'elle-même depuis un grand nombre d'années ; sans elle, mille charrettes resteraient aux portes sans pouvoir entrer, parce que l'on ne confie pas aux rouliers l'argent des entrées, et que les déchargeurs paient et répondent pour eux et les conduisent chez les marchands ou bourgeois dont ils ignorent les demeures, et déchargent les marchandises à leurs périls et fortunes ; l'argent qu'on leur donne ne s'exige point, mais se donne de gré à gré, comme un salaire manuel, dont se servent seulement ceux qui veulent, sans qu'on prétende les y contraindre..... Mais il fallait créer ces fonctions-là en offices et les faire exercer par des gens qui eussent domicile et fissent serment devant le prévôt des marchands, à cause que toutes sortes de gens s'en mêlaient, jusqu'à des soldats des gardes ; et pendant que ces coquins se battaient aux portes pour se disputer la pratique et allaient jusqu'à une lieue de Paris pour se l'ôter, les charrettes demeuraient aux portes sans être acquittées et sans pouvoir entrer, au préjudice des rouliers et des marchands.

Il s'était associé dans cette entreprise bizarre avec un M. Vissins [1], et cette affaire figurait avec quelques autres dans un traité proposé par un M. Doublet [2]. Scarron avait soigneusement évité de se compromettre dans cette spéculation ; il s'efforçait seulement de la faire réussir, au nom d'un autre, bien qu'il y fût personnellement intéressé. Des difficultés sans nombre vinrent contrecarrer ses projets. Le traité devait d'abord être accepté à la maison de ville par le prévôt des marchands ; une démarche tentée par Mme Scarron elle-même, que M. le président de Guénegault y mena avec M. de Franquetot, ne fut pas heureuse [3] ; le prévôt des marchands, prévenu contre Scarron, refusait d'approuver ; il fallut, outre la protection de Pellisson et de Raincys [4], l'intervention de Fouquet que Scarron sollicita directement. L'affaire passa ; mais quand elle arriva devant le chancelier, Séguier crut y voir une charge nouvelle pour le peuple et la raya du traité de M. Doublet. Il fallut encore de nouvelles démarches de Fouquet, très longues, pour faire confirmer le traité [5]. Scarron se donna beaucoup de mal pour le succès de l'affaire, qui était d'importance, puisqu'elle devait lui donner quatre ou cinq mille livres de rente [6] : « Celle-ci est la dernière espérance de ma

---

[1] *Œuvres*, I, 218. « Je ne vous ai dit que trop vrai..... »
[2] *Ibid.*
[3] *Ibid.*, I, 227. « Je prends la liberté de vous faire une prière..... »
[4] *Ibid.*, I, 200. « Ce qui se passera jeudi à la maison de ville sera pour moi une bataille de Pharsale..... »
[5] *Ibid.*, I, 222.
[6] *Ibid.*, I, 227.

femme et de moi....., j'en suis malade de chagrin.....; si cette affaire nous manque, nous n'avons plus, M. Vissins et moi, qu'à nous empoisonner les boyaux[1]. » Sur cette affaire vint s'en greffer une autre, dite des *Débets,* où il s'agissait de créances de plus de quatre mille francs à recouvrer ; Scarron s'aboucha pour cela avec un nommé Baron, financier véreux et maltôtier avéré ; il se laissa berner par ce filou, et, comme il avait toujours besoin d'argent, il se fit promettre par écrit six cents pistoles sur les premières sommes à recevoir, moyennant quoi il lui cédait l'affaire ; en d'autres termes, il se contentait d'une commission ou, pour parler la langue du jour, d'un pot-de-vin. L'affaire réussit, mais Scarron ne vit jamais les six cents pistoles ; il les réclama en vain ; en vain Fouquet s'interposa-t-il et donna-t-il par deux fois à Baron l'ordre de payer[2] ; Scarron se vengea par des épigrammes[3] et par une satire, la *Baronade,* qu'il communiqua à Fouquet et à quelques amis. Cette satire très violente, où la femme de Baron est aussi peu ménagée que son mari, reste enveloppée d'une grande obscurité, car la plupart des noms sont des noms d'emprunt ; nous y apprenons seulement que les Barons étaient protégés par la duchesse d'Aiguillon et le duc de Richelieu ; voici quelques vers qui concernent l'affaire des *Débets;* Scarron se donne le nom de *Biou :*

> Biou, de qui le linge est toujours sale et noir,
>   Biou fort mal plaisant à voir,
>   Les cheveux gras et sans manchettes,
>   Obtint le parti des *Débets.*
>   Cette affaire était de grands frais,
>   Il avait beaucoup de disette,
>   Était mal avec sa planette,
>   Et n'y faisait pas grand progrès.
>
> Baron en oit parler, et ce fourbe maudit
>   Lui vante si bien son crédit
>   Auprès des maîtres des finances,
>   Que Biou n'ayant pas un sou,
>   Cède son affaire au filou
>   Sans bien prendre ses assurances.
>   Baron, ayant fait ses avances,
>   Ne connaît plus Monsieur Biou[4].

---

[1] *Ibid.,* I, 218. « Je ne vous ai dit que trop vrai..... »
[2] *Baron* semble être un pseudonyme ; il doit s'agir de M. Bruant, cité dans la lettre I, 237. « Je voudrais bien écrire..... »
[3] Les épigrammes contre Henri Ganelon semblent être dirigées contre Baron. Ganelon est évidemment un surnom.
[4] *La Baronade.* D'autres éditions portent : *la Baronéide.* Cette satire assez

Comment Scarron put-il sortir de tous ces embarras ? La Beaumelle, qui confond l'affaire des *Débets* avec celle des *Déchargeurs,* dit que Scarron rentra en possession de son privilège et en jouit pendant plusieurs années. Rien ne confirme ce fait ; à la mort de Scarron, il ne semble pas qu'il y ait eu aucun privilège de ce genre dans sa succession ; en tout cas, les bénéfices qu'il en retira furent peu importants, car nous le voyons quémander de nouvelles faveurs jusqu'au dernier jour. Il essaya d'obtenir la place d'historiographe laissée vacante par Costar[1] qui était mort le 13 mai 1660 ; quelques mois après il était encore en instance auprès du comte de Guiche : le 5 septembre, il le remercie d'avoir fait signer son affaire[2] ; s'agit-il encore de la place d'historiographe ?

En tout cas, par un dernier coup du sort toujours contraire, Scarron ne jouit pas longtemps de l'aisance à laquelle il venait de parvenir. Depuis quelque temps, se sentant de plus en plus mal, il était allé passer ses étés à la campagne, dans ce joli village de Fontenay-aux-Roses qui est le jardin de Paris, comme la Touraine est le jardin de la France. La maison qu'il y habitait ne lui appartenait pas, comme on l'a dit, mais était à une de ses sœurs, probablement à celle qui était la protégée du duc de Tresmes[3]. C'était une demeure, entre cour et jardin, assez modeste, qui est devenue plus tard bien plus luxueuse ; on y voit encore dans la cuisine actuelle des armoiries avec la date de 1618 ; il y avait au commencement du siècle la figure de Mignard, peinte par lui-même, dont il fit présent à Mme de Maintenon, et le portrait de Scarron, gravé en médaille, avec cette inscription : « J'ai vaincu la douleur par les ris et le jeu[4] ». Enfin on y peut encore voir deux cartes fort curieuses, tracées de la main même de Scarron, représentant l'une l'*Empire Goguenard,* l'autre la république de *Rabat-Joye.* C'est dans ce paysage si calme et si riant de Fon-

---

grossière attaque Baron et sa femme surtout dans leur passé ; elle est en somme peu intéressante, à cause du sujet et des obscénités dont elle est pleine ; elle est bien inférieure à la *Mazarinade.* Il paraîtrait qu'on a appliqué cette satire au père de Baron le comédien, comédien lui-même ; mais ce fut pure méchanceté, car le Baron de Scarron semble ne pas s'être appelé de ce nom.

[1] *Œuvres,* I, 253 ; *à ****. « Si La Serre, comme dit Saint-Amant..... »
[2] *Ibid.,* I, 266 ; *à ****. « Enfin, M., mon affaire a été signée..... »
[3] Cette maison, dont Fournier dit qu'elle se voyait il y a cinquante ans, existe encore : elle est placée tout à l'entrée du village de Fontenay-aux-Roses, lorsqu'on arrive de la gare. On y a ajouté une aile au xviiie siècle ; elle appartient depuis longtemps déjà à la famille Ledru. La propriétaire actuelle, Mme Ledru-Rollin, veuve du célèbre orateur, en fait les honneurs avec beaucoup de grâce aux curieux qui désirent la visiter.
[4] Delort. *Promenade aux environs de Paris,* I, 90. Paris, 1821.

tenay-aux-Roses que Scarron venait chercher quelques instants de tranquillité avec sa femme, loin du bruit et des importunités de la ville. C'est dans cette retraite qu'il a écrit plusieurs de ses lettres et qu'il travaillait à la conclusion de son *Roman*[1]. Cette troisième partie, hélas! ne fut jamais terminée : Scarron mourut au commencement d'octobre 1660. On a retrouvé l'extrait mortuaire dans les registres de la paroisse Saint-Gervais : « 7 octobre 1660, ledit jour a été inhumé dans l'église desfunct messire Paul Scarron, chevalier, décédé en sa maison, rue Neuve-Saint-Louis, Marais du Temple ». Avant qu'on eût découvert ce document, on plaçait à des époques un peu différentes la mort de Scarron. Gui-Patin se rapprochait beaucoup de la vérité en l'annonçant dans une lettre du 10 octobre à M. Spon[2] ; Loret dans sa *Gazette* du 9 octobre annonçait, puis démentait la nouvelle ; dans celle du 16 seulement, il en confirmait l'authenticité et faisait en vers très plats l'oraison funèbre du mort et l'éloge de la veuve[3]. La plupart des biographes ont, d'après ce passage, adopté la date du 14 octobre. D'autres ont suivi l'opinion erronée de Segrais, à qui l'on fait dire dans le *Segraisiana* : « Scarron mourut au mois
« de juin 1660, pendant que j'étais au voyage du roi pour son
« mariage et je n'en avais rien su. La première chose que je fis à
« mon retour, ce fut de l'aller voir, mais quand j'arrivai devant
« sa porte je vis qu'on emportait de chez lui la chaise sur laquelle
« il était toujours assis et qu'on venait de vendre son inven-
« taire[4]. » Segrais s'est évidemment trompé, ou bien, ce qui est plus probable, on a altéré ses souvenirs.

L'acte mortuaire cité plus haut prouve que l'événement demeura incertain pendant quelque temps. Le public ne connut la mort de son poète favori qu'après huit ou dix jours : cela explique le retard que mit à annoncer la nouvelle Loret, d'ordinaire bien renseigné. Dans une autre pièce du temps, intitulée le *Libera chanté par les Muses à la mort de Scarron*, on prétend que le poète est mort du 20 au 25 octobre[5]. Pourquoi la mort de Scarron fut-elle connue si lentement? A cette époque, on ne

---

[1] « Ma santé m'a obligé à venir prendre l'air à une lieue de Paris, où j'espère achever une comédie et la conclusion de mon roman. » I, 232 (à *Fouquet*). A vrai dire, Fontenay-aux-Roses est à deux lieues de Paris; il est pourtant fort invraisemblable qu'il ne s'agit pas d'une autre résidence. Il écrit encore à Fouquet (I, 222) : « J'ai impatience d'aller à Paris..... »
[2] *Lettres*, II, 136.
[3] Loret. *La Muse historique*.
[4] *Segraisiana*, p. 100.
[5] Le *Le Libera chanté par les Muses sur le mont Parnasse de la mort de M. Scarron, en vers burlesques*. Paris, MDCLX. La pièce est très plate et assez

s'occupait guère du poète burlesque ; tout le monde ne songeait qu'au mariage de Louis XIV qui venait de s'accomplir, et à son entrée solennelle à Paris. De plus, Mme Scarron semble avoir aussi contribué à étouffer la rumeur publique : peut-être craignait-elle le scandale des quolibets et des épitaphes burlesques que maint badaud aurait faites sur le défunt. Pendant la maladie de Scarron, on criait déjà dans les rues : « *Le Burlesque malade, ou les Colporteurs affligés des nouvelles de la grève et périlleuse maladie de M. Scarron, prince des poètes burlesques. Dialogue des deux compères gazetiers* »[1]. La veuve voulut éviter tout ce tapage, et Scarron fut enterré sans bruit dans l'église Saint-Gervais, qui était son ancienne paroisse, du temps qu'il habitait dans la rue de la Tixéranderie : c'est là qu'il allait jadis entendre la messe, quand il avait encore des jambes[2].

On raconte sur les derniers moments de Scarron une foule de détails qu'il est bien difficile de vérifier. La Beaumelle a réuni, suivant son habitude, les renseignements les plus divers, pris çà et là, dans les œuvres de Scarron, dans le *Segraisiana*, dans Bruzen de la Martinière, et il a composé un récit d'une précision admirable. Les paroles de Scarron semblent avoir été recueillies avec le même soin que celles d'un Socrate ou d'un Sénèque mourant. Rien n'y manque, ni les adieux sentimentaux faits à sa femme : « Je vous prie de vous souvenir quelquefois de moi ; je vous laisse sans biens, la vertu n'en donne pas : cependant soyez toujours vertueuse ; » ni la parole touchante adressée à ses domestiques éplorés : « Mes enfants, je ne vous ferai jamais autant pleurer que je vous ai fait rire ; » ni les imprécations comiques contre son

---

grossière. Il y est dit que Scarron est mort *vendredi dernier ;* or, elle est ainsi datée :

> Fait par moi, garçon sage et prude,
> Le jour de Saint-Simon, Saint-Jude.

c'est-à-dire le 28 octobre.

[1] *1660, chez Jean-Baptiste Loyson, rue Saint-Jacques.* Scarron y est appelé Scarron l'Apôtre ; les deux interlocuteurs, le Turc et La Ruine, vont au logis de Scarron demander de ses nouvelles ; ils se croisent avec le valet de Mme de la Suze et le laquais d'un comte. Dans cette pièce, il est fait un grand éloge de Scarron :

> C'est par lui que plusieurs libraires
> Ont fait leurs petites affaires,
> Que Messieurs les comédiens *(sic)*
> Ont gagné de solides biens,
> Que tous les crieurs de gazettes,
> Avec ses pièces si bien faites,
> Ont eu souvent dedans la main
> Les sous marqués et les douzains.

[2] Voir *Vie de Costar à Ménage*. — La rue Neuve-Saint-Louis dépendait de la paroisse Saint-Paul.

mal : « Si j'en reviens, je ferai une belle satire contre le hoquet; » ni son burlesque testament dicté par une langue glacée : cinq cents livres de patience aux deux Corneille, du fromage au gros Saint-Amant, la gangrène et le haut-mal à Boileau, à sa femme la permission de se remarier, à ses gens des pensions sur ses bons mots ; ni enfin sa dernière parole digne d'un sage : « Je n'aurais jamais cru qu'il fût si aisé de se moquer de la mort! » Tout cela, on le voit de reste, c'est du pur roman. — Depuis longtemps il est convenu que les hommes célèbres ne doivent pas mourir comme les autres, et on fabrique à leur intention de belles sentences dont les pauvres agonisants ne se sont guère souciés. Scarron a trouvé dans la Beaumelle son Plutarque ; et il n'était certes pas indigne d'un pareil honneur.

Mais est-il besoin de dire que les vers si pimpants du *Testament burlesque* ont été composés par un homme, je ne dis pas bien portant (Scarron le fut-il jamais?), mais du moins très vivant, qui ne songeait qu'à faire rire encore une fois le public, et qui ne croyait pas beaucoup à cette mort « pour vendredi prochain » dont il parlait si gaillardement? Tout ce que nous savons de probable sur la dernière maladie de Scarron, c'est que sa femme l'avait fait résoudre à se confesser. Ici Tallemant confirme La Beaumelle : « D'Elbène et le maréchal d'Albret lui dirent qu'il se moquait ; il se porta mieux; depuis il retomba, et sauva *les apparences*. » Ne fut-ce qu'une *apparence*, ou bien Scarron retrouvat-il devant la mort la ferveur sincère de cette foi, qu'il avait un peu raillée, mais qu'il n'avait jamais peut-être reniée dans son cœur? Ni Tallemant, ni La Beaumelle, malgré leurs prétentions, n'ont pu le savoir ; c'est le secret que le moribond a emporté avec lui dans la tombe. Nous n'avons de témoignage précis que celui de sa sœur, qui dit que son frère a fait la plus belle fin du monde [1].

Sa mort ne causa pas une grande émotion dans la république des lettres, où pourtant il avait tenu une si grande place ; ceuxlà seuls sont pleurés qui meurent dans leur gloire, et Scarron survivait un peu à la sienne, puisqu'il avait déjà conduit le deuil de la poésie burlesque. En 1660, pourtant, deux *Pompes funèbres* célébrèrent la mémoire de celui qui jadis avait, avec ses petits vers, rendu le même devoir à Voiture. L'une[2], de Somaize, repré-

---

[1] « Si quelque chose peut me consoler, c'est la fin qu'il a faite, qui est la plus belle du monde. » (Mlle *Scarron à M. Nublé*, octobre 1660.) Lettre autographe du *Fonds Nublé* à la Bibliothèque imp. de Vienne.

[2] *La Pompe funèbre de M. Scarron.* Paris, Ribou, 1660. Lettre (en prose) adressée à M. le marquis de ***.

sente Scarron malade, entouré d'un notaire et des députés de la noblesse, des comédiens et des libraires. On agite la question de lui choisir un successeur; on propose Quinault, Corneille le Jeune, Desmarets de Saint-Sorlin, Molière : « Mais Scarron *refusa net ce dernier, disant que c'était un bouffon trop sérieux.* » Enfin l'on choisit Boisrobert. Scarron meurt, et l'auteur décrit la cérémonie funèbre qui a lieu dans le temple de la Joie, où sont les statues de tous ceux qui ont été de bonne humeur; Gilles Boileau prononce l'oraison funèbre et fait réparation d'honneur à Scarron. — La pompe funèbre de Boucher est plus intéressante[1], quoique le sujet soit toujours le même. C'est encore la description du cortège funèbre. Vient d'abord la foule des crieurs de gazettes, de rébus, de chansons, de mille autres sornettes : tous ces gens regrettent la bonté de Scarron qui les faisait vivre; puis les imprimeurs, les relieurs, qui renoncent au veau et au maroquin et ne relieront plus qu'en « *chagrin* », les libraires de Scarron; Mme Bouvillon, en larmes, désolée que Scarron n'ait pas achevé son histoire; les autres libraires qui vont se jeter sur les œuvres de Scarron pour les vendre; les amours, conduits par Môme, le dieu des bouffons : ils sont venus en souvenir de la belle et galante jeunesse de l'abbé Scarron. « C'était après ces petites divinités que l'on voyait le cercueil dans lequel était resserré ce corps qui avait tant souffert en ce monde, qu'il aurait pu disputer l'honneur de la patience avec le bonhomme Job, à l'égard des choses d'ici-bas. » Le corps du pauvre Scarron était si sec, qu'il tomba immédiatement en poussière; aussi n'était-il porté que par quatre petits amours. Puis vient la représentation du mort sur un grand fauteuil; enfin, une femme, jeune et belle, toute en noir : ce n'est pas la *chère épouse* du défunt, c'est Clio.

> Ceux qui la prenaient pour la femme,
> Connaissaient bien la jeune dame,
> Car la Muse, comme elle, avoit
> L'air doux, les yeux, le teint, la bouche
> Et je ne sais quoi qui touche
> Aussitôt que l'on l'aperçoit.

Pendant la cérémonie on ne pleure que d'un œil, en souvenir de la gaieté du défunt. Le cortège finit par arriver dans la salle de l'Académie, où deux prêtres d'Apollon chantent un chant lugubre.

---

[1] *La Pompe funèbre de Scarron*, dédiée à Mme la comtesse d'Adinton. Sercy, 1660 (le permis d'imprimer est du 9 novembre). C'est un mélange ingénieux de prose et de vers.

C'étaient là de beaux hommages rendus à la mémoire de Scarron ; il faut pourtant espérer qu'il en eut d'autres plus touchants et plus intimes : « Sa veuve le pleura », dit La Beaumelle ; mais il ajoute durement : « comme si elle avait perdu quelque chose. » Ne perdait-elle donc rien en celui qui l'avait recueillie dans la misère, l'avait aimée, l'avait ornée des plus belles qualités de l'esprit, et qui, en mourant, la laissait telle qu'elle pouvait inspirer de l'amour au plus grand roi du monde ? Françoise d'Aubigné, qui avait pleuré le premier jour où elle vit Scarron, pleura encore le jour où elle se sépara de lui pour jamais ; il faut en croire son propre aveu, quand elle écrit à Mme de Villette : « J'ai été
« bien accablée tous ces jours-ci, et la mort de M. Scarron m'a
« donné assez de douleur et assez d'affaires pour ne pouvoir vous
« écrire... [1] », et le témoignage de la sœur de Scarron, Françoise :
« Ma belle-sœur s'est mise à la Petite-Charité, fort affligée de la
« mort de son mari... [2] ». Nous n'avons pas à suivre Mme Scarron dans son veuvage, à travers les événements presque miraculeux qui l'ont portée à côté du trône de France. Sa conduite et ses sentiments envers la mémoire de son mari doivent seuls nous occuper ici. Scarron lui laissait une situation de fortune très précaire, plus de dettes que de biens ; on fut obligé de tout vendre à la mort du poète. Elle espérait retirer 4 ou 5,000 fr. de la succession : Lavallée dit qu'elle abandonna sa créance ; mais elle sut, avec une lucidité merveilleuse, mettre de l'ordre dans ses affaires et recourir à la protection des amis de son mari : ce fut chez eux qu'elle trouva tout d'abord un asile ; ce fut par eux qu'elle obtint le rétablissement de la fameuse pension qu'avait jadis perdue Scarron[3]. Pourtant elle les oublia vite, comme elle oublia Scarron lui-même[4]. Sans doute le pauvre cul-de-jatte n'avait pas été pour elle un mari bien séduisant ; et puis tout conspirait plus tard pour effacer les souvenirs de la Fronde et de la poésie burlesque ; il eût peut-être été hors de propos de prononcer le nom de Scarron trop près du trône de Louis XIV, où la fortune avait porté Françoise d'Aubigné[5] ; mais tout cela ne suffit pas à excuser ce silence

---

[1] *A Mme de Villette à Niort* (autogr. de M. H. Bonhomme).
[2] *Fr. Scarron à M. Nublé* (autogr. de la bibl. imp. de Vienne).
[3] Elle eut même 2,000 livres au lieu de 1,500.
[4] Méré le lui reprocha plus tard : « On imagine que vos anciens amis ne tiennent pas en votre bienveillance une place fort assurée. » Il lui reproche encore ailleurs de *négliger ses amis* (Voir *Lettres du chevalier de Méré*).
[5] Lavallée dit que la veuve de Scarron fonda une messe perpétuelle pour le repos de l'âme de son mari ; il cite une grande partie de l'acte notarié qui existe encore (cabinet de M. Feuillet de Conches). Mais, dans les passages cités, il n'est pas question de Scarron. Cette fondation d'une messe

de près de soixante ans. Cette femme qui a tant écrit, et qui avait derrière elle un passé si rempli, n'a jamais parlé de ces huit années, si fécondes et si brillantes, où elle a vécu avec Scarron, dans la société la plus distinguée qui fût alors ; ou plutôt elle n'a guère laissé que deux ou trois courtes allusions à son premier mariage [1]. C'est en vain qu'on chercherait dans ses œuvres une seule parole de pitié pour ce long martyre dont elle avait été le témoin, et qu'elle avait dû consoler par sa présence, ou bien un seul mot de reconnaissance pour cet être bon et généreux, malgré tout, qui l'avait aimée jadis pour elle-même, alors qu'elle n'était rien qu'une petite orpheline. Lacune regrettable dans ce cœur qui sut pourtant avoir de vraies vertus !

On ne fit donc pas de bruit autour de la tombe de celui qui avait tant souffert. C'était combler, peut-être à l'excès, le vœu du pauvre malade, qui avait si longtemps aspiré au sommeil de la mort comme à une délivrance et qui avait composé pour lui-même cette admirable et navrante épitaphe :

> Celui, qui cy maintenant dort,
> Fit plus de pitié que d'envie,
> Et souffrit mille fois la mort
> Avant que de perdre la vie.
>
> Passants, ne faites pas de bruit,
> Et gardez-vous qu'il ne s'éveille :
> Car voici la première nuit
> Que le pauvre Scarron sommeille.

---

basse à perpétuité ne serait-elle pas simplement le pendant de la lampe perpétuelle fondée à la même époque par Mme de Montespan ?

[1] En février 1678, elle écrit à son frère pour lui donner des conseils au sujet de son mariage, et elle ajoute : « Vous trouverez peut-être bizarre qu'*une femme qui n'a jamais été mariée* vous donne tant d'avis et d'enseignements sur le mariage. » L'oraison funèbre du pauvre Scarron est un peu courte. Pour excuser Mme Scarron, on explique qu'elle a fait dans ces paroles allusion au prétendu célibat qu'elle avait trouvé dans la compagnie de son mari. Voilà en tout cas une confidence assez déplacée. Et puis, en admettant que Françoise d'Aubigné n'ait pas été la *femme* de Scarron dans le sens qu'elle tient à préciser, elle aurait pu se souvenir qu'elle en était un peu la fille.

DEUXIÈME PARTIE

LES ŒUVRES DE SCARRON

CHAPITRE Ier

LE BURLESQUE ; GRANDEUR ET DÉCADENCE DU GENRE

En quoi consiste le burlesque : difficulté qu'on éprouve à le bien définir. — Le burlesque et le comique. — Agrément et indignité du genre. — Les origines du burlesque en Italie et en Espagne. — Comment la littérature française était disposée vers 1644 à adopter le genre burlesque ; réaction contre Ronsard, contre Malherbe, contre les Précieuses, contre la tristesse du règne de Louis XIII. — Harmonie entre le burlesque et la Fronde. — Trois phases dans l'histoire du burlesque. — Croissance du genre avec Sarrasin, Saint-Amant, Scarron. — Pleine floraison au moment de la Fronde : le *Virgile* ; folie générale qui entraîne tous les esprits. — Décadence après 1652 ; Scarron lui-même s'en dégoûte ; il proteste énergiquement contre le mauvais burlesque. — Pellisson, Balzac, le P. Vavasseur : *De ludicrâ dictione*. — Arrêt sévère de Boileau : il est injuste d'en accabler Scarron.

De tout temps il a existé en France une littérature facétieuse, où s'est épanchée cette gaieté, qui est un des signes distinctifs de notre race. Dans chaque siècle, sans exception, il y a eu des poètes pour chanter « le vin, le jeu, les belles », ensemble ou séparément ; il y a eu des conteurs grivois ; il y a eu aussi des auteurs bouffons, qui ont semé à pleines mains dans leurs œuvres le gros sel de la farce, et provoqué le rire de la foule par l'énormité de la plaisanterie. Mais ces joyeux écrivains ont fait le plus souvent partie d'une société fermée dont ils étaient lus et à laquelle ils s'adressaient, et ils ne se sont pas beaucoup mêlés au grand courant de la littérature nationale : telle fut la bande de Villon, la troupe des rouge-trognes qui entourait Saint-Amant, le cercle du Caveau au xviii° siècle, et la bohême de nos jours ; ou bien c'étaient des personnages très graves, parfois des savants en *us*, qui se divertissaient eux-mêmes par ces gaillardises ; ou bien, enfin, s'il s'agit d'un écrivain de génie comme Rabelais, il a su cacher sous l'écorce grossière de la facétie « la substantifique moëlle », et le vin dont il nous gorge sort d'une divine bouteille. Mais c'est seulement à l'époque de la Fronde qu'on vit ce spectacle singulier : la nation presque tout entière devint propre à goûter les plaisanteries les plus ridicules, les idées et les expressions les plus grotesques ; pour lui plaire, il fallut travestir sa pensée sous un déguisement carnavalesque, s'appliquer à rendre trivial tout ce qui était distingué, bas ce qui était élevé, vulgaire ce qui était noble. L'équilibre qui existait entre le bon sens et la fantaisie, la raison et la folie, fut rompu ; la facétie sortit de la demi-obscurité où elle se confine volontiers pour être plus libre, et trôna, éclipsant tous les autres genres littéraires ; le *burlesque*, puisqu'il faut l'appeler par son nom, régna en maître et devint, pendant quelques années, un genre national.

Le mot, sinon la chose, était assez nouveau ; pris à l'italien (*burla*, plaisanterie ; *burlesco*, plaisant), il avait été introduit dans la langue au commencement du siècle, non par Sarrasin, comme l'ont prétendu Ménage et Pellisson [1], mais par le vieux d'Aubigné [2] ou par les auteurs de la Satire Ménippée [3]. En 1637, le mot était encore fort peu employé ; on y suppléait par d'autres termes qui lui servirent longtemps de synonymes : *grotesque, narquois, goguenard, bouffon, comique, naïf, enjoué*, etc. Ce furent Saint-Amant et surtout Scarron qui rendirent le mot *burlesque* populaire. Cette abondance de synonymes montre assez qu'on ne s'entendait pas beaucoup au fond sur la manière de comprendre la chose. Si nous demandons une définition du burlesque aux auteurs du xviie siècle, Balzac nous dira que c'est la même chose

---

[1] Ménage, *Origines*. Le passage de Pellisson, fort important, sera cité plus loin.
[2] D'Aubigné. *Vie*, page 42. « Trois filles de la reine-mère, qui faisaient bien à elles trois cent quarante ans, voulurent me turlupiner comme un nouveau débarqué, et une d'elles m'ayant demandé effrontément et d'un ton moqueur : « Que contemplez-vous là, Monsieur ? — Les antiquités de la cour, Mesdames, répondis-je sur le même ton. » Ce *burlesque* mot..... »
[3] *Satire Ménippée,* édition 1677, page 334. « Beaucoup de gens disaient que la harangue du sieur d'Aubray était trop longue et sérieuse au prix des précédentes, qui sont toutes courtes et *burlesques.* »

que le genre naïf et enjoué qui fait rire les honnêtes gens [1], mais qu'il peut dégénérer en plaisanteries méprisables, et Boileau, au contraire, le traitera d'*effronté*; de *plat*, d'*extravagant*, genre fait de *pointes* bouffonnes et de mauvaises plaisanteries. Il est difficile de tout concilier : il faut dire que Balzac, au moment où il écrivait, n'avait vu que la belle époque du burlesque; Boileau avait été témoin de la chute du genre sous le mépris public. Aucune de ces définitions n'est la bonne; l'une s'applique au *bon* burlesque, l'autre au *mauvais* : il y a de même deux manières très opposées d'apprécier et de définir le précieux, suivant qu'on le prend du bon ou du mauvais côté. Si, nous plaçant entre ces deux extrêmes, nous cherchons à savoir le sens qu'on attribuait au mot *burlesque*, à l'époque même de sa plus grande vogue, nous serons encore moins avancés : car, de 1648 à 1652 et même à 1655, par un étrange abus de la langue, on appela *burlesques* à peu près toutes les œuvres qui parurent, faites ou non dans le goût de celles de Scarron; il suffisait qu'elles fussent écrites dans le style grotesque si fort à la mode, et qu'on y trouvât des pointes et des plaisanteries ridicules; ou bien il suffisait que le vers employé fût celui de huit syllabes, quel que fût d'ailleurs le sujet du poème; ou même, pour les faire vendre, l'on mettait l'étiquette de burlesque à des œuvres qui ne remplissaient aucune de ces conditions : le pavillon couvrait la marchandise. Dès lors il devient impossible d'attacher un sens précis à un mot ainsi prostitué.

Cherchons donc à expliquer le mot en lui-même sans trop nous soucier des acceptions dans lesquelles on l'a jadis employé. M. Victor Fournel, dans la *Littérature indépendante* [2], en donne une définition fort ingénieuse, mais peut-être un peu étroite : il le sépare nettement de la parodie, du genre héroï-comique et du genre bouffon : le burlesque, d'après lui, consiste expressément dans un travestissement : il s'attaque à de hauts personnages qu'il fait agir ou parler bassement. La distinction peut être juste d'une façon absolue, et Littré l'a fait entrer dans son dictionnaire;

---

[1] Balzac identifiait le style de Marot et le genre burlesque ; tout en condamnant sévèrement le faux burlesque, il ne faisait aucune difficulté à admettre le bon, et il citait, comme modèles du genre, les *Aventures de la Souris*, par Sarrasin, la *Requête de Scarron au Cardinal*, et la *Requête des Dictionnaires*, par Ménage. Il faut dire que Balzac écrivait cela en 1644, avant la grande vogue et les excès du genre ; à la fin de sa vie, il changera bien d'avis, puisqu'il demandera au P. Vavasseur de composer un gros livre contre le burlesque.

[2] *La Littérature indépendante et les écrivains oubliés*. Didier, 1862. Ce livre contient des études fort intéressantes sur le *Virgile travesty*, le *Roman comique* et le genre burlesque en général.

mais elle est singulièrement étroite, et elle rend complètement impossible l'étude du genre burlesque. Le Typhon, cet être fabuleux dont il est parlé très sérieusement dans Hésiode et dans quelques livres de mythologie, sera-t-il considéré comme un haut personnage? Quand on est réputé fils de la Terre, n'a-t-on pas droit à cet honneur? Et les dieux de l'Olympe, ne sont-ils pas aussi de hauts personnages? Pourtant M. Fournel range le Typhon dans les œuvres simplement bouffonnes[1] : or, je ne vois pas bien en quoi ce poème diffère essentiellement du *Virgile travesty*; Scarron, à dire vrai, n'a pas eu de modèle précis à suivre et à défigurer par le menu : mais, au fond, le procédé est le même, et Jupiter, Mars, Mercure, Vénus subissent la même dégradation que Énée ou Anchise. Et puis, dans la même œuvre de Scarron, dans la même page, comment pourra-t-on distinguer à coup sûr le burlesque de la parodie, du bouffon ou même simplement du trivial et du comique? Comment s'y reconnaître? Enfin, cette définition, si philosophique qu'elle soit, ne contredit-elle pas un peu trop l'histoire? Est-ce dans ce sens étroit qu'il faut entendre le genre burlesque du temps de la Fronde? Alors il faut rayer du coup les cinq mille mazarinades, et les attribuer à une autre genre; auquel? Quelles seront en fin de compte les œuvres vraiment burlesques? Il en restera bien peu en dehors du *Virgile* de Scarron et des plates copies qu'on en a faites [2].

S'il ne faut pas attribuer au burlesque un sens aussi étroit, il ne faut pas non plus en faire un mot vide de sens, comme on l'a fait souvent du temps de Scarron. L'essentiel, c'est de le distinguer du comique, qui est de tous les temps et de tous les pays. Ce n'est qu'une différence de degré, et non de nature; car l'un et l'autre ont pour objet de faire rire; seulement le comique ne fait rire que de ce qui est risible; le burlesque, par parti-pris, fait rire de tout, et surtout des choses sérieuses. Car on a beau dire, le

---

[1] M. V. Fournel prétend que Scarron l'a qualifié ainsi :
> Après que d'un style bouffon
> J'eus bâti mon pauvre *Typhon*...
> *(Sonnet contre Mazarin).*

Il est vrai que *Typhon* appelle comme rime *bouffon*; mais dans l'édition originale de 1644, le *Typhon* est appelé par l'auteur *poème burlesque;* le nom s'étale en grosses lettres sur la couverture, et il a été répété dans toutes les réimpressions.

[2] En revanche, un opéra bouffe comme la *Belle Hélène* devrait logiquement s'appeler opéra burlesque; tous les titres des œuvres comiques seraient à changer! M. Fournel se rend bien compte de l'étroitesse de cette définition, qui exclut de l'œuvre burlesque de Scarron le *Typhon*, la *Mazarinade*, toutes les pièces légères, les *Jodelet*, le *Japhet*, etc.; il est forcé d'étendre, nous dit-il, *la portée rigoureuse de ce terme.*

ridicule n'est pas tout entier dans l'esprit de ceux qui rient, il est inhérent aussi aux choses dont on rit ; un pédant qui lit un sonnet exécrable avec un air de béate fatuité est par cela même ridicule ; il est tout naturel qu'on en rie ; et lorsqu'un poète comme Molière aura peint cette scène avec une précision amusante de détails et une grande vérité d'observation, on le déclarera un excellent auteur comique. Au contraire, il y a des choses qui par elles-mêmes n'ont rien de plaisant : par exemple, la mort de Priam, telle qu'elle est décrite au deuxième livre de l'Énéide. Y a-t-il quelque chose de plus émouvant que le beau discours qu'adresse le vieillard au sanguinaire Néoptolème, quand il lui rappelle le souvenir de son père plus généreux ?

> At non ille, satum quo te mentiris, Achilles
> Talis in hoste fuit Priamo.....

Et quand, réunissant ses dernières forces, il lance son javelot d'une main débile, et, saisi par son ennemi furieux, glisse dans le sang de son fils que le Grec venait d'égorger :

> In multo lapsantem sanguine nati,

n'est-ce pas le plus poignant des spectacles ? Il semble qu'il n'y ait pas de quoi rire ; mais écoutez Scarron :

> Achille fut homme de bien,
> Quoiqu'il fût ennemi des nôtres.
> Toi, son fils ? à d'autres, à d'autres !
> Tu n'es que le maudit bâtard
> D'une truie et d'un léopard !

Et plus loin :

> Cela dit, d'une main débile
> Il lança sur le fils d'Achille
> Un dard, qui certes le toucha,
> Mais qui seulement écorcha
> Le bord de sa forte rondache.
> Il en rit un peu, le bravache,
> Et de ce que faisant effort,
> Afin de le frapper plus fort,
> Il était chu sur le derrière
> D'une pitoyable manière.

Je ne cite pas le récit de la mort du vieux roi, ni le commentaire du *capulo tenus*. Voilà le burlesque : c'est un comique à outrance appliqué à un sujet sérieux. Aussi M. V. Fournel a-t-il pu dire que le genre impliquait toujours un travestissement :

c'est vrai, mais il n'est pas nécessaire que ce soit un haut personnage qui soit ainsi dégradé ; le burlesque ne provient pas de ce que Priam était le *regnator Asiæ,* mais de ce que le poète a su tirer un effet comique d'une situation qui semblait ne pas en comporter. Scarron n'est pas seulement burlesque dans le *Virgile travesty,* il l'est aussi lorsqu'il trouve le moyen de faire rire avec ses souffrances si réelles et avec l'idée de sa mort prochaine. Sans doute il est bien difficile de dire où finit exactement le comique et où commence le burlesque : car il n'y a pas entre eux de limite bien précise. On peut dire seulement qu'ils diffèrent, non par leur essence, mais par la matière à laquelle ils s'appliquent ; l'un reproduit le ridicule de sujets naturellement risibles, l'autre ridiculise des sujets naturellement graves ; l'un est le portrait ressemblant d'un original amusant, l'autre la caricature d'un original sérieux ; le comique est naturel, le burlesque est contre nature et ne peut être qu'une exception. Il y a entre eux la même différence qu'il y a entre le rire qui est raisonnable et causé par quelque motif plaisant, et le fou rire qui est nerveux et qui, par une sorte d'hallucination, nous fait trouver un air grotesque aux choses les moins divertissantes. On peut dire que, par son caractère contagieux ou irritant, le burlesque est le fou rire de la poésie.

Ce n'est pas faire la part trop belle à ce genre, et il n'est pas étonnant qu'on l'ait généralement condamné. Autant semble beau le rôle de l'auteur comique, qui, fidèle à la vérité, observe et décrit les travers éternels de l'humanité ; autant semble misérable celui de l'auteur burlesque qui, asservi aux besoins de son art, si l'on peut appeler cela un art, est obligé de rabaisser tout ce qui est élevé, de vulgariser tout ce qui est noble, pour tirer matière à ricanement d'un sujet qui parfois comporterait plutôt les larmes. C'est se faire le bouffon du plus exigeant des rois, c'est-à-dire du public. De plus, n'est-ce pas commettre une mauvaise action que de gâter ainsi les plus beaux sentiments, de souiller les plus belles idées, de tuer l'idéal pour en faire jaillir quelque douteuse facétie ? L'on comprend les dégoûts qu'a soulevés ce genre de plaisanterie chez tous les vrais classiques, chez tous ceux qui ne veulent pas qu'on transpose les bornes des arts, et qui trouvent déjà insupportable le mélange du comique et du tragique, même à faible dose, comme dans *don Sanche* ou dans *Nicomède.* Le genre burlesque pourtant a été défendu [1]. Marmon-

---

[1] Théophile Gautier, dans les *Grotesques,* a pris aussi la défense du bur-

tel a dit tout ce qu'on peut invoquer en sa faveur, peut-être même un peu plus : ne va-t-il pas jusqu'à y découvrir toute une philosophie morale, fort édifiante ? « Sous l'enveloppe du burlesque, il « peut se cacher souvent beaucoup de philosophie et d'esprit. Le « but moral de ce genre d'écrit est de faire voir que tous les « objets ont deux faces, de déconcerter la vanité humaine, en « présentant les plus grandes choses et les plus sérieuses d'un « côté ridicule et bas, et en prouvant à l'opinion qu'elle tient sou- « vent à des formes. » C'est aller un peu loin que de trouver toutes ces vertus dans le burlesque : pour un peu Marmontel, s'il était chrétien, y verrait le commentaire de la parole sacrée : ματαιότης ματαιοτήτων, et ferait d'un Scarron l'héritier des Pères de l'Église ou le précurseur de Bourdaloue. Il n'oublie qu'une chose : c'est que le burlesque rabaisse toutes les nobles idées et tous les grands sentiments, uniquement pour le plaisir de faire rire ; il ne fait pas comme Pascal, qui édifie la foi à mesure qu'il détruit la raison ; on voit bien ce qu'il ôte en dignité à l'âme humaine, mais on ne voit pas qu'il la relève en rien. Suivant la sévère expression de Pellisson, c'est un jeu *à qui gagne perd,* c'est-à-dire où celui qui réussit le mieux est peut-être le plus à plaindre.

Quelle que soit l'indignité du burlesque, il est pourtant bien inutile de s'irriter sérieusement contre ce genre : car les écrivains qui s'y sont exercés n'ont jamais douté qu'il fût contraire au bon goût. « Ne serait-ce pas ridicule de représenter à un « homme qui se déguise grotesquement pour aller au bal, que « cet habit n'est pas à la mode ? » Il faut prendre le burlesque pour ce qu'il est, pour une pure plaisanterie, et constater que ce genre a eu du succès au XVIIe siècle, et en a encore de nos jours : « De ce contraste du grand au petit, continuellement opposés « l'un à l'autre, naît pour les âmes susceptibles de l'impression du « ridicule un mouvement de surprise et de joie si vif, si soudain, « si rapide, qu'il arrive souvent à l'homme le plus mélancolique « d'en rire tout seul aux éclats : et c'est quelquefois l'homme du

---

lesque, mais il semble n'y avoir vu qu'un comique intense et non interrompu. Il revendique le droit de faire des œuvres exclusivement comiques, comme on en fait d'exclusivement sérieuses ; la nature a au moins deux faces, dit-il, et il ne faut pas plus négliger l'une que l'autre : elle est polychrome et l'art ne doit pas rester monochrome. Fort bien, mais c'est plaider la cause d'un genre purement comique et non pas celle du burlesque, ce qui est bien différent. — Ne pourrait-on pas invoquer aussi en faveur du burlesque cette curieuse pensée de M. Renan : « Les religions devant représenter de la manière la plus complète toutes les faces de l'esprit humain, et le burlesque étant un des aspects sous lesquels nous concevons la vie, le burlesque est un élément essentiel de toutes les religions. »

« monde qui a le plus de sens et de goût, mais à qui la folie et la
« gaieté du poète font oublier pour un moment le sérieux des
« bienséances[1]. » Scarron a fait rire et fait rire encore ; le burlesque s'est imposé en France pendant plusieurs années et a été accepté de tout le monde, non seulement du peuple, mais des grands et de la cour. Quoique la réussite ne soit pas la seule règle pour estimer les ouvrages, il faut avouer que, s'il y a parfois des succès immérités ou démesurés, il n'y en a jamais d'inexplicables, et que la renommée ne couronne pas en aveugle le premier venu parmi les poètes. Il est donc intéressant de rechercher les causes qui ont permis à ce genre de se développer librement et de régner en maître pendant plus de dix ans dans notre littérature. Quand bien même le burlesque serait un genre abominable, cette étude s'impose : car on ne doit pas seulement chercher dans nos chefs-d'œuvres des titres de gloire pour notre pays ; mais il est juste aussi, à l'occasion, de faire l'aveu détaillé et circonstancié de nos fautes passées.

Depuis longtemps déjà, on s'était épris en France des modes et des goûts de l'autre côté des Alpes. Or, l'Italie était la patrie du burlesque ; le genre y avait fleuri dès le commencement du XVIe siècle, mais moins grossier, moins trivial que chez nous, lié davantage à la poésie légère et satirique. On peut dire que Pulci annonça le burlesque avec son *Morgante maggiore* ; Arioste sema de plaisanteries son étrange épopée de *Roland furieux*, au point que le cardinal d'Este lui demandait où il avait pris tant de « coyonneries »[2]. Mais celui qui rendit le genre vraiment populaire et qui en peut être considéré comme le créateur et le maître, c'est Berni de Lamporecchio ; ses *Rime burlesche* et sa parodie de l'*Orlando inamorato* de Boïardo furent l'origine et le modèle d'une foule d'ouvrages semblables ; une poésie joyeuse (giocosa) appelée du nom même du poète poésie *bernesque*, naquit en Italie, dont les principaux représentants, Della Casa, Molza, Firenzuola, Mauro, et autres, membres de l'Académie bachique des *Vignerons*, laissèrent des capitoli mi-satiriques et mi-burlesques. Caporali composa même une sorte de *Gazette burlesque* dans son *Avis du Parnasse*. Enfin, au moment même où Scarron faisait un séjour d'une année à Rome, Lalli vivait encore et avait publié un *Virgile travesty* qui a probablement donné à Scarron

---

[1] Marmontel. *Éléments de littérature*. Article *Burlesque*.
[2] « Dove diavolo, messer Lodovico, avete pigliato tante coglionerie ? »

l'idée du sien[1] ; Scarron l'avait sans doute lu ; vivant dans la société des peintres et des poètes, il y avait connu non seulement le grave Poussin, mais peut-être aussi le facétieux Salvator Rosa, poète, acteur et peintre d'une singulière verve comique, le hollandais Pierre de Laër, surnommé Bambosche, à cause de sa difformité, et qui déployait beaucoup de talent dans la peinture des scènes grotesques[2] ; à cette époque, presque tous les écrivains faisaient le voyage de Rome, et plus d'un, comme Saint-Amant et comme Scarron, en revenaient plutôt avec le goût des joyeuses facéties qu'avec le respect des ruines glorieuses du Colisée. La France n'allait pas seulement chercher l'Italie, mais l'Italie venait aussi en France, dans la personne prétentieuse du chevalier Marini, et le plus souvent avec les troupes bouffonnes de la *Commedia dell'arte*, qui obtenaient à Paris un grand succès et qui déridaient l'enfance royale de Louis XIV ; le ministre Mazarin, qui comprenait peu la littérature française, raffolait des grosses plaisanteries italiennes et surtout de la poésie macaronique ; Naudé, dans le *Mascurat*, déclare qu'il en récitait quelquefois de trois cents à quatre cents vers de suite[3]. Cette semence italienne du burlesque, jetée sur la terre de France, devait porter ses fruits à l'époque de la Fronde.

L'Espagne aussi encourageait les écrivains français dans cette voie ; elle y était entrée elle-même par l'imitation des poésies bernesques et surtout par le tour familier et vulgaire qu'elle avait donné depuis quelques années au roman. *Lazarillo de Tormes*, de Hurtado de Mendoza, avait été traduit en France par Jean Sauguin, dès 1561 ; *don Guzman d'Alfarache*, de Matteo Aleman, l'*Histoire du capitaine Pablos*, de Quévédo et autres romans picaresques étaient connus en France de tous ceux qui savaient l'espagnol, et ils étaient nombreux : Voiture, Balzac, Scarron, Marigni, Méré, pour ne citer que ceux-là, connaissaient à fond la langue de Cervantes et professaient une grande admiration pour l'auteur du *Don Quichotte*. Le poète comique qui était le plus connu après Calderon et Lope de Véga était ce Francisco Rojas,

---

[1] Naudé, dans le *Mascurat*, fait remonter l'origine du burlesque « à Bernia, à Caporali, à Alessandro Tassoni et à Giovan-Battista Lalli, qui a peut-être donné sujet, par son *Enéida Travestita*, au petit Scarron d'en faire une semblable dans notre langue. »

[2] Bambosche en ridicule a fait de bons tableaux,
Et dans le genre bas, comme dans le sublime,
Plus d'un peintre savant s'est acquis de l'estime.
(VII, 164, *Ép. chagrine à M*^{lle} *de Scudéry*).

[3] *Mascurat*, page 233.

qui intercalait des scènes burlesques dans ses comédies et qui a créé le valet Moscon, ancêtre des Jodelet et des Crispin de la scène française. Il fut le véritable maître de Scarron avec Quévédo[1], que l'on a appelé « le père du rire, le trésor des bons mots, la source des saillies, le maître de la joyeuseté et des sonnets burlesques ». Si l'Italie peut revendiquer pour elle d'avoir inspiré à Scarron l'idée de son *Virgile*, l'Espagne lui a fourni le sujet de toutes ses comédies, de toutes les *Nouvelles* qu'il a écrites et même, jusqu'à un certain point, de son *Roman comique*.

Quand même ces influences étrangères n'auraient point existé, le burlesque trouvait en France un sol bien préparé où il devait se développer rapidement. En littérature comme en politique, les systèmes appellent toujours des systèmes contraires, et l'on est le plus souvent jeté d'un excès dans un autre. La poésie burlesque est née en partie d'une réaction contre les deux grandes écoles, ennemies entre elles, qui s'étaient succédé à la fin du XVIe siècle et au commencement du XVIIe, l'école de Ronsard et celle de Malherbe. La Pléiade avait saturé le goût public d'imitation du grec et du latin; on était un peu las de cet éternel panégyrique des auteurs de Rome et d'Athènes, au pied desquels on immolait tous les poètes modernes et qu'on regardait, jusque dans les parties les plus contestables de leurs œuvres, comme des arbitres infaillibles; le joug d'Aristote, qui avait pesé si lourdement sur les esprits, n'avait pas encore disparu, malgré les libres affirmations du *Discours de la Méthode*; il semblait encore qu'on ne pût faire d'épopée en France sans copier Homère ou Virgile, ni d'ode sans imiter le désordre mal compris de Pindare; le burlesque osa se moquer de ces dieux païens que toute la France admirait encore dans sa littérature, et attacher le grelot de la folie au tendre et vénéré Virgile; simple escapade d'écolier longtemps comprimé, qui se venge, dans une heure de liberté, de toutes les admirations et de tous les respects passés, quitte à revenir sans trop de regret sous la férule du maître. Les allures méprisantes et aristocratiques de la Pléiade devaient aussi amener, par réaction, le triomphe de la vulgarité triviale. Quant à Malherbe, il avait indisposé par son air de régent et de pédagogue, par la tyrannie qu'il exerçait sur les mots et les syllabes, et surtout par les entraves sévères qu'il venait d'opposer à la licence des versificateurs; les règles concernant l'hiatus, le rejet et la césure, le soin extrême

---

[1] Sur Quévédo, voir l'excellente thèse de M. Mérimée.

qu'il exigeait des poètes, n'étaient pas faits pour plaire à ceux qui, par négligence ou par impuissance, se contentaient d'une poésie facile et d'un style nonchalant : le burlesque dressa comme protestation contre les solides alexandrins de Malherbe et de Racan le petit vers de huit syllabes, à rimes plates, si insouciant et si désordonné d'allure.

Mais ce fut surtout le succès des Précieuses qui créa le burlesque ; Sainte-Beuve, qui jugeait Scarron très sévèrement et qui ne l'a pas honoré d'un seul *Lundi,* a dit pourtant de lui en passant ce mot fort juste qui est un éloge : « A tout le précieux qui l'entourait, Scarron opposait le burlesque comme antidote[1] ». Il est bien évident que les chères et les précieuses, par leurs exagérations ridicules, ont rendu nécessaire et presque souhaitable l'explosion du burlesque. Plus on s'habitua, chez Mlle Bocquet ou chez Mme Arragonais, à extraire le fin du fin, plus la réaction populaire devait être violente ; au jargon prétentieux et amphigourique de l'amour pur, on opposa les termes fort crus d'un autre amour ; aux dissertations subtiles et quintessenciées, les raisonnements les plus vulgaires ; par opposition à la manie d'employer des périphrases discrètes, le burlesque affecta de crier bien fort les mots qu'on ne devrait jamais prononcer en bonne société ; il appela un chat un chat, et d'autres choses encore par leur nom, et tandis que les Cathos et les Madelon s'évertuaient à donner de nobles définitions d'objets les plus bas, comme un fauteuil ou comme une chaise, le burlesque s'attacha à appliquer les termes les plus grossiers aux idées et aux choses les plus respectables ; enfin il prit en tout le contrepied de ce qui se faisait dans les bureaux d'esprit. Scarron eut beau être l'ami personnel de Mlle de Scudéry, qui fut la plus sensée des précieuses, au fond il était contre elle et il défaisait pièce à pièce, à son insu, la carte du Tendre qui s'élaborait chaque samedi chez Sapho : il y substituait la carte de *l'Empire du burlesque*[2]. Quand Molière viendra, en 1658, avec les *Précieuses ridicules,* le gros ouvrage sera déjà fait par Sorel, par Scarron et par la tourbe qui les a suivis : il lui restera à accomplir une œuvre, je ne dis pas plus facile, mais à coup sûr moins ingrate, à rendre définitif le triomphe de la simple nature.

Le burlesque est donc un genre de réaction ; mais qui dit réaction, dit négation, et il ne suffit pas de nier pour avoir une raison

---

[1] *Lundis,* V, 256.
[2] Voir plus loin, au chapitre : *les Poèmes travestis.*

d'être. De quoi devait se nourrir le burlesque ? Où cette nouvelle plante devait-elle trouver des sucs assez généreux pour venir à la lumière ? Elle naquit sur le vieux fonds gaulois [1] qui avait hérité la gaieté des ancêtres et qui avait conservé, sous une forme bien déchue, l'ancienne farce nationale, les contes égrillards, les équivoques de pensée et de style : il avait, au commencement du siècle, produit Tabarin et le trio facétieux de Gautier-Garguille, Turlupin et Gros-Guillaume ; quinze ans plus tard, il produit Scarron, qui, malgré la noblesse parlementaire de sa famille et ses aristocratiques relations, ne sera que le plus illustre des gamins de Paris et groupera autour de lui toute la bohême de la capitale : adeptes de la dive bouteille et des repas pantagruéliques, auteurs déclassés, tous les estropiés de la poésie qui ne peuvent suivre le courant général, et aussi le *servum pecus* toujours disposé à rechercher le succès facile. A cette troupe assez peu recommandable, véritable cour des miracles de la littérature, venaient se joindre les indépendants, ceux qui, par humeur, font toujours bande à part et refusent d'accepter la règle commune, poètes souvent bien doués, originaux même, mais incomplets et destinés à rester toujours incompris. Telle fut l'armée du burlesque, confuse, turbulente, indisciplinée, faite pour l'attaque plutôt que pour la défense d'un principe, restée bien inférieure à son général, qu'elle compromit et qu'elle entraîna bien souvent : auteurs pourtant pleins de sève et de vie, et dont il ne faut pas trop médire, puisqu'ils ont personnifié, pendant plusieurs années, la gaieté de la France.

Dans ce sol bien préparé germait la poésie burlesque ; ce qui la fit croître si rapidement et en sema la graine aux quatre coins de l'horizon, ce fut le vent de la Fronde. L'esprit d'anarchie et de révolte dans la politique devait amener un soulèvement pareil dans la littérature. Il est inutile de refaire, après Saint-Aulaire et Chéruel, le tableau des mœurs publiques au moment de la Fronde ; mais encore faut-il remarquer combien les circonstances étaient

---

[1] Naudé, dans le *Mascurat*, cherche l'antiquité du burlesque « dans ces représentations que l'on faisait autrefois par toutes les bonnes villes des histoires du vieil et nouveau Testament, de la Passion de Notre-Seigneur ou de sainte Catherine et autres saints..... » Il proclame Marot ancêtre de Scarron, car il a été comme lui bas et plaisant, non pas naturellement, mais par affectation et gentillesse d'esprit, « depuis lequel Marot nous n'avons eu personne jusqu'au petit Scarron

A quo posteritas latices in pocula ducet,

qui ait osé tenter l'explication des choses les plus sérieuses par des expressions tout à fait plaisantes et ridicules, *magna modis tenuare parvis*. »

favorables, au temps de la Régence, à ces jeux d'esprit. Le terrible cardinal venait de mourir et avait délivré tous les esprits du joug qui pesait sur eux : le roi était un enfant, la reine était si bonne, comme on disait, qu'il semblait permis de tout faire sous son gouvernement tolérant; les premières années de la Régence avaient été une époque de délicieux laisser-aller, dont Saint-Évremond, exilé plus tard à Londres, ne pouvait se souvenir sans attendrissement :

> J'ai vu le temps de la *bonne* régence,
> Temps où régnait une heureuse abondance,
> Temps où la ville aussi bien que la cour
> Ne respiraient que les jeux et l'amour.
>   Une politique indulgente
>   De notre nature innocente
>   Favorisait tous les désirs;
>   Tout goût paraissait légitime :
> La douce erreur ne s'appelait point crime,
> Les vices délicats se nommaient des plaisirs[1].

Cet état idéal, dont s'accommodait si bien le scepticisme aimable de Saint-Évremond, était tout simplement l'anarchie; on s'en aperçut bien vite, dès que le nouveau ministre voulut gouverner et avoir une volonté. L'autorité, dont Richelieu avait forcé les ressorts, était usée pour longtemps : ce fut une explosion factieuse de raillerie. Mazarin, par sa personne et par son caractère, y prêtait plus que tout autre : il se peut que cet Italien, si vilipendé, ait été pour la France un ministre utile, voire même un grand ministre : c'est aux historiens à décider la chose; mais on ne fera pas qu'il n'ait pas été un personnage essentiellement ridicule. Son origine étrangère, les emplois divers qu'il avait occupés avant de venir en France, son accent grotesque et la façon bizarre dont il devait estropier la langue française dans son langage, si l'on en juge par ses lettres; son avarice sordide, qui le mettait à genoux devant un sac d'écus; les ruses puériles dont il usait pour se procurer de l'argent ou pour éviter d'en donner; son luxe, son palais, ses écuries qu'on lui a tant reprochées, son goût efféminé pour les onguents et les parfums de son pays; cette famille entière qu'il avait amenée d'Italie, et en particulier ces filles sèches et noires, ses nièces[2], dont il cherchait sans vergogne le placement en France; enfin, sa réputation peut-être injustifiée, mais bien

---

[1] *A M*lle *de l'Enclos, sur les premières années de la Régence. Stances irrégulières.*
[2] Voir, par exemple, la *Satyre sur le Grand adieu des nièces de Mazarin à la France*. Paris, 1649.

établie, de couardise et de poltronnerie, tout avait contribué à faire du cardinal un être burlesque, le plastron tout indiqué des railleurs et des mauvais plaisants. Mazarin n'était pas seul ridicule; on peut dire que tout et tous l'étaient un peu à cette époque. Les nations ont en général les littératures qu'elles méritent; la société, du temps de la Fronde, ne valait sans doute guère mieux que le *Typhon* et le *Virgile travesty*; le burlesque était partout, dans les mœurs autant que dans les livres; le général en chef de la Fronde était un petit bossu qu'on ne se faisait pas faute de railler; on riait de tout; la grande sortie en masse des Parisiens, sous la conduite du duc de Beaufort, où l'on n'osa pas aller plus loin que Juvisy, et où l'on revint sans tambour ni trompette, donna lieu à mille quolibets; et en vérité n'est-ce pas un chapitre d'épopée aussi burlesque que le combat des Troyens contre les Grégeois? Jamais on ne s'amusa tant à Paris que pendant cette guerre civile : et il est tout naturel qu'une société ainsi détraquée ait créé un genre de poésie à son image. On a pu dire, non sans apparence de vérité, que Scarron fut l'Homère bouffon d'une guerre bouffonne [1].

La Fronde et le burlesque sont intimement liés l'un à l'autre, sans qu'il soit aisé de démêler lequel des deux a exercé sur l'autre une influence prépondérante. Est-ce la Fronde qui a imprimé à la littérature ce caractère de haute bouffonnerie? Sans doute. Est-ce cette explosion de la poésie burlesque qui a rendu la Fronde si ridicule? Oui encore. Il est impossible d'analyser à part chacun de ces deux phénomènes, car le temps et les œuvres ne se séparent pas. De même, lorsqu'on prétend que c'est le gouvernement si noble et si autoritaire de Louis XIV qui a permis de naître aux chefs-d'œuvre classiques, il faut ajouter aussi que ces chefs-d'œuvre ont beaucoup contribué eux-mêmes à donner à la monarchie cette autorité fondée sur la règle et la raison. Il y a toujours entre la littérature et les mœurs une influence et une pénétration réciproques, dont il faut tenir très grand compte avant de hasarder une explication trop systématique. Toutefois, bien que les événements ne créent pas les écrits, pas plus que les écrits ne créent les événements, et qu'il n'y ait entre eux qu'une sorte de parenté au second degré, il arrive que pour produire et précipiter le développement harmonieux de faits et de pensées qui composent l'histoire, l'un des deux éléments prédomine parfois et entraîne tout à la suite; il faut pour ainsi dire

---

[1] M. V. Fournel (op. cit.).

une chiquenaude initiale, comme pour mettre en mouvement le monde de Descartes. Ainsi, en 1661, on peut dire que Louis XIV et Colbert sont prêts avant que Bossuet ait prêché ses grands sermons ou ses *Oraisons funèbres,* avant que Boileau ait fait son *Art poétique,* Molière ses hautes comédies, et Racine sa belle suite de chefs-d'œuvre. L'ordre est remis complètement dans l'État un peu avant qu'il se déploie entièrement dans la littérature : l'impulsion vint alors de la politique plutôt que des lettres. En 1648, au contraire, quand s'élevèrent les barricades, le genre burlesque existait déjà : Scarron avait lancé déjà son *Typhon* et deux autres recueils de vers : la littérature précédait, elle prenait le pas sur la politique. On le vit bien dans les premiers temps de la Fronde. Sans doute cette révolte devait fatalement échouer, parce qu'elle manquait d'idées : c'était à la fois un réveil d'esprit féodal et une velléité d'indépendance brouillonne qui venaient trop tard, après Richelieu ; c'était aussi une vague aspiration vers un état social meilleur, qui venait trop tôt, avant que le régime absolu eût donné tous ses effets. Et puis, cette génération frivole n'était pas de taille à faire une révolution : le héros du jour, Broussel, ne valait pas Mirabeau ; on peut en dire autant du vénérable président Molé, peut-être un peu trop loué, et à qui on semble de nos jours avoir un peu fait crédit sur sa longue barbe. Pourtant, bien que destinée à échouer, la Fronde aurait pu durer plus longtemps et produire un déchirement plus profond : les débuts en furent plus sérieux que la suite ; les revendications du Parlement, appuyées par le peuple de Paris et par une partie de la noblesse, n'étaient pas à dédaigner : et la Cour fut bien forcée de céder ; mais plus tard, quand la guerre civile recommença, on ne sait pourquoi, quand on se battit pour un lambeau du pouvoir, pour un chapeau rouge contre un autre chapeau rouge, quand ce ne fut plus que la mêlée, répugnante au fond, mais par bonheur assez ridicule, des vanités et des égoïsmes, alors on vit bien à qui resterait le dernier mot, et ce devint une lugubre mascarade. Ce fut le burlesque qui contribua à faire tourner court un mouvement qui aurait peut-être persisté davantage ; comme cette poésie manquait de sujet (c'est la condition fatale de ce genre qui ne peut rien tirer de lui-même), elle accapara la Fronde, l'affubla d'une marotte, la mit en chansons et en petits vers, la versa dans le grotesque et lui donna cette physionomie ridicule qu'elle a gardée dans la postérité. La Fronde fut l'aliment dont se nourrit le burlesque, qui la dévora et disparut avec elle.

Il faut remarquer, en effet, comment le burlesque, qui précéda la Fronde, atteignit avec elle sa période de vogue extrême et après ne fit plus que languir. Ces trois périodes de croissance, de pleine expansion et de décadence sont très bien indiquées par un écrivain du temps, qui fut un ami de Scarron, et qui vit de près la fortune du genre. Voici ce qu'écrivait Pellisson en 1652, c'est-à-dire au moment précis où le goût public, qui s'était porté avec tant de fureur vers la poésie nouvelle, commençait à s'en lasser et à s'en détacher ; l'auteur parle du discours hebdomadaire qu'on devait lire à l'Académie, et il ajoute :

« M. de Saint-Amant aussi demanda et obtint d'en être exempt, à
« la charge qu'il ferait, comme il s'y était offert lui-même, la
« partie comique du dictionnaire et qu'il recueillerait les termes
« *grotesques*, c'est-à-dire comme nous parlerions aujourd'hui,
« *burlesques* ; mais ce mot de *burlesque*, qui était depuis long-
« temps en Italie, n'avait pas encore passé les monts, et M. Mé-
« nage remarque fort bien en ses Origines qu'il fut premièrement
« employé par M. Sarrasin longtemps après. Alors, on peut dire
« non seulement qu'il passa en France, mais qu'il s'y déborda et
« qu'il y fit d'étranges ravages. Ne semblait-il pas, toutes ces
« années dernières, que nous jouassions à ce jeu à qui gagne
« perd ? Et la plupart ne pensaient-ils pas que, pour écrire raison-
« nablement en ce genre, il suffisait de dire des choses contre le
« bon sens et la raison ? Chacun s'en croyait capable, en l'un et
« en l'autre sexe, depuis les dames et les seigneurs de la cour,
« jusqu'aux femmes de chambre et aux valets. Cette fureur du
« burlesque, dont à la fin nous commençons à guérir, était venue
« si avant, que les libraires ne voulaient rien qui ne portât ce
« nom ; que, par ignorance ou pour mieux débiter leur marchan-
« dise, ils le donnaient aux choses les plus sérieuses du monde,
« pourvu seulement qu'elles fussent en petits vers ; d'où vient
« que durant la guerre de Paris, en 1649, on imprima une pièce
« assez mauvaise, mais sérieuse pourtant, avec ce titre qui fit
« justement horreur à tous ceux qui n'en lurent pas davantage :
« *la Passion de Notre-Seigneur en vers burlesques* ; et le savant
« M. Naudé, qui fut sans doute de ce nombre, l'a comptée dans
« son *Dialogue* entre les ouvrages burlesques de ce temps. Je
« vous demande pardon de cette digression qu'un juste dépit
« contre cet abus insupportable m'a arrachée [1]. »

Cette page, malgré la légère erreur relative à Sarrasin, donne une idée fort exacte de l'importance que prit le burlesque dans la

---

[1] Pellisson. *Hist. de l'Académie* (Éditée par M. Livet, chez Didier, 1858), I, p. 79.

littérature à cette époque. Avant la Fronde, le genre existait déjà ; on dit que Saint-Amant l'a inventé et l'on cite à l'appui sa préface du *Passage de Gibraltar* : « J'ai voulu en prendre la place « le premier, afin que si quelqu'un y réussit mieux après moi, j'aie « à tout le moins la gloire d'avoir commencé. » Dans ces lignes écrites en 1637, on dirait qu'il devine déjà Scarron, alors chanoine au Mans. Ce genre dont il se proclame le premier auteur n'est pas à proprement parler le burlesque : c'est un composé de l'*héroïque et du burlesque,* tel que Tassoni l'a fait connaître aux Italiens, tandis que Berni ne leur avait servi que d'élégantes fadaises : « Je veux bien que la naïveté soit dans ces pièces, mais « il faut qu'elle soit entremêlée de quelque chose de vif, de noble « et de fort qui la relève. Il faut savoir mettre le sel, le poivre et « l'ail à propos en cette sauce ; autrement, au lieu de chatouiller « le goût et de faire épanouir la rate de bonne grâce aux hon- « nêtes gens, on ne touchera ni on ne fera rire que les croche- « teurs[1]. » Les œuvres que Saint-Amant a composées dans ce goût sont simplement intitulées *Caprices* ou *Caprices héroï-comiques*[2]. On peut en dire autant des pièces les plus plaisantes de Sarrasin, comme l'*Aventure de la Souris*[3]. Il y a loin de cette poésie agréable, mais d'un comique tempéré, au burlesque intense de Scarron. Ménage, qui prétend à tort que Sarrasin s'est le premier servi du mot *burlesque,* a donc bien raison d'ajouter : « Mais « c'est M. Scarron qui, le premier, a pratiqué ce genre d'écrire ». Scarron prépara le goût public par la *Requête au cardinal de Richelieu,* par ses deux *Légendes de Bourbon* et surtout par la *Foire Saint-Germain;* mais le burlesque ne date vraiment que du *Typhon,* c'est-à-dire de 1644 ; dès lors le mot et la chose sont vraiment en honneur ; on n'en fait pas encore l'abus qu'on en fera quelques années plus tard ; on n'affuble pas de ce nom toutes les poésies indistinctement ; bien que Scarron qualifie ses recueils d'*Œuvres burlesques,* les deux seules pièces de cette époque qu'il ait spécialement intitulées ainsi sont l'*Épître à M. le Prince* (1646), où, par des raisonnements comiques, il met le jeune duc d'Enghien au-dessus du Cid et d'Alexandre, et l'*Épître* écrite du Mans la même année à Mme de *Hautefort,* où il y a une longue et assez plate plaisanterie sur la barbe. Enfin, c'est l'époque où Loret publie ses *Poésies burlesques* (Sommaville, 1647).

[1] Préface du *Passage de Gibraltar.*
[2] Le *Passage de Gibraltar* (1637), la *Rome ridicule* (1643), l'*Albion.*
[3] C'est ainsi que Balzac appelle la pièce de Sarrasin intitulée : *Galanterie à une dame à qui on avait donné en raillant le nom de Souris.*

Pendant la Fronde, nous voyons vraiment pulluler les poésies burlesques. Scarron mène le chœur avec son *Virgile travesty*, les *Épîtres à Mme la comtesse de Fiesque, à Mlle de Saint-Maigrin, à Mlle de Neuillant*, ses *Stances à M. Dupin, au chancelier Séguier sur son retour, à Ch. Beys*, etc.[1]. Il faut compter dans le nombre des œuvres burlesques du temps les quatre ou cinq mille *Mazarinades*, y compris celle de Scarron ; le consciencieux Naudé a pris la peine, dans son *Mascurat*, de relever et d'apprécier les seules poésies burlesques parues du 6 janvier au 1er avril 1649, et il y a matière à un énorme volume ; il cite parmi les meilleurs spécimens du genre, l'*Histoire des Barricades*, la *Lettre au Cardinal burlesque*, les *Plaintes du Carnaval*, le *Ministre flambé*, la *Lettre burlesque au marquis de la Boulaye*, l'*Interprète des écrits du temps*, etc. Il fait un éloge à demi-sérieux et à moitié bouffon du genre burlesque : il ne lui en veut pas de s'être ainsi attaqué à Mazarin, son patron, et dans le dialogue qu'il imagine, il prête lui-même aux interlocuteurs un style des plus étranges[2]. Il faudrait citer aussi les nombreuses *Gazettes et Courriers burlesques* de Loret, de Subligny, de Saint-Jullien, de Colletet, les innombrables imitations du *Virgile travesty* par Furetière, Dufresnoy, Perrault, Brébeuf, Barciet, Claude Petit-Jean, Richer, d'Assoucy, Picou et cent autres, sans compter les travestissements en patois languedocien ou bourguignon[3]. C'est l'époque où paraît la *Passion de N.-S. en vers burlesques* (1649) et l'*Extase de la France mourant d'amour devant J.-C. crucifié, en vers burlesques* (1649), où prêchent Valadier, le Père Garasse, le petit Père André. C'est le moment précis où tout le monde se mêle d'écrire dans ce genre, jusqu'aux femmes de chambre et aux valets, dit Pellisson. Naudé dit qu'on ne voyait pas autre chose que des œuvres burlesques sur les étalages du Pont-Neuf ; Boileau a pu flétrir justement, plus tard, cette invasion malfaisante du burlesque :

> L'avocat au palais en hérissa son style
> Et le docteur en chaire en sema l'Évangile.
> (*Art poétique*, II, 121).

---

[1] Telles sont les œuvres de Scarron du temps de la Fronde, que leur auteur a qualifiées spécialement de *burlesques*.

[2] Il dit que l'esprit de Saint-Ange est aigu comme les tétons d'une nourrice, etc.

[3] M. Fournel a relevé les noms de quelques-unes de ces œuvres dans son chapitre sur le *Burlesque*; elles sont beaucoup plus nombreuses, mais leur nomenclature importe peu.

> Au mépris du bon sens, le burlesque effronté
> Trompa les yeux d'abord, plut par sa nouveauté ;
> On ne vit plus en vers que pointes triviales ;
> Le Parnasse parla le langage des halles ;
> La licence à rimer alors n'eut plus de frein,
> Apollon travesti devint un Tabarin.
> Cette contagion infecta les provinces,
> Du clerc et du bourgeois passa jusques aux princes ;
> Le plus mauvais plaisant eut ses approbateurs,
> Et, jusqu'à d'Assoucy, tout trouva des lecteurs.
>
> (*Art poétique*, I, 81-90).

Boileau aurait pu ajouter que Corneille, le grand Corneille lui-même, adressait un sonnet fort élogieux à l'auteur de l'*Ovide en belle humeur*. On ne peut comparer cette vogue inouïe du burlesque qu'à celle qui, soixante-dix ans plus tard, porta aux nues le système de Law. C'est le même jeu, « à qui gagne perd », qui se joue contre la raison en littérature ou en finance ; un même engouement qui confond toutes les classes de la société ; ce sont les mêmes fortunes subites et aussi le même écroulement.

La décadence devait, en effet, brusquement venir pour venger le bon sens trop complètement délaissé ; c'était fatal : car il est impossible de fonder un genre tout entier contre la nature humaine. Ceux qui voudraient prétendre que le grotesque a droit à la même place au soleil que le sérieux, et qu'il peut y avoir un genre burlesque du moment qu'il y a un genre de l'oraison funèbre, se trompent absolument ; d'abord, il est inexact d'opposer le grotesque au sérieux ; le *grotesque* est une exagération du comique et ne correspond qu'au *lugubre,* qui est une exagération du sérieux. De plus, est-il juste de diviser ainsi nos sentiments en deux catégories égales, de partager la vie par moitié et de faire de l'homme un être à double face, un Jean qui rit doublé d'un Jean qui pleure ? Il y a une apparence d'impartialité à tenir ainsi la balance égale entre le rire et les larmes, mais il n'y en a que l'apparence. Entre ces deux extrêmes se place la vie presque tout entière, qui est simplement sérieuse ; dire qu'elle est une comédie ou un carnaval, ce n'est dire qu'un mot ; c'est une boutade, parfois agréable, toujours passagère, de pure misanthropie ; celui qui se la permet n'est jamais bien profondément convaincu de la chose, et il est incapable d'y conformer sa propre existence une heure durant. Or, admettre un genre *exclusivement* burlesque, admettre qu'il déborde hors de ses limites et qu'il envahisse toute la littérature, c'est admettre que l'accident doit être plus important que le principal. Autant vaudrait forcer un homme à rire continuellement ou à pleurer sans cesse, alors que les gens les plus gais, ceux dont on dit qu'ils rient toujours, n'y consacrent assurément pas la centième partie de leur vie. Le burlesque existant dans la vie, a droit d'être représenté dans la littérature : ce n'est que justice ; mais il ne faut l'accueillir dans l'art que dans la mesure même où il est dans la nature, à l'état d'ombre au tableau, à l'état d'exception. Il est bon d'être fou à l'occasion, dit la sagesse antique, mais si l'accès dure trop, cela peut inspirer des craintes, cela devient un simple mal qu'il faut guérir au plus vite. Rabelais a eu beau dire :

> Mieux vault de ris que de larmes escripre,
> Pour ce que rire est le propre de l'homme,

il n'a exprimé que son goût personnel ; entre le rire et les larmes, s'il choisit le rire, c'est une affaire de tempérament, et nous ne pouvons que l'en féliciter ; entre deux excès, il ne choisit évidemment pas le pire et il a bien raison. Encore faut-il remarquer que son large rire recouvre beaucoup de sérieux, que c'est cette philosophie qui en fait proprement le charme, et que là où il n'a été que bouffon, il est permis de constater qu'il amuse moins et qu'il lasse plus vite. Le burlesque pur et intense est condamné à ennuyer et par là même à périr : cent masques peuvent divertir et former une agréable mascarade, mais le défilé d'une armée de masques donnerait la migraine et ferait demander grâce. Pour pouvoir être un peu prolongé, sans provoquer l'écœurement, le burlesque doit se doubler du sérieux et doit ainsi rendre hommage à son contraire[1]. C'est pour avoir manqué à cette condition essentielle que la poésie de la Fronde est tombée si vite dans le mépris, et Scarron lui-même, bien qu'il fût très supérieur à ses confrères en burlesque, a porté aussi la peine de cette faute.

Le burlesque n'était pas seulement condamné à périr par la fatalité même de son essence, mais aussi par la faiblesse des œuvres qu'il avait produites. Tous ceux qui ont parlé le plus favorablement de ce genre décrié se sont accordés à reconnaître que pour y être tolérable, et à plus forte raison pour y réussir, il faut être doué de rares qualités : « C'est peut-être celui de tous, « dit Marmontel, qui demande le plus de verve, de saillie et « d'originalité : rien de plat, rien de froid, rien de forcé n'y est

---

[1] « Ce sont des actions dont il n'est pas permis de faire des habitudes… On peut se travestir et se barbouiller au carnaval, mais le carnaval ne doit pas durer toute l'année…… (Balzac, *Entretien XXXVIII, du style burlesque.*)

« supportable, par la raison que, de tous les personnages, le
« plus ennuyeux est celui d'un mauvais bouffon[1] ». Sorbière,
avant lui, avait déjà insisté sur la difficulté qu'il y a à faire des
vers à la façon de Scarron : « Un gentilhomme a bien osé me dire
« que c'était là le genre dans lequel le vulgaire excellait naturel-
« lement, et qu'ayant commandé à ses valets de faire des vers,
« ils firent d'excellents burlesques : mais il se contentait sans
« doute de quelques fausses pointes, et ne concevait rien au delà
« des sots brocards et des mauvaises railleries ». Il découvre, au
contraire, dans Scarron beaucoup de fines railleries et de belles
allusions, une folie pleine de sagesse qui ne peut être appréciée
que des personnes judicieuses et intelligentes[2] : c'est aller bien
loin ; mais ce qu'il y a de certain, c'est que ce genre ne souffre
pas la médiocrité et qu'il est un des plus dangereux à traiter. Si
Scarron, par les qualités naturelles de son esprit, a échappé en
partie à ce péril, combien d'autres n'ont pas su s'en garer ? Parmi
les pauvres diables qui vécurent du burlesque pendant la Fronde,
quel est celui qui a surnagé ? S'est-il révélé parmi eux un seul
poète, un seul écrivain de talent ? Il faut descendre jusqu'à d'Assoucy pour trouver un nom, et ce nom même n'est pas très
recommandable. Médiocres auteurs et plates poésies ; jamais un
genre ne fut plus pauvre en hommes et plus riche en pauvretés ;
jamais il ne se débita et ne s'imprima plus de banalités écœu-
rantes ; toute la bande burlesque vécut de Scarron, le mit en
pièces, le déchiqueta, le copia et lui ôta ce charme étrange qui
assaisonnait la trivialité de ses plaisanteries. Chez eux, le burlesque resta nu, dans toute sa hideur, dépouillé de l'esprit qui le
faisait passer, vide d'idées, plat de cette platitude comique, cent
fois plus irritante que la platitude sérieuse. Le genre ne pouvait
survivre à tant d'abaissement[3].

---

[1] *Éléments de littérature* ; article *Burlesque*.

[2] Il ajoute pédantesquement : « La figure que nos écoles nomment *oxymo-
ron*, et qui est propre au style burlesque, est un chef d'œuvre de l'art
oratoire et ne peut être aperçue que par ceux qui s'y entendent. » (*Sorberiana.*)

[3] D'Assoucy, qui joua au Scarron avec très peu de modestie, a vanté les
difficultés du genre et s'est plaint aussi de l'envahissement du faux burlesque. « Pour y réussir (dans le vrai burlesque), il ne suffit pas d'avoir de
l'esprit comme un autre, il faut être doué d'un génie tout particulier, qui
est si rare, principalement en nostre climat que, hors de deux personnes,
dont la France veut que je sois l'une, chacun sçait que tout ce qui s'est
meslé de ce burlesque n'a fait que barbouiller du papier, et c'est sous la foy
de cette multitude de meschans vers, qui pourtant, tout meschans qu'ils
soient, n'ont point infecté ni donné la peste à personne, mais qui ont ennuyé
et importuné bien des gens, que ce terrible ennemy du Burlesque (Boileau)
a dit que nostre Parnasse parloit le langage des halles. » Les *Aventures*

Enfin, il n'avait plus de raison d'être, une fois la Fronde terminée. Mazarin ayant fini (chose rare en France) par tuer le ridicule qui s'attachait à lui, le genre burlesque n'avait plus à qui se prendre ; forcé de se rabattre indéfiniment sur le pauvre Virgile, il devait mourir littéralement d'inanition et de dégoût. L'ordre revenait alors dans l'État avec Séguier, Servien, Fouquet lui-même ; l'insurrection des écrivains contre le bon sens prenait fin avec celle de la rue. L'influence de Descartes, presque nulle sous la Fronde, allait vaincre enfin celle de Gassendi, longtemps toute puissante ; le *Discours de la Méthode* allait féconder et réorganiser la littérature qui commençait.

Aussi, la décadence devait-elle être rapide pour le burlesque et la chute d'autant plus profonde qu'il avait été porté plus haut par le succès. Scarron, le fondateur du genre, fut le premier à voir et à dénoncer le péril ; ce fut l'auteur de la *Foire Saint-Germain,* du *Typhon* et de l'*Énéide travestie* qui jeta avant tous le cri d'alarme dans la république des lettres. Personne, à vrai dire, ne dut souffrir autant que lui de ce débordement d'insanités triviales : il sentait bien que c'était sa gloire qui était mise au pillage et traînée dans la boue ; alors il essaya de réprimer l'orage qu'il avait déchaîné lui-même sur le Parnasse ; alors seulement il s'aperçut qu'il y a en effet deux sortes de burlesque. L'un est encore de la poésie, plus ou moins bien rimée :

> Mais pour la rime encore passe,
> Quand le bon sens joint à la grâce
> De la naïve expression
> Est soutenu d'invention :

ce burlesque-là est fait d'observation et d'esprit ; il est né de la haine du pédantisme et du précieux, de l'amour pour la vieille langue française qu'on avait mutilée et pour la gaieté des ancêtres qui semblait tarie. Mais l'autre, le faux burlesque, n'est que le

---

d'Italie de Monsieur d'Assoucy, ch. XI (édition Garnier, p. 275). Ailleurs, il dit : « Tout est bon dans le burlesque, pourvu qu'il soit bien mis en œuvre et qu'il soit bien appliqué, mais cette sorte de composition est sujette à des lois bien plus sévères qu'on ne pense. On dit que voyageant en Espagne, il faut faire dix lieues avant de trouver un clocher ; mais dans le pays burlesque, au lieu que la satire n'a pour tout sel que sa malignité et son coup de dent, il faut que ce sel se trouve partout et que le bon mot se rencontre à chaque pas ; outre cela, ce n'est pas encore assez qu'il soit fin dans ses pensées et plaisant dans ses rencontres, il faut que, sous peine de servir de bouffon aux laquais et de divertissement aux servantes, il suive de bien près l'héroïque, non seulement dans la pureté de la diction, mais dans la force de l'expression, qu'il soit concis, figuré et encore mystique, s'il est possible..... » (*Ibid.*, 276).

refuge des plus vils rimailleurs :

> Mais les rimailleurs de bibus,
> Nommés poètes par abus,
> Les plus mauvais plaisants du monde,
> Méritent que chacun les fronde,
> Et d'être interdits du métier,
> Voire d'encre, plume et papier.
> Ils ont pour discours ordinaires
> Des termes bas et populaires,
> Des proverbes mal appliqués,
> Des quolibets mal expliqués,
> Des mots tournés en ridicule,
> Que leur sot esprit accumule
> Sans jugement et sans raison,
> Des mots de gueule hors de saison,
> Allusions impertinentes,
> Vrai style d'amour de servantes,
> Et le patois des paysans,
> Refuge des mauvais plaisants ;
> Équivoques à choses sales,
> En un mot, le jargon des halles,
> Des crocheteurs et porteurs d'eau,
> Nommé langage du ponceau.
> ....
> Ils font des vers en vieux gaulois,
> N'en pouvant faire en bon françois,
> Et disent que c'en est la mode.
> Quand l'article les incommode,
> Ils le coupent sans hésiter.
> ....
> Mais pour des vers ils n'en font point :
> Ils en font, comme je chemine !

On ne saurait mieux dire ; mais lui-même, poète souvent affamé et pressé, n'avait-il rien à se reprocher ? N'avait-il pas donné l'exemple de tous ces défauts, que son merveilleux esprit faisait adroitement passer ? Il ne fait aucune difficulté de le reconnaître, et dans la dédicace du Ve livre du *Virgile*, qui parut en décembre 1649[1], il fait complète pénitence : « ..... Par Apollon, par
« les Neuf Muses et tout ce qu'il y a de vénérable sur le sacré
« coupeau...., je suis prêt de signer devant qui l'on voudra que
« tout le papier que j'emploie à écrire est autant de papier gâté,
« et qu'on aurait droit de me demander, aussi bien qu'à l'Arioste,
« où je prends tant de coyonneries. Tous ces travestissements de
« livres, et mon *Virgile* tout le premier, ne sont pas autre chose
« que des coyonneries, et c'est un mauvais augure pour ces com-

---

[1] *A Deslandes-Payen.* — L'achevé d'imprimer est du 10 décembre 1649.

« pilateurs de mots de gueule, tant ceux qui se sont jetés sur
« *Virgile* et sur moi, comme sur un pauvre chien qui ronge un
« os, que les autres qui s'adonnent à ce genre d'écrire là comme
« au plus aisé; c'est, dis-je, un très mauvais augure pour ces
« très brûlables burlesques, que cette année, qui en a été fertile
« et peut-être autant incommodée que de hannetons, ne l'a pas
« été en blé. Peut-être que les beaux esprits qui se sont gagés
« pour tenir notre langue saine et nette y donneront ordre, et que
« la punition du premier mauvais plaisant, qui sera atteint et
« convaincu d'être burlesque relaps, et comme tel, condamné à
« travailler le reste de sa vie pour le Pont-Neuf, dissipera le
« fâcheux orage qui menace l'empire d'Apollon. Pour moi, je suis
« tout prêt d'abjurer un style qui a gâté tant de monde et, sans
« le commandement exprès d'une personne de condition qui a
« toute sorte de pouvoir sur moi, je laisserais le *Virgile* à ceux
« qui en ont tant envie et me tiendrais à mon infructueuse charge
« de malade, qui n'est que trop capable d'exercer un homme
« entier. » Il écrivait à la même époque à M. d'Aumale, cadet de
la maison d'Haucourt :

> Et moi-même tout le premier
> Je barbouille bien du papier ;
> De quoi franchement je m'accuse,
> Et suis d'avis que sans excuse,
> Pourvu que l'on en fasse autant
> De tout homme papier gâtant,
> Dans la rivière l'on me jette
> Comme un hérétique poète :
> Ainsi l'on purgera l'État
> De maint ouvrage sot et plat[1].

Mais le mouvement qui emportait le burlesque était trop violent, et, malgré ces belles résolutions, entraînait Scarron lui-même. Il n'en publia pas moins encore deux chants de son *Virgile* et en commença un autre ; il n'en lança pas moins sa *Mazarinade*, qui précipita le délire du burlesque. Dans certaines œuvres il essayait pourtant de réagir contre la folie générale et de ramener les esprits à une plaisanterie plus fine et plus tempérée : le *Roman comique*, dont la première partie parut en 1651, était un premier pas dans une voie où Scarron ne sut pas persister assez hardiment. Mais il n'osa pas renier absolument le mot ni le genre auquel il avait dû ses succès les plus bruyants ; en 1655 il faisait paraître sa *Gazette* de Jacquemard et de la Samaritaine, et,

---

[1] *Épître à d'Aumale* (4 janvier 1650).

en 1656, il adressait à Fouquet son ode sur *Héro et Léandre,* d'un burlesque plus assagi et plus agréable.

Dès la fin de la Fronde, la détente est visible et le burlesque semble s'excuser devant le public; ceux-là même, qui cultivaient le genre avec ardeur, prennent la précaution de déclarer au lecteur qu'il ne faut pas les confondre avec les mauvais plaisants; les frères Perrault qui, à peine au sortir du collège, avaient composé un travestissement souvent spirituel du VIe livre de *Virgile,* et qui publièrent, en 1659, sous le voile de l'anonyme, un poème intitulé les *Murs de Troye,* ou l'*Origine du burlesque*[1], distinguent soigneusement dans cette dernière œuvre le vrai burlesque du faux; « il est aussi différent d'une mauvaise prose rimée et d'une suite ennuyeuse de quolibets et de proverbes, que l'héroïque est éloigné du style obscur et ampoulé qu'on appelle galimatias. » On n'ose plus se dire poète burlesque tout court : on prend bien soin d'indiquer, non sans naïveté, qu'on est parmi les bons et non parmi les mauvais. C'est l'époque où Pellisson, dans la page que nous avons citée plus haut, flétrissait l'abus du burlesque, et où le grave Balzac, qui n'avait peut-être pas dédaigné lui-même de s'essayer un peu dans ce genre[2], envoyait au Père Vavasseur son XXXVIIIe Entretien, *Du style burlesque,* et invitait le savant « théologien de la Compagnie de Jésus » à composer quelque ouvrage sur la matière : « Ne voudriez-vous point vous mettre là dessus en belle humeur, et défendre l'opinion d'Horace contre les partisans de Lucile ? » Le bon Jésuite se mit à l'œuvre : pendant qu'il entassait ses textes, qu'il arrondissait ses périodes, Balzac mourut[3]; le Révérend Père n'en continua pas moins son travail; il ne prit même pas la peine de changer la forme qu'il avait adoptée durant tout le cours de son œuvre : il suppose Balzac vivant,

---

[1] *Les murs de Troye ou l'origine du burlesque.* A Paris, chez Louis Chamhoudry, 1653. L'auteur se fait appeler H. D. L. L'œuvre est dédiée : *à la jatte de M. Scarron;* on y trouve des plaisanteries absurdes sur cette jatte, qui occupe un rang honorable dans le Zodiaque, avec laquelle Apollon bâtit les murs de Troye, qui aurait pu servir de gondole à Scarron au temps du déluge et qui lui servira de barque pour passer le Styx, etc. Le sujet du poème est celui-ci : Apollon, construisant avec Neptune les murs de Troye, apprend dans l'atelier les façons de parler les plus basses et les plus communes ; il retourne sur le Parnasse ; grande discorde parmi les Muses, qui se partagent pour le style héroïque ou pour le style burlesque : Apollon reste à la fois le patron des deux genres.

[2] C'est ce qu'on peut conclure d'une lettre de Chapelain (CCCLXVIII) (Voir la collection des *Documents inédits*). Chapelain écrit à Balzac : « J'ai vu de vous une lettre en style familier et burlesque qui me sembla très digne de Balzac. » C'est une lettre de Balzac à M. de la Thibaudière, qui ne nous est pas parvenue. — Il faut noter que Balzac, dans sa lettre célèbre à Costar sur Scarron, fait le plus grand éloge du poète burlesque.

[3] Le 18 février 1654.

et il lui adresse directement la parole ; à la fin il en appelle à l'Académie pour purger et délivrer l'empire des Lettres.

Le livre, qui parut enfin en 1658, était un énorme in-quarto de quatre cent soixante-deux pages, en latin, intitulé : *De Ludicrâ dictione*[1] ; l'auteur n'avait pris que trop à la lettre la phrase de Balzac, qui mêlait au burlesque les noms d'Horace et de Lucilius ; ce long réquisitoire contre le genre burlesque est surtout consacré à une revue fastidieuse des littératures grecque et latine ; les anciens se sont-ils, oui ou non, servis du style burlesque ? Telle est la question absolument oiseuse que le Père Vavasseur se pose, et discute dans son pesant volume ; à l'encontre de Naudé qui, dans le *Mascurat*[2], prétendait que le burlesque naissait spontanément dans toutes les littératures, et que la langue latine, bien qu'elle y fût moins portée qu'une autre, l'avait admis avec Plaute, le Père Vavasseur, après mûr examen d'Ésope, de Socrate, de Platon et de Xénophon, des poètes comiques, d'Aristophane, de Ménandre, de Théocrite, de Lucien, d'Héliodore et autres semblables en grec, de Plaute et de Térence, de Virgile, d'Ovide, de Phèdre et d'Avienus, de quelques autres fabulistes, de Catulle, de Martial, d'Horace, de Perse, de Juvénal, de Pétrone, d'Apulée et d'autres semblables en latin, des rhéteurs, des critiques ou des philologues, des moralistes ou autres philosophes, des écrivains sacrés, des Pères de l'Église, et surtout de Cicéron, qui fut supérieur à tous par la plaisanterie, et dont il analyse et explique avec soin tous les bons mots, conclut enfin que le style burlesque, n'ayant pas été employé dans l'antiquité, ne doit pas être autorisé de nos jours ; qu'il n'y a aucune raison pour s'en servir, et beaucoup de motifs, au contraire, pour s'en préserver ; mais le bon Père n'en cite pas un seul de sérieux ni d'intéressant[3].

Est-il besoin de dire que cet énorme attirail était bien inutile pour écraser le burlesque qui n'en mourut pas du coup, mais qui

---

[1] *Francisci Vavassoris Societ. Iesu de ludicrâ dictione liber, in quo tota jocandi ratio ex veterum scriptis æstimatur.* (Lutetiæ Parisiorum, apud Sebastianum Cramoisium, architopographicum regium, M. DC. LVIII, cum privilegio regis christianissimi.)

[2] Page 220.

[3] Voici exactement la division du livre : 1. Ludicrâ dictione non usi Græci scriptores, Æsopus, Socrates, etc. (voir ci dessus) ; 2. Ludicrâ dictione non usi latini scriptores, Plautus, ac Terentius, etc. ; 3. De ludicrâ dictione nihil ulli præceperunt antiqui scriptores, rhetores, critici, etc. ; 4. Ludicrâ dictione utendi nulla causa est ; 5. Ludicrâ dictione non utendi causæ multæ sunt. Comme le fait remarquer M. V. Fournel, le bon Père, emporté par l'ardeur de ses préventions, admire gravement un petit poème bouffon de l'antiquité : *le testament d'un pourceau dicté par lui-même* (M. Grunnius Corocotta Porcellus) : il suffit à ses yeux que ce soit latin pour n'être pas burlesque.

se mourait d'un mal plus grave, qui est l'impossibilité de vivre. L'ouvrage du bon Père ne fit pas grand bruit, il venait trop tard : c'était en pleine Fronde ou au lendemain de la Fronde qu'il eût fallu lancer cet anathème; car un auteur, pour être lu et pour avoir du succès, doit toujours devancer ou conduire le sentiment public, mais non le suivre à la remorque. Scarron, qui était pourtant bien au courant de ce qui se passait dans Paris, ne connut pas tout de suite la publication de l'ouvrage ; il ne l'apprit que par un Père jésuite de sa connaissance, et il fut assez vexé à l'idée qu'on pouvait le croire fâché contre le Père Vavasseur, à cause de ce livre : « Ceux qui vous ont dit que j'en étais en « colère contre lui ne me connaissent pas. » Bien plus, il félicite le bon Père d'avoir écrit contre le style burlesque : « Il a bien fait, « je porte envie à un si beau dessein... Si j'avais à écrire contre « quelque incommodité du genre humain, ce serait contre les « vers burlesques... Après les mauvaises haleines et les mauvais « plaisants, je ne connais point de plus grande incommodité; et « puisque je suis cause en quelque façon du grand débordement « qui s'en est fait, le Père Vavasseur n'aurait peut-être pas mal « fait de s'en prendre à moi. Tout le public lui doit être obligé « d'avoir fait un ouvrage qui va à une réformation d'un si grand « abus...[1] » On ne saurait mieux prendre les choses ; et, reniés ainsi publiquement par leur chef, les « insectes du Parnasse », comme les appelle Scarron, ne pouvaient subsister longtemps. Dès lors, le règne du burlesque est fini ; c'est à peine si quelques œuvres se produiront encore ; d'Assoucy, à peu près seul, persiste dans sa grossière infatuation ; mais il a beau s'intituler empereur du burlesque, c'est en vain qu'on chercherait les états et les sujets de ce bas-empire[2].

La facétie, un peu avant la mort de Scarron, se trouvait donc remise à son rang et cessait d'être un genre national; elle sortait un peu épuisée de ce triomphe démesuré; elle porta la peine de son succès, et pendant longtemps ne fit plus que languir. Cette débauche de burlesque en guérit pour longtemps la France, qui, revenue à une gaieté infiniment plus digne et plus saine, abandonna le ricanement de Scarron pour le rire de Molière ; il se trouvera même des hommes, dans ce siècle de haute raison et

---

[1] *Œuv.*, I, 254. *Lettre à ****. « Vous m'avez appris que le P. Vavasseur... »
[2] D'Assoucy, dans sa fatuité, expliquait ainsi le décri du burlesque : « Si l'on me demande pourquoy ce burlesque qui a tant de parties excellentes et de détours agréables, après avoir si longtemps diverty la France, a cessé de divertir notre cour, c'est que Scarron a cessé de vivre et que j'ay cessé d'écrire. » (page 277.)

de trop parfait équilibre, pour reprocher à Molière son *jargon*[1] et son *galimatias*[2], pour maudire le poète et vouer son âme aux tourments éternels[3]! On ne pouvait plus rire décemment qu'avec Térence, et il n'était pas à craindre qu'on abusât de la permission. Puisque Molière ne plut qu'à moitié et sembla trop comique, Scarron ne devait pas trouver grâce devant un siècle épris de bon goût et de juste mesure. On connaît la sévère condamnation portée par Boileau :

> Mais de ce style enfin la cour désabusée
> Dédaigna de ces vers l'extravagance aisée,
> Distingua le naïf du plat et du bouffon,
> Et laissa la province admirer le *Typhon*.
> Que ce style jamais ne souille votre ouvrage :
> Imitons de Marot l'élégant badinage,
> Et laissons le burlesque aux plaisants du Pont-Neuf[4].

Le burlesque ne s'est jamais relevé de cet arrêt, et Scarron lui-même a été confondu dans le dégoût général[5]. La fortune de Mme de Maintenon a contribué aussi à jeter une ombre profonde, sinon sur ses œuvres, au moins sur son nom et sur sa gloire.

Pourtant il méritait mieux : il est aisé de s'en convaincre à certains indices : Racine lisait, paraît-il, en cachette de Boileau, le *Roman comique,* et même le *Virgile travesty;* Fléchier le connaissait; la Fontaine osait, en 1684, se souvenir de Scarron, et écrivait avec Champmeslé la comédie de *Ragotin;* le *Jodelet* et l'*Héritier ridicule* purent être joués devant la Cour en 1688 et en 1703; enfin, Boileau lui-même, si dur pour le *Typhon,* se laissait dérider par le charmant début du poème :

> Je chante, quoique d'un gosier
> Qui ne mâche pas de laurier...

Du reste, n'est-il pas permis de croire que l'auteur de l'*Art poétique*, édictant les lois de la poésie, et parlant en maître, a été obligé à une sévérité plus grande que s'il avait confié à un ami

---

[1] « Il n'a manqué à Molière que d'éviter le jargon et le barbarisme, et d'écrire purement. » (La Bruyère, *Des ouvrages de l'esprit.*)

[2] « Térence dit en quatre mots, avec une élégante simplicité, ce que Molière ne dit qu'avec une multitude de métaphores qui approchent du galimatias. » (Fénelon. *Lettre sur les occupations de l'Académie.*)

[3] «Malheur à vous qui riez, car vous pleurerez. » (Bossuet. *Maximes sur la comédie.*)

[4] Boileau. *Art poétique*, chant Ier, vers 91-97.

[5] D'Assoucy, à plus forte raison, a été écrasé par ce vers. Et jusqu'à d'Assoucy, tout trouva des lecteurs, bien qu'il ait protesté contre l'arrêt du « stoïque constipé. » (*Aventures d'Italie*, ch. XI.)

ses goûts et ses idées personnelles? Il est impossible d'approuver officiellement le genre burlesque, qui est contre nature et qui, mal compris, donné carrière aux plus viles plaisanteries et aux facéties sans esprit; Boileau, écrivant dans un temps où le burlesque venait à peine de disparaître, après avoir causé les plus grands ravages, devait condamner le genre tout entier, sans aucune exception, et il a bien fait ; car on ne peut dire aux jeunes gens d'imiter Scarron ; ils n'en imiteraient que les défauts, malheureusement trop faciles à copier : ce qu'il y a d'excellent en lui, c'est l'esprit, qu'on ne peut imiter. Pourtant, sous le verdict accablant de Boileau, ne peut-on pas démêler une circonstance atténuante en faveur de Scarron? Au lieu du vers

> Au mépris du bon sens, le burlesque effronté....

Boileau avait mis d'abord celui-ci sur son manuscrit :

> Sous l'appui de Scarron, le burlesque effronté...

Il paraît qu'il le modifia en 1674, lors de la publication de son œuvre, à cause de la faveur déjà grande de la veuve de Scarron, qui, cette même année, devenait Mme de Maintenon. Cet hémistiche supprimé, loin d'être une offense pour Scarron, semble plutôt être un éloge : ne signifie-t-il pas qu'il a fallu l'appui d'un poète comme Scarron pour permettre au genre burlesque de vivre et de prospérer? Et plus ce genre a été absurde et condamnable, plus il a fallu, semble-t-il, que Scarron, qui l'a patronné, ait eu de mérite propre et d'originalité.

En effet, on aura beau s'indigner, et fort justement, contre le genre burlesque en général, on ne fera pas que Scarron n'ait pas été une figure intéressante et un poète de talent ; on ne fera pas que sa verve burlesque n'ait pas influé profondément sur le goût et sur la langue. Il faut donc connaître ses œuvres et en apprécier le mérite et la portée.

CHAPITRE II

LES POÈMES TRAVESTIS

Scarron était né pour la poésie burlesque ; son goût pour la raillerie ; sa gaieté ; son rire. — De la parodie et du travestissement. — Pourquoi Scarron devait-il s'en prendre à l'antiquité ? — Le *Typhon* : Hésiode, Ovide et Natalis Comes. — Caractère burlesque des dieux et des déesses ; peinture des géants. — Succès bruyant et prolongé du *Typhon*. — Scarron veut tenter une œuvre plus grande ; pourquoi choisit-il Virgile ? — Scarron est hostile au genre héroïque en général, mais non à Virgile en particulier. — Jugement des contemporains : les épitres liminaires, le *Parnasse réformé de Guéret*. — Intention purement comique de l'auteur. — L'*Énéide travestita* de Lulli. — Les procédés de Scarron, les anachronismes. — Les personnages : les dieux, les Grecs, les Troyens, les Latins. — Des libertés que Scarron prend avec son modèle. — De l'originalité de l'*Énéide travestie*. — Du dommage qu'en a subi Virgile. — Supériorité de Scarron sur tous ceux qui ont voulu l'imiter. — Scarron se dégoûte de son œuvre. — La *Relation véritable* en l'honneur de Voiture. — L'ode burlesque d'*Héro et Léandre*. — Marot fondateur, malgré lui, de la poésie burlesque. — Comment le burlesque, malgré tout l'esprit de Scarron, ne peut remplacer les genres sérieux : revanche de Virgile.

Amis et ennemis du burlesque, tous se sont accordés à dire que, pour que le genre ait pu vivre et durer quelque temps, il a fallu Scarron ; c'est rendre un singulier hommage au talent du petit homme, et, quelque mauvaise opinion qu'on puisse avoir de son œuvre, c'est reconnaître qu'il lui fut certainement supérieur.

Pour avoir si longtemps régné par le rire, il a fallu que Scarron ait reçu de la nature un don spécial. Boileau, qui recommande au jeune poète d'apprendre à penser avant d'écrire, se garde bien de conseiller à l'auteur comique d'apprendre à rire : car il n'est pas de maître qui puisse donner un tel enseignement. Aristophane, Plaute, Rabelais, Molière, n'ont puisé qu'en eux-mêmes la *vis comica* qui anime leur œuvre : Scarron est de la même race que ces grands rieurs. Ce don de la raillerie, sans lequel le burlesque ne peut se soutenir un seul instant et tombe vite dans la platitude, il l'avait apporté en naissant. Il avait du sang d'Italien dans les veines ; sa famille était venue du pays des facéties bruyantes et des déguisements carnavalesques, où la *Commedia dell'arte* promenait de ville en ville ses cyniques parodies et jouait sans vergogne le courage, l'amour et le respect de la vieillesse. Il était resté le compatriote de ce Giulo Mazarini, qu'il a tant frondé, peut-être parce qu'il le comprenait mieux qu'un autre et savait démêler en lui le *zanni*[1] sous le ministre tout-puissant. A cette causticité toute italienne s'était alliée la gaieté railleuse du gamin de Paris, qui ne prend rien au sérieux de peur d'être dupe, qui déshabille sans respect les personnages les plus graves pour découvrir en eux les vices et les ridicules du vulgaire, qui s'amuse sans pitié des beaux sentiments et des grandes pensées, et qui parfois se laisse pourtant aller à des attendrissements subits et inexpliqués. Il n'apportait pas, comme Corneille, Rotrou et tant d'autres, cette sorte de naïveté provinciale qui reste souvent de la gaucherie, mais qui parfois se trouve être du génie : né à Paris, élevé dans le quartier des Écoles et du Marais, il avait trouvé la raillerie installée à son foyer dans la personne de ce père maniaque et obstiné, qui n'aimait ni le cardinal de Richelieu ni les poètes de la Pléiade. Puis, au lieu de connaître la tendresse d'une mère, qui aurait adouci l'âpreté de son esprit, il avait eu sous les yeux la plus acariâtre des belles-mères, type d'avarice et d'injustice, dont il avait trop eu à se plaindre pour ne pas désirer s'en venger par des moqueries et des sarcasmes. L'instruction qu'il avait reçue n'avait servi qu'à développer ses penchants naturels. S'il avait lu les fables de l'ancienne mythologie, il s'était surtout amusé de l'invraisemblance de ces récits ; les histoires que Noël le Comte a ramassées dans son livre n'étaient pas faites pour lui faire admirer l'antiquité : on sait ce qu'il a fait de Virgile et de la jolie narration de Musée. Parmi les auteurs italiens, il a lu surtout l'Arioste, dont il parle souvent avec éloge ; parmi les espagnols, il connaît Francisco de Rojas, chez qui la verve comique se mêle souvent à la noblesse outrée des sentiments, Quévédo, Hurtado de Mendoza, enfin l'immortel auteur du *Don Quichotte*. Des poètes français, il en a lu beaucoup ; mais il semble avoir détesté Ronsard, dont les aspirations pinda-

---

[1] Voir *Mazarinade*, vers 32.

riques vers la haute poésie et vers le grand style lui déplaisaient fort ; il a surtout pratiqué Villon, Marot [1], Rabelais, les joyeux conteurs du XVIe siècle. Quant à sa langue, on peut dire qu'il l'a moins apprise dans les livres que dans la rue ; elle a une saveur toute parisienne ; elle sent le Port-au-Foin ou les joyeux endroits de la capitale qu'il avait fréquentés jadis dans la compagnie de Paul de Gondi. La gaieté de Scarron est éminemment populaire : le burlesque fut une poussée qui vint d'en bas, et qui monta jusqu'au sommet de la société [2].

C'est ainsi que s'était développé chez Scarron ce sens critique si vif et souvent si juste, qui est la meilleure part de son talent. Il avait le don précieux d'apercevoir vite le côté faible des personnes et des choses, quel que fût le sérieux derrière lequel le ridicule se retranchât. Les témoignages des contemporains sont unanimes sur ce point. Segrais raconte qu'il avait une manière tout à fait plaisante de figurer les choses, et que sa conversation n'était qu'une suite étincelante de saillies et de bons mots ; il était, paraît-il, encore plus spirituel dans ses discours que dans ses écrits ; il exerçait sa raillerie contre ses amis aussi bien que contre ses ennemis, et il ne laissait pas de leur faire parfois de profondes piqûres, comme à ce jovial prieur de Matras, frère de Bautru, qui, harcelé par les moqueries de son hôte, prenait le parti de battre en retraite, et attachait une épingle à son paletot,

---

[1] Voir à la fin de ce chapitre les rapports qu'il y a entre la poésie de Scarron et celle de Marot. Sur Villon, voir le chapitre : *Poésies diverses*.

[2] Voici quelques détails qui prouvent combien Scarron a été de tout temps porté vers la plaisanterie gauloise et rabelaisienne. Il reste de sa main deux cartes, qui se trouvent aujourd'hui dans la maison qu'il habita à Fontenay-aux-Roses. Ces deux cartes donnent une idée curieuse de la tournure que prenait l'esprit de Scarron dès 1635, alors qu'il était au Mans et que la maladie ne l'avait pas encore paralysé.
L'une a pour titre l'*Empire Goguenard*, dédié à *S. A. Sérénissime Monseigneur B. L. C., prince de Courbevoie, marquis de Saint-Just, comte des Auberys, gouverneur général des états rachitiques*. Elle est entourée de mers qui se creusent en golfes : on y remarque le *Grand Océan hypocratique*, la *Mer de Puissant-Vin*, par ci par là des îles, des dragons représentant des gouffres. Les terres fermes se divisent en plusieurs parties : la *Fricandaille*, la *Baronnie du Bon-Temps*, le *Royaume de Sans-Souci*, la *République des Tourne-broches*, la *Fromagerie*, la *Fruiterie*, le *Salmigondinois*, l'*Andouillois*, le *Palatinat du Mardy-Gras*, le *Marquisat des Vendanges*, etc., etc. Viennent ensuite les villes en nombre infini, les lacs, etc.
La deuxième carte est intitulée la *République de Rabat-Joye*, dédiée *à Madame ma mère grande*, B. L. C., 1635. Elle est semblable à la première, à laquelle elle devait faire pendant. On y trouve la terre de *Verjus*, de *Sidram*, de *Ventrepeot*, le pays de *Malencontre*, les îles *Lunatiques*, le *Lanternier*, la *Singerie*, la *Percherie*, l'*Aigrefinage*, la *Mer orageuse* et plus de deux cents noms de villes.
Le dessin de ces cartes est très fin et fait honneur au talent de Scarron. — Quels étaient vraiment les personnages auxquels elles furent dédiées ? Il est impossible de le préciser.

pour se souvenir qu'il avait à se venger : témoin aussi cet inconnu, dont Scarron nous parle quelque part dans une lettre[1], et qui se fâcha net des plaisanteries dont il avait été l'objet. Tallemant nous raconte encore que Chapelain, fort économe des exemplaires un peu coûteux de sa *Pucelle*, qu'on venait d'imprimer, réunissait ses amis par deux ou par trois pour leur en offrir un seul ; mais pour ce qui est de Scarron, de Furetière et de Boileau, « qu'il considérait comme une peste », il leur en offrit à chacun un tout entier[2]. Scarron lui-même avouait le penchant prononcé qu'il avait pour railler et pour « contester » à tout propos dans la conversation ; il craignait fort peu les coups de langue, à ce qu'il disait, et certes il avait de quoi se défendre.

Cette raillerie reposait sur un fonds de gaieté qui la préservait de tout venin. Ce n'était ni l'envie ni la haine qui affilaient la langue de Scarron ; il était naturellement moqueur, sans arrière-pensée, et, quand il blessait, il ne songeait qu'à s'amuser lui-même et à divertir les autres : on ne doit chercher aucune autre explication à son talent[3]. Il est, avec Rabelais et Molière, un de ceux qui ont le mieux représenté le rire dans notre pays. Pourtant, quelle différence entre ces trois hommes ! Rabelais, génie infiniment plus vaste, épanche dans son rire le trop plein de santé et de vie qui bouillonne en lui ; c'est une joie qui court d'un bout à l'autre de son œuvre ; ce sont des échappées de bouffonneries énormes où s'envole le fumet trop capiteux de cette divine liqueur ; sa gaieté enivre et égare, et l'on y cherche toujours une explication cachée. Molière rit au spectacle de la comédie humaine, avec une bonne humeur qui n'est pas exempte de mélancolie ; il rit en philosophe, qui pourrait tout aussi bien pleurer, pour les mêmes motifs qui le font rire ; sa gaieté est la moins vide et la moins vaine de toutes, et toutes les facultés de l'âme y concourent : c'est vraiment une fête de la raison et du cœur. Chez Scarron, nous ne trouvons rien de semblable : rien de profond ni d'énigmatique, comme

---

[1] Voir *Œuvres*, I, 256 ; lettre à ***.
[2] Tallemant, *Histor. de Chapelain*.
[3] C'est bien ainsi que le jugeaient ses contemporains. Loret l'appelle :

> Le plus propre entre les génies
> A divertir les compagnies :
> Car d'ici jusqu'aux Iroquois,
> Il n'est point d'esprit burlesquois,
> Qui soit, en ce genre d'écrire,
> Plus capable de faire rire.
>   (23 janvier 1655).

et ailleurs :

> Scarroniser, cela veut dire
> Exciter plaisamment à rire.
>   (26 octobre 1658).

chez Rabelais ; rien d'humain, comme chez Molière. Sa gaieté est tout à fait exceptionnelle ; elle lui appartient en propre et est attachée à sa personne. On a souvent prétendu qu'elle était forcée : si l'on signifie par là qu'il se forçait pour plaisanter et pour rire, rien n'est plus inexact ; l'histoire de sa vie, l'examen de ses œuvres prouvent surabondamment qu'il n'a jamais contrefait son talent ; on pourrait plutôt lui reprocher de l'avoir suivi à la dérive, sans le diriger. A part de très rares passages où le rire semble s'éteindre un peu, ce sont des fusées ininterrompues : le *Testament burlesque* ferme dignement la carrière ouverte par l'*Épithalame de M. de Tessé*. La continuité du rire : voilà un des traits essentiels du talent de Scarron. Le caractère maladif et un peu puéril de ce rire : en voilà un autre fort important. Scarron ne fut jamais un homme, ni en apparence, ni en réalité. La terrible maladie qui l'assaillit au Mans comprima certaines parties de lui-même et en développa d'autres à l'excès. Habitué à rester immobile et à souffrir, il contracta tous les goûts et les défauts des malades : « J'ai toujours été un peu colère, un peu gourmand, un peu « paresseux ; j'appelle souvent mon valet *sot*, et un peu après « *Monsieur* ; je ne hais personne : Dieu veuille qu'on me traite « de même. Je suis bien aise quand j'ai de l'argent, et serais « encore plus aise si j'avais la santé. Je me réjouis assez en « compagnie ; je suis assez content quand je suis seul. Je sup- « porte mes maux assez patiemment....[1] » Ajoutez à ce portrait quelques autres traits : la facilité extrême qu'avait Scarron pour pleurer, l'ingénuité, on a même pu dire l'effronterie, avec laquelle il tendait la main, suppliait et réclamait toutes sortes de secours comme si ils lui eussent été dus, l'abondance de cœur avec laquelle il remerciait ses bienfaiteurs, l'humilité navrante avec laquelle il parle de lui-même et se considère comme un rien, comme un pauvre être inutile et grotesque, qu'on pourrait écraser du talon comme un ver, et à qui l'on fait grâce par pitié quand il a été méchant[2]. N'est-ce pas là le caractère du malade, et en particulier du malade chétif et contrefait[3] ? Il ne faut donc pas juger Scarron comme on ferait un autre homme sain et bien portant. Il faut bien se garder d'imiter l'acharnement atroce qu'a montré

---

[1] *Œuv.*, I, 131. *Portrait de Scarron fait par lui-même.*
[2] Il dit de Mazarin après la Fronde :
   Mais il ne m'a pas cru digne de sa colère.

[3] On peut remarquer que la maladie et plus spécialement la difformité physique disposent à la satire ; en Allemagne, on citerait Bürger, Lichtenberger, Heine, etc.

Cyrano de Bergerac contre un ennemi si faible. Il est impossible de comprendre le *Typhon* et toute l'œuvre burlesque qui a suivi si l'on oublie l'état du paralytique.

Seulement la souffrance qui, d'une âme exceptionnellement noble, peut faire un Pascal, n'a fait de ce Parisien léger et spirituel, qu'un simple Scarron ; elle développa à l'excès cette verve gouailleuse dont le fils de l'Apôtre était doué; le pauvre estropié, entouré d'une pie[1], d'un épagneul et d'une chatte[2], apprit à s'amuser de tout: il resta gai par nécessité comme il l'était déjà par nature; ce devint comme une forme de sa maladie. Aussi sa bonne humeur conserva-t-elle toujours quelque chose d'étroit et de souffreteux ; sa plaisanterie semble tordue et contrefaite comme son corps; il ne rit pas à pleine gorge, il ricane plutôt; on sent toujours un peu en lui le nain, le cul-de-jatte et l'impuissant. On dirait parfois un tic nerveux de son esprit, et ses accès de rire font songer involontairement à des accès de toux. Mais l'auteur sait si bien attraper le mot juste, il a des expressions si vivement plaisantes, des peintures si vraies, que nous sommes entraînés à rire avec lui : seulement nous ne pouvons oublier un instant Scarron et sa triste silhouette; et à cette pitié forcée, que le souvenir nous arrache, se mêle je ne sais quel sentiment d'impatience contre cette douleur qui ne sait pas être muette un seul instant, et que l'on sent toujours grincer à travers les bouffonneries.

La poésie de Scarron porte donc profondément l'empreinte de son mal. C'est précisément ce qui la rend charmante ou irritante, suivant le tempérament du lecteur, et l'instant choisi pour la lecture. Par là elle ne ressemble à aucune autre et elle occupe une place à part. Scarron avait bien raison de protester, comme il l'a fait pendant quinze ans, contre la tourbe de ses imitateurs, et de se défendre contre cette séquelle compromettante. Il criait qu'on lui volait sa poésie et qu'on la trafiquait sans aucun droit : car lui seul était le *malade de la Reine,* et le *doyen des malades de France;* puisqu'il avait le monopole de pareilles souffrances, il réclamait aussi celui du burlesque ; de disciples, il n'en pouvait même pas avoir, car il eût fallu imiter, non seulement ses petits vers, mais aussi sa paralysie et ses rhumatismes; et qui eût voulu acheter le talent à ce prix? Scarron s'indignait donc à juste titre, et nous pensons comme lui ; nous aussi nous dédaignons tous les

---

[1] Voir *Testament burlesque.*
[2] *Œuvres,* VII, 115. A *Monsieur d'Aumale d'Haucourt.*

plats bouffons qui, gras et bien portants de corps, mais faibles d'esprit, se sont jetés sur *Virgile* et sur Scarron « comme sur un pauvre chien qui ronge un os[1] », l'ont dérobé, dépouillé et travesti à son tour : ceux-là ne ressemblent pas plus à Scarron que Campistron ne ressemble à Racine, et nous nous associons volontiers à l'arrêt que Boileau a lancé contre eux. Mais cela ne doit pas nous empêcher d'apprécier la joyeuse fantaisie du cul-de-jatte : car elle eut une saveur toute personnelle, et, dans le genre restreint où elle s'est exercée, elle est restée inimitable.

Quand on fait métier de rire toujours, on est bien forcé d'aller chercher des sujets de rire et de ne pas se contenter de ceux qui s'offrent naturellement. Or, il y a si longtemps qu'on rit des choses gaies, qu'il n'est pas de matière plus vaste ni plus inexplorée pour la plaisanterie, que les choses sérieuses. Voilà pourquoi la parodie[2] fait presque nécessairement partie du genre burlesque, et occupe une si grande place dans l'œuvre de Scarron.

On a dit beaucoup de mal de la parodie, et il est de fort bon ton de prendre contre elle la défense de la dignité sacrée de l'art. C'est à coup sûr une fort belle attitude que d'embrasser la cause de grands génies, et de protéger leurs œuvres contre la raillerie irrévérencieuse des profanes : il fait bon se ranger ainsi du côté des maîtres, dans ce temple sublime de la sagesse, d'où l'on considère avec mépris le vulgaire :

Edita doctrina sapientum templa serena.

Mais au fond cette indignation est bien superflue : car il y a longtemps qu'on a constaté la complète innocuité de la parodie. Je ne sache pas que Virgile ait beaucoup à se plaindre de Scarron, ni qu'Homère soit moins admiré depuis qu'on a joué Agamemnon ou Ménélas au théâtre des Variétés. Dès lors pourquoi voler à la défense d'écrivains que personne n'attaque sérieusement, et pour-

---

[1] Épître dédicatoire du V° livre du *Virgile*; à *M. Deslandes-Payen.*
[2] M. V. Fournel a pourtant pris soin de faire du burlesque un genre à part de la parodie. Suivant lui, il n'y a parodie que lorsque l'auteur change aussi la condition des personnages dans les œuvres qu'il travestit. Le *Virgile travesty* n'est donc pas une parodie. « Le premier soin d'un parodiste eût été d'enlever à chacun son titre, son sceptre et sa couronne ; il aurait fait, par exemple, d'Énée un commis-voyageur sentimental et peu déniaisé ; de Didon une aubergiste compatissante et de la conquête de l'Italie quelque grotesque bataille pour un objet assorti à ces nouveaux personnages. » (*La Littérature indépendante,* p. 279.) Mais en dehors de ces distinctions un peu subtiles, il est un fait certain, c'est qu'en général on entend par *parodie* toute espèce de travestissement comique d'une œuvre sérieuse, et par *burlesque* un système de plaisanterie outrée par lequel on rabaisse tout jusqu'au trivial : il va sans dire que ces deux genres peuvent souvent se superposer l'un à l'autre.

quoi sauver un Capitole qui n'est pas menacé ? En revanche, on ne peut nier que la parodie ne réponde à un besoin de la nature humaine : elle est née spontanément chez tous les peuples, à toutes les époques de la littérature [1]. Elle s'est du reste vengée le plus souvent de ceux-là même qui l'ont condamnée le plus sévèrement en se glissant à leur insu sous leur plume. Boileau, qui a si fort tonné contre le burlesque, n'a-t-il pas, lui aussi, composé un *Arrêt burlesque*, un *Lutrin* qu'il défend vivement d'être une œuvre burlesque, mais qui n'est pourtant pas trop le contraire, enfin, un *Chapelain décoiffé*, où les beaux vers du *Cid* sont traînés dans la boue avec la perruque du héros ? L'Allemagne, qui, par la bouche de Schiller et de Gœthe, a condamné violemment la parodie [2], n'est-elle pas le pays de Blumauer et des iconoclastes de Virgile ? Gœthe ne s'est-il pas servi de cette arme contre Wieland, et, on peut dire aussi, contre lui-même ? Enfin, aujourd'hui, ou plutôt hier, au temps de la querelle du romantisme, les classiques n'applaudissaient-ils pas à la parodie de *Hernani* [3] ? On perd donc bien son temps à flétrir un genre qui date d'Archiloque ou d'Hipponax, et qui ne disparaîtra pas de si tôt. Personne ne pourra empêcher la parodie de s'asseoir au pied de la statue des grands écrivains, et de prendre ainsi place, grâce à eux, dans le temple d'Apollon. Petite poésie, si l'on veut, mais où il n'y a de mauvais que les mauvais poètes.

Scarron s'y était trouvé porté par la nature même de son mal, qui, en le travestissant, lui avait donné l'envie de travestir autrui. Mais à quel objet devait s'attacher sa raillerie ? Aux idées qui étaient le plus en faveur alors, à ces aspirations vers un idéal un peu creux, à cette recherche de l'affectation, de la fausse noblesse et de la galanterie. C'est de cette protestation contre le goût du temps que naîtra plus tard le *Roman Comique*. Mais, longtemps avant de chercher à remplacer cet idéal suranné par des peintures plus humaines, Scarron avait songé à le détruire : ses œuvres purement burlesques n'ont pas une autre portée. Peut-être leur auteur ne se rendait-il pas bien compte lui-même de la tâche qu'il assumait ; mais, en raillant les dieux de l'Olympe et les héros de l'*Énéide*, il ouvrait la brèche par laquelle devait passer la joyeuse épopée des comédiens du Mans.

---

[1] Delepierre. *La Parodie chez les Grecs, chez les Romains et chez les Modernes*. Londres, 1870.

[2] Gœthe ; lettre à Zelter, du 26 juin 1824 : « Je suis un mortel ennemi *(todfeind)* de toutes les parodies et de tous les travestissements : je ne m'en cache pas. »

[3] *Arnali, ou la contrainte par cor*, par de Lauzanne (1830).

En effet, l'antiquité, mal comprise, était la complice innocente du mauvais goût d'alors. Si la Pléiade était condamnée, si les odes pindariques et la Franciade étaient tombées dans l'oubli, le mouvement provoqué par la Renaissance ne s'était pas ralenti : les écrivains avaient toujours les yeux fixés sur les modèles des littératures grecque et romaine; on les lisait, on les commentait plus que jamais. Seulement, au lieu de chercher à leur prendre le suc et la moelle, comme faisait le poète vendômois, et à penser vraiment comme eux, on les travestissait, par un artifice inconscient, à la mode du XVIIᵉ siècle; il se mêlait à ces souvenirs de l'antiquité je ne sais quel parfum de galanterie et de chevalerie. La Grèce et Rome étaient sans doute bien mieux connues qu'au temps des chansons de Benoist de Sainte-More et d'Alexandre de Paris, et pourtant on était un peu dupe des mêmes illusions : on ne voyait l'histoire de Cyrus, ou l'héroïsme de Coclès, qu'à travers le goût romanesque de l'époque; on prêtait naïvement aux héros de l'ancien temps les qualités qui charmaient les habitués de l'hôtel de Rambouillet ou du salon de Sapho ; alors Achille était « un Tyrcis ou un Philène », Cyrus « un Artamène », Caton était « galant » et Brutus « dameret »; c'est l'époque où Mˡˡᵉ de Scudéry parfumait d'amour platonique toute cette histoire romaine, que Mascarille songeait déjà à mettre en madrigaux.

Scarron, ennemi du romanesque et du précieux, devait commencer par s'en prendre à cette antiquité qui faisait le fond des œuvres d'alors, ou qui en fournissait du moins le prétexte : elle se désignait naturellement à ses coups. Il n'osait ni ne voulait s'attaquer directement aux écrivains du temps, comme avait fait Sorel dans le *Berger extravagant*[1]; car il était l'ami de Mˡˡᵉ de Scudéry, de son frère, et il hésitait à mettre une pareille affaire sur ses faibles bras; et puis, combien aurait-il fallu de petits vers pour parodier les interminables romans qu'écrivait alors La Calprenède? Il était infiniment plus sage et plus amusant de s'en prendre à la source même à laquelle on puisait, c'est-à-dire à l'antiquité. Avec quel plaisir Scarron devait railler tous ces grands personnages dont on lui rebattait les oreilles,

> Et tous ces illustres Romains
> A qui nous baisons tous les mains[2].

On les déguisait dans les romans et dans les poésies du temps en

---

[1] Et encore Sorel, pour mieux atteindre ses ennemis, frappe-t-il aussi sans pitié sur Homère, Virgile, Ovide, Platon et tous les anciens, sans excepter Ronsard qui les a tant aimés.
[2] *Virgile travesty*, I, au début.

héros parfaits, galants, généreux ; lui, il arrachera leurs masques et il les travestira en drôles ou en nigauds. Dans une épître à Séguier, dont nous ignorons la date exacte, mais qui doit être antérieure à 1650[1], il fait une revue burlesque de l'histoire romaine et démontre que, parmi ces héros tant vantés, il n'y en a pas un qui vaille Séguier ; la flatterie peut sembler plate, mais l'auteur s'y montre clairement exaspéré contre ceux qui exaltaient maladroitement, pour des vertus souvent imaginaires, les Romains si fort mis à la mode par Corneille.

> Romulus, qui fut allaité
> D'une louve, fut fratricide ;
> Horace fut sororicide ;
> Scévola, qui se fit manchot,
> Depuis ne passa que pour sot.
> Brutus devrait être des pères
> (N'en déplaise aux vertus austères
> Qui l'ont un peu trop estimé)
> Avec juste raison blâmé ;
> Fabius qui crut comme en cage
> Prendre l'Annibal de Carthage,
> Qui lors avec bœufs et fagots
> Prit tous les Romains pour nigauds
> Et leur sage chef pour un buffle
> En brûlant de ses bœufs le muffle,
> Ne fut qu'un vieil temporiseur.
> Le vieil Caton, un grand causeur,
> Qu'aucuns ont blâmé d'avarice,
> Et même d'un autre grand vice :
> C'est que ce bonhomme Caton
> Prenait de son vin, ce dit-on.
> Pompée fit trop pour son gendre,
> Et par lui se laissa surprendre.
> Luculle était trop dissolu,
> Crassus, de l'argent trop goulu.
> ....
> Cicéron, qui de Catiline
> Éventa prudemment la mine,
> Était un timide animal,
> Très malin à dire du mal,
> Un vrai toque-l'un, toque-l'autre.
> ....
> César fut mauvais garnement
> Quoiqu'il fût homme débonnaire, etc[2].

---

[1] Scarron dit que ce sont ses premiers vers à Séguier.
[2] *Œuvres*, VII, 146 ; *Épître à M. le Chancelier*. — A plusieurs reprises, Scarron raille les grands hommes de l'antiquité. Dans l'*Épître à Henri, prince de Condé* (VII, 66), parlant des victoires de son fils, il rabaisse César et Alexandre, qui auraient été épouvantés s'ils avaient entendu les fusils et les canons. Voir aussi VII, 70, 71, 185.

Si Scarron parle ainsi, ce n'est pas, à vrai dire, qu'il prît clairement parti pour les modernes, et qu'il se trouvât être le précurseur de Perrault et de la Mothe : tout au plus leur a-t-il fourni quelques armes. En raillant les anciens, c'est moins les anciens qu'il vise que les modernes ; il prend plaisir à dégrader l'idéal de son temps, qu'il trouve faux et conventionnel : tant pis pour l'antiquité si elle pâtit quelque peu dans la lutte. Elle n'est que le champ clos où se heurtent le romanesque et le trivial, le précieux et le burlesque ; mais on ne se bat alors vraiment ni pour elle ni contre elle.

Scarron débuta dans la parodie burlesque par le *Typhon*. Comment fut-il conduit à traiter ce sujet bizarre? En lisant un livre qui, depuis près d'un siècle, avait un immense succès et avait été souvent réimprimé ; c'était le *Traité de Mythologie* de l'italien. Noël Conti (Natalis Comes)[1], œuvre indigeste s'il en fut, dont l'auteur était appelé par Scaliger *homo futilissimus ;* œuvre aujourd'hui parfaitement ridicule par la prétention qui y est affichée de donner de toutes les fables du paganisme des explications morales, et, pour ainsi dire, chrétiennes. Au chapitre 21 du livre VI, il y est traité *de Gigantibus,* et au chapitre 22 *de Typhone*. On y retrouve pêle-mêle tout ce qu'ont dit sur les Géants Hésiode, Orphée, Apollonius, Homère, Sophocle, Euripide, Ovide, Théodorus, Isacius et principalement Natalis Comes lui-même, dont les vers latins et grecs, *non injucundi,* au dire de l'auteur, s'étalent avec une certaine complaisance. C'est là que le malicieux Scarron alla chercher le sujet de son amusant poème. Parmi les détails très variés et surtout très contradictoires que lui fournissait l'auteur, il choisit naturellement les plus divertissants ; il eut pourtant soin d'exclure ceux qui, par leur extrême crudité, auraient pu effrayer le goût pourtant peu scrupuleux de ses contemporains. On a tellement fait à Scarron une réputation imméritée d'obscénité qu'il est juste de noter au passage la modération du poète[2]. Des deux légendes assez différentes où est racontée la

---

[1] *Natalis Comitis Mythologiæ, sive Explicationis fabularum libri decem, in quibus omnia prope naturalis et moralis philosophiæ dogmata contenta fuisse demonstratur. Opus cujusvis Facultatis studiosis perutile ac prope necessarium.* Venetiis, 1551. L'ouvrage qui devait être dédié à Charles IX, ne put l'être, à cause des guerres civiles ; il fut dédié, en 1600 seulement, à Jean-Baptiste Campeggi, évêque de Mayence. — Trois ans avant le *Typhon,* il venait d'en paraître à Genève (1641) une nouvelle réimpression.

[2] Scarron omet par exemple de nous raconter l'origine plus qu'étrange des Géants (d'après Hésiode) ; dans le pillage de l'Olympe, il passe sous silence l'attentat de Porphyrion sur Junon ; il l'a remplacé par une vague menace qu'il met dans la bouche d'Encélade. C'étaient là des détails qu'il n'aurait pas omis, s'il avait chéri l'ordure autant qu'on l'en a accusé. Boi-

défaite des Géants, il adopte la plus humiliante pour les dieux, celle où ils sont représentés fuyant en Égypte, sous des travestissements de bêtes, et implorant l'aide d'Hercule pour venir à bout de leurs ennemis. C'est dire qu'il s'est inspiré beaucoup plus d'Ovide que d'Hésiode. Le caractère cosmogonique de cette révolte des fils de la Terre, la terreur mystérieuse qui plane sur ce grand drame céleste, et dont il reste encore un souvenir ému dans Virgile, enfin toute la poésie du sujet (est-il besoin de le dire?) a complètement disparu chez Scarron ; il ne reste plus qu'un conte fantastique et bouffon ; c'est une impitoyable parodie, mais, si l'on admet le genre, c'est une œuvre spirituelle et charmante.

A tout seigneur, tout honneur. Ce sont les dieux qui ont eu le plus à souffrir de ce travestissement burlesque. D'Hésiode à Scarron, ils tombent de haut, et dans leur chute se meurtrissent aussi cruellement que fit jadis Vulcain, précipité de l'Olympe.

Jupiter est le plus maltraité. Il est ivrogne, gourmand et colère, il jure par l'Alcoran,

> Pour le moins autant qu'un chartier :
> C'était son serment ordinaire.

C'est aussi un mauvais mari, qui court le guilledou et qui subit les aigres remontrances de sa femme. Enfin, c'est un poltron : quand, en ouvrant un beau matin la fenêtre de l'Olympe, il se trouve nez à nez avec Typhon qui était en train d'y attacher un pont, il s'écrie : « Miséricorde ! je suis mort ! » il a des sueurs froides, il réclame un foudre, sa mèche et sa boîte à poudre ; il s'avance avec une prudence extrême, bien fourni de munitions et juché sur son aigle, pour être prêt à la fuite ; il donne le signal de la retraite, et

> Très vigoureusement démare.

Il se relève pourtant un peu à la fin, avec l'aide d'Hercule, et c'est lui qui porte les meilleurs coups aux Géants : « car il était adroit tireur ; » il décide de la victoire avec son petit « tonnerre de poche » et son « long tonnerre à giboyer. » Au reste, l'auteur serait désolé qu'on jugeât mal le père des dieux, et il l'appelle

> Un très grand personnage
> Plein d'honneur, d'esprit, de courage.

Junon, sa femme, n'est pas plus ménagée ; elle est représentée sous les traits d'une épouse acariâtre, fort jalouse de ses privilèges ; elle surveille étroitement son mari, toujours occupé à

---

leau, dans son *Dialogue des Héros de roman*, ne se gêne pas pour dire qu'Ixion a violé une Furie.

guigner du haut du ciel quelque beauté terrestre. Celle qui dit dans l'*Énéide* :

> Ast ego, quæ divum incedo regina, Jovisque
> Et soror et conjux,

n'est plus qu'une commère débraillée, qui se gorge chaque dimanche d'ambroisie et de nectar, et qui s'endort sur son lit sans avoir de sa robe le même soin pudique que Polyxène mourante.

Lorsque le père et la reine des Dieux sont ainsi travestis, on peut deviner quelle étrange figure feront les autres immortels : Saturne n'est qu'un gâteux

> Vieillard sévère et taciturne,

obligé de s'appuyer sur sa faux pour ne pas trébucher. — Neptune est un imbécile prétentieux, qui s'embrouille dans sa harangue et qui perd le fil de ses idées. — Bacchus ne songe naturellement qu'à boire et à manger ; il juge sévèrement l'ambroisie et le nectar, qu'il déclare n'être que de la limonade, et il préconise l'usage des jambons de Mayence et des vins de Bourgogne pour résister aux Géants. Ne le séparons pas de son père nourricier Silène,

> Au gros ventre, à la rouge trogne,

qui s'avance dans la mêlée monté sur son âne, un âne magnifique, d'humeur très douce et surtout d'excellente famille, acheté à Mirebeau ; c'est cet âne qui mettra les ennemis en fuite par ses longues oreilles et par le son harmonieux de sa voix. — Vulcain est, comme on pouvait s'y attendre, « le patron des cornards » et le serrurier de l'Olympe. — Vénus est « une gouge » à qui Jupiter dit pis que son nom. — Mars est dépeint d'une façon très amusante sous les traits d'un soudard :

> Pour Mars, il prenait du petun,
> Méprisant tout autre parfum ;
> Car depuis que dans la Hollande,
> Où sa renommée était grande,
> A pétuner il s'était mis,
> Comme on fait tout pour ses amis,
> Sans cesse ce traîne-rapière
> Prenait petun et buvait bière ;
> Et de vouloir l'en empêcher
> C'était vouloir un sourd prêcher ;
> Car il n'était pas amiable,
> Ains jurait Dieu comme un vrai diable,
> Vrai signe qu'il avait été
> Nourri comme un enfant gâté.

Avec cela il est emporté, violent, fanfaron et, au fond, parfaitement lâche : il faut voir la façon piteuse dont finit sa rencontre avec Encélade.

Pallas est un peu moins maltraitée ; elle est la chancelière de l'Olympe et donne de bons conseils d'un air pédant et prétentieux.
— Mercure est l'intendant des cieux, habile, rusé, bon à tout faire : il porte l'accoutrement ordinaire, des talonnières, un sabre, un bonnet ailé et le caducée ; il fait les commissions de Jupiter, porte les lettres et se dérange de sa route pour aller boire un peu avec les Filles de Mémoire. La peinture des Muses est charmante et d'un burlesque bien plus fin :

> Arrivant au double coupeau,
> Il trouva le docte troupeau,
> Les neuf savantes damoiselles
> Assises dessus des bancelles,
> Qui faisaient la dissection,
> Avecque grande attention,
> De rondeaux, de sonnets, de stances,
> Sur des chagrins, sur des absences,
> Et sur des plaisirs accordés :
> Jupin les avait commandés.

(Ce sont les billets doux qu'il envoie aux belles sur la terre).

> Trois des plus habiles d'entr'elles,
> Mais je n'ai pu savoir lesquelles,
> Avaient fait ces beaux carmes-là.
> A Mercure on les étala,
> Et le pria-t-on de les lire ;
> Il n'y trouva rien à redire,
> Si ce n'est en quelques endroits
> Des mots qui n'étaient pas françois.
> Là-dessus un pot de cerises
> Par ces donzelles bien apprises
> Lui fut gaiement présenté,
> Et le dedans d'un grand pâté
> Qu'Apollon, leur dieu tutélaire,
> Leur avait depuis peu fait faire......

Ne dirait-on pas un bureau d'esprit tenu par quelques Catos ou Madelons sur le retour ? — Signalons enfin la malicieuse figure de Momus qui, en enfant gâté et espiègle qu'il est, rit de tout, se moque des dieux et des hommes, et interrompt à chaque instant par ses railleries la grotesque assemblée de l'Olympe. Cet impertinent, à l'humeur gentille, « qui s'ébouffe de rire » à chaque parole des Immortels et qui, dans la fuite en Égypte, est métamorphosé en singe, n'est-il pas Scarron lui-même ?

Les géants sont dépeints sous des traits assez plaisants ; mais on sent que le modèle manque à Scarron ; la parodie est plus maigre. Il représente Typhon, suivant la légende, avec des cheveux de couleuvre, un nez crochu, Typhon

> A qui cent bras longs comme gaules
> Sortaient de deux seules épaules,
> Entre lesquelles on voyait
> Tête qui le monde effrayait,
> Tête qui n'était pas à peindre,
> Mais bien à redouter et craindre,
> Au reste, d'esprit si quinteux,
> Que j'en suis quelquefois honteux.

Scarron a beau énumérer toute « la giganterie », faire un amusant portrait d'Encélade le Téméraire et de Mimas le Sanguinaire, et ajouter à cette peinture quelques traits pris au *Cyclope* d'Euripide[1] : il imite surtout Rabelais et les conteurs français. Typhon et ses compagnons deviennent à peu près semblables aux ogres dont les mères-grands racontaient les exploits aux petits enfants ; ils ont des bottes de sept lieues ou peu s'en faut :

> Cependant Typhon arpentait
> Et de lieue en lieue sautait
> Si vite, que de Thessalie
> A passer jusqu'en Italie,
> Il ne fut quasi qu'un moment,
> Tant il courut légèrement.

Ils déracinent les monts, passent les rivières sans ponts, se font des bâtons avec d'immenses pins qu'ils déracinent. Leurs jeux sont démesurés : on croirait assister à quelque récréation fantastique de Gargantua ; ils se sont fait un jeu de quilles avec d'immenses blocs de roche, qu'ils ont équarris grossièrement de leurs mains. Leurs festins surpassent infiniment les plantureux dîners de Grandgousier ou de Gargamelle, et même les merveilleuses repues de Polyphème : il leur faut cent bœufs qui couvrent plus d'un arpent, et quatre cents moutons en guise d'alouettes ; pour broches, ils se servent de grands pins ou de grands cyprès ; pour avoir du feu, ils font un bûcher avec une forêt entière,

> Qui pouvait rendre le bois cher,

ajoute philosophiquement Scarron, qui n'avait pas toujours de quoi se chauffer. — De plus, ces géants sont représentés comme

---

[1] Comme Polyphème, Typhon rivalise avec Jupiter pour le tonnerre.

de simples brigands, des tire-laine, qui pillent les messagers et les coches sur les grands chemins. Ils sont aussi des rustres, des malappris : il faut voir comment Typhon, à la voix d'ours, accueille l'ambassade de Mercure, et quelles horribles menaces profère Encélade contre les dieux et les déesses : c'étaient, en somme, « de très mauvais garçons », qui nourrissaient de bien vilains projets contre l'Olympe, à ce qu'affirme Scarron avec cet air de naïveté feinte où il excelle :

> Ce Typhon avait résolu,
> S'il devenait maître absolu,
> Aux uns de leur raser les nuques,
> Des autres faire des eunuques,
> Et de distribuer leurs enfants
> Pour en faire des choux, des raves !

Ces caractères grotesques se développent à travers l'action la plus fantaisiste : il faudrait la plume alerte et imagée de Théophile Gautier[1] pour raconter les divers incidents de cette lutte épique : l'étonnement des dieux, lorsque le jeu de quilles, lancé par le bras puissant de Typhon, tombe sur l'Olympe et casse la vaisselle du buffet céleste ; le conseil des dieux, où les avis les plus saugrenus sont émis ; le combat avec les géants, où « Jupiter lance-tonnerre » est réduit aux proportions du plus bouffon des rois d'opérette ; et surtout la métamorphose et la fuite des immortels. Le comique devient alors irrésistible : Jupiter se fait bélier,

> Sa femme Junon devint vache,
> Neptune un levrier d'attache,
> Momus singe, Apollon corbeau,
> Bacchus un bouc, Vulcain un veau,
> Pan un rat, Vénus une chèvre,
> Le dieu Mars un grand vilain lièvre,
> Diane femme d'un marcou,
> Mercure cigogne au long cou.

La ménagerie divine arrive clopin-clopant en Égypte, crottée, harassée,

> Et puis Jupin, chargé de laine,
> Commençait à manquer d'haleine,
> Et n'allait plus que d'un gigot,
> Ayant une épine à l'ergot,
> Qui le contraignit de se rendre
> Et se coucher sur l'herbe tendre.

---

[1] Voir dans les *Grotesques*, le chapitre sur Scarron. Le sujet du *Typhon* est exposé avec beaucoup d'agrément ; il faut dire aussi que Th. Gautier ajoute çà et là quelques détails de son crû : mais on ne prête qu'aux riches.

Mercure vole des vêtements, va à Memphis pour vendre à un juif, nommé Isaac, le collier de perles de Vénus, en échange de quelques habits, afin que les dieux puissent se montrer décemment.

Le comique naît aussi des anachronismes qui foisonnent dans le poème : Mercure tire de sa poche l'extraordinaire et la gazette; le tonnerre de Jupiter rompt quelques clochers ; il est question d'archers, de prévôts, de Jean de Vert, de la prise de Corbies, etc. L'auteur raconte tout cela avec une naïveté, et presque une niaiserie très amusante, dont personne n'est dupe, et qui recouvre une malice fort éveillée ; il affecte une précision ridicule pour les moindres détails ; il s'interrompt à chaque instant pour parler de sa maladie, de la couleur de son chapeau, de la difficulté qu'il a à rimer, de l'envie qu'il a d'aller se coucher; il prend de grands airs de poète épique pour invoquer sa muse camarde, tout comme Homère ou Virgile appellent Calliope ; enfin, il prend bien soin de tirer de ce conte une morale sérieuse et édifiante, qui fait un contraste piquant avec le sans-gêne extrême de certaines peintures :

> Ainsi presque toujours le vice
> A la fin trouve son supplice,
> Et jamais la rébellion
> N'évite sa punition.

Qu'on ajoute à tout cela le style le plus libre, le plus négligé, mais aussi parfois le plus vif et le plus alerte [1] qu'on puisse imaginer, où reluisent comme des paillettes fanées les mots du vieux français, les termes de nos conteurs d'autrefois, un style émaillé de proverbes comme le langage d'un Sancho Pança gaulois, et qui se développe à l'aise dans le vers octosyllabique, bâti et rimé tant bien que mal, et insurgé contre tous les règlements de Malherbe. Ce ne sont là, si l'on veut, que des défauts ; mais ce qu'on reprendrait sévèrement chez un auteur sérieux, devient chez Scarron, en vertu même du genre burlesque, une gentillesse et

---

[1] Il y a çà et là de jolis traits, qui montrent que Scarron avait quelque imagination et aurait pu faire un gracieux poëte descriptif :

> La nuit noire comme une Maure
> N'était point arrivée encore,
> Lorsque Mercure les trouva (les géants) ;
> Mais tôt après elle arriva,
> Et cacha le ciel sous ses voiles
> Parsemés de cent mille étoiles.
> (Chant Ier, vers la fin).

> La rouge amante de Céphale,
> De son char où luit mainte opale,
> Pleurait et répandait ses pleurs
> Sur les herbes et sur les fleurs..
> (Chant II, au début).

une « folâtrerie » permise; il ne vient pas à l'idée de chicaner l'auteur sur telle expression douteuse ou sur telle rime misérable : il s'en accuse lui-même en riant tout le premier, et cet aveu ajoute à la faute un charme de plus. On voit bien comment le style burlesque se compose pour ainsi dire des rognures et des scories du grand style; mais pour faire une œuvre agréable avec ces débris, il faut tout le talent d'un Scarron, qui trie parmi les rebuts et y trouve parfois des perles, alors qu'un poète médiocre recueillerait platement toutes ces ordures.

Le poème du *Typhon* est une œuvre amusante, à laquelle peuvent prendre plaisir même ceux qu'irrite le travestissement sacrilège du *Virgile*. Il serait, en effet, parfaitement ridicule de s'indigner de ce que Scarron a manqué de respect aux divinités de l'Olympe. Ronsard, s'il avait vécu, aurait pu en souffrir, parce qu'il était imbu de l'esprit païen au point d'identifier avec Dieu, ou peu s'en faut, les formes du polythéisme ancien; Boileau, à la rigueur, était obligé d'en gémir tout haut, parce qu'il recommandait d'employer comme machines poétiques ces figures de la mythologie dont il se moquait tout bas. Mais aujourd'hui que nos poètes savent chanter la mer sans l'appeler Neptune, et l'amour sans l'appeler Cupidon, on ne saurait s'offusquer sérieusement de la joyeuse mascarade du *Typhon*. On peut seulement trouver la plaisanterie faible, tant ces pauvres dieux ont été souvent déguisés, raillés et bafoués depuis. Mais, au temps où écrivait Scarron, en 1644, l'Olympe était plus considéré que maintenant; si les Pères de l'Église l'avaient jadis pris au tragique dans leurs homélies ou dans leurs traités, les écrivains profanes ne l'avaient pas encore pris au comique, sauf Bonaventure des Périers dans le *Cymbalum mundi*[1]; le *Typhon* « plut par sa nouveauté »; ce carnaval céleste eut l'immense mérite d'être le premier en date, et il sembla aussi neuf aux contemporains de Scarron que le bon sens de l'*Art poétique* à ceux de Boileau. Si cette folie et cette raison ont quelque peu vieilli depuis, n'en accusons que le temps qui, à force de graver ces idées dans nos têtes, a fini par les flétrir et les faner.

Malgré les dédains de Mazarin, le *Typhon* resta fort apprécié, au moins pendant vingt ans, jusqu'au moment où Boileau le renvoya à l'admiration « des provinces. » C'était l'œuvre de prédilec-

---

[1] Et encore a-t-on voulu voir dans ce livre étrange et assez inexplicable plutôt une déclaration d'athéisme qu'une satire purement comique de Jupiter et de Mercure.

tion de Scarron, qui en a toujours parlé comme d'un enfant chéri à qui l'on n'a pas assez rendu justice : il ne se consola jamais de l'accueil fait par le ministre à son « pauvre », à son « bien-aimé *Typhon*[1] ». L'Olympe et les dieux ne purent désormais plus se laver du ridicule dont Scarron les avait inondés. On en trouve des traces dans l'*Amphitryon*, où Molière, avec infiniment plus de légèreté que Scarron, prête à la Nuit et à Mercure des conversations que n'aurait pas désavouées l'auteur du *Typhon* : Mercure se plaint d'être laissé à pied « comme un messager de village »; la Nuit juge sévèrement les fredaines de Jupiter, qui se moque trop du qu'en dira-t-on.

> Mais de voir Jupiter taureau,
> Serpent, cygne, ou quelque autre chose,
> Je ne trouve point cela beau,
> Et ne m'étonne pas si parfois on en cause[2].

Dans La Fontaine, Jupiter n'est plus guère que Jupin, roi débonnaire ; son tonnerre[3] ne porte pas plus loin que le tonnerre de poche que Scarron lui avait prêté ; son Aigle et l'Escarbot prennent d'étranges familiarités avec lui[4]. Enfin, Boileau lui-même semble s'être inspiré quelque peu, dans ses *Héros de roman*, des plaisanteries burlesques qu'il avait condamnées si sévèrement. Quand il représente « Prométhée avec son vautour sur le poing, Tantale ivre comme une soupe, Ixion violant une Furie, Sisyphe assis sur son rocher »; quand Pluton reçoit les visiteurs dans un grand salon qu'il a fait aménager exprès, et où il a aposté des gardes; quand il parle de faire venir l'artillerie de son frère Jupiter, ou quand il déclare prosaïquement qu'il va faire un somme[5], je ne vois pas bien la différence qu'il y a entre ces plaisanteries et celles du *Typhon*.

En somme, ce poème de Scarron est, de toutes les œuvres burlesques de notre auteur, celle qui se lit le plus facilement[6]; elle a eu la bonne fortune d'être la première et de se renfermer en deux mille trois cents vers, divisés en cinq chants de très modestes dimensions. Sous cet aspect, le burlesque n'est pas seulement tolérable, mais il peut être même agréable; la mascarade est

---

[1] Voir *Œuvres*, VII, 94, 259, 333.
[2] Molière. *Amphitryon* (prologue).
[3] *Fables*, VII, XX. *Jupiter et les Tonnerres*.
[4] *Fables*, II, 9. *L'Aigle et l'Escarbot*.
[5] Cf. Boileau dans le *Dialogue des Héros de roman* qui parut en 1711, après la mort de Mlle de Scudéry, mais qui fut imaginé bien avant.
[6] Th. Gautier met le *Typhon* bien au-dessus du *Virgile travesty*. M. Junker trouve aussi qu'il y a peut-être plus de charme à lire le *Typhon* que le *Virgile*. (*Studien über Scarron*. Oppeln, Georg Maske, 1883.)

assez courte pour que nous puissions, sans en être obsédés, nous intéresser jusqu'au bout aux masques qui défilent. Si Scarron s'en était tenu là, on ne pourrait pas lui reprocher d'avoir faussé et dégradé le genre comique. Mais le succès du *Typhon* le grisa et il voulut exploiter cette veine.

Au lieu de grapiller dans le fatras de mythologie de Noël le Comte, il résolut de traiter un vrai sujet tout d'une haleine : il crut que, puisqu'il y avait de grands poèmes dans le style sérieux, on pouvait en composer aussi dans le bouffon ; il ne comprit pas que le genre qu'il avait adopté le condamnait forcément à faire petit, et que c'était la plus ridicule des inconséquences que de vouloir tailler le burlesque sur le même patron que l'épopée. Il voulut donc un grand sujet : il n'avait qu'à choisir entre l'*Iliade*, l'histoire des Sept Chefs et l'*Énéide*[1] ; il se décida pour cette dernière œuvre et il eut bien raison. En effet, on se demande comment aurait pu mordre la dent du poète burlesque sur cette belle poésie d'Eschyle, si robuste et si colorée, et parfois aussi, il faut bien l'avouer, si obscure. Scarron savait un peu le grec, mais, parmi les « lecteurs bénévoles » auxquels il s'adressait, combien en était-il qui pussent confronter la caricature avec le rude original ? Homère était plus connu ; mais le moyen de tourner en naïveté et en trivialité l'œuvre de ce naïf et de ce simple par excellence ? Le contraste n'eût rien eu de burlesque. Sans doute il eût été facile de plaisanter sur la déesse Athénê aux yeux de bœuf et de prêter à Achille ou à Agamemnon le langage des portefaix ! Scarron eût pu devancer ainsi les sottes remarques de La Motte ; mais il a préféré sagement s'abstenir et chercher avec Virgile un succès de meilleur aloi.

Le moment était, d'ailleurs, favorable à cette entreprise : Virgile, qui avait été de tout temps populaire en France, ne l'avait peut-être jamais été autant qu'à cette époque. De 1603 à 1639, il n'avait pas paru en France moins de douze traductions de Virgile, alors que, durant la même période, il n'en avait paru qu'une seule en Italie, une en Angleterre, deux en Espagne, une en Portugal, une en Allemagne et une en Hollande[2]. La *Franciade*, bien qu'elle

---

[1] Au moment du *Typhon,* il semble avoir déjà vaguement songé à ces trois sujets :

> Je chante....................
> Non Hector, non le brave Enée,
> Non Amphiare ou Capanée,
> Non le vaillant fils de Thétis...
> (Chant Ier, au début).

[2] Cf. Heyne. *P. Virgilius Maro* (Paris, 1822, VII, 551-561).

eût fait peu de bruit au milieu du fracas des guerres civiles, avait pourtant augmenté encore la faveur dont jouissait l'*Énéide*. Tous les faiseurs de vers latins (et qui ne se mêlait d'en faire?) mettaient les *Géorgiques* en lambeaux ; les moralistes citaient Virgile, et plus d'un des ces horribles pédants, comme l'Hortensius que nous décrit Sorel dans *Francion*, y voyait encore comme au moyen âge le résumé de toute la science humaine. Il était bien plus en honneur qu'Homère, qui était assez mal compris, même par ceux qui étaient ses plus fervents défenseurs. La parodie n'a de chance de succès que si elle s'en prend à des œuvres lues et commentées chaque jour : aussi, en s'attaquant à Virgile, au poète si longtemps adoré et dont les autels fumaient encore, Scarron faisait-il un coup de maître.

Virgile, pour son malheur, se prêtait plus qu'un autre au travestissement. Plus nous étudions sa « divine » *Énéide*, plus nous nous convainquons de l'art extrême qui a présidé à sa composition : car Virgile n'est pas le *vates* qu'on a célébré naïvement durant tant de siècles, il n'est pas un Homère. Il est un génie merveilleux qui a mêlé dans son poème les légendes et les idées les plus diverses : fables gracieuses de la Grèce, mythes prosaïques de la grossière Italie, récits des temps historiques de Rome, allusions au temps présent. Enflammé par l'amour d'Homère et guidé par l'exquise sensibilité de son âme, il a répandu sur ces éléments si disparates une lumière commune, il les a fondus en une œuvre romaine où il a mis tout son cœur. C'est pour cela que nous l'admirons aujourd'hui ; et, quand nous faisons l'inventaire détaillé de ses imitations, qui sont innombrables[1], nous ne voulons pas rabaisser son mérite, mais plutôt rendre hommage à son art ingénieux. Pourtant, si extraordinaire que fût le talent du poète, il ne pouvait suppléer la nature, ni faire de l'*Énéide* autre chose que la plus belle des épopées artificielles. C'est cette fécondité de ressources qui devait désigner Virgile aux coups de la parodie : jamais matière plus riche et plus variée ne s'était offerte ; l'action, les légendes, les caractères, tout prêtait à la remarque et, par conséquent, à la raillerie[2], car partout on sentait la main de l'ar-

[1] M. Gaston Boissier pense que si nous connaissions mieux les ouvrages des anciens, nous ne trouverions pas dans *Virgile* un seul trait qui ne leur fût emprunté. (Note prise à l'École normale.)
[2] La parodie s'attaqua du reste de très bonne heure à l'*Énéide*. Sur les murs de Pompéi, où l'on a trouvé griffonnés au charbon bien des vers de Virgile, on a découvert aussi une curieuse caricature qui représentait la fuite d'Énée, avec son père sur les épaules et son fils à la main ; les trois personnages ont des têtes de chien. (Voir Panofka, *Parodien und karricaturen auf Werken der klassischen kunst*. Berlin, 1851.

tiste, c'est-à-dire, au milieu d'une œuvre de génie, les traces de l'imperfection humaine. A vrai dire, il ne faudrait pas chercher dans le poème burlesque une critique sérieuse et érudite de l'*Énéide* : mais l'instinct guida le poète comique et lui fit deviner qu'il trouverait en Virgile un admirable thème à plaisanteries. Le doux Virgile prêtait le flanc : Scarron n'en demandait pas plus, et il n'était pas homme à laisser passer une pareille occasion.

Voilà comment le « Cygne de Mantoue » paya les frais de la guerre que Scarron, Sorel et d'autres faisaient aux écrivains solennels et ampoulés. Il fut choisi parce qu'il était le plus lu, le plus admiré, le plus souvent cité et aussi le plus facile à travestir : c'est un hommage indirect qu'on rendait à son génie. Le même Scarron qui épuisera sur lui, en plus de vingt mille vers, sa verve comique, le proclamera, d'autre part, l'*inimitable* Virgile[1]. Il n'y a cela aucune inconséquence : c'est bien parce que Virgile est inimitable, que Scarron s'est avisé, non pas de l'imiter, mais de le travestir. Il désire surtout en dégoûter ses contemporains qui l'imitent trop. Il lui en veut, c'est-à-dire il en veut à l'antiquité tout entière, d'avoir produit, au XVIIe siècle, les pédants, les faiseurs de romans, les « pousseurs de beaux sentiments », et tous les fâcheux de la république des Lettres. Il lui reproche d'avoir gâté bien des écrivains par son grand air, tout comme il se reprochera un jour à lui-même d'en avoir gâté beaucoup aussi par son burlesque. Virgile est cause que les poètes « montent sur leurs grands chevaux », et « donnent du haut style », creux et sonore, au lieu de s'attacher à peindre la nature[2]; il est cause que les héros sont à la mode, que tous les personnages qu'enfante l'imagination des auteurs sont toujours grimpés sur des échasses et dépassent de cent coudées la simple humanité. Lui aussi, pauvre Scarron, il sera forcé, comme les autres, de décerner à plus d'un quelques brevets d'héroïsme, dans ses dédicaces et dans ses petits vers; mais il en enragera sourdement et il se vengera sur Énée de tout cet encens qu'il a respiré autour de lui, et qu'il a

---

[1] Voir l'*Écolier de Salamanque*. Dédicace à S. A. R. Mademoiselle. Scarron loue sa beauté, sa taille, sa mine « qui peuvent servir d'un riche modèle aux meilleurs poètes pour représenter non seulement une héroïne bien vérifiée, mais aussi une divinité telle que la mère d'Énée est admirablement bien décrite dans l'inimitable Virgile. » L'*Écolier de Salamanque* (1653) est postérieur au *Virgile travesty*.

[2] Je vais donc donner du haut style,
Comme ferait ici Virgile,
Et, monté sur mes grands chevaux,
Les pousser par monts et par vaux.
(*Épître chagrine à Rosteau*).

été forcé de brûler lui-même. Jodelet s'écrie dans un monologue:
« Il n'est rien tel qu'être pied plat! » C'est aller bien loin ; mais
Scarron pense qu'il n'est rien tel que de n'être pas un héros et
d'avoir des sentiments vrais. Il comprend peu l'idéal, quoiqu'il
ait essayé de s'y jucher dans quelques-unes de ses pièces de
théâtre; ou plutôt il place l'idéal ici-bas, dans la peinture de l'humanité telle qu'elle est. Entre le grand style et le burlesque,
entre l'héroïque et le comique, son choix est fait : il l'a dit en de
fort jolis vers :

> Avec l'émail de nos prairies,
> Quand on le sait bien façonner,
> On peut aussi bien couronner
> Qu'avec l'or et les pierreries.
>
> Vous vous moquez de ce discours,
> Faiseurs de grands vers pleins d'emphase,
> Qui seuls croyez monter Pégase
> Dans vos voyages au long cours.
>
> On peut écrire en vers, en prose,
> Avec art, avec jugement ;
> Mais écrire avec agrément,
> Mes chers maîtres, c'est autre chose.
>
> Les vers ont aussi leur destin :
> Un poëme en genre sublime,
> Que son auteur lime et relime,
> Ne vit quelquefois qu'un matin.
>
> Cependant des auteurs comiques
> Les meilleurs, dont il est fort peu,
> Ne sont pas bons à mettre au feu,
> Au jugement des héroïques !
>
> J'en sais de ceux au grand collier,
> Des plus adroits à l'écritoire,
> Qui pensent aller à la gloire,
> Et ne vont que chez l'épicier[1] !

Écoutons Molière parler quelques années plus tard, par la bouche
du chevalier Dorante, dans *la Critique de l'école des femmes*[2] :
« Je trouve qu'il est bien plus aisé de se guinder sur de grands
« sentiments, de braver en vers la fortune, accuser les destins, et
« dire des injures aux dieux, que d'entrer comme il faut dans le
« ridicule des hommes, et de rendre agréablement sur le théâtre
« les défauts de tout le monde. Lorsque vous peignez des héros,

---

[1] *Œuvres*, VII, 273. *Héro et Léandre.*
[2] Scène VIII.

« vous faites ce que vous voulez... Mais, lorsque vous peignez des
« hommes, il faut peindre d'après nature... En un mot, dans les
« pièces sérieuses, il suffit, pour n'être point blâmé, de dire des
« choses qui soient de bon sens et bien écrites ; mais ce n'est pas
« assez dans les autres : il y faut plaisanter..... » C'est là une
théorie fort contestable, mais il faut remarquer que Molière ne
fait qu'appliquer au théâtre le principe que Scarron proclame
pour toute la littérature : la supériorité du comique sur l'héroïque [1].

Donc, le seul grief que Scarron ait contre l'*Énéide*, c'est qu'elle
est une épopée : il la raille à ce seul titre, et le talent particulier
de Virgile n'est pas en cause. Il y a bien rivalité entre Virgile et
Scarron, et c'est ce qui, dans l'entreprise de ce dernier, peut nous
sembler extraordinairement vain. Mais c'est une rivalité d'un
genre tout particulier, par contraste et non par ressemblance.
Scarron veut vaincre Virgile, non pas en faisant mieux dans le
même genre, mais en faisant juste le contraire et en mettant partout le trivial à la place du noble. Il veut faire sortir le comique
de l'héroïque et démontrer par là la supériorité du premier ; il
veut composer, à l'aide des matériaux que lui fournit le poète
latin, une œuvre plus lue, plus populaire que l'original. Prétention absurde, si l'on veut, mais où l'on ne doit pas voir le dénigrement mesquin d'un chef-d'œuvre. Scarron n'a eu qu'un but :
il a voulu faire rire avec l'œuvre la plus admirée, la plus sérieuse,
la plus touchante ; il a voulu faire rire, non pas aux dépens de
Virgile, mais avec Virgile même ; et son intention est si peu méchante, qu'il souhaiterait de bon cœur que Virgile ressuscitât,
pour rire avec tout le monde.

Personne ne s'y est trompé au XVIIe siècle : Scarron lui-même,
dans la *Dédicace* du premier chant à la Reine, dit : « Je ne me
mêle que de faire quelquefois rire. » Parmi tous ceux qui, suivant la mode du temps, ont envoyé à l'auteur des vers élogieux,
pour être placés en tête de l'édition, nous n'en trouvons pas un
qui ait prêté à Scarron la moindre intention satirique contre Virgile ; tous s'attachent seulement à proclamer la gaieté extrême de
l'œuvre et à l'opposer au sérieux de l'original. Scudéry dit assez
finement :

> Virgile rirait lui-même
> De se voir si bien masqué !

---

[1] Scarron est aussi d'avis, comme Molière, que le comique est plus difficile : il s'étonne de la suffisance des poètereaux qui s'adonnent au genre burlesque, « *comme étant le plus aisé* » ; il est au contraire le plus difficile.

Tristan l'Hermite suppose bien que Virgile peut n'être pas content; mais ce n'est pas qu'il se soit senti maltraité; il est seulement jaloux d'avoir fourni à Scarron par « son envers » un succès égal à celui qu'il avait obtenu par « son endroit. »

> Mon cher Scarron, Virgile enrage
> Et tout le monde est étonné
> De voir son plus superbe ouvrage
> En burlesque ainsi retourné.
> On croyait que son Énéide
> Pompeux, élégant et fluide [1]
> Fût sans pareil en l'univers ;
> Mais on dit en voyant le vôtre,
> Que c'est un drap à deux envers
> Aussi bien d'un côté que d'autre.

Boisrobert, qui n'était pas encore brouillé avec Scarron, lui envoya des vers qui occupent, dans l'édition de 1648, la place d'honneur ; il exprime la même idée que Scudéry :

> Si ton héros vivait, et qu'en ce carnaval
> Il se vît déguisé en cet habit fantasque,
> Je gage qu'il ferait tout le cours à cheval,
> Et qu'il prendrait ainsi plaisir d'aller en masque.
>
> N'en déplaise aux pédants de l'Université,
> Bien aises que Virgile ait fait Didon sa garce,
> Le texte de ce poète est plus souvent gâté
> Dans leurs écrits bourrus qu'il ne l'est dans ta farce.
>
> Leurs remarques de balle et comments de rebut
> Nous brouillent la cervelle, au lieu de nous instruire ;
> Mais ta main sans manquer a frappé droit au but,
> Si tu n'as eu dessein que de nous faire rire.

La Motte Le Vayer, fils du philosophe, celui dont Molière a pleuré la mort dans un sonnet, déclare à Virgile qu'il lui faut se retirer devant Scarron, parce que les larmes doivent céder la place au rire, l'héroïque au comique :

> Mon bon Monsieur Virgile, il faut vous retirer :
> Assez par vos beaux vers vous avez fait pleurer
> Les bonnes gens émus de voir le pauvre Énée
> Tourmenté par Junon contre Troie acharnée ;

Pour lui, Scarron, il ne prétend pas être un auteur de génie, il n'est qu'un « poëte à la douzaine. » — D'Assoucy a dit à son tour : « Quoi qu'on dise de l'héroïque, il s'en faut bien qu'il soit de si difficile accès que le fin burlesque, qui est le dernier effort de l'imagination et la pierre de touche du bel esprit, et non pas encore de tout esprit... » (*Aventures d'Italie*, édition Garnier, p. 275.)

[1] Ces adjectifs ne doivent pas être pris en mauvaise part ; l'épithète d'*élégant* qui est intercalée entre les deux autres le prouve surabondamment.

Mais maintenant, seigneur Maron,
Il faut céder au sieur Scarron,
Qui, d'un style rempli de beautés et de charmes,
Et par d'incomparables vers,
Fera rire tout l'univers
De tous ces accidents qui nous causaient des larmes.
Cédez-lui donc sans résistance :
Car d'autant plus que vous il se fait admirer,
Que l'on tient pour maxime en France
Qu'il vaut mieux rire que pleurer.

Segrais, qui devait plus tard traduire très sérieusement l'*Énéide* et les *Géorgiques*, voyait dans l'œuvre de Scarron une gageure originale et non une profanation [1]. Dupin, Féramus, Sarrasin, Urbain Scarron, l'oncle du poète, ont rendu à l'innocente gaieté de l'œuvre le même hommage, et pas un n'y a vu la ridicule prétention de vouloir critiquer à fond l'*Énéide*. A ces témoignages, on peut joindre encore ceux de Sorbière [2], de Charles Beys [3], d'Olaüs Borrichius [4], de Sorel [5], de Baillet [6], et surtout celui de l'avocat Gabriel Guéret qui, dans son *Parnasse réformé*, a spirituellement exprimé son opinion sur le *Virgile travesty*. Virgile rencontrant Scarron aux Enfers lui fait grise mine, mais sa colère tombe vite devant la franche explication du cul-de-jatte :

> Vous êtes, dit-il, un peu colère, Monsieur Virgile ; vous prenez bien vite les chèvres, ou, pour mieux dire (peut-être n'entendez-vous pas ce proverbe), vous avez la tête bien près du bonnet. Il faut pourtant que vous riiez, malgré vos dents ; il ne sera pas dit que vous me ferez toujours la grimace, et, foi d'auteur, je vous réduirai bien à la raison. Je ne suis plus, Dieu merci, cul-de-jatte ; mon corps qui faisait autrefois un Z est maintenant plus droit qu'un I ; j'ai toute la liberté de mes membres et ma muse pourrait bien donner quelque gourmade à la vôtre, si elle n'est pas plus reconnaissante de l'honneur que je lui ai fait. Sachez donc, Monsieur le poète latin, que je suis Scarron, et si mon nom seul ne vous suffit pas, écoutez seulement ce que je vais vous dire : je ne suis ni philosophe, ni médecin, ni jurisconsulte, ni mathématicien, ni astrologue, ni architecte, ni rhéteur, ni grammairien ; je ne fais, par conséquent, ni syllogismes, ni ordonnances, ni consultations, ni campements, ni horoscopes, ni édifices, ni déclamations, ni syntaxe. Que fais-je donc, à votre avis ? je ris en prose et en vers,

[1] Qui peut avoir rendu Virgile ridicule
Peut bien trouver le moyen de guérir.
Le quatrain est signé I. R. S. C. (Jean Renaud Segrais, de Caen).
[2] *Sorberiana*.
[3] Beys. *Œuvres poétiques*, 1651. Quinet. *Élégie à M. Scarron sur son Virgile travesty* : l'auteur développe cette idée, que ceux qui seraient mécontents de ce travestissement iraient contre le *Temps*, la *Raison* et les *Mœurs*.
[4] Olaüs Borrichius. *Dissertationes academiæ de poëtis*. Francfort. 1683. L'auteur compare les œuvres burlesques de Scarron aux *Silènes* d'Alcibiade et aux *Mimes* de Sophron.
[5] Sorel. *Bibliothèque Française*.
[6] Baillet. *Jugement des Savants*.

selon que la fantaisie m'en prend ; tantôt je barbouille les amours de M. Destin et de Mlle de l'Estoile ; quelquefois je me divertis avec la Rancune. En d'autres rencontres, je chante les prouesses du Typhon ; souvent je folâtre avec Jodelet, et quand je ne sais plus que faire je badine avec votre dondon de Carthage ; voilà comme je passe ma vie. Sans moi, il y a trente ans que l'on ne rirait plus en France, et si vous ne voulez rire comme les autres, prenez garde que je ne vienne, à la tête de deux cent mille rieurs, pour exterminer votre chagrin. — Alors Virgile se prit à rire et, tendant les bras à Scarron, ils s'embrassèrent si fort, qu'ils ne purent quasi se quitter [1].

Cet hommage que rend Guéret à l'intention purement plaisante de Scarron, presque tous ses contemporains et tous les critiques de l'âge suivant le lui ont rendu. Cyrano de Bergerac protesta pourtant dans un passage fort violent [2] ; mais il est impossible d'attacher la moindre importance à son opinion, quand nous le voyons quelques années plus tard envoyer à d'Assoucy un sonnet louangeur, qui s'étale en tête de l'*Ovide en belle humeur* [3] ; Cyrano n'a parlé que par haine, comme le prouve le ton de la lettre. Poussin semble seul être resté réfractaire au charme de cette poésie, et il la juge sévèrement dans une lettre à M. de Chantelou ; mais, à part lui, personne ne songea à crier au sacrilège ; le doux Racine lui-même, notre Virgile français, ne lisait-il pas en cachette de Boileau l'*Énéide* de Scarron ? Ne l'eût-il pas rejetée avec horreur, s'il y avait vu un outrage véritable au poète qu'il vénérait ? N'y a-t-il pas quelque ridicule de notre part à

---

[1] Guéret. *Parnasse réformé*, 8e édition, revue, corrigée et augmentée, chez Th. Jolly, 1669. — Dans ce qui précède, Virgile et Ovide se plaignent d'avoir été travestis en burlesque. Virgile déplore amèrement l'injure qui a été faite à son œuvre : « Quoi ? j'aurai travaillé toute ma vie après un poème, j'y aurai consommé mes soins et mon industrie, et l'on me viendra berner impunément ? On fera de mon héros un faquin ?..... Que ne brûlait-on mon poème, comme je l'avais ordonné par mon testament ! je n'aurais pas reçu cet outrage..... » — Ovide déclare que Virgile doit au contraire remercier Scarron : « *Car il a donné à votre Énéide dans le genre burlesque, le même rang qu'elle tient dans le sublime ; c'est par son moyen que vous passez entre les mains du beau sexe, qui se plaît à venir chez vous, et, style pour style, il a des grâces folâtres et goguenardes qui valent bien vos beautés graves et sérieuses.....* Scarron contre qui vous criez si fort était original en cette manière d'écrire ; il n'y a rien de plus naïf ni de plus plaisant que ses vers ; il a des rencontres, qui feraient rire Minos, et il a fait de votre Énée le héros le plus burlesque qui sera jamais. » Quant à lui, Ovide, il se plaint de n'avoir été travesti que par un d'Assoucy. C'est alors qu'intervient Scarron dans le débat.

[2] « Je n'ai jamais vu de ridicule plus sérieux, ni de sérieux plus ridicule « que le sien..... Ses partisans ont beau crier, pour élever sa gloire, qu'il « travaille d'une façon où il n'a personne pour guide, je le confesse : mais « qu'ils mettent la main sur leur conscience. En vérité, n'est-il pas plus aisé « de faire l'Énéide de Virgile comme Ronscar, que de faire l'Énéide de « Ronscar comme Virgile ? Pour moi, je m'imagine, quand il se mêle de « profaner le saint art d'Apollon, entendre une grenouille fâchée croasser « au pied du Parnasse. » (*Lettre contre Ronscar.*)

[3] On est tout étonné de trouver aussi, en assez mauvaise compagnie, un sonnet louangeur de Corneille lui-même.

nous montrer plus virgiliens que Racine, et à prendre des airs scandalisés qui auraient fort amusé Scarron et ses contemporains [1]? Aristophane a-t-il été un athée, pour avoir parfois peint avec liberté les dieux vénérés de sa patrie? Les auteurs de nos chansons et de nos vieux drames religieux étaient-ils des Turcs et des hérétiques pour avoir plaisanté quelque peu sur Dieu et sur les saints dans le *Pèlerinage de Jérusalem* ou dans plus d'un *mystère*? Les prêtres qui riaient à ces représentations étaient-ils des prêtres de Baal? Si l'on attache toujours au rire l'idée d'une profanation sérieuse, quel est l'homme, quelle est la chose, quelle est la doctrine en France qui n'est pas chaque jour profanée? Il me semble qu'on doit avoir l'esprit assez libre pour admirer le génie de Virgile et pour sourire de bonne grâce au spirituel travestissement qu'en a fait Scarron.

Il ne faut donc chercher dans le Virgile de *Scarron* qu'un amusement. L'intention de l'auteur ressemble assez, par certains côtés, à la pensée qui avait guidé Lalli lorsqu'il composa son *Eneide travestita*[2], parue en 1633. Naudé, dans le *Mascurat*, soupçonnait que Lalli « avait peut-être donné sujet par son *Énéide travestita* au petit Scarron d'en faire une semblable dans notre langue. » Rosteau, l'ami intime de Scarron, « disait qu'il n'avait été que l'imitateur de Jean-Baptiste Lalli, poète burlesque italien, dans son *Virgile travesty* [3]. » De nos jours, les critiques assurent que Scarron ne doit rien à Lalli. Qu'il l'ait *imité*, à coup sûr cela n'est pas exact; car il est impossible de trouver le moindre rapport de détail entre le prétendu original et la copie; pourtant, après le témoignage si formel de Rosteau, bien placé pour être exactement renseigné, il semble certain que Scarron a pour le moins songé à Lalli, quand il a composé son *Virgile* : peut-être n'avait-il plus le livre en main, mais il devait l'avoir lu, et il avait même pu en connaître l'auteur à Rome, quand il y alla en 1635; c'était le moment où l'œuvre de Lalli était le plus populaire. L'intention du poète italien n'est pas absolument différente de celle de Scarron. Lalli, comme il l'explique dans sa préface, a voulu vulgariser Virgile; jusqu'alors on ne l'avait traduit qu'en langue toscane sérieuse : « Il m'a paru, dit-il, qu'on faisait tort à un poème aussi

---

[1] M. Gaillardin (*Histoire de Louis XIV*) appelle le *Virgile travesty*, « une farce plate et ordurière où, à défaut de verve vraiment comique, on trouve à chaque page les ordures qui sont l'esprit des mauvais lieux. »

[2] *L'Énéide travestita*, del signor Gio. Battista Lalli. In Venetia, MDCXXXIII. Elle fut réimprimée plusieurs fois, notamment en 1682.

[3] Rosteau. *Sentiments sur quelques livres qu'il a lus*, 76, 77, ms. (Cité par Baillet, *Jugem. des Savants*); il m'a été impossible de retrouver ce manuscrit.

« éminent de ne pas le traduire aussi en style agréable et badin,
« afin que tout le monde fût plus à même de le goûter, et que
« chacun, dans les heures de loisir que lui laissent les graves
« occupations, pût en retirer un agréable divertissement »; il ne
se dissimule pas qu'à un pareil jeu on risque « d'avilir la majesté
« du ton épique et de travestir un poète couvert d'or, en l'affu-
« blant de haillons pauvres et grossiers »; il s'est pourtant décidé, et a composé son *Énéide* en huit mois; il s'est ingénié à se
servir « d'expressions basses et vulgaires, de quolibets *(motti)*,
de proverbes, sans reculer, à l'occasion, devant les moins nobles
et les termes peu civils. » Il annonce de plus qu'il ne s'attachera
pas à suivre exactement le texte : il fera une paraphrase. Il
rappelle ingénieusement au lecteur que les instruments de musique qui sont mollement accordés sont d'une harmonie plus
douce que ceux qui sont trop tendus. Il espère que l'œuvre
fameuse de Virgile, semblable à un lingot d'or qui brillerait sous
des haillons, ne perdra rien de sa perfection en passant par ses
vers. A coup sûr Scarron ne professait pas pour Virgile la même
admiration respectueuse, et ce n'est certes pas pour prendre
soin de la gloire de l'*Énéide* qu'il l'a travestie; pourtant il semble
avoir usé du même procédé que Lalli; seulement il l'a fait avec
infiniment moins de mesure. Tandis que le poète berniesque ne
baissait l'*Énéide* que de quelques tons[1], Scarron l'a baissée pour

---

[1] Pour qu'on puisse juger de la faible dose de burlesque dont Lalli charge Virgile, voici la traduction littérale des premiers vers du second chant :

I. « Les assistants se tenaient là, la bouche ouverte et les oreilles tendues pour entendre Énée. Il commença : Ma gracieuse Reine, vous m'imposez la rude tâche de vous raconter la ruine de mon pays et une odieuse intrigue : eh! oui, oui, c'est en plein cœur (*al corpo di mia vita*) remettre le couteau dans la plaie.

II. « Mais pour obéir, me voilà prêt à redire les injustes malheurs de Troie ; bien qu'il soit minuit (et pour un tel récit dix semaines ne suffi- raient pas) je vais vous dire ce que j'ai vu moi-même et je ne vous ferai mie d'imaginaires histoires; mais je ne le pourrai, par la douleur que j'aurai, sans avoir toujours aux yeux mon mouchoir. »

Le commencement du septième chant est pourtant rendu d'une façon plus comique :

> E tu Caeta, che gioconda, e grassa
> Desti la poppa al bel bambocchio Enea.....

« Et toi Caïète qui, agréable et grasse, as donné la mamelle au beau poupon Énée..... » Quelques vers plus loin, il appelle l'Italie *una Cuccagna*. Énée est nommé *il Capitano Enea, il Paladin*. Où Virgile met *nec candida cursus Luna negat,* Lalli met :

> E la luna servia di candelotto.

Le poème de Lalli est écrit en vers de dix syllabes, groupés en huitains, suivant la mode des anciens *capitoli*. Il y a de cent cinquante à deux cents huitains par chant.

ainsi dire de plusieurs octaves et l'a transposée aussi loin qu'il a pu du thème original, tout en lui conservant son aspect primitif. Au lieu de la rendre simplement enjouée, il l'a rendue burlesque ; par haine de l'héroïque, il a forcé la note du comique, il a humilié son modèle ; ou plutôt il s'est laissé emporter par sa verve endiablée, par son tempérament de railleur à outrance, et il est allé jusqu'au bout ; encouragé par l'applaudissement général, il a mis le doux Virgile au pillage ; il a tout retourné dans la maison, tout mis sens dessus dessous. Mais au fond n'a-t-il pas réalisé le rêve de Lalli ? n'a-t-il pas complété (qu'il l'ait voulu ou non) le triomphe de Virgile ? ne l'a-t-il pas rendu plus universel ? n'est-ce pas, grâce à lui, que l'*Énéide*, qui déjà nous attendrissait et nous émouvait, nous fait rire aussi ? Quand nous voulons nous délasser un instant, ce n'est pas à Virgile édité par Heyne ou par Ribbeck que nous irons demander la gaieté, mais c'est quelquefois à Virgile travesti par Scarron ; et c'est encore un peu Virgile.

On n'a qu'à jeter les yeux sur le poème de Scarron pour constater combien peu l'auteur a pris son œuvre au sérieux : il fit paraître le premier chant dans l'hiver de 1648, en plein carnaval, et il souligna dans la *Dédicace à la Reine* cette coïncidence qui ne fut pas fortuite [1]. De plus, chacun des sept livres qu'il eut la constance de composer et de publier, non pas de mois en mois,

---

[1] Dans la dédicace du premier chant : *A la Reine,* il dit : « Si mon Énéide fait « rire V. M. seulement du bout des lèvres, et que le fils d'Anchise ait assez « plaisamment masqué ce carnaval pour la divertir, il paraîtra tous les mois « sous de nouveaux masques jusques à la fin de l'année, qu'il épousera « l'infante à Lavinium. » Le privilège est du 8 janvier, *signé :* BÉRAUD. « Notre cher et bien amé le sieur Scarron, nous a fait remonstrer que « durant quelques relasches de sa maladie, il se seroit diverty à composer « et mettre en vers burlesques les douze livres de l'*Énéide* de Virgile, enri- « chis de figures, lesquels il désireroit faire imprimer sous le titre de « l'*Énéide travestye*, etc. » L'achevé d'imprimer n'est que du *dernier février 1648*. Le retard fut dû sans doute à la gravure des figures. — Le second chant, dédié *à M*^{gr} *Séguier, chancelier de France*, ne fut achevé d'imprimer que le 25 juin 1648 ; on voit que les promesses de Scarron ne se réalisaient pas. — Le troisième, dédié *à M*^{gr} *le président de Mesme* (qui mourut l'année suivante), parut après le 23 décembre 1648 ; il contient aussi un *Au lecteur*. — Le quatrième, *à M. et M*^{me} *de Schomberg*, est du 20 mars 1649. — Le cinquième, *à M. Deslandes-Payen, conseiller en Parlement de la Grand'Chambre, prieur de la Charité-sur-Loire et abbé du Mont-Saint-Martin*, etc., fut achevé d'imprimer le 10 décembre 1649. — Le sixième, dédié *à M. et M*^{me} *la comtesse de Fiesque*, date du 10 janvier 1651. — Le septième, *à M*^{gr} *de Roquelaure, duc et pair de France*, parut en juin ou juillet 1652, c'est-à-dire au lendemain du mariage de Scarron ; — le fragment du huitième ne parut probablement qu'après sa mort. Brunet (*Manuel du Libraire*) mentionne bien une édition du *Virgile travesty* de 1652, en huit livres, et M. V. Fournel suppose que ce huitième livre doit être le fragment que Scarron a laissé inachevé. Il m'a été impossible de trouver trace, à la Bibliothèque Nationale, de cette édition.

comme il se flattait de le faire, mais dans l'espace de quatre ans et demi, est orné de figures, que Chauveau a gravées, et qui sont un commentaire amusant de la poésie. Au début de l'ouvrage est un dessin allégorique qui se retrouve en tête de chaque chant; il représente Apollon couronnant un homme agenouillé qui lui apporte le *Virgile :* est-ce Scarron? Rien ne paraît de ses infirmités : peut-être est-ce Virgile lui-même. A ses côtés se tient la Muse, un masque à la main. Les figures que Chauveau a composées spécialement pour chacun des livres de l'*Énéide burlesque,* sont plus intéressantes : au premier chant nous voyons la tempête qui fond sur la flotte d'Énée, les Vents avec des soufflets, et Neptune qui les menace du doigt. — Au second, Énée s'enfuit avec Anchise sur ses épaules; Anchise a des lunettes et tient une lanterne; Créuse rattache sa jarretière par derrière, le petit Iule tient un chat; un autre personnage est coiffé d'une marmite et emporte des objets grotesques. — Au troisième, les Harpyes attaquent les Troyens, leur font des pieds de nez, mangent et boivent à leur barbe; les compagnons d'Énée leur livrent un combat ridicule avec des lances et des épées; Iule souffle dans une sarbacane : à terre gisent les restes du repas. — Au quatrième, Énée part pour la chasse : il est à cheval avec Didon à califourchon, qui a un gros oiseau sur le poing. Énée porte une lance, une arbalète, et tient une truie en laisse; suivent les piqueurs. — Au cinquième, l'artiste a représenté les jeux; on joue à saute-mouton, à enfiler des bagues; Évandre et Énée sont assis et regardent; au-dessus de leur tête sont les prix destinés aux vainqueurs : une paire de gants, une paire de souliers, une marmite, un miroir, un couteau, etc. — Au sixième livre, nous voyons l'Enfer, les supplices de la roue et du pal, le rocher de Sisyphe, etc., rendus d'une façon plus burlesque qu'effrayante. — Telles sont ces gravures, assez finement dessinées, pour lesquelles il aurait fallu le burin pittoresque d'un Callot; mais elles sont déjà comme un avant-goût du poème, et l'auteur, dans ses vers, a tenu largement tout ce que promettait l'artiste.

Donner une analyse de l'œuvre de Scarron est chose à peu près impossible, et heureusement inutile. Un résumé de l'*Énéide* n'est plus à faire, et si on le tente à la manière burlesque, pour fournir une idée du travestissement qu'a subi Virgile, il est préférable de se reporter tout de suite à Scarron lui-même. Critiquer une pareille œuvre, n'est pas plus facile. N'est-ce pas perdre son temps que d'appliquer les règles ordinaires à un poème qui s'en affranchit si manifestement? La belle découverte de constater que beaucoup de ces plaisanteries n'ont pas l'ombre du bon sens, que plus d'une choque le bon goût et les convenances, que l'auteur a pris des libertés étranges, non seulement avec le sujet, mais aussi avec le lecteur qu'il traite fort cavalièrement, avec la prosodie dont il se soucie fort peu, et même avec la grammaire qu'il fait parfois gémir! Scarron sait bien tout cela, et il a eu soin de prévenir le public qu'en n'achetant pas son livre il ferait une preuve insigne de sagesse. Il y aurait donc une sorte de duperie à se livrer à une étude trop sérieuse d'une œuvre aussi légère. Tout au plus peut-on noter quelques-uns des procédés qui reviennent le plus souvent sous la plume du poète. C'est chose assez aisée, car le comique de Scarron ne se cache pas dans son œuvre, comme le rameau d'or dans la forêt de Cumes ; il s'impose à nous et semble vouloir forcer notre rire. La plupart de ces artifices sont connus et ont été exposés par M. V. Fournel[1] et par M. Junker[2]. Peut-être est-il possible, sans rentrer dans tous les détails, et sans reproduire ces exemples déjà souvent cités, de classer avec plus de précision ces divers procédés, et d'en apprécier l'importance fort inégale.

Pour comprendre le *Virgile travesty*, et pour juger sainement les moyens que Scarron a employés, il faut ne pas oublier le dessein véritable de l'œuvre. L'auteur n'a pas voulu prouver que l'*Énéide* est une épopée mal faite, et Virgile un mauvais poète, mais il a prétendu montrer qu'avec le poème réputé le plus admirable, le plus élevé, le plus tendre, on peut faire le poème le plus bouffon, le plus trivial, le plus risible, et que sous cette forme, burlesquement travestie, l'œuvre plaira peut-être encore davantage, en dépit du bon sens et du bon goût, parce que le comique est supérieur à l'héroïque, la réalité, même banale, à la fiction conventionnelle. Comment aura lieu cette transformation? Pour Scarron, les petits côtés de la nature humaine sont infiniment plus nombreux que les grands ; ce sont ceux-là qu'il faut peindre et représenter dans des œuvres triviales, mais vraies ; il faut surtout se méfier des prétendus beaux sentiments qui ne sont que mensonge et affectation. Qu'y a-t-il au fond le plus souvent? quelque arrière-pensée mesquine qu'on voile habilement pour tromper le public. Scarron est le digne poète de la Fronde ;

---

[1] Chapitre sur le *Burlesque en France* et sur le *Virgile travesti*, dans la *Littérature indépendante*. Ce chapitre a été reproduit en tête de l'édition publiée par le même auteur (chez Garnier).
[2] H. P. Junker, de Munster. *Paul Scarron's Virgile travesti*. Oppeln, 1883. C'est une étude intéressante, mais trop visiblement inspirée de l'article de M. V. Fournel, cité ci-dessus.

comme La Rochefoucauld, il n'a vu qu'égoïsme et amour-propre autour de lui, peut-être en lui-même; seulement, tandis que le noble duc a pris la matière de ses *Maximes* chez les gens du monde et les illustres dames qu'il fréquentait, Scarron, moins aristocrate et surtout plus optimiste, a atténué le caractère navrant de cette philosophie, il l'a tempérée par le rire ; il en a fait comme un répertoire de sottises à l'usage des gens du peuple et des petits bourgeois; et il l'a appliquée par malice aux graves personnages de l'*Énéide*. Il rabaissera donc tout dans Virgile; il n'y aura plus ni héros, ni exploits, ni grands sentiments; il n'y aura que des fantoches absolument niais, des événements d'une invraisemblance ridicule ou d'une banalité puérile, des sentiments misérables et mesquins. Le burlesque naîtra de cette dégradation.

Seulement, ce qui rendra ce burlesque supportable et même, au goût de beaucoup de personnes, fort agréable, c'est qu'il ne consistera pas uniquement dans cet avilissement et dans cette négation; sans quoi il ne serait qu'une ignoble profanation, et Scarron mériterait d'être appelé l'Érostrate de la littérature. Mais il se cache un fond de vérité dans son œuvre : à cet idéal qu'il démolit Scarron est bien obligé de substituer une réalité quelconque; et cette réalité où ira-t-il la chercher? Au temps où vivait Énée? C'est une époque fabuleuse que nous ne connaissons que par les légendes héroïques. Au temps de Virgile? Cette époque n'était guère connue non plus qu'à travers les œuvres des poètes et des orateurs, qui en déguisaient la vie intime et réelle; ce n'est que de nos jours que l'on a pu pénétrer un peu dans les dessous de la société romaine, dans la bourgeoisie et les petites classes d'alors; et combien subsiste-t-il encore d'obscurités! Dès lors Scarron était bien forcé de peindre la réalité au milieu de laquelle il vivait, celle de 1648 et du quartier du Marais. Il ne pouvait refaire l'*Énéide* qu'à cette condition. Le travestissement de Virgile reposera donc sur un anachronisme. Et ce n'est pas là un procédé accessoire dont l'auteur peut se servir au besoin comme de tel autre [1] : c'est le procédé perpétuel et nécessaire du poète burlesque. Le *Virgile* se compose d'un long anachronisme général et d'une foule innombrable d'anachronismes particuliers. Dans les tout premiers vers, il est question du *Typhon*, de la maladie de Scarron, de sa belle-mère, de *Monsieur* Anchise, des

---

[1] MM. Fournel et Junker rangent ce procédé au milieu des autres, tels que l'énumération comique, l'intervention du poète, sans lui assigner une place à part.

bons bourgeois de Troie, d'Énée qui devint seigneur de Lavinium avec quinze mille livres de rentes, de Séville, du bon roi Roger, du roi d'Alger, des gants de Grenoble qui furent inventés à Carthage, des carrosses, des chaises à bras, litières et brancards, sur lesquels se faisait porter Junon[1], d'exemption des tailles, de bailliage, de présidial, de collèges à privilèges, et cela continue ainsi à travers les vingt mille vers du poème. On connaît les plus plaisants parmi ces anachronismes : ainsi, lorsque la Sibylle fait à Caron l'éloge d'Énée, elle a bien soin d'ajouter à toutes ses qualités :

> Point Mazarin, fort honnête homme.

Les fêtes données en Sicile, au cinquième chant, se passent pour le *bout de l'an* d'Anchise; Didon, avant de se mettre à table, dit le *Benedicite;* Énée, en débarquant en Afrique, veut savoir si les habitants sont *chrétiens* ou *mahométans;* ailleurs il plante des graines de melon qu'il a reçues d'un gentilhomme de la Touraine; Polyphème est traité de *Quinze-Vingt;* quant à la nymphe Déiopée,

> Elle entend et parle fort bien
> L'espagnol et l'italien ;
> Le *Cid* du poète Corneille,
> Elle le récite à merveille.

C'est là, pense-t-on sans doute, un procédé bien facile et dont nous ont dégoûtés aujourd'hui nos faiseurs d'opéras bouffes. Mais qu'on veuille bien comparer les énormes méprises de Calchas ou de Ménélas dans la *Belle Hélène*[2] avec celles qui sont semées à profusion dans le *Virgile,* l'on s'apercevra vite que le mérite, si mérite il y a, revient tout à Scarron, qu'on a imité, pillé, et parfois même, comme on le faisait déjà au temps de la Fronde, maladroitement copié. Rien n'est plaisant comme un anachronisme bien amené, qui éclate au moment où l'on s'y attend le moins ; et Scarron excelle à en émailler son récit avec une naïveté et un art parfaits. Ces rapprochements brusques entre des idées, des mœurs, des hommes absolument différents, et qui appartenaient à des époques fort éloignées l'une de l'autre, a toujours plu à la fantaisie des écrivains : il s'en dégage je ne sais quelle philosophie comparée, qu'on trouve parfaitement sérieuse et convenable dans les *Dialogues des Morts,* et qu'on aurait tort de blâmer dans une œuvre légère comme le *Virgile travesty;*

---

[1] *Hic currus fuit,* I, 17.
[2] Le livret est de M. Ludovic Halévy, de l'Académie française.

c'est à coup sûr, dans le poème de Scarron, la source principale et toujours renouvelée de la gaieté.

Car l'auteur, dans l'entreprise bizarre qu'il tentait, a su faire preuve de beaucoup de goût, bien que le sujet semblât en comporter très peu. Il a compris à merveille qu'il devait maintenir une sorte d'équilibre entre l'héroïque et le comique, et que, puisque toute la gaieté de son œuvre consistait surtout dans la comparaison, l'original ne devait jamais se faire oublier. Il a donc beaucoup conservé de Virgile, tout en ayant l'air de dire qu'il se soucie peu d'être exact :

> Il importe peu que Scarron
> Altère quelquefois Maron.

Pour les détails peu connus, cela, en effet, n'importe guère, et, bien qu'en ait dit M. Fournel, on pourrait relever plus d'un contre-sens commis par Scarron [1]; mais, en somme, le parodiste suit d'assez près son modèle; il maintient absolument intact le cadre légendaire dans lequel il jette ses peintures si triviales; il ne nous fait grâce ni d'un prodige, ni d'une apparition; il prend soin de reproduire à peu près tous les noms propres d'hommes ou de lieux qui ne font pas grand chose au récit; il tient à rapprocher constamment la couleur de Virgile de la sienne propre ; et plus elles semblent différentes et forment un contraste violent, plus le comique jaillit de cette alliance hybride. Le chef-d'œuvre de Virgile reste debout, avec ses arêtes parfaitement reconnaissables, ses contours distincts et même, du moins à une certaine distance, ses détails respectés; puis, quand on approche, on voit grimacer toutes ces figures, on s'aperçoit que l'épopée est devenue une mascarade. On pourrait appeler les aventures d'Énée, comme Scarron a appelé lui-même celles de Ragotin, *très véridiques et très peu héroïques* : tout en effet est resté conforme à la légende qu'a transmise Virgile, et pourtant, malgré cette ressemblance, tout a changé d'aspect et est devenu bouffon.

Les personnages sont restés bien reconnaissables sous leur masque : Scarron n'a pas modifié leur caractère; il n'a pas représenté Énée impie ou Junon charitable; au contraire, il a appuyé fortement sur les traits les plus saillants de leur figure, au point d'en faire une caricature; il procède à la façon de ces dessinateurs qui s'amusent à croquer les tableaux à la mode, en exagérant certains côtés qui se trouvent bien dans l'original, mais qui ne

---

[1] Scarron qui connaissait en somme très bien son Virgile, ne l'avait peut-être pas toujours sous les yeux en écrivant.

deviennent risibles que par la disproportion qu'on leur donne. Ainsi, les personnages de l'*Énéide* sont repris par Scarron avec beaucoup de vérité, mais aussi avec un très vif sentiment du ridicule, qui les rend grotesques sans leur ôter leur ressemblance. Tous tombent du haut de leur grandeur épique; mais tous, il faut bien l'avouer, tombent du côté où ils penchaient déjà.

Les dieux ne sont pas plus ménagés que dans le *Typhon;* mais ils sont peints avec des détails bien plus vrais; on sent que Scarron suit cette fois un modèle précis. Ils sont tous affublés des passions les plus terrestres; Virgile n'avait-il pas dit le premier :

> Tantæne animis cælestibus iræ !

Et Scarron répète avec bonheur :

> Ils se fâchent donc comme nous ;
> Je ne les croyais pas si fous,
> Et les croyais être sans bile,
> Ces beaux dieux d'Homère et Virgile !

Junon est représentée dès le premier vers comme une sorte de belle-mère acariâtre des dieux et des hommes; c'est la « malebête » acharnée après les pauvres Troyens, depuis le rapt de Ganymède, surtout depuis le jugement de Pâris, qui l'avait méprisée *(spretæque injuria formæ)*,

> Outre qu'il avait révélé
> Qu'elle avait trop longue mamelle
> Et trop long poil dessous l'aisselle,
> Et pour dame de qualité
> Le genouil un peu trop crotté.

Vénus personnifie, en face de Junon, l'amour maternel : c'est un des caractères que Virgile a le mieux peints. Scarron ridiculise à plaisir cette tendresse et en fait je ne sais quelle fantaisie capricieuse et puérile. Ainsi elle pleure de joie en voyant combien son fils a bonne mine et fait bien la révérence. C'est une enfant gâtée qui boude souvent et qu'il faut prendre sous le menton pour la consoler. C'est surtout une coquette, et Scarron ne pouvait manquer d'insister sur ce côté plaisant. La séductrice de l'Olympe devient chez lui une simple « gouge » et pis que cela encore; car Scarron, non plus que Vert-Vert, n'était en peine de rimer richement en *tain*. Mais, à côté de ces plaisanteries obligées et assez grossières, on trouve quelques traits plus fins : toute la scène entre Vénus et Cupidon est charmante :

> Ce petit dieu porte-brandon
> Fut trouvé qui trempait ses flèches,
> Dont les fers sont vives flammèches,
> Dans de l'essence de chagrin,
> De laquelle il ne faut qu'un grain
> Pour rendre une âme forcenée
> Presque autant qu'une âme damnée.
> Voyant sa mère il s'inclina ;
> Demi-livre elle lui donna
> De sucre, faute de dragée.....

Jupiter n'a pas une physionomie aussi originale que celle que Scarron lui a prêtée dans le *Typhon*. C'est un fort honnête homme, faible, bonasse, compatissant, sans grand relief. Il n'a qu'un vice : il ne reste pas fidèle à Junon ; mais on n'a pas le courage de l'en blâmer trop fort.

Au contraire, certains dieux secondaires sont peints d'une façon fort amusante : il y a un portrait de Mercure qui serait parfait si le dernier mot n'était pas un peu vif : le fils de Maïa est le courrier ordinaire de Jupiter, celui qui fait brider un zéphyre lorsqu'il se rend sur la terre,

> Qui sait parler grec et latin,
> Qui coupe si bien une bourse,
> Qui de l'éloquence est la source,
> Sait bien jouer des gobelets,
> Faire comédies et ballets,
> Inventeur de dés et de cartes,
> De tourtes, poupelins et tartes,
> Et pour achever le tableau
> Sur le tout un peu m........

Neptune, qui s'annonçait déjà comme un niais dans le *Typhon*, fait honneur à sa réputation. Si ce Dieu « au poil bleu mourant » fait encore assez bonne figure dans la scène de la tempête, où, après avoir proféré son terrible : « Par la Mort!..... » il lave la tête aux vents qui lui avaient désobéi, il fait bien triste mine quand la mer est calme : alors il s'ennuie dans ses vastes domaines, et il s'occupe

> Faute d'amusoire meilleure,
> A faire en mer des ricochets.
> Un triton avec des crochets
> Et quelquefois avec ses pattes
> Lui défroquait les pierres plates.

Éole est un vieux garçon chauve et débauché ; Allecto est un

monstre épouvantable, dont l'haleine empeste à cent pas ; elle est
« enragée autant qu'une bigote âgée. » La sibylle Deïphobe est
une vieille « martingale » édentée et barbue, et ses pérégrinations aux Enfers avec Énée sont du plus haut comique. Caron
devait prêter beaucoup à la charge : Virgile avait fourni d'avance
les meilleurs traits : « *Portitor horrendus..., terribili squalore...,
cui plurima mento Canities inculta jacet... Sordidus ex humeris
nodo dependet amictus..., Jam senior, sed cruda deo viridisque
senectus...* » Lisez Scarron :

> Son visage est coque de noix,
> Il se peigne avec ses cinq doigts ;
> De la sueur que son front sue,
> Dans son menton barbu reçue,
> Se fait de crasse un demi-doigt ;
> Dans le menton qui la reçoit
> Cette crasse est perpétuelle,
> Et s'étend jusqu'à la mamelle.
> ....
> Quoique carcasse décharnée,
> Il est fort, tout maigre qu'il est
> (Car les dieux sont ce qu'il leur plaît).

Ce « Suisse implacable », ce vieux loup de mer, à la trogne rébarbative, à la voix enrhumée, n'est pourtant pas sans esprit : il fait payer double passage aux « esprits lourds » qu'il reçoit dans sa barque.

Les mortels sont travestis d'après le même procédé que les dieux : au premier rang, parmi les femmes, se place Didon ; Scarron s'en est donné à cœur joie avec ce caractère si vivant et si passionné que lui fournissait Virgile. Il en fait une « grosse dondon »,

> Grasse, vigoureuse, bien saine,
> Un peu camuse, à l'Africaine,
> Mais agréable au dernier point.

C'est une veuve au tempérament ardent, et qui se console très facilement de défunt Sichée : dès qu'elle voit le beau Troyen, elle se brûle tout d'abord à la chandelle. Ses confidences à sa sœur sont fort amusantes : c'est le développement du

> Quem sese ore ferens ! quam forti pectore et armis !

> Oh ! qu'il est frais, oh ! qu'il est gras !
> Oh ! qu'il est beau, quand il est ras !
> Qu'il est fort ! qu'il est beau gendarme !
> Que sa riche taille me charme !
> Que son œil fendu, grand et bleu,
> Décoche de matras de feu !.....

Elle se sent toute « requinquée » à cette vue. Il faudrait citer tout le quatrième livre pour énumérer les détails plaisants que Scarron accumule sur le compte de la malheureuse reine, l'accoutrement fort élégant dont elle se revêt pour la chasse (ses cheveux, soigneusement peignés et gaufrés, sont noués d'un ruban ou s'étale un Æ en lettres d'or, *crines nodantur in aurum*); sa dispute avec Énée, son désespoir burlesque devant tout ce qui lui restait d'Énée *(dulces exuviæ)*, c'est-à-dire :

> Son bonnet de nuit, ses chaussons,
> Et le reste de ses guenilles,
> Et d'amour quelques béatilles,
> Comme rubans, vers et poulets,
> Bagues, cheveux et bracelets ;
> ....
> Sa bigotelle et sa pincette
> Qu'il a laissés sur ma toilette.

enfin, cette mort, à laquelle elle se décide, après avoir longtemps passé en revue toutes les façons d'en finir *(tempus secum ipsa modumque Exigit)*, et avoir fait à toutes de ridicules objections.

A côté de la sentimentale et sensuelle « dame Élise » se place la silhouette osseuse de « dame Anne »,

> Haute en jambes comme une autruche,

bien moins belle que sa sœur; car elle a « le teint olivâtre » et un « nez de cane »,

> Mais aimable pour sa douceur,
> Capable d'une bonne affaire,
> Qui savait parler et se taire,
> Et si pleine de charité
> Qu'en un cas de nécessité
> Elle eût été Dariolette.

C'est elle qui tient les pires discours à Didon, et lui conseille « un tantin de polygamie. » — L' « infante » Lavinia est une fille tout à fait garçonnière :

> C'est une vraie boute-tout-cuire,
> Qui ne fait que sauter et rire.

La reine « Aimée » fait des scènes perpétuelles à son mari, au sujet de leur fille qu'elle veut marier à Turnus, qui est un beau parti; elle ne veut pas d'Énée,

> Maudissant cent fois la journée
> Qu'on parla de cet hyménée,
> Et jurant gros comme le bras
> Qu'aux noces elle n'irait pas

son délire bachique devient une scène d'hystérie et d'ivrognerie mélangées ; elle et ses compagnes jurent par la *mordondienne* et font dans tout le Latium un scandale épouvantable,

> Jurant Dieu si fort, m'a-t-on dit,
> Que Jupin en garda le lit.

Le vieux roi « Latin », doux comme sucre, prince excellent, fort ami de la bonne chère,

> Lorsqu'elle ne lui coûtait guère,

est un vrai roi d'Yvetot, à qui le fracas de la guerre déplaît fort. Scarron souligne malicieusement son attitude très peu héroïque, lorsqu'il se retire dans son palais et laisse les combattants aux prises :

> Nec plura locutus
> Sæpsit se tectis, rerumque reliquit habenas.

> Il se retira, cela dit,
> Dans son cabinet, et se mit
> Tant à découper des images
> Qu'à rhabiller de vieilles cages,
> Et siffler un jeune moineau
> Qui parla comme un étourneau.

Le bon roi Évandre est un peu de la même famille, mais il est en plus bigot et bavard ; rien n'est plus amusant que ses radotages quand il analyse la ressemblance d'Énée avec son père, et qu'il déroule avec complaisance les souvenirs de sa jeunesse. — Turnus prêtait assez peu à la charge : car il agit plutôt qu'il ne parle dans Virgile ; il est brave, il est fier, il défend une juste cause ; Scarron n'a pu en faire qu'un fanfaron, sans originalité : du reste il n'a pas eu le temps de dessiner vraiment le personnage.

C'est aux Troyens qu'il a réservé les meilleurs traits de son pinceau : c'est à cette race qu'il en veut surtout, puisque c'est d'eux que sont descendus tous les héros à la mode. Le *Regnator Asiæ* n'est plus qu'un vieillard trop bon et trop peu sage, trop crédule surtout et qui aime à entendre raconter des histoires :

> Le bon seigneur aimait surtout
> Les contes à dormir debout,
> Et pour écouter une histoire,
> Il eût, sans manger et sans boire,
> Demeuré tout le long d'un jour :

ne quête-t-il pas lui-même quinze ou seize sous pour engager Sinon à finir son récit ? L'intérieur tout à fait bourgeois du palais royal est peint avec beaucoup d'esprit : Scarron parle de la petite porte par laquelle Andromaque entrait pour amener à ses grands-parents le petit Astyanax,

> Dont dame Hécube était ravie ;
> Elle l'aimait plus que sa vie,
> Quand petit encore il était
> En ses bras souvent le portait,
> Et souvent de ses mains royales
> Lui remuait les langes sales,
> Et cette bonne mère grand,
> Quand il devint un peu plus grand,
> Faisait avec lui la badine,
> L'entretenait de Mélusine,
> De Peau-d'Ane et de Fier-à-Bras,
> Et de cent autres vieux fatras.
> Cet enfant était son idole,
> Et la vieille en était si folle,
> Qu'avec lui troussant hocqueton,
> Entre les jambes un bâton,
> Elle courait la pretentaine
> Jusqu'à perdre souvent l'haleine.
> Andromaque s'en tourmentait,
> Connaissant bien qu'on le gâtait.
> Priam le voyant à toute heure
> S'empiffrant de pain et de beurre,
> Disait avec sévérité :
> « Ce sera quelque enfant gâté ».
> Hécube n'en faisait que rire,
> Et sa mère n'osait rien dire.

Voilà du bon et du franc comique, qui repose sur une observation très attentive de la vie : pourquoi faut-il que la nécessité du burlesque à outrance ait entraîné Scarron à écrire quelques vers plus loin cette page si médiocre de la mort de Priam, où le drame le plus poignant est parodié sans vraie gaieté et de la plus lamentable façon ?

D'autres personnages de peu d'importance sont plaisamment dessinés, comme cette pauvre prophétesse Cassandre, sorte de précieuse du temps, occupée à composer des almanachs, et Corèbus, son amant platonique, si fort sur les bouts rimés.

Enfin, dans cette longue galerie de grotesques, Énée et sa famille occupent la place centrale et attirent tous les regards ; je ne parle pas de Créuse, caractère forcément effacé, auquel Scarron a pourtant imprimé en quelques vers un ridicule indélébile ; ni d'Iule, si faiblement dessiné dans Virgile, et qui, par là même, prêtait peu à la caricature ; mais Anchise est un type fort amusant. Il y a deux faces dans son caractère : d'une part Anchise est un vieux routier qui, dans son temps, était « fin et rusé comme un Normand », et n'a peut-être pas été plus sage qu'un autre ; il n'est pas fâché qu'on lui rappelle le souvenir égrillard des faveurs que Vénus lui a jadis accordées. D'autre part, c'est un vieillard fort vénérable, un peu rêveur et obstiné : il fait preuve d'un entêtement de mulet quand il s'agit de quitter Troie ; il est très pieux et très formaliste : c'est lui qui préside à toutes les cérémonies du culte ; il fait tourner le sas au moment où les Troyens débarquent en Sicile ; il fait toujours les prières, et, avant de commencer, il ôte respectueusement son bonnet : il compose des hymnes sur l'air de *Landerirette*. Virgile annonce en peu de mots sa mort, et a un peu écourté son oraison funèbre ; il semble que Scarron ait voulu railler cette réserve exagérée du poète par cette réflexion burlesque qu'il ajoute :

> Il mourut le pauvre vieillard ;
> S'il eût voulu mourir plus tard,
> Il aurait vécu davantage.

Nous le retrouvons aux Enfers, encore plus solennel et plus sentencieux : il explique à son fils, dans un style amphigourique, la science de la nature, et finit par lui lire un almanach et les quatrains de Pibrac.

Avec Énée, Scarron avait beau jeu. Il est bien permis de remarquer, sans être le moins du monde hostile à Virgile, que le héros de son poème est assez peu héroïque avec ses indécisions, ses pleurs, sa soumission aveugle à toutes les fantaisies du Destin, et qu'il a plutôt le caractère d'une femme. Virgile, en effet, ne cherchait pas du tout à peindre en lui un vaillant capitaine, une espèce de Guillaume le Conquérant des temps préhistoriques, venu avec une poignée de guerriers pour soumettre un pays à sa loi ; il voulait surtout en faire un prêtre, un fidèle gardien des traditions antiques, qui s'implantât dans le Latium par le droit plutôt que par la guerre, et qui reliât doucement la tradition à l'histoire ; il le fallait surtout pieux et vertueux, puisque Auguste devait en descendre : le vrai héros de l'*Énéide*, on le comprend bien aujourd'hui, ce n'est pas Énée, ce sont ces dieux lares apportés de si loin jusque sur les bords du Tibre, c'est Rome elle-même, dont l'enfantement a coûté tant de peines, de larmes et de sang :

> Tantæ molis erat Romanam condere gentem !

Voilà pourquoi Énée n'est ni un Achille ni un Roland, et pourquoi il était facile à Scarron de railler en lui un héros parfaitement manqué. Le poète burlesque lui a maintenu sa belle taille ; maître Æneas est resté l'*Æneas ingens*, mais sous la forme d'un grand gaillard, gros, frais, un peu infatué de sa personne et capable de tourner la tête à Didon ; c'est aussi un homme fort poli, très bien élevé et qui sait son monde, mais qui assomme les gens de ses salamalecs ; il a le cœur sensible et pleure comme un veau ; il est grand bigot et il observe avec docilité les rites les plus absurdes ; il est superstitieux, il est peureux, et quand il crie bien fort qu'il va se battre, il aime assez être tenu à quatre ; mais, par-dessus tout, il est un niais et un maladroit : toutes les fois qu'il y a une sottise à commettre, c'est messer Æneas qui s'en charge ; il est foncièrement gauche et bourgeois ; sa descente aux Enfers, par exemple, n'est qu'une longue suite de mésaventures burlesques. En un mot, Scarron s'est bien gardé d'en faire un méchant homme, il en a fait un nigaud pleureur et égoïste ; il s'est vengé sur lui de toute la noblesse et de toute la dignité de l'épopée.

Il y a bien d'autres caractères tracés incidemment dans l'*Énéide* de Scarron ; où Virgile n'avait mis qu'une épithète, Scarron excelle à placer un petit portrait amusant de ces illustres inconnus : du fidèle Achate, type achevé du confident, du trompette Misène « au nez de pompette », du bon pilote Palinure, du vieil Entelle, « épaulu, ossu, membru, fessu, velu », et du sec pédagogue d'Ascagne, Épitides,

> Homme austère à mine de dogue,
> Mais docteur des plus estimés,
> Et grand faiseur de bouts rimés,
> Natif de Riom en Auvergne ;
> Quoique incommodé d'une hergne,
> Un très délibéré vieillard
> Et des hommes le plus raillard.

Ces détails, comiques par leur précision affectée, donnent à tout ce petit monde un faux air de vie et de réalité.

Scarron en a usé avec la trame même du poème aussi librement qu'avec les caractères : Lalli s'excusait de ne pas traduire exactement Virgile, Scarron s'en glorifie et ne nous cache pas qu'il se moque absolument de ce qu'on en pourra penser. Il se gênera donc fort peu pour sauter par-dessus plusieurs vers et pour développer avec excès tel passage qui lui plaira ; il réclame le droit d'aller à l'aventure dans l'œuvre latine : c'est la prière qu'il adresse aux dieux des pays souterrains (*Di quibus imperium*....)

> Que votre obscure seigneurie
> M'accorde ce dont je la prie :

> C'est, en mes ridicules vers,
> De dire à tort et à travers
> Tout ce qui me vient à la tête ;
> Et si quelque fat, quelque bête,
> Dit que j'ai Maron perverti.
> Trouvez bon qu'il en ait menti.

Aussi n'est-ce pas une traduction de Virgile, c'est plutôt un voyage en zigzag à travers l'*Énéide*, voyage amusant où la muse burlesque évite soigneusement tous les écueils où se briserait le rire ; elle tourne court devant certains vers trop beaux, trop pleins de sens, dont il n'y a rien à tirer ; on chercherait en vain le travestissement de cette admirable pensée :

> Sunt lacrimæ rerum et mentem mortalia tangunt,

et de plusieurs autres vers du même genre ; mais Scarron ne fait grâce à Virgile ni d'un coup de dent ni d'un coup de patte, et il se rattrape à quelque vers suivant. Le poème burlesque se développe donc d'un pas très inégal, tout à fait sautillant et boîteux ; on y sent l'allure tortue du cul-de-jatte. Et pourtant, l'ensemble conserve une certaine proportion à travers la discordance des détails.

On remarque que Scarron a recours à trois procédés différents pour faire jaillir le burlesque de la grave *Énéide*.

Tantôt il se contente de travestir Virgile, c'est-à-dire il trouve dans le texte latin les motifs déjà tout indiqués, il se contente alors d'appuyer sur le trait, de faire la charge de l'original, mais, au fond, il est exact ; il ajoute seulement quelques détails de fantaisie : telle est, par exemple, la fameuse peinture de la fuite d'Énée. Virgile fournissait le principal :

> « Cervici imponere nostræ,
> Ipse subibo humeris............ »
> .... Dextræ se parvus Iulus
> Implicuit, sequiturque patrem non passibus æquis.
> Pone subit conjux. Ferimur per opaca locorum
> Et me...
> Nunc omnes terrent auræ, sonus excitat omnis
> Suspensum..
> « ...... Nate, exclamat, fuge, nate, propinquant. »

Scarron n'a eu qu'à broder là-dessus, à imaginer la hotte, la lanterne d'Anchise, la laisse à laquelle est attaché Iule, les « cent actions poltronnes » d'Énée, les invectives comiques de son père qui lui tape dessus. Il a, à proprement parler, *travesti ;* il a moulé le masque sur la figure, il l'a seulement barbouillé d'une façon grotesque. Le comique était en germe dans Virgile : Scarron a gratté l'écorce qui le couvrait et l'a dégagé. Il procède de même quand il développe la bizarre généalogie que Didon furieuse attribue à Énée :

> Nec tibi diva parens, generis nec Dardanus auctor,
> Perfide, sed duris genuit te cautibus horrens
> Caucasus, Hyrcanæque admorunt ubera tigres ;

ou bien quand il nous raconte les apparitions merveilleuses des dieux ; le thème à plaisanteries est alors tout tracé.

D'autres fois, la fantaisie domine à tel point dans le travestissement que nous oublions l'original ; le texte de Virgile ne sert que de prétexte au burlesque, il n'en est plus le fond ; telles sont la plupart des énumérations comiques auxquelles a recours Scarron et qui, dans Virgile, sont seulement indiquées par un mot inoffensif. Ainsi le simple vers :

> Multa super Priamo rogitans, super Hectore multa,

donne lieu à un développement fort amusant, mais où Virgile ne fait plus les frais. Didon demande à Énée

> Si dame Hélène avait du liège,
> De quel fard elle se servait,
> Combien de dents Hécube avait,
> Si Pâris était un bel homme,
> Si cette malheureuse pomme
> Qui ce pauvre prince a perdu
> Était reinette ou capendu, etc., etc.

Tel est aussi le développement inattendu de « *Karthago..... dives opum* », au début du premier livre. Ce n'est plus du tout un travestissement, c'est un hors-d'œuvre bouffon.

Il y a plus. A de certains endroits, sans que Virgile fournisse même par un mot le moindre prétexte, Scarron intercale des peintures grotesques, pour le seul plaisir de faire rire ; telle est la description du déménagement d'Énée à la fin du IIme livre :

> L'un prit un poëlon, l'autre un seau,
> L'un un plat et l'autre un boisseau.
> Je me nantis comme les autres
> Je mis les unes sur les autres
> Six chemises, etc............

Tel est le récit des politesses ridicules que se font Énée et Hélénus (au IIIme livre), à la façon des personnages de comédie qui se complimentent à la porte, et refusent de passer l'un devant l'autre. Scarron ne se contentait donc pas de tirer de l'*Énéide* tout le parti qu'elle offrait, mais il y cousait habilement toutes les inventions burlesques que sa verve joyeuse lui suggérait. C'est par là que son œuvre échappe à la monotonie et à l'ennui qui s'attachent d'ordinaire aux parodies trop prolongées.

Mais le charme le plus singulier de cet étrange poème provient peut-être de ce qui nous déplairait ailleurs, de l'intervention presque continuelle de l'auteur au milieu du récit. Et quel auteur! le moins épique, le moins solennel, le plus risible et aussi le plus spirituel de tous! Scarron ne se fait oublier à aucune page de son œuvre : le narrateur est partout présent; tour à tour naïf comme une mère grand qui raconte à ses petits-enfants l'histoire du *Petit Chaperon rouge* et impertinent comme Alfred de Musset lorsqu'il nous mystifie avec le conte de *Mardoche* ou celui de *Namouna*. Jamais auteur n'afficha un pareil sans-gêne et ne traita autant son sujet par-dessous la jambe, s'il est possible d'employer cette expression quand il s'agit du « cul-de-jatte follet ». Scarron s'interrompt à chaque instant pour causer de sa trop fameuse maladie, du procès qu'il a avec ses beaux-frères, des romans à la mode, des manies des précieuses, des travers de la bourgeoisie du temps; il nous fait une longue théorie sur l'antithèse, qu'il exècre, et sur les pointes, qu'il ne peut pas sentir; il n'attend pas longtemps la rime qui l'a fui, mais il s'en passe et la remplace par un bon mot, en s'excusant de n'avoir rien trouvé de mieux; ou bien il rappelle Virgile à la pudeur à propos de Pasiphaé. Il parle une langue crue et pittoresque, semée de locutions populaires et de proverbes; il crée des mots à sa convenance[1]; il se dispense de finir certaines phrases : ce sont autant de bons tours joués au genre héroïque, qui demande une allure et un style diamétralement opposés.

Virgile, en somme, a-t-il vraiment subi quelque dommage à être ainsi masqué? Si Scarron n'a pas prétendu se poser le moins du monde en Aristarque sévère de l'*Énéide*, il n'a certes pas voulu non plus la faire valoir ni en souligner les beautés. De critiques directes à l'adresse de Virgile, il y en a beaucoup; mais elles portent toutes sur des points secondaires, ce sont de pures malices qui ne tirent nullement à conséquence. On les a relevées maintes fois. Au premier chant, Énée reste trop longtemps dans son nuage et Achate lui demande :

> Passerons-nous ici l'année ?

Jupiter fait un discours à Vénus un peu long, et Scarron ajoute :

> Jupiter se sécha la langue
> A cette ennuyeuse harangue :

---

[1] Voir notre chapitre sur *La langue et le style de Scarron*.

Les Troyens examinent dans le palais de Didon une galerie de tableaux,

> Mais qui n'étaient pas peints à l'huile.

Énée s'étonne à bon droit qu'en arrivant en Lybie il y trouve déjà tant de souvenirs de la guerre de Troie qui finit à peine. Scarron raille aussi telle ou telle comparaison « faiblette » de Virgile, ou, par exemple, le *Discite justitiam* :

> Cette sentence est bonne et belle :
> Mais en enfer, à quoi sert-elle ?

Mais ce ne sont là que des espiègleries, auxquelles nous pouvons nous associer sans attenter au respect que nous devons au grand poète. Ce n'est pas de ces piqûres d'épingle que Virgile a véritablement souffert. Scarron, à son insu, lui a porté un plus grave préjudice. Alors qu'il croyait seulement s'amuser, il a fait subir aux sept chants et demi de l'*Énéide*, qu'il a travestis, une sorte de contre-épreuve à laquelle toutes les beautés qu'on admirait auparavant n'ont pas toujours résisté[1] ; il ne s'agit pas des beautés de

---

[1] D'autres, en revanche, ont parfaitement résisté ; ainsi, tout le quatrième chant, si vivant et si passionné, est rendu par Scarron avec un mouvement extraordinaire : on sent que le grand poète entraîne le petit. Scarron, parfois, en vient à oublier qu'il lui faut toujours rire et à traduire sérieusement son modèle en assez beaux vers :

> Soleil qui chauffes l'univers,
> ....
> Qui tout vois et qui tout regardes,
> Et par les rayons que tu dardes,
> Produis la lumière et le jour,
> Vis-tu jamais plus lâche tour ?
> Junon, qui sais toutes ces choses,
> Et qui peut-être me les causes ;
> Et toi ténébreuse Hécaté,
> Toi qui par mon ordre as été
> La nuit aux carrefours hurlée,
> Et par tes saints noms appelée ;
> Dames des ténébreux manoirs,
> Vengeresses des crimes noirs,
> Dieux de la moribonde Elise,
> Si la vengeance m'est permise,
> Prenez, justes divinités,
> Part en mes maux, et m'écoutez.

Et les imprécations contre Énée :

> Va, va, je ne te retiens plus
> Par mes reproches superflus,
> Va-t'en où ma fureur t'envoie,
> Que jamais je ne te revoie ;
> Va chercher ton pays latin :
> Fuis-moi, cruel, suis ton destin,
> Si le Ciel a quelque justice,
> Un écueil sera ton supplice,
> Là tu demanderas pardon,
> Là tu réclameras Didon,
> Didon, par toi tant offensée,
> Au lieu d'être récompensée !

Il faut ajouter que ce passage, fort bien traduit, se termine par cette apostrophe burlesque :

> Oh ! chien, loup, lion, tigre, Suisse !

style et de sentiment, sur lesquelles Scarron n'a pu mordre ; mais l'agencement de l'action et la peinture des caractères donnent prise à bien des critiques. On peut démêler ces défauts à la lecture attentive de Virgile : mais lorsqu'on lit Scarron, comme ils sautent aux yeux ! Énée restera toujours le pleurard Énée ; la disparition de Créuse restera toujours aussi un artifice puéril et une cause ridiculement petite de la fondation de Rome ; l'histoire de la jarretière durera autant que la légende de Troie ; de même, au IVme chant, Énée a beau être appelé par les destins, sa conduite avec Didon, si peu digne d'un galant homme, nous paraîtra toujours un peu odieuse, ou pour le moins indélicate ; la manière dont les dieux et les déesses interviennent dans l'action semblera toujours assez peu habile et beaucoup moins naturelle que dans Homère. Voilà les défauts qu'on reconnaîtra désormais dans l'*Énéide* et si on les voit aussi clairement, n'a-t-il pas fallu pour cela la bouffonnerie de Scarron ? Sans doute il n'a songé lui-même qu'à rire ; mais comme il avait, en somme, beaucoup de goût et un sentiment critique très juste, il a bien souvent dépassé le but qu'il voulait atteindre, et il nous a donné, sans qu'il s'en doutât, à réfléchir. Il a préparé inconsciemment la critique sérieuse de l'*Énéide* ; il a tué le respect aveugle qui s'attachait au nom de Virgile ; il a, par avance, fourni des armes aux partisans des modernes, moderne lui-même par instinct, bien qu'il n'ait pas soupçonné la gravité du problème qui allait se poser quelques années plus tard. Si le *Virgile travesty* fut une œuvre innocente, on ne peut donc pas dire qu'il fut une œuvre inoffensive.

Mais quelle que soit la portée, sérieuse ou non, du poème burlesque de Scarron, il plaira toujours, comme il plut alors, par sa gaieté si franche et si communicative. Le succès de l'œuvre ne peut être contesté ; ce livre, qu'on entend souvent traiter d'ennuyeux et d'illisible, a pourtant été réimprimé plus de *trente fois* en France[1] ; du temps de Scarron, on s'en délecta, et les plus graves personnages prirent à cette lecture un plaisir singulier, comme le prouvent les dédicaces de l'auteur et les témoignages unanimes du temps : Séguier l'approuva, Marie de Hautefort engagea le poète à le poursuivre. Ce fut un concert unanime d'éloges. Sous Louis XIV, bien qu'on parle peu de Scarron et que Boileau condamne officiellement le burlesque, l'*Énéide travestie* est encore beaucoup lue ; les nombreuses éditions qui parurent

---

[1] Sans compter les traductions en langue étrangère, par exemple la traduction en anglais de Ch. Cotton (1664).

alors en font foi. Enfin, de notre temps, il n'y a pas que les écoliers, préoccupés de faire une niche à Virgile, qui lisent Scarron; l'édition de M. V. Fournel n'est pas faite à leur usage; elle s'adresse aux vrais lettrés. On s'explique du reste aisément ce succès ininterrompu du *Virgile*, en le comparant aux autres œuvres qui ont été composées dans le même goût. Les imitations en ont été innombrables[1] : Virgile, Ovide, Lucain, Homère, ont été maintes fois travestis. De tout ce fatras de burlesque a-t-il émergé une seule œuvre un peu digne de Scarron? N'est-ce pas encore l'*Ovide en belle humeur* de d'Assoucy, que l'on est forcé de citer en second? Et pourtant, parmi ces œuvres, aujourd'hui justement oubliées, il en est plusieurs qui sont signées de noms estimables et avantageusement connus. Je ne parle pas de la *suite* de Letellier d'Orvilliers, ni même de celle de Moreau de Braseï, officier goguenard (à ce qu'il dit), qu'on s'obstine généralement à imprimer après le *Virgile* de Scarron[2]. Mais Furetière publia le *Quatrième livre de l'Énéide travestie*, le 22 décembre 1648, comme s'il eût voulu gagner Scarron de vitesse; en tout cas, il ne le distança pas en verve ni en gaieté. Les frères Perrault travestirent le sixième livre; cette œuvre, restée inédite, n'est connue que par quatre vers fort jolis, et souvent attribués à Scarron[3]. Le *Vorgille virai an Borguignon*[4] est assez amusant,

---

[1] Voir M. Fournel (op. cit.) : il s'y trouve une bibliographie abrégée, mais bien résumée, des œuvres burlesques publiées en France à l'imitation du *Virgile* de Scarron. — Pour les travestissements de Virgile en d'autres langues qu'en français, consulter les additions faites par Barbier à la notice raisonnée de Heyne sur les éditions de Virgile. (*Coll. Lemaire*, t. CXXXII, 573) et la *Bibliographie des auteurs grecs et allemands*, par Guillaume Engelmann.

[2] La suite de Le Tellier d'Orvilliers ne contient que les IXe et X^e livres; elle parut probablement en 1730. Celle de Moreau de Braseï est antérieure et plus connue; elle continue exactement l'œuvre de Scarron et la mène jusqu'à la fin. Elle a été imprimée à la suite dans presque toutes les éditions de Scarron, et dernièrement dans celle du *Virgile travesty*, par M. Fournel. Elle parut pour la première fois en 1706, à Amsterdam. Elle est absolument sans valeur : l'auteur ne peut s'élever au-dessus de la platitude et de la grossièreté. C'est peut-être de la goguenardise de corps de garde, mais ce n'est plus de la poésie. Bien que la poésie de Scarron soit très capable de charmer par son seul mérite, elle prend un éclat singulier quand on la rapproche de cette lamentable rapsodie. Il y eut encore d'autres *suites*, en 1674, en 1767.

[3] Tout près de l'ombre d'un rocher,
J'aperçus l'ombre d'un cocher,
Qui, tenant l'ombre d'une brosse,
Nettoyait l'ombre d'un carrosse.

[4] *Vorgille, virai an Borguignon, lé doze livre de l'Énéide, ai Monsieur Jarmoin Bereigne Legoux, chevolei, présidan ai motey au Parleman de Bregogne* (à la bibliothèque de Dijon, manuscrit).
Le conseiller Pierre Dumay est l'auteur du premier chant et d'une partie du second; l'abbé Paul Petit a terminé le deuxième chant et traduit en entier les troisième et quatrième; les huit autres sont du P. Joly et de François Tassinot.

mais il a une saveur toute locale, qui tient plutôt au patois dans lequel il est écrit, qu'au talent réel des auteurs. En Allemagne, le jésuite Aloys Blumauer, avec son *Énéide travestie*, a infecté de mauvaises herbes la littérature allemande, et n'a réussi qu'à faire une œuvre venimeuse et sale : ce sont les expressions mêmes (giftige, schmutzige) dont se sert pour la qualifier M. Junker, qui rend du reste pleine justice à Scarron [1].

En France même, un écrivain de beaucoup de talent, dont le nom plus célèbre et plus estimé que celui de Scarron, personnifie depuis plus d'un siècle l'esprit délicat et léger par excellence, s'est chargé de démontrer à quel point l'auteur du *Virgile travesty* était inimitable. En 1716, Marivaux, encore peu connu, publia l'*Homère travesti,* ou l'*Iliade en vers burlesques,* où il affiche la prétention de faire autrement et mieux que Scarron : « Je trouve « que son burlesque ou son plaisant, dit-il dans sa préface, est « plus dépendant de la bouffonnerie des termes que de la pensée : « c'est la façon dont il exprime sa pensée qui divertit plus que sa « pensée ; ses termes sont vraiment burlesques ; mais, ses récits « dépouillés de cette expression polissonne qu'il possédait au « suprême degré, je doute fort qu'ils parussent divertissants par « eux-mêmes. » Il a donc tâché de divertir, non par le style, mais « par une combinaison de pensées qui fût comique et facé- « tieuse. » La remarque de Marivaux au sujet du comique de Scarron est juste en partie, mais il en tire des conclusions fausses : il est bien évident que dans le burlesque de Scarron le style tient une place importante : l'expression est amusante par elle-même et fait rire par sa fantaisie imprévue ; en d'autres termes, le travestissement est complet ; le fond et la forme du poème épique sont tout à fait retournés. C'est précisément ce qui fait le charme du *Virgile;* si Scarron avait travesti l'*Énéide* dans le style de la *Pucelle* de Chapelain, l'effet eût été lamentable, ou plutôt on ne voit pas comment il aurait pu faire. Marivaux a eu la prétention de travestir seulement la pensée d'Homère, sans parler une autre langue que La Motte ou Mme Dacier ; il n'a réussi qu'à avilir le modèle sans le rendre le moins du monde plaisant : « C'est d'une bouffonnerie lugubre, d'une monotonie et d'une platitude fastidieuses, d'une lourdeur empâtée. Aucune imagination, aucune trace d'esprit, aucune gaieté. En revanche, une grossièreté étalée comme à plaisir, une basse trivialité de termes, une débauche de

---

[1] Junker. *Studien über Scarron.*

descriptions ordurières[1]. » Scarron n'avait-il pas raison de blâmer ceux qui, de son temps déjà, s'adonnaient au style burlesque « comme au plus aisé? » Ce genre de poésie, quelle qu'en soit la dignité, est bien à coup sûr un des plus difficiles, un de ceux où il n'est pas de degrés du médiocre au pire ; et Scarron a eu ce grand mérite d'y avoir été à peu près seul excellent.

Pourtant il s'est lassé de son *Virgile* ; la plume lui est tombée des mains au huitième livre. Son courage a faibli devant la longueur de l'œuvre qu'il avait entreprise et devant les difficultés qu'il rencontrait dans la seconde partie de sa tâche : les derniers chants de l'*Énéide*, non les plus beaux, mais les plus originaux de Virgile, ne racontaient plus guère que des combats :

> Ici le sujet héroïque
> Aux vers burlesques fait la nique ;
> Ce n'est plus ici que combats,
> Que séditions, que débats.

Et puis sa verve s'était un peu lassée :

> Ma plume est beaucoup fatiguée,
> Et je n'ai plus cette âme gaie,
> Qui m'a fait, malgré tous mes maux,
> Le moins chagrin des animaux.

Peut-être aussi Mme Scarron l'engagea-t-elle à ne pas finir cette œuvre qui durait depuis cinq ans et qui ne devait plus lui rapporter grand profit de gloire. Ce qui détourna surtout Scarron de finir son *Énéide*, ce fut de voir surgir cette nuée d'imitateurs qui se mit à écumer sa poésie et à exploiter indignement la veine qu'il avait découverte. Dès 1648, il doute déjà de sa constance[2] ; à la fin de 1649, il se montre tout à fait dégoûté, et il ne consent à continuer que sur la prière expresse de Mme de Schomberg[3] ; en 1652, il écrit au duc de Roquelaure : « L'on est aussi battu de mes

---

[1] *Marivaux, sa vie et ses œuvres, d'après de nouveaux documents*, par Gust. Larroumet. Hachette, 1882, p. 517. D'après les très courts extraits de l'*Iliade travestie* qu'a cités M. Larroumet, il est facile de se convaincre que Marivaux n'est pas parvenu à séparer complètement la pensée et le style et à ridiculiser seulement la première : c'était du reste impossible. Voici, par exemple, les adieux d'Hector à Andromaque :

> Mon Dieu ! que vous savez bien *braire* !
> Mais quand vous *brairiez* mieux encor,
> Un roc est moins ferme qu'Hector ;
> Et de vos pleurs il se soucie
> Comme en hiver d'une *roupie*.

Braire, roupie et plus loin *sieur* Hector, *papa*, n'est-ce pas là une « bouffonnerie de termes plutôt que de pensée ? » N'est-ce pas tomber dans le défaut reproché à Scarron ?

[2] « ..... Si j'ai la constance d'achever mon *Énéide burlesque*. »

[3] Dédicace du V° livre, à M. Deslandes-Payen.

Virgiles que des almanachs de l'an passé[1]. » En effet, « exploité et gaspillé de toutes parts, le genre burlesque, devenu banal et traîné dans tous les ruisseaux, n'était plus qu'une guenille qu'il fallait laisser à terre. Scarron avait l'air, lui qui était le créateur, de suivre l'ornière commune ; il aima mieux céder la place[2]. »

Le *Typhon* et le *Virgile* ne sont pourtant pas les seules œuvres vraiment burlesques de Scarron. En 1648, l'année même où paraissaient les deux premiers chants de l'*Énéide*, il avait, à l'occasion de la mort de Voiture[3], dédié à ses amis Ménage et Sarrasin la *Relation véritable*[4] : c'est le pendant burlesque de la fameuse *Pompe funèbre*, que composa Sarrasin à cette occasion. La pièce, qui n'est pas longue, n'est pas d'un comique très fin. Apollon excite les poètes à se venger des Parques qui ont fait mourir Voiture : ceux qui répondent à son appel sont Catulle, Tibulle, Horace et Clément Marot; bientôt se joignent à eux Saint-Gelais, François Villon et *Rabelais;* tous sont représentés dans des postures assez grotesques durant le combat; Marot est *enquenouillé* par une Parque ; Horace combat de loin :

> Horace qui craignait la touche
> Ne les attaqua que de bouche,
> Et leur dit tout ce qu'il y a
> Dans l'ode à Canidia.

Ces sept poètes (y compris Rabelais) sont vraiment les maîtres de Scarron ; l'auteur les a choisis parmi ceux qu'il estimait le plus et qu'il jugeait les plus dignes de combattre pour Voiture ; pourtant il ne se gêne pas pour les rendre ridicules, surtout Clément Marot, valet de chambre d'Apollon. Cela prouve, une fois de plus, la parfaite innocence du burlesque de Scarron, qu'il s'agisse de Marot ou qu'il s'agisse de Virgile.

En abandonnant l'*Énéide* en 1652, Scarron avait semblé dire adieu à la muse des travestissements; il y revint pourtant en 1656; mais, instruit par l'expérience, il eut le bon goût de ne pas choisir un poème en douze chants ; ce fut, à n'en pas douter, la lecture de Marot qui lui suggéra l'idée de mettre en vers burlesques la gracieuse histoire d'Héro et de Léandre[5]. Je doute fort que Scarron ait lu un seul vers dans le texte du grammairien Musée, qu'il

---

[1] Dédicace du VIIe livre, *à Mgr le duc de Roquelaure*.
[2] Fournel.
[3] 26 mai 1648.
[4] *Relation véritable de tout ce qui s'est passé en l'autre monde, au combat des Parques et des Poètes, sur la mort de Voiture.*
[5] *Héro et Léandre. Ode burlesque à Mgr Fouquet, procureur général en Parlement, surintendant des finances et ministre d'État*, 1656, Sommaville.

appelle dédaigneusement un *Grégeois rimailleur* ; il n'a lu que la naïve traduction de maître Clément[1]. Déjà l'original avait subi une notable transformation en passant sous la plume du poète léger : cette bluette romanesque, où l'on sent l'art raffiné et la philosophie peu ingénue des alexandrins, avait pris, dans la charmante poésie de Marot, je ne sais quel air innocent et un peu vieillot. Il est très curieux de constater comment Marot peut être considéré comme le précurseur inconscient de Scarron. Tous deux, en effet, écrivent d'une façon naïve, l'un sans s'en douter et par nature, l'autre par un certain parti-pris de raillerie. Ainsi Marot, dans sa traduction de Musée, semble parfois annoncer Scarron, tant il change, à son insu, la couleur du texte et parfume la poésie grecque des grâces familières du XVIᵉ siècle : Héro dit à Léandre, qui la tire par sa manche :

> Estes-vous insensé,
> Mon gentilhomme? Entreprenez-vous bien
> D'ainsi tirer une fille de bien?
> Croyez qu'ici fort mal vous adressez :
> Allez ailleurs, et ma robe laissez,
> Que n'éprouviez à votre grand dommage
> L'ire et fureur de mon grand parentage.
> Prier d'amour est chose défendue
> Nonnain qui s'est vierge à Venus rendue,
> Et n'est loysible inventer achoison
> D'aller au lict de fille de maison [2].

Et quand il décrit cet hyménée secret, qui n'eut que la nuit pour témoin, Marot traduit ainsi :

> Nul poète on n'y vit,
> Qui du sacré mariage écrivist,
> Cierge beneit aucun n'y fut posé
> Pour illustrer le lit de l'épousé ;
> Là, menestriers ne sonnèrent aulbades,
> Là, balladins ne jecterent gambades [3]...

---

[1] *Hystoire de Leander et Hero.* Lyon, 1541. Il y a un avant-propos de Marot aux lecteurs.

[2] Ξεῖνε, τί μαργαίνεις; τί με, δύσμορε, παρθένον ἕλκεις;
ἄλλην δεῦρο κέλευθον· ἐμὸν δ'ἀπόλειπε χιτῶνα.
Μῆνιν ἐμῶν ἀλέεινε πολυκτεάνων γενετήρων.
Κύπριδος οὔ σοι ἔοικε θεῆς ἱέρειαν ἀφάσσειν·
παρθενικῆς ἐπὶ λέκτρον ἀμήχανόν ἐστιν ἱκέσθαι.
(123-127).

[3] Ἦν γάμος, ἀλλ' ἀχόρευτος· ἔην λέχος, ἀλλ' ἄτερ ὕμνων·
οὔ Ζυγίην Ἥρην τις ἐπεφεύμησεν ἀοιδός,
οὔ δαΐδων ἤστραπτε σέλας θαλαμηπόλον εὐνήν,
οὐδὲ πολυσκάρθμῳ τις ἐπεσκίρτησε χορείῃ....
(274-277)

Cette naïveté de Marot n'est pas très éloignée du burlesque de Scarron ; de noble, la fable grecque est devenue familière ; elle ne se passe plus à Abydos, mais elle a l'air de se passer au temps où écrit Marot : c'est déjà un travestissement. Scarron l'exagèrera, il fera une charge, il s'amusera du sujet en sceptique qu'il est, il tournera tout en ridicule. Son intention sera donc bien éloignée de celle de Marot ; mais son procédé ne sera pas différent : il appuiera fortement sur les traits que le gracieux poète ne faisait qu'indiquer d'un léger pinceau ; il sèmera à pleines mains l'expression triviale et l'anachronisme burlesque.

Ce petit poème écrit en strophes de quatre vers, suffisamment court pour être lu sans fatigue[1], est une des œuvres les plus agréables de Scarron ; l'auteur semble être revenu à un genre de burlesque plus tempéré ; il ne s'agit plus de héros vénérés que dégrade la raillerie du poète, ni d'un chef-d'œuvre travesti et profané : Héro et Léandre ne sont que de très petits personnages, et Musée est si peu connu que pendant longtemps on n'a pas su, à vingt siècles près, quand il vivait ; de plus, Scarron s'est tellement éloigné du texte grec, qu'il n'y a plus aucune parodie de détail : il a seulement conservé en gros les principales lignes du sujet, et il nous a conté l'histoire à sa façon, pour nous amuser. Il y a le plus souvent réussi : la généalogie fantaisiste qu'il prête à Léandre est une fine raillerie de la précision ennuyeuse avec laquelle les poètes anciens intercalent souvent des détails étrangers au sujet. Léandre déclare son amour d'une façon fort comique :

> Le drôle, près d'elle, à genoux,
> Feignant de lire en son bréviaire,
> Disait tout bas en grec vulgaire :
> « Belle, je meurs d'amour pour vous ! »
>
> Elle, regardant dans son livre,
> Lui répondit la face en feu,
> Parlant bas pour couvrir son jeu :
> « Encor n'est-il rien que de vivre ! »

La fameuse lampe devient une simple chandelle, et, dans la nuit fatale, Héro abrite du pan de sa chemise la vacillante lumière :

> De ce linge, qui défendait
> Comme un paravent la chandelle,
> De ces pauvres amans et d'elle
> La vie ou la mort dépendait.

---

[1] Il n'a guère que huit cents vers.

Hélas! le vent l'éteint, et Léandre est submergé par les vagues :

> Quoiqu'il en bût mal volontiers,
> Il but trop : ses sens se troublèrent :
> Bref, il mourut, dont s'affligèrent
> Terriblement ses créanciers.
>
> Oh ! que ce fut un grand dommage !
> Il achevait un gros romant,
> Qui devait être aussi charmant
> Qu'*Astrée,* et même davantage.

Tout cela est sans doute spirituel et agréablement tourné; mais cela ne suffit pas. On a beau prendre plaisir au *Typhon*, au *Virgile*, à la fable d'*Héro et Léandre*, on n'osera jamais les placer trop haut dans notre littérature nationale; ce sont des œuvres qu'on aime plutôt qu'on ne les estime; on en peut raffoler par aventure, mais il vient toujours un moment où on les repousse avec quelque dégoût. Elles sont trop personnelles, et leur mérite, très réel, tient trop à la bonne humeur de Scarron. A coup sûr, l'on est agréablement surpris, lorsqu'on lit un auteur, de trouver un homme; mais encore faut-il que cet homme ne soit pas une exception, qu'il soit vraiment humain, au sens général du mot, et qu'il nous ressemble par bien des côtés. Qui oserait prétendre que Scarron n'a pas été, par son caractère et par la tournure de son esprit, un être à part? De son temps déjà on lui faisait une place spéciale parmi les écrivains. C'est pourquoi son œuvre, malgré la gaieté qui y circule, est restée aussi une œuvre à part; on ne peut s'y plaire que par tempérament. Je ne puis pas dire qu'elle est amusante; je puis seulement dire qu'elle m'amuse en ce moment, sans être bien certain qu'elle m'amusera demain; cela dépendra du temps qu'il fera, de mon humeur et de mes nerfs. Il y a des instants où les enfants eux-mêmes n'ont plus envie de jouer et repoussent leurs balles et leurs cerceaux : à plus forte raison, les grandes personnes n'ont-elles pas toujours envie de sauter à la corde comme les enfants. Voilà pourquoi le burlesque de Sarron exaspère souvent : nous sommes furieux contre ce mauvais bouffon qui vient nous chatouiller pour nous faire rire « malgré nos dents. » Mais, quand nous sommes en disposition de folâtrer avec lui, ce qui arrive à tout âge, comme nous nous laissons alors entraîner par cet admirable boute-en-train! On répète toujours, à propos de Scarron, que son burlesque est excellent à petite dose, mais qu'il faut s'arrêter à temps. On peut en dire autant de tout : le burlesque continu a bien le droit de lasser, puisque *l'éloquence continue ennuie.* Ceux que le travestissement de Didon ne charme pas, ne riront pas davantage, parce que vous ne leur lirez que cinquante vers de Scarron au lieu de mille; ils vous déclareront dès le début qu'ils trouvent la plaisanterie absolument fade, et vous ne pourrez pas leur prouver le contraire. Ceux, au contraire, qui sont prêts à goûter cette mascarade, s'y plairont encore après le cinquantième vers. Ce qui caractérise vraiment le burlesque de Scarron, c'est qu'il s'adresse seulement à notre humeur et non à notre raison.

En d'autres termes, il est trop vide d'idées, et ce n'est que par les idées que les écrits passent à la postérité. Les goûts s'en vont, les modes changent, les précieuses ont disparu ainsi que les romans héroïques en dix volumes, la Fronde est déjà une histoire ancienne, et le burlesque, trop étroitement lié à la société d'alors et à un homme en particulier, n'a pas survécu davantage. Il n'y a que les vérités générales et humaines qui restent; et l'on ne trouve pas assez de celles-là dans le *Virgile travesty;* nous y rencontrons beaucoup d'esprit, une charge souvent paradoxale contre les beautés, vraies ou fausses, du grand style, une foule de détails amusants, quelques traits d'observation habilement pris au vol, mais nous n'y rencontrons ni une peinture vraie, ni un caractère qui se tienne debout, ni un seul sentiment de l'âme humaine profondément analysé. Nous n'y trouvons que la gaieté. Quand nous n'avons pas envie de rire, ce qui est le cas le plus ordinaire, nous sentons alors, malgré les brillantes qualités de Scarron, toute l'inanité de sa poésie; notre raison mourrait de faim à un pareil régime, et nous sommes très heureux de retourner au vrai Virgile, qui n'est pas parfait, mais qui éveille en nous de nobles idées et de tendres sentiments, malgré la tournure assez peu héroïque du *pius Æneas*.

CHAPITRE III

PAMPHLETS ET GAZETTES

Application du genre burlesque aux pamphlets et aux gazettes. — Les Mazarinades. — La *Mazarinade*. — Quoi qu'on ait dit, Scarron en est certainement l'auteur ; preuves tirées des témoignages des contemporains et des œuvres mêmes de Scarron. — Appréciation de la *Mazarinade*.— Pamphlets attribués à tort à Scarron. — Responsabilité indirecte de Scarron dans ce débordement de pièces burlesques. — Les Courriers et les Gazettes en vers : Saint-Jullien, Loret. — Scarron avait créé le genre avec les *Légendes de Bourbon*. — Il y revient après la Fronde : la *Gazette burlesque de 1655*. — Causes de son insuccès : irrégularité de Scarron ; il ne peut ni ne veut être un simple nouvelliste. — Charme de cette poésie : ces gazettes sont des épîtres familières, satiriques et morales. — Scarron ne sait guère parler que de lui.

Le *Typhon*, le *Virgile* et l'ode d'*Héro et Léandre*, voilà les œuvres de Scarron purement *burlesques*, au sens étroit du mot, c'est-à-dire celles où l'auteur travestit un sujet sérieux et en fait un thème à bouffonneries.

Mais ce qu'on a appelé, de 1640 à 1660, le *burlesque*, n'a pas seulement consisté en cela ; on ne s'est pas borné à railler et à rabaisser l'idéal que nous avait transmis le monde antique ; on s'est attaqué aussi à la réalité du temps, c'est-à-dire aux événements très peu héroïques de la cour et de la ville. Pendant plusieurs années, la France fut atteinte de cette maladie bizarre qu'on a nommée la *burlescomanie*, et dont le principal symptôme fut un flux de petits vers quelquefois légers, spirituels et mordants, le plus souvent plats et grossiers, toujours intarissables, sur la politique, sur les hommes du jour, sur les faits divers, enfin sur tout. A l'encontre de M. Jourdain, qui faisait de la prose sans le savoir tout le long de la journée, la France, pendant le temps de la

Fronde, se trouva ne plus parler qu'en vers burlesques. On peut dire, sans aucune exagération, qu'en l'espace de peu d'années on en composa des millions, puisque parmi cette cohue compacte de rimailleurs, Loret se vantait d'en avoir écrit à lui tout seul plus de trois cent mille,

> Qui sont, à dire vérité,
> Une étonnante quantité,

ajoute-t-il naïvement. Scarron passe, à tort ou à raison, pour avoir été le roi de cette littérature bavarde de pamphlets et de gazettes; tâchons de fixer la place qu'il y occupa vraiment.

On ne pourra jamais parler des cinq ou six mille pièces de la Fronde sans penser à Scarron, qui leur a donné à toutes un nom, le jour où il a fait sa *Mazarinade*. C'est, en effet, le pamphlet le plus connu, sinon le meilleur de l'époque; ces médiocres vers, destinés à une célébrité imméritée, lient pour toujours le nom de leur auteur à celui de la Fronde, et en font une sorte de Tyrtée bouffon de l'insurrection. Certains critiques ont pourtant vivement réagi, de nos jours, contre l'avis général et sont allés jusqu'à retirer à Scarron la paternité de cette œuvre qui, comme on sait, ne parut jamais sous son nom tant qu'il vécut. M. Moreau, le très compétent auteur de la *Bibliographie des Mazarinades*, a prêté à cette opinion nouvelle l'appui de sa science[1], et l'on a, en général, adopté ses conclusions sans les contrôler d'assez près. Avant de porter un jugement sur Scarron pamphlétaire, il importe essentiellement de savoir s'il est, oui ou non, l'auteur de la *Mazarinade*.

L'argument qui consiste à dire que cette pièce est trop faible et trop ordurière pour être de Scarron n'est pas sérieux. C'est faire trop d'honneur à celui qui a écrit l'*Épithalame de Mlle de Lavardin*. Bien que Scarron fût moins grossier que plusieurs de ses contemporains, les auteurs du *Parnasse*, par exemple, il reculait rarement devant un mot bas et même sale quand il venait sous sa plume. De plus, le sujet même et la forme du pamphlet autorisaient, pour ainsi dire, cette grossièreté. Tel auteur qui se piquait de décence dans ses œuvres se croyait le droit de tout écrire dans une épigramme ou dans une satire. L'obscénité semble avoir été presque toujours une des conditions du genre. Du reste, la tradi-

---

[1] C. Moreau: *Bibliographie des Mazarinades* (voir les n°s 675 et 2436). — M. Gaillardin, dans les appréciations intéressantes, mais parfois peu mesurées, qu'il fait des écrivains du siècle, adopte l'opinion de Moreau au sujet de la *Mazarinade*, et dit : « Il est prouvé que ce pamphlet n'est pas de Scarron..... » (*Histoire de Louis XIV*, I, 589, note.)

tion vient de loin : Catulle, Horace et Martial ont donné l'exemple ; presque tous les pamphlets de la Fronde attaquent Mazarin dans ses mœurs, et les termes en sont fort crus. Est-il invraisemblable que Scarron ait fait comme tant d'autres, Scarron porté naturellement à médire et à rire, alors aigri par la rancune, la cervelle pleine des sottises qu'on débitait autour de lui sur le Mazarin, Scarron enfin qui nous a laissé des épigrammes peu chastes, et qui devait composer plus tard, sur un nommé Baron, des stances tout aussi peu édifiantes que les vers de la *Mazarinade*?

Ce n'est donc pas un argument suffisant, pas plus que les autres preuves négatives qu'allègue Moreau, tirées du silence de quelques écrivains. Ni Guy Patin, il est vrai, ni Retz, ni Tallemant des Réaux n'ont dit que Scarron ait fait la *Mazarinade*; ils n'ont pourtant pas dit qu'il ne l'ait pas faite. Leur silence ne pourrait, à la rigueur, prouver quelque chose que s'ils avaient laissé une biographie complète de Scarron ; mais, en vérité, ils se sont bien peu occupés de notre auteur : Guy Patin n'en parle que pour annoncer sa mort en 1660 ; Tallemant consacre au petit Scarron trois ou quatre pages d'historiettes assez incohérentes, où il s'agit surtout de sa maladie et de son mariage; Retz ne pense qu'à lui-même dans ses Mémoires et fort peu à son ancien ami, dont il ne prononce pas le nom. S'ils n'ont pas parlé de la *Mazarinade*, cela peut-il prouver en quoi que ce soit que Scarron ne l'ait pas faite ou qu'il l'ait faite? Si ceux-là n'ont rien dit, d'autres ont parlé et l'ont attribuée formellement à Scarron. Leur affirmation aurait-elle moins de force que l'omission des premiers? Guy-Joly dit dans ses *Mémoires* : « Le sieur Scarron fit alors sa *Mazarinade*[1] ». Segrais attribue à deux reprises la *Mazarinade* à Scarron. « De
« tous les écrits qu'on fit contre le cardinal, la *Mazarinade* de
« Scarron est celui qui lui fut le plus sensible, particulièrement à
« cause de l'endroit où il lui fut reproché d'avoir été chassé d'Al-
« cala[2] ».— « On ne manqua pas d'entretenir la Reine de la mort
« de Scarron, en lui disant qu'il s'était rendu indigne de la pension
« que Sa Majesté lui faisait, pendant la guerre de Paris : c'était

---

[1] Moreau (n° 2436) fait remarquer que Guy-Joly a commis une erreur : *alors* c'est le temps du blocus de Paris, février 1649 ; or, la *Mazarinade* est certainement postérieure de près de deux ans, au moins par sa publication. Cette observation est juste, mais les conclusions en sont fort exagérées. Guy-Joly, qui écrivait après coup ses *Mémoires*, s'est trompé, il est vrai. Mais faut-il conclure que tout soit faux dans son affirmation ? La date est fausse, mais le fait subsiste ; il semble plus facile de se tromper sur une date que sur un fait aussi précis.

[2] *Segraisiana*, 123 (édition de 1755).

« pour avoir fait la *Mazarinade*[1] ». Ailleurs encore il dit que Scarron abandonna le parti du cardinal du temps de la Fronde : ce qui semble dire qu'il était bien capable d'avoir commis le fameux pamphlet[2]. Gilles Boileau, lui aussi, dans une lettre à Séguier relative à sa querelle avec Scarron, appelle ce dernier « le célèbre auteur de la *Mazarinade*[3] ». De plus, dans les pièces du temps, la *Mazarinade* est attribuée par deux fois à Scarron, et jamais elle n'est attribuée à un autre. Dans la *Lettre de remerciement envoyée au cardinal Mazarin*[4], voici ce que dit la marchande de beurre :
« Au commencement de ce carême, j'allais porter du beurre à
« Mme le T... Par malheur, faut aussi dire, j'avais porté la *Maza-*
« *rinade* du sieur Scurron *(sic)* en vers burlesques ; et comme la
« lisions, son mari, votre bon et fidèle serviteur, survint et nous
« surprit dans la lecture ; et, prenant mes cinq ou six feuillets[5],
« il commença à parcourir dedans. Il me souvient qu'en lisant
« chaque page, il se sousriait ; quelquefois il esclatait ; autrefois,
« en marquant quelques lignes de son ongle, il lui échappait de
« dire : « O le méchant esprit ! » Enfin il se mit en colère et dit
« à sa femme : « Qu'on chasse cette coquine de céans ; il me prend
« fantaisie de lui faire bailler cent coups d'étrivières ». Je repris
« vistement ma *Mazarinade* et mon beurre, et m'enfuis comme
« tous les mille diébles, avec protestation de n'y jamais plus
« retourner, ne deust-il manger que de l'huile de noix. » — Dans un autre factum intitulé le *Mercure de la Cour*[6], l'avocat Bautru prétend que les Parisiens se lassent de la guerre : « Ils sont rebat-
« tus de toutes leurs Mazarinades de Scarron, et de toutes les
« lettres que les secrétaires de Saint-Innocent leur donnent. » Il

---

[1] *Segraisiana*, 98.
[2] *Ibid.*, 110. — Moreau trouve ces témoignages insuffisants ; il conteste l'exactitude du *Segraisiana ;* il y relève plusieurs méprises manifestes ; ainsi la date du mariage de Scarron, celle de sa mort, y sont inexactement rapportées. Mais ces deux erreurs de date suffisent-elles à infirmer tous les faits, quels qu'ils soient, mentionnés par Segrais et recueillis plus tard par ses amis ? N'oublions pas qu'il s'agit ici d'un fait affirmé catégoriquement à deux reprises.
[3] Dans les *Manuscrits de Conrart*, à la Bibliothèque de l'Arsenal.— Moreau ne mentionne pas ce témoignage important.
[4] Voici le texte complet : *Lettre de remerciement envoyée au cardinal Mazarin sur une lettre qu'il a écrite à une dame de la cour pour l'accommodement de ses affaires, avec la harangue de dame Denize, en large chaperon des halles, députée vers son Éverminence* (sic) *par la communauté de toutes les beurrières de la ville, cité et Université de Paris, touchant les bienfaits qu'elle a reçus d'elle durant tout le carême dernier. Ridendo dicere verum, quis vetat ?* Paris. 1651, 16 pages. (Moreau, n° 2049.)
[5] C'est en effet la dimension de la *Mazarinade*.
[6] *Le Mercure de la Cour, ou les conférences secrètes du cardinal Mazarin avec ses conseillers et confidents pour venir à bout de ses entreprises. Dédiée aux Parisiens avec cette épitaphe : Nolite fieri sicut equus et mulus, quibus non est intellectus.* Paris, 1652 (Moreau, n° 2452).

est vrai que, dans aucun autre écrit du temps, il n'est dit que Scarron ait fait la *Mazarinade;* mais, encore une fois, aucun ne dit le contraire, et les quelques témoignages positifs qui nous restent valent mieux, je pense, que les hypothèses qui ne reposent sur rien. Tous les biographes de Scarron, Bruzen de la Martinière, La Beaumelle, Chauffepié et, de nos jours, Guizot, de Noailles, suivent d'ailleurs l'avis général : pour l'abandonner, il faut trouver de vraies raisons.

Mais il vaut mieux s'adresser à Scarron lui-même, pour apprendre de lui s'il a fait ou non cette trop fameuse *Mazarinade.* Scarron a-t-il nié l'avoir composée? Quand même il aurait protesté, cela ne prouverait pas certainement qu'il n'en est pas l'auteur; car il avait de bonnes raisons pour ne pas avouer. Mais a-t-il vraiment protesté? Moreau le prétend, et il appuie son opinion sur des raisonnements assez spécieux. Dans les *Cent quatre vers*[1], publiés très peu après la *Mazarinade,* Scarron invective les « insectes du Parnasse », qui se servaient de son nom pour écouler leurs tristes productions :

> Vous verrai-je toujours à mes dépens mentir ?
> Et mon nom supposé dans vos œuvres de balle
> Me sera-t-il toujours matière de scandale ?
> Trop longtemps, malgré moi, par un indigne sort
> Mes vers à vos placards servent de passeport :
> Ils s'en veulent venger, grenouilles enrouées,
> Et, laissant pour un temps leurs rimes enjouées,
> Par des termes tranchants comme des coutelas
> Ils vont vous découper jusqu'en vos galetas.

C'est une protestation toute générale, et il n'est pas du tout certain qu'il s'agisse de la *Mazarinade.* Il y a encore deux lettres de Scarron, l'une à la reine-mère, écrite après la Fronde, où le pauvre poète famélique dit : « Mon malheur plutôt que ma faute ne m'a pas laissé jouir longtemps de ma bonne fortune[2] »; l'autre à M. ***[3], où Scarron prie cet inconnu d'intercéder auprès de la reine-mère pour obtenir le rétablissement de sa pension. Voici le passage qu'en cite Moreau : « Pendant les troubles de la régence, « ma malheureuse réputation a été cause que tout ce qu'on a « imprimé à Paris de bon et de méchant a été publié sous mon « nom; et cet abus dure encore, quelque peine que j'aie prise à « le faire cesser. On m'a imputé des vers insolents contre son

---

[1] *Cent quatre vers contre ceux qui font passer leurs libelles diffamatoires sous le nom d'autrui, 16 mars 1651.* (*Œuvres,* VII, 178.)
[2] *Œuvres,* I, 192.
[3] Et non pas à la reine-mère, comme le prétend Moreau (n° 675).

« Éminence. Cela a été appuyé par les caresses que m'a toujours
« faites une autre Éminence, opposée à la sienne, et dont j'ai été
« connu et honoré dès ma jeunesse, et devant qu'elle eût com-
« mencé d'être mal à la cour[1]. » — Voilà à quoi se bornent les
dénégations de Scarron : mais en y regardant de près, et en cherchant un peu à côté, il semble qu'on aperçoive plutôt un aveu
repentant qu'une protestation d'innocence. Dans les *Cent quatre
vers*, Scarron distingue soigneusement entre ceux qui attaquent
le roi légitime ou la reine-mère, et ceux qui s'en prennent à un
ennemi public.

> D'un ennemi public, étranger ou françois,
> Par zèle ou par dépit on se plaint quelquefois :
> Mais offenser en vers ses maîtres légitimes.....

Cet ennemi public, étranger, n'est-ce pas Mazarin? Celui qui s'en
est plaint par dépit, n'est-ce pas Scarron? — Mais dans la lettre
même qu'a citée Moreau, et où la protestation de Scarron semble
formelle, il se trouve immédiatement à la suite une phrase qui
n'a pas été citée, et qui semble un aveu bien clair : « Mais quand
« j'aurais été assez ingrat et insensé pour manquer de respect à
« Sa Majesté et à son Éminence, un véritable repentir ne devrait-
« il pas faire envers l'un et l'autre ce qu'il peut faire envers
« Dieu? » Peut-on reconnaître plus clairement sa faute? Scarron
n'a-t-il pas dit ailleurs, dans un sonnet de réparation au ministre
redevenu tout puissant, à ce

> Jule, autrefois l'objet de l'injuste satire :
> ....
> Par le malheur du temps, ou plutôt pour le mien
> J'ai douté d'un mérite aussi pur que le sien.
> Mais il ne m'a pas cru digne de sa colère.
>
> Je confesse un péché que je pourrais céler ;
> Mais, le laissant douteux, je croirais lui voler
> La plus grande action qu'il ait jamais pu faire[2].

Bien plus, Scarron semble avoir, à plusieurs reprises, dans des
vers qui n'ont jamais été signalés, menacé le Cardinal de son terrible pamphlet. La pension régulière qu'il avait obtenue de la
reine, en 1644, ne lui fut plus payée quand la Fronde arriva :
grande colère du poète besogneux, qui gardait rancune au cardinal depuis le *Typhon*. De là est née la *Mazarinade*. Dans une
épître très curieuse adressée à M. ***[3], qui semble être Tubeuf

---

[1] *Œuvres*, I, 268.
[2] *Ibid.*, VII, 335.
[3] *Ibid.*, VII, 93.

ou plutôt de Lionne, Scarron se plaint qu'on l'ait desservi auprès du ministre; il se défend d'avoir attaqué le Mazarin, quoiqu'il le traite plus bas de *Jean-fesse;* il réclame le paiement de 500 écus, sans quoi il lâchera contre lui les vers injurieux qu'il tient suspendus sur sa tête :

> Je fais pleurer encore mieux que rire ;
> Et le matras que ma faible main tire,
> Irrévocable, alors qu'il est tiré,
> Va bien avant, s'il n'est pas bien paré.
> S'il ne se pend, il faudra qu'il enrage,
> Celui pour qui par haine, ou par outrage
> Qu'il m'aura fait, sans l'avoir offensé,
> Le vers plaisant ma muse aura laissé
> Pour se servir du trait de la satire,
> Qui plaît et mord, qui fait pleurer et rire.

A la fin de la pièce, il demande plaisamment au cardinal l'autorisation de publier, sans être inquiété, trois cents vers seulement, et d'en tirer bénéfice :

> Ou bien s'il veut, sans mettre main en bourse,
> Dont il a peur de voir tarir la source,
> Sans s'appauvrir, me faire un peu de bien,
> J'ai pour cela, me semble, un beau moyen :
> Qu'il me fournisse, ou bien à mon libraire,
> Un privilège, ainsi qu'il le peut faire,
> Pour débiter ou vendre impunément
> Dedans Paris trois cents vers seulement
> Qui seront faits ainsi que je le pense;
> Je lui promets donner pour récompense
> Deux cents écus en bel argent comptant,
> A vous, Monsieur, si vous voulez, autant ;
> Et si, j'aurai de reste, moi pauvre homme,
> Assurément une assez grosse somme :
> Ou bien mes vers comme par rareté
> En mon esprit seront en sûreté
> En attendant une saison meilleure [1].

Que conclure de ces vers, sinon que la *Mazarinade* est déjà faite? Si elle n'est pas écrite, elle est du moins à peu près composée dans l'esprit du poète rancuneux : ces *trois cents* vers, un an plus tard, le jour où le poète les lâchera, seront trois cent quatre-vingt-seize : la liste de ses griefs contre le cardinal se sera augmentée [2]. Dans une épître, du 4 janvier 1650, à M. Aumale d'Hau-

---

[1] Comparer avec l'*Avis de Dix Millions et plus.* (Œuvres, VII, 352.)
[2] Sans doute, les vers concernant l'emprisonnement des princes ont été ajoutés, et d'autres encore.

court[1], Scarron, irrité et aigri, fait encore une allusion bien claire à la *Mazarinade* :

> Ma charge est, peu s'en faut, cassée,
> Dont ma Muse est fort offensée,
> Et toute prête à se fâcher.
> Si l'on ne tâche à l'empêcher,
> Je lui ferai voir la Hollande,
> Où, sans que rien elle appréhende,
> Elle pourra bien mettre au jour
> Des vers qui ne sont pas d'amour :
> La belle impression d'Elzévire
> Fera que ma façon d'écrire
> Reprendra nouvelle vigueur ;
> Et lors malheur, malheur, malheur
> Sur qui le chagrin du malade
> Tirera son arquebusade !

Il avait donc l'intention de publier la *Mazarinade* en Hollande : mais ce qui ressort de ces vers, c'est que, dès le 4 janvier 1650, elle était faite. Scarron n'aura qu'à la retoucher et à l'allonger quand il la lancera d'Amsterdam un an plus tard.

Cela n'est pas seulement une hypothèse très vraisemblable, mais cela devient une véritable certitude quand on remarque que le poète emploie dans ces deux épîtres quelques expressions qu'on retrouve dans la *Mazarinade* elle-même.

v. 59. *Épître à M.* ***... Si ce prélat, malgré lui débonnaire...
v. 346. *Mazarinade* ...... Prince, malgré toi débonnaire.

v. 35. *Épître à M.* ***... ... Pour me servir des traits de la satire
                                Qui plaît et mord, qui fait pleurer et rire.
v. 1. *Mazarinade* ...... Muse qui pinces et fais rire.

v. 28. *Épître à M.* ***... Et le matras que ma faible main tire.....
v. 180. *Ép. à d'Aumale* .. ... Malheur, malheur, malheur
                                Sur qui le chagrin du malade
                                Tirera son arquebusade !
v. 341. *Mazarinade* ...... Tu ne sauras pas qui te tire
                                Par derrière cette satire.....

Il y aurait bien d'autres preuves[2] à apporter tirées du texte

---

[1] *Œuvres*, VII, 110.
[2] En voici encore une qui, jointe à tant d'autres, n'est pas sans force. Au début de la *Mazarinade*, Scarron s'exprime ainsi :

> A toi donc, Calabrais Romain,
> Bon pied, bon œil et bonne main :
> Pare le coup que je te porte.....

Cela ne rappelle-t-il pas d'assez près l'*Estocade* au Cardinal de Mazarin ? Cette fois, il le suppliait de ne pas parer et de se laisser *toucher*, ou tout au moins de ne riposter que d'une pension « sur quelque bon gros bénéfice ».

même de la *Mazarinade* : l'auteur reproche surtout au cardinal de ne pas payer les poètes, de faire abbés des marauds [1] ; il le compare avec le grand Armand, généreux aux gens de lettres [2] ; il fait l'éloge de Retz, de Marigni, du prince de Condé, de Séguier, de Gaston d'Orléans [3],

> Prince en sagesse un vrai Caton.

Il n'est pas jusqu'aux Manceaux [4], dont le nom ne soit rappelé incidemment par l'ancien chanoine de Saint-Julien. Mais il est inutile de démontrer davantage une chose qui paraît dès à présent évidente [5].

Bien que la *Mazarinade* ne soit pas une œuvre bien remarquable, elle n'est pourtant pas un des plus mauvais pamphlets de la Fronde. Il s'est imprimé tant de sottises pendant ces quatre années, que des vers quelconques de Scarron, fussent-ils mauvais, ne peuvent pas être ce qu'il y a de pire dans ces quatre à cinq mille pièces de tout genre et de médiocre valeur. Si l'on excepte une quinzaine de libelles, parmi lesquels la *Lettre au cardinal burlesque* et l'*Histoire des Barricades*, que cite Naudé dans le *Mascurat*, les *Triolets* de Blot, les *Ballades* de Marigni, le *Frondeur désintéressé* de Laffemas, et quelques passables morceaux de prose, comme la *Lettre du chevalier Georges*, ou le *Remerciement des imprimeurs*, la satire de Scarron semble émerger de cet obscur fatras. Elle a au moins un caractère propre qui en fait l'originalité : on y sent une très vive rancune de l'auteur : elle a toute la saveur d'une vengeance personnelle ; ce n'est pas

---

[1] Scarron avait demandé en vain une abbaye.
[2] Il parle des poètes
> si chers au feu Rouge-Bonnet
> Qui savait le mal qu'un sonnet
> Qu'on a mal récompensé cause.

Souvenir évident du sonnet du *Typhon* que Mazarin oublia de rémunérer.
[3] Scarron fut l'ami de Marigni, le protégé de Retz, à qui il dédia le R. C., de Condé, de Séguier et de Gaston d'Orléans (voir la *Vie de Scarron*).
[4] Vers 177..
[5] Moreau semble avoir joué de malheur en parlant de la *Mazarinade*. Ne dit-il pas (n° 675), qu'elle coûta une pension de 1,500 livres à Scarron ? or, cette pension cessa d'être payée en 1648 ou 1649 au plus tard, et c'est précisément pour cela que Scarron fit sa *Mazarinade* en 1650. Moreau commet une erreur encore plus singulière, quand, s'appuyant sur un passage obscur des *Mémoires* de Philibert de Lamarre, conseiller au Parlement de Dijon, il essaie timidement d'attribuer la *Mazarinade* à Marigni. Or, au vers 31, l'auteur dédie son œuvre à Marigni lui-même :

> Et toi, mon brave Marigni,
> Qui, plus qu'aucun sur le Zani,
> As décoché mainte ballade,
> Écoute ma *Mazarinade*.

(Suppl. à la *Bibl. des Mazarinades*, n° 46, publié dans le *Bulletin du Bibliophile*).

une diatribe composée surtout pour amuser quelques jours le public et enrichir un imprimeur, comme il s'en colportait souvent alors : Scarron a cherché vraiment à atteindre le Mazarin, à le piquer et à le mordre. Il a voulu être méchant, et il y a parfois réussi.

Il n'a pas résisté au plaisir que se donnaient alors les rimailleurs de reprocher au cardinal son humble extraction, son origine italienne, ses débuts aventureux et quelque peu romanesques; il a pourtant renchéri en exhumant une vieille histoire dont le souvenir était particulièrement désagréable à Mazarin : c'était du temps où le secrétaire du cardinal Colonna était en Espagne, beau cavalier, séduisant abbé; il avait su inspirer de l'amour à certaine fruitière qu'il faillit épouser; mais il y eut, paraît-il, des coups d'étrivière sur le dos de l'amoureux; Colonna se fâcha, et don Juan se sauva piteusement à pied jusqu'à Barcelone, où il se rembarqua précipitamment pour l'Italie. Si l'on en croit Segrais[1], Mazarin se montra plus sensible à cette simple raillerie qu'à toutes les injures qu'on lui jetait à la face; il fut blessé au vif dans sa fatuité d'Italien et en conçut un profond ressentiment. Dans l'énumération burlesque de tous les crimes du ministre, Scarron n'a garde non plus d'oublier ses deux cents robes de chambre, ses parfums et ses extraits de musc et d'ambre, ses somptueuses écuries et tout ce luxe qui choquait si fort le peuple de Paris misérable et affamé. Les griefs politiques sont nombreux aussi : le Mazarin a été cause de tout le mal, même

De Lérida deux fois manquée,

du fruit de la victoire de Lens perdu, enfin de tout ce qui s'est fait et ne s'est pas fait en France depuis sept ou huit ans; tous ces reproches durent laisser le cardinal assez froid; il en avait bien entendu d'autres depuis trois ans; la seule chose qui pût l'émouvoir, c'est le souvenir du « prélat de Sorbonne » méchamment rappelé par Scarron; c'est cette comparaison perpétuelle et malveillante avec Richelieu, son maître et son modèle.

Vers la fin, Scarron fait appel aux plus mauvaises passions de la foule et à ses instincts de cruauté si dangereux en temps de révolution. Souvent les pamphlétaires avaient déjà parlé à Mazarin de sa mort; on prenait plaisir à l'épouvanter par ces funèbres images; les imprimeurs et les colporteurs[2] se réjouissaient d'avance

---

[1] *Segraisiana*, p. 123.
[2] *Remerciement des imprimeurs et des colporteurs*. (Moreau, n° 3280.)

à l'idée de publier et de crier dans les rues l'heureuse nouvelle; on avait composé un édit burlesque pour mettre à prix la tête du ministre [1] : il y avait bien quatre-vingts manières de le tuer, avec un tarif spécial assigné à chacune. C'étaient là de bien lugubres plaisanteries; personne pourtant n'était tenté de les prendre au tragique, tout le monde en riait, sauf peut-être celui dont on riait. Mais le moyen de trouver drôles ces horribles vers de la *Mazarinade!*

> Le peuple enfin se prévaudra
> Des fureurs dont il est capable,
> Et lors, ministre détestable,
> ....
> ....
> Par qui la France est décriée,
> De ses amis désalliée,
> Par qui le commerce est perdu,
> Enfin tout l'État confondu :
> Alors, dis-je, le plus sot homme
> Qui soit jamais sorti de Rome,
> Rejeton de feu Concini,
> Pour tout dire, Mazarini,
> Ta carcasse désentraillée,
> Par la canaille tiraillée,
> Ensanglantera le pavé ;
> Ton pr.... haut élevé
> A la perche, sur une gaule,
> Dans la capitale de Gaule,
> Sera le jouet des laquais,
> L'objet de mille sobriquets,
> De mille peintures grotesques,
> De mille épitaphes burlesques [2].

Voilà ces vers « qui ne sont pas d'amour », que Scarron annonçait dès le 4 janvier 1650 à M. d'Harcourt, et l'on peut dire que la préméditation est pour leur auteur une circonstance bien aggravante. La satire ne finit pourtant point sur cette sanglante vision; dans les derniers vers, le poëte, bien qu'il annonce encore la mort de Mazarin, le fait en termes moins sauvages; le burlesque reprend le dessus :

> Ha! que ne puis-je d'un revers
> Accompagner ces petits vers,
> Ou sur ta tête chauve et folle
> Appliquer une croquignole !

---

[1] *Tarif du prix dont on est convenu en assemblée des notables pour récompenser ceux qui délivreront la France du Mazarin.* (Moreau, n° 3752.)

[2] Vers 315, sqq. Là, s'arrêtait peut-être la *Mazarinade*, primitivement conçue par Scarron. Si l'on en retranche quelques vers concernant des événements de l'année 1650 et sûrement intercalés après coup, on arrive environ au chiffre de trois cents vers annoncé par l'auteur.

APPRÉCIATION DE LA MAZARINADE. 231

> Mais le temps tout amènera
> Et la Fronde t'achèvera ;
> Ministre à la tête de courges,
> ....
> Cher Jule, tu seras pendu
> Au bout d'une vieille potence,
> Sans remords et sans repentance,
> Sans le moindre mot d'examen,
> Comme un incorrigible. Amen.

Telle est la *Mazarinade*. Malgré la verve et la facilité du vers, cette pièce ne fait pas beaucoup d'honneur au poète et elle n'en fait pas du tout à l'homme. Par la violence de l'attaque, elle égale les plus détestables pamphlets de Dubosc Montandré, par exemple ce trop fameux *Point de l'Ovale;* par la grossièreté et par le cynisme de l'expression, elle pourrait faire juger Scarron plus sévèrement qu'il ne mérite de l'être. Elle donne surtout une triste idée des mœurs du temps. C'est pour un sonnet mal récompensé, pour une pension mal payée, que Scarron demande la mort du premier ministre : les plaintes sur la politique et sur la France ne sont pas sincères : si le poète avait reçu de l'argent, il chanterait avec la même conviction les louanges du grand Jule; il le dit sans vergogne :

> Au lieu qu'en donnant quelque écu,
> Ton immortelle renommée
> Par l'Europe eût été semée[1].

Et ailleurs :

> Pouvant faire bien à tous, dis-moi,
> Pourquoi n'as-tu fait bien qu'à toi[2]?

Le poète est prêt à recommencer le panégyrique du *Typhon;* seulement, instruit par l'expérience, il ne fait plus crédit, il veut être payé comptant. La *Mazarinade* est un acte de chantage littéraire. Voilà jusqu'où descend un poète de talent sous la Fronde; voilà où en étaient réduits sans doute beaucoup d'autres. C'est la faute du temps comme la faute des hommes ; mais, devant cette servilité des écrivains, on comprend mieux et l'on approuve presque, comme une heureuse nécessité, la noble domesticité des lettres sous Louis XIV.

La *Mazarinade* est donc bien de Scarron : là se borne, à vrai dire, la part qu'il a prise dans la lutte de la Fronde. On se représente trop facilement Scarron lançant son pamphlet au début de

---

[1] *Mazar.*, 77.
[2] *Ibid.*, 347.

la Fronde et la France entière se ruant alors à son exemple sur le Mazarin. Des historiens très sérieux ont malheureusement propagé cette erreur. M. de Noailles ne dit-il pas : « Scarron eut la gloire de faire la première Mazarinade. [1] » C'est absolument inexact : la *Mazarinade* parut au début de 1651, quelques deux ans et demi après les barricades ; elle n'est peut-être, par la date, que la deux millième des Mazarinades, et personne avant cette époque ne semble en avoir attribué aucune à Scarron, qui avait seulement composé sa *Chanson sur le blocus de Paris,* autrement appelée : *Sur la conférence de Ruel* [2]. Ce n'est qu'à partir de 1651 que Scarron commence à se défendre contre ceux qui colportent des libelles sous son nom [3], et ce n'est qu'en 1652 que nous trouvons plusieurs pièces qui lui sont formellement attribuées ; son nom est tantôt imprimé sur la feuille même, tantôt ajouté à la main. Voici les titres de ces pièces :

— *Adieu du sieur Scarron fait au roi sur son départ pour l'Amérique.* Paris, Ant. Chrestien, 1652, 8 pages. Cette pièce ne contient absolument rien de caractéristique qui nous permette d'y voir la main de Scarron. Il semble inadmissible que le vrai Scarron n'eût pas, par quelque détail sur sa maladie, sur sa vie, sur son mariage, fait mieux connaître son identité [4] (Moreau, 44).

— *Le Cœur des princes entre les mains de Dieu. Dédié à l'altesse de Mademoiselle.* Paris, Nicolas Guérard, 1652, 8 pages. Stances trop sottes pour être de Scarron ; c'est une réponse à l'*Avis aux malheureux,* attribué au cardinal de Retz (Moreau, 707).

— *La Calotte de Mazarin renversée,* sur la mort de son neveu Manchiny, par le sieur Scarron. Paris, 1652, 8 pages. Vers détestables qui ne peuvent être de Scarron (Moreau, 619).

— *Les Étrennes burlesques* de M. Scarron envoyées au cardinal de Mazarin (1652), 8 pages. C'est la même pièce que la *Relation burlesque.* Elle est si faible que Scarron ne doit pas en être l'auteur, bien qu'on y trouve une de ses expressions favorites : *donner sur la friperie* (Moreau, 1307).

— *La Débauche de quatre monopoleurs et leurs entretiens sur*

---

[1] Noailles. *Histoire de Mme de Maintenon,* I, 148.
[2] Pourquoi M. Moreau la classe-t-il seulement dans les pièces dont Scarron *peut* être l'auteur ? Elle parut de son vivant, dans ses œuvres, sous le nom de *Chanson sur le blocus de Paris.* On peut joindre à cette pièce le *Triolet* contre les Frondeurs et encore le *Sonnet sur les affaires du temps* (juillet 1650) ; mais ce sont à peine quelques vers, qui ne furent ni colportés, ni imprimés à part comme Mazarinades.
[3] Voir les *Cent quatre vers.*
[4] Cette pièce a paru aussi sous le titre de : *Réflexions morales et politiques, tant sur la France que sur l'Amérique, par un pauvre diable.*

les affaires présentes, en vers burlesques, par M. Scarron. 1652, 7 pages. Pièce absolument sotte (Moreau, 863).

— *Lettre de M. Scarron envoyée au cardinal de Mazarin à Saint-Germain-en-Laye, en vers burlesques.* 1652, Simon Champion, 16 pages. C'est la contrefaçon de la *Lettre à M. le Cardinal, burlesque*, de Nicolas Le Dru (abbé de Laffemas) (Moreau, 1991).

— *Testament véritable du cardinal Jules Mazarin*, s. l. 1649, 12 p. ; une réédition de 1663 porte le nom de Scarron (Mor. 3767).

— *Le Parlement burlesque de Pontoise contenant les noms de tous les présidents et conseillers renégats qui composent ledit Parlement*, s. l. 1652 (Moreau, 2701) [1].

— *Invective de M. Scarron contre un dernier libelle, en vers burlesques et autres.* 1652, 8 pages. C'est une contrefaçon de *Cent quatre vers* qui avaient paru l'année auparavant.

Toutes ces pièces, (est-il besoin de le répéter?) ne sont pas de Scarron ; avec les couplets sur la *Conférence de Ruel*, la *Mazarinade* et les *Cent quatre vers*, nous ne trouvons de lui, sur les quatre mille Mazarinades analysées par M. Moreau, que l'*Épitre chagrine à Rosteau*, qui n'a aucune des allures d'un pamphlet; elle y a trouvé place parce qu'elle fut imprimée et tirée à part, au moment où il croyait partir pour l'Amérique. Scarron n'avait pas, du reste, l'étoffe d'un chef de parti, ni même d'un pamphlétaire; il avait des amis dans tous les camps, et il était trop intelligent pour se faire le vil instrument d'un Retz ou d'un Condé ; sa réputation de poète le mettait au-dessus de cette mesquine ambition ; sa vanité seule et sa rancune personnelle contre Mazarin le compromirent un moment. Cet homme, qui n'a fait qu'une Mazarinade

---

[1] Après la seconde partie du *Parlement burlesque de Pontoise,* parut une *Réponse,* ou *l'Anti-burlesque, par D. L. R. Parisien* (1652). L'auteur suppose que c'est Scarron qui a écrit le *Parlement burlesque* et il le maltraite fort :

> Méchant, crochu, épouvantable,
> Qui, quand on veut qu'il soit à table,
> Le faut guinder sur un placet
> Où il paraît en Jean Doucet,
> Ayant le nez en écrevisse,
> Et le dos en dos de génisse,
> L'œil riant comme un cochonnet
> Qui échaudé de poil est net.
> Le front fait en sifflet à caille, etc.

L'auteur du *Parlement burlesque* répond dans sa *troisième partie* que Scarron n'est pour rien dans ses vers ; il fait un grand éloge de l'illustre malade,

> Dont la mort
> Ne pourra pas ternir la gloire,
> Et dont l'éternelle mémoire
> Malgré tes frénétiques vœux,
> Passera jusqu'à nos neveux.

Peut-être le *Parlement burlesque* est-il de l'entourage de Scarron, sans que le poète en soit vraiment l'auteur.

entre des milliers, a été pourtant rendu responsable de celles qu'il n'a pas faites ; il s'indignait de cette injustice et il protestait de son innocence ; mais cette débauche de poésie burlesque était bien un peu son œuvre [1]. Quand on a déchaîné en France la poésie burlesque par les *Légendes de Bourbon*, par le *Typhon*, par cette mascarade prolongée du *Virgile*, par cent pièces bizarres, triviales, effrontées de forme et de fond, on est assez mal venu à se laver les mains du mal commis et à se déclarer innocent. A coup sûr, ce n'est pas Scarron qui a fait la Fronde, car il est resté cloué tout ce temps-là dans sa chaise, et, parmi ce fatras de petits vers il n'en a guère écrit que trois ou quatre cents assez médiocres ; pourtant tous les écrivassiers d'alors se sont réclamés de lui et nous retrouvons son image grimaçante à chaque page de la Fronde. Toute la poésie burlesque de l'époque pèse sur lui ; cette punition est assez juste, car si tout le monde a *scarronisé*, mal ou bien, c'est parce qu'il y a eu un Scarron.

Le courrier ou la gazette en vers fut, avec le pamphlet, la forme la plus répandue de la poésie burlesque pendant la Fronde. Le Parisien s'était habitué avec Renaudot à lire chaque semaine son journal. Quand la *Gazette* fut obligée d'émigrer à Saint-Germain, où se trouvait la cour, le rédacteur, homme habile, avait laissé

---

[1] Voir une pièce du temps intitulée : *Contre Satyre ou response aux Cent quatre vers du sieur Scarron, pour luy montrer qu'ayant inventé les vers burlesques, il se peut dire l'auteur des libelles diffamatoires de cette espèce.* 26 mai 1651 (Moreau, 2e appendice, *Bulletin du Bibliophile*, n° 46). L'auteur dit avoir été insulté dans les *Cent quatre vers* ; il a prié Scarron de rectifier, mais inutilement ; alors il est contraint de montrer les pernicieuses conséquences de la poésie burlesque. Il appelle Scarron :

> Fumier de Pégase, excrément d'Astarot,
> Qui nous a plus gastés que Bèze ou que Marot.

Il rappelle les deux volumes de poésie qu'on venait de publier de lui (*deuxième et troisième suite des Œuvres burlesques*) où on le représentait tournant le dos au public ; il montre l'inanité de ces vers qu'on a imprimés

> Pour les sauver du feu ou des chaises percées.

Il parle de Virgile que Scarron a profané,

> Et de son Énéide adorable et divine
> Tu as fait une farce à quelque Jean-Farine,
> En la prostituant aux pages et laquais.
> Et déguisant l'auteur en Gilles le Niais !

Il lui reproche aussi les *Légendes de Bourbon* :

> Où l'on voit plusieurs saints couchés sur ton papier,
> Qui ne sont pas encor dans le calendrier.

Il lui reproche même la *Passion* en vers burlesques ; enfin, il le rend responsable de tous les maux :

> Sache que les malheurs qu'endure notre France
> Viennent de ton burlesque et de sa médisance,
> Et qu'en ayant été le père et l'inventeur,
> On t'en peut, à bon droit, aussi dire l'auteur.

ses deux fils à Paris, qui donnèrent une édition *parlementaire* de la *Gazette*, tandis que le père publiait au dehors l'édition *mazarine* : ce fut le *Courrier français*, traduit lui-même aussitôt en vers burlesques par Saint-Jullien. Puis, en 1650, quand la fortune revint un instant au premier ministre et quand Condé fut emprisonné, ce même courrier de Saint-Jullien redevenu mazarin et, soigneusement expurgé, s'appela par ironie : *Le Courrier burlesque de la guerre de Paris, envoyé à Mgr le prince de Condé pour divertir Son Altesse pendant sa prison*. Enfin, pendant la troisième Fronde, Saint-Jullien raconta en vers burlesques les luttes déjà anciennes de la Cour et du Parlement, et trouva le moyen de dauber à peu près sur tous les acteurs de cette confuse mêlée, sur le duc d'Orléans, sur Broussel, sur Gondi et sur Mazarin[1]. Scarron resta étranger à cette publication, bien qu'on lui eût dédié quelques-unes de ces pièces pour en assurer plus sûrement la vente[2]. Le succès de ces courriers fit éclore, comme on le pense, une foule de copies, car la littérature de la Fronde ne vécut guère que d'imitations et de plagiats ; il y eut un *Courrier de la Cour*, un *Journal poétique de la Cour parisienne*, une *Gazette des Halles*, une *Gazette de la place Maubert*, un *Babillard du temps*, un *Burlesque On de ce temps, qui sait, qui fait et qui dit tout*[3], etc. ; mais parmi tous les journaux en vers qui virent le jour à cette époque, la plupart durèrent ce que durent les roses ; un seul émergea et eut une fortune vraiment durable, c'est la *Muse historique* de Jean Loret.

Étrange figure que celle de ce paysan, natif de Carentan, venu à Paris pour y chercher fortune, avec son seul bagage d'esprit naturel et de parfaite ignorance, introduit par hasard chez les grands, payé par Mlle de Longueville pour la tenir au courant de tout ce qui se passait dans Paris, devenu alors un chroniqueur infatigable et naïf, qui raconte à sa maîtresse tous les bruits de la ville, puis porté malgré lui par le succès à faire imprimer cette gazette hebdomadaire, enfin poète célèbre qui livre chaque semaine en pâture à la curiosité publique ses petits vers négligés, d'une platitude innocente ; au fond honnête courtisan, ami de tout le monde, bon homme, simple, modeste, inoffensif, çà et là spirituel à travers le flux périodique et inépuisable de ses octosyllabes. Ses épitres (il y en a bien huit cents) sont toutes coulées dans le

---

[1] Voir les *Courriers de la Fronde* annotés par Moreau (édition elzévirienne, chez Jannet).
[2] *Vers burlesques envoyés à M. Scarron sur l'arrivée du convoi à Paris.*
[3] Voir Moreau. *Bibl. des Mazarinades.* — Voir aussi Hatin, *Histoire de la presse en France*, chez Poulet-Malassis, 1859.

même moule ; chacune a son épithète qui la distingue plus ou moins : (elles sont qualifiées d'*ambulatoire* ou de *chassieuse*, suivant leur forme ou leur objet, ou même sans raison) : vient alors un préambule où le poète vante les charmes de sa princesse, ou fait quelque réflexion sur la gazette ; puis suivent pêle-mêle les nouvelles de la semaine, bruits du cours, de la Cour, des ruelles, des théâtres[1], racontés avec des détails puérils, des circonstances triviales et toujours une candeur admirable ; enfin, la date qui se trouve déjà en tête est répétée par le poète dans un style dont l'ineptie semble au premier abord navrante, mais on s'y fait en songeant que c'est un tour de force huit cents fois renouvelé ; le moyen de critiquer des vers comme ceux-ci !

> Écrit le vingt et cinq de mars,
> Ayant mangé des épinards.

Dans ce genre tout spécial, directement issu du burlesque, c'est Loret qui occupe le premier rang, ce n'est pas Scarron : Scarron n'a pas écrit un seul vers de gazette durant les cinq années que dura la Fronde. Mais n'était-ce pas lui pourtant qui avait créé le genre dès 1641, lorsqu'il avait publié sa première *Légende de Bourbon*? C'était bien déjà une sorte de *Gazette burlesque* des eaux de Bourbon : c'était la même poésie familière et triviale, la même désinvolture à rimer en dépit du bon sens, et à cheviller sans vergogne le vers de huit syllabes, la même grâce naïve et sans prétention, avec la différence qui sépare le talent de Scarron de la facilité banale de Loret. Quant à ces plaisantes manières de dater, où la pensée semble attirée de je ne sais où par la rime, Scarron n'en avait-il pas maintes fois déjà donné l'exemple?

> Fait à Paris, ce dernier jour d'octobre,
> Par moi Scarron qui malgré moi suis sobre[2].

> Fait dans la cuisine
> Du sieur de Busine,
> Entre poêle et gril,
> Vers la fin d'avril[3].

> Fait par moi l'an six cent cinquante,
> Le quatrième de janvier,
> Tout seul assis en mon foyer,
> Entre un épagneul et ma chatte,
> Qui vient de lui donner la patte[4].

---

[1] Il est bien regrettable que la publication de la *Muse historique* (édition Ravenel) ne soit pas terminée; combien serait précieux un Index de cet ouvrage, qui est une mine inépuisable de renseignements pour l'histoire de la régence et de la minorité de Louis XIV !
[2] *Œuvres*, VII.
[3] *Ibid.*, VII, 64.
[4] *Ibid.*, VII, 117. — Ces détails chez Scarron sont rarement plats ; ils

Scarron pouvait donc se considérer justement comme l'inspirateur de cette poésie qu'il voyait fleurir au temps de la Fronde.

Pourtant le maître ne dédaigna pas de s'y essayer lui-même, longtemps après que ses élèves eurent commencé : ce fut sans doute le besoin d'argent qui le poussa, bien plus que le désir de se faire un nom dans un genre déjà un peu épuisé. En 1655, le libraire Lesselin annonça qu'il publierait chaque semaine une *Gazette burlesque*, de Scarron[1]. En effet, le 14 janvier, parut le premier

---

ajoutent souvent un charme de plus à la pièce et composent un petit tableau d'intérieur, digne de la palette d'un Téniers ; le *magot* serait naturellement Scarron

[1] *Recueil des Epîtres en vers burlesques de M. Scarron et d'autres autheurs, sur ce qui s'est passé de remarquable en l'année 1655.* — A Paris, chez Alexandre Lesselin, 1656. Il y a trente-deux épîtres, les quinze premières seulement sont de Scarron :

— *Première Gazette : Epître de Jacquemard, horloge de Saint-Paul, à la Samaritaine, horloge du Pont-Neuf.* — *Dédiée à la Reine;* achevé d'imprimer, 14 janvier 1655.
— *Deuxième Gazette : Responce de la Samaritaine, h. du P.-N., à Jacquemard, h. de S.-P.* — *Au Roy;* 21 janvier 1655.
— *Troisième Gazette : Ep. de Jacq. à la Sam.* — *A Monsieur;* 1er fév. 1655.
— *Quatrième Gazette : Resp. de la Sam. à Jacq.* — *A Son Éminence;* 9 février 1655.
— *Cinquième Gazette : Ép. de Jacq. à la Sam.* — *Au Roy;* 16 février 1655.
— *Sixième Gazette : Resp. de la Sam. à Jacq.* — *A Mgr le Chancelier et à MM. de l'Académie française;* 23 février 1655.
— *Septième Gazette : Epître de Jacq. à la Sam.* — *A M. de Turennes;* 2 mars 1655.
— *Huitième Gazette : Resp. de la Samar. à Jacq.* — *A M. de Chamboy;* 9 avril 1655.
— *Neuvième Gazette* (il n'est plus question de Jacq. ni de la Samarit.); c'est une *Epître de M. Scarron à M. le marquis de Molac;* 12 mai 1655.
— *Dixième Gazette : Epître de M. Scarron à M. d'Alzan;* 20 mai 1655.
— *Onzième Gazette : Epître de M. Scarron à Mgr le comte de Servient, surintendant des finances;* 26 mai 1655.
— *Douzième Gazette : Epître de M. Scarron à M. Potel, le Romain;* 1er juin 1655.
— *Treizième Gazette : Épître de M. S. à Mlle de Sainte-Hermine;* 9 juin 1655.
— *Quatorzième Gazette : Épître de M. S. à Mme la marquise de Villars;* 16 juin 1655.
— *Quinzième Gazette : Épître de M. S. à Mme la marquise de Montatere;* 22 juin 1655.

Là s'interrompt l'œuvre de Scarron ; la *Seizième Gazette* est une *Lettre à M. Scarron escrite de l'armée du roi par un sien amy, sur le sujet de ses épîtres qu'il donne au public toutes les semaines* (29 juin 1655). — La *Dix-septième* est une *Épître à M. Scarron par un sien amy*, qui lui demande pourquoi il ne fait plus rien paraître depuis plus d'un mois ; s'il est malade, qu'il se guérisse et recommence à écrire dès qu'il ira mieux (4 août 1655).
— Les *Gazettes* suivantes continuent avec d'autres auteurs : il n'est plus question de Scarron. Le libraire Lesselin avait acheté à Scarron son privilège dès la *Cinquième Gazette*. En 1656, la publication prend le nom de *Muse de la Cour*.

L'édition est très rare ; M. Hatin (I, 373) dit qu'il n'existe que deux exemplaires complets de ce recueil : l'un à la bibliothèque de l'Arsenal, l'autre dans une bibliothèque particulière. J'en ai pourtant trouvé un exemplaire complet à la Bibliothèque Nationale ; mais peut-être est-ce le second de ceux que cite Hatin.

Cette *Gazette* n'a jamais été réimprimée ; aussi en ferons-nous quelques citations un peu longues.

numéro : il est dédié à la reine, dont Scarron essayait en vain de regagner la faveur ; on y trouve un éloge outré de Mazarin :

> Ce successeur de Richelieu,
> A qui l'on doit tout après Dieu.

Il y a aussi un *A qui lira* lestement tourné. La forme de cette gazette est assez originale : c'est une épître de Jacquemard, horloge de Saint-Paul, à la Samaritaine, horloge du Pont-Neuf ; dans la seconde épître, c'est la Samaritaine qui répondra à Jacquemard. Scarron commence par décrire ces trois quartiers qu'il aimait tant et où se concentrait la vie bruyante du Paris d'alors : Pont-Neuf, Louvre et Marais ; il annonce qu'il en fera la gazette, et qu'il y joindra aussi celle de la place Royale, qui touche au Marais et où il avait conservé beaucoup de relations. L'auteur se défend beaucoup de vouloir faire concurrence à son ami Loret, dont les gazettes sont

> Plaisantes autant que bien faites.

Il n'a pas la prétention de tenir le public au courant de tout ce qui se passe : ses vers ne sont que « Jacquemardinettes » et « Samaritainettes » ; il tâchera seulement de les rendre gais, ce qui est moins facile qu'on ne pense :

> Le style burlesque ou comique,
> Dont aujourd'hui chacun se pique,
> N'est pas un style fort aisé :
> Étant bas, il est méprisé.

Scarron se rend déjà compte du décri dans lequel est tombé le burlesque, et il prend bien garde d'être confondu avec les grossiers rimailleurs qu'il a tant de fois flagellés.

Pourtant, malgré toutes ces précautions, la *Gazette* de Scarron semble n'avoir pas eu grand succès ; en vain fut-elle dédiée aux plus grands personnages, à la reine, à Mazarin, que Scarron s'efforçait de reconquérir, au duc d'Anjou ce « Cupidonneau », au chancelier Séguier et à l'Académie française, qui sait bien discerner

> Quand on badine finement,
> Ou quand bien ou mal on entasse
> La manière de parler basse,
> Et que sans rien imaginer
> On se laisse à ses vers mener ;

au surintendant Servien, à Turenne, à la marquise de Villars ; en vain fut-elle même présentée au roi, qui daigna y prendre quelque plaisir : elle ne dura guère, et elle n'eut que quinze numéros.

Pour contenter le public et pour avoir une clientèle assurée, il eût fallu s'astreindre à une exactitude dont Scarron n'était pas capable ; il n'était pas homme à se gêner pour faire plaisir à un libraire ni même au lecteur ; son impertinence et sa paresse faisaient en quelque sorte partie de son talent, et il lui eût été difficile d'y renoncer. Un Scarron poète à jet continu comme Loret n'eût plus été Scarron ; dès la cinquième gazette il en prend fort à son aise, et il dit impudemment :

> De notre chaise, ce mardi ;
> J'aurais bien achevé lundi,
> Mais je préfère à juste titre
> Mes passe-temps à mon épître.

Dans tout autre ouvrage, cette irrégularité aurait passé pour une coquetterie ; mais cette fois le public, qui était habitué à la périodicité de Renaudot et de Loret, n'y trouvait pas son compte. Le libraire n'était pas plus satisfait : mais Scarron, en homme avisé, et aussi en homme toujours à court d'argent, lui avait cédé son privilège, et s'intéressait fort peu dès lors à ses lamentations. Et puis il avait une bonne raison pour être infidèle à ses engagements : le dialogue de Jacquemard et de la Samaritaine fut interrompu du 2 mars au 9 avril, puis du 9 avril au 12 mai par une recrudescence des souffrances de Scarron ; outre ses maux ordinaires, le pauvre infirme eut un abcès à l'oreille, qu'il fallut percer ; en juin il eut encore une rechute, et cette fois la plume de gazetier lui tomba des mains pour toujours.

De plus, il y eut constamment un malentendu fâcheux entre l'auteur et le public. Les acheteurs de la *Gazette* de Scarron voulait des nouvelles ; habitués par la *Gazette* de Renaudot et par la *Muse historique* de Loret, à être tenus au courant de tout ce qui se passait à la cour, en ville et même en dehors de la France, ils demandaient à Scarron la même variété d'informations, espérant y trouver, par dessus le marché, l'esprit et l'enjouement auxquels les avait habitués l'auteur. Nul doute alors que la *Gazette burlesque* n'eût enlevé tous les suffrages et laissé bien loin derrière elle la prose de Renaudot ou la monotone cantilène de Loret. Mais c'était demander l'impossible à Scarron : il ne désirait ni ne pouvait se faire le nouvelliste attitré du public parisien. Déjà, à cette époque, pour avoir des nouvelles, il fallait leur courir après par les rues, dans les antichambres, au Louvre, au théâtre, en un mot partout. On n'a jamais vu de *reporter* cul-de-jatte, et Scarron ne tenta pas de faire voir à ses contemporains cette merveille. Aussi se défend-il vivement de vouloir faire une gazette complète et de présenter au public l'histoire de son temps [1]; à plusieurs reprises il revient sur la difficulté qu'il y aurait pour lui à raconter plaisamment des choses tout ordinaires, comme le départ ou l'arrivée du roi [2]; il n'a donc pas la moindre prétention de lutter avec Loret :

> Loret écrit pour qui lui donne;
> J'écris pour ma seule personne.
> Mes vers vont comme il plaît à Dieu,
> Sans affecter homme ni Dieu ;
> Je les donne à qui les demande
> Sans qu'autre chose je prétende.
> Loret gagne avec maint seigneur,
> Avec moi gagne un imprimeur [3].

Pourtant il était bien forcé de donner quelques nouvelles ; il les présentait alors d'une façon fort agréable, mais sans beaucoup de précision. Telle la mort du pape Innocent :

> La mort, sans excepter personne,
> Qui sur tiare et sur couronne
> Comme sur bonnet de bas prix,
> Sous le chaume et sous le lambris,
> De près, de loin, ses coups assène,
> Sur les confins de la centaine
> A d'un coup de Jarnac puissant
> Frappé le saint-père Innocent.
> Par ce rude coup le Saint-Père
> Quittant ce monde et sa misère,
> Comme le moindre prestolet,
> Tout grand qu'il était, est allé
> Où le gueux comme l'Alexandre
> Tôt ou tard va ses comptes rendre [4].

Le plus souvent il se rabat sur de petits faits divers insignifiants, mais qu'il s'amuse à orner de toutes les grâces folles du style burlesque; ainsi il racontera la lutte d'un capucin contre des brigands [5], l'agression subie par un M. Leroux, qui fut dévalisé, déshabillé et fouetté par des voleurs et qui dut rentrer chez lui tout nu [6]; le tour amusant joué à un apothicaire dans l'exercice de ses fonctions [7]; l'histoire d'un chat qui, après avoir été habillé par une dame et orné de tous ses bijoux, s'est enfui sur les gouttières

---

[1] *Huitième Gazette.*
[2] *Douzième Gazette.*
[3] *Quatrième Gazette.*
[4] *Deuxième Gazette.* C'est le commentaire burlesque des odes bien connues d'Horace et de Malherbe.
[5] *Deuxième Gazette.*
[6] *Septième Gazette.*
[7] *Quatrième Gazette.*

et n'a plus reparu[1]. Ces récits étaient fort plaisants, mais la *Gazette* de Scarron restait toujours le journal de Paris le moins bien informé, à une époque où il n'y en avait que trois. Scarron furieux publiait des *avis* pour prier le public de lui fournir lui-même les nouvelles au fur et à mesure ; il répétait ses adjurations :

A tuti quanti :

Gens de la ville et de la cour,
Si mes lettres vous divertissent,
Que les vôtres donc m'avertissent
De ce qui se fait chaque jour [2].

Ou bien, pour fermer la bouche à ceux qui se plaignaient, il débitait un chapelet interminable de faits très peu intéressants, sans les parer du moindre ornement [3]. Il y eut donc toujours une lutte sourde entre le public qui demandait des nouvelles et Scarron qui ne pouvait pas en donner beaucoup.

Il ne le voulait pas davantage. Il avait beau couvrir de fleurs son ami Loret, il s'estimait sans nul doute supérieur à ce paysan mal dégrossi, et il prétendait faire autre chose que chausser ses sabots. Réciter toutes les nouvelles de la semaine, toujours sur le même ton et dans les mêmes petits vers, lui semblait un métier peu relevé, quelque lucratif qu'il fût. Il voulait, même dans la gazette, conserver sa liberté de poète et le droit de bavarder à tort et à travers. Le charme original de son talent n'était-il pas dans ces causeries à bâtons rompus, à propos de tout, sans lien et sans suite, où il laissait folâtrer sa bonne humeur la bride sur le cou ? A tous ceux qui lui réclamaient des nouvelles, il répondait en leur donnant du Scarron ; c'était beaucoup, mais ce n'était pas la même chose. Il resta toujours le prisonnier du genre qu'il avait adopté et pour lequel il n'était pas fait ; il ne comprit pas que le jour où il s'était engagé à publier un journal, il était devenu le serviteur de cette foule qu'il avait jusqu'alors asservie à ses fantaisies.

Voilà pourquoi Scarron, infiniment supérieur à Loret, eut moins de succès que lui dans sa *Gazette*. Par instinct, il aurait voulu la transformer en une épître burlesque, satirique et morale, où les récits auraient trouvé place, mais n'auraient plus été que l'ornement ; il fut donc un mauvais journaliste, et le journaliste fit aussi quelque tort au poète.

On n'a qu'à jeter les yeux sur les quinze numéros de la *Gazette*

---

[1] *Quinzième Gazette.*
[2] *Sixième Gazette.*
[3] *Ibid.*

de Scarron pour reconnaître combien l'auteur aime à parler de tout autre chose que des faits de la semaine ; il est heureux de laisser son métier de nouvelliste et de causer de ce qui lui plaît. Dans la quatrième gazette, la Samaritaine peint en termes assez vifs la vie des jeunes débauchés de la capitale :

>On jure, on se pique d'esprit,
>On fait de l'impie un petit,
>Quelquefois bien fort ; on ivrogne,
>Escroque l'hôtel de Bourgogne,
>On court les nymphes de rempart,
>Où l'on se met plus au hasard
>Qu'on ne fait en une tranchée.....
>..................................
>O cher Jacquemard de mon âme,
>Si Dieu veut que je sois ta femme,
>Et que j'aie un fils, il sera,
>Ou le diable l'emportera,
>Honnête homme, et, s'il est tout autre,
>On le verra de la main nostre
>Étrillé comme de raison,
>En enfant de bonne maison.

Dans la quatrième, Scarron plaint la marquise de Villars de demeurer si longtemps à la campagne :

>Vous pouvez bien voir quelque mont,
>Quelque bois et quelque prairie,
>L'épi meur, la vigne fleurie ;
>Vous entendez mugir les bœufs,
>Quand vos poules vous font des œufs,
>Vous les entendez qui cacassent ;
>Vous pouvez voir des chiens qui chassent,
>Des oiseaux voler la perdrix ;
>Mais tout cela n'est pas Paris !

Il manque, en effet, à la marquise la reine, la cour, les princesses, les satrapes et les satrapesses ; elle n'a autour d'elle que ces campagnards importuns, dont le parisien Scarron dessine fort agréablement la silhouette :

>Mais campagnards pour tout potage
>Ne sont jamais tant ennuyeux,
>Que quand ils font tout de leur mieux.
>S'ils se tenaient bien sur leur garde,
>Sans que leur âme goguenarde
>S'évaporât si peu que rien,
>Encor s'en aiderait-on bien.
>Mais pour montrer leur suffisanc ,
>Et comme ils sont gens d'importance,

> Ils parlent témérairement
> De la cour, du gouvernement,
> Règlent la guerre et les finances ;
> Récitent quelques vieilles stances,
> Pour montrer qu'ils savent de tout ;
> Savent dire : *pousser à bout,*
> *Est-ce qu'on n'en meurt pas ? Terrible !*
> *Tourner en ridicule, horrible,*
> *Faire une pièce, esprit et cœur,*
> Et cent mots de même valeur,
> Qui vivent encore au village,
> Longtemps après que leur usage
> Est hors de la cour exilé.....

Chapelle et Bachaumont ne peindront pas autrement les pecques de Montpellier. Si les amateurs de nouvelles ont perdu quelque chose à cette gazette de Scarron, nous y avons gagné un fragment de bonne et franche satire.

Mais le sujet favori auquel revient toujours Scarron, c'est lui-même, son intérieur misérable, sa triste destinée, ses maux inoubliables ; on vient de l'opérer d'un abcès :

> Mais enfin donc j'en suis guéri ;
> Je n'en suis ni gai, ni marri :
> Si ma course bientôt s'achève,
> Si ma vie ennuyeuse est brève,
> Mon sort n'en sera que meilleur.
> ....
> Depuis quinze ans, sans espérance,
> Chargé d'ans, rongé de soucis,
> Toujours au lit, ou bien assis,
> Mauvais parents, pires affaires,
> Outre mes douleurs ordinaires,
> De nouvelles douleurs chargé ;
> Si, de mes amis soulagé,
> Je n'avais de bons intervalles,
> Les Ixions et les Tantales,
> Comme ils sont faux, fussent-ils vrais,
> Près de moi seraient gais et frais.
> Peu s'en faut qu'à cette pensée
> Ma force ne soit renversée ;
> Aussi ne puis-je plus tenir
> Contre un si fâcheux souvenir,
> Et je sens bien que ces nouvelles,
> Se sentant de douleurs cruelles,
> Dont mon corps est persécuté,
> N'ont pas toute la gayeté
> Tout l'enjouement qu'en une lettre
> On dit que j'ai le don de mettre [1]...

---

[1] *Neuvième Gazette.*

Dans une autre épître, il nous met au courant de sa vie de ménage ; il se plaint de la grise mine que lui fait parfois Mme Scarron, qui est malade et qui passe ses nuits à tousser ; aussi ne permet-elle pas à son mari d'être joyeux :

>Vers le soir, je crus pouvoir rire ;
>J'allai donc rire bonnement ;
>Ma femme le prit aigrement,
>Et m'en fit, comme une lionne,
>Remontrance mauvaise ou bonne[1].

La fin de la lettre est sombre :

>J'ai grand mal où je n'ose dire,
>J'ai des douleurs comme un damné,
>Et de plus j'ai fort mal dîné ;
>J'ai grand peur de souper de même ;
>Je suis dans un dégoût extrême.

Ce sont les derniers vers de la *Gazette*. On voit combien Scarron avait changé le genre de Saint-Jullien et de Loret ; instinctivement, il ramenait toujours tout à lui-même et à cette maladie qui ne se faisait jamais oublier. Il a beau nous annoncer qu'il va parler d'autre chose, des bruits de la cour et de la ville : il en revient toujours à Scarron, que nous retrouvons dans chacun de ses vers. C'est le charme propre et c'est aussi la faiblesse de cette poésie.

[1] *Quinzième Gazette.*

CHAPITRE IV

POÉSIES DIVERSES

Le *Testament* de Scarron et le *Testament* de Villon. — L'ode burlesque, l'ode héroï-comique, l'ode héroïque. — Les épithalames. — Les élégies. — Les sonnets. — Les ballets, les mascarades, les courantes, les chansons. — L'épître familière. Scarron y a excellé ; rapport de sa poésie avec celle de Marot. — Les *Épîtres à Pellisson*. — La satire : Scarron commence par l'invective ; il s'élève peu à peu. — Les *Épîtres chagrines* : peinture très fine et très spirituelle des pédants, des prudes, des fâcheux. — Pourquoi Scarron n'est resté qu'un demi-poète.

Scarron ne s'est pas seulement adonné à des ouvrages de longue haleine comme le *Virgile* ou la *Gazette*, qu'il a laissés interrompus par une fatalité à laquelle le *Roman comique* n'a pas non plus échappé. Son tempéramment de malade, et aussi de paresseux, était plus à l'aise dans de petites pièces, courtes, lestement tournées, semblables à celles qui lui avaient valu sa première gloire de poète burlesque.

Parmi ces poésies diverses, qui sont peut-être l'œuvre la plus intéressante de Scarron, il en est qu'on ne peut ranger dans aucun des genres à la mode, comme les *Adieux aux Marais et à la place Royale*, le *Chemin du Marais au faubourg Saint-Germain*, pièces de circonstance, inspirées par la seule fantaisie du poète. On peut y joindre le *Testament burlesque*[1], d'une malice si charmante et d'un comique si fin. Cette œuvre étrange fut vraiment composée, sinon dans les derniers jours, du moins dans les derniers temps de la vie de Scarron, et, suivant le désir de son auteur, elle ne parut pas avant sa mort : du moins on n'en trouve aucune trace dans les recueils édités avant 1660. Cette circons-

---

[1] *Œuvres*, I, 133.

tance serait de nature à nous toucher, si l'intention du testateur n'était pas avant tout de nous faire rire. Les dernières volontés qu'il exprime, et les legs qu'il fait sont très plaisants : par exemple, il désire que sa femme, « qui n'est pas bègue », se remarie au plus vite; il donne cinq cents livres de gravité aux deux Corneille, cent livres de galanteries et quatre cents de menteries à Boisrobert, quatre cents de pommade à Benserade,

> Avecque quatorze quintaux
> De sonnets et de madrigaux,

le cocuage à Molière, qui venait de faire *Sganarelle,* du fromage au gros Saint-Amant, un muid de vin clairet à son ami Loret, joyeux biberon, six cents livres d'enthousiasme à Quinaut, poète ampoulé, la gangrène et le haut mal à Gilles Boileau, qui l'avait calomnié, enfin sa chaise et son infect bassin

> Au fort ignorant médecin

qui fut La Mesnardière. Telle est cette œuvre bizarre dont le comique si franc et si gai se voile pourtant à nos yeux de quelque mélancolie, quand on songe que derrière ces plaisanteries il y avait de vraies souffrances et le fantôme d'une mort prochaine. Mais Scarron ne pensait qu'à rire, et, il faut l'ajouter, il ne pensait peut-être qu'à imiter maître François Villon. Son *Testament* offre en effet de grandes analogies avec le *Petit* et le *Grand Testament* que fit le joyeux écolier, condamné au fouet et à la pendaison. Les « lays » qu'il fait à ses ennemis comme à ses amis ne sont pas plus sérieux :

> *Ses* gands et *sa* hucque de soye
> A *son* amy Jacques Cardon;
> Le gland aussi d'une saulsoye,
> Et tous les jours une grosse oye
> Et cinq chappons de haulte gresse;
> Dix muis de vin blanc comme croye,
> Et deux procès, que trop n'engresse [1].

Et aux Quinze-Vingts,

> Qu'autant vaudrait dire Trois-Cents,
> De Paris, non pas de Provins,

il laisse ses lunettes pour distinguer aux Innocents les gens de bien des méchants [2]. On remarquera de plus que le vers employé par Villon est l'octosyllabe qui devint le mètre attitré de la poésie

---

[1] *Petit Testament* (1456), XVII.
[2] *Grand Testament* (1461), CXLVII.

burlesque. Enfin, bien des expressions de notre vieux poète ont passé, avec une naïveté beaucoup plus feinte, dans la poésie de ses successeurs. Ainsi Villon se déclare

> Né de Paris emprès Pontoise [1],

et il date ainsi :

> Fait au temps de la dicte date
> Par le bon renommé Villon
> Qui ne mange figue ni datte [2].

Mettez Scarron à la place de Villon, cela ira tout aussi bien. On voit par cet exemple que le burlesque a emprunté beaucoup de ses procédés au XV° et au XVI° siècle. Dans le parfum et dans le style de cette poésie scarronesque, il y a déjà une sorte d'anachronisme, tout comme dans le travestissement de messire Æneas.

Mais Scarron a tenu surtout à accommoder le burlesque aux genres de poésie qui étaient le plus en honneur de son temps. Au premier rang brillait l'ode : Scarron fit donc des odes. Le genre paraît absolument antipathique à la poésie burlesque; car il réclame toujours, à ce qu'il semble, un sujet élevé, du souffle, de l'inspiration, une certaine tenue; en d'autres termes, on ne conçoit guère une ode que dans le genre lyrique et héroïque. Scarron en a pourtant fait de burlesques; mais il en modifiait si profondément le caractère, qu'elles ne conservaient plus guère de l'ode que le nom. Ainsi, l'ode d'*Héro et Léandre*, bien que divisée régulièrement en stances et dédiée à Fouquet, est-elle autre chose qu'un poème burlesque dans le goût de *Virgile*? L'ode à *Dupin*, où Scarron lui demande d'organiser pour lui une quête à la cour, n'est-elle pas au fond une simple épître, séparée en quatrains? Il en est de même pour les trois quarts des pièces que Scarron a intitulées *Odes* ou *Stances* [3], uniquement à cause de leur forme apparente. L'étiquette est ambitieuse, mais elle ne recouvre que de la poésie légère. Le burlesque, qui par sa nature même doit être familier et comique, condamnait Scarron à cette contradiction.

Parfois pourtant l'auteur, forcé par le sujet, a dû élever le ton : il s'agissait de chanter un Richelieu, ou un Guillaume d'Orange, ou la duchesse d'Aiguillon, et il ne pouvait décemment le faire

---

[1] *Le quatrain que feit Villon quand il fut jugé à mourir.*
[2] *Petit Testament*, XL.
[3] Par exemple : *Stances à la Reine pour lui demander des livres* (VII, 249); *Stances à M. le commandeur de Souvré* (VII, 258); *Stances pour Mme de Hautefort* (VII, 257); *Stances à une dame qui devait à l'auteur et qui ne se pressait pas de le payer* (VII, 263), etc., etc.

sur l'air de *Landerirette*; il a donc mêlé à son burlesque un grain d'héroïque, et composé des odes *héroï-comiques*; mais il ne le fait qu'à regret, car il estime peu le genre lyrique, et il sent du reste qu'il n'est pas fait pour cela; il a besoin de prévenir sa petite muse camarde, son « petit museau de chien », qu'il lui demande un effort extraordinaire, qu'il s'agit de trancher du divin poète et d'emboucher une vraie trompette. Il ne se hasarde qu'avec précaution : il n'appartient pas, dit-il,

> A notre Pégase comique
> De prendre un galop héroïque,
> Car il n'est qu'un cheval de pas [1].

Et ailleurs il dit avec ironie :

> Je serai désorienté,
> Petit rimeur de triquenique,
> Si laissant le style comique,
> Où mon génie est limité,
> Avec trop de témérité
> Je me mêle de l'héroïque;
> Ma tête tournera si je monte si haut,
> D'où je pourrai prendre un grand saut.

Il essaie donc de se guinder; mais il le fait sans conviction et s'étonne lui-même en chemin de donner dans la sentence,

> Comme aurait fait Caton le Vieux.

Il s'amuse en route et mêle le « plaisant au sévère »; dans l'ode au maréchal d'Aumont, il rappelle le vinaigre dont se servit jadis le « borgne africain [2] »; dans celle à Richelieu, il raille l'empire vaincu, et son bel oiseau qui en a dans l'aile :

> Et son pauvre aigle sans plumage
> Deviendra l'homme de Platon [3].

C'est fort bien dit, mais faut-il avoir tant d'esprit dans une ode? Aussi dans les passages où Scarron voudra s'élever, ne le prendra-t-on pas au sérieux. Que nous sommes loin de l'ode, selon Boileau, qui,

> Élevant jusqu'au ciel son vol ambitieux,
> Entretient dans ses vers commerce avec les dieux [4].

---

[1] *Œuvres*, VII, 212. *Ode à Mme la duchesse d'Aiguillon*.
[2] *Ibid.*, VII, 224.
[3] *Ibid.*, VII, 210. — Cela fait songer au vers, inconsciemment burlesque, où Victor Hugo peint la décadence de l'Espagne sous les ministres de Charles IV, et représente l'aigle impérial
> Cuit, pauvre oiseau plumé, dans leur marmite infâme!

[4] Boileau. *Art poétique*, II, 59.

Une seule fois Scarron a renoncé au burlesque et tenté franchement l'héroïque : son protecteur, Guillaume de Nassau, prince d'Orange, venait de mourir (1650), et il était décent de ne pas le célébrer sur un mode comique. Scarron fit donc comme les poètes dont il se moquait tant : il *héroïfia* le défunt, le compara à Alexandre et à Achille, le traita d'*astre adoré,* et accusa le cruel destin[1] ; il est inutile de dire qu'il ne fut pas Malherbe, tout en cessant d'être Scarron.

Dans les épithalames, le comique pouvait plus facilement trouver place que dans l'ode ; le genre semblait même inviter naturellement au mauvais goût, surtout à une époque où la vraie pudeur n'existait guère et où les choses de l'amour étaient librement traitées dans la littérature ; en pareille matière on ne connaissait guère que l'extrême pruderie ou l'extrême licence ; et dans un hymne nuptial le poète avait beau jeu. Scarron n'en a composé que deux, l'un au moment de son départ du Maine, en l'honneur du comte de Tessé et de Mlle de Lavardin, l'autre en 1646, quand la *sainte* Hautefort, disgraciée et retirée au couvent, consentit à épouser le maréchal de Schomberg[2]. Le premier a la prétention d'être un véritable épithalame, avec le refrain classique de *hymen, io, ô hyménée!* C'est une pièce curieuse à consulter pour la vie de Scarron, parce qu'il y parle de ses protecteurs du Mans ; mais elle est d'une poésie très faible, et parfois d'une grossièreté révoltante. Le second épithalame est « *tout ce qu'il nous plaira* », suivant l'impertinente expression de l'auteur ; c'est une simple épître à Mme de Hautefort sur son mariage : on y trouve les plaisanteries obligées, mais plus discrètes, cette fois ; et celle qui avait accepté trois ans auparavant les *Stances sur le tabouret*[3], put lire, sans trop rougir[4], les souhaits de bonheur que formait pour elle son protégé.

Scarron fit aussi des élégies, mais sans les revêtir « de longs habits de deuil » ; c'est à peine si l'on peut saisir dans le sentiment du poète une note un peu plus mélancolique que de coutume ; à la fin de l'*Élégie sur le retour de* Mme *de Hautefort*, dont

---

[1] Voir *Stances héroïques sur la mort de Guillaume de Nassau, prince d'Orange* (VII, 220).
[2] *Œuvres*, VII, 201. Épithalame ou tout ce qu'il vous plaira sur le mariage de M. le maréchal de Schomberg et de Mme de Hautefort.
[3] *Œuvres*, VII, 237. Stances pour Mme de Hautefort :

On ne vous verra plus en posture de pie.....

[4] Le vers :

N'en rougissez donc pas, Madame,

est ramené assez heureusement à deux ou trois reprises.

le poète se réjouit pourtant, il fait des vœux pour le bonheur de la reine et de ses enfants, et il ajoute : « Puissé-je

> ... Moi, Scarron, carcasse décharnée,
> Finir bientôt ma triste destinée,
> Ou que des jours meilleurs me soient donnés !
> Mais, par ma foi, ce n'est pas pour mon nez :
> Je fus, je suis et serai misérable ;
> Mais du Seigneur la sagesse admirable
> Sait bien pourquoi mon tourment doit durer ;
> Je le veux donc souffrir sans murmurer[1].

Mais cette tristesse voilée ne tient pas à la forme de l'élégie ; elle se retrouve à plusieurs endroits chez Scarron, dans les *Stances chrétiennes*, dans certaines épîtres, dans beaucoup de lettres en prose ; il y a dans l'âme de Scarron, sous le fond débordant de malice et de gaieté, un petit coin de vraie douleur, moins bruyante et plus émue. C'est par là qu'on peut l'aimer, parce que sous l'amuseur public on découvre un homme.

En dehors de ces genres sérieux, peu favorables à la gaieté, Scarron a touché un peu à tous les autres et composé de petites pièces dans le goût du temps, en leur imprimant cependant la marque de son esprit burlesque. Ainsi il a fait une quinzaine de sonnets ; dans le nombre il en est de très peu intéressants : ce sont ceux où il célèbre le roi, Séguier, M. de Châteauneuf ou quelque autre grand personnage[2] ; ses sonnets descriptifs sont plus curieux ; Scarron sent l'importance qu'il y a à bien finir un sonnet et il excelle à mettre au quatorzième vers une idée imprévue qui frappe par le contraste ; c'est ainsi que le *Sonnet sur les affaires du temps* se termine par cette réflexion saugrenue :

> Et moi je voudrais bien avoir un bon melon[3].

Le *Sonnet sur Rome* a une chute tout aussi étrange[4]. Cette vive peinture de Paris au temps de la Fronde ne manque pas non plus de saveur :

> Un amas confus de maisons,
> Des crottes dans toutes les rues,
> Ponts, églises, palais, prisons,
> Boutiques bien ou mal pourvues :

---

[1] *Œuvres*, VII, 196. Il y a une autre élégie de Scarron : *A Mademoiselle* (VII, 198), mais qui est encore bien moins élégiaque.
[2] Le sonnet *Au duc d'Anjou* est pourtant moins fade. La plupart de ces sonnets louangeurs avaient figuré en tête des *Gazettes burlesques*.
[3] *Œuvres*, VII, 329.
[4] *Ibid.*, VII, 330.

>   Force gens noirs, blancs, roux, grisons,
>   Des prudes, des filles perdues,
>   Des meurtres et des trahisons,
>   Des gens de plume aux mains crochues,
>
>   Maint poudré qui n'a pas d'argent,
>   Maint homme qui craint le sergent,
>   Maint fanfaron qui toujours tremble ;
>
>   Pages, laquais, voleurs de nuit,
>   Carrosses, chevaux et grand bruit ;
>   C'est là Paris : que vous en semble[1] ?

A noter aussi quelques rondeaux, dont un assez bien tourné à Mme Radigue[2], des madrigaux[3], des étrennes à Marion, à Ninon, à la sensuelle présidente Tambonneau. C'est dans cette poésie légère qu'avait jadis excellé l'abbé Scarron, quand il était bien fait et qu'il pouvait plaire aux dames ; aussi le paralytique est-il toujours revenu avec plaisir à ces petits vers, par lesquels il espérait tromper l'affreuse réalité de son mal, et il se figurait peut-être qu'il était encore un vert-galant.

Il avait été aussi dans sa jeunesse un grand amateur de musique et de danse : quand ses mains ne purent plus jouer du luth et que ses pieds ne purent plus remuer, du moins il écrivit encore des ballets, des courantes et des chansons. Dès 1644 nous trouvons son nom en tête d'un ballet dont il n'est pas l'auteur, mais qui lui est dédié par une longue épître en vers : c'est le *Ballet des Romans*[4] ; Scarron sans doute devait déjà s'être fait connaître dans ce genre de poésie pour que l'auteur songeât à lui dédier son œuvre ; du reste, il était l'ami du musicien Mollier, qu'il avait connu jadis chez la comtesse de Soissons, et avec lequel il conserva toujours des rapports assez intimes ; il connaissait les plus célèbres danseurs du temps, entre autres Ballon, pour qui il composa une courante ; le duc de Saint-Aignan, le comte du Lude, le comte de Maulevrier et autres grands seigneurs qui brillaient dans les divertissements à la cour et au Luxembourg ; enfin, il avait le titre de maître des requêtes ordinaire de Gaston d'Orléans, chez qui il était fort bien en cour et qui avait beaucoup contribué à la vogue des ballets. Scarron en composa certaine-

---

[1] *Œuvres*, VII, 329. — Mais tout cela ne vaut pas comme couleur le sonnet de Saint-Amant : *les Goinfres*, d'un grotesque vraiment admirable.
[2] *Œuvres*, VII, 335. A Mme Radigue, pour la remercier d'un pot de coings ; *Rondeau redoublé* (*Œuvres*, VII, 335).
[3] L'un est adressé à la marquise de Sévigné. (*Œuvres*, VII, 340).
[4] *Le Libraire du Pont-Neuf ou les Romans* (Voir Fournel, *Contemp. de Molière*, 3e volume).

ment plusieurs, et il est surprenant que M. V. Fournel, dans sa savante histoire du *Ballet de cour*, ait omis son nom parmi ceux des écrivains qui payèrent alors leur tribut au genre à la mode [1]. On trouve pourtant dans les *Œuvres burlesques de Scarron* (*3ᵐᵉ partie*, parue en 1651) un *récit de Ballet* intitulé *la Belle danse*, où l'auteur déplore la décadence de cet art, qui a perdu déjà de sa grâce et de sa dignité :

> Je suis la pauvre belle danse,
> Entre vous, Messieurs les François,
> En quelque crédit autrefois ;
> Mais maintenant en décadence,
> Depuis qu'on introduit ces danses de sabat,
> Où le cul du pied l'on se bat.
>
> Les tricotés et la Cassandre
> Le trémoussement et le saut,
> Ce sont les beaux pas qu'il vous faut :
> Un laquais vous les peut apprendre.
> Allez donc pendre au croc poches et violons,
> Boisvinets, Bocans et Ballons [2].

Scarron, en fait de ballet, s'en tient donc à la tradition et condamne les innovations burlesques qui s'introduisaient alors dans la danse comme partout; il applaudira sans doute à la rénovation du genre qu'il verra commencer avec Benserade et le jeune roi Louis XIV.

Mais il ne s'est pas borné à faire ce récit de ballet; on trouve dans une mascarade intitulée *les Vrais moyens de parvenir* [3] un prologue en quatre strophes qui est sûrement de lui, puisque nous le retrouvons dans l'édition de 1654 [4]; il débute ainsi :

> Monarque le plus grand des rois
> Et des hommes le plus aimable [5].....

L'auteur du ballet a fait suivre ce prologue de douze entrées *pour des chiffonnières, crieurs de mort-aux-rats, chapeliers en*

---

[1] M. Fournel cite pourtant Imbert, l'Estoile, Colletet, Desmarets, Boisrobert, Malherbe, Maynard, Gombaud, Motin, de Rosset, Saint-Amant, Théophile, du Vivier, Ch. Sorel, Bordier, Corneille lui-même.

[2] *Œuvres*, VII, 301.

[3] *Les Vrais moyens de parvenir*, sans lieu ni date, ni nom d'auteur, publié par M. V. Fournel dans les *Contemp. de Molière* (3ᵉ vol. 345). L'éditeur ne s'est pas douté que cette mascarade se retrouvait dans les *Œuvres de Scarron* (Luynes, 1654, page 109). Elle n'est guère que la reproduction, avec le prologue en plus, du ballet des *Vrais moyens de parvenir* dansé chez Gaston en 1643. (Voir Lacroix, *Ballets et Mascarades*.)

[4] Le titre est très peu différent. *Le Ballet du moyen de parvenir pour les artisans ; Au Roy*. Il y a un vers légèrement modifié dans la première strophe ; tout le reste est identique.

[5] *Œuvres*, VII, 299.

papier, etc.; mais il n'a pas composé de vers pour ces divers personnages, il a tracé seulement des sommaires en prose. Il s'en excuse par cet avis bizarre : « Le poète aurait bien fait l'éloge de « tous les acteurs chacun en particulier, comme il l'avait com- « mencé en général. Mais à parler franchement, la rime luy a « manqué au plus grand besoin, avec tant de chagrin et de dou- « leur, pour luy, qu'il a juré de ne faire de sa vie des vers qu'en « prose, pour éviter à l'avenir un pareil accident [1]. » Tout le ballet, comme l'indique cette note, est donc de Scarron, et ces sommaires en prose, qu'il n'a pas jugé à propos d'insérer dans son recueil de vers, auraient dû trouver place dans une édition complète ; ils sont du reste écrits dans le style comique habituel à notre auteur.

Il reste encore de Scarron des entrées *pour un balayeur, pour des Mores, pour des pages*, qui appartiennent à la mascarade de la *Foire Saint-Germain* [2], et qui ont été écrites pour Séguier.

Il nous reste aussi six courantes, parmi lesquelles deux au moins furent faites pour être dansées [3]; Scarron devait apprécier, en artiste devenu, hélas, bien impuissant, cette marche noble et pleine de belles attitudes, que les jeunes provinciaux du Mans figuraient si mal avec leurs bas de drap d'Usseau et leur souliers cirés [4]; le sujet du poème, dans ces courantes, est presque toujours un *désespoir amoureux*, dans le ton de celui composé *pour un gentilhomme qui était à Bourbon* [5]. Scarron poète amoureux ! Il semble que sa triste mine et aussi la peur du ridicule lui eussent interdit de le devenir. N'a-t-il pas souvent raillé

> ..... Ces vers de quelque âme damnée,
> De quelque amant mal en sa destinée
> Qui va conter ses maux de point en point
> Aux durs rochers qui ne l'écoutent point [6] ?

Il célébra pourtant tout comme les autres des Iris, des Silvie, des Philis, des Chloris, des Angélique et des Lysimène dans des chansons, dans des courantes et dans des stances. Bien peu méritent

---

[1] Fournel, op. cit., 352,
[2] Ed. 1654, chez Luynes, page 111. — (*Œuvres*, VII, 300.) — *La Mascarade de la Foire Saint-Germain* (1651). *Concert d'instruments, grotesque par le sieur Baptiste et du Moustier* (sic). (Voir Lacroix, VI.)
[3] *Courante de M. de Maulevrier* (VII, 316) ; *Courante de Ballon* (VII, 317).
[4] *Roman comique*, 2e partie, ch. XVII. « Le bal se donnait tous les soirs, où de très méchants danseurs dansèrent de très mauvaises courantes, et où plusieurs jeunes gens de la ville dansèrent en bas de drap de Hollande ou d'Usseau et en souliers cirés. »
[5] *Œuvres*, VII, 262.
[6] *Ibid.*, VII, 167.

d'être citées ; il y a pourtant une *chanson pastorale*[1] très légèrement faite sur un modèle ancien : cela vaut du Segrais. D'autres chansons contiennent des tours heureux et échappent parfois à la fadeur ordinaire[2]. On a prétendu que sous ces divers noms Scarron avait surtout chanté Françoise d'Aubigné : c'est une pure supposition, et il est bien plus probable que c'étaient des Iris en l'air ; une seule de ces chansons[3] sur les beaux yeux noirs d'une tigresse a peut-être été composée à cette intention, et ce n'est certes pas la meilleure. Scarron n'était pas fait pour chanter des amours qu'il ne pouvait plus guère éprouver que de tête, et le burlesque répugnait à la galanterie un peu maniérée du temps. Au contraire, le poète retrouve toute sa verve et son entrain quand, le verre en main, devant un excellent jambon grillé, il invective les sobres :

> Sobres, loin d'ici ; loin d'ici, buveurs d'eau bouillie[4] !

ou bien quand il chante les louanges du grand Flotte[5]. Ailleurs il célèbre les plaisirs de la table et met le manger bien au-dessus

---

[1] *Œuvres*, VII, 301 :
> La jeune Lisette,
> Sur le bord d'un ruisseau, etc.

[2] Voici, la meilleure, à mon avis : son mérite réside surtout dans son extrême simplicité :
> Ingrate, je n'aime que toi
> Et tu feins de m'aimer, ingrate !
> Tandis que ta bouche me flatte,
> Ton âme me manque de foi !
> Ingrate ! je n'aime que toi,
> Et tu feins de m'aimer, ingrate !
>
> Ta bouche l'a cent fois juré,
> Et cent fois a menti ta bouche,
> Que mon amour discret te touche,
> Et que ton cœur m'est assuré ;
> Ta bouche l'a cent fois juré,
> Et cent fois a menti ta bouche !
>
> (VII, 309).

On peut citer aussi ce quatrain assez gracieux :
> Ma raison me l'a dit aussi bien que mes yeux
> Que vous étiez charmante et belle :
> Mais elle eût fait bien mieux
> De m'avertir que vous étiez cruelle.
>
> (VII, 306).

[3] *Œuvres*, VII, 318. *Chanson sur le chant d'une chanson italienne.*
[4] *Ibid.*, VII, 311. *Chanson à boire.* On remarquera que le vers est de treize syllabes.

[5] Grand Flotte, de qui les entrailles
> Ne s'ouvrent qu'aux friands morceaux,
> Sans qui les festins les plus beaux
> Sont tristes comme funérailles ;
> Fronce ton grand nez aquilin,
> Toi dont le rot est un tonnerre,
> Et branlant en main ton grand verre
> Laisse agir ton courroux sur ce peuple vilain.

du boire :

> Ainsi Satan, le faux glouton,
> Pour tromper la femme première,
> N'alla pas lui montrer du vin et de la bière
> Mais de quoi branler le menton[1].

Ces chansons bachiques et pantagruéliques sont pleines d'un tel enthousiasme qu'elles auraient transporté le gros Saint-Amant et attendri l'honnête Colletet. Très petite poésie sans doute, mais bien naturelle et bien sentie, et qui vaut en général les chansons qui sont sorties des cabarets ou des caveaux.

Scarron était pourtant supérieur à tous ces petits genres, auxquels il sacrifiait pour suivre le goût du jour. Poésies lyriques et odes, c'était beaucoup pour son talent; mais courantes et chansons, c'était trop peu. C'est dans l'épître et la satire qu'il a vraiment régné, car c'est pour elles qu'il était fait, par ses qualités de grâce familière et d'enjouement malicieux.

Horace et Marot, voilà les vrais maîtres de Scarron. Ce billet adressé à Mignard ne vaut sans doute pas le *Persicos odi, puer, apparatus;* l'auteur ne sait pas donner à ses petits vers un cadre aussi poétique :

> Dimanche, Mignart, si tu veux,
> Nous mangerons un bon potage,
> Suivi d'un ragoût ou de deux,
> De rôti, dessert ou fromage ;
> Nous boirons d'un vin excellent :
> Et contre le froid violent
> Nous aurons grand feu dans ma chambre ;
> Nous aurons des vins, des liqueurs,
> Des compotes avec de l'ambre,
> Et je serai de bonne humeur[2].

Le menu gastronomique tient un peu trop de place ; mais le dernier vers est charmant et plein de promesses : voilà un plat qui vaut bien tous les autres.

Marot semble avoir été, encore plus qu'Horace, le maître préféré de Scarron. Si l'on voulait chercher dans la poésie française des épîtres à rapprocher de celles que maître Clément adressa *au Roy pour avoir esté dérobé,* ou *pour le délivrer de prison,* on ne les trouverait que chez Scarron, dans les vers qu'il a adressés, en forme de stances, à la Reine, sa bonne maîtresse :

> O grande reine, Anne d'Autriche,
> Il court un méchant bruit de moi :
> On dit que je ne suis pas riche,
> On dit si vrai que je le croi.

---

[1] *Œuv.,* VII, 309. *Chanson à manger,* dédiée à Potel (un nom prédestiné !)
[2] *Ibid.,* VII, 350.

Pour faire qu'un tel bruit finisse,
Donnez-moi quelque bénéfice ;
Je n'en veux que des plus petits.
Vous le devez pour votre gloire,
De peur qu'on ne voie en l'histoire
Qu'un malade vous sert gratis[1].

....

Pour servir Votre Majesté
Je fais ce que je puis pour être bien malade ;
Je mangerai poivre et salade,
Si vous trouvez encor que j'ai trop de santé.

Je ne regarde plus qu'en bas ;
Je suis torticolis, j'ai la tête penchante ;
Ma mine devient si plaisante,
Que quand on en rirait, je ne m'en plaindrais pas.

Vous même me voyant ainsi,
Encor que vous ayez pitié de mon martyre,
Vous ririez ; et vous voyant rire,
Je vous honore trop pour n'en pas rire aussi[2].

....

Et pour avoir des livres :

J'entends gratis, ô grande Reine,
Ne l'entendez-vous pas ainsi ?

Il consent pourtant à les payer, mais de la même façon que Marot s'engage à rembourser François I[er][3] :

Je veux, si je ne vous les paie,
Que vous ne m'en vendiez jamais,
Et que de votre part je n'aie
Ni grâce, ni délai, ni paix.
Mais plutôt prenez ma promesse
Payable après ma guérison :
Peut-on, ô ma bonne maîtresse,
Parler avec plus de raison ?

A moi tôt après, quoiqu'indigne,
Plus d'un livre sera baillé,
Si vous m'écrivez une ligne
De votre main de lait caillé.
Oui, pour avoir plus d'un volume,
Votre Majesté seulement
N'a qu'à donner un coup de plume :
Par exemple, voici comment :

---

[1] Œuvres, VII, 242. A la Reine ; Stances.
[2] Ibid., VII, 251. A la Reine (1646).
[3] Cf. Marot :

Je vous feray une bonne cédulle
A vous payer (sans usure, il s'entend)
Quand on verra tout le monde content ;
Ou, si voulez, à payer ce sera
Quand votre los et renom cessera.

> « Monsieur de Noyers, votre dame,
> « Anne d'Autriche, et cœtera...
> « Vous mande qu'un qui la réclame
> « Dans les adversités qu'il a,
> « Lui témoigne un désir extrême
> « D'avoir quelques livres en don ;
> « Je le veux bien, faites de même. »
> Signé : « ANNE » ; c'est un beau nom[1] !

A coup sûr la littérature française serait à plaindre si elle n'avait pas connu d'accents plus élevés et si Ronsard n'était venu lui présenter l'idéal resplendissant du monde antique. Et pourtant quelle grâce et quelle naïveté dans cette poésie marotique que la Pléiade n'avait pas réussi à chasser du goût français, et que Scarron fait revivre en plein dix-septième siècle, au beau temps des tragédies héroïques et des romans langoureux! Comme cela repose de tous les grands sentiments et du grand style à la mode! Comme on sait gré à cette muse de ne pas forcer sa voix et de ne pas se mêler au concert douteux des lyres mal accordées ou des trompettes enrouées! *Paulo minora canamus.* En France, les théories ambitieuses passent, après avoir eu leur période d'éclat, mais on revient toujours à la poésie familière avec Regnier, avec Scarron, avec Voltaire; elle ne passe pas parce qu'elle est naturelle et se trouve par là toujours assurée de plaire à tous.

L'épître fut donc le genre où excella Scarron. Où il est le meilleur, c'est lorsqu'il se laisse aller à causer d'abondance de cœur avec les personnes qu'il aime, avec la bonne reine, à qui il avait toujours à demander quelque chose[2], avec l'indulgente et douce Marie de Hautefort, qu'il chérit jusqu'à sa mort[3], avec le grand cardinal lui-même, qu'il admira sincèrement et qu'il sut dérider[4]; ou bien encore quand il intercède pour la grâce de son père, pour son procès, pour le paiement de sa pension, quand il écrit à Sarrasin, « son voisin[5] », au débonnaire Deslandes-Payen, à l'infante d'Escars, ou à cet amusant garçon qui fut la comtesse de Fiesque; alors il s'abandonne à toutes les gentillesses de son esprit et parfois même de son cœur. Mais il ne fait guère que parler de lui,

---

[1] *Œuvres*, VII, 249. *A la Reine, pour lui demander des livres.*

[2] Voir les jolies épîtres : *A la Reine-Mère* : il demande à être son malade en titre d'office (VII, 50). — *A la Reine* : il la remercie d'une gratification (VII, 121). — *A la Reine* : il lui parle de sa pension (VII, 122), etc.

[3] Voir les épîtres : *J'ai beau faire du quant à moi* (VII, 138), et *Sainte-Hautefort* (VII, 131).

[4] Voir la fameuse *Requête au Cardinal* (VII, 43).

[5] *Œuvres*, VII, 77, 160.

de sa maladie[1] et de sa pauvreté : il ne sait que demander et remercier. Il s'ingénie à varier la forme et à dorer la pilule, rogatum, placet, requête, estocade, mais la conclusion est toujours la même : il tend la main. C'est le côté faible de cette poésie, dont le vide finit par apparaître, et que l'auteur, malgré tous ses efforts, ne suffit pas toujours à remplir de sa chétive personne ou de celle de ses protecteurs. On sent qu'il se bat les flancs pour faire l'éloge du *satrape* dont il quémande les écus; les épîtres à Henri de Condé, au duc d'Enghien, à Séguier même ne sont pas très bien venues. Fouquet l'inspira davantage et lui fit hausser un peu le ton de sa muse. C'était vers 1656, on commençait à être rebattu des petits vers, on en avait trop vu pendant la Fronde, et Scarron, prisonnier du genre qu'il avait déchaîné, cherchait comment en sortir, sans pourtant cesser d'être luimême. Il écrivit donc des épîtres plus sérieuses dans le mètre décasyllabique qu'il avait déjà souvent employé. Ce sont les quatre *Épîtres à Pellisson*[2]. L'auteur est triste, plus malade et plus misérable que jamais; il ne songe plus à rire et il se révolte contre l'injustice du sort :

> Pourquoi faut-il qu'en ma chaise éternelle,
> Sans avoir fait d'action criminelle
> Qui méritât un si long châtiment,
> Je sois traité si rigoureusement?
> Pourquoi des sots, plus bêtes et plus rosses
> Que les chevaux qui traînent leurs carrosses,
> Sont les plus sains de ce siècle maudit,
> Moi le moins sain, sans bien et sans crédit?

Il est harcelé par les créanciers, par son propriétaire, M. Méraut, par les fâcheux contre lesquels Mme Scarron ne le défend pas assez; surtout il a froid, il n'a plus de bois dans sa cave. Dans la quatrième épître, il décrit le dégel qui suivit le long hiver; il s'essaie un peu au grand style, mais il le fait peu sérieusement, et l'émaille de quelque trait comique : il peint ainsi le débordement de la Seine :

> Le haut Montmartre, et Meudon l'orgueilleux,
> S'étonneront de la voir si près d'eux,

---

[1] Il s'en rend bien compte, et il écrit à l'évêque d'Avranches.
> Je n'en ai que trop fait de bruit,
> De ma maudite maladie;
> Et j'ai bien peur que l'on ne die
> Que tant de lamentation
> N'est point sans quelque ambition.
> (VII, 116).

[2] *Œuvres*, VII, 85-92.

> Et que la troupe écaillée et muette
> Nage où chantait autrefois l'alouette.
> Le pont superbe, où sur un pied d'estal
> Le grand Henri vit encore en métal,
> Des autres ponts de fragile structure
> Doit déplorer la funeste aventure,
> Et compatir à leur danger mortel,
> Pour peu qu'il soit pont de bon naturel [1].

C'est un ton tout nouveau dans la poésie de Scarron ; le comique n'en est plus le fond, mais l'accessoire. Ménage et Chapelain, consultés sur ces épîtres, avaient fort approuvé Scarron et étaient d'avis qu'il s'attachât à ce genre d'écrire [2]. On était las du mauvais goût général, et l'on enveloppait le burlesque et l'héroïque dans le même décri.

Ces *Épîtres à Pellisson* ne sont pourtant pas les meilleures de Scarron ; elles ont été écrites en des jours de découragement et d'impuissance : la requête y tient trop de place, l'enjouement et la malice du poète n'y paraissent guère. Ce sont des épîtres moroses : elles ne valent pas celles que leur auteur a nommées modestement *Épîtres chagrines,* et dont, par l'observation ingénieuse des ridicules, il a presque fait de véritables satires.

Scarron n'a pourtant pas tout à fait la taille d'un poète satirique ; tout est naturellement petit en lui, comme tout est grand dans Corneille, tout est noble en Racine, tout aimable en Fénelon. Pour faire un satirique, il faut de la force et de la colère ; quand l'indignation ne fait pas le vers, il faut au moins que l'imagination le fabrique et le colore ; il faut un peu de bile et beaucoup de souffle ; il faut être enragé de quelque chose, ne fût-ce que de bon sens, comme Boileau. On passera tout le reste au satirique, excepté cela : il pourra n'avoir pas d'esprit, être injuste, ignorant, grossier même ; mais s'il a senti ou exprimé vivement, en une œuvre de quelque haleine, tout lui est pardonné. Scarron n'apportait guère au métier de satirique que son esprit acéré et moqueur ; de souffle puissant, de grande passion, il n'en avait pas. Il excellait à piquer son adversaire, à railler le ridicule d'un homme ; il possédait alors une certaine verve, servie par un riche vocabulaire comique, et par des rencontres d'idées assez burlesques. Ce sont les qualités requises pour l'invective personnelle : la *Mazarinade,* la *Baronade,* font partie de ce genre, à plus forte raison encore les *Imprécations contre celui qui lui a pris son*

---

[1] *Œuvres,* VII, 91.
[2] *Ibid.,* VII, 90.

Juvénal, et l'*Invective contre une vieille dame campagnarde.* Ces deux dernières pièces sont fort amusantes ; Scarron épuise contre « le larron de son Juvénal » tous les souhaits les plus baroques et les moins charitables :

> S'il était au fond d'un canal !
> ....
> Si, pour avoir le nez pourri,
> Chacun évitait sa rencontre !
> S'il volait un jour une montre,
> Laquelle se mît à sonner,
> Et qu'on l'en daignât bâtonner !
> Si Dieu lui donnait un beau-père
> Ou plutôt une belle-mère !
> S'il avait toujours le malheur
> De trouver quelque grand parleur !
> S'il perdait tout son bien aux cartes !
> S'il lui venait quatre ou cinq dartes !
> S'il ne faisait que se fâcher !
> S'il avait peine à bien mâcher
> Faute de dents en sa gencive !
> Si l'on le taxait comme aisé ! etc.

Enfin Scarron, au bout de sa kyrielle, en vient à dire :

> Enfin, s'il était comme moi !

et toute sa grande colère tombe à la pensée des maux qu'il lui souhaite :

> Mais ce serait trop, sur ma foi,
> Et cette dernière pensée
> A toute ma haine chassée.
> Qu'il garde donc mon Juvénal
> Sans qu'il en ait ni bien ni mal !
> Mais que jamais il n'y revienne
> Et qu'au Juvénal il se tienne [1] !

Quant à la vieille dame campagnarde, dont le crime était de s'être scandalisée des vers de Scarron, le poète l'arrange d'une belle façon : il la décrit avec un réalisme de détails, dont n'approche pas Horace dans ses *Épodes*, ni même les auteurs du XVIe siècle, dont les indignations sont pourtant fort imagées : c'est le chef-d'œuvre du genre, s'il peut y avoir un chef-d'œuvre en un pareil genre [2].

Scarron s'est heureusement élevé plus haut dans la satire, et il a essayé de peindre des vices plus généraux. La *Requête de Montmort à un président* [3] parut au moment de la grande levée de

---

[1] *Œuvres*, VII, 192.
[2] *Ibid.*, VII, 194.
[3] *Ibid.*, VII, 189.

boucliers qui chassa le pauvre vieux professeur de la république des lettres, et bientôt après de cette terre : c'est en même temps une satire assez fine de tous les beaux-esprits parasites ; elle aurait seulement gagné à être faite par un autre que par Scarron. Les *Épîtres chagrines* sont plus intéressantes ; celle *A Rosteau*[1] est la première en date : elle est encore en vers burlesques, et elle est surtout remplie des doléances personnelles de Scarron. La Fronde avait mal tourné, et le poète se trouvait plus gêné que jamais dans ses affaires ; il s'en prend à ce siècle maudit, où la vertu et le mérite ne sont pas récompensés. On a beau être savant comme Nublé, Gaumin ou Ménage ; on a beau savoir écrire une ode, un *Roman comique*, un *Japhet*, rien n'y fait.

> De Corneille les comédies,
> Si magnifiques, si hardies,
> De jour en jour baissent de prix.

Scudéry a perdu son gouvernement, Tristan l'Hermite est resté pauvre, Saint-Amant a dû fuir en Suède.

> La sottise règne et se prend
> A Paris, et dans la cour même...

Aussi Scarron part-il en Amérique. En somme, c'est une épître vraiment fort chagrine et une peinture assez curieuse de l'état des gens de lettres.

La satire adressée à d'Albret[2] est plus générale : peut-être même l'est-elle trop ; l'auteur prétend y fronder tous les ridicules et passer en revue toutes les espèces de fâcheux dont peut être troublé le bonheur d'un honnête homme ; il dirige

> cette épître colère,
> Dernier chagrin d'une muse en courroux,
> Contre plusieurs et quasi contre tous.

Il veut faire la guerre à tout le genre humain, et c'est beaucoup, quand on n'est pas Alceste. Il en veut d'abord à quiconque fait des vers, à l'amoureux transi qui rêve à sa belle et au pauvre diable

> qui travaille à la hâte,
> Et qui pressé de son méchant habit
> Fagotte une ode à quelque homme en crédit ;

il en veut aux « faux Corneilles », aux beaux esprits de l'Académie,

---

[1] *Œuvres*, VII, 181.
[2] *Ibid.*, VII, 165. — *A Mgr le maréchal d'Albret. Épître chagrine.* Elle est écrite en vers de dix syllabes.

aux précieuses, aux complimenteurs, aux diseurs de rien, aux récitcurs de vers, aux mauvais plaisants, aux diseurs de bons mots, aux importants, aux campagnards, et à mille autres encore; tout le cortège des fâcheux défile dans la satire de Scarron, pêle-mêle, confusément ; mais parfois certains profils sont heureusement croqués au passage ; cela ressemble un peu à du Molière, moins vivant, ou à du La Bruyère, moins ciselé :

> Qu'ils sont fâcheux les parleurs à l'oreille,
> Et qui pourraient sans péril dire à tous
> Ce grand secret qu'ils ne disent qu'à vous !
> ....
> N'oublions pas l'ignorant qui décide ;
> Ni le franc fat qui, par un front qu'il ride,
> Et que toujours il ride sans sujet,
> Donne à penser qu'il fait un grand projet ;
> Ni le rêveur qui, quoi qu'on lui propose,
> Quoi qu'on lui dise, ou rêve à quelque chose,
> Ou, sans songer que vous l'entretenez,
> En entretient un autre à votre nez !
> ....

Les prudes ont leur tour, les vieilles comme les jeunes :

> Vous en serez, ô vieilles pécheresses,
> Dont on a su les impures jeunesses,
> Et, n'étant plus en état de pécher
> Qui vous mêlez de venir nous prêcher,
> En grand souci pour les péchés des autres,
> En grand repos cependant pour les vôtres.
> Vous en serez, vous dont la chasteté
> Remplit l'esprit d'une noble fierté,
> Qui prétendez qu'aux pudiques Lucrèces
> Il est permis de faire les diablesses,
> Et que pourvu qu'on garde son honneur,
> On peut n'avoir ni beauté ni douceur.
> Quoi ! si le ciel vous fit naître stupides,
> Si les plaisirs sont pour vous insipides,
> Si vous gardez votre honneur chèrement,
> Moins par vertu que par tempérament,
> Prétendez-vous, prudes insupportables,
> Que les humains vous en soient redevables ?
> Et qui, grand Dieu, lorsque vous vivez bien,
> Si ce n'est vous, en reçoit quelque bien ?

Cela aurait besoin d'être un peu tiré au net, et l'auteur ne met pas assez de différence entre les impures et les vertueuses parmi les prudes. Voilà pourtant de la bonne satire. Mais pourquoi faire la guerre à tout le genre humain en quelques pages et ne pas s'en être tenu à l'hypocrisie? Scarron eût été de taille à donner un joli pendant à la satire de *Macette*, tout comme il a fourni quelques traits à Tartufe le jour où il a peint son Montufar [1].

L'épître adressée à Mlle de Scudéry a été écrite en 1656, après la *Clélie*. Scarron remercie Sapho au nom de sa femme et au sien pour les obligeants portraits de Lyrianne et de Scaurus ; il en profite pour faire une sortie contre les pédants, ces envieux animaux,

> Misanthropes, chagrins, lâches, présomptueux,
> Contestants, aheurtés, fourbes, malicieux,
> Ennemis du mérite et leur faisant la guerre...

Il a lu Montaigne et il le traduit en vers quand il dit que l'esprit des pédants est « plus engonflé que nourri ». Il a lu Regnier et il s'en inspire aussi quand il parle de ces esprits mal faits et malfaisants,

> Qui pensent qu'il n'est pas de plus horrible crime
> Que le vers sans césure ou la mauvaise rime,
> Et qui regarderont un homme de travers
> Par la seule raison qu'il tourne mal un vers,
> Qui, si l'on ne leur parle ou de vers ou de prose,
> Sont défaits et contraints d'avoir la bouche close.

Pourquoi cette grande colère contre les pédants? Parce que l'Académie se relâche et se met à les recevoir ; Scarron écrit au lendemain de l'élection de La Mesnardière et de l'abbé Cottin, et il se montre dur pour l' « illustre compagnie », où il n'occupa jamais que le quarante et unième fauteuil [2] ; il développe avec malice l'opinion fort irrévérencieuse de Balzac, qui considérait que plusieurs de ses confrères étaient seulement bons à moucher les chandelles,

> Balayer, éclairer, donner les escabelles,

et à faire le métier de frère servant dans la synagogue [3]. Cette satire contre les pédants semblera assez neuve si l'on songe qu'elle vient avant les comédies de Molière, en un temps où Boileau n'avait pas encore trié le bon grain de l'ivraie parmi ses contemporains. La conclusion en est énergique, et Scarron déclare que pour le repos public

> Tous les honnêtes gens, ayant fait ligue ensemble,
> Devraient couler à fond à grands coups de beaux vers,
> Les pédants, plus fâcheux que les trop longs hivers,
> Oiseaux malencontreux autant que des chouettes,
> Surtout quand Dieu permet qu'ils soient mauvais poètes.

---

[1] Voir la nouvelle des *Hypocrites*.
[2] Arsène Houssaye. *Histoire du Quarante et unième fauteuil*.
[3] Voir ci-dessus, p. 101.

La dernière épître chagrine de Scarron *A d'Elbène*[1] est la meilleure : elle montre combien le talent du poète se perfectionnait et se dégageait du bourbier de la poésie burlesque pour s'élever à la peinture satirique. Le sujet est assez mince, c'est-à-dire proportionné aux forces de l'auteur ; il s'agit de peindre une espèce de fâcheux, le fâcheux homme de lettres, qui vient vous assommer de compliments et finit toujours par vous parler de lui et vous lire ses œuvres : c'est l'Oronte de Molière. Le récit se déroule d'une allure fort leste, émaillé de détails piquants. Le début en est fort agréable :

> J'étais seul l'autre jour dans ma petite chambre,
> Couché sur mon grabat, souffrant en chaque membre,
> Triste comme un grand deuil, chagrin comme un damné,
> Pestant et maudissant le jour que je suis né :
> Quand un petit laquais, le plus grand sot de France,
> Me dit : « *Monsieur un tel* vous demande audience ! »
> Bien que *Monsieur un tel* ne me fût pas connu,
> Je répondis pourtant : « Qu'il soit le bien venu ! »
> Alors je vis entrer un visage d'eunuque,
> Rajustant à deux mains sa trop longue perruque,
> Hérissé de galans rouges, jaunes et bleus :
> Sa reingrave était courte et son genou cagneux,
> Il avait deux canons ou plutôt deux rotondes
> Dont le tour surpassait celui des Tables-Rondes ;
> Il chantait en entrant, je ne sais quel vieux air,
> S'appuyait d'une canne et marchait du bel air.....

La caricature continue et Scarron s'amuse à prêter au pédant les discours les plus comiques ; c'est un flux de compliments et de questions saugrenues, faites sans attendre la réponse ; notre homme donne son avis sur tout sans qu'on l'en prie :

> Qu'estimez-vous le plus de *Clélie* ou *Cassandre* ?
> Quant à moi le vers fort me plaît plus que le tendre.
> Tout ce que fait Quinault est, ma foi, fort galant.
> Mais qu'est-ce donc, Monsieur, qu'*Œdipe* a d'excellent ?
> Boisrobert se retranche au genre épistolaire.
> C'est un digne prélat : j'estimais fort son frère ;
> J'ai relu mille fois ses contes ramassés,
> Et n'ai rien vu de tel dans les siècles passés.
> Nous ne voyons plus rien du docte Mesnardière.
> Colletet m'a fait boire avecque Furetière.
> J'ai fumé quelquefois avecque Saint-Amant.
> N'achèverez-vous point votre joli romant ?

Tous les auteurs et tous les sujets y passent ; puis il en vient à

---

[1] *Œuvres*, VII, 175. Elle est de 1660.

lui-même, il énumère ses tragédies de l'année : *la Mort de Ravaillac, l'Anesse de Balam, la Reine Brunehaut, Marc-Aurèle et Faustine, Lusignan,* autrement *l'Infante Mellusine,* où l'héroïne doit être moitié femme et moitié poisson. Enfin il confie son grand projet :

> J'entreprends un travail pour le clergé de France,
> Dont j'attends une belle et grande récompense :
> C'est, mais n'en dites rien, les conciles en vers,
> Le plus hardi dessein qui soit dans l'univers.
> Je n'en suis pas encore au troisième concile,
> Et j'ai déjà des vers plus de quatre cent mille ;
> Pour diversifier, je les fais inégaux,
> Et j'y fais dominer surtout les madrigaux.

Mascarille n'inventera donc rien lorsqu'il mettra l'histoire romaine en madrigaux. Enfin notre homme, après avoir failli réciter cinq cents épithalames sur les noces du roi, s'en va, chassé par des visiteurs, et promet de revenir tous les jours à la même heure. Et le pauvre Scarron se désole, car, en qualité de poète, il connaît bien les fous et il en a peur :

> En certain temps peut-être est-il fou furieux,
> Il peut me trouver seul et m'arracher les yeux.

Mais il se consolera avec un jambon tendre et une grasse saucisse de Bologne, que le duc d'Albret lui a envoyés.

N'est-ce pas charmant d'esprit et de raillerie familière ? Et, chose rare chez Scarron, cette petite pièce forme un tout ; elle est bien conduite d'un bout à l'autre ; on pourrait la citer tout entière. C'est à coup sûr de la petite poésie et cela ne vaut pas le *Misanthrope* ni les *Femmes savantes,* mais cela n'est pas inférieur à telle ou telle satire de Boileau ou même de Regnier, ni même au célèbre *Ibam forte viâ sacrâ* d'Horace. Scarron trouvait enfin sa voie ; mais, hélas ! c'était déjà pour lui l'heure de la mort.

Épitre et satire mêlées, tel était le genre qui convenait le mieux à son talent ; genre un peu étroit, superficiel même, et qui ne satisfait pas toutes les aspirations de l'esprit, mais genre bien français, illustré par Marot et par Regnier, et dignement soutenu par Scarron en attendant La Fontaine et Voltaire. Pour y avoir été supérieur, il lui aurait fallu du temps et de l'indépendance : il n'a jamais eu ni l'un ni l'autre. A une époque où les lettres étaient asservies non pas à un seul, ce qui n'est pas le pire esclavage, mais au premier venu, il était bien difficile à Scarron, plus besogneux et plus affamé que personne, de travailler à loisir. Il dut écrire toujours, qu'il fût gai ou qu'il fût triste, au milieu de toutes ses douleurs. Il s'en est souvent plaint amèrement :

> Lorsque par devoir on travaille
> On ne peut faire vers qui vaille ;
> Par exemple, ces rimes-ci
> Sont des rimes coussi-coussi.
> Les Muses hautaines et braves
> Ne travaillent pas en esclaves,
> Et l'ingrat métier de rimeur
> Veut du loisir et de l'humeur.
> Faire des vers à la journée
> C'est une rude destinée ;
> J'en puis parler comme savant,
> Moi qui les fais ainsi souvent [1].

En effet, il se hâte et néglige trop souvent la forme ; naturellement paresseux, il ne prenait pas la peine de se corriger : Quinet, Luynes, Sommaville ou Lesselin étaient là qui épiaient le volume ; telle noble dame attendait avec impatience l'épître qui lui était promise. Ce n'est pas de Scarron qu'on dira jamais que

> Ses nonchalances sont ses plus grands artifices [2].

Chez lui, elles ne sont pas toujours voulues et elles décèlent moins la coquetterie que la faiblesse de l'auteur ; bien souvent elles proviennent de la tyrannie de la rime. Scarron n'était pas homme à l'attendre longtemps au coin d'un bois ; et il prenait trop facilement parti des mauvais tours que lui jouait l'infidèle :

> Sur nous la rime exerce un tyrannique empire :
> A-t-on fait un vers fort, elle en fait faire un bas,
> Et fait dire au rimeur tout ce qu'il ne veut pas [3].

Mais surtout Scarron a douté beaucoup trop de lui ; il s'est trop constamment défendu d'être un poète, et il l'a un peu trop persuadé aux autres et à lui-même. Il a répété sur tous les tons qu'il ne travaillait qu'en *sornettes* et qu'il n'avait pour toute muse

> Qu'une misérable camuse,
> Et laquelle, pour dix écus,
> Un vieux cotillon et rien plus,
> Sert à laver les écuelles
> D'Apollon et des neuf pucelles,
> Et qui n'a pour tout instrument
> Que trompe à laquais seulement,
> Deux os de bœuf et deux sonnettes,
> Pour dire quelques chansonnettes.

---

[1] *Œuvres*, VII, 143. *Épître à une dame inconnue*.
[2] Regnier. *Sat. IX*.
[3] *Œuvres*, VII, 178.

Horace lui aussi se défendait d'être un *vates,* bien qu'il ait tenté de le devenir à ses heures; il appelait ses plus jolies épîtres du titre modeste de *sermones,* mais il n'a jamais du moins médit de la muse qui les lui avait inspirées et il ne l'a jamais traitée de *laveuse de vaisselle.* Son verre n'était pas grand, mais il y buvait une claire et pétillante liqueur, dont il était fier. Scarron a eu le grand tort de s'être trop moqué de sa muse, et il est arrivé que, par un juste retour, la muse s'est moquée de lui; elle n'en a fait qu'un tronçon de poète, comme il n'était déjà qu'un tronçon d'être humain.

CHAPITRE V

LE THÉATRE

Goût de Scarron pour le théâtre. — Vogue des comédies espagnoles en France à cette époque. — *Jodelet* ou le *Maître-Valet* : création du valet de comédie ; critique du genre héroïque et langoureux ; grand succès auprès du public. — *Jodelet duelliste ;* mélange du burlesque et du vrai comique. — *Les Boutades du Capitan Matamore* : poésie assez originale. — *L'Héritier ridicule* : succès auprès du jeune roi. — *Don Japhet d'Arménie* : c'est la pièce la plus bouffonne, la plus connue, mais non peut-être la meilleure ; *Don Japhet* et les romantiques. — *L'Écolier de Salamanque* ou les *Généreux ennemis* : rivalité avec Boisrobert et Thomas Corneille ; Scarron s'élève à la vraie noblesse ; création du rôle de Crispin. — Le *Gardien de soi-même ;* rivalité avec Thomas Corneille ; Scarron échoue malgré le comique assez fin de sa pièce. — Le *Marquis ridicule.* — Comédies contestées ou posthumes ; fragments. — Graves défauts du théâtre de Scarron. — Pourquoi est-il resté si longtemps populaire ? — Scarron, sans avoir fait de chef-d'œuvre, a beaucoup servi la cause de la comédie en France : il a rendu possible Molière.

Cet homme que la souffrance condamnait à passer dans sa chaise toute son existence, pour qui Paris, comme il disait, était réduit à deux chambres, et qui aurait été bien empêché de venir s'asseoir en spectateur sur les bancs d'un théâtre, composa plusieurs pièces pour la scène et fut pendant plusieurs années l'auteur préféré du public. L'abbé Scarron avait toujours aimé la comédie et les comédiens ; à Paris, au temps de sa jeunesse, il s'était lié avec Beys, Scudéry et avait couru les théâtres de la capitale ; au Mans, il avait vécu avec les troupes de campagne qui traversaient la province ; à Bourbon, il avait assisté aux représentations que le duc de Longueville procurait aux baigneurs. Quand la maladie lui ôta le plaisir d'aller entendre les pièces des autres, il se mêla d'en faire lui-même. Il ne nous en a pas laissé moins de dix, parmi lesquelles huit furent représentées, et, quand il mourut, il venait d'en commencer deux autres dont il nous reste quelques fragments. Les comédies de Scarron occupent donc une place importante dans son œuvre, et, bien que l'auteur ne leur ait pas imprimé une marque aussi originale qu'au *Virgile* et qu'au *Roman comique,* elles n'en méritent pas moins d'être étudiées. Quelque sévérité qu'on puisse avoir à leur égard, on ne doit pas oublier qu'elles ont charmé longtemps nos ancêtres, et que plusieurs d'entre elles se sont maintenues au répertoire pendant plus d'un demi-siècle, à côté des chefs-d'œuvres classiques.

C'était alors en France la grande vogue du théâtre espagnol ; nos auteurs, depuis que Hardy leur avait montré la route, imitaient et copiaient à qui mieux mieux les œuvres d'au delà des Pyrénées. Ils n'avaient qu'à puiser dans le riche butin qu'offraient les *Nouvelles* de Cervantes, les innombrables pièces de Lope de Véga et celles de la brillante école qu'il suscita, d'Alarcon, de Moreto, de Calderon, pour ne citer que les plus illustres. Le triomphe du *Cid* avait surtout tourné toutes les têtes ; on ne songeait guère à l'effort de génie qu'avait dû faire Corneille pour tirer cet or du minerai informe de Guillen de Castro. On ne voyait que le succès facile et à bon marché. Aussi les Guérin de Bouscal, les Gillet de la Tissonnerie, les Douville, les Maréchal, les Sallebray[1] se ruaient-ils sur les originaux espagnols à peine éclos ; Rotrou lui-même allait y chercher le sujet de sa *Célie;* c'était un entraînement général, et quelques critiques, peu favorables à notre pays, ont pu dire avec une fausse apparence de vérité, que le théâtre français était né du théâtre espagnol[2]. Il est incontestable qu'il y puisait une force et une vie singulières, au risque d'y laisser un peu de son originalité. Nous payions le tribut de nos victoires et nous subissions pour un temps la domination de notre vaincu, mais non pas au point d'être conquis par lui, comme Rome le fut par la Grèce. Par rapport à l'Espagne, nous étions déjà la Grèce avant, et nous le sommes restés après.

---

[1] Voir dans M. de Puibusque (*Hist. comp. des littératures espagnole et française.* Paris, Dentu, 1844) la liste, d'ailleurs fort incomplète, de ces imitations.

[2] « L'œuvre la plus grande dont on soit redevable au théâtre espagnol, c'est le théâtre français. » (Abbé Juan Andrès, *Dell'origine, progresso e stato attuale d'ogni literatura,* 1782.) « Si Lope de Véga n'avait pas écrit, les chefs-d'œuvre de Corneille et de Racine n'auraient peut-être pas existé. » (Lord Holland, *Some account of the life and writings of Lope Felix de Vega Carpio,* 1806.) Est-il besoin de réfuter cette dernière assertion ? M. de Puibusque dit très justement : « Racine surtout, qui a surpassé Eschyle et Sophocle, en cherchant à suivre leurs traces, n'a pris de leçon qu'à l'école de l'antiquité, école ouverte en France par Jodelle et Robert Garnier, longtemps avant celle de l'Espagne. » (II, p. 345.)

En 1645, lorsque Scarron aborda le théâtre, le courant qui emportait les esprits vers l'Espagne existait donc depuis plusieurs années. Scarron ne le créa pas plus qu'il n'avait créé le burlesque, mais il le précipita en s'y jetant avec l'intempérance habituelle de son caractère.

Il venait alors de paraître à Madrid le recueil des comédies de don Francisco de Rojas, qui s'était retiré en 1641 au couvent de Saint-Jacques. Ce poëte, souvent opposé à Calderon[1], se distinguait par la vivacité extraordinaire de son style et par la gaieté comique de ses caractères. Scarron, séduit par des qualités qui étaient si semblables aux siennes, voulut mettre sur la scène française une de ses plus jolies comédies : *Donde hay agravios no hay zelos, y Amo criado*[2] *(Où il y a offense il n'y a pas jalousie, ou le Maître-Valet)*. Profitant d'une relâche de sa maladie, il écrivit en trois semaines *Jodelet ou le Maître-Valet*[3], qu'il se hâta de dédier au commandeur de Souvré, pour le remercier de lui avoir obtenu de la reine-mère une pension régulière de cinq cents écus. Scarron n'a absolument rien changé d'important à la pièce espagnole; les noms seuls ont été un peu modifiés; don Lope est devenu don Louis, dona Inès de Rojas est devenue Isabelle de Roxas, dona Anna d'Alvareda est Lucrèce d'Alvarade, le valet Sancho est Jodelet, et le valet Bernardo, Étienne; mais don Juan d'Alvareda, don Fernand de Rojas, la servante Béatrix ont conservé leurs noms. L'intrigue est restée aussi la même; Scarron suit l'original scène par scène, se bornant à allonger par ci, et à raccourcir par là; le plus souvent il traduit librement. Le sujet est impossible à exposer clairement à cause des nombreux incidents dont l'a surchargé l'imagination espagnole : billets remis ou interceptés, escalades de balcon, cachettes d'amoureux, rencontres, méprises, duels, travestissements de toute sorte. Disons seulement que don Juan d'Alvarade arrive à Madrid pour épouser Isabelle de Roxas, fille de don Fernand; mais, par un hasard sin-

---

[1] Son drame *Garcia del Castanar* est classé par les Espagnols dans les quatre meilleurs ouvrages de leur théâtre.

[2] Cette comédie se trouve dans le *Tesoro del Teatro espanol,* tome IV (Paris, Baudry, 1838, par Eugenio de Ochoa). Ce double titre a trompé M. de Puibusque, qui y a vu deux comédies différentes, dont Scarron aurait imité l'une dans le premier *Jodelet,* l'autre dans le second.

[3] *Jodelet* fut achevé d'imprimer le 20 mai 1645 : le privilège est du 25 avril; la pièce doit avoir été composée la même année, car Scarron dans sa dédicace semble s'excuser du retard qu'il a mis à remercier M. de Souvré; or, sa pension lui fut accordée à la fin de 1644; il fut plus malade pendant l'hiver et il se hâta, dès qu'il alla mieux, de faire et de dédier sa comédie; il n'y eut sans doute guère d'intervalle entre la première représentation et l'impression.

gulier, son valet Jodelet, qui a dû envoyer à la jeune fille le portrait de son maître, s'est trompé et a envoyé le sien, sa frimousse de valet. Don Juan, qui conçoit des doutes sur la fidélité de sa fiancée, en profite pour entretenir cette erreur; il prend les habits de son valet et fait passer Jodelet pour le maître. Sur cette intrigue s'en greffe une autre fort embrouillée : un frère de don Juan tué en duel par le cousin d'Isabelle, une sœur abandonnée par le même cousin, don Louis; des offenses personnelles à venger; l'honneur et l'amour tantôt ennemis, tantôt complices, toujours exaltés, qu'il faut satisfaire. Le poète espagnol a mené toute cette intrigue avec une aisance remarquable, mêlant le drame à la comédie, et produisant par cette variété de tons un ensemble fort agréable.

Ce n'est donc pas dans la conduite générale de la pièce qu'il nous faut chercher l'originalité de Scarron : c'est dans la peinture de certains caractères, sur lesquels a appuyé complaisamment le poète burlesque; c'est aussi dans certains détails qu'il a ajoutés de son crû.

Chez Scarron, bien plus que chez Rojas, le principal personnage, c'est le valet. Aussi a-t-il changé son nom : le *criado* Sancho est devenu Jodelet, c'est-à-dire un vrai type, le père de toute la lignée des valets qui ont défrayé la comédie française par leur joyeux éclat de rire. Scarron, en homme habile, s'était adressé à un acteur aimé du public, applaudi depuis plus de trente ans à l'hôtel de Bourgogne et sur le théâtre du Marais, à Julien Bedeau, qui avait pris le nom de Jodelet[1]. Ce comédien tenait un peu du farceur de tréteaux : il s'était fait, dit-on, un visage barbu, moustachu, enfariné; il avait aussi un nasillement fort comique; enfin il n'avait qu'à se montrer pour provoquer le rire, et il prenait alors un air si consterné que l'hilarité redoublait et se prolongeait fort longtemps. Ce devait pourtant être un acteur de talent, puisqu'il créa, avec un immense succès, le rôle du Cliton de Corneille, et puisque Molière écrivit un personnage pour lui dans les *Précieuses ridicules*. Mais c'est à Scarron qu'il dut sa plus grande vogue, et c'est aussi un peu à Jodelet que Scarron dut celle de sa pièce.

Il fallait, en effet, un acteur qui eût l'oreille et la faveur du

---

[1] Julien Bedeau ne prit pas ce nom de Jodelet à l'occasion de la pièce de Scarron ; on a la preuve qu'il le portait dès 1634 au moins. Voir sur l'acteur Jodelet l'*Historiette* que lui consacre Tallemant des Réaux ; voir aussi quelques *Mazarinades* (*Lettre au Cardinal burlesque*; *Imprécation comique*, etc.); Loret (*Muse historique*, 1660); Jal (*Dictionnaire*); Molière (édition Despois, II, 36 sqq.); M. Victor Fournel (*les Contemporains de Molière*); Marc Monnier (*les Aïeux de Figaro*, etc.).

public pour faire applaudir le personnage que Scarron mettait à la scène. Jodelet n'est pas un *zanni* italien, comme seront les Mascarille et les Scapin de Molière, hardis, entreprenants, d'une habileté consommée, cheville ouvrière de la comédie; Jodelet est un *gracioso* espagnol, c'est-à-dire il représente, par un violent contraste avec les sentiments héroïques des autres personnages, la vulgaire philosophie de l'intérêt et de l'égoïsme, non sans esprit, mais avec un manque absolu de courage et de dignité d'aucune sorte; le valet, dans le théâtre espagnol, est presque toujours, vis-à-vis de son maître, la prose à côté de la poésie, la réalité à côté de l'idéal, Sancho Pança à côté de l'hidalgo de la Manche. Scarron, pour le besoin du burlesque, a rabaissé encore ce caractère et a outré ses défauts : son Jodelet est insolent, lubrique, gourmand, hâbleur et par-dessus tout poltron; il est le type de la couardise. Voilà sans doute, en un sens, des vices fort peu réjouissants, et il est facile de s'indigner contre un être aussi abject[1]. Mais c'est peine perdue, si l'on veut bien songer que nous sommes dans le domaine de la pure fantaisie, tout comme dans le *Légataire* de Regnard, où nous rions sans vergogne à voir dépouiller tout chaud le pauvre vieux Géronte; de même avec Jodelet nous savons parfaitement bien qu'il s'agit seulement d'un jeu d'esprit, d'un motif de rire, et que le véritable honneur plane bien plus haut, dans des régions où Scarron ne peut parvenir à l'éclabousser de ses railleries. Il faut songer aussi que Jodelet vient d'Espagne, pays des beaux sentiments, patrie du Cid et de Chimène, et que jamais le génie castillan n'aurait imaginé un tel type s'il avait cru en faire l'apôtre de la lâcheté et du déshonneur. Il ne faut donc pas traiter trop rigoureusement « don Jodelet, natif de Ségovie »; il faut le prendre en riant, comme l'a pris Scarron lui-même et comme l'ont pris les spectateurs qui

---

[1] « Fi ! l'ignoble être ! Est-il possible qu'en France, même au théâtre, on « ait pu supporter ce degré d'abjection ! Rire de tout, même de l'honneur, « bafouer la poésie et la parodier sans vergogne en dithyrambes travestis; « outrer tous ses vices, étaler ses hontes, se retourner dans la boue avec « un air de complaisance et de forfanterie ; s'ériger (comment dire?) en « fanfaron de bassesse, telle était la mission de Jodelet. Personnage trivial, « goulu, poltron, lubrique, il affectait de choisir pour s'exprimer les termes « les plus immondes ; il s'écriait avec orgueil : *Rien n'est tel que d'être pied « plat !* Il se vantait surtout de sa couardise et se gardait bien de rougir en « sentant cinq doigts appliqués sur sa joue : *Un barbier y met bien la « main !* disait-il philosophiquement. Et l'on trouvait cela drôle ! Et il se « réunissait des spectateurs pour applaudir les saillies de cet effronté « cynique ! Et il y eut un acteur de talent pour accepter de pareils rôles, « qui les créa même et leur donna son nom ! Hélas oui ! et c'est là un des « traits qui m'affligent le plus dans l'histoire de nos théâtres. » (Marc Monnier, *les Aïeux de Figaro.* Hachette, 1868, p. 126.)

TRIVIALITÉ EXTRÊME DU CARACTÈRE DE JODELET. 273

l'ont applaudi pendant cinquante ans au théâtre. On s'en aperçoit bien vite en lisant la comédie du *Maître-Valet.*

Tout le premier acte, qui n'est, pour ainsi dire, qu'un long dialogue entre don Juan et Jodelet, est du meilleur comique, et parfois du plus fin. Avec quel esprit le valet raille les illusions amoureuses de son maître, qui s'enflamme à la seule vue d'un portrait de l'objet aimé !

> Vous êtes donc de ceux qu'une seule peinture
> Remplit de feu grégeois et met à la torture ?
> Et si Monsieur le peintre a bien fait un museau,
> S'il s'est heureusement escrimé du pinceau,
> S'il vous a fait en toile une adorable idole,
> L'original peut être une fort belle folle ;
> Sa bouche de corail peut enfermer dedans
> De petits os pourris au lieu de belles dents.
> Un portrait dira-t-il les défauts de sa taille ?
> Si son corps est armé d'une jaque de maille ?
> ....
> ....
> Enfin si ce n'est point quelque horrible squelette,
> Dont les beautés, la nuit, sont dessous la toilette ?
> Ma foi, si l'on vous voit de femme mal pourvu,
> Puisque vous vous coiffez avant que d'avoir vu,
> Vous ne serez pas plaint de beaucoup de personnes [1].

Son entrée, sous le costume de son maître, dans la maison de don Fernand de Rojas, est très amusante : c'est une situation qui a souvent été depuis exploitée au théâtre, par Molière dans les *Précieuses*, par Marivaux dans le *Jeu de l'amour et du hasard*, et par Lesage dans *Crispin rival de son maître*. Les balourdises que commet Jodelet sont assez grossières, mais quand, grisé par son rôle de maître, il en vient à baiser la main d'Isabelle et à rosser don Juan qui s'interpose, la scène est vraiment comique. Il en est de même quand il repousse avec énergie l'idée d'un duel avec don Louis, que lui suggère son beau-père.

DON FERNAND.

Vous ne vous battez point pour frère ni pour sœur ?

JODELET.

Il faut être en humeur pour se battre ; et je meure,
Si j'y fus jamais moins que j'y suis à cette heure !

DON FERNAND.

Je vous croyais vaillant : je me suis bien trompé !

[1] *Jodelet,* acte I, scène 1.

JODELET.

Quand d'un glaive tranchant je serai découpé,
Qu'en sera mieux ma sœur? qu'en sera mieux mon frère?
Laissez-moi donc en paix, homme, singe, ou beau-père!

DON FERNAND.

Vous n'avez qu'à chercher autre femme à Madrid.

JODELET.

Que vous eussiez aimé pour votre gendre un Cid,
Qui vous eût assommé, puis épousé Chimène[1]!

Est-il possible de s'indigner contre un pareil homme, si ingénument et si plaisamment poltron? Et quand, lors de son fameux monologue, il apparaît, le cure-dents à la bouche[2], bien repu d'un pied de bœuf salé à l'ail, et développe, tout en digérant, les superbes maximes de sa philosophie, il est d'un grotesque irrésistible :

> Que ce fut bien fait au destin
> De ne faire en moi qu'un faquin
> Qui jamais de rien ne s'offense!
> Ma foi! j'ai raison quand je pense
> Que plus grand est l'heur du gredin,
> Ni que du prélat en l'église,
> Ni que du prince en un État.
> D'être peu, beaucoup je me prise :
> Il n'est rien tel qu'être pied plat!

Soyez nettes, mes dents, l'honneur vous le commande :
Perdre les dents est tout le mal que j'appréhende!

> Quand je me mets à discourir
> Que le corps enfin doit pourrir,
> Le corps humain où la prudence
> Et l'honneur font leur résidence,
> Je m'afflige jusqu'au mourir.
> Quoi! cinq doigts mis sur une face
> Doivent-ils être un affront tel
> Qu'il faille pour cela qu'on fasse
> Appeler un homme en duel?

Soyez nettes.....

> Un barbier y met bien la main
> Qui bien souvent n'est qu'un vilain,
> Et dans son métier un grand ase;
> Alors que tel barbier vous rase,

---

[1] *Jodelet*, IV, 5.
[2] La plaisanterie peut nous paraître fade; il faut dire que le cure-dents était devenu à la mode; les petits maîtres d'alors s'en servaient; ils l'avaient à la bouche à toute heure et en quelque compagnie que ce fût : c'était un moyen de contenance fort usité. Cet usage semble être venu d'Espagne avec Antonio Perez, l'arbitre raffiné de toutes les élégances.

> Il vous gâte un visage humain ;
> Pourquoi ne t'en veux-tu pas battre,
> Toi qu'un soufflet choque si fort,
> Que tu t'en fais tenir à quatre ?
> Un souffleté vaut bien un mort[1].

Béatrix, la suivante d'Isabelle, ne vaut pas mieux que Jodelet : experte en hypocrisie et en dévotion, elle ne cherche qu'à vendre sa « bonne maîtresse », tout en protestant de sa fidélité ; elle prie Dieu tout haut au clair de lune, et, au besoin, elle introduit un galant sur le balcon d'Isabelle ; ce qu'elle en fait, du reste, est pure charité. Il faut lui pardonner, car elle a sans doute beaucoup aimé dans sa jeunesse ; et elle prête maintenant à autrui, contre argent comptant, l'aide de sa vieille expérience. Écoutez les judicieux conseils qu'elle donne à don Louis : elle lui recommande « de pêcher en eau trouble », « de battre le fer pendant qu'il est au feu » :

> Promettez comme quand on ne veut pas tenir ;
> Employez hardiment votre meilleure prose,
> N'oubliez pas le lys, n'oubliez pas la rose ;
> Dites lui bien qu'elle est l'objet de tous vos vœux,
> Pleurez et soupirez, arrachez vos cheveux ;
> Puis sur vos grands chevaux, monté comme un Saint-Georges,
> Dites que pour bien moins on se coupe la gorge.....
> Si l'insolent vous nuit, reprenez le modeste,
> Invoquez-moi la mort, invoquez-moi la peste ;
> Ne vous étonnez point : elle fera beau bruit :
> Mais vous savez qu'on perd le combat quand on fuit[2].

Béatrix et Jodelet, voilà de bien tristes personnages, n'est-il pas vrai ? Il est évident que Scarron a chargé ces deux caractères, au point d'en faire des caricatures. Il y était conduit par la tournure naturelle de son esprit, et par la haine qu'il avait vouée à l'héroïque. Il continuait dans la comédie cette campagne contre les beaux sentiments qu'il venait d'inaugurer avec le *Typhon*, et qu'il devait poursuivre si vivement dans le *Virgile* et dans le *Roman comique*. Avec quel plaisir il se venge sur le dos de Jodelet et de Béatrix des faux points d'honneur, des tirades ampoulées, des déclamations à la mode[1] ! « Il n'est rien tel qu'être pied plat ! » maxime très fâcheuse, sans doute, mais qui s'explique un peu quand on songe à la foule des César, des Achille, des Brutus, des Lucrèce, des Coriolan, des Hercule, des Thésée, des Didon, des Artaxerxe, qui encombraient le théâtre d'alors[3] ; on n'avait jamais

---

[1] *Jodelet*, IV, 2.
[2] *Ibid.*, III, 2.
[3] On n'a, pour s'en convaincre, qu'à jeter les yeux sur la *Table chronolo-*

tant vu de héros, sans compter ceux des romans ; et Jodelet, dans sa trivialité, reposa le public de tous les *illustres* qu'il voyait défiler depuis si longtemps sous ses yeux. L'intention du poète est donc bien claire. Il rend grotesques les personnages qui étaient déjà naturellement comiques ; quant aux héros qu'il trouve dans l'original espagnol, et qu'il conserve dans sa pièce, il leur donne une noblesse et une emphase tout à fait ridicules. C'est encore une manière de se moquer des grands sentiments et des grandes phrases. Ainsi, lorsque Lucrèce d'Alvarade vient demander assistance à don Fernand, et lui narrer ses malheurs, Scarron s'amuse avec cet incident et le travestit de manière à faire une fine satire des tragédies du temps :

> Fais si bien, ma douleur,
> Que l'on puisse trouver quelqu'excuse à mes fautes ;
> Non, je ne me plains point du repos que tu m'ôtes,
> Si je puis faire voir par mes pleurs infinis
> Que mes yeux ont été de mon crime punis,
> Mes yeux, mes traîtres yeux, qui reçurent la flamme
> Qui noircit mon honneur et me couvre de blâme :
> Mes traîtres yeux, de qui les criminels plaisirs
> Me feront à la fin exhaler en soupirs.
> Pleurez donc, ô mes yeux, soupirez, ma poitrine !
> ....
> Et vous, mes faibles bras, embrassez ses genoux !

C'est du pathos de roman ou de tragédie. Scarron l'a mis à dessein, et pour que personne ne s'y trompe, il fait répondre à don Fernand :

> Ce style est de roman, et je vous en révère.
> Ma sotte d'Isabeau n'a jamais lu roman ;
> Quant est de moi, j'estime Amadis grandement.

Et un peu plus loin :

> Ces vers sont de Mairet, je les sais bien par cœur ;
> Ils sont très à propos et d'un très bon auteur [1].

Peut-on se moquer plus ouvertement des tragédies en général, et de son propre sujet en particulier ? Ailleurs, le poète mettra dans la bouche de Jodelet les fameuses stances : *Soyez nettes, mes dents...*[2], visible parodie des monologues lyriques du temps et

---

gique *des poèmes dramatiques* qui se trouve à la fin de l'ouvrage des frères Parfaict.
[1] *Jodelet*, II, 3.
[2] Voir plus haut. — Dans l'*Histoire du poète Sibus*, l'auteur, qui pourrait bien être Ch. Sorel, se moque aussi des monologues et des apostrophes tragiques.

des apostrophes chères à Corneille. Béatrix dira aussi :

> Pleurez, pleurez, mes yeux, l'honneur vous le commande[1] !

à la façon de Chimène, qui s'écrie :

> Pleurez, pleurez, mes yeux, et fondez-vous en eau[2] !

Qu'on ne crie pas à la profanation. Scarron n'a pas parodié les beaux vers du *Cid*, comme ont fait Racine et Boileau; il en a parodié seulement un mauvais vers. Encore en veut-il bien moins à Corneille qu'aux autres auteurs tragiques de l'époque; il l'a choisi parce qu'il était le plus illustre : il avait fait de même pour Virgile.

A part don Juan d'Alvarade qui est traité sérieusement, et auquel Scarron a mêmé, par accident, prêté d'assez beaux vers[3], tous les autres personnages de la pièce sont plus ou moins travestis, jusqu'à cet excellent don Fernand, dont il fait un vieillard à lunettes[4], paterne et débonnaire ; Lucrèce et Isabelle sont deux dames « pleureuses » et « quérimonieuses »; don Louis fait triste figure dans son rôle de séducteur volage, obligé d'épouser à la fin de la comédie celle dont il a déclaré « les appas si vulgaires. »

La pièce de Scarron, par ses qualités et ses défauts, par ses contradictions mêmes et ses disparates, devait plaire singulièrement au public du temps. Il s'y trouvait bien assez de romanesque pour charmer des auditeurs habitués aux intrigues espagnoles et à la peinture des trop beaux sentiments; il s'y trouvait aussi assez de burlesque pour ravir une société qui commençait à tout tourner en dérision et à se moquer d'elle-même la première. Aussi le succès de *Jodelet* fut-il étourdissant : Scarron, encore dans la gloire du *Typhon*, passa grand homme du coup[5]; il ne retrouva jamais un triomphe aussi complet, pas même au temps du *Virgile;* car, dans l'intervalle, il avait eu le temps de se faire beaucoup d'ennemis. Il est impossible de donner des détails circonstanciés sur les premières représentations de *Jodelet*, aucun

---

[1] *Jodelet*, V, 1.
[2] *Le Cid*, III, 3.
[3] *Jodelet*, V, 4. Don Juan a un beau mouvement quand il se découvre à don Louis :
> Vous ne connaissez pas don Juan ! le voici !

Il y a plus loin, dans la même scène, des vers très fortement frappés.
[4] La mode des lunettes était nouvelle et semblait fort ridicule.
[5] Il le reconnaît lui-même, malgré sa modestie habituelle. Dans l'*Épître à Guillemette* (1647), il dit : « ... Encore qu'il y ait bientôt *quatre ans* que Toussaint Quinet rompt la tête à tous ceux qui vont et viennent dans la galerie du Palais, du *Typhon* et du *Jodelet*, qui m'ont fait fameux écrivain. » Scarron dit *quatre ans* en pensant au *Typhon*, car, pour le *Jodelet*, il n'y a guère que trois ans.

acteur du temps n'ayant laissé de *registre,* comme celui que laissera quelques années plus tard le comédien La Grange ; la *Muse historique* de Loret n'existait pas encore ; et ce n'est pas dans la *Gazette* de Renaudot qu'il faut aller chercher des nouvelles du théâtre et des lettres. Pourtant nous avons, outre le témoignage de Scarron lui-même, l'hommage rendu à l'auteur dans un ballet de cour, intitulé la *Boutade des comédiens*[1], où, parmi les pièces en vogue, est citée en première ligne celle de Scarron ; une entrée spéciale est réservée à Jodelet, maître-valet, qui récite deux strophes, d'ailleurs très faibles, à sa Béatrix. Sarrasin, dans son *Épitre au comte de Fiesque,* met Jodelet bien au-dessus des personnages de la comédie italienne[2]. Dans le registre de La Grange[3], commencé en 1659, plus de quatorze ans après le *Jodelet,* à un moment où le burlesque était déjà tombé en complet discrédit, nous voyons que la vogue de la comédie de Scarron se soutint très longtemps : elle fut jouée encore après cette date, plus de trente fois par la troupe de Molière ; et bien qu'elle n'ait jamais disparu du répertoire, il y en eut, en 1681, une reprise assez brillante, si l'on en croit le chiffre de la recette : elle fit, le 16 mars, 983 livres, ce qui est un total important pour l'époque ; le 5 mai elle fut jouée à Versailles ; enfin, en 1685, date à laquelle s'arrêtent les archives de La Grange, on la joua encore plusieurs fois, et il est bien probable que l'on continua après [4].

Que le succès fût disproportionné avec le mérite de l'œuvre, c'est possible ; il ne fut pourtant pas complètement immérité. N'était-ce donc rien que d'avoir « ouvert au dialogue comique la carrière sur le théâtre », suivant l'expression très juste des frères Parfaict [5] ? Sans doute, Corneille avait commencé, trois ans auparavant, avec une comédie autrement belle, avec le *Menteur*. Mais ce ne sont pas toujours les chefs-d'œuvre qui exercent le plus d'influence en littérature ; souvent un écrit de deuxième ordre détermine chez les esprits un courant qu'un ouvrage supérieur n'a pu réussir à créer. Le *Menteur* est un charmant intermède

---

[1] Vers 1646, s. n. n. d., in-4°. (Voir Paul Lacroix, *Ballets et Mascarades de cour,* tome VI.)
[2] Il appelle la pièce :
Comédie tant folle,
Où Jodelet est si plaisant garçon
Qu'Italiens il jette hors d'arçon.
[3] Édité par M. Ed. Thierry.
[4] On en fit encore une reprise le 16 janvier 1780 (De Mouhy, *Abrégé de l'histoire du théâtre français,* 2 vol., 1780). — *Jodelet* fut aussi un succès de librairie. La pièce fut imprimée au moins trois fois du vivant de Scarron : chez Quinet, 1645 ; chez Oudot, à Troyes, 1653 ; chez Luynes, 1659.
[5] *Histoire du théâtre français,* tome IV.

dans l'œuvre héroïque de Corneille ; mais il ne fut que cela. Scarron, en écrivant *Jodelet,* a levé le drapeau de la comédie en face de celui de la tragédie ; il a presque accompli une révolution dans notre théâtre en introduisant la bouffonnerie dans une pièce régulière en cinq actes et en vers, et en faisant monter la farce, des tréteaux où elle était reléguée, sur la scène même où l'on venait d'acclamer le *Cid.* Son Jodelet est devenu le premier type populaire de la comédie française. Il est inférieur aux Mascarilles, aux Scapins, aux Sganarelles, aux Crispins qui ont suivi[1] ; il porte trop la marque de son origine espagnole et de la verve burlesque de son parrain ; mais il est le premier, et l'on doit saluer en lui le père de tous les valets : quelle riche descendance jusqu'à Figaro ! Cela seul suffirait à justifier la vogue de la comédie de Scarron.

Ce type de Jodelet, devenu populaire, fut vite exploité par les auteurs comiques du temps, et dès le début de 1646, Le Métel de Douville, frère de Boisrobert, faisait jouer un *Jodelet astrologue.* Scarron, pour enlever à ses rivaux le profit qu'ils tiraient de sa création, résolut de faire un nouveau *Jodelet* qui entretînt l'engouement du public, tout en variant son plaisir. Il composa les *Trois Dorotées* ou le *Jodelet soufflété*[2] ; cette pièce est encore imitée de l'espagnol, et très probablement de Francisco de Rojas[3] ; mais on sent que l'auteur a dû cette fois en user plus librement avec son modèle : il lui a seulement emprunté le canevas romanesque, qui n'a rien d'original ; il s'est amusé à développer outre mesure le rôle du valet qui ne tient en rien à la pièce, et qui

---

[1] Il ne faut pas oublier que c'est Scarron qui a créé en France le rôle de Crispin. Voir plus loin, à propos de l'*Ecolier de Salamanque.*
[2] La pièce fut jouée en 1646 ; le privilège qui dut suivre de très peu la première représentation est du 17 septembre ; l'achevé d'imprimer pour la première fois est du 15 mars 1647, chez Quinet. — Maupoint (*Biblioth. des théâtres,* 1733, chez Prault) donne faussement la date de 1650. — Cette pièce n'est dédiée à personne, chose rare au XVIIe siècle. L'auteur avait dédié le *Maître-Valet* à Souvré pour des raisons personnelles, mais depuis le *Typhon* il était dégoûté des dédicaces ; en 1647, il dédiera la seconde partie de ses *Œuvres burlesques* à sa chienne. Cela ne l'empêchera pas de dédier toutes ses comédies suivantes, les sept chants du *Virgile,* les deux parties du *Roman,* chacune de ses *Nouvelles* à divers personnages. Il se soumit par intérêt à un usage dont il aurait voulu pouvoir s'affranchir par goût.
[3] Telle est du moins l'affirmation très vraisemblable de beaucoup de critiques, mais ils n'ont pas cité le titre de la pièce originale. Puibusque, à ce sujet, a même commis une erreur grossière (voir plus haut). Il y a bien une comédie de Remon, intitulée *las tres mugeres en una* (les trois femmes en une) où se trouve à personne un rôle pour une Dorotea, mais, autant que j'en ai pu juger, cette comédie n'a pas servi à Scarron (Voir *Doze comedias de diferentes autores,* Saragossa, 1641). — Cette note était écrite lorsque j'ai trouvé l'original qui a servi de modèle à Scarron : c'est bien encore une comédie de Rojas, intitulée *El traicion busca el castigo* (*la trahison trouve son châtiment*).

forme une nouvelle intrigue assez mal liée à la principale [1].

Jodelet, pour avoir été insolent avec un autre valet, nommé Alphonse, en a reçu un soufflet, et Béatrix qui était présente a vu l'affront. Jodelet est perdu d'honneur s'il ne se venge pas; mais il est aussi lâche que fanfaron et il raisonne longuement :

> Mais avait-il la main toute ouverte ou bien close ?
> Un coup de poing est plus honnête qu'un soufflet.
> Je m'en veux éclaircir; quoique simple valet
> Je suis jaloux d'honneur autant et plus qu'un autre [2].

Il se décide pourtant à se battre et il répand partout des cartels provocants à l'adresse de son ennemi; mais il prend des précautions et, dans un joli monologue, dont l'auteur n'a pas eu le temps de faire des stances, il nous informe qu'il est prêt à se battre, étant bourré de remèdes contre les blessures, qui consistent en cuirasse sous son pourpoint, salade sous son chapeau, rondache, épée et poignard; il nous raconte cela en tremblant :

> Ah ! qu'être homme d'honneur est une sotte chose,
> Et qu'un simple soufflet de grands ennuis nous cause [3] !

Enfin, armé jusqu'aux dents, il paraît en chaussons, prêt au duel, et, en attendant son adversaire, il énumère avec frayeur tous les risques qu'il court et les différentes manières dont on peut être tué :

> Je n'aime pas la mort, parce qu'elle est camuse [4].

Pourtant il ne peut reculer et, dans un accès de vaillance solitaire, il s'excite, pourfend un ennemi imaginaire, le terrasse et va le poignarder... quand arrive le véritable Alphonse en chair et en os; Jodelet tremblant lui demande pardon et en reçoit quelques « nasardes, soufflets, coups de pieds et de poings [5] ». Toute cette histoire est amusante et spirituellement versifiée; c'était, dans l'intention de l'auteur, ce qui devait assurer le succès de la pièce. On dut, en effet, s'intéresser beaucoup moins aux trois Dorotées qu'aux lâches fanfaronnades de Jodelet; le sous-titre, comme il arrive souvent, devint le vrai titre de la comédie, et lorsque Scarron, quelques années plus tard, la fit réimprimer, il l'appela *Jodelet duelliste* [6], d'après la scène la plus bouffonne de la pièce.

---

[1] De Mouhy dit de cette comédie : *divertissante, mais trop intriguée.*
[2] *Les Trois Dorotées ou le Jodelet souffleté*, acte II, sc. 2.
[3] *Jodelet souffleté*, IV, 7.
[4] *Ibid.*, V, 1.
[5] *Ibid.*, V, 2.
[6] *Jodelet duelliste*, 1651. C'est la même comédie que les *Trois Dorotées*, à

Mais aujourd'hui il faut avouer que la plupart de ces plaisanteries nous paraissent assez fades ; ce perpétuel avilissement du point d'honneur et de la dignité humaine, pour n'être qu'un jeu d'esprit, n'en devient pas moins déplaisant à la longue, car nous n'avons pas, comme le public de 1646, les oreilles rebattues de noblesse et d'héroïsme. Combien nous préférons la première scène, qui appartient à la vraie comédie de mœurs, et que n'eût peut-être pas désavouée Molière ! Don Félix est une espèce de don Juan de bas étage, qui « ne trouve rien de trop chaud ni de trop froid pour lui [1] », et qui porte le ravage dans tous les cœurs de Tolède ; Jodelet, qui est son Sganarelle, lui reproche sa conduite, en des vers fort bien venus :

JODELET.

D'où vient que tout objet vous devient une idole ?
Qu'à la belle, à la laide, à la sage, à la folle,
A jeune, à vieille, à veuve, à femme ayant mari,
A fille à marier, d'un langage fleuri,
Vous allez nuit et jour demandant du remède ?
Et que vous a donc fait ce beau sexe à Tolède,
Que vous vouliez ainsi l'exterminer par feu ?
Eh ! de grâce, seigneur, épargnez-les un peu ;
La fille de dix ans et la sexagénaire
(Chose que devant vous personne n'a vu faire)
Ont en vous un amant qui leur fait les yeux doux,
Et vous leur en voulez, à cause, dites-vous,
Que l'une en sait beaucoup et l'autre n'en sait guères ;
Et des rares beautés et des beautés vulgaires
Je vois qu'également vous vous sentez féru ;
Il faut, ce que de vous je n'aurais jamais cru,
Que vous soyez sans doute un fourbe très insigne ;
Mais d'un homme d'honneur cette vie est indigne.

....

DON FÉLIX.

Cher ami, nous vivons trop à la familière.

très peu de changements près ; deux rôles sont supprimés : don Juan, amoureux d'Hélène, et Gillette, suivante de Lucie ; le rôle de don Juan est donné à don Gaspard, et celui de Gillette est donné à Béatrix ; la scène 6 de l'acte II est ajoutée ; la scène 3 de l'acte III est un peu refondue ; enfin Scarron, au lieu de finir sa pièce au vers :

Je vais pour cet effet donner ordre aux carrosses,

a ajouté une quinzaine de vers, de manière à laisser les esprits des spectateurs sur l'idée de duel, qui inspirait déjà le titre de la pièce :

C'est le seul métier noble où la vertu s'exerce,
Et rien n'est comparable à la quarte ou la tierce.

On sent combien on est loin des édits du Cardinal.

[1] *Le Festin de Pierre,* acte I, sc. 1.

JODELET.

Quand un valet sert bien, un valet ne craint guère :
Songez à me répondre au lieu de contester.

DON FÉLIX.

Je n'y gagnerais rien : il faut le contenter.
Quand tu vois que d'amour je soupire et je pleure,
Ne crois pas pour cela, cher ami, que j'en meure !
A toutes quelquefois tu penses que j'en veux :
Au diable, si je suis de pas une amoureux !
Quand j'offre à de beaux yeux mon âme en sacrifice,
C'est moins par passion que j'aime, que par vice.
Je deviens amoureux, et si je n'aime rien,
Lorsqu'on me traite mal, lorsqu'on me traite bien,
En l'un et l'autre état mon feu paraît extrême :
Mais sais-tu bien pour qui je brûle? pour moi-même.

JODELET.

Prétendez-vous, Monsieur, avoir bien des rivaux ?

Et le fat séducteur poursuit en exposant la manière infaillible de plaire aux femmes; il ne s'agit que de bien jouer la comédie avec elles, de les bien flatter et de bien mentir; il semble que don Félix s'inspire à la fois du célèbre passage de Lucrèce, si heureusement traduit par l'Éliante du *Misanthrope* et de l'*Art d'aimer* d'Ovide. Ici, c'est l'art de se faire aimer sans aimer soi-même, de tout recevoir sans rien donner :

DON FÉLIX.

Il faut premièrement que ta bassesse sache
Que lorsqu'on me refuse, ou bien lorsqu'on se fâche,
J'ai le don de pleurer autant que je le veux,
Ce qui profite plus qu'arracher ses cheveux ;
Et principalement quand on aime une sotte,
Qui croit facilement un homme qui sanglotte.
A la belle je dis que ses plus grands appas
Sont ceux qui sont cachés et que l'œil ne voit pas,
Que son esprit me plaît bien plus que son visage ;
A la laide je tiens presque même langage :
J'ajoute seulement qu'elle a je ne sais quoi
Qui fait que la voyant je ne suis plus à moi.
Enfin également de toutes je me joue ;
De ce qu'elles ont moins, c'est ce dont je les loue ;
Aux sottes, de l'esprit ; aux vieilles, de l'humeur ;
Aux jeunes, qu'avant l'âge elles ont l'esprit meur ;
La grasse se croit maigre, et la maigre charnue,
Aussitôt que de nous elle est entretenue ;
Aux petites je dis que leur corps est adroit ;
Aux grandes que leur corps, quoiqu'en voûte, est bien droit ;
A celles que je vois d'une taille bizarre,
Qu'ainsi le Ciel l'a faite afin d'être plus rare ;

Aux minces, qu'une reine a moins de gravité ;
Aux grosses, qu'elles ont beaucoup d'agilité ;
Aux propres, que j'admire en eux la nonchalance ;
Tout cela, sans me faire aucune violence ;
Car, de plus, j'ai le don de mentir sans remords,
Vertu que seulement on voit aux esprits forts.

JODELET.

Vous êtes donc menteur ?

DON FÉLIX.

Oui, j'ai l'honneur de l'être.

JODELET.

Le grand homme de bien que Monseigneur mon maître !

DON FÉLIX.

Vois-tu, ne pas mentir est la vertu des sots.

L'analogie avec le *Festin de Pierre* n'est-elle pas frappante? Elle ne s'arrête pas là; dans la scène suivante, le vieux don Sanche, oncle de Dorotée, qui a été séduite par don Félix et en a deux enfants, vient demander au fourbe réparation de son honneur outragé; don Félix le reçoit de la même façon que don Juan accueille les plaintes d'Elvire ou les remontrances de son père :

DON FÉLIX.

Est-ce tout?

DON SANCHE.

C'est assez.

DON FÉLIX.

Oui, pour me faire rire ;
Mais vous avez beau faire et vous avez beau dire,
Je suis trop jeune encore pour un joug si pesant ;
Que votre nièce soit bien sage, et ce faisant
Quelque somme d'argent pourra la satisfaire ;
Mais surtout prenez garde, elle et vous, à vous taire.

DON SANCHE.

Je ne donnerai pas mon honneur pour si peu !

DON FÉLIX.

Je l'achèterais trop, étant votre neveu.

DON SANCHE.

Je saurai me venger sur vous d'un tel outrage.

DON FÉLIX.

Frappez-moi, tuez-moi ; mais point de mariage.
Jodelet, sais-tu bien le beau dessein qu'il a ?
Il me veut marier !

JODELET,
Le grand fou que voilà!

DON SANCHE.
Un maître me méprise! un valet m'injurie!
Que n'ai-je de la force au gré de ma furie!

JODELET.
Mon Dieu, qu'il est mauvais!

DON FÉLIX.
Taisez-vous, Jodelet.

DON SANCHE.
Hélas! qu'on dit bien vrai : tel maître, tel valet [1].
(Il sort.)

Cela ne rappelle-t-il pas Sganarelle, que sa poltronnerie contraint à approuver tout haut ce qu'il condamne tout bas? Peut-on s'empêcher de songer aussi à la dramatique malédiction du comté de Saint-Vallier dans le *Roi s'amuse?* Ce premier acte de *Jodelet duelliste* semble annoncer une haute comédie de mœurs, côtoyant le drame, comme *Don Juan;* mais l'intrigue tourne court, la pauvre Dorotée ne paraît pas, il n'est plus guère question du noble don Sanche; la pièce tombe dans une seconde intrigue, celle-là fort insipide, et dans les bouffonneries du valet. Il était assez facile à Scarron de s'élever : le difficile pour lui était de se soutenir; il nous montrera ailleurs encore le mélange de grandeur et de faiblesse de son talent.

On ne sait au juste quel accueil le public fit à cette comédie de Scarron; en tout cas l'auteur fit tout pour en assurer le succès : il rédigea deux *Affiches pour les comédiens du Marais*[2], qui sont une invitation fort amusante pour aller entendre sa pièce; on peut les compter parmi les meilleures réclames du temps. Scarron s'y moquait librement du public, dont il était l'enfant gâté, et lui promettait de le faire rire jusqu'aux larmes; il est bien probable que les spectateurs ne furent pas déçus et s'amusèrent beaucoup : du reste, Julien Bedeau remplissait encore le rôle du valet. Cette pièce ne resta cependant pas au répertoire comme le *Maître-Valet*. Quoi qu'il en soit, la vogue des *Jodelets* fut si durable que, jusqu'à Molière, le valet de comédie que nous trouvons chez Thomas Corneille et chez d'autres fut très souvent appelé de ce nom; en 1659, le vicomte de Jodelet paraît dans le salon des *Précieuses* avec le marquis de Mascarille, et, en 1660, Brécourt fait

---

[1] *Jodelet duelliste*, I, 3.
[2] Dans le recueil des *Œuvres de Scarron*, elles sont souvent intitulées *Caprices*. Théophile Gautier dit faussement que *Jodelet souffleté* fut représenté à l'hôtel de Bourgogne.

encore jouer la *Fausse mort de Jodelet*. Jodelet survivait donc à Scarron qui l'avait créé [1].

La même année que les *Trois Dorotées*, Scarron avait fait jouer une autre pièce, l'*Abrégé de Comédie ridicule de Matamore, en vers burlesques et sur une même rime*. Les frères Parfaict disent à ce sujet : « Il n'y a pas de doute que voici la première comédie en un acte qui ait été représentée sur le théâtre français ; cette nouveauté fut hasardée à l'abri du nom de l'auteur et de celui de l'acteur qui y jouait le principal rôle [2]. » Ils ajoutent que la pièce eut du succès, mais que personne n'imita cette hardiesse jusqu'à Molière, qui osa faire des pièces en un acte. Qu'une pareille comédie ait eu du succès, voilà qui est fait pour étonner [3] et pour donner une triste idée du goût de l'époque ; rien de plus pitoyable que cette suite de vers de huit syllabes terminés uniformément par la rime *ment* ; il n'y a là ni esprit ni gaieté, il n'y a pas même le mérite d'une difficulté vaincue, car il est aisé de rimer ainsi en épuisant la liste des adverbes. J'imagine que le succès de la pièce doit s'expliquer autrement : avant la *Comédie ridicule* se trouvent les *Boutades du capitan Matamore* [4], c'est-à-dire une suite d'entrées pour le Matamore, écrites le plus souvent sous forme de stances. Scarron s'y est montré vraiment poète. Il n'a rien changé au type connu, que nos auteurs, avec l'aide du comédien Bellemore, cherchaient à acclimater sur la scène française [5]. Corneille avait déjà peint cet orgueil incommensurable et puéril :

> Quand je veux, j'épouvante, et quand je veux, je charme,
> Et, selon qu'il me plaît, je remplis tour à tour
> Les hommes de terreur et les femmes d'amour [6].

---

[1] Il est juste pourtant de remarquer qu'à partir de la mort de Scarron, la vogue de *Jodelet* diminue, bien que la pièce reste au répertoire. La Fontaine écrit à Maucroix, le 22 août 1661 :

> ... Jamais il ne fut si bon
> Se trouver à la comédie
> Car ne pense pas qu'on y rie,
> De maint trait jadis admiré,
> Et bon *in illo tempore*.
> Nous avons changé de méthode ;
> Jodelet n'est plus à la mode,
> Et maintenant il ne faut pas
> Quitter la nature d'un pas.

Les spectateurs, à cette date, avaient le droit de se montrer difficiles : ils avaient Molière.

[2] Tome VI.

[3] M. V. Fournel (*Contemp. de Molière*, III, 405) dit : « Cette pièce n'a pas paru sur la scène. » Le témoignage des frères Parfaict est pourtant bien catégorique.

[4] *Les Boutades du Capitan Matamore et ses comédies*. Sommaville et Quinet, in-8°, 1647. Le privilège est du 11 mars 1646 ; l'achevé d'imprimer du 16 avril.

[5] Gougenot, *Comédie des comédiens* ; — Corneille, l'*Illusion comique* ; — Maréchal, le *Véritable Capitan Matamore*.

[6] *Illusion comique*, II, 2.

Scarron, toujours porté à exagérer, à renchéri encore sur le modèle et il a donné au personnage une grandeur fantastique, qui plairait fort à la poésie moderne. Le Matamore, à force de célébrer sa puissance, devient une sorte de Protée gigantesque, plus grand que la nature elle-même, quelque chose comme le Satyre de Victor Hugo :

> ....
> L'enfer me sert de cave et le ciel de grenier ;
> Ma chambre est l'univers et mon flambeau la lune ;
> Je ne m'ajuste pas à la façon commune ;
> La terre, c'est mon lit, l'herbe mon matelas,
> Les rochers mes chevets et les feuilles mes draps,
> Les rideaux de mon lit sont les voiles nocturnes
> Que la nuit fait sortir de ses demeures brunes ;
> Le ciel de ce beau lit est le globe azuré
> Que nous voyons le soir de tant d'astres paré ;
> Les piliers de mon lit sont les pôles du monde,
> Et mon pot à p..... les abîmes de l'onde.
> Quand je me vais coucher, le triste chat-huant,
> L'orfraie et le hibou, d'un ton assoupissant,
> D'un air tel que celui qu'on chante aux cimetières,
> Ferment aimablement mes funestes paupières,
> Et, me laissant ravir aux douceurs du sommeil,
> Je dors incessamment jusques à mon réveil.
> La rosée au matin me lave le visage ;
> Mille petits oiseaux, assemblant leur ramage,
> D'un concert merveilleux et tout à fait charmant,
> Gazouillent à l'envi pour mon contentement.
> Pour montrer à quel point le firmament m'honore,
> Je suis le tout premier que regarde l'Aurore,
> Et le premier rayon de la clarté des cieux
> Fait le premier honneur à ce prodigieux.
> .... [1]

L'*Héritier ridicule* ou la *Dame intéressée* [2], que Scarron donna en 1649, pendant la Fronde, est une comédie bien inférieure aux

---

[1] *Les Boutades du Capitan Matamore* n'ayant jamais été réimprimées, et l'édition originale en étant fort rare, je reproduis, à l'appendice II, quelques autres extraits de cette pièce curieuse.

[2] L'*Héritier ridicule* ou la *Dame intéressée*, *dédié à très haut, très puissant et très excellent prince Guillaume, par la grâce de Dieu prince d'Orange, comte de Nassau*, etc. Suit l'énumération de quarante-quatre provinces ou villes, dont Guillaume est le seigneur, baron, vicomte, maréchal, gouverneur, capitaine, etc. Scarron qui depuis quelque temps avait renoncé aux dédicaces a pris là une belle revanche. La dédicace est d'ailleurs spirituellement tournée et commence ainsi : « Je suis en peine de ma muse « dépaysée ; elle est assez hardie dans Paris et sur son fumier, c'est-à-dire « dans ma chambre ; mais en Hollande et devant Votre Altesse, je tremble « pour elle et me la représente toute décontenancée, qui fait la sotte et « pleure sous son masque, parce que trop de monde la regarde. » Cette dé-« dicace n'a jamais été reproduite dans les autres éditions.

Jodelets[1], quoique l'intrigue en soit plus régulière. A part le premier acte qui est un peu confus, l'action se déroule avec ordre : Hélène de Torrez n'aime don Diègue de Mendoce que pour ses écus ; celui-ci, pour l'éprouver, feint d'être déshérité par son oncle et présente un certain don Pédro de Buffalos comme l'heureux légataire : Hélène mord à l'hameçon et se met à faire la cour à don Pédro, qui est le plus grand butor du monde, et qui est tout simplement Filipin, valet de don Diègue. A la fin tout se découvre à la confusion d'Hélène, qui est délaissée. Il y avait là le motif d'une jolie comédie de mœurs : Scarron n'en a pas assez tiré parti. La « dame intéressée » affiche un égoïsme tellement cynique, qu'il devient invraisemblable, et elle tombe trop facilement dans le grossier panneau qu'on lui tend ; on ne comprend pas comment elle a pu se faire aimer d'un honnête homme comme don Diègue. Scarron, en poète burlesque, a surtout cherché à faire rire, et il a chargé sans mesure le caractère du valet travesti en richissime hobereau ; le faux don Pédro de Buffalos se livre dans le salon d'Hélène à toutes les excentricités ; il tient les propos les plus fous, mélange le style des romans langoureux avec le langage qui traîne dans le ruisseau des halles : cela fait un ensemble bariolé, discordant, qui nous paraît aujourd'hui parfaitement insupportable et d'une gaieté grimaçante, mais qui devait ravir le public de 1649[2] ; c'est là où l'on voit la différence qu'il y a entre le comique de Molière, si humain, qui fera rire dans tous les temps parce qu'il est puisé au fond même de notre nature, et celui de Scarron, qui a transporté d'aise la génération de la Fronde, dont il peignait les ridicules tout particuliers, mais qui nous laisse maintenant presque aussi froids que font les harangues macaroniques de Rabelais ou de la *Satire ménippée*. C'est le sort des plaisanteries qui naissent de la mode ; elles en ont la destinée éphémère et sont condamnées à mourir avec elle. Don Pédro de Buffalos a peut-être

---

[1] De Mouhy dit que la pièce n'est pas bonne, mais que l'honneur d'avoir plu à la cour la fit rester au théâtre.

[2] Voir surtout acte III, scène 3, quand don Pédro (Filipin) se présente devant Hélène avec son laquais Carmagnolle :

Que dites-vous de moi d'oser sans parasol
Visiter un soleil ? c'est un acte de fol !

et plus loin :

Ah ! petite civette, ah ! chatte ! ah ! petit chien !

et toute la scène ; c'est un tissu d'extravagances au milieu desquelles il est aisé pourtant de distinguer une critique du grand style d'alors : mais la gaieté, sinon l'esprit, en a complètement disparu. — Il est si vrai que l'unique intention de Scarron est de faire rire, qu'il a ramené à la fin de la pièce un dialogue assez plaisant, mais fort trivial, entre Filipin et Béatrix, sur les avantages et les inconvénients du mariage.

soulevé plus d'applaudissements au xvɪɪᵉ siècle qu'Harpagon ou qu'Alceste : mais, comme il y a une justice immanente dans les écrits des hommes, Alceste et Harpagon ont pris depuis une revanche qui durera toujours.

Cette comédie de l'*Héritier ridicule*, quelque imparfaite qu'elle soit, contenait pourtant des trouvailles heureuses, par exemple l'invention de l'oncle d'Amérique, gouverneur du Pérou, dont on attend avec impatience la mort et l'héritage; voilà un personnage qui ne sera pas perdu et dont la comédie usera bien souvent. Il s'y trouve aussi deux situations que l'on peut comparer à deux scènes de Molière : Filipin, déguisé en grand seigneur par son maître pour la confusion de la « dame intéressée », ne ressemble-t-il pas à Mascarille, habillé en marquis par La Grange pour duper une pecque provinciale? Le dénouement ne rappelle-t-il pas aussi celui des *Précieuses ridicules*, ou, mieux encore, celui du *Misanthrope*? Le salon de l'avaricieuse Hélène est déserté comme celui de la coquette Célimène; des trois prétendants dont elle a voulu se jouer, aucun n'accepte sa main à la fin de la comédie, tous la repoussent et ajoutent à leur refus les mêmes termes de mépris qui reviennent comme un refrain :

> Qui, moi, vous épouser? Vous, une intéressée.....?
> ....
> Je ne veux point de vous, et vous baise les mains[1].

Là encore, comme dans les *Trois Dorotées*, le sujet ne manquait pas au poète, c'était le poète qui manquait un peu au sujet.

Mais alors on n'y prit pas garde; on rit des extravagances de Filipin et l'on se déclara satisfait. L'*Héritier ridicule*, joué devant Louis XIV au Palais-Royal, plut tellement au petit roi qu'il fallut lui en donner, dit-on, deux représentations dans la même journée[2]; devenu vieux, l'époux de Mᵐᵉ de Maintenon aimait encore à voir jouer cette pièce, qui avait charmé son enfance. L'*Héritier ridicule* resta très longtemps au répertoire; il fut donné au moins quarante fois par la troupe de Molière de Pâques 1659 à 1685, comme l'atteste le registre de La Grange. Cette pièce accompagnait presque toujours le *Cocu imaginaire*. Après le grand succès des *Fâcheux*, après celui de l'*École des femmes*, on revint toujours à l'*Héritier ridicule*; en 1678, on en fit même une

---

[1] *L'Héritier ridicule*, V, 4.
[2] Voir Léris. *Dict. portatif des théâtres*, 1754, (chez Jombert). Le goût de Louis XIV se formait : enfant, il avait commencé par rire et pleurer dans les bras de Scaramouche ; il continue par Scarron : il finira heureusement par Molière.

reprise assez durable, quoi qu'elle semble avoir été peu fructueuse[1].

Scarron allait retrouver un semblable succès avec le *Japhet*. C'est à l'année 1652, et non à l'année 1653 qu'on doit rapporter la première représentation de *Don Japhet d'Arménie;* dans l'*Épître chagrine* que le poète adressa à Rosteau, des bords de la Loire, en octobre 1652, il parle déjà de sa pièce en même temps que de son prochain départ en Amérique. Bien plus, il est probable que la comédie fut jouée avant le mariage de Scarron, qui est du mois de mai ou du mois de juin; ce doit être la dernière de ses œuvres avant l'entrée de Françoise d'Aubigné sous son toit. La représentation eut lieu sans doute au théâtre du Marais, avec le concours de Julien Bedeau dans le rôle de Japhet[2]. Lorsque l'auteur fit imprimer sa pièce, il l'offrit au roi avec une dédicace qui est un chef-d'œuvre d'esprit dans un genre où il est si facile d'être médiocre; on ne saurait tourner plus gentiment une requête aussi pressante[3]. Mais rien n'y fit, comme on sait; à supposer que le jeune monarque ait eu envie de récompenser Scarron, Mazarin, qui tenait les clefs du trésor et qui n'avait pas encore oublié la *Mazarinade*, ne l'eût pas permis.

De toutes les comédies de Scarron, *Don Japhet* est la plus connue et passe pour la meilleure; jouée très souvent du vivant de l'auteur, elle appartint après 1660 au répertoire de la troupe de Molière, qui la représenta plusieurs fois devant Louis XIV. Sous la Régence, en 1721, on la reprit avec quelques modifica-

---

[1] Les recettes sont de 278^l,5^s; 215^l,5^s; 291^l,5^s; 145^l,15^s; 265^l,5^s; 132^l,5^s; 355^l,5^s; 439^l,15^s, etc.; c'est une moyenne très médiocre. La plus faible recette mentionnée dans le registre de La Grange, 48 livres, est due à une représentation de l'*Héritier ridicule*, le 11 mars 1660; il faut dire qu'on jouait cette pièce seule, au milieu du succès des *Précieuses*, qui accompagnaient d'ordinaire *Don Japhet* ou *Jodelet*.
[2] Chappuzeau le laisse entendre.
[3] La pièce ne parut qu'en 1653, chez Courbé (privilège, 20 février; achevé d'impr., 2 mai). — Bien que cette dédicace soit très connue, je la reproduis à cause de sa brièveté :
« Sire, quelque bel esprit qui aurait aussi bien que moi à dédier un livre
« à Votre Majesté, dirait ici en beaux termes que vous êtes le plus grand
« roi du monde; qu'à l'âge de quatorze ou quinze ans, vous êtes plus savant
« en l'art de régner qu'un roi barbon, que vous êtes le mieux fait des
« hommes, pour ne pas dire des rois, qui sont en petit nombre, et enfin
« que vous porterez vos armes jusques au mont Liban et au delà. Tout cela
« est beau à dire, mais je ne m'en servirai point ici; car cela s'en va sans
« dire; je tâcherai seulement de persuader à Votre Majesté qu'Elle ne me
« ferait pas grand tort en me faisant un peu de bien; si Elle me faisait un
« peu de bien, je serais plus gai que je ne suis; si j'étais plus gai que
« je ne suis, je ferais des comédies enjouées : Votre Majesté en serait
« divertie, et, si Elle en était divertie, son argent ne serait pas perdu. Tout
« cela conclut si nécessairement, qu'il me semble que j'en serais persuadé,
« si j'étais aussi bien un grand roi que je ne suis qu'un pauvre malheureux,
« mais pourtant de Votre Majesté..... »

tions : elle fut alors réduite à trois actes, avec intermèdes de chant et de danse; on y ajouta même le divertissement de la cavalcade, réglé par Jolly. On la joua ainsi devant Louis XV, sur le théâtre de la grande salle des Machines, aux Tuileries; l'ambassadeur de la Porte, Méhémet-Effendi, y assistait avec sa suite [1]. Enfin, dans notre siècle, Gérard de Nerval rêvait de remettre *Don Japhet* à la scène; il mourut avant d'avoir pu réaliser son projet [2].

Ce grand succès est dû non pas à l'intrigue, qui est médiocre [3] et qui a encore le défaut d'être double, mais à la gaieté que l'auteur a répandue à flots dans son œuvre. Scarron a suivi d'assez près le canevas que lui fournissait l'original espagnol, c'est-à-dire *El marques del Cigarral* de Castillo Solorzanno [4]; mais il s'est amusé à charger des traits les plus plaisants le caractère bouffon de don Cosme d'Arménie, dont il a fait don Japhet. On peut dire que ce personnage lui appartient; il a été dessiné par le même crayon qui venait de tracer la silhouette épique du petit Ragotin. Le fou de l'empereur Charles-Quint est un type aussi achevé que l'avocat du Mans; mais c'est un fou retraité qui a su, à la cour de son maître, se faire une fortune de cinq mille écus de rente; rentré dans son village, où il a voulu faire l'important et le glorieux, il s'est vu bafoué, maltraité, couru des enfants :

> Comme dans son pays on n'est jamais prophète,
> Il en est à la fin délogé sans trompette,

et il s'est retiré à Orgas, où se passent les trois premiers actes de la comédie. L'entrée de don Japhet est plaisante, ainsi que la niaiserie de l'excellent bailli, qui ne comprend rien au langage du nouvel arrivé : le fou explique en termes fort baroques [5] sa haute

---

[1] Voir de Mouhy, Beauchamp, Léris.

[2] Il le fit probablement jouer dans une société d'amis, comme il avait fait jouer *Jodelet*, où Mlle Plessy remplissait le rôle de Béatrix. (Delvau. *Gérard de Nerval, sa vie et ses œuvres*, 1865, chez Bachelin-Deflorenne, p. 38.)

[3] Les frères Parfaict (7e volume) disent très justement, en faisant remarquer la faiblesse de l'intrigue : « On sait que les ouvrages dramatiques de « cette nation (des Espagnols) brillent plus par l'esprit que par la conduite, « et que M. Scarron, comme traducteur, avait plus de talent pour y ajouter « des plaisanteries et du burlesque que pour en corriger les défauts..... » Ils parlent ailleurs de « morceaux qui sont absolument de Scarron, et qui « sont rendus dans le goût de notre nation. »

[4] Dans la comédie espagnole, don Cosme est aussi cousin de Charles-Quint; il prétend descendre de Japhet. On y trouve la scène avec l'alcade, celle du balcon, le récit de la course de taureaux, etc. Cette comédie a été très souvent attribuée à Moreto, mais à tort. — Tirso de Molina a aussi composé, paraît-il, une pièce intitulée : *El bobo del Carlos Quinto*.

[5] Scarron, là encore, se moque évidemment du jargon prétentieux de la cour et des auteurs « héroïques »; au lieu de *chaud*, il fait dire à Japhet : *le contraire du froid*; au lieu de *danser* : *trépudier*, etc; le fou ne « démétaphorise » pas un seul instant dans son langage.

naissance :

> Du bon père Noé j'ai l'honneur de descendre,
> Noé qui sur les eaux fit flotter sa maison,
> Quand tout le genre humain but plus que de raison ;

sa parenté avec Charles-Quint :

> Son cousin au deux mille huitantième degré,

ses amours avec une jeune Indienne, un peu courte et camarde, fille du cacique Uriquis et répondant elle-même au doux nom d'Azarèque :

> L'un et l'autre natifs de Chicuchiquizèque.

Mais il n'est pas de bonheur parfait en ce monde, et elle mourut d'un excès de melon.

La comédie tourne de plus en plus au bouffon ; elle est remplie des excentricités auxquelles se livre don Japhet, et des mésaventures dont il est victime. Il s'éprend d'une jeune fille, Léonore, à laquelle il peint sa flamme dans les termes les plus burlesques, parfois même les plus grossiers ; et il imagine de la suivre à Consuègre, chez le commandeur de Tolède, dont on apprend qu'elle est la nièce. Tout le monde s'entend pour mystifier « le cacique des fous », tout en flattant sa manie. A son arrivée, chacun le complimente et lui coupe la parole, pour l'exaspérer. Un harangueur, qui tousse, renifle et se mouche entre chaque mot, vient lui hurler la bienvenue ; on tire contre son oreille des salves d'artillerie qui l'assourdissent : Scarron a placé en cet endroit un jeu de scène fort amusant, repris plusieurs fois au théâtre ; pour persuader à Japhet qu'il a perdu l'ouïe, chacun fait semblant de parler, et ne fait qu'ouvrir la bouche sans rien prononcer ; le pauvre homme se désole et ne doute plus de son malheur. Son expédition amoureuse n'est pas moins grotesque : Léonore lui ayant donné un rendez-vous à son balcon, l'entreprenant Japhet s'y hisse tant bien que mal au moyen d'une échelle qu'on retire, et, suspendu ainsi entre ciel et terre, devant une fenêtre fermée, il est en butte aux plus désagréables aventures ; en bas, des gens apostés lui lancent des pierres et le menacent d'un coup de fusil s'il ne leur jette toute sa toilette, et il est forcé de leur abandonner tous ses habits ; en haut, à deux reprises, il entend au-dessus de sa tête une duègne crier un : « Gare l'eau ! » peu rassurant, et il reçoit double dose de cet horrible liquide dont il pleut souvent la nuit dans quelques villes du Midi. Quelle confusion, quand au matin il apparaît aux yeux du commandeur, en chemise, ruisselant et grelottant, obligé d'imaginer ce prétexte absurde qu'il s'allait baigner ! Enfin, cette longue épopée burlesque est terminée par la lutte de don Japhet contre un taureau, aux courses qui se donnent à l'occasion de son prétendu mariage : le pauvre toréador, qui aurait voulu combattre avec une arme à feu, est juché sur un alezan trop fougueux et est armé d'une longue lance de bois doré ; plus mort que vif, il a essayé en vain de se sauver à pied de l'arène : le taureau l'a pris à dos, l'a secoué longtemps en l'air et l'a roulé dans la poussière. Pour le coup, don Japhet renonce à son amour et quitte le pays ; il retourne à Madrid pour épouser l'infante du Pérou, la belle Ahihua.

Tel est le sujet de la pièce. Les personnes qui se font de la comédie une haute idée, et qui veulent y chercher la censure des mœurs humaines *(castigat ridendo mores)*, n'y trouveront assurément pas leur compte ; mais quiconque ne demande qu'à rire et à être amusé se laissera gagner par la gaieté contagieuse qui circule dans toute la pièce. Cela fourmille de mots plaisants et de situations comiques : par exemple, l'exaspération de Japhet contre le bailli d'Orgas, qui répond *oui* à toutes ses questions, et contre don Roc Zurducacci, qui repond toujours *non;* sa frayeur sur le balcon quand il crie à ses adversaires qui menacent de faire feu :

> Tout beau, ne tirez pas !
> Je ne vaux rien tiré [1] !

ses vertes invectives contre la duègne qui l'a inondé [2] ; les questions qu'il pose à Foucaral sur son nouveau marquisat de Rocherole, et les réponses laconiques du valet, qui font songer aux réponses monosyllabiques du frère fredon à Panurge :

DON JAPHET.

Est-ce un port ?

FOUCARAL.

Magnifique.

DON JAPHET.

Le château du marquis est-il beau ?

FOUCARAL.

Tout de brique.

---

[1] *Don Japhet*, IV, 5.
[2] En voici la fin, qui peut être citée :

> Sépulcre d'os vivants, habitacle du diable,
> Gouvernante d'enfer, épouvantail plâtré,
> Dents et crins empruntés, et face de châtré !
> (IV, 6).

DON JAPHET.

Il durera longtemps. Les habitants du lieu,
Morisques ou chrétiens?

FOUCARAL.

Grands serviteurs de Dieu.

DON JAPHET.

Les dames?

FOUCARAL.

Elles sont et courtoises et belles.

DON JAPHET.

Douces?

FOUCARAL.

Comme du lait.

DON JAPHET.

Je les aime bien telles.
Et de couvents, combien?

FOUCARAL.

Neuf.

DON JAPHET.

De paroisses?

FOUCARAL.

Huit.

DON JAPHET.

Y prend-on des manteaux?

FOUCARAL.

Par ci, par là, la nuit.

DON JAPHET.

Tant pis. Y souffre-t-on quelques filles de joie?

FOUCARAL.

Selon.

DON JAPHET.

Et le seigneur fait-il battre monnoie?

FOUCARAL.

Tant qu'il veut.

DON JAPHET.

Lieu public pour les comédiens?

FOUCARAL.

Fort beau [1].

C'est sans doute à cause de ce caractère de bouffon que *Don Japhet* a plu aux romantiques d'il y a cinquante ans, et a failli,

---

[1] *Don Japhet,* III, 4.

grâce à eux, remonter sur cette scène qu'il avait si longtemps occupée. On n'ose guère, de peur d'écraser Scarron par la comparaison, rappeler le souvenir de Triboulet ou de don César de Bazan; le premier a une bouffonnerie autrement dramatique et navrante que le fou de Charles-Quint; et le second, quand il se drape dans sa superbe gueuserie, brille d'une poésie si originale et si vivante que rien ne saurait lui être comparé. Pourtant Japhet, malgré son indignité, n'est-il pas parent « au deux mille huitantième degré » de ces deux illustres personnages? Par la fantaisie outrée, par l'air cavalier qu'il affecte, par le défi qu'il jette perpétuellement au bon sens et au bon goût, il annonce déjà les moins bonnes qualités des héros romantiques. Sa raillerie est plus forte que délicate :

DON JAPHET.
Comment est votre nom?

LE BAILLI.
Je m'appelle Alonzo, Gil, Blas, Pedro, Ramon.

DON JAPHET.
Tant de noms de baptême ?

LE BAILLI.
Autant.

DON JAPHET.
Mon cher compère,
On vous soupçonnera d'avoir eu plus d'un père [1] !

Mais Japhet a surtout ce qu'on peut appeler le verbe romantique. En quoi cela consiste-t-il ? Il est plus aisé de le sentir que de l'exprimer; mais quand il s'écrie avec emphase à l'envoyé de don Fernand de Tolède :

Cavalier, vous direz au seigneur commandeur
Que le noble Japhet est fort son serviteur
Et qu'il se réjouit que son nom soit Tolède [2] !

ou bien quand il se berce lui-même de l'écho de niaiseries sonores :

Oh ! là là ! Foucaral,
Don Roc Zurducacci, don Zapata Pascal,
Ou Pascal Zapata, car il n'importe guère
Que Pascal soit devant ou Pascal soit derrière [3] !...

à ces noms qui tirent l'œil et remplissent l'oreille, à cette allure

[1] *Don Japhet*, I, 2.
[2] *Ibid.*, II, 2.
[3] *Ibid.*, II, 1.

fière et triviale, à la facture même du vers, on songe involontairement à ce qu'il y a de moins bon dans la poésie romantique. N'est-ce pas un peu le même panache et la même musique?

Aussi *Don Japhet* occupe-t-il une place à part dans le théâtre de Scarron. Dans les autres pièces, dans les *Jodelets*, par exemple, Scarron glissait furtivement le burlesque, il l'introduisait dans le rôle du valet, et dans une petite intrigue séparée de la grande; ici, il l'a mis bien en saillie, au cœur même de la comédie. Japhet est un héros burlesque, comme Énée, comme Ragotin; il est un type opposé par la verve satirique du poète aux personnages des vraies tragédies et des vrais romans; il parodie la noblesse, le courage et l'amour; il a *masqué,* lui aussi, dans un temps où c'en était si fort la mode. Car c'est l'époque de la Fronde, c'est-à-dire du grand carnaval de la politique et des lettres; il ne faut pas l'oublier pour juger avec indulgence la fantaisie brillante et folle du *Japhet.*

Une fois la Fronde passée, Scarron revint à un genre de comédie plus tempéré; Françoise d'Aubigné était alors devenue Mme Scarron; et bien que la jeune femme de dix-sept ans n'ait pas changé en trois mois, comme on l'a prétendu, les goûts et les habitudes de son mari, peut-être pourtant contribua-t-elle, en même temps que les événements, à assagir quelque peu la muse burlesque de l'auteur de *Don Japhet.* En 1654, Scarron composa l'*Écolier de Salamanque ou les Ennemis généreux.* Ce titre seul de *tragi-comédie,* qu'il donna à sa pièce, indique assez l'intention de l'auteur; c'était une importante concession faite au genre sérieux, à cet héroïque tant raillé. Ici, en effet, il n'y a plus de parodie ni de travestissement; ce sujet est « un des plus beaux sujets espagnols qui ait paru sur le théâtre français depuis la belle comédie du *Cid*[1] »; et Scarron n'a aucune envie de le rabaisser : il imite pour une fois ces poètes « qui chaussent le cothurne à tous les jours », et « il lui est monté des vapeurs poétiques à la tête », tout comme s'il avait « bu à pleines tasses de l'eau du sacré vallon. » Du reste, la concurrence de Thomas Corneille et de Boisrobert l'avait forcé de hausser un peu le ton de sa muse.

C'est un exemple peut-être unique de trois pièces presque identiques par le titre et par le sujet, et représentées simultanément. Il paraît que dans cette lutte, qui fut fort vive, le bon droit et la priorité auraient appartenu à Scarron[2]; c'est lui, en effet, qui avait déniché le sujet en furetant dans le répertoire du théâtre

---

[1] Dédicace *à Son Altesse Royale Mademoiselle.*
[2] Frères Parfaict.

espagnol. Il l'avait encore emprunté à son auteur favori, Francisco de Rojas : *Obligados e offendidos, y gorron de Salamanca (Obligés et offensés, ou l'écolier de Salamanque)* [1] ; mais il avait eu l'imprudence de lire à quelques amis une ébauche de la pièce qu'il avait commencée : Boisrobert, ayant trouvé le sujet à son goût, se hâta de recourir à l'original et de bâcler une comédie en prose, les *Généreux ennemis*, pour faire pièce à celle de Scarron. La cabale s'en mêla ; l'abbé avait pour lui beaucoup de puissants protecteurs ; le prince d'Harcourt menaça même de coups de bâton les comédiens du Marais qui voulaient jouer la comédie de Scarron avant que celle de Boisrobert ait passé à l'hôtel de Bourgogne. Quant à Thomas Corneille, il ne semble pas avoir été mêlé très directement à la querelle ; il faisait jouer alors ses *Illustres ennemis* à l'hôtel de Bourgogne, où ils alternèrent avec la comédie de Boisrobert ; celle de Scarron ne fut représentée que la dernière, au Marais. La dispute s'envenima par les médisances de Boisrobert, qui parla très mal de la pièce de Scarron, et par l'acharnement de quelques grandes dames [2], qui tinrent ruelle, colportèrent des factums et essayèrent par tous les moyens de faire tomber l'*Écolier de Salamanque* ; Scarron s'en vengea en raillant cruellement les mœurs de Boisrobert [3]. Il eut aussi pour lui le précieux suffrage de Mademoiselle, à qui il dédia sa pièce ; il eut surtout celui du public.

Des trois pièces rivales, celle de Scarron est certainement la meilleure. La comédie de Boisrobert est très médiocre ; l'intrigue y est surchargée au cinquième acte par un nouvel épisode où paraît Octavian, comte florentin ; cela fait une embuscade, un duel, un meurtre de plus, qui viennent s'ajouter aux incidents déjà bien assez nombreux de la pièce ; partout on sent la précipitation de l'auteur, qui a voulu gagner de vitesse son compétiteur. La comédie de M. Corneille de l'Isle s'éloigne davantage du modèle espagnol ; ce n'est guère qu'au troisième acte que l'auteur retombe dans le sujet commun, et il le traite sans aucune originalité ; nous

---

[1] Tous les critiques sans exception disent que Scarron tira l'*Écolier de Salamanque* d'une pièce de Lope de Véga, mais ils se gardent bien de dire de laquelle. La pièce de Rojas est le modèle tout à fait exact de la pièce de Scarron ; il n'y a guère de différences qu'à partir du quatrième acte. Scarron n'a même pas changé les noms des principaux personnages : le comte, don Pèdre, Crispin, Cassandre. Cette pièce se trouve dans un recueil de douze illustres comédies, édité à Sarragosse en 1641, chez Giusepe Ginobart. C'est sans doute cette édition que Scarron eut sous les yeux. J'ai trouvé cet exemplaire assez rare à la bibliothèque de Grenoble.

[2] Elles comparaient la pièce de Scarron « à de la moutarde mêlée avec de la crème ». (*Dédicace de l'Écolier de Salamanque.*)

[3] Voir *Épître à Despagny* et *Lettre à Marigni.*

retrouvons dans cette pièce les qualités ordinaires de l'auteur [1]; le style est aussi correct qu'on peut l'attendre d'un commentateur de Vaugelas; la versification est digne de celui qui passait des rimes par une trappe à son illustre aîné; mais le grand Corneille n'a rien passé en retour à son cadet, ni le relief du vers ni la fierté de l'accent [2]. De Thomas Corneille et de Scarron, le plus cornélien fut encore Scarron. Celui qui avait tant raillé le ton héroïque écrivit, avec la même plume qui avait barbouillé la grotesque figure de don Japhet, des vers d'une singulière énergie. Lorsque le vieux don Félix trouve un homme chez sa fille, il s'engage entre le vieillard et son offenseur un dialogue qu'on pourrait juger presque digne du *Cid* ou de *Hernani* :

DON FÉLIX.

Qui t'a mis en ces lieux?

LE COMTE.

A telle question
Je ne te répondrais qu'avec un coup d'épée,
Si tu pouvais venger ta vieillesse frappée;
Mais ta main est sans arme, et pour des cheveux gris
Je n'ai point de colère et n'ai que du mépris.

DON FÉLIX.

Permets-moi de sortir; promets-moi de m'attendre,
Et tu seras bientôt réduit à te défendre.

LE COMTE.

Je t'attends; va t'armer, et puis reviens mourir [3].

---

[1] Th. Corneille, à cette époque, était déjà connu et estimé du public; il avait déjà donné au théâtre le *Feint Astrologue* (1648), *Don Bertran de Cigarral* (1650), l'*Amour à la Mode* (1651), le *Berger extravagant* (1653), le *Charme de la Voix* (1653), et il allait bientôt donner ce *Timocrate* (1656) qui eut un inépuisable succès.

[2] Voici un des meilleurs passages de sa comédie; la forme du dialogue, imitée de Pierre Corneille, donne ici au vers quelque force :

DON LOPE. — Que pensez-vous résoudre, et quelle est votre envie?
DON ALVAR. — De fuir un ennemi qui m'a sauvé la vie,
Et faire voir qu'au moins, si le Ciel l'eût permis,
Je pouvais mériter que nous fussions amis.
— C'est ce qui ne se peut après la mort d'un frère.
— Aussi l'éloignement est pour moi nécessaire.
— Quoi! vous pourriez me fuir? — Je fuis avec éclat
Quand j'évite en fuyant le péril d'être ingrat.
— Vous me verrez pousser ma vengeance à l'extrême.
Je vous suivrai partout. — Je vous fuirai de même.
— Je saurai vous chercher. — Et moi vous éviter.
....
— Vous m'avez offensé, je dois vous en punir.
— Vous m'avez obligé; je dois m'en souvenir.
— Nous nous verrons pourtant. — Jamais. — Et ma poursuite?
— Ne m'en mettrai-je pas à couvert par la fuite?
— Peut-être, mais enfin, si nous nous rencontrons,
Comment ne pas combattre? — Eh bien! nous combattrons!
(Acte III, scène 11).

[3] *L'Écolier de Salamanque*, I, . Si l'on se reporte à la pièce originale de Rojas, on voit que Scarron a ajouté de son crû la plupart de ces beaux vers.

Les caractères du comte et de don Pèdre, les deux ennemis, sont fortement tracés; tous deux jeunes, vaillants, épris du point d'honneur; mais le comte est volage, indépendant en amour et ne se soucie pas d'abord d'épouser la fille de don Félix qu'on veut lui mettre sur les bras :

> Pour me la faire prendre, il me fallait prier,
> Non pas me quereller, non pas m'injurier.
> Je ne fais rien par force et fais tout par prière :
> Aux humbles, je suis doux; aux fiers, j'ai l'âme fière.

Don Pèdre, l'étudiant de Salamanque, plus enthousiaste, a le cœur chaud et est tout prêt d'aimer celui qui lui a sauvé la vie et qu'il devrait pourtant haïr :

DON PÈDRE.

> Je veux être poltron, pour n'être pas ingrat,
> Et pour rendre un bienfait, refuser un combat.

LE COMTE.

Je vous y forcerai.

DON PÈDRE.

Je fuirai vos approches.

LE COMTE.

Avez-vous peur de moi?

DON PÈDRE.

J'ai peur de vos reproches.

LE COMTE.

On n'en saurait trop faire à qui manque de cœur.

Il n'y a guère au théâtre de situation plus dramatique que celle que nous présente Scarron au troisième acte de sa pièce. Don Pèdre a accompagné le comte dans une expédition amoureuse et lui a juré de le défendre; il se trouve ainsi, de nuit, dans une maison qu'il croit inconnue et il fait le guet à la porte de la chambre où sont les deux amants. Survient un homme, l'épée nue, attiré par le bruit. Don Pèdre l'interpelle :

DON PÈDRE.

Arrête, ou je te tue !

DON FÉLIX.

Tu mourras le premier !

DON PÈDRE.

C'est mon père !

SCARRON, POÈTE TRAGIQUE, TROUVE DES ACCENTS CORNÉLIENS. 299

DON FÉLIX.

Et c'est toi !

Don Pèdre ! mon cher fils !

DON PÈDRE.

Ah ! qu'est-ce que je vois !

Mon père ici !

DON FÉLIX.

Mon fils, qui t'a dit ma demeure ?
Et comment as-tu pu la trouver à telle heure ?

Ainsi don Pèdre est dans la maison paternelle; il se fait le complice du déshonneur de sa famille. Il reste atterré et le vieillard, qui ne comprend rien à son silence, lui explique qu'il a besoin de son bras pour venger une offense :

DON FÉLIX.

Venge-moi, venge-toi.

DON PÈDRE.

Ne sachant pas l'offense....

DON FÉLIX.

Tu la sauras trop tôt, courons à la vengeance.
C'est par ce seul moyen que notre honneur perdu
Ou le sera sans honte ou nous sera rendu.
Mais, mon fils, sans rougir, te puis-je rendre compte
Du commun déplaisir qui nous couvre de honte ?
Épargne-moi, mon fils, la honte et le regret
De révéler moi-même un si fâcheux secret.
Dispense-moi, mon fils, d'un récit si funeste,
Va-t-en trouver ta sœur, apprends d'elle le reste ;
Mais, si tu m'aimes bien, parle lui doucement,
Parle lui de pardon plus que de châtiment,
En apprenant son mal, apprends lui son remède,
Car enfin, dans mon cœur, mon sang pour elle plaide,
Et souviens-toi qu'elle est et ma fille et ta sœur.

DON PÈDRE.

Je sers mon ennemi contre mon propre honneur !
Oh Dieu ! que de malheurs le ciel sur moi rassemble !

Il se livre un horrible combat dans l'âme de don Pèdre, mais il ne veut pas manquer à la parole donnée et il empêche son père de pénétrer dans la chambre où sont les coupables; à ce moment sortent le comte et Léonore :

DON FÉLIX.

Un homme chez ma fille, ô Dieu [1] !

---

[1] Comparer avec la scène si connue de *Hernani* :

Un homme chez ma nièce ! à cette heure de nuit !

DON PÈDRE.

Contre son père
Défendre un ennemi !

LÉONORE.

Quoi ! mon père et mon frère !

LE COMTE.

Don Pèdre, à vos côtés je viens vaincre ou mourir !

LÉONORE.

Cher comte, à tes côtés je suis prête à périr !

DON FÉLIX.

Mon fils, c'est l'ennemi qui nous perd et nous brave !

LE COMTE.

Il le nomme son fils !

DON FÉLIX.

Il faut que son sang lave
Notre commune offense, il faut que notre honneur
Revive dans la mort d'un lâche suborneur.

DON PÈDRE.

Je n'ai point à choisir ; il faut sauver le comte.
Manquer à sa parole est la dernière honte.

DON FÉLIX.

Tu parles bas, mon fils !......................

Que nous sommes loin des bouffonneries de Jodelet et de Filipin ! Voilà donc Scarron passé poète tragique, lui aussi, et non des pires ! Comme il dut se moquer tout bas de son accès d'héroïsme !

Aussi bien, pour montrer qu'il n'était pas dupe, il mit dans sa pièce les personnages de Béatrix et de Crispin. Cette Béatrix n'est pas nouvelle ; c'est celle des *Jodelets,* un peu moins hypocrite et effrontée. Mais Crispin, ce valet goguenard, peureux, fripon,

Un très rare animal, moitié cuistre et gredin [1],

frotté de latin et de philosophie comme ses maîtres, toujours prêt à les flatter ou à les jouer, habillé presque comme eux, avec son vêtement noir, ses bottes et sa longue rapière [2], apte à tous les métiers, tour à tour hôtelier [3], médecin [4], musicien [5], bel

---

[1] *L'Écolier de Salamanque,* I, 2.
[2] Dans la pièce de Rojas, voici l'accoutrement de Crispin : « Sale Crispin con alforjas, botas, y espuelas de capigorron (besace bottes, éperons). » Scarron dans tout ce rôle a suivi très exactement ce modèle. Le Crispin espagnol débite aussi quelques mots de latin en arrivant : *Adsum, — Etiam Domine, — Non possum.*
[3] R. Poisson. *Le Fou raisonnable,* 1664.
[4] Hauteroche, *Crispin médecin,* 1680.
[5] *Ibid., Crispin musicien,* 1674.

esprit, précepteur, gentilhomme[1], Crispin, le héros de Poisson, de Regnard et de Lesage, c'est Scarron qui l'a fait monter pour la première fois sur une scène française. Il y fait, d'ailleurs, fort bonne figure; aussi plaisant que Jodelet, sans être aussi cynique, moraliste aussi sage et aussi prudent que Sganarelle[2], il réalise déjà le type du valet de comédie dont Molière et les auteurs comiques qui suivront nous décriront toutes les variétés. Quand son maître s'arme jusqu'aux dents pour de nouveaux combats, il le reprend doucement :

CRISPIN.

A quoi bon, cher Monsieur, ce mortel équipage ?
A quoi ce pistolet, instrument de carnage ?
A quoi bon ce poignard, cette épée ? et pourquoi
Tant de fer, et vouloir que j'en prenne aussi, moi ?

DON PÈDRE.

Je te mène à la gloire !

CRISPIN.

Ah ! je m'appelle gloire !
Je ne tâchai jamais d'avoir place en l'histoire[3] !

La description qu'il fait au vieux don Félix de la vie que mène son fils, l'écolier à Salamanque, est fort plaisante et fait quelque peu songer au joli tableau des *Goinfres,* que Saint-Amant nous a laissé dans un de ses meilleurs sonnets :

Il loge avecque sept goulus
Débauchés comme lui, dans une chambre seule,
Où toujours quelqu'un jure et dit des mots de gueule.
L'hiver, le vent y donne autant que dans les champs ;
Ils couchent quatre à quatre en des lits fort méchants,
Les murs y sont parés de rondelles d'épées,
De portraits de charbon, de toiles d'araignées.
Ces huit bons écoliers, ou plutôt huit bandits,
Chôment les samedis comme les vendredis,
Haïssent les leçons comme les patenôtres,
Et ne font chaque jour que débaucher les autres.
La nuit venue, ils vont enlever des manteaux,
Plier quelque toilette et jouer des couteaux.
Ils se couchent fort tard et se lèvent de même.
Une servante maigre, acariâtre, blême,
Sèche, ferrant la mule, et qui compte trente ans
D puis qu'elle renonce à l'usage des dents,

---

[1] Montfleury. *Crispin gentilhomme,* 1677. — Champmeslé. *Les Grisettes* ou *Crispin chevalier,* 1671.

[2] La race des Crispins eut du ciel ce talent.
(Acte II, sc. 2)

[3] L'*Écolier de Salamanque,* V, 1.

> Leur apprête à manger. Chacun y mange en diable,
> Ou si l'on veut, en chien. Un coffre y sert de table,
> Du vin en quantité, peu de mets délicats ;
> Des livres pleins de graisse y tiennent lieu de plats.
> Quand l'un mange trop fort, les sept autres enlèvent
> Ce qu'il a devant lui, le pillent et s'en crèvent :
> S'entend, alors qu'ils ont bien de quoi se crever :
> Car souvent ce n'est pas coup sûr que d'en trouver.
> En peu de mots, voilà de votre fils la vie[1].

On voit quelle variété de ton l'on rencontre dans cette œuvre de Scarron, la meilleure, à mon sens, de toutes ses comédies ; il a su y être comique sans basse bouffonnerie, il a su s'élever par moments jusqu'à la vraie grandeur ; voilà qui le met bien au-dessus de Boisrobert et même de l'honnête Thomas Corneille. L'*Écolier de Salamanque* mérite d'occuper un rang fort honorable dans le théâtre de second ordre du temps, à côté de telle ou telle pièce de Rotrou ou de Quinault ; peut-être même, à cause de la création de Crispin, conviendrait-il de lui faire une place à part.

Moins d'un an après les *Ennemis généreux*, Scarron se rencontra encore avec Corneille le jeune dans le choix du même sujet ; tous les deux avaient eu l'idée d'imiter la jolie comédie de Calderon : *El alcayde de si mismo*; Thomas en fit le *Geôlier de soi-même*[2] et Scarron le *Gardien de soi-même*[3] ; l'une fut représentée à l'hôtel de Bourgogne et l'autre au Marais.

Cette comédie de Scarron passe pour très mauvaise : elle n'a jamais été imprimée dans les œuvres du poète : Bruzen de la Martinière, dans la biographie assez complète qu'il a donnée de Scarron, ne la cite même pas ; les frères Parfaict disent dédaigneusement : « Le *Gardien de soi-même* est, de tous les sujets que « M. Scarron a traités pour le théâtre, celui qu'il a le plus mal « rendu. Nul comique dans les rôles qui en sont susceptibles, et « les personnages héroïques ennuyeux à l'excès. Cependant « l'intrigue de cette pièce offrait à M. Scarron un vaste champ à « sa muse burlesque... » Enfin Édouard Fournier, dans l'édition qu'il a donnée du *Théâtre complet de Scarron*[4], l'a omise, ou ne

---

[1] L'*Écolier de Salamanque*, I, 3.
[2] Cette pièce est quelquefois appelée *Jodelet prince*. M. Victor Fournel l'a confondue avec celle de Scarron. (*Contemp. de Molière*, 3ᵉ vol., 406, 409.)
[3] Cette pièce devait être aussi connue sous le nom de *Filipin prince*; Chappuzeau dans le catalogue qu'il a donné des pièces de Scarron cite le *Gardien de soi-même* et *Filipin prince* : ce n'est qu'une seule et même pièce. (Voir chapitre des *Auteurs qui ont travaillé pour le théâtre et fini leurs jours dans ce noble emploi*, p. 118.) — Le *Gardien de soi-même*, achevé d'imprimer chez Sommaville le 14 juillet 1655, est dédié *à Mgr le Procureur général Fouquet, surintendant des finances*.
[4] Chez Laplace, Sanchez et Cⁱᵉ, 1879. Edouard Fournier a pourtant com-

l'a pas jugée digne de la réimpression. La pièce de Thomas Corneille a eu plus de bonheur : du vivant même de Scarron, elle semble déjà avoir été plus appréciée ; l'acteur Jodelet lui prêta sans doute l'appui de son talent et de sa faveur auprès du public ; elle a été jouée assez souvent dans la suite ; quelques vers même sont encore cités avec éloge, comme cette plaisante réponse de Jodelet, à qui l'on veut faire croire qu'il est prince et qu'il a jadis chassé le sanglier :

OCTAVE.

Seigneur, il vous souvient, qu'un jour, sans mon secours,
Un cruel sanglier eût terminé vos jours ;
Il vous souvient de plus, que le roy votre père.....

JODELET.

Ma foi, s'il m'en souvient, il ne m'en souvient guère[1] !

Cette autre réflexion de Jodelet, qui finit par se croire un tant soit peu prince est d'un comique assez délicat :

Puisque chacun ici d'une commune voix
Soutient que je suis prince, il faut que je le sois.
On est plus grand seigneur quelquefois qu'on ne pense[2].

Le *Geôlier de soi-même* n'est donc pas sans mérite ; il semble pourtant que le *Gardien de soi-même* ne lui soit pas inférieur, sinon par l'intrigue, qui est moins habilement conduite[3], du moins par le comique, que les frères Parfaict disent y avoir cherché vainement, et qu'il est pourtant facile d'y découvrir.

Le rôle du paysan, qui se revêt par hasard des habits du prince de Sicile, et qui, surpris dans cet attirail, est garrotté et amené à la cour du roi de Naples, où on le traite en prince, et où on le garde pour un crime que le prince a commis, est des plus amusants. Dans Calderon, le villageois Benito est moins plaisant ; à part quelques bonnes reparties, il se borne à faire des quiproquos et des pataquez assez grossiers sur le nom de Frédéric de Sicile. Le Jodelet de Thomas Corneille était déjà plus comique ; mais Fili-

---

pris dans cette édition la *Fausse apparence* et le *Prince Corsaire*. Mais pour le *Gardien de soi-même*, il eût fallu recourir à l'édition originale et ne pas s'en tenir aux recueils courants des *Œuvres de Scarron*.

[1] Th. Corneille. Le *Geôlier de soi-même*, II, 6.
[2] *Ibid.*, II, 6. A côté de ce comique assez fin, il y a d'autres traits moins délicats que le grave Th. Corneille semble avoir empruntés à la première manière de Scarron. Jodelet au quatrième acte (scène 4), entre en se curant les dents, comme le Jodelet du *Maître-Valet*, et il offre ce cure-dents à sa fiancée.
[3] Dans la pièce de Scarron, comme dans la plupart des autres pièces du même auteur, l'intrigue sérieuse est traitée un peu trop à part ; dans Thomas, elle n'est pas moins ennuyeuse, mais elle se rattache un peu plus habilement au reste ; elle y tient en tout cas plus de place.

pin l'emporte encore sur Jodelet[1]. Ces travestissements plaisaient à l'esprit de Scarron, et il s'en est donné à cœur joie pour peindre l'ahurissement de Filipin devenu prince sans le savoir, ses étonnements, ses doutes[2], sa surprise en apercevant des fenêtres du donjon le clocher de son village :

> Ou je suis sans raison,
> Ou j'aperçois d'ici le haut de ma maison,
> Je vois celle d'Othon, qui mourut de trop boire,
> Et celle de Perrin, qu'on croit fils de Grégoire,
> Le marguillier du bourg ; j'aperçois le figuier
> Pour lequel j'ai procès avecque le barbier :
> C'est un maudit menteur ; le clocher du village
> Est tout juste en sa place, et je vois le bocage
> Qui joint le pré commun, et je me trompe fort
> Ou nous sommes ici dans le donjon du fort ;
> Et par quel dessein donc, par quelle enchanterie
> Suis-je ici ? Suis-je prince[3] ?....

Et le pauvre homme retourne dans sa tête le rêve inouï qui l'obsède et qui l'attire en même temps : s'il était roi ! Scarron, imitant en cela Calderon, a fait de son Filipin un vrai paysan, plus naïf et plus rustique que Jodelet, amoureux de sa Mauricette[4], et la chantant gaiement au grand scandale de la cour du roi de Naples[5]. Malgré quelques plaisanteries un peu risquées, il n'y a rien de trop bas dans ce rôle de Filipin, qui ne descend jamais jusqu'aux trivialités d'un don Japhet. Pourquoi, malgré ces qualités, la pièce de Scarron ne réussit-elle pas? Sans doute à cause de la défection de Julien Bedeau ; sans doute aussi parce que le public, habitué à la verve bouffonne et cynique de son poète favori, jugeait fade une comédie qui n'était pas grossière. Juste punition du burlesque : quand on a déchaîné le mauvais goût, on est condamné, pour lui plaire, à lui fournir jusqu'au bout une pâture.

Avec le *Marquis ridicule*[6], sa dernière comédie représentée,

---

[1] Voir par exemple la scène où il tient un discours fort embrouillé à Constance pour lui annoncer la mort de son frère ; celle où, après avoir revêtu les beaux habits qu'il a trouvés, il s'endort en rêvant à Mauricette ; celle où il est surpris par les soldats du roi de Naples, etc.
[2] Comme cette pièce ne se trouve pas dans les éditions de Scarron, j'en cite à l'Appendice III une scène assez étendue.
[3] Le *Gardien de soi-même*, fin de l'acte IV.
[4] Dans Calderon, Mauricette s'appelle Antona.
[5] Voir un fragment de cette scène à l'Appendice III.
[6] Le *Marquis ridicule* ou la *Comtesse faite à la hâte*, comédie jouée sans doute à la fin de 1655 ; car l'achevé d'imprimer, qui d'ordinaire est toujours postérieur au moins de quelques semaines au privilège et à la première représentation, est du 8 février 1656. La pièce est dédiée à *M. l'abbé Fouquet*, frère du surintendant.

Scarron chercha à regagner la faveur du public : il eut recours au moyen qui lui avait déjà tant de fois réussi, c'est-à-dire à la charge un peu grossière. Don Blaise Pol, marquis de la Victoire, est un marquis de la campagne. C'est une race que Scarron a souvent raillée. Dans le *Roman comique,* il se moque du singulier hobereau qui a nom La Bagüenodière; dans plusieurs passages des *Épîtres burlesques,* il fait une plaisante peinture des mœurs du village; dans l'*Héritier ridicule*, le valet Filipin, déguisé en don Pedro de Buffalos, singeait les manières d'un grand seigneur venu des champs. Don Blaise Pol, bien que marquis authentique, est de la même famille ; gonflé de sa personne et de ses titres, il appelle à chaque instant ses laquais, pour bien montrer qu'il en a; il est sot et prétentieux, se croit adoré de toutes les femmes, et décoche à leur adresse des compliments enflammés; enfin, il parle cette langue à la fois burlesque et précieuse que Scarron prête toujours aux personnages qu'il veut rendre ridicules. A part ce caractère d'un comique outré, les autres personnages n'ont rien de bien réjouissant : seul, le vieux don Cosme, à la fois doux et têtu, mérite d'être distingué. Le *Marquis ridicule* ne dut pas avoir un grand succès[1]; c'est peut-être, comme le prétend ingénuement Scarron[2], la *mieux écrite,* ou plutôt la moins mal écrite de toutes les comédies qu'il a composées; mais c'est aussi la moins intéressante et la moins originale. Le comique n'y vaut pas celui des *Jodelets,* et du *Japhet,* ni même celui de l'*Héritier ridicule;* et l'on n'y trouve aucune des qualités sérieuses de l'*Écolier de Salamanque.*

Cette même année 1655, qui vit l'échec du *Gardien de soi-même* et le succès assez médiocre du *Marquis ridicule,* fut signalée encore pour Scarron par une autre mésaventure; il avait, nous dit-il, vers la fin de la vie de Tristan, mis la main à la dernière de ses pièces, les *Coups de l'Amour et de la Fortune*[3]; il en avait même composé le dernier acte en deux après-soupers. Tristan mort, Quinault, son héritier et son fils spirituel, fit jouer et imprimer la tragi-comédie sous son propre nom. Scarron, qui, à ce moment-là, faisait paraître la *Précaution inutile,* protesta dans l'*A qui lira* mis en tête du livre, en vain, semble-t-il ; car la pièce

---

[1] En effet, le registre de La Grange ne contient pas cette pièce : elle ne fut donc pas jouée une seule fois de 1659 à 1685, du moins sur le Théâtre de Molière, devenu plus tard le Théâtre-Français. — Chappuzeau, dans son catalogue, en fait deux pièces différentes : le *Marquis ridicule* et *Don Blaize Pol;* cela indiquerait qu'elle était peu connue du public au moment où écrivait Chappuzeau.
[2] *Dédicace à M. l'abbé Fouquet.*
[3] Imité des *Lances de amor y fortuna* de Calderon.

parut toujours dès lors dans les œuvres de Quinault ; au XVIIIᵉ siècle, quand on la reprit, on la joua sous le même nom, et tous les critiques n'ont cessé de la lui attribuer [1].

A partir de cette époque, Scarron ne fit plus représenter aucune pièce : mais il ne renonça pas pour autant au théâtre ; il nous reste de lui une comédie et une tragi-comédie complètement achevées, et qui ne parurent qu'après sa mort, en 1662. La *Fausse apparence* est une imitation de *Nio sempre lo peor es cierto* (le pire n'est pas toujours certain), de Calderon. La comédie espagnole est remplie de sentiments délicats, habilement intriguée, mais elle n'est pas, à proprement parler, comique. Scarron l'a traduite, sans y ajouter ce piment de verve burlesque qu'il mêlait d'ordinaire à ses imitations ; dès lors ses personnages sont ennuyeux, les valets comme les autres ; l'ensemble est froid et languissant ; le charme ingénieux de Calderon a disparu, et il n'y a rien non plus qui rappelle Scarron. La tragi-comédie du *Prince Corsaire*, qui parut aussi en 1662, n'est pas meilleure ; il n'y a à en retenir que le beau nom d'Orosmane, que Voltaire fera revivre dans sa *Zaïre*. On se demande quelle idée eut Scarron de traiter un pareil sujet : était-ce une conversion tardive à la poésie héroïque ? Faut-il voir dans cet essai de tragédie l'influence de Mᵐᵉ Scarron, qui arrachait son mari au burlesque ? En tout cas, le *Prince Corsaire* n'a absolument rien qui le distingue des mauvaises pièces des Douville ou des Magnon. Nous goûtons fort peu

---

[1] Les frères Parfaict semblent dire que ce fut Boisrobert, auteur lui aussi d'une tragi-comédie des *Coups de l'Amour et de la Fortune,* qui, par jalousie, fit courir le bruit que la pièce de Quinault n'était pas de lui, mais l'*Avis à qui lira*, mis en tête de la *Précaution inutile* (1655), est tout à fait catégorique. Scarron y dit qu'un libraire fait imprimer sous le nom de Quinault une comédie qui est de M. Tristan et de lui-même Scarron, pour le cinquième acte, fait en deux après-soupers ; le sujet aurait été fourni par Mˡˡᵉ de Beauchasteau, l'actrice connue. Dans l'édition des *Poèmes dramatiques de M. Scarron,* parue en 1679 (in-4º), l'éditeur cite l'*Avis à qui lira* et dit que c'est M. de Prades qui a donné le sujet à Mˡˡᵉ de Beauchasteau, et qui a composé les scènes 3ᵉ, 4ᵉ, 5ᵉ, 7ᵉ et 8ᵉ du quatrième acte. Trois auteurs auraient donc collaboré à cette comédie, sans compter Quinault. Ce dernier dédia la pièce à M. le duc de Guise, sans même dire qu'elle était de Tristan ; du moins, il ne la lui rapporte pas clairement : « C'est avec une « juste confusion que j'ose vous choisir pour le protecteur d'une pièce de « théâtre, qui ne doit être considérée que pour avoir eu la gloire de « paraître devant Votre Altesse et de n'avoir pas eu le malheur de vous « déplaire. Je ne célerai point que c'est le dernier ordre que j'ai reçu de feu « l'illustre M. Tristan, qui s'est occupé toute sa vie à vous honorer dans ses « ouvrages, et qui jusques à la mort a reçu des marques de votre estime et « de votre libéralité. » — Ajoutons enfin que rien dans ce cinquième acte ne semble indiquer le style de Scarron, plutôt que celui de Tristan ou de Quinault. D'ailleurs, dans la comédie sérieuse (surtout dans la comédie espagnole) du temps, le style des différents auteurs, qu'ils s'appellent Tristan, Quinault, Thomas Corneille, Boisrobert ou autrement, se ressemble toujours : la médiocrité, monotone et ennuyeuse, a tout nivelé.

le beau style auquel s'est péniblement hissé Scarron, et nous demandons qu'on nous ramène à Jodelet, à maître Æneas et à Ragotin [1].

On trouve encore dans les œuvres de Scarron trois courts fragments de pièces inachevées; le premier [2], fort peu remarquable, semble avoir appartenu à une tragi-comédie. Scarron voulait décidément s'adonner au sérieux. Les deux autres, plus intéressants, appartiennent à des comédies vraiment appropriées au talent de l'auteur. L'une devait s'appeler le *Faux Alexandre;* la scène, au lieu de se passer comme toujours à Tolède, à Madrid ou à Burgos, se passait cette fois à Bourbon-l'Archambault, dans cette ville que Scarron connaissait si bien pour y avoir fait deux saisons d'eaux; les personnages principaux sont un vieux comte anglais; sa femme, vieille folle entichée de noblesse et gâtée par la lecture de la *Cassandre;* sa fille Aminte; son neveu Felton; Léandre, noble, jeune etamoureux; enfin, dans la personne de son conseiller, nous retrouvons notre ancienne connaissance Jodelet. Ce Jodelet, pour servir les intérêts de son maître et pour achever de tourner la tête de la vieille dame, s'imagine de faire l'Alexandre, tandis que son maître ferait l'Éphestion. Il n'est pas besoin de faire remarquer l'invraisemblance absurde d'une semblable donnée; avec Scarron, il ne faut demander que la gaieté, et le travestissement burlesque de Jodelet était bien fait pour réveiller la verve satirique du poète. Jodelet, harnaché comme un preux de Macédoine, scandalise tout le calme pays du Bourbonnais et se livre aux excentricités les plus réjouissantes; il est fort en colère contre Plutarque, qui a répandu de mauvais bruits sur lui et l'a fait passer pour un ivrogne; il se plaint aussi de La Calprenède, qui était, prétend-il, soudoyé par le Scythe Orondate pour le calomnier dans la *Cassandre* [3]. A travers les folles billevesées qu'il débite, on découvre encore une critique des romans héroïques de l'époque. Scarron les a raillés dans toutes ses œuvres, et celle-ci,

[1] Mouhy dit que le *Prince Corsaire,* imprimé en 1662, avait été donné en 1661, mais il ajoute : « Comédie représentée en société à Passy. » Elle ne fut sans doute pas jouée sur un vrai théâtre. Scarron était mort et déjà bien oublié.

[2] Ce sont trois scènes entre Isabelle et Tancrède ; — le roi et Camille ; — Isabelle, le roi et Camille. (*Œuvres*, VII, 357.)

[a] Apprenez l'art d'aimer en lisant la Cassandre,
Ce livre ment souvent en parlant d'Alexandre ;
Il me fait raide mort, et, peu s'en faut, cocu ;
Malgré l'auteur pourtant, grâce aux Dieux, j'ai vécu.
Il avait pension de ce Scythe Orondate ;
C'est pourquoi dans son livre il le loue, il le flatte ;
Mais quoiqu'à mes dépens cet auteur ait menti,
Je veux le régaler, car il m'a diverti.

(*Le Faux Alexandre*, I, 5).

s'il l'avait achevée, n'aurait peut-être pas été des moins piquantes.
— L'autre comédie dont il nous reste quelques fragments sans titre, aurait été, autant qu'on en peut juger, assez intéressante. On y trouve un dialogue fort étudié entre deux sœurs qui viennent de se marier et qui dissertent sur les conséquences de ce *oui* fatal qu'elles ont prononcé; toutes deux se montrent fort dures pour les maris en général [1], mais l'une semble résignée à se plier au joug du tyran, tandis que l'autre se déclare bien décidée à ne se pas laisser asservir et à user au besoin de la vengeance que les femmes ont toujours prête [2]. Toute cette scène est curieuse et montre que Scarron s'élevait assez naturellement au ton de la comédie; qui sait s'il n'eût pas tenté, avec cette pièce, de faire quelque chose comme l'*École des Maris*? En tout cas, voilà qui vaut mieux que les *Jodelets* et les *Japhets*.

Lorsqu'on veut porter un jugement sur l'ensemble du théâtre de Scarron, les défauts en sautent si vivement aux yeux qu'il faut les signaler tout d'abord. Toutes ces comédies, sans en excepter aucune, sentent la précipitation et la hâte avec lesquelles l'auteur les a composées : il faut être Molière pour pouvoir brocher l'*Amour médecin* en quelques heures. Si la postérité, d'après Buffon, ne conserve pas les ouvrages mal écrits, cette seule raison suffit pour que les comédies de Scarron soient oubliées de nos jours, car il n'en est pas une qui se soutienne jusqu'au bout par le style et dont il soit possible de citer autre chose que des fragments assez courts. Un autre défaut encore plus grave consiste dans la faiblesse et dans l'incohérence des caractères qui ne se tiennent pas et qui paraissent presque toujours faux. Cela vient de ce que Scarron a imité les Espagnols de trop près : il les a copiés

---

[1] Ils nous prêchent l'honneur, la vertu, le devoir ;
Et l'honneur, le devoir, et les vertus austères,
Qui sont pour nous des lois, sont pour eux des chimères.
Renoncer pour jamais aux innocents plaisirs,
Esclaves d'un mari, n'avoir plus de désirs,
Passer toute sa vie avecque des servantes,
Être de ses enfants nourrices, gouvernantes,
Avoir pendant neuf mois à porter ses enfants,
Toujours être en danger sous ces fardeaux pesants,
Pendant que les maris ne songeant plus en elles,
Passent les nuits au bal, les jours dans les ruelles :
C'est être honnête femme et faire son devoir !
C'est ce que nous ordonne un absolu pouvoir !
C'est à quoi nous réduit la longue tyrannie
De ceux que nous nommons et *mon âme!* et *ma vie!*
Il leur est tout permis, tout nous est défendu.

[2] « Je le respecterai comme un Dieu, s'il m'adore, » dit-elle ; mais s'il se montre jaloux ou exigeant,
Lors j'aurai des galans de toutes les façons,
Ma beauté jettera sur tous ses hameçons,
Et sans cesse entassant franchise sur franchise,
Je ne respecterai ni la cour, ni l'église,
Je ne mépriserai campagnards, ni bourgeois,
Enfin je me ferai coquette, en bon françois.

sans se demander si les Français seraient toujours aptes à goûter dans tous leurs détails les inventions qui avaient charmé les compatriotes de Lope de Véga ou de Moreto ; il n'a pas senti à quel point le théâtre espagnol est national et comment le copier, ce n'est pas le traduire, c'est le dépayser. Il a pris à Rojas et à Calderon ces intrigues embrouillées, ce libre développement du roman mis sur la scène, avec les sérénades, les escalades, les enlèvements, les duels qui en sont le cortège ordinaire ; il leur a pris ce mélange de bouffonnerie et d'héroïsme, cette philosophie un peu cynique des Sanchos, des Moscons, des Crispins, et, en même temps, ce culte exagéré du point d'honneur, l'amour des trop beaux sentiments qu'on exprime avec de trop beaux mots, enfin tout ce qu'il y a de chevaleresque et d'un peu dépenaillé dans cette littérature bigarrée, où se coudoient Amadis et Lazarille[1]. Il n'a rien rejeté, rien contrôlé, il a tout accepté sans vergogne, et, naturellement aussi, il a tout gâté, comme l'a sévèrement remarqué Schlégel[2]. Il a en même temps tout transformé selon son goût et la tournure de son esprit ; pour bien montrer qu'il n'était pas dupe, il n'a pas pris ses sujets au sérieux, il les a travestis tout en les imitant ; Rojas et Calderon auraient été peu flattés, j'imagine, de reconnaître leurs comédies dans les *Jodelets* ou même dans le *Gardien de soi-même*. Mais, au temps de la Fronde, il n'y avait déjà plus de Pyrénées, au moins en littérature ; le public voulait à tout prix des pièces espagnoles, surchargées d'incidents romanesques ; peu lui importait que cette fleur

---

[1] V. Hugo, dans ses drames, a aussi beaucoup emprunté à la poétique espagnole. M. Ganderax (*Revue des Deux-Mondes*, 15 février 1886) fait une curieuse comparaison entre ce théâtre et celui de Scarron : « Fait pour « enchanter Scudéry, tout le rôle de don César de Bazan ne serait pas désa- « voué de Scarron. Celui-ci, d'ailleurs, aussi bien que celui-là, goûterait la « merveilleuse émulation de Hernani et don Carlos, de Saverny et de Didier ; « n'a-t-il pas fait les *Généreux ennemis*? L'auteur de cette tragi-comédie et de « *Don Japhet*, de Jodelet, voilà l'homme dont l'auteur de *Marion Delorme*, de « *Hernani* et de *Ruy Blas*, en tant que dramaturge, est proprement le succes- « seur. Si le dernier venu n'est pas l'élève du premier, ils ont eu les mêmes « maîtres, les Espagnols, dont l'enseignement, ni pour l'un ni pour l'autre, « n'a été corrigé par la raison. Formés par ces leçons, ils ont suivi chacun « sa fantaisie. Que celle du premier fût celle d'un spirituel improvisateur, et « celle du second d'un grand lyrique, cela va sans dire ; mais comme poètes « dramatiques, tous deux sont de la même école. Ni la libre ordonnance du « roman mis sur la scène, ni les entrées et les sorties par les fenêtres, ni les « cachettes ménagées aux amoureux, ni les prisons d'accès facile, ni les duels, « ni les enlèvements, ni les bouffonneries, ni les trop beaux sentiments ne « donnent de scrupule à l'un plutôt qu'à l'autre ; tous les deux se jouent à « l'envi parmi les négligences de la composition, ces invraisemblances maté- « rielles et morales, ces énormités du burlesque et ces gentillesses du sublime. « Seulement, Hugo prend ses personnages plus au sérieux que Scarron. » Voilà un rapprochement qui serait tout à l'honneur de Scarron, si l'auteur ne semblait pas tant préoccupé de faire la critique de Victor Hugo.

[2] Schlégel. *Cours de littérature dramatique*.

de chevalerie ou de plaisanterie castillanes se fanât quelque peu en passant sous la plume du traducteur ; bien au contraire, il préférait que le sujet fût traité à la française, dans le goût des héroïques ou des burlesques, et c'est en cela qu'excellait Scarron. Aucun auteur ne flatta davantage, tout en ayant l'air de les railler, les travers et les modes de son temps. Malgré sa haine pour l'héroïque, il en mettait assez dans ses comédies pour charmer les lecteurs de l'*Illustre Bassa* ou de *Polexandre* ; en même temps il répandait à grosses poignées ce sel du burlesque qui assaisonnait alors la politique comme les lettres. Il trouvait le moyen de contenter presque tout le monde, excepté la postérité qui n'apprécie pas les habiles et qui s'intéresse aussi peu aux grossièretés de *Jodelet* qu'aux fades sentiments de la *Cassandre*. Scarron a joui en glouton du succès au jour le jour, le plus enivrant mais le plus fragile de tous. Ses œuvres restent aujourd'hui plutôt comme un curieux témoignage de l'esprit du temps que comme des exemplaires de la vérité humaine, qui est de tous les temps.

Pourtant les deux grands courants contraires qui ont agité les esprits dans la première partie du XVIIe siècle, à savoir l'héroïque et le burlesque, ont été si violents que, même au temps de Boileau et de l'influence cartésienne, quand l'ordre semblait revenu avec la raison, certaines traces en ont persisté longtemps dans notre littérature. Ainsi les comédies de Scarron, filles de la Fronde, ont survécu à l'époque qui les avaient vues naître. On sait quels applaudissements elles soulevèrent à leur apparition ; du vivant de Scarron leur succès ne se démentit pas[1] ; quand le théâtre du Marais devint de plus en plus le théâtre des machines avec *Andromède* et la *Toison d'or,* les pièces de Scarron qui étaient restées au répertoire, c'est-à-dire *Jodelet, don Japhet* et l'*Héritier ridicule,* émigrèrent sur la scène de Molière, au Petit-Bourbon. On n'a qu'à ouvrir le *Registre* de La Grange pour constater la place considérable qu'y occupent ces trois pièces : dans la période de vingt-six ans (1659-1685), pour laquelle le consciencieux acteur nous a laissé de précieux renseignements, elles occupèrent environ cent cinquante fois l'affiche ; chiffre énorme, si l'on songe qu'alors on ne jouait pas plus de trois ou quatre fois par semaine, que le théâtre de Molière fut fermé à plusieurs reprises pendant des intervalles assez longs, qu'il y a des lacunes importantes dans ce registre, et qu'enfin Scarron trouvait sur cette même scène la

---

[1] Tous les jours qui précédèrent la mort de Scarron (6 octobre), on joua encore le *Japhet* et *Jodelet* (21; 24, 26 septembre et 3 octobre). (*Reg. de La Grange.*)

plus écrasante des concurrences, celle de Molière lui-même. Chose curieuse, alors que les meilleures comédies de Molière disparaissent vite de l'affiche, c'est toujours à celles de Scarron que reviennent les acteurs quand ils n'ont pas quelque nouveauté à présenter au public. Popularité vraiment inouïe, qui persiste à travers tout le siècle du goût et du bon sens par excellence, et qui ne s'éteint qu'en plein XVIII⁰ siècle [1].

Pour que les comédies de Scarron, malgré tous leurs défauts, aient eu une semblable fortune, réservée d'ordinaire aux seuls chefs-d'œuvre, il faut bien qu'elles aient mérité quelque peu ce bonheur. Scarron, en effet, sans avoir fait le *Menteur* ni le *Misanthrope*, ni même une pièce qui vaille le *Médecin malgré lui* ou les *Fourberies de Scapin*, doit pourtant être compté parmi les fondateurs de notre théâtre comique. Sa part d'influence a été infiniment plus considérable que son talent [2]. Il a créé le valet de comédie, en prenant son Jodelet et son Crispin parmi les *graciosos* espagnols et en les rendant français : ébauche imparfaite, il est vrai, que Molière devra refondre en empruntant beaucoup au *zanni* italien et en puisant davantage encore dans son propre génie ; mais le premier honneur revient à Scarron. Il a assoupli le dialogue comique, s'il ne l'a pas créé ; il a osé être vraiment gai dans des comédies en cinq actes, où ses prédécesseurs se contentaient le plus souvent d'être embrouillés. Pour juger équitablement son œuvre, il faut la replacer dans le temps où elle a paru, c'est-à-dire bien avant Molière. Il faut songer à l'état dans

---

[1] Après 1685, les pièces de Scarron parurent encore, même à la cour ; seulement, nous ne pouvons plus dire le nombre exact des représentations. Nous ignorons même le nombre de fois que Scarron fut joué au Marais, où il a produit la plupart de ses pièces avec un grand succès ; l'hôtel de Bourgogne l'a peut-être joué aussi, les troupes de campagne certainement : car, une fois imprimées les pièces de théâtre tombaient dans le domaine commun. On voit combien ce chiffre de cent cinquante représentations, recueilli dans le registre de La Grange, donne un aperçu incomplet de la faveur dont les comédies de Scarron ont joui auprès du public.

[2] Scarron a eu sur le théâtre des idées assez neuves, mais un peu confuses, et qu'il n'a pas eu le courage de réaliser ; il rêvait un genre de drame vraiment humain, fait à la fois de rire et de pleurs, émancipé de toutes les conventions et de toutes les contraintes : c'était l'époque où Corneille faisait des tentatives analogues avec *Don Sanche* et *Nicomède*. Voici un curieux passage du *Roman comique* qui montre quelles étaient les aspirations de Scarron ; l'auteur fait parler M. de la Garouffière, mais il ne fait que lui prêter ses propres idées : « Ce jeune conseiller dit entr'autres choses que « les sujets connus dont on pouvait faire des pièces régulières avaient tous « été mis en œuvre, que l'histoire était épuisée, et qu'à la fin on serait « réduit à se dispenser de la règle des vingt-quatre heures ; que le peuple « et la plus grande partie du monde ne savait pas de quoi étaient bonnes les « règles sévères du théâtre ; que l'on prenait plus de plaisir à voir représenter les choses qu'à entendre des récits ; et, cela étant, que l'on pourrait « faire des pièces qui seraient fort bien reçues sans tomber dans les extra« vagances des Espagnols et sans se gêner des règles d'Aristote. » (*Roman comique*, 1ʳᵉ partie, ch. XXI.)

lequel se trouvait la comédie : non seulement elle n'avait pas eu de renaissance ni de nouvel avènement comme la tragédie, mais elle était délaissée; elle n'était que la reproduction d'intrigues espagnoles fort compliquées et parfaitement ennuyeuses; ou bien, si elle s'avisait d'être gaie, elle descendait sur les tréteaux du Pont-Neuf et s'appelait alors la farce. La belle pièce du *Menteur* avait été un effort isolé, incompris, et même jusqu'à un certain point inconscient vers un art nouveau; la *Suite du Menteur* l'a prouvé de reste. Scarron, le premier, infusa à la comédie d'intrigue la sève généreuse, encore qu'un peu grossière, de la gaieté populaire : du même coup il l'a rendue française. Il en a fait un genre vivant, l'égal du genre tragique. A une époque où la tragédie trônait au théâtre, comme l'ode dans la poésie et le roman héroïque dans la prose, il a proclamé le droit au rire; il a osé rire lui-même dans la tragédie, dans l'ode et dans le roman, qu'il a rendus burlesques; il a revendiqué l'égalité du comique et du tragique, et même la supériorité du premier; en ce sens on peut dire qu'il est le père de la comédie en France, aussi bien que Molière : il lui a donné son rang, en attendant que Molière lui donne ses titres de gloire.

On n'a qu'à jeter les yeux sur le tableau chronologique des poèmes dramatiques que les frères Parfaict ont mis à la fin de leur ouvrage. En 1644, à la veille de l'apparition de *Jodelet*, quelles pièces a-t-on jouées à Paris? Sept tragédies, deux tragi-comédies, pas une seule comédie[1]. En 1660, c'est-à-dire l'année même où meurt Scarron, quelles pièces joue-t-on? Deux tragédies, une tragi-comédie, sept comédies[2]. On peut juger du chemin parcouru en quinze ans. Voilà ce qu'ont fait les *Jodelets* et le *Japhet* dans leur libre et joyeuse trivialité. On peut penser tout le mal qu'on voudra des comédies de Scarron; mais il faut leur rendre cette justice qu'elles ont produit la poussée comique d'où est sorti Molière.

---

[1] La *Folie du Sage*, tragi-comédie de Tristan ; — le *Jugement équitable de Charles le Hardi*, trag. de Maréchal ; — *Thésée*, trag.-com. de Puget de la Serre ; — *Stratonice*, trag.-com. de Brosse ; — *Perside ou la mort d'Ibrahim Bassa*, trag. de Desfontaines ; — l'*Illustre Olympie*, trag. du même ; — *Rodogune*, trag. de Gilbert ; — *Sainte-Catherine*, trag. de Saint-Germain ; — la *Mort de Sénèque*, trag. de Tristan ; — *Rodogune*, trag. de Corneille.

[2] *Stratonice*, trag.-com. de Quinault ; — la *Mort de Démétrius*, trag. de Boyer ; — le *Mariage de Rien*, com. de Montfleury ; — l'*Apothicaire dévalisé*, com. de Villiers ; — le *Cocu imaginaire*, com. de Molière ; — le *Galant doublé*, com. de Corneille de l'Isle ; — la *Magie sans magie*, com. de Lambert ; — la *Feinte mort de Jodelet*, com. de Brécourt ; — le *Cartel de Guillot*, com. de Chevalier ; — les *Amours de Lyris et d'Hespérie*, pastorale de Quinault ; — *Tigrane*, trag. de Boyer (non imprimée). — Si l'on consulte les années précédant 1644 ou suivant 1660, on constatera que la prédominance de la tragédie avant Scarron et de la comédie après lui n'est pas l'effet d'un pur hasard.

CHAPITRE VI

LE ROMAN

I. — Importance du *Roman comique* dans l'œuvre de Scarron. — Les romans comiques en Espagne et en France. — Sorel : *Francion, le Berger extravagant.* — Dans quelle intention Scarron a-t-il écrit son roman ? — Peinture des comédiens de campagne ; leur vie et leurs mœurs ; grandeurs et misères du métier. — Destin et Mlle de l'Étoile. — La Caverne : Angélique et Léandre. — Roquebrune : le poète. — La Rancune. — Amour de Scarron pour les comédiens. — Peinture des provinciaux du Mans : Scarron ne les a pas ménagés. — Ragotin : le héros du roman. — La Rappinière. — Mme Bouvillon. — Personnages secondaires : la Baguenodière, les hôtes, les médecins, les curés. — M. de la Garouffière et le marquis d'Orsé. — Les origines du *Roman comique* : *El viago entretenido* de Rojas de Villandrando ; les romans picaresques : *Don Quichotte.* — De l'authenticité des événements racontés par Scarron. — Les clefs mancelles. — Quels sont les comédiens que Scarron a connus au Mans ? — Pourquoi n'a-t-il pas pu y connaître Molière ? — Filandre, sieur de Mouchaingre, est le Léandre du roman ; sa femme Angélique Meunier. — Découvertes qui restent à faire. — De la vérité des peintures dans le *Roman comique.* — De la composition. — Succès et influence de l'œuvre. — Les *Suites*.

II. — Originalité du genre de la *nouvelle* au XVIIe siècle. — Réaction contre les longs romans et les héros surnaturels. — La *nouvelle* en Espagne. — Les nouvelles du *Roman comique.* — Les *Nouvelles tragi-comiques.* — La *Précaution inutile.* — Sedaine et Molière. — La moralité de l'histoire. — — Les *Hypocrites.* — Hélène, Mendez et Montufar. — Admirable peinture de l'hypocrisie religieuse. — Montufar plus grand qu'Onuphre et même que Tartuffe. — L'*Adultère innocent* : Eugénie ou la femme sensible. — Le *Châtiment de l'avarice* : Don Marcos et Harpagon. — *Plus d'effets que de paroles.* — Mérite des nouvelles de Scarron.

I. LE ROMAN COMIQUE.

Boileau, qui avait le burlesque en horreur et Scarron en assez mince estime, se plaisait pourtant, paraît-il, à la lecture du *Roman comique ;* il l'exceptait de l'anathème qu'il lançait à toute la joyeuse littérature de l'âge précédent. S'il avait de bonnes raisons pour préférer l'Énée de Virgile à celui de Scarron, du moins, forcé d'opter entre Artamène et Ragotin, entre Mandane et

Mme Bouvillon, il n'hésitait pas : entre deux maux n'est-il pas sage de choisir toujours le moindre? Il se déclarait pour les héros burlesques. C'est un grand honneur pour le *Roman comique* d'avoir échappé à la condamnation d'un juge aussi sévère. Cette œuvre occupe, en effet, parmi tous les écrits de Scarron, une place à part; elle a son originalité propre.

En effet, on peut justement reprocher à l'*Énéide travestie* et aux poésies purement burlesques d'être trop vides : ce sont des œuvres presque négatives, qui ont besoin d'un modèle pour subsister, comme toute caricature suppose d'abord un original. L'Énée de Virgile est ridicule, sa Didon aussi, soit; l'épopée héroïque est un genre faux dont on doit s'abstenir, soit encore; mais on n'est guère plus avancé après qu'avant. S'il y a une poésie, à quoi doit-elle s'appliquer? Que faut-il faire? peut-on justement demander à Scarron. Quand on aura fait une *Iliade travestie,* une *Odyssée travestie,* que restera-t-il à faire? Scarron ne semble pas avoir répondu clairement à la question, à moins qu'il ne conseille aux poètes de se confiner dans le genre étroit de l'épître et de la satire. La critique qu'il adresse à la tragédie, pour être vive et souvent fondée, n'est guère plus féconde. Il est entendu que les rois sont des personnages ennuyeux, et que les grands sentiments sont usés; mais Scarron a-t-il sérieusement rêvé de remplacer Agamemnon ou Clytemnestre par Filipin ou Béatrix, et le devoir, l'honneur, l'amour par la poltronnerie écœurante de Jodelet ou par l'insanité de don Japhet? Ne s'est-il pas lui-même contredit dans ses comédies et n'a-t-il pas greffé ses bouffonneries sur des intrigues parfaitement graves, presque héroïques? Là encore le burlesque n'a-t-il pas eu besoin du sérieux, son contraire, pour exister? Dans le roman, Scarron a fait mieux; il ne s'est pas contenté de cribler de railleries les Gomberville et les La Calprenède, de parodier leur style pompeux et leurs sentiments affectés; il a bien vu qu'il ne lui suffisait pas de briser l'idéal romanesque du temps, et que, s'il ne mettait pas quelque chose à la place, il ferait œuvre vaine. Aussi ne s'est-il pas borné à faire un Roman *burlesque;* pour atteindre plus sûrement le Roman *héroïque,* il a composé un Roman *comique*[1].

Ce n'était pas à vrai dire une innovation dans la littérature française. Très peu héroïque était déjà l'histoire de ce Panurge

---

[1] On explique quelquefois le titre de *Roman comique* par *Roman des comediens,* par analogie avec l'*Illusion comique* de Corneille. Cette explication me semble un peu forcée et j'aime mieux entendre par *comique* le contraire d'*héroïque.*

qui craignait si naturellement les coups; très libre et nullement romanesque la conversation des convives dans ce *Satyricon* français que nous a laissé Béroalde de Verville; très comiques les joyeux devis de des Périers; et même très burlesques les aventures de cet incroyable baron de Fæneste[1] que d'Aubigné nous peint affamé de paraître, bavard, orgueilleux, fier de ses plumes et de ses panaches, au demeurant le hobereau le plus ridicule de toute la Gascogne. Mais ces œuvres étaient seulement la libre et naturelle expression de notre caractère national, qui avait su garder, au milieu des mêlées les plus tragiques, son fonds de gaieté railleuse et insoumise; tandis qu'au commencement du xviie siècle, le roman comique fut surtout un genre de protestation dirigé contre le roman chevaleresque et poétique, qui était devenu si fort à la mode.

C'était alors l'époque où la littérature espagnole exerçait une influence toute puissante sur les écrivains de notre pays. Ce que notre théâtre a emprunté à Lope de Véga, à Calderon et à la brillante pléiade de poètes du règne de Philippe II et de Philippe III, les comédies de Scarron, pour ne citer qu'un auteur entre trente, le disent assez. Dans le roman, l'influence espagnole fut presque aussi forte, sans avoir pourtant imposé une imitation aussi servile. Le double courant qui tiraillait les esprits entre le roman chevaleresque et le roman comique existait depuis longtemps chez les Espagnols. A la mort du sombre et sévère Philippe II, il y eut dans la littérature une explosion de joie et de bonne humeur, que l'on peut comparer à celle qui secoua si vivement la France délivrée de Richelieu. S'il n'y eut pas, à vrai dire, de Fronde castillane, il y eut du moins une réaction fort vive contre la solennité triste des dernières années; l'Espagne, mise en gaieté, s'amusa un peu aux dépens de cet honneur chevaleresque qui avait si longtemps fleuri chez elle; elle se souvint qu'elle n'était pas seulement la patrie des nobles hidalgos, mais aussi celle des chevaliers d'industrie, des bacheliers râpés, des filous, des mendiants et des braves, des *picaros* et des *valientes*, de toute cette population équivoque dont Quevedo a fait le dénombrement dans son *Traité de la vie de la capitale*[2]. Le bon curé

---

[1] Les *Aventures du baron de Fæneste* appartiennent par la date de leur publication au xviie siècle. Mais par leur esprit caustique, par leur verve gauloise, par leur rusticité même, elles sont une œuvre du xvie. Michelet a dit fort justement de la vieillesse du farouche huguenot, que d'Aubigné « erre comme une ombre de l'autre siècle ».

[2] *Capitulaciones de la Vida de Corte, y oficios entretenidos en ella.* Voir sur Quevedo l'étude très approfondie et très complète de M. Mérimée. (Paris, Alph. Picard, 1886.)

de Cervantes fit un feu de joie avec tous les Amadis, les Esplandians et autres chevaliers; et l'on vit se produire, à la place de ces fidèles serviteurs de la beauté, les héros du vice et du vagabondage, descendus de Lazarillo de Tormes, leur père à tous, les Gusman, les Marcos de Obregon et les Pablo. Au lieu de grands coups d'épée à donner, de dame mystérieuse à délivrer, d'exploit impossible à accomplir, il ne s'agit plus que de ruses, de tromperies, de vols et de crimes; la littérature devient une vraie cour des miracles, où s'étalent à l'aise les difformités morales et physiques, et où le héros du livre est presque toujours assuré de mourir en prison ou aux galères, à moins que l'auteur ne lui fasse plaisamment finir ses jours en odeur de sainteté, comme il arrive à Lazarille, le bon ermite. Chevaliers errants et vagabonds des rues, c'est bien un peu la même famille; mais quelle chute et quelle dégradation!

En France, le roman fut soumis à des fortunes aussi diverses[1]. Juché sur les sommets de l'héroïsme et du parfait amour avec Gomberville, Desmarets, La Calprenède, il trébucha de son haut avec Sorel, Viau et Scarron; il tomba par réaction dans le bourgeois et le comique. Déjà dans l'*Astrée,* si vivement et si longtemps admiré, source féconde d'où sont sortis tant de romans et tant de comédies, les deux courants sont visibles; sans doute c'est le romanesque qui l'emporte de beaucoup; mais à côté de ces grands seigneurs et de ces grandes dames « en villégiature[2] », à côté de Céladon et de sa bergère, d'Urfé avait placé de vrais paysans, Hylas et Galatée, qui s'aimaient d'une façon moins subtile, et qui égayaient l'ouvrage par leur trivialité : l'*Astrée* « entr'ouvrait donc la porte par où devaient passer les romans destinés à le combattre[3]. » C'est Charles Sorel qui pénétra vraiment

---

[1] Voir dans V. Fournel (*La Littérature indépendante*) des études fort intéressantes sur le *Roman chevaleresque et poétique au XVII*ᵉ *siècle* et sur le *Roman satirique et bourgeois.*
[2] Saint-Marc Girardin.
[3] V. Fournel (introduction à l'édition elzévirienne du *Roman comique,* chez Jeannet). — Scarron semble, du reste, considérer l'*Astrée* comme le père des romans modernes; il fait dire à Destin : « Il (le baron d'Arques) nous « proposa d'abord de lire les romans modernes ; mais ils n'étaient pas « encore de notre goût, et jusqu'à l'âge de quinze ans nous nous plaisions « bien plus à lire les *Amadis de Gaule* que les *Astrées* et les autres beaux « romans que l'on a faits depuis, par lesquels les Français ont fait voir, aussi « bien que par mille autres choses, que s'ils n'inventent pas tant que les « autres nations, ils perfectionnent davantage. » (*Rom. com.,* 1ʳᵉ p., ch. XIII.) Quels sont ces *beaux romans* que l'on a faits depuis l'Astrée? Scarron ne veut sans doute pas désigner les romans héroïques, les *Cassandre,* les *Cléopâtre,* les *Polexandre,* les *Cyrus,* dont il se moque souvent ailleurs. Fait-il allusion aux romans de Sorel? Mais il n'en a parlé nulle part ailleurs : du reste, les romans de Sorel n'étaient guère dans le goût de l'*Astrée.* Scarron (*Rom. com.,* 1ʳᵉ p., ch. XXI) revient encore sur l'excellence de quelques

le premier dans la brèche, et il le fit avec sa furie habituelle. Trouvant que le siècle abondait en Héraclites, il en voulut être, nous dit-il, le Démocrite. Son *Francion* est le premier de nos romans picaresques : son héros est un pauvre diable, digne pendant de Lazarille, moins rusé, mais aussi fripon ; chemin faisant, Sorel décrit la vie de collège, les mœurs des courtisans, l'état des lettres à cette époque ; enfin il affiche, comme les écrivains espagnols, l'étrange prétention de faire une œuvre très morale et de peindre, avec les détails les plus crus, les vices de son temps, précisément pour qu'on ne les imite pas. Le *Berger extravagant* est plutôt une attaque à fond de train contre tous les romans et même toute la poésie de l'époque[1]. L'auteur, qui n'est ni modeste ni courtois, le prend de très haut avec ses adversaires : « Je ne puis plus souffrir qu'il y ait des hommes si sots que de « croire que par leurs romans, leurs poésies et leurs autres « ouvrages inutiles, ils méritent d'être mis au rang des beaux « esprits..... Aussi le désir que j'ai de travailler pour l'utilité « publique m'a fait prendre le dessein de composer un livre qui « se moquât des autres, et qui fût comme le tombeau des romans « et des absurdités de la poésie[2]. » Il confond dans un même mépris tous les romans héroïques (cela va sans dire), et aussi les romans qui ont été tentés dans un genre moins relevé : Pétrone est « impudique », Rabelais « monstrueux », *Don Quichotte* est « rempli d'invraisemblances », et les « gausseries » de l'auteur « ne consistent qu'en juremens et proverbes » ; *Euphormion* est « l'ouvrage d'un écolier qui commence à déniaiser » ; l'*Histoire comique*, de Théophile, est « un conte d'ivrognerie » ; *Francion* même ne vaut pas grand chose ! Bien que Sorel se défende vivement d'avoir voulu imiter Cervantes, les ressemblances sont frappantes ; Lysis, à qui les romans ont tourné la tête, a une folie analogue à celle de l'hidalgo de la Manche ; son valet Carmelin joue le rôle de Sancho ; il n'est pas jusqu'à la plantureuse Catherine, la Charite de ses rêves, qui ne ressemble à l'incomparable Dulcinée ; mais combien les critiques de Sorel semblent médiocres et puériles à côté de la fine raillerie de Cervantes ! Ce n'est pas qu'il frappe toujours à faux quand il attaque la phraséologie

---

romans modernes, très divertissants : « Les Français seuls en savent faire « de bons. »

[1] Voici le titre exact : *Le Berger extravagant, où parmi des fantaisies amoureuses on void les impertinences des romans et de la poésie ; à Paris, chez Toussainct de Bray. Ruë Saint-Jacques aux Espics meurs, 1628.* Cet ouvrage, pas plus que *Francion*, ne parut sous le nom de son auteur, mais sous celui de Moulinet, sieur du Parc.

[2] Préface du *Berger extravagant.*

des romans à la mode ; mais il enveloppe ses railleries, même les plus méritées, dans un appareil pédantesque qui les rend le plus souvent insupportables : il juge ses lecteurs trop peu intelligents pour comprendre à demi-mot les allusions, et il cite tout le long de son ouvrage les passages des auteurs auxquels il se réfère : bien plus, il a accompagné son livre d'un commentaire volumineux, deux fois plus long que l'œuvre elle-même, et qui achève de nous édifier sur la vanité et le pédantisme de l'auteur.

Bien que Sorel eût voué sa vie à lutter contre les romans de son temps, et bien qu'une foule d'ouvrages[1] témoignent de sa haine persistante, ce ne fut pas lui cependant qui leur porta le coup le plus terrible. Cet homme à l'aspect mélancolique, au visage taciturne[2], vivait trop à l'écart de ses contemporains pour influer profondément sur eux. Il ne s'agissait pas tant de leur prouver méthodiquement qu'ils se trompaient en goûtant les billevesées amoureuses et héroïques des romans : car aucun raisonnement ne pouvait les en détourner, puisqu'ils y prenaient leur plaisir ; il fallait faire mieux que La Calprenède et Gomberville, en faisant autrement qu'eux ; il fallait vaincre le mauvais goût par un chef-d'œuvre comique dont la gaieté s'imposât. *Francion*[3] a plus fait pour la cause que servait Sorel que le *Berger extravagant ;* mais *Francion* était venu trop tôt, avant que la folie héroïque et langoureuse eût battu son plein ; on s'était plu à cette œuvre nouvelle, et puis l'on était retourné à l'*Illustre Bassa* ou à *Cléopâtre*. Trente ans plus tard, l'occasion sera autrement favorable : les vraies précieuses auront engendré les fausses ; l'*Astrée* aura porté tous ses fruits, on sera rebattu des romans en vingt volumes, remplis de beaux sentiments et de beau style. Il y a alors une détente générale dans la littérature : la tragédie chausse le cothurne moins haut avec *don Sanche* et *Nicomède ;* la comédie règne au Marais avec *Jodelet ;* la poésie tout entière est en gaieté et a rogné quatre syllabes à l'alexandrin trouvé trop solennel : il était naturel que le roman eût aussi sa Fronde. Vienne un petit livre, vraiment gai, à l'allure franche et naturelle, au style bien français, qui décrive un coin quelconque de la vie réelle, et toute la convention romanesque, frappée à mort, s'évanouira bientôt. Ce petit livre, qui va tuer tant de gros volumes, c'est le *Roman comique* de Scarron.

[1] *Polyandre,* histoire comique (1648) ; *Description de l'île de Portraiture,* et bien d'autres ouvrages.
[2] Voir le portrait qu'en fait Guy-Patin dans une lettre à Ch. Spon, du 25 novembre 1653.
[3] *Francion* fut réimprimé soixante fois.

DE L'INTENTION DE SCARRON. 319

La matière du *Roman comique* est bien mince et le sujet en est peu relevé. L'auteur « s'amuse à critiquer les actions de quelques comédiens[1] », voilà à peu près tout. Cela semblait trop bas à Segrais, qui aurait désiré sans doute quelque pastorale en prose dans le goût du roman de *Bérénice*[2], ou bien quelque sombre intrigue qui se dénouât par une illustre catastrophe, comme dans *Floridon*[3]. Les tribulations d'une troupe de campagne au Mans, et les mésaventures d'un petit avocat ragot et rageur, qui s'attache aux comédiennes : tel est le fond du *Roman comique*. On n'y trouve guère que des faits divers de petite ville, et nullement le récit de quelque fameux événement, encore moins la peinture de sentiments extraordinaires. L'auteur ne s'est même pas donné la peine de coordonner le tout et d'en faire une œuvre suivie; l'intrigue erre au gré de la fantaisie du conteur, qui ignore ce qu'il va dire dans le chapitre suivant, comme il a déjà oublié le contenu du précédent; c'est un roman à bâtons rompus : « Si le « lecteur, par ce qu'il a vu, a de la peine à se douter de ce qu'il « verra, peut-être que j'en suis logé là aussi bien que lui, qu'un « chapitre attire l'autre, et que je fais dans mon livre comme « ceux qui mettent la bride sur le col de leurs chevaux et les « laissent aller sur leur bonne foi[4]. » Ainsi, nous voilà bien prévenus : ce n'est pas Scarron qui emploierait dix volumes à préparer le mariage de Mandane et de Cyrus; son seul plan est de nous faire rire, et peu lui importe que La Rappinière soit pendu ou non à Pontoise. Pourtant, à travers cette accumulation d'aventures grotesques, qui font du *Roman comique* une sorte de comédie à tiroirs, Scarron a semé négligemment deux intrigues amoureuses[5], à chaque instant interrompues et à peine chargées de quelques duels et de deux ou trois enlèvements, ce qui est bien peu pour deux héroïnes de roman[6]. Scarron lui-même

---

[1] « Le *Roman comique* de Scarron n'a pas un objet relevé : je le lui ai dit « à lui-même. Il s'amuse à critiquer les actions de quelques comédiens : « cela est trop bas :

> Aude aliquid brevibus Gyaris et carcere dignum. »
> *(Segraisiana,* p. 130.)

[2] Roman de Segrais, resté inachevé (1648-1651, 4 vol. in-8°).
[3] C'est le titre d'une des *Nouvelles françaises* de Segrais (1656-1657). On trouve dans *Floridon* le sujet du *Bajazet* de Racine. — Segrais a aussi composé une *Histoire romanesque de don Juan d'Autriche* en 5 volumes, 1659.
[4] *Roman comique,* 1re p., ch. XII.
[5] Il s'agit des amours contrariées de Destin et de Mlle de l'Étoile, de Léandre et d'Angélique.
[6] On connaît le mot de Minos lorsqu'il apprend que Mandane a été enlevée huit fois : « Voilà une beauté qui a passé par bien des mains. » (Boileau. *Les Héros de roman.*)

payait-il à son insu un tribut au goût de l'époque en laissant pénétrer le romanesque dans une œuvre qui était destinée à le combattre?

Chassez le *romanesque,* il revient au galop.

Ou bien a-t-il habilement mêlé ce grain de roman à l'œuvre comique pour la faire passer plus sûrement, pour en assurer le succès auprès d'un public qui aimait les imbroglios, et qui, dans la pièce de *Cinna,* admirait plus la gageure amoureuse du conspirateur que la clémence d'Auguste? On ne sait au juste. Du reste Scarron n'était pas, comme Sorel, un excentrique qui a voulu rompre en visière à tous ses contemporains : n'a-t-il pas écrit des billets à Cloris? n'est-il pas l'ami des Scudéry, qui lui réserveront une place fort honorable dans la galerie des personnages de la *Clélie?* Scarron aime l'*Astrée,* et dans les romans il hait bien moins le romanesque proprement dit que l'héroïque : il veut surtout que les personnages soient des hommes comme les autres, et que les événements ne soient pas extraordinaires; mais une intrigue compliquée ne lui déplaît pas; il admet l'amour à condition qu'on le dépouille de la phraséologie embrouillée de l'époque, et qu'on ne le prenne pas trop au sérieux; il a beau partir en guerre contre les romans, il ne serait pas un homme de la Fronde s'il n'en avait ébauché quelqu'un dans sa vie ou dans ses œuvres.

Mais ce coin de romanesque que nous retrouvons aussi dans les nouvelles espagnoles que Scarron a intercalées à quatre reprises dans son récit, ne change pas le caractère général de l'œuvre qui est essentiellement comique. On n'a qu'à considérer les différents personnages qui parlent ou agissent dans le roman; « car, nous dit Scarron, il n'y en aura pas pour un (héros) dans « ce livre-ci, et puisqu'il n'y a rien de plus parfait qu'un héros « de livre, demi-douzaine de héros, ou soi-disant tels, feront plus « d'honneur au mien qu'un seul, qui serait peut-être celui dont « on parlerait le moins, comme il n'y a qu'heur et malheur en ce « monde[1]. » Donc les héros de Scarron, puisqu'il y en aura plusieurs dans son livre, ne seront pas de ceux qui « sont quelque- « fois incommodes à force d'être trop honnêtes gens[2] »; ils ne seront nullement imaginaires, mais ils seront tous très réels, très vivants, et, comme il arrive en effet dans la vie, ils seront tous, ou presque tous, ridicules : pour les uns, comme Roquebrune ou Ragotin, le ridicule les envahira de la tête aux pieds, au point de ne

---

[1] *Roman comique,* 1re p., ch. XXI.
[2] *Ibid.,* 1re p., ch. V.

leur laisser guère la moindre parcelle de raison; d'autres, au contraire, comme Destin et Mlle de l'Étoile, sensés et véritablement « honnêtes gens », mais sans excès, ne tomberont guère que dans le ridicule de quelques situations : tous, à quelque degré que ce soit, porteront la marque grotesque que Scarron a imprimée à toutes ses créations.

Dans le *Roman comique,* Scarron a peint, mêlés l'un à l'autre, deux mondes bien différents, celui des comédiens et celui des provinciaux. Les uns et les autres, il les connaissait bien, et il en a laissé d'impérissables portraits.

Ces comédiens ne sont pas ceux de l'hôtel de Bourgogne ni du Marais, ce sont de pauvres acteurs de campagne, troupe nomade, comme il y en eut tant au XVIIme siècle. Leur odyssée est restée généralement ignorée; tandis que leurs brillants confrères de Paris ont tiré à eux toute la gloire et ont occupé longtemps les recherches des critiques, eux, les compagnons du théâtre, les messagers de l'art dramatique, qui portaient dans toute la France la bonne nouvelle de la capitale, ils sont demeurés perdus dans l'obscurité des provinces; leurs noms gisent enfouis dans quelques vieilles archives, profondément oubliés de ceux dont ils ont jadis amusé les pères. Et pourtant, dans leur modeste labeur, ils durent souvent dépenser bien du talent, ces acteurs qui savaient, en pleine Bretagne, avec *Andromaque,* tirer des larmes de la marquise de Sévigné, entêtée de Corneille et habituée aux spectacles de Paris[1]. De plus, n'est-ce pas dans ces troupes que s'est vraiment fait au XVIIme siècle l'apprentissage de la comédie? La plupart des acteurs célèbres du temps n'ont-ils pas commencé par être de simples « ambulants[2] »? Floridor, du Croisy, Baron, les des Œillets, les Béjart, la Champmeslé même et bien d'autres encore sont sortis de « l'ordre vagabond des comédiens de campagne[3] ». Molière enfin leur appartient par près de la moitié de sa carrière théâtrale : et si une juste piété a obstinément cherché à dissiper l'ombre qui entoure les pérégrinations de l'Illustre Théâtre, la simple curiosité ne peut-elle pas tenter, à moindres frais d'érudition, de jeter quelque lumière sur les autres comédiens, qui sans avoir eu la destinée de leur glorieux confrère, ont du moins vécu de la même vie et accompli avec honneur la même

---

[1] Il est vrai qu'ils n'en tirèrent que six. Mais Mme de Sévigné n'eût peut-être pas consenti à les verser à l'hôtel de Bourgogne.
[2] C'est l'expression dont Chappuzeau se sert souvent pour les nommer.
[3] *Roman comique,* 2e p., ch. XVI.

tâche ? En attendant que ces douze ou quinze troupes[1] aient trouvé leur historien[2], qui éclaire un peu ce coin si obscur de notre histoire littéraire, du moins si l'on veut, à défaut de renseignements précis, connaître leurs mœurs et leurs habitudes, les joies et les tristesses de leur pénible métier, c'est au *Roman comique* de Scarron qu'il faut recourir. Par la troupe du comédien Destin, nous devinerons un peu ce que devaient être toutes les autres.

Le hasard a réuni ces sept ou huit comédiens des quatre coins de l'horizon. La Rancune a vieilli depuis quarante ans sur les planches. — La Caverne, fille, femme, mère de comédiens, a donné sa fille aussi, Angélique, au théâtre. — A côté d'eux l'on trouve Roquebrune, poète venu des bords de la Garonne ; — Léandre, jeune homme de famille, qui aura douze mille livres de rente, et dont le père voulait faire un conseiller au Parlement de Rennes ; il a dix-neuf ans ; il s'est échappé du collège des jésuites de la Flèche pour suivre sa belle Angélique, et a joint la troupe à Durtal, en Anjou ; — Destin, fils d'un pauvre gentilhomme, mais élevé avec soin par son parrain, destiné à occuper quelque position libérale et à faire figure dans le monde, jeté dans la misère par la fatalité qui le poursuit, et forcé de devenir acteur ; il a rencontré La Rancune à l'arrivée du coche d'Orléans, et l'a retrouvé en Hollande : c'est de là que date leur association. — La l'Étoile, demoiselle de qualité, Mlle de la Boissière de son vrai nom, orpheline, partage la vie de Destin, son protecteur. — Enfin l'Olive, venu on ne sait d'où. Le théâtre égalise ou renverse toutes les conditions : le pauvre gueux de La Rancune y joue les rois et les empe-

---

[1] C'est le chiffre approximatif que donne Chappuzeau. « Autant que je l'ai « pu découvrir, ils peuvent faire douze ou quinze troupes, le nombre n'en « étant pas limité..... Je ne compte pas entre les troupes de campagne les « trois qui sont entretenues par des princes étrangers, par le duc de Savoie, « par l'électeur de Bavière, par les ducs de Brunswick et Lunebourg. » (*Théâtre français*, livre IIIe, 54, 55.) Chappuzeau écrit en 1673 : on ne peut dire au juste combien il y avait de troupes ambulantes au moment du *Roman comique*. Du reste, elles se séparaient et se reformaient sans cesse.

[2] M. H. Chardon s'est mis courageusement à cette œuvre, qui exige des recherches très longues et très minutieuses. Dans la *Troupe du Roman comique dévoilée et les Comédiens de campagne au XVIIe siècle* (Paris, Champion, 1876), il a apporté des documents nouveaux et fort intéressants sur la troupe de M. le Prince, à la tête de laquelle était Filandre, et incidemment sur celle de Molière et celle du duc de Savoie. Il a commencé à publier dans la *Revue archéologique du Maine* (1885) une série d'articles intitulés *Nouveaux documents sur les comédiens de campagne et la vie de Molière*, qui contiennent déjà des renseignements sur le passage du comédien des Œillets au Mans en 1633. Ce que M. Chardon fait pour le Maine, au prix d'un travail acharné, il faudrait que d'autres érudits le fissent pour chacune des provinces de la France ; on voit les difficultés d'une pareille œuvre ; il faut se résigner à n'avoir de longtemps sur les troupes de campagne que des détails bien minces et souvent incohérents.

reurs ; le jeune gentilhomme Léandre y remplit les fonctions de valet et y mouche les chandelles ; nobles et roturiers se trouvent réunis et portent le même fardeau de l'existence : presque tous, du reste, ont renoncé à leur nom et pris un sobriquet; c'est l'époque où des fils de bourgeois comme Poquelin, René Berthelot, Varlet, Villequin, ou des fils de famille comme Josias de Soulas (Floridor), le sieur de Montfleury, François de Beauchâteau, du Croisy, le sieur de Mouchaingre (Filandre), par vocation ou par esprit d'aventure, se sont jetés dans ce que Chappuzeau appelle « le noble emploi » du théâtre. Le *Roman comique* nous offre, en raccourci, l'image de cette petite république, ouverte à tous.

Telle qu'elle est, cette troupe passe pour être très complète [1]. La Rancune ne raconte-t-il pas qu'il a jadis composé une troupe à lui tout seul ? « J'ai joué une pièce moi seul, et j'ai fait en même
« temps le roi, la reine et l'ambassadeur. Je parlais en fausset
« quand je faisais la reine ; je parlais du nez pour l'ambassadeur
« et me tournais vers ma couronne que je posais sur une chaise ;
« et pour le roi, je reprenais mon siège, ma couronne et ma gra-
« vité, et grossissais un peu ma voix [2]. » Dans la troupe du Mans, Destin joue les grands premiers rôles d'homme, l'Olive les seconds, La Rancune les troisièmes, c'est-à-dire « les confidents, « ambassadeurs et recors, quand il fallait accompagner un roi, « prendre ou assassiner quelqu'un, ou donner bataille [3] ; » Roquebrune remplissait les derniers rôles. Des trois femmes, Mlle de l'Étoile jouait les premiers rôles, les Chimène ; Angélique aussi, mais elle se réservait plutôt le personnage d'ingénue, qui exigeait moins de force et plus de grâce ; enfin la Caverne, déjà vieille, représentait les reines et les mères, et elle jouait à la farce comme La Rancune [4]. Qu'on ajoute à ces sept acteurs les valets de trois d'entre eux, qui copiaient les rôles, les récitaient à l'occasion, et prétendaient tous devenir un jour comédiens en chef [5] ; enfin un portier préposé à l'entrée du théâtre et à la police de la salle : il devait être quelque peu un brave, suivant la coutume du temps, et savoir jouer de l'épée à l'occasion [6]. Destin était l'orateur de la

---

[1] « Notre troupe est aussi complète que celle du prince d'Orange ou de « Son Altesse d'Épernon. » (*Roman comique*, 1re p., ch. II.) — « Destin repartit « ..... qu'ils n'étaient que sept ou huit quand leur troupe était bien forte. » (*Roman comique*, 1re p., ch. X.) Voir aussi dans l'histoire de La Caverne la composition de la troupe de son père. (2e p., ch. III.)
[2] *Roman comique*, 1re p., ch. II.
[3] *Ibid.*, 1re p., ch. V.
[4] *Roman comique*, 1re p., ch. VIII. « La Rancune se farinait à la farce. » Jodelet se farinait même en dehors de la farce, dans les pièces de Scarron.
[5] *Ibid.*
[6] Chappuzeau, III, 52.

troupe, c'est-à-dire il lui donnait son nom et il faisait l'annonce ; pour tout le reste, il était l'égal de ses camarades [1].

Telle était la troupe que les braves provinciaux virent un soir arriver au Mans, dans un piteux état de fatigue et de délabrement ! Scarron nous en a laissé au début du *Roman comique* la vive peinture. Pauvres rois et reines de tragédie, dans quel accoutrement parûtes-vous aux yeux des Manceaux étonnés !

> Il était entre cinq et six quand une charrette entra dans les halles du Mans. Cette charrette était attelée de quatre bœufs fort maigres, conduits par une jument poulinière dont le poulain allait et venait à l'entour de la charrette comme un petit fou qu'il était. La charrette était pleine de coffres, de malles et de gros paquets de toiles peintes qui faisaient comme une pyramide, au haut de laquelle paraissait une demoiselle habillée moitié ville et moitié campagne. Un jeune homme, aussi pauvre d'habits que riche de mine, marchait à côté de la charrette. Il avait une grande emplâtre sur le visage qui lui couvrait un œil et la moitié de la joue, et portait un grand fusil sur son épaule dont il avait assassiné plusieurs pies, geais et corneilles, qui faisaient comme une bandouillère, au bas de laquelle pendaient par les pieds une poule et un oison, qui avaient bien la mine d'avoir été pris à la petite guerre. Au lieu de chapeau, il n'avait qu'un bonnet de nuit entortillé de jarretières de différentes couleurs, et cet habillement de tête était une manière de turban qui n'était encore qu'ébauché et auquel on n'avait pas encore donné la dernière main. Son pourpoint était une casaque de grisette, ceinte avec une courroye, laquelle lui servait aussi à soutenir une épée, qui était si longue, qu'on ne s'en pouvait aider adroitement sans fourchette. Il portait des chausses troussées à bas d'attache, comme celles des comédiens quand ils représentent un héros de l'antiquité ; et il avait au lieu de souliers des brodequins à l'antique, que les boues avaient gâtés jusqu'à la cheville du pied. Un vieillard, vêtu plus régulièrement, quoique très mal, marchait à côté de lui. Il portait sur ses épaules une basse de viole et, parce qu'il se courbait un peu en marchant, on l'eût pris de loin pour une grosse tortue qui marchait sur les jambes de derrière [2].

Scarron a-t-il chargé le tableau et l'a-t-il légèrement incliné à la caricature ? Il en est bien capable. Mais il se peut aussi que le trio qui vint passer devant le tripot de la Biche fût quelque peu ridicule ; il ne représentait qu'une partie de la troupe débandée, et obligée de fuir « un pied chaussé et l'autre nu » devant les fusiliers de M. l'intendant de la Touraine : cela explique de reste la bizarrerie extrême des costumes improvisés. Et puis, il faut bien dire que les compagnies ambulantes devaient assez ressembler à nos saltimbanques d'aujourd'hui, forcées de camper souvent on ne sait où, semant le long de la route dans les tripots et

---

[1] « Les comédiens affectionnent l'état républicain. » Chappuzeau, III, 17, 49.
[2] *Roman comique*, 1re p., ch. I.

dans les hôtelleries le peu d'argent qu'elles gagnaient. Ces comédiens qui allaient ainsi de ville en ville n'étaient pas riches comme Mondori[1] ; ils étaient pourtant obligés à d'assez grandes dépenses d'habits[2] ; ils se heurtaient souvent à l'humeur chiche et avaricieuse des provinciaux[3], et ils avaient aussi à supporter toutes sortes de contre-temps fâcheux qui fondaient sur eux. Leur vie était dure à travers ce voyage incessant et parfois périlleux. Il n'était donc pas étonnant que leur mise semblât grotesque aux bourgeois ventrus[4] du Mans, attablés à la porte du tripot : cela n'empêchait pas qu'un cœur généreux battît sous les pauvres habits de Destin.

Le théâtre n'était pas seulement la grande affaire des comédiens, mais c'était aussi leur plus grande joie ; s'ils l'aimaient comme on aime son gagne-pain, ils le chérissaient aussi passionnément pour lui-même ; à peine arrivés au Mans, encore tout poudreux et harassés de la route, Destin, La Rancune et la Caverne, devant la curiosité bienveillante qui les accueille, offrent de jouer : ils demandent seulement qu'on satisfasse leur charretier et qu'on acquitte leurs frais d'hôtellerie ; ils ne sont que trois, ils n'ont pas de costumes, mais ils suppléeront à tout ; ils endossent des habits de ville, et « en moins d'un demi quart d'heure », tout est prêt : « alors on vit derrière un drap sale qu'on
« leva, le comédien Destin couché sur un matelas, un corbillon
« sur la tête, qui lui servait de couronne, se frottant un peu les
« yeux comme un homme qui s'éveille, et récitant du ton de Mon-
« dori le rôle d'Hérode qui commence par :

> Fantôme injurieux qui troubles mon repos.

« L'emplâtre qui lui couvrait la moitié du visage ne l'empêcha pas
« de faire voir qu'il était excellent comédien. Mlle de la Caverne fit
« des merveilles dans les rôles de Marianne et de Salomé : La Ran-
« cune satisfit tout le monde dans les autres rôles de la pièce[5]. »

---

[1] La Rancune dit à Ragotin : : « Si je faisais des vers aussi bons la moitié « que ceux que vous venez de me lire, je ne serais réduit à tirer le diable « par la queue et je vivrais de mes rentes aussi bien que Mondori. » (*Roman comique*, 1re p., ch. II.) Mondori se retira avec 8 à 10,000 livres de rente ; Tabarin et Scaramouche furent aussi très riches.
[2] Chappuzeau nous dit qu'un costume à la romaine coûtait 500 écus et que tel des comédiens avait un équipage qui valait 10,000 fr. Les comédiens de campagne devaient être plus modestes à en juger par la description de Scarron ; La Rancune parle pourtant de coffres qui contiennent leurs habits.
[3] Scarron se moque « de l'humeur chiche des Manceaux. » (*Roman com.*, 2e p., ch. XVII.)
[4] « Cette province abonde en personnes ventrues. » (*Roman com.*, 2e p., ch. VII.)
[5] *Roman comique*, 1re p., ch. II.

C'est la *Marianne* de Tristan[1] que nos comédiens représentent ainsi au pied levé dans le tripot de la Biche. Ils représenteront aussi le *Soliman* de Mairet[2] ; le *Cid*, où Mlle de l'Étoile ravira tous les cœurs dans le rôle de Chimène[3], *Nicomède*, dont Scarron fait un chaleureux éloge[4], *Don Japhet* « ouvrage de théâtre aussi enjoué « que celui qui l'a fait a sujet de l'être peu[5]. » Leur répertoire comprenait donc les pièces les plus applaudies pendant les vingt dernières années[6] ; il n'était plus question déjà des pièces de Hardy, où La Rancune avait joué jadis en fausset et sous les masques les rôles de nourrice[7]. Celles de Garnier aussi étaient oubliées : la Caverne n'avait pas joué *Roger et Bradamante* depuis sa jeunesse[8]. Quant aux farces, on les jouait bien encore pour plaire au goût des provinces, quoique le genre en fût déjà presque aboli à Paris[9] ; mais c'étaient les vieux acteurs, la Rancune et la Caverne, peut-être l'Olive et les valets qui y figuraient ; Destin et la l'Étoile n'y paraissaient pas ; ils s'en tenaient à leurs succès de la comédie où, avec Angélique, ils enlevaient tous les suffrages ; ils y « faisaient des merveilles, et ceux de l'assistance qui avaient « souvent ouï la comédie dans Paris, avouèrent que les comé- « diens du roi n'eussent pas mieux représenté[10] » ; la place de certains d'entre eux eût été à l'hôtel de Bourgogne ou au Marais[11], s'ils avaient eu autant de bonheur qu'ils avaient de vrai talent. Et pourtant la troupe ne faisait pas ses affaires dans les tripots de la ville ; le Manceau, trop chiche de sa nature, ne récompensait pas ceux qui l'amusaient ; c'eût été l'affreuse misère pour nos comédiens, s'ils n'avaient été appelés pour jouer chez des per-

---

[1] 1636.
[2] *Roman comique*, 1re p., ch. XII ; le *Soliman* est de 1630.
[3] *Roman comique*, 1re p., ch. XIX.
[4] « On représenta le jour suivant le *Nicomède* de l'inimitable M. de Cor-« neille. Cette comédie est admirable à mon jugement, et celle de cet excel-« lent poëte de théâtre en laquelle il a le plus mis du sien et a plus fait « paraître la fécondité et la grandeur de son génie, donnant à tous les « acteurs des caractères fiers, tous différents les uns des autres. » (*Roman comique*, 2e p., ch. XVIII.)
[5] *Roman comique*, 2e p., ch. XVII.
[6] Il faut remarquer que parmi ces pièces, deux, le *Nicomède* et le *Japhet*, sont bien postérieures au passage des comédiens au Mans : c'est par une pure fiction que Scarron les leur fait représenter.
[7] *Roman comique*, 1re p., ch. V.
[8] *Ibid.*, 2e p., ch. III.
[9] « La comédie est aujourd'hui purgée, au moins à Paris, de tout ce « qu'elle avait de licencieux... Aujourd'hui, la farce est comme abolie... » (*Roman comique*, 2e p., ch. VIII.) — La Caverne dit aussi : « La farce divertit « encore plus que la comédie, comme il arrive d'ordinaire partout hors de « Paris. » (*Roman comique*, 2e p., ch. III.)
[10] *Roman comique*, 1re p., ch. XVI.
[11] *Les colonnes d'Hercule des comédiens de campagne*, comme dit Chappuzeau (III, 53), leur *non plus ultra*, comme dit Scarron (1re p., ch. XII).

sonnes plus généreuses[1], comme chez la comtesse de Soissons, à Bonnétable, ou bien chez ce riche bourgeois du bas Maine qui donna de si belles fêtes pour le mariage de sa pupille avec le fils Bouvillon[2] : alors on venait chercher les comédiens dans des carrosses, on les hébergeait magnifiquement, on les fêtait et on leur donnait une belle somme ; ou bien le marquis d'Orsé, qui recevait toute la noblesse du pays au Mans, donnait deux cents pistoles aux acteurs pour qu'ils voulussent prolonger leur séjour[3]. C'étaient là, pour la troupe, des moments heureux, qui lui faisaient oublier les durs labeurs de la veille.

Nul n'a mieux dépeint que Scarron les joies et les misères des comédiens ; il aimait « cette nation »[4], nous dit-il, il devait même la connaître de fort près, à en juger par les traits si réalistes dont il charge son tableau. Il n'a voilé aucun des mauvais côtés du métier, les difficultés matérielles de l'existence, le désordre et même la malpropreté qui accompagnent cette vie vagabonde, les rixes et les combats sur des routes peu sûres, dans des pays toujours nouveaux, les querelles avec des hôtesses rapaces et des provinciaux insolents, et surtout cette contrainte souvent si pénible « de pleurer et de rire lorsqu'on a envie de faire tout « autre chose[5] », cette abdication volontaire de soi-même par laquelle on appartient au public, c'est-à-dire souvent au plus cruel des maîtres, cette tristesse de se sentir un jouet fait pour amuser des gens qui n'en sont pas toujours dignes, ce préjugé infamant qui s'attache aux comédiennes, et qui semble autoriser qu'on les cajole, qu'on les patine[6] et parfois qu'on les enlève[7]. « La vie co-
« mique, dit mélancoliquement la Caverne, n'est pas si heureuse
« qu'elle le paraît[8]. » Mais combien Scarron a relevé d'autre part ses bizarres héros, en les montrant supérieurs à leur condition et en leur donnant, sous leur accoutrement ridicule, des cœurs vraiment humains ! Cette misère recouvre beaucoup de dignité, et la troupe du *Roman comique*, à part une ou deux exceptions, est composée de fort honnêtes gens.

---

[1] Chappuzeau (III, 27).
[2] *Roman comique*, 1re p., ch. XIX.
[3] *Ibid.*, 2e p., ch. XVII.
[4] *Première légende de Bourbon*.
[5] Cela « diminue beaucoup le plaisir qu'ont les comédiens d'être quelque-
« fois empereurs et impératrices, et d'être appelés *beaux comme le jour*,
« quand il s'en faut plus de la moitié, et *jeune beauté* bien qu'ils aient vieilli
« sur le théâtre, et que leurs cheveux et leurs dents fassent partie de leurs
« hardes... » (*Roman comique*, 1re p., ch. VII.)
[6] *Roman comique*, 1re p., ch. VIII.
[7] Les enlèvements d'Angélique et de l'Étoile.
[8] *Roman comique*, 2e p., ch. III.

Au premier rang brillent Destin et Mlle de l'Étoile : Scarron les a dessinés avec une délicatesse de pinceau, dont l'auteur du *Typhon* ne semblait pas capable. Quel type charmant que celui de ce comédien honnête homme, dont la jeunesse a été consacrée à l'étude, et qui, jeté dans les aventures les plus tragiques, sait s'y comporter en cœur vaillant et noble ! Devenu acteur par nécessité, il se place vite au premier rang par son talent et par son caractère. Il n'est pas seulement excellent comédien, il sait aussi discourir sur tous les sujets « en homme éclairé et qui sait bien « son monde ; il a l'âme d'une personne de condition qui l'aurait « fort belle, » il en a aussi l'esprit. C'est le sage de la troupe : il donne de bons conseils à Léandre, il s'élance à la poursuite des ravisseurs d'Angélique, il est bon et serviable pour tous, au point de ne pouvoir rien refuser à Mme Bouvillon. Aussi tous l'aiment : il n'est pas jusqu'à cet « envieux animal » de La Rancune, à qui il n'en impose par sa mâle franchise. Scarron revient à plusieurs reprises sur la richesse de sa taille et de sa mine, sur la beauté de son visage, sur son grand air. Cela ne l'empêche point d'être doux, modeste, résigné ; il pleure, il rougit comme une jeune fille ; le plus souvent il ne prend aucune part aux conversations bruyantes et vides ; il se tait et semble rêver. Il a quelquefois aussi de brusques accès d'enjouement ; il sait à l'occasion jouer de l'épée pour défendre ses compagnons ; il tombe à coups de poings sur les hôteliers récalcitrants ; dans les luttes homériques des tavernes, il sait faire le moulinet des deux bras, et même appliquer « cent claques sur les fesses d'une grosse servante. » Au reste Scarron s'est bien gardé d'en faire un héros parfait ; pour lui donner plus de vie, il le plonge à chaque instant dans la réalité burlesque, il n'hésite pas à le placer parfois dans des situations ridicules : mais il ne l'abaisse jamais. Cette âme si tendre a dû nécessairement se donner : Destin aime Mlle de la Boissière, qu'il a connue à Rome, qu'il a sauvée et protégée au péril de sa vie [1], et avec laquelle il partage les hasards de son existence aventureuse. Elle est digne de lui : « elle était fort sage, et si « Destin avait bien de l'esprit et faisait voir qu'il avait été bien « élevé, Mlle de l'Étoile paraissait plutôt fille de condition qu'une « comédienne de campagne ; » « il n'y avait pas au monde de fille « plus modeste et d'humeur plus douce ; » elle était fort belle et elle inspirait de l'amour à tous ceux qui la voyaient. En même temps

---

[1] Voir l'histoire très romanesque de Destin, son amitié avec Verville, ses luttes contre Saldagne et Saint-Phar.

elle était si bonne, qu'elle avait à peine le courage de retirer ses blanches mains des pattes crasseuses et velues de Ragotin. Mais, si elle ne tenait pas ses bras trop chers, ce n'était pas pour les motifs que Bussy Rabutin prête à son aimable cousine; la coquetterie n'y était pour rien. « Destin vivait avec elle dans le plus « grand respect du monde; » ils s'appelaient frère et sœur, mais leurs yeux en disaient plus long que leurs bouches ; et rien qu'à les voir, cette futée d'Angélique « soupçonnait bien qu'ils étaient « plus grands amis que proches parents. » Couple exquis qui donne au roman de Scarron je ne sais quel délicieux parfum de vertu et d'honnêteté.

Destin et l'Étoile ne sont pas des comédiens de profession. La Caverne, au contraire, est une enfant de la balle. « Je suis née « comédienne, fille d'un comédien, à qui je n'ai jamais ouï dire « qu'il eût des parents d'autre profession que la sienne. » Elle dirige sa fille Angélique dans cette carrière : toutes deux excellentes actrices, « quoique par malheur plutôt que par faute de mérite, « elles n'eussent jamais eu l'honneur de monter sur le théâtre de « l'hôtel de Bourgogne ou du Marais. » Elles mènent une vie fort sage, et « l'on n'eût pu trouver, en toutes les caravanes de comé- « diens de campagne, deux comédiennes qui eussent plus de « vertus que ces deux-là [1]. » Aussi Mlle de l'Étoile en a-t-elle fait ses amies. Mais cette vertu très réelle n'avait rien de raide et s'alliait à une très grande liberté de manières : il faut voir la façon plus que vive dont Angélique sait se défaire des amoureux. « Les « mains d'Angélique étaient quelquefois serrées ou baisées ; « ... mais un coup de pied dans l'os des jambes, un soufflet ou « un coup de dents, selon qu'il était à propos, la délivraient bien- « tôt de ses galants à toute outrance [2], » ou bien elle donne un grand coup de busc sur les doigts de l'entreprenant Ragotin. La Caverne surveille la scène du coin de l'œil, tout en rangeant ses hardes : car elle n'est pas une Mme Cardinal, elle est une mère aimante et indulgente. Quant à Angélique, « ce n'était pas qu'elle « fût une dévergondée, mais son humeur enjouée et libre l'empê- « chait d'observer beaucoup de cérémonies; d'ailleurs elle avait « de l'esprit et était une très honnête fille [3]. » Pourtant cette ingénue de seize ans n'est pas sans avoir remarqué les œillades enflammées que lui a lancées à la Flèche l'écolier Léandre. En vain elle a tenté de le décourager, et elle a combattu longtemps

---

[1] *Roman comique*, 2º p., ch. I.
[2] *Ibid.*, 1re p., ch. VIII.
[3] *Ibid.*

contre son propre cœur : elle s'est laissé prendre à l'amour ardent du jeune gentilhomme, qui a tout quitté pour la suivre et est devenu le valet de Destin ; elle lui écrit en cachette des lettres passionnées, et elle consent même à se laisser emmener en Angleterre pour s'y faire épouser. Quel coup pour La Caverne quand elle s'aperçoit que cette fille dont elle gardait chèrement l'honneur est devenue amoureuse et va lui échapper ! Quelles nobles plaintes exhale son cœur maternel ! « Je voudrais qu'elle n'en revînt « jamais, répondit La Caverne à l'Étoile en pleurant plus fort, je « voudrais qu'elle n'en revînt jamais, répéta-t-elle, et que je « n'eusse qu'à la regretter ; mais il faut que je la blâme, que je la « haïsse, et que je me repente de l'avoir mise au monde ! [1] » Voilà un désespoir qui n'a rien de burlesque et dont l'accent est fort émouvant. — Quant à Léandre, Scarron a laissé davantage dans l'ombre sa gracieuse figure : il en dit pourtant assez pour nous faire aimer ce jeune écervelé, qui plante là ses livres et les bons pères jésuites pour courir après la belle Angélique ; il a une façon si naïve d'exprimer son amour. « Je vis Mlle Angélique, et j'en « devins tellement amoureux, que je ne pus plus faire autre « chose que l'aimer [2]. » Et voilà le conseiller en herbe au Parlement de Bretagne, devenu simple valet de comédien, employé à copier des rôles et à réciter des vers, et à recevoir parfois les mauvais traitements d'un maître. En vain son père le rappelle, le menace, le déshérite : il souffre tout pour l'amour de sa maîtresse ; dans l'espoir de l'obtenir de sa mère, il se voue même à la vie vagabonde des comédiens de campagne. Léandre est un jeune premier, un amoureux de roman : mais quelle fraîcheur de sentiments, quelle jeunesse dans cet amour ! Il ne connaît ni l'*Astrée*, ni le *Cyrus* ; il n'a jamais lu que dans les yeux de sa belle Angélique. La Caverne, Angélique, Léandre ! Personnages ébauchés à la hâte par le crayon de Scarron, mais marqués de traits très humains ; mère tendre et inquiète, grands enfants qui s'aiment au printemps de la vie ! Nous prévoyons la conclusion de cette idylle : Léandre aura son Angélique ; la vieille La Caverne pardonnera et sera fière de compter un grand comédien de plus dans sa famille [3].

Voilà bien du talent et aussi bien des vertus cachées sous l'humble condition des comédiens de campagne, en voilà même peut-être un peu trop. Scarron s'oublierait-il à ne peindre que

---

[1] *Roman comique*, 1re p., ch. XXIII.
[2] *Ibid.*, 2e p., ch. v.
[3] Voir plus loin (page 349) ce qui a trait à l'identification de Léandre avec le comédien Filandre.

les beaux côtés de la nature humaine? Ce n'est pas le reproche qu'il encourt d'ordinaire! Aussi, à côté des caractères si attachants de Destin, de l'Étoile, de la Caverne, d'Angélique et de Léandre, en a-t-il placé d'autres, tout différents, qui jettent un peu d'ombre dans le tableau si séduisant de la troupe du *Roman comique*, et qui mêlent une note ridicule à cet ensemble un peu sérieux.

Voici d'abord Roquebrune, le poète; le *mâchelaurier*. Ce bel esprit s'était donné à la troupe quasi malgré elle ; et « parce qu'il « ne partageait point et mangeait quelque argent avec les comé- « diens, on lui donnait les derniers rôles dont il s'acquittait fort « mal[1]; » il était « un peu fou », et quand sa poésie lui montait à la tête, ses accès étaient capables de troubler le sommeil de toute une maison : témoin cette nuit mémorable où, après avoir fait les deux plus belles stances que l'on eût jamais vues depuis que l'on en fait, il se releva de peur de les perdre, erra à tâtons pour chercher une chandelle, mit tout le monde aux prises et suscita le plus beau vacarme qui ait jamais retenti dans une hôtellerie du Mans[2]. « Toutes les boutiques d'épiciers du royaume étaient « pleines de ses œuvres, tant en vers qu'en prose[3]; » et il projetait d'y ajouter « un roman en cinq parties, chacune de dix volumes, « qui effacerait les *Cassandre*, les *Cléopâtre*, les *Polexandre* et les « *Cyrus,* quoique ce dernier ait le surnom de *Grand*, aussi bien « que le fils de Pepin[4]. » « Il menaçait les comédiens d'une « quantité de pièces, mais il leur avait fait grâce jusqu'alors[5]. » Ce *divin* poète était en même temps « le plus incorrigible pré- « somptueux qui fût venu des bords de la Garonne, amoureux « de lui-même sans avoir de rivaux : il s'était imaginé que l'on « croyait tout ce qu'il disait de sa maison, richesse, poésie et « valeur ; » il s'était fait faire un arbre généalogique en vieux parchemin, où il avait mis beaucoup d'évêques et de grands seigneurs de son pays ; il se tuait de dire qu'il avait connu Corneille, fait la débauche avec Saint-Amant, et perdu un bon ami en feu Rotrou. Il galantisait lourdement avec les comédiennes, sans avoir pu dire au juste pour laquelle il brûlait; il racontait avec suffisance ses exploits amoureux de jadis et les sérénades qu'il avait données ; enfin, il avait avec cela la manie de parier à chaque instant cent pistoles « pour défendre ses hyperboles quotidiennes, qui

---

[1] *Roman comique,* 1re p., ch. VIII.
[2] *Ibid.,* 1re p., ch. XII.
[3] *Ibid.,* 1re p., ch. VIII.
[4] *Ibid.,* 1re p., ch. XXI.
[5] *Ibid.,* 1re p., ch. VIII.

« pouvaient bien se monter chaque semaine à la somme de mille
« ou douze cents impertinences, sans comprendre les mente-
« ries. » Il était naturellement en butte aux quolibets de ses
camarades, mais il ne pouvait pas croire qu'on se moquât de lui :
d'ailleurs « il entendait la raillerie mieux qu'homme du monde, et
« la souffrait en philosophe chrétien quand même elle allait au
« solide. » Scarron l'a dépeint avec amour, et lui a fait une véritable auréole de ridicule. Sa grotesque silhouette se détache
gaiement dans le fond du *Roman comique*.

Mais le personnage le plus vivant de tous, admirable de vérité
et de relief, est celui de La Rancune. C'est le type le plus fortement
tracé qu'on trouve dans l'œuvre de Scarron : « La Rancune était
« de ces misanthropes qui haïssent tout le monde et qui ne s'aiment
« pas eux-mêmes, et j'ai su de beaucoup de personnes qu'on ne
« l'avait jamais vu rire. Il avait assez d'esprit et faisait assez bien
« de méchants vers ; d'ailleurs nullement homme d'honneur,
« malicieux comme un vieux singe et envieux comme un chien.
« Il trouvait à redire à tous ceux de sa profession. Belleroze était
« trop affecté, Mondori rude, Floridor trop froid, et ainsi des
« autres ; et je crois qu'il eût aisément laissé conclure qu'il avait
« été le comédien sans défaut : et cependant il n'était plus souffert
« dans la troupe, qu'à cause qu'il avait vieilli dans le métier......
« Il avait une vanité insupportable, laquelle s'était jointe à une
« raillerie continuelle, une médisance qui ne s'épuisait point et
« une humeur querelleuse qui était pourtant soutenue par quel-
« que valeur. Tout cela le faisait craindre à ses compagnons ;
« avec Destin seul il était doux comme un agneau, et se montrait
« devant lui raisonnable autant que son naturel le pouvait per-
« mettre. On a voulu dire qu'il en avait été battu ; mais ce bruit-là
« n'a pas duré longtemps, non plus que celui de l'amour qu'il
« avait pour le bien d'autrui, jusqu'à s'en saisir furtivement. Avec
« cela, le meilleur homme du monde[1]. »

Scarron ajoute à chaque page quelque trait à ce saisissant
portrait. « La Rancune, nous dit-il ailleurs, était animal envieux
« plutôt qu'animal nuisible. » C'était un « homme à s'éborgner pour
« faire perdre un œil à un autre » ; « il composait des mémoires
« contre tout le genre humain. » Ce vieux comédien, cynique, malpropre, jaloux du mérite des autres, et aigri par le sentiment de
sa déchéance, ne pouvait se consoler de jouer les derniers rôles
après avoir jadis joué les premiers, et il s'en vengeait sur quel-

---

[1] *Roman comique*, 1re p., ch. v. Le souvenir de Marot est évident.

ques misérables dupes qu'il passait son temps à mystifier. Ses plaisanteries étaient terribles et devenaient lugubres quand il avait bu : car le vin le rendait plus sérieux. L'aventure du pot de chambre[1], celle des bottes, ne sont qu'amusantes, bien que le comique en soit un peu inquiétant ; mais l'histoire du cadavre, qu'il transporte la nuit sur ses épaules et qu'il met dans le lit de Ragotin pour lui faire peur, est tout simplement horrible. C'est à Ragotin et à Roquebrune que s'attachait surtout l'impitoyable comédien. Dieu sait les tours pendables qu'il jouait au petit avocat, flattant ses vices et le poussant par les épaules dans les équipées les plus ridicules. Quant au poète, il en faisait vraiment son souffre-douleur : il avait été jusqu'à faire des recherches en Gascogne sur la famille de Roquebrune, pour le convaincre de mensonge dans ses prétentions nobiliaires ; il lui rappelait malicieusement qu'il avait été correcteur d'imprimerie, et prétendait que sa femme était morte, non pas en couches, mais de vieillesse, six mois après son mariage. Les disputes de La Rancune finissaient toujours de même : il empruntait de l'argent à Roquebrune, qui se croyait encore son obligé ; il en usait toujours ainsi avec ses victimes, dont il devenait le confident : l'habitude de jouer les traîtres le suivait en dehors du théâtre.

Il y a encore d'autres personnages parmi les comédiens du *Roman comique*, mais Scarron les a dessinés d'un trait, sans appuyer. Citons l'Olive, qui suit La Rancune pas à pas comme une ombre, et qui admire fort son génie. Citons surtout l'opérateur, le sieur Ferdinando Ferdinandi, normand qui se dit vénitien, jadis vendeur de mithridate, devenu médecin spagirique, « et pour « dire franchement ce qu'il était, grand charlatan, et encore plus « grand fourbe ». Il arrive au Mans avec son train composé de sa femme, d'une vieille servante more, d'un singe et de deux valets. Sa femme Inézilla est d'une beauté un peu mûre qui demande à être réparée chaque matin à l'aide de « quelques munitions « d'amour » ; elle est ardente comme toutes les Espagnoles ; et le grand dadais de Roquebrune viendra tourner autour de ce foyer mal éteint et y brûler ses ailes de poète.

En somme, à part un très petit nombre de types grotesques ou méchants, la troupe du *Roman comique* est composée d'honnêtes gens, pleins de cœur et de talent. Scarron semble avoir voulu

---

[1] *Roman comique*, 1re p., ch. VI. — Cette aventure du pot de chambre, quelque grossier qu'en soit le sujet, est bien une des narrations les plus vives et les plus spirituelles qui aient été écrites dans notre langue. C'est dans son genre un véritable chef d'œuvre.

venger l'espèce tout entière des injustes mépris dont on l'a souvent accablée. Il y avait alors en faveur des comédiens un mouvement considérable, qui coïncidait avec la renaissance de la comédie elle-même. C'est la belle époque de Mondori, de Floridor, de Bellerose, riches et honorés. Déjà Corneille, à la fin de l'*Illusion comique,* avait fait un magnifique éloge du théâtre et de tous ceux qui y consacrent leur talent[1]. Plus tard, Chappuzeau fera non sans naïveté un tableau vraiment trop flatté des vertus de toutes sortes qui fleurissent sur le sol du théâtre[2]. C'est alors que, par réaction, l'Église tonnera contre les comédiens et les dénoncera du haut de la chaire ; et parfois, malgré l'extrême rigueur de ces anathèmes, il faut avouer qu'elle aura beau jeu. Scarron venu avant que leur cause fût sottement défendue et gravement compromise, se contente de les peindre exactement ; et, par là-même, il fait davantage pour eux que le plus enthousiaste des panégyristes : il les fait aimer. Ce n'est pas qu'il les flatte et les orne de toutes les vertus : il ne dissimule pas « que leur profession « semble dispenser du scrupule et de la sévérité ceux qui la sui« vent[3] », que, « selon l'opinion du monde, les actrices sont moins « chargées de vertu que de vieille broderie et de fard[4] ; » il appelle les acteurs « les perroquets ou les sansonnets des poètes[5] ; » il avoue que « leur esprit a ordinairement de plus étroites limites « que leur mémoire[6] » ; et que « leur conversation consiste souvent « à ne pas dire autre chose que des vers appris par cœur[7]. » Mais il reconnaît aussi qu'il peut se trouver chez eux des intelligences plus vives et des cœurs mieux nés. A-t-il pour une fois démenti son tempérament burlesque et embelli la réalité au lieu de l'enlaidir ? Ou bien la troupe qu'il vit au Mans contenait-elle vraiment des sujets d'élite ? Il faut plutôt croire à la sincérité de Scarron et à la fidélité de sa peinture. Qu'y a-t-il d'étonnant à ce qu'il y eût dans une troupe de campagne d'alors des comédiens comme

---

[1] *Illusion comique,* V, 5 :

A présent le théâtre
Est en un point si haut que chacun l'idolâtre, etc.

[2] Le *Théâtre français, divisé en trois livres* (1674, Lyon). Ce troisième livre, consacré à la conduite des comédiens, contient des chapitres comme ceux-ci : V. *Assiduité des comédiens aux exercices pieux.* — VI. *Leurs aumônes.* — VIII. *Leur soin à ne recevoir entre eux que des personnes qui vivent bien.* — XI. *Les avantages qu'en reçoivent les jeunes gens et les orateurs sacrés.* — XII. *Leurs belles coutumes.* — XXIII. *Leur civilité envers tout le monde,* etc.
[3] *Roman comique,* 2e p., ch. v.
[4] *Ibid.,* 2e p., ch. I.
[5] *Ibid.,* 2e p., ch. VIII.
[6] *Ibid.,* 2e p., ch. VIII.
[7] *Ibid.,* 1re p., ch. XXI.

Destin et Mlle de l'Étoile, alors que, quelques années plus tard, sur ces mêmes grands chemins de la province, on pourra rencontrer une autre troupe, dont l'orateur sera Molière ?

Si les comédiens sont ménagés dans le *Roman comique*, on peut dire que les provinciaux ont payé pour eux : autant Scarron a peint avec bienveillance Destin et ses camarades, autant il a daubé sans pitié contre les inoffensifs habitants du Maine. Parisien dans l'âme, habitué à la vie spirituelle et brillante, au plaisir élégant de la capitale, il ne voyait rien d'aimable en dehors du Marais, du Louvre ou du faubourg Saint-Germain. En débarquant au Mans, il fut très sensible au rapetissement extrême dont la province donne généralement l'impression ; il lui garda du reste toujours rancune d'y être arrivé en exilé et d'en être parti paralytique : il y avait passé à coup sûr les années les plus heureuses de sa vie, mais il en médit et pesta contre elle comme fait tout Parisien en voyage ou simplement en villégiature ; toutes les femmes lui parurent sottes, laides et malpropres, tous les hommes ventrus, égoïstes et fripons, le séjour parfaitement *hideux* ; il ne pardonna qu'aux chapons du pays et aussi aux Parisiens qu'il retrouvait loin de Paris. Beaucoup de ses œuvres portent la marque de ce dédain qu'il affichait pour la province ; mais c'est dans le *Roman comique* qu'il en a fait le tableau satirique et burlesque.

Ce qui déplaît surtout à Scarron, c'est que les provinciaux veulent imiter les modes de Paris, et qu'ils le font avec une insigne gaucherie. Il s'était déjà moqué de l'accoutrement des godelureaux et des élégantes du Mans[1] ; il raillera aussi leur badauderie, le sans-gêne avec lequel ils se précipitent sur les comédiens, envahissent la chambre des comédiennes, s'assoient sur leur lit, leur prennent les mains, les patinent, et causent tous ensemble sur le théâtre pour avoir l'air d'être au courant. Des personnes de qualité viennent-elles chasser au Mans ? toutes les dames du Maine s'y précipitent aussi pour pouvoir parler des dames de la cour tout le reste de leurs jours auprès de leur feu. « Ce n'est « pas une petite ambition aux provinciaux que de pouvoir dire « quelquefois qu'ils ont vu en un tel lieu, en un tel temps, « des gens de la cour, dont ils prononcent toujours le nom tout « sec, comme, par exemple : *Je perdis mon argent contre Roque-* « *laure ; Créqui a tant gagné ; Coaquin court le cerf en Touraine...* « et si on leur laisse quelquefois entamer un discours de poli-

---

[1] *Epître à Mme de Hautefort*, 1646

« tique ou de guerre, ils ne départent pas (si j'ose ainsi dire)
« jusqu'à ce qu'ils aient épuisé la matière autant qu'ils en sont
« capables[1]. » Ajoutez à cela qu'ils sont ignorants, vaniteux,
bouffis d'eux-mêmes, et presque toujours mauvais plaisants.
Mais au lieu de faire une peinture impersonnelle de tous ces
défauts, Scarron les a réunis, avec bien d'autres encore, dans le
héros burlesque de son livre, dans Ragotin.

C'était « un petit homme veuf, avocat de profession, qui avait
« une petite charge dans une petite juridiction voisine. Depuis la
« mort de sa petite femme il avait menacé les femmes de la ville
« de se remarier, et le clergé de la province de se faire prêtre,
« et même de se faire prélat à beaux sermons comptants. C'était
« le plus grand petit fou qui ait couru les champs depuis Roland.
« Il avait étudié toute sa vie; et quoique l'étude aille à la con-
« naissance de la vérité, il était menteur comme un valet, pré-
« somptueux et opiniâtre comme un pédant, et assez mauvais poète
« pour être étouffé, s'il y avait de la police dans le royaume[2]. »
Ce *godenot* mal bâti, ventru, velu, d'une taille si courte que, dans
les combats, il ne pouvait frapper ses adversaires qu'au ventre ou
aux cuisses, était en même temps hargneux, rageur, querelleur,
esprit fort, débauché, fanfaron de taverne, vrai « bouquin amou-
« reux », toujours entreprenant et toujours repoussé. Cet avocat
sans causes, « plus glorieux à lui seul que tous les barbiers du
« royaume », avait composé quantité de vers satiriques, de chansons à boire, et d'anagrammes, dont il incommodait les honnêtes
gens. Comme sa mère était filleule du poète Garnier, et comme il
avait même gardé chez lui l'écritoire du poète, il se croyait né
pour le théâtre et rêvait de composer une comédie nouvelle et
magnifique, où l'on aurait vu un grand portail d'église devant
lequel une vingtaine de cavaliers et autant de demoiselles auraient
fait mille galanteries : pour avoir assez d'acteurs, on en aurait
loué de supplémentaires, et le reste aurait été fait en carton[3] :
il comptait bien que, « dans deux ans, on ne parlerait non plus
« de Corneille, qu'on faisait à cette heure de Hardy. » Auteur
méconnu, il rêvait aussi d'être acteur : comme il avait joué à la
Flèche, dans la *Déroute du pont de Cé,* et qu'il avait fait le chien
de Tobie dans on ne sait quelle pièce[4], il voulait entrer dans la
troupe de Destin, assuré qu'il était d'être bientôt le meilleur

---

[1] *Roman comique,* 2ᵉ p., ch. XVII.
[2] *Ibid.,* 1ʳᵉ p., ch. VIII.
[3] *Ibid.,* 1ʳᵉ p., ch. X.
[4] *Ibid.*

comédien de France : en attendant, il allait souvent par les chemins, récitant des vers de *Pyrame et Tisbé* avec tant de feu, que des paysans, voyant qu'il déclamait en forcené, et croyant qu'il prêchait la parole de Dieu, le suivaient tête nue comme un prédicateur de grands chemins [1].

La Rancune l'entretenait fort dans ses idées de théâtre et dans son ridicule amour pour Mlle de l'Étoile. Il l'enivrait, il lui empruntait de l'argent, et il n'était pas de tour qu'il ne lui jouât : on connaît la lugubre facétie du cadavre de l'hôte, qui faillit faire mourir de peur Ragotin, et le fit fuir en chemise à l'extrémité du jardin [2]. Il y a aussi d'autres plaisanteries meilleures, par exemple celle des habits rétrécis : lorsque tout le monde s'accorde à trouver mauvais visage à Ragotin, à le déclarer malade, et lorsque lui-même, se croyant enflé, va chez un chirurgien se faire tirer trois palettes de sang et se faire ventouser les épaules, on songe à la fièvre scarlatine de Basile : qui sait même si Beaumarchais ne s'est pas souvenu de Scarron ? Ragotin n'était pas seulement le jouet dont chacun s'amusait sans pitié : il allait lui-même au-devant des mésaventures les plus cruelles. Scarron a imaginé pour son héros les disgrâces les plus invraisemblables : ainsi Ragotin reçoit un tel coup de poing sur son chapeau, qui était en forme de pot de beurre, que sa tête y disparaît et y reste serrée comme dans un étau [4]; il se prend le pied dans un vase d'étain, qu'il faudra limer pour délivrer l'infortuné [5]; il tombe dans un coffre qui se referme et qui menace de le couper en deux [6]; il est, dans son ivresse, dépouillé par un voleur, laissé tout nu, et il subit ainsi les coups de fouet d'un cocher, les morsures d'un chien et les piqûres des mouches : « un petit ours nouveau-né, « qui n'a point encore été léché par sa mère, est plus formé en sa « figure oursine, que ne le fut Ragotin en sa figure humaine [7] »; une autre fois sa pauvre tête, qu'il balançait sur ses genoux toute ensommeillée, « comme on fait plus souvent qu'ailleurs au sermon », reçoit le choc impétueux de celle d'un bélier, au risque d'être brisée comme un pot de terre [8]; il veut reconduire les comédiennes, et il trouve le moyen de tomber dans l'escalier avec elles [9];

---

[1] *Roman comique*, 2ᵉ p., ch. II.
[2] *Ibid.*, 2ᵉ p., ch. VII.
[3] *Ibid.*, 2ᵉ p., ch. IX.
[4] *Ibid.*, 1ʳᵉ p., ch. X.
[5] *Ibid.*, 2ᵉ p., ch. VII, VIII.
[6] *Ibid.*, 2ᵉ p., ch. VII.
[7] *Ibid.*, 2ᵉ p., ch. XVI.
[8] *Ibid.*, 2ᵉ p., ch. XX.
[9] *Ibid.*, 1ʳᵉ p., ch. XVII.

ou bien, voulant faire le galant cavalier devant la compagnie, il s'empaume sur la selle de son cheval, avec une arquebuse entre les jambes, oscillant de la tête à la croupe, et finit par faire le plus désastreux des parterres[1]. Enfin, l'histoire de Ragotin n'est qu'une longue suite de bévues et de mésaventures. Mais le petit homme s'en console toujours, car il est « plus vain que vindicatif », plus bouffi d'amour-propre que sensible au ridicule : il est le seul à ne pas s'apercevoir de la comédie qu'il donne. Caractère très chargé, poussé à la caricature, mais où l'on retrouve, à travers des incidents d'une bouffonnerie impossible, le type du provincial sot et présomptueux.

Ragotin n'était pas un mauvais homme au fond : on n'en pourrait pas dire autant du sieur de la Rappinière. Scarron l'a pourtant peint sous des couleurs moins défavorables au premier livre de son roman qu'au second. Il nous présente d'abord ce lieutenant du prévôt comme le rieur de la ville du Mans : est-ce par ironie? La Rappinière accourt au devant des comédiens, les prie de jouer, les recueille chez lui, les présente à Mlle de la Rappinière, grande femme cérémonieuse, si sèche et si maigre qu'elle n'avait jamais mouché de chandelle avec ses doigts que le feu n'y prît : son mari se donnait le ridicule très superflu d'en être jaloux. Il traite fort convenablement les comédiens, essaie de leur jeter de la poudre aux yeux, en parlant à des valets imaginaires et en tâchant de leur cacher son ordinaire de soupe aux choux[2]. Au reste, c'est un assez vilain homme, à en juger par la terreur qu'il inspire dans le pays; il intervient à chaque instant pour calmer les rixes, et au besoin pour les susciter. A la fin il cherche à enlever Mlle de l'Étoile, et l'on s'aperçoit qu'il est un spadassin, un tire-laine, qui a jadis donné des coups de couteau à La Rancune et à Destin, près du Pont-Neuf, et qui leur a dérobé un très précieux coffret de bijoux. C'est un fort méchant personnage, qui se vante effrontément de ses vices, et qui mériterait bien d'être pendu à la place de ceux qu'il fait pendre chaque jour. Telle est la fin logique de cet « avant-coureur du bourreau. » Scarron, dès 1648, écrivait à Ménage et à Sarrasin « qu'il avait « grand peine à empêcher le héros de son roman d'être pendu à « Pontoise. » Ne doutons pas qu'il s'agisse du sieur de La Rappinière.

Ragotin et La Rappinière : voilà les deux principaux représen-

---

[1] *Roman comique*, 1re p. ch. XIX, XX.
[2] *Ibid.*, 1re p., ch. IV.

tants de la province dans le roman de Scarron : tous deux ridicules, l'un au delà de toute vraisemblance, l'autre ne cessant de l'être que pour devenir haïssable : il faut avouer qu'ils font peu d'honneur au gras pays du Maine.

Mme Bouvillon ne lui en fait guère plus. Scarron a peint de verve cette femme, « qui était une des plus grosses de France, « quoique des plus courtes »; « l'on m'a assuré », dit-il avec cet air de fausse naïveté où il excelle, « qu'elle portait d'ordinaire « sur elle, bon an, mal an, trente quintaux de chair, sans les autres « matières pesantes ou solides qui entrent dans la composition « d'un corps humain. Après ce que je viens de vous dire, vous « n'aurez pas de peine à croire qu'elle était fort succulente, « comme sont toutes les femmes ragotes[1]. » Cette « nonpareille « Bouvillon, » qui faisait échouer les carrosses dans lesquels elle montait, « était la plus grande diseuse de rien qui ait jamais été, « et non seulement elle parlait seule, mais elle se répondait. » Elle contait à tout venant tout ce qui se passait dans la ville de Laval, où elle faisait sa demeure; elle en débitait la chronique scandaleuse et déchirait toutes les femmes du pays, « protestant, « à chaque défaut qu'elle trouvait en son prochain, que, pour « elle, quoiqu'elle eût plusieurs défauts, elle n'avait pas celui « dont elle parlait[2]. » A tous ces ridicules, elle en ajoutait un plus grave, c'était d'avoir des ardeurs de soleil couchant, que feu Bouvillon n'avait malheureusement pas emportées dans la tombe: elle était de la race de ces mères qui sont si troublées au mariage de leur fille, qu'elles se mettraient facilement à leur place. Mme Bouvillon n'a pas de fille, mais elle a un fils, parfait nigaud, semble-t-il, qu'elle mène à la lisière et à qui elle ferme les cordons de sa bourse. La noce de ce fils, le bonheur de sa bru, le festin, les lumières, la vue de Destin jeune et beau,

et, je pense,
Quelque diable aussi la poussant,

faillirent amener un de ces malheurs qu'on ne répare pas. Il faut lire la scène où cette Putiphar bourgeoise, avec son gros visage fort enflammé et ses petits yeux fort étincelants, attire Destin chez elle, le cajole et le met dans la dure alternative de combattre ou de se rendre. Que Ragotin fut pour une fois le bienvenu quand, après avoir violemment frappé au dehors, il ouvrit la porte avec impétuosité et trouva le moyen de sauver Destin tout en « écachant »

---

[1] *Roman comique*, 2ᵉ p., ch. VIII.
[2] *Ibid.*, 2ᵉ p., ch. X.

le nez de la pauvre dame et en lui faisant une bosse au front[1] !
Punition fort juste, que Scarron aurait pu invoquer en faveur de
la moralité de son œuvre. N'est-ce pas le cas de répéter ces vers
qui terminent si dignement le *Typhon* ?

> Ainsi presque toujours le vice
> A la fin trouve son supplice,
> Et jamais la *tentation*
> N'évite sa punition.

On rencontre dans le *Roman comique* bien d'autres types que Scarron a crayonnés au passage et auxquels il a donné, en quelques traits, un relief saisissant. Tel est, par exemple, ce hobereau de campagne, vêtu d'une grosse casaque, homme à large échine et d'une taille si haute au-dessus des plus grandes, que quand il se fut assis pour ouïr la comédie, Ragotin, qui était derrière lui, crut qu'il était debout et l'interpella vivement : « Monsieur à la plume verte ! » ; toute la scène est racontée avec un entrain extraordinaire ; Ragotin rageant, tempêtant, s'exaspérant contre ce grand corps qui lui bouchait la vue, et La Baguenodière à chaque fois se retournant et regardant froidement le petit avocat sans rien dire : « tant ce grand homme avait de « flegme et une taciturnité proportionnée à sa taille ». Scarron achève le tableau d'un trait si pittoresque qu'on en doit excuser la trivialité : « On eût pu comparer La Baguenodière à un gros « dogue et Ragotin à un roquet qui aboye après lui, sans que le « dogue en fasse autre chose que d'aller p..... contre une « muraille [2] ». Cela manque sans doute de poésie : mais quel sentiment du détail comique et ridicule !

Il n'est pas jusqu'aux hôtes et hôtesses, aux médecins, aux gens d'église que Scarron ne passe, chemin faisant, au fil aiguisé de sa raillerie. De quelles scènes furent témoins, si l'on en croit notre auteur, les tripots et les hôtelleries du Maine ! Que de jurements on y proféra ! Que de hurlements ! Que de coups de poings et de coups de pieds ! Que de soufflets donnés et reçus ! Que d'yeux pochés et de nez écrasés ! Les maîtres du logis sont toujours avares, intéressés, querelleurs, comme cet hôte du deuxième livre du *Roman*, ancien soldat, « revenu dans son vil- « lage chargé d'ans et de si peu de probité qu'on pouvait dire « qu'il en avait encore moins que d'argent, quoiqu'il fût extrê- « mement pauvre », et sa femme, « cette nymphe tavernière, »

---

[1] *Roman comique*, 2ᵉ p., ch. X.
[2] *Ibid.*, 2ᵉ p., ch. XVII.

dont le visage était le plus petit et le ventre le plus grand du Maine ; son homme l'avait épousée sur le tard « pour le bien « qu'elle avait amassé avec son défunt mari à vendre bien cher et « à faire mauvaise mesure de vin et d'avoine. » Rien n'est gai comme la mort de cet hôte, qui marchande avec le curé le prix de son enterrement et qui, au risque de faire mauvaise figure dans la vallée de Josaphat, s'obstine à être enseveli dans un vieux drap troué ; sa veuve, à qui il avait failli cent fois casser la tête, « s'avisa de hurler et le fit avec beaucoup d'ostentation [1]. » C'est cet hôte dont le corps voyage sur le dos de l'horrible La Rancune, et qui occasionne un si beau charivari.

Scarron n'a pas non plus ménagé les médecins : le pauvre paralytique n'avait pas à s'en louer, puisqu'il leur devait le plus clair de ses maux ; il préludait à la guerre acharnée qu'allait leur faire Molière. Quand le curé de Domfront va consulter au Mans pour sa gravelle, les médecins lui disent en un latin fort élégant qu'il a la gravelle (ce que le pauvre homme ne savait que trop !) [2]. Lorsque Ragotin, se croyant enflé, court chez le chirurgien du bourg pour se faire soigner, le chirurgien « discourut de la « cause et de l'effet de son mal, qu'il connaissait aussi peu que « l'algèbre et lui parla un quart d'heure durant en termes de son « art, qui n'étaient non plus à propos au sujet que s'il lui eût parlé « du prêtre-jean : » devant l'exaspération de Ragotin, il se hâte de le saigner et de le ventouser [3]. Le chirurgien qui soigne Léandre n'est pas plus savant, mais est encore plus bavard [4]. Tous sont les aînés des Desfonandrès et des Sganarelle, que l'on verra quelques années plus tard sur la scène. Après les médecins du corps, ceux de l'âme. Scarron, qui s'est montré presque toujours assez respectueux de la religion, s'est pourtant amusé dans le *Roman* aux dépens de quelques curés de campagne, notamment de celui de Domfront, court et gros (naturellement), à qui il arriva une aventure si extraordinaire tandis qu'il sommeillait sur son brancard : le pauvre homme, dans sa frayeur, lance des excommunications mineures, jure quelque peu Dieu et se recommande ainsi que son cheval à la bonté céleste [5]. Le vieux curé, qui confesse l'hôte, est assez finement dessiné : c'est un prêtre bavard, aimable, obligeant, qui sait son monde, qui fait de bonnes

---

[1] *Roman comique*, 2ᵉ p., ch. IV.
[2] *Ibid.* 1ʳᵉ p., ch. XIV. Cela annonce Molière : « Voilà pourquoi votre fille est muette. »
[3] *Ibid.*, 2ᵉ p., ch. IX.
[4] *Ibid.*, 2ᵉ p., ch. IV.
[5] *Ibid.*, 1ʳᵉ p., ch. XIV.

prières, car il les fait courtes [1]. Scarron parle encore d'un autre curé du bas Maine, un peu fou mélancolique, qui voulait faire imprimer quelques pensées creuses qu'il avait sur l'Apocalypse [2]. Enfin il raconte fort gaiement l'aventure du coche embourbé où se trouvaient la vieille abbesse d'Estival, cinq ou six religieuses fort mouillées, escortées du R. P. Giflot, directeur discret de l'abbaye, monté sur une jument [3]. Grand émoi de la troupe quand elles aperçoivent le petit Ragotin, qui s'avance tout nu ; le bon père fait « tourner vivement le dos aux bonnes mères, de peur « d'irrégularité » et les range en haie, le voile baissé, le visage tourné vers la campagne. Scarron peint plaisamment sa chute dans la rivière, sa colère contre Ragotin qu'il exorcise et qu'il fait fouetter, puis ses remords pour avoir été vindicatif et avoir oublié la charité chrétienne. Tout cela n'est pas bien méchant : c'est du La Fontaine, malicieux et innocent.

Dans cette longue galerie de types provinciaux que l'auteur a peints ou simplement esquissés, deux seulement échappent au ridicule dont sont affublés tous les autres. L'un est ce jeune conseiller au Parlement de Rennes, M. de la Garouffière, qui accueille si aimablement les comédiens et qui engage avec Destin, sur le théâtre et le roman, de si belles conversations ; fort honnête homme du reste dans tous les sens du mot, et qui se connaît en honnêtes gens. Son seul défaut serait peut-être de le faire un peu trop sentir ; ses airs élégants de gentleman ne vont pas sans quelque affectation ; il semble tenir un peu à se distinguer de la société moins raffinée dans laquelle il vit ; on sent en lui le provincial décrassé : Scarron ne nous dit-il pas qu'il venait chaque année, hors de son semestre, manger quelque argent dans les auberges de Paris et qu'il prenait le deuil quand la cour le prenait ? Il y a là une nuance très délicate, que l'auteur a finement indiquée [4]. L'autre est ce marquis d'Orsé, qui joue dans le Maine le rôle d'un Mécénas moderne, protège généreusement les comédiens, attire les meilleurs poètes de Paris et donne de grandes fêtes à la noblesse du pays. Scarron, qui en a fait un magnifique éloge à la fin de son roman, a tout simplement voulu rendre hommage à la mémoire d'un de ses anciens protecteurs, grand seigneur de la cour de Louis XIII, propriétaire d'immenses

---

[1] *Roman comique*, 2ᵉ p., ch. VI.
[2] *Ibid.*, 2ᵉ p., ch. XVI.
[3] *Ibid.*, 2ᵉ p., ch. XVI.
[4] *Ibid.*, 2ᵉ p., ch. VIII.
[5] *Ibid.*, 2ᵉ p., ch. XVII.

chasses dans le pays et qui n'était pas plus un provincial que les autres châtelains du Maine, les Lavardins, le comte de Tessé, le comte de Soissons ou la marquise de Sablé !

Comédiens et provinciaux ! Quelle riche collection Scarron fait défiler sous nos yeux ! Comme tout ce monde vit et parle naturellement ! Quel relief et quelle vérité dans toutes ces peintures ! On se demande où l'auteur a puisé ce précieux butin d'observations. Car il ne faut pas oublier que Scarron a été plutôt un esprit novateur qu'un esprit créateur ; ce qui lui appartient, c'est la manière de dire et de présenter les choses : mais il n'a jamais complètement tiré de son fonds le sujet d'aucun de ses ouvrages. Il importe donc de rechercher à quelles sources il a eu recours pour composer le *Roman comique*.

Il est impossible cette fois d'attribuer à l'Espagne l'honneur d'avoir fourni le modèle. On a cité *Il viage entretenido*[1], d'Augustin de Rojas de Villandrando, comme l'original de notre roman : rien n'est plus inexact. On ne saurait retrouver les traces d'aucune imitation précise. Dans l'œuvre de Rojas, il est, à la vérité, question d'acteurs ambulants, qui vont péniblement gagner quelques maravédis de ville en ville ; mais qu'il y a loin des Rios, des Solano et des Ramirez, vagabonds et voleurs, au noble personnage de Destin ! L'auteur espagnol, dans cette œuvre bizarre, toute en récits, composée de prose et de vers, a voulu laisser surtout des souvenirs personnels sur sa vie aventureuse de comédien ; et Scarron aurait été bien empêché d'y trouver quelque ressource pour la peinture des excellents Manceaux et de la troupe de campagne qui vint s'installer dans leurs murs. Tout au plus, à supposer qu'il ait lu le *Voyage* de Rojas, a-t-il pu emprunter à l'auteur espagnol l'idée de mettre des comédiens dans un roman : voilà tout. Cette première idée a même pu lui venir tout aussi bien à la lecture de Quévédo : ne trouve-t-on pas dans le *Buscon* d'histoire d'une troupe d'acteurs qui courent les grands chemins de l'Espagne ? Pablo ne s'engage-t-il pas dans la compagnie, séduit par les beaux yeux d'une actrice, tout comme Léandre se fait comédien pour suivre sa chère Angélique ? Mais encore une fois, ce sont là des rencontres fortuites ; et le roman de

---

[1] *El viage entretenido de Agustin de Rojas, natural de la villa de Madrid, 1611. Lerida ; a costa de Geronymo Margarit, mercader de libros.* M. de Puibusque (II, 183), dit : « En admettant que Scarron ait imité le voyage de *son ami* Rojas Villandrando..... » Nous ignorons absolument sur quel document s'appuie l'auteur pour établir cette amitié : Rojas avait trente ou quarante ans de plus que Scarron : où ont-ils pu se connaître ? Cela valait la peine d'être indiqué.

Scarron, dans les détails comme dans l'ensemble, n'a été tiré d'aucun livre espagnol.

L'Espagne n'a guère influé que sur la composition du *Roman comique*. Cette allure désordonnée, cette intrigue artificielle, toujours renouvelée par quelque nouvel incident, qui n'a souvent aucun lien avec celui qui précède, rappellent le ton des romans picaresques. Les innombrables aventures du petit Ragotin font un digne pendant à celles du bon Lazarille[1], avec cette seule différence que l'un est toujours dupé, et l'autre presque toujours dupeur; mais on pourrait également ajouter ou retrancher quelques chapitres sans modifier l'ensemble de ces romans à tiroirs: aussi a-t-il été relativement facile de continuer l'œuvre de Scarron comme on a fait pour celle de Mendoza. Scarron n'eût pas fait autrement que Preschac; il eût seulement fait avec plus d'esprit. Le *Don Quichotte* semble aussi s'être présenté parfois au souvenir de l'auteur, quand il écrivit son livre; Scarron l'avait lu et l'admirait beaucoup[2]; peut-être y a-t-il puisé ce dédain cavalier du public et cette affectation d'irrégularité; plusieurs titres de chapitres semblent même empruntés à Cervantes : *Qui ne contient pas grand chose. — Qui contient ce que vous verrez, si vous prenez la peine de le lire. — Plus long que le précédent. — Qui ne sera peut-être pas trouvé fort divertissant. — Qui n'a pas besoin de titre,* — etc.

Voilà tout ce que Scarron a pris à l'Espagne : peut-être lui doit-il la première idée de son livre, sous la forme la plus vague, quoique cela ne soit nullement prouvé; il lui doit probablement le désordre impertinent de l'intrigue; il lui doit à coup sûr les nouvelles qu'il a intercalées comme des hors-d'œuvre dans le récit. Mais, quant à cette peinture admirable des caractères, qui fait le mérite original de l'œuvre, Scarron n'en est redevable qu'à son propre génie, et aussi à de lointains souvenirs.

---

[1] Scarron avait certainement lu *Lazarille*. Dans une lettre fort enjouée, adressée à Marigni (8 mai 1659), et où il est précisément question du *Roman comique*, Scarron signe plaisamment : *Lazarillo de Tormes*. Le livre espagnol était alors fort répandu en France; il en avait paru, entre autres, une traduction en 1609. « *La Vida de Lazarillo de Tormes, y de sus fortunas, y adversidades. Nouvelle traduction rapportée et conférée avec l'original, par M. P. B. P. Paris, Nicolas Bonfons, rue Neuve-Saint-Jacques: enseigne Saint-Nicolas.* » Scarron connaissait l'espagnol, et n'avait pas besoin de recourir aux traductions.

[2] M. de la Garouffière dit à Roquebrune : « Je vois bien que le livre de « *Don Quichotte* n'est pas trop bien avec vous. — C'est le plus sot livre que « j'aye jamais vu, reprit Roquebrune, quoiqu'il plaise à quantité de gens « d'esprit. — Prenez garde, dit Destin, qu'il ne vous déplaise par votre faute « plutôt que par la sienne. » (*Roman comique*, 1re p., ch. XXI). — Méré engagea Scarron à donner une traduction de *Don Quichotte* (Voir Appendice I).

Doit-on le croire lorsqu'il dit que ces aventures sont aussi *véritables* qu'elles sont peu héroïques[1]? Remarquons d'abord que les événements du *Roman* se passent dans ce pays du Maine, que Scarron avait habité pendant sept années. Ce tripot de la Biche où débarque la troupe, le jeu de paume où l'on donne la comédie, Scarron les avait fréquentés ; il avait suivi, tout comme Destin courant à la poursuite des ravisseurs d'Angélique, les chemins du bas Maine ; il s'était embourbé, lui aussi, en se rendant à Bonnétable[1] ; il avait logé dans ces hôtelleries bruyantes où se livraient des combats si épiques. Puisqu'il a choisi pour son *Roman* un cadre réel, il est bien raisonnable de penser qu'il ne s'en est pas tenu là et qu'il ne l'a pas rempli d'aventures et de personnages absolument imaginaires. Il avait été très mêlé à la société mancelle du temps, en qualité de domestique de Mgr de Beaumanoir, et bientôt après, comme chanoine de Saint-Julien ; il avait connu de très près cette bourgeoisie provinciale parmi laquelle il devait compter plus d'un ennemi ; il avait à coup sûr formé, durant le long séjour qu'il avait fait là, un riche recueil d'observations ; est-il possible que, le jour où il écrivit le *Roman comique*, il ait renoncé à se servir de ses souvenirs de jadis, et qu'il n'ait pas cédé à la tentation de reproduire quelques-uns de ces types dont il avait emporté le ridicule gravé dans son esprit ? Pour qui connaît le tempérament railleur de Scarron, la facilité qu'il avait à saisir le côté grotesque des individus, et aussi son impuissance à créer des personnages de pied en cap sans le secours d'un modèle ou d'un original, le doute n'est pas possible. Scarron, du reste, lorsqu'il a mentionné, sans les déguiser, les noms de quelques personnages bien réels, comme le sénéchal du Maine, Tanguy Lonbelon des Essarts, ou comme la famille des Portail, bien connue dans la magistrature, n'a-t-il pas voulu nous inviter à dénouer les cordons des masques qui couvrent le visage des autres héros de son livre? Il y a tout un coin de la vie réelle des Manceaux cachée derrière les joyeuses peintures du *Roman comique*.

Il y a donc une clef à trouver, et l'on n'y a pas encore réussi, bien qu'on ait essayé plusieurs fois. M. Paul Lacroix a pourtant trouvé dans les papiers non catalogués de l'Arsenal une clef manuscrite, qui date on ne sait de quelle époque : La Rappinière serait M. de la Rousselière, lieutenant du prévôt du Mans; le

---

[1] *Roman comique*, 1re p.; ch. XII.
[2] M. Chardon (*La troupe du Roman comique*, page 19).

grand La Baguenodière, le fils de M. Pilon, avocat au Mans; Roquebrune, M. de Montières, bailli de Touvoy, juridiction de M. l'évêque du Mans; enfin, Mme Bouvillon serait Mme Bautru, femme d'un trésorier de France à Alençon, morte en mars 1709, mère de Mme Bailly, femme de M. Bailly, maître des Comptes, à Paris, et grand'mère de M. le président Bailly. Cette clef, hâtons-nous d'ajouter, ne mérite aucune confiance et semble avoir été fabriquée longtemps après le *Roman* de Scarron : la malignité publique s'amusait à mettre après coup, sans aucune raison sérieuse, des noms réels à ces personnages; mais il semble impossible que ce soient là les originaux même que Scarron a voulu peindre. Quel rapport peut-il y avoir entre le bailli de Touvoy et Roquebrune, le poète ambulant, qui était attaché à la troupe de Destin? On ne voit pas bien. Quant à Mme Bouvillon, qui, dans le roman de Scarron, est déjà une beauté assez mûre, vu l'ampleur de sa taille, et vu l'âge de son fils, comment peut-elle avoir vécu plus de soixante-dix ans encore après l'époque où Scarron a pu l'observer? La brave dame a dû atteindre alors cent dix ou cent quinze ans, et le fait méritait d'être signalé par l'auteur de la clef. Il n'y a pas davantage à faire fond sur les clefs mancelles que se sont longtemps transmises les érudits de la province depuis le XVIIIe siècle : il est presque impossible, par exemple, que Ragotin soit, comme on l'a prétendu, l'avocat au présidial du Mans, René Denisot, qui mourut en 1707. Ce petit homme, qui était déjà veuf d'une Portail, au moment où Scarron l'a connu, c'est-à-dire vers 1636, aurait été, comme Mme Bouvillon, d'une longévité vraiment extraordinaire.

Il faut chercher autre chose. C'est aux savants du Maine à dépouiller minutieusement les archives, les actes notariés, les documents de toutes sortes qui concernent le Mans et les bourgs environnants. Cette scrupuleuse enquête ne peut manquer de jeter quelque lumière sur les vrais originaux du *Roman comique*. Il est peu probable que le jeune conseiller au parlement de Bretagne, que Scarron a connu vers 1636, n'ait laissé aucun souvenir dans les archives de la ville de Rennes, que tous les vieux papiers du Mans soient muets sur le bavard avocat Ragotin ou sur le patibulaire lieutenant du prévôt La Rappinière. Je ne serais même pas étonné que Scarron se fût servi de pseudonymes assez transparents [1], à une époque où il avait quitté le Mans pour tou-

---

[1] Voir plus loin l'identification de *Léandre* avec *Filandre,* et d'*Angélique* avec *Angélique* Meusnier.

jours, et où il se souciait peu de ménager la mauvaise humeur des indigènes. Quelques-uns même de ces personnages peuvent être facilement devinés, et Scarron les a clairement désignés : le curé de Domfront était alors Michel Gomboust, fils du sieur de la Tousche ; l'abbesse d'Estival était Claire Nau ; le prévôt du Mans, qui avait épousé une Portail, devait être Daniel Neveu[1]. M. Henri Chardon a démontré fort ingénieusement que le Mécène Manceau que Scarron appelle le marquis d'Orsé, n'était pas le comte de Tessé, comme on a cru longtemps, mais le comte de Belin[2], grand chasseur, grand amateur de belles-lettres et de comédies, qui attirait dans le Maine Rotrou, et qui recherchait la compagnie de Scarron. Nous saurons peut-être aussi un jour qui étaient au juste Ragotin, La Rappinière ou la sensuelle M#me# Bouvillon. Mais ces découvertes, si curieuses qu'elles soient, intéressent surtout l'histoire locale du Maine[3], et n'ajouteront aucun trait bien important à la figure de Scarron, ni au mérite de son roman[4].

Il y va d'un bien autre intérêt de savoir quels sont les comédiens que Scarron a connus au Mans et qu'il a peints dans son œuvre. On a tout naturellement pensé à la troupe de Molière qui, au début de ses nombreuses pérégrinations, serait venue s'installer un beau soir au tripot de la Biche, au Mans. Une pareille hypothèse est faite pour séduire l'imagination. On aimerait sans doute à découvrir sous Destin le fils du tapissier Poquelin, engagé dans l'Illustre Théâtre pour les beaux yeux de Madeleine Béjart, courant le monde, riche de génie et court d'argent, déjà grand artiste, et, par-dessus tout, honnête homme. On aimerait aussi à entrevoir des rapports d'amitié entre le poète burlesque et le futur grand homme et à surprendre, malgré la distance qui sépare les talents, une certaine filiation, ou tout au moins une

---

[1] Je prends ces renseignements dans M. V. Fournel, qui dit les tenir lui-même de M. Anjubault, du Mans.

[2] H. Chardon. *La vie de Rotrou mieux connue. Documents inédits sur la société polie du XVIIme siècle et la querelle du Cid*, 1884. — Le comte de Belin mourut le 29 septembre 1638.

[3] Segrais dit, à propos de l'aventure du pot de chambre, que pareille aventure arriva à M. de Riandé.

[4] M. Henri Chardon a souvent annoncé depuis plus dix ans qu'il a deviné la véritable clef du *Roman comique*, et qu'il se propose de la divulguer. Les publications antérieures de M. Chardon et ses découvertes sur la troupe de Filandre font présager que l'auteur, avec sa méthode rigoureuse d'investigation, a bien vraiment découvert les personnages originaux dont Scarron a fait la caricature. Mais pourquoi ne pas publier ces « révélations curieuses », et se contenter d'allécher ceux que pareil sujet intéresse? Pour mon compte j'aurais bien aimé à profiter dans cette Étude générale des découvertes de M. Chardon, auxquelles j'aurais rendu plein hommage.

affinité de génie. Des critiques fort sérieux, MM. Paul Lacroix, Vict. Fournel, Édouard Fournier, L. Moland, ont contribué à répandre cette légende et lui ont donné cette consécration populaire, qui prévaut souvent contre l'exactitude de la vérité. Car ce n'est malheureusement qu'une légende. Il y a toutes sortes de bonnes raisons, morales ou matérielles, pour ne pas l'admettre. La ressemblance même entre Molière et Destin n'est pas très frappante ; je ne sache pas que Molière ait jamais joué admirablement la tragédie, ni que son amour pour Madeleine Béjart fût d'une essence si supérieure ; ce que Destin nous raconte de son père, de ses aventures à Rome et ailleurs ne cadre avec aucun détail de la vie de Molière, et il faudrait alors supposer que Scarron a tout inventé ; enfin, quelle profanation pour la mémoire de Léonore de la Boissière que de la confondre avec la fille de Marie Hervé ! Mais il y a d'autres raisons bien plus décisives et que M. Chardon a fait valoir avec beaucoup de force. Molière ne commença ses pérégrinations qu'en 1646, très probablement après Pâques, car Chappuzeau nous a dit que les troupes de campagne se formaient toujours à Paris, pendant le carême. Or, même si l'on suppose que l'Illustre Théâtre est allé tout droit au Mans, cette même année, quelques semaines ou même quelques jours après son départ de Paris (ce qui est une pure supposition), il arrivait dans une ville dont Scarron était déjà parti, et où il ne devait plus jamais mettre les pieds. Scarron parut au Mans pour la dernière fois de sa vie au commencement de cette même année 1646, et il avait quitté la ville avant la fin du mois de mars : il n'y était venu que pour affaires personnelles. Il n'était plus, à cette époque, le jeune abbé ingambe, capable de suivre les comédiens à travers les tripots et les hôtelleries sur les grandes routes du Maine ; il était, depuis huit ans, un cul-de-jatte qui ne pouvait remuer « ni pied ni patte » et qui s'ennuya profondément au Mans durant les quelques semaines qu'il y passa ; il le dit à Mme de Hautefort, et il ne lui eût certainement pas caché, dans la pénurie de nouvelles où il se trouvait, le passage d'une troupe de comédiens dans la ville. Il y a donc une impossibilité matérielle à ce que Scarron ait pu connaître Molière au Mans ; peut-être le connut-il plus tard à Paris, quoique rien ne soit moins prouvé ; le nom de Molière n'est mentionné qu'une seule fois dans les œuvres de Scarron : c'est dans le *Testament*, où le joyeux moribond lègue « le cocuage » à l'auteur de *Sganarelle*. Si Scarron avait connu jadis Molière au Mans dans la personne de Destin, il nous resterait d'autres traces de cette amitié consacrée par le chef-d'œuvre du *Roman comique*. On ne saurait trop répéter que ce n'est pas pendant le très court séjour du paralytique au Mans, en 1646, qu'il faut chercher les origines du *Roman comique* : il faut remonter au moins de dix années en arrière, à l'époque où Scarron fut vraiment un habitant du Maine, de 1633 (peut-être même avant) à 1640 ; c'est cette période qu'on doit explorer pour avoir chance de trouver quelque trace des comédiens qu'il fréquenta, comme des provinciaux qu'il railla.

M. Chardon semble avoir enfin découvert la vraie piste, après de longues et minutieuses enquêtes, Chappuzeau parle de la rencontre à Saumur, en 1638, c'est-à-dire pendant le séjour de Scarron au Mans, de deux troupes de campagne, celle de Floridor et celle de Filandre. Floridor ne peut être identifié avec aucun des personnages du *Roman comique* pour plusieurs raisons, dont la meilleure est qu'il est nommé par La Rancune, ainsi que Bellerose et Mondori, comme des comédiens étrangers à la troupe de Destin [1]. Reste Filandre. Pendant longtemps, on n'a pas su grand'-chose de ce comédien que Tallemant de Réaux semblait mettre à peu près sur le même pied qu' « un garçon nommé Molière [2] ; » on savait seulement qu'en 1670 il avait vendu pour 300 livres ses habits de théâtre à Molière, qui les donna au jeune Baron. Dans ces derniers temps, grâce aux laborieuses recherches de M. Chardon, on a pu reconstituer quelques-unes des circonstances de sa vie. Il s'appelait de son vrai nom Jean-Baptiste, sieur de Mouchaingre. Filandre était son nom de théâtre ; il prit aussi celui de Paphetin à Lyon ; il joua en Hollande, puis on le trouve comédien de M. le prince de Condé, jouant souvent à Dijon et à Lyon ; il se retira probablement en 1670 pour toujours, ou pour ne plus faire au théâtre que de rares apparitions. Mais tout cela n'éclaire guère le *Roman comique* ; les découvertes sur la vie privée de Filandre sont d'une tout autre importance. Jean-Baptiste de Mouchaingre a habité l'Anjou ; il y a acheté la terre de la Brosse, près de Brissac, où il s'est retiré pendant ses dernières années avec sa femme, qui s'appelait Angélique Meusnier et qui avait été aussi comédienne ; il mourut le 25 avril 1691, à l'âge de soixante-quinze ans, et sa femme le 31 avril 1695, âgée d'environ soixante-dix-huit ans. Voilà donc un comédien originaire du Maine ou de l'Anjou, issu d'une famille assez noble, entré jeune dans la car-

---

[1] Au dire de La Rancune, « Bellerose était trop affecté, Mondori rude, « Floridor trop froid... » (*Roman comique*, 1re p., ch. v).
[2] *Historiettes*, VII, 177 (P. Paris).

rière (puisqu'il était chef de troupe en 1638, à Saumur), marié à une comédienne qui n'a qu'un an de moins que lui [1] et qui s'appelle Angélique. Ce *Filandre*, n'est-ce pas *Léandre*, dont le nom est à peine déguisé? Et *Angélique* Meusnier [2], n'est-ce pas l'*Angélique* tout court du *Roman*? Elle fut inhumée dans l'église de Brissac en comédienne vertueuse; la fille de la Caverne n'avait-elle pas été bien élevée et n'était-elle pas une parfaite honnête fille, comme dit Scarron? Placez les événements du *Roman comique* en 1634 (cette date est fort vraisemblable [3]), et voyez comme tout s'arrange : Filandre a dix-huit ans; il vient de s'échapper du collège de la Flèche. Angélique Meusnier en a dix-sept. La Caverne dit quelque part que sa fille en a seize, mais elle peut bien la rajeunir de quelques mois, ou bien l'extrait mortuaire a pu la vieillir d'autant. Tout concorde donc à merveille, et jamais hypothèse ne fut plus vraisemblable.

Quelque précieuse que soit cette découverte, il ne faut pourtant pas en exagérer l'importance. Nous avons reconnu l'identité d'une actrice et d'un valet, mais nous ignorons encore qui étaient Destin, la l'Étoile, La Rancune, Roquebrune, et même dans une certaine mesure la Caverne, dont nous avons seulement le nom de famille. La troupe du *Roman comique* n'est pas absolument dévoilée [4], tant que nous ne savons pas quelque chose de précis sur celui qui en était l'auteur, c'est-à-dire sur Destin. Il nous sera malheureusement très difficile de l'apprendre, car la phrase de Chappuzeau, citée plus haut, nous montre qu'en 1638, Filandre était déjà orateur et directeur de troupe; il n'avait que vingt-deux ans et il avait fait une brillante carrière depuis le jour où il avait rejoint nos comédiens à Durtal [5]. Pour être orateur en 1638, s'était-il séparé de la troupe de Destin après son mariage avec Angélique ou bien Destin avait-il abandonné lui-même ses camarades? Cette dernière hypothèse est la plus vraisemblable.

---

[1] M. Chardon commet une légère erreur quand il dit qu'en 1636 Filandre avait vingt ans et Angélique dix-sept. Angélique devait en avoir dix-neuf, d'après l'extrait mortuaire cité par M. Chardon lui-même : mais il est vrai que l'acte porte qu'elle avait en 1695 « soixante-dix-huit ans environ. »

[2] Son nom de théâtre était Desmarets.

[3] En effet, en 1635, Scarron passa la plus grande partie de l'année à Rome avec son évêque Ch. de Beaumanoir ; et, à partir de 1636, Scarron est chanoine, ce qui l'oblige peut-être à un peu plus de retenue.

[4] M. Chardon a intitulé son livre : *La Troupe du Roman comique dévoilée*.

[5] Il avait été élevé à la Flèche, où les écoliers jouaient souvent la comédie : de plus, il avait déjà du talent en 1634 : « il récitait bien » et il était ambitieux comme tous les valets de comédiens : « chacun prétendait à devenir à son tour comédien en chef. » Rien d'étonnant à ce que Léandre le soit devenu.

Destin était né pour faire quelque chose de mieux que la comédie [1], et la l'Étoile aussi ; peut-être la mort de leur persécuteur Saldagne [2] ou la protection de M. de Saint-Sauveur, ou quelque autre circonstance a-t-elle rétabli leur fortune ; peut-être ont-ils pu s'épouser et renoncer pour toujours au dur métier de comédien. Dès lors, il serait bien malaisé de retrouver quelque trace de ces deux personnages d'élite, qui ne furent comédiens que par occasion, à peine quelques années [3]. Quant à La Caverne, suivit-elle le jeune couple et faisait-elle partie de la troupe de Saumur en 1638 [4] ? La Rancune y était-il encore ? N'oublions pas qu'il était bien âgé et que déjà, vers 1634, « il n'était souffert « dans la troupe » de Destin « qu'à cause qu'il avait vieilli dans le « métier » ; il faut donc renoncer à chercher sa trace après cette date. M. Chardon suppose que Scarron n'a peut-être pas songé à un individu en particulier, quand il a peint ce portrait si vivant, mais qu'il a voulu représenter un type général, le vieux comédien, malpropre, envieux et malicieux ; il est vrai que La Rancune est le seul personnage du *Roman comique* dont l'auteur n'ait pas indiqué l'histoire ; nous ne savons ni quel est son pays, ni quelles ont été ses aventures ; nous savons seulement qu'il a joué jadis les pièces de Hardy. Cela rend toute recherche à peu près impossible sur son identité. Mais cela ne veut pas dire qu'il n'ait pas existé et que Scarron, qui imaginait peu, l'ait créé de toutes pièces ; seulement, on n'aura chance d'apprendre son nom que quand on connaîtra d'abord le vrai nom de Destin, son directeur. En revanche, Roquebrune, le poëte gascon, pourra sans doute être plus aisément découvert : puisqu' « il avait inondé de ses « œuvres les boutiques d'épiciers du royaume », il avait dû commencer par en inonder celles des libraires. M. Chardon hasarde fort ingénieusement le nom du vieux Nicolas Desfontaines, qui fut attaché à la troupe de Dufresne et à l'Illustre Théâtre, et qui connut par là certainement Beys, comme s'en vante Roque-

---

[1] Il dit à Léandre : « Faites la comédie : vous n'êtes pas seul qui la ferez, et qui pourriez faire quelque chose de meilleur. » *Roman com.*, 2ᵉ p., ch. v.

[2] Le continuateur de Scarron (édition Offray) a imaginé cette mort (*Roman comique*, 3ᵉ p., ch. vi).

[3] Scarron fait dire à Destin que son père s'appelait Garigues, et habitait un village près de Paris. Qui sait si ce n'est pas la simple vérité ? — Quant à Mˡˡᵉ de la Boissière, elle porte le nom d'un cousin de Scarron. Il y a peut-être là une nouvelle piste à suivre : cela indiquerait pourquoi Scarron a si bien connu l'histoire de Destin et de la l'Etoile, et pourquoi il a vu d'aussi près leur troupe.

[4] Le mari de La Caverne, comédien et chef de troupe, qui joua chez le baron de Sigognac, s'appelait Meusnier : c'est un nom à ajouter au catalogue des directeurs des troupes de campagne sous Louis XIII.

brune[1]. Desfontaines a composé treize tragédies ou tragi-comédies fort mauvaises et trois longs romans fort prétentieux. Ces romans, qui parurent en 1638 et 1645 [2], pourraient être ceux dont Roquebrune annonce pompeusement à Destin et à la Garouffière la prochaine publication; mais il faudrait mieux connaître Desfontaines pour être assuré de ne pas se méprendre.

Du reste, cette recherche de la *clef* quand il s'agit d'un ouvrage comme le *Roman comique* ménage plus d'une déception. Sait-on jamais où commencent les imaginations de l'auteur et où elles finissent? Faut-il tout prendre au sérieux chez Scarron? Nul ne pourra prétendre que les aventures de Ragotin ne soient singulièrement chargées et même que le romancier ne les ait inventées pour la plupart. On a beau être un petit homme ridicule, il est impossible d'être si constamment et si gaiement ridicule. Il y a donc à prendre et à laisser, et tel détail sur lequel un érudit s'appuiera pour démontrer victorieusement qu'il tient la clef si désirée aura été tout simplement inventé par Scarron en un jour de bonne humeur. L'un des procédés favoris qu'il employait pour faire rire était ce que l'on peut appeler la précision inexacte; à chaque page du *Virgile travesty*, le poète imagine quelque détail grotesque pour compléter la figure de ses héros; il nous parle du vertugadin d'Hélène, des fausses dents d'Hécube et du dragon que le vieux Priam avait dans les yeux : le beau sujet de recherches et de discussions pour les érudits! De même il faut se méfier d'être dupe en cherchant à laquelle des dames de Laval il faut rapporter les charmes de Mme Bouvillon ou son choléra morbus. Craignons toujours que Scarron ne se moque un peu de nous et imitons plutôt la sagesse des gens du Mans, qui semblent ne pas s'être beaucoup préoccupés de rechercher les originaux du *Roman comique*. Chose étonnante, il ne reste aucune clef manuscrite à la marge d'aucune des premières éditions (très rares il est vrai) du *Roman*. Les curieux semblent ne s'être escrimés sur ce sujet qu'à partir du xviiie siècle.

Et puis, quand même Scarron aurait pris dans la réalité toute ou presque toute la matière de son roman, il resterait encore à savoir s'il n'a pas groupé à sa fantaisie tous ces éléments recueillis. Le *Roman comique* n'a sûrement pas été écrit en 1634 ni en

---

[1] Chardon (ouvr. cité,) pages 123-126).
[2] Les *heureuses infortunes de Celianthe et Marilinde*, par le sieur Desfontaines, in-8°, Paris 1638. — *L'Inceste innocent*, in-8°, Paris 1638. — *L'Illustre Amalasonte*, in-8°, Paris 1645 (*Biblioth. des Romans*, par Gordon de Percel. Amsterdam, chez la veuve de Poilras, 1734).
[3] *Roman comique*, 1re p., ch. xxi.

1636, c'est-à-dire au lendemain des événements qu'il raconte : la première partie n'a paru que quinze ou seize ans plus tard, et la seconde, après plus de vingt ans. Il y a des disparates dans l'œuvre, et l'on y peut remarquer plusieurs couches successives : ainsi, la troupe comique qui joue comme des nouveautés le *Soliman* de Mairet et la *Marianne* de Tristan, joue quelques jours plus tard le *don Japhet* et le *Nicomède*[1]. Il y a sans doute au fond du *Roman* un fait contemporain de l'année 1634 environ, à savoir le passage d'une troupe comique au Mans : mais le reste semble s'être formé par alluvion, au fur et à mesure que Scarron a observé de près les Manceaux, c'est-à-dire jusqu'en 1640[2], et même après, au gré des souvenirs ou de la fantaisie de l'auteur. Ce serait faire un trop grand honneur aux personnages de Scarron que de les comparer aux personnages de Molière : non, ils ne sont pas aussi généraux ni aussi humains; on ne sent pas en eux la puissante synthèse opérée par un auteur de génie. Pourtant, du petit au grand, Scarron a procédé un peu comme fera plus tard Molière : il est parti de l'observation particulière. S'il ne s'est pas élevé tout à fait jusqu'au type général, s'il est resté à mi-chemin, il n'a pas moins réuni, pour former le caractère de chacun de ses types, des traits cueillis çà et là sur plus d'un individu. On ne saura jamais qui est Tartuffe, ou qui est Harpagon; pour Ragotin, pour La Rancune, pour Roquebrune, on pourra plus facilement citer des noms, et trouver des rapports curieux avec des personnages vivants; mais on ne trouvera peut-être jamais d'originaux qui leur soient tout à fait adéquats. Scarron a composé vraiment une œuvre sérieuse, et non pas un rébus de Picardie.

Avec du réel faire du vrai, voilà ce qu'il a tenté un peu confusément. Il y a peut-être d'autres voies pour arriver au vrai, qui est l'objet de l'art, et il n'est pas nécessaire d'avoir vécu son œuvre pour la peindre. Mais le réel n'en reste pas moins la source la plus féconde du vrai, celle à laquelle il est le plus prudent de puiser. Pour s'en être écarté, les contemporains de Scarron avaient peint des hommes imaginaires, des caractères de pure convention, des sentiments impossibles; car, au lieu de s'en tenir aux faits d'expérience, ils partaient de je ne sais quel idéal fabriqué dont ils ne s'avisaient pas de contrôler la ressemblance avec la simple nature. Du ciel de la métaphysique amoureuse, où se

---

[1] *Soliman* (1630), *Marianne* (1636), *Don Japhet* (1652), *Nicomède* (1652).
[2] M. Chardon dit lui-même que les événements et les personnages vrais du *Roman* doivent être cherchés dans une période qui va de 1634 à 1641 (p. 20).

juchaient les héros et les héroïnes, Scarron les fit descendre dans la réalité terre à terre : de Cyrus à Ragotin, de Mandane à Mme Bouvillon, la chute fut rude, et la poésie romanesque en mourut du coup. Mais ne vaut-il pas mieux la prose, quand elle est l'expression de la vérité? Le *Roman comique* est vrai, et c'est là sa qualité maîtresse. Reproduire la nature semble chose banale, parce que l'œuvre, une fois accomplie, nous semble presque aussi aisée et aussi simple que le modèle lui-même : mais c'est là proprement le triomphe de l'art; pour s'en convaincre, l'on n'a qu'à essayer de faire des vers « faciles », comme les faisait Racine, de faire rire aussi naturellement que Molière, et de narrer aussi clairement que Voltaire. Ce n'est pas pour Scarron un mince mérite d'avoir su peindre en des portraits vivants les originaux qu'il a observés : combien peu l'ont fait à cette époque! On avait des yeux, mais on ne voyait point; on avait des oreilles, mais l'on n'entendait point. Scarron a vraiment vu et entendu les provinciaux du Mans et les comédiens de province; et il a su nous les faire voir et entendre à notre tour : il a fait du bon réalisme. Ce caractère de vérité se retrouve même dans la fantaisie qu'il a jetée à pleines mains dans son œuvre; à chaque instant on sent qu'il appuie sur le trait, qu'il force la note; ainsi les combats d'hôtellerie qu'il nous dépeint sont aussi impossibles dans leur genre que beaucoup des prouesses que célèbrent nos chansons de gestes; ces avalanches de soufflets, et cette grêle de coups de poings, dépassent un peu la mesure; les rires et les pleurs sont aussi fort exagérés : quand l'un des personnages rit, toute la société rit aussi, les valets reprennent où les maîtres ont quitté et rient à leur tour, et cela ne finit que parce qu'on ne peut pas toujours rire ; de même quand on pleure : chacun devient alors un Messer Æneas; les mésaventures de Ragotin ne peuvent évidemment pas non plus arriver toutes au même avocat du Mans, si ragot et si présomptueux qu'il soit. On sent à chaque page que Scarron ajoute à la trivialité du sujet pour le plus grand divertissement du lecteur. Et pourtant toute cette fantaisie est tirée du réel : c'est le cas de répéter avec Boileau, mais dans un tout autre sens :

> Le vrai peut quelquefois n'être pas vraisemblable.

Les invraisemblances les plus fortes du *Roman comique* sont vraies; elles appartiennent toutes à la réalité par le détail : l'ensemble seul est imaginaire. L'artiste a le droit, sans manquer à la vérité, de donner aux traits épars qu'il a recueillis une concentration et une intensité qu'ils n'ont pas en effet : car la vérité dans l'art ne consiste pas à copier la nature, mais à la faire revivre par n'importe quel moyen. C'est par là que le *Roman comique* ouvrait en France une voie toute nouvelle : il n'est certes pas le modèle du genre; il n'en est qu'un brillant spécimen. Car il y a, Dieu merci, bien autre chose à peindre que des querelles d'auberge ou les tribulations de quelques comédiens. Mais le jour où Mme de Lafayette voudra nous raconter les chastes amours de la princesse de Clèves, elle sera bien forcée de plier le romanesque lui-même à la règle qu'avait un peu brutalement proclamée Scarron : au respect de la vérité.

Le *Roman comique* est l'œuvre capitale de Scarron : il embrasse presque toute sa vie, depuis sa belle jeunesse d'abbé galant jusqu'à ses derniers jours de souffrance. Fut-il commencé au Mans, à l'époque même où le malicieux observateur fréquentait les Ragotins et les Bouvillons de l'endroit, et courait après les troupes de comédie qui traversaient le pays? On l'ignore; il est pourtant raisonnable de supposer que Scarron en traça alors une très légère esquisse : eût-il pu se souvenir vingt ans plus tard, avec une telle précision, des faits et gestes de Léandre et d'Angélique, et des conversations de M. de la Garouffière[1]? Mais Scarron ne pensa vraiment à en faire un *Roman* qu'en 1647 ou 1648 : il ne songeait d'abord qu'à un livre très court, dont il avait déjà trouvé la conclusion ; il écrivait, à la fin de 1648, à ses amis Ménage et Sarrasin, en leur envoyant un petit volume d'environ mille vers :
« Vous en méritez sans doute davantage. Aussi avais-je dessein
« d'y ajouter un petit roman que j'ai commencé il y a quelque
« temps, qui promettait quelque chose ; mais, par malheur ou par
« ma faute, je n'ai pu empêcher mon héros d'être condamné à être
« pendu dans Pontoise ; et cette penderie là est si vraisemblable,
« que je ne crois pas la pouvoir changer en aucune autre aventure
« sans donner une mauvaise suite à mon roman et faire une faute
« de jugement[2]. » Scarron se ravisa, et au lieu de ce très court roman dont il parlait, il composa, probablement d'après les avis

---

[1] Scarron parle bien en un endroit (II, 16) d'un certain prêtre du Maine, « fou mélancolique » qui lui prêta des mémoires sur les aventures de Ragotin. Mais cela semble peu sérieux.

[2] *A Messieurs mes chers amis Ménage et Sarrasin*, ou *Sarrasin et Ménage* (Dédicace de la *Relation véritable*). Gordon de Percel (*De l'usage des Romans*, I, 197) prétend à tort qu'il s'agit d'un autre roman de Scarron; mais le témoignage de Sorel est formel, lorsqu'il déplore l'inachèvement de l'œuvre de Scarron. « On aurait su, dit-il, s'il n'aurait pu empêcher que son « principal héros ne fût pendu à Pontoise, comme il avait accoutumé de le « dire. » (*Bibliothèque française*, 199).

du chevalier de Méré[1], une œuvre plus considérable. Il en publia seulement la première partie chez Toussaint Quinet en 1651[2], et le dédia à son ami le cardinal de Retz, à qui il en avait, selon son habitude, déjà lu le commencement. La seconde partie, composée après son mariage, et dans laquelle il est impossible de trouver, quoi qu'on dise, les traces de l'influence bienfaisante de Mme Scarron, parut en 1657, et ne contenait pas encore la fameuse penderie du sieur de La Rappinière à Pontoise. La surintendante Fouquet, qui protégeait Scarron et qui aimait sa femme, en avait accepté l'hommage. Scarron ne s'était pas dégoûté de son Roman, comme il avait fait du *Virgile;* il voulait l'achever, si la mort ne l'avait pas surpris. Dans une curieuse lettre à Marigni, datée du 8 mai 1659, il lui écrit : « Il faut que je vous dise de « quelle manière commence le volume de mon *Roman comique* (il ne peut être question que de la troisième partie) : « *Il n'y « avait point encore eu de* Précieuses *dans le monde, et ces Jan- « sénistes d'amour n'avaient point encore commencé à mépriser « le genre humain. On n'avait point encore ouï parler du trait « des traits, du dernier doux, et du premier désobligeant, quand « le petit Ragotin*[3].... » Ainsi qu'on le voit, c'est à Scarron et non à Ninon de Lenclos, comme on le fait toujours, qu'il faut rapporter cette jolie définition des Précieuses : *Jansénistes d'amour*[4]. Dans cette troisième partie, qui ne nous est malheureusement pas parvenue, et que Scarron n'a certainement pas achevée, il devait attaquer, avec plus de vivacité encore que dans les deux premières, le romanesque qui jetait alors ses derniers feux, et non les moins brillants : ce petit début fait augurer agréablement du reste. Cette même année, Molière faisait jouer

---

[1] « Ce fut là (à l'hôtel de Troyes) qu'il fit à ma persuasion le premier volume de son *Roman comique*..... je lui proposai une nouvelle traduction de *Don Quixotte* au lieu de la morale de Gassendy sur la traduction de laquelle je le trouvai attaché : mais il n'en voulut point tâter à cause de la précédente traduction par Oudin et un autre, quoique pitoyable. Je lui dis qu'il fallait donc qu'il entreprît quelque ouvrage de son chef et de son caractère enjoué plutôt que cette morale de Gassendy, trop sérieuse pour lui.....; de sorte que je puis dire que le public m'a en quelque sorte l'obligation de cet agréable ouvrage, bien que je n'en sois pas l'auteur... » (*Note anonyme.* Voir l'appendice I.)

[2] Le *Romant comique,* Paris, chez Toussainct Quinet, 1651 (Privilège : 8 août 1651 ; achevé d'imprimer : 15 septembre). En tête est une gravure dont le sens est difficile à pénétrer. — Cette première édition, dont il existe un exemplaire à l'Arsenal, est extrêmement rare.

[3] *Œuvres,* I, 204.

[4] Scarron, qui connaissait beaucoup Ninon, lui a-t-il emprunté cette expression qui avait peut-être cours à la rue des Tournelles ? Rien ne l'indique ; et il est juste de maintenir à Scarron l'honneur de cette paternité.

ses *Précieuses ridicules* : Scarron, qui l'avait précédé dans la mêlée, combattait encore à ses côtés le bon combat.

Le succès du *Roman comique* fut très grand ; moins bruyant peut-être que celui du *Virgile*, mais plus solide et plus mérité. La vogue de l'*Énéide travestie* devait durer tant qu'il y aurait une Fronde, celle du *Roman comique* justifiera la trop pompeuse prédiction de Ménage :

Canescet sœclis innumerabilibus ;

elle dure encore. Boileau, qui a tonné contre le *Typhon*, a toléré et peut-être approuvé le *Roman comique*. L'abbé Fléchier aimait à rappeler qu'il l'avait lu [1]. Au XVIIIe siècle, La Harpe, qui traite *Jodelet* et *don Japhet* de « pièces dégoûtantes », et le *Virgile* de « turlupinade insupportable », a dit au contraire : « Tout est vrai « (dans le *Roman comique*). Le livre amuse, on le lit encore, il « restera..... Voilà ce qui nous reste de meilleur des romans du « dernier siècle [2]. » La Harpe avait raison, et ce n'est pas pour Scarron un médiocre titre de gloire que d'avoir composé le meilleur roman d'un temps où l'on en composa tant, et d'être lu encore aujourd'hui, après plus de deux cents ans, à l'égal de Molière [3]. Le public fidèle, qui achète encore le *Roman comique* ou qui le dévore dans les bibliothèques populaires, ne s'inquiète pas de savoir si la troupe de comédiens que Scarron a représentée était celle de Filandre ou celle des Béjart, ni quel était le conseiller de Rennes qui répond au nom de la Garouffière ; il ne s'attache pas non plus à l'histoire des *Deux Frères rivaux* ou du *Juge de sa propre cause* ; mais il se laisse prendre à cette bonne humeur, à ce parfait naturel, il s'amuse naïvement aux aventures du petit Ragotin, aux ardeurs de Mme Bouvillon, à la peinture de ce monde si ridicule et si vivant. En écrivant son *Roman*, Scarron a composé une vraie comédie, de combien supérieure à toutes celles en cinq actes qu'il a données, et surtout à cette médiocre pièce de *Ragotin*, où La Fontaine se résigna à être la doublure de Champmeslé [4].

---

[1] Il faut dire aussi qu'il s'en souvenait peu. Dans ses *Mémoires sur les Grands Jours d'Auvergne*, il prend La Rappinière pour un comédien, et appelle Destin M. de l'*Etoile*.
[2] La Harpe. *Cours de littérature* (édition Didot), tome IIe, page 71 ; tome IIIe, page 527.
[3] Les éditions et réimpressions du *Roman comique* sont innombrables.
[4] *Ragotin, ou le Roman comique*, comédie en cinq actes, par La Fontaine et Champmeslé, 1684. Tous les historiens du théâtre français attribuent cette pièce à La Fontaine : Furetière aussi dans un de ses factums ; La Grange dans son registre l'attribue à Champmeslé : elle ne fut sans doute signée que de ce dernier nom, mais La Fontaine y collabora. Cette pièce, malgré l'agrément de certains vers qui rappellent d'assez près le texte de Scarron, est très médiocre ; ces aventures cousues ensemble tant bien que mal sont fort

Comédie humaine, moins profonde et moins compliquée que celle de nos romans modernes, mais qui, malgré la faiblesse de l'intrigue, le désordre du récit et l'extrême trivialité de certains passages plaira toujours par deux qualités éminemment françaises : par la franche gaieté qui y règne et par la vérité admirable qu'on y trouve dans la peinture des ridicules !

Une œuvre aussi populaire ne devait pas rester sous la forme incomplète que Scarron nous avait transmise ; le public aime à savoir la fin des histoires auxquelles il s'intéresse, et il regrettera toujours de ne pas apprendre ce qu'il est advenu du petit Ragotin. Plusieurs auteurs se sont chargés de satisfaire sa curiosité. Parmi ces *Suites du Roman comique,* deux seulement méritent une mention.

L'une est la *Suite* dite d'Offray, du nom du libraire qui l'a éditée à Lyon et que l'on a confondu longtemps avec l'auteur, quoique la dédicace à M. Boullioud soit formelle[1]. Cette œuvre ne brille pas par l'esprit ni par la gaieté : de Scarron à son continuateur la chute est profonde. Cette *Suite* est pourtant assez curieuse à plus d'un titre. On sent qu'elle a été faite par quelqu'un qui connaissait le Maine et qui ne semble même pas avoir été étranger aux événements du *Roman comique*. Nous y trouvons des renseignements curieux sur l'itinéraire des troupes de campagne, sur la fin, véritable ou non, de l'histoire de la Caverne et sur la conclusion des amours de Léandre et de Destin : leur mariage avec les comédiennes y est raconté tout au long Les provinciaux, au contraire, semblent sacrifiés ; nous retrouvons bien Ragotin, mais l'auteur, ne sachant qu'en faire, le noie au dernier chapitre du roman. Il n'est plus question de Mme Bouvillon ni de la Rappinière ; il était dit qu'il échapperait à la pendaison à laquelle Scarron ne pouvait pas le soustraire ! Quel est l'auteur de cette *Suite,* qui

---

languissantes : il n'y a guère d'action. La donnée du *Roman comique* est modifiée d'une façon très malheureuse : Roquebrune est supprimé, Angélique aussi ; La Baguenodière n'a plus de caractère propre : il est un grand seigneur qui reçoit chez lui les comédiens, et qui marie sa fille à Blaise Bouvillon, fils de l'héroïne de Scarron. Destin n'est plus qu'un vulgaire jeune premier, sottement amoureux de la fille de la maison ; l'Etoile, qui n'est que sa sœur, devient une entremetteuse d'amour ; Ragotin raconte lui-même les tours qu'on lui joue, ce qui est très invraisemblable. Le meilleur passage de la pièce consiste dans la parodie de quelques scènes de la *Cléopâtre* de Chapelle.

[1] L'édition la plus ancienne qui existe de cette *Suite* date de 1680 : il y a pourtant des traces d'une édition antérieure, parue à Lyon en 1678, 1 vol. in-12 (Fournel). — Cette troisième partie est dédiée à M. Boullioud, écuyer et conseiller du roi en la maréchaussée et siège présidial de Lyon. — Il est dit dans la *Préface* : « Un homme d'un mérite fort particulier y avait « travaillé sur les mémoires de l'auteur. » Ce n'est qu'après trois ans d'attente que l'éditeur hasarde cette *Suite*.

parut probablement en 1678 ? M. Chardon a fort ingénieusement remarqué que l'on peut songer à Léandre lui-même [1], c'est-à-dire au sieur de Mouchaingre. Il s'était, en effet, retiré du théâtre à peu près à cette époque avec sa femme Angélique Meusnier, et les deux époux ont pu occuper leurs loisirs à continuer ce livre célèbre qui racontait leurs amours : « Mouchaingre ou l'éditeur « n'auraient pas voulu en tête du livre mettre un nom de comé- « dien, ce qui explique le silence étonnant gardé sur le nom de « l'auteur. On expliquerait très bien de la sorte la publication à « Lyon de la troisième partie du *Roman*, alliée à la connaissance « du pays parcouru par la troupe comique [2]. » Antoine Offray éditait beaucoup d'œuvres de théâtre et devait connaître Filandre, qui avait souvent et longtemps joué à Lyon. Enfin l'auteur qui a écrit cette *Suite*, a transporté le lieu de la scène à Vivain, à la Fresnaye et à Alençon même, et semble par là indiquer, si ces aventures ne sont pas imaginaires, qu'il faisait partie de la troupe des comédiens. Il est juste d'avouer, par contre, que certains passages peuvent faire douter que Mouchaingre ait écrit cette troisième partie, notamment ceux où Léandre parle avec tant de sans-façon du désir qu'il a de la mort de son père [3]. Ce cynisme semble peu vraisemblable, bien qu'il ne soit pas en contradiction absolue avec les mœurs du temps. Quoi qu'il en soit, il est possible que nous devions cette troisième partie à Mouchaingre ou bien à l'un de ses amis ; mais tant qu'aucun fait plus précis ne sera pas venu confirmer cette opinion, il est prudent de ne la tenir que pour la plus séduisante des hypothèses.

La *Suite* de Preschac [4] offre un intérêt tout différent de celui que présente celle d'Offray. Elle est amusante, et l'auteur a assez bien reproduit la manière de Scarron ; il s'est naturellement attaché à copier les petits côtés de son modèle, c'est-à-dire le burlesque, et il ne l'a pas toujours fait avec beaucoup de goût, comme le témoigne l'aventure du *Singe en cornette* ; mais il l'a

---

[1] *La troupe du Roman comique devoilée*, page 117, note 1.
[2] Chardon, loc. cit.
[3] Voir, par exemple, au début du VIIIe chapitre : « Destin lui dit qu'il se « fallait consoler de la mort de son père, et se féliciter des grands biens « qu'il lui avait laissés. Léandre le remercia du premier, avouant que pour « la mort de son père, il y avait longtemps qu'il l'attendait avec impa- « tience. » — Léandre, bien qu'il entre en possession de la fortune pater- nelle, déclare qu'il conservera son nom de théâtre, et restera comédien : il l'a promis à La Caverne pour épouser sa belle Angélique. Ce détail concorde bien avec la longue carrière artistique de Filandre.
[4] La *suite* de Preschac parut à Paris, chez Barbier, en 1679. Elle est dédiée à S. A. Mgr le duc du Maine, colonel général des Suisses. Preschac est qualifié dans la *Bibliothèque des Romans* (page 146) de « copieux auteur d'un grand « nombre de petits romans ; » ces romans passent pour très médiocres.

fait parfois aussi avec une incontestable gaieté. Il a été moins heureux dans la création d'un personnage fort médiocre et fort inutile, la Guyardière, et dans la conclusion finale, qui ne satisfait aucune des curiosités du lecteur. C'est une rallonge du *Roman comique*, ce n'en est à vrai dire ni la suite ni la fin[1]. Il faut donc nous résigner à ne pas savoir le dénouement de ces *très véritables* aventures. Scarron a emporté dans sa tombe le secret des amours de Destin avec sa l'Étoile ainsi que de la penderie du sieur de la Rappinière. Il n'a surtout laissé à personne l'héritage de sa gaieté.

[1] Le *Roman comique* a donné lieu à bien d'autres imitations que le *Ragotin* de Champmeslé (cité plus haut), et les *Suites* d'Offray et de Preschac. Citons d'après M. Fournel :
— *Suite et conclusion du Roman comique*, par M. D. L. (Amsterdam 1771) dans le genre romanesque et langoureux.
— Une *suite et conclusion*, fort courte, donnée en 1849, chez Bry, par M. L. Barré (qui est un des auteurs de la comédie intitulée : le *Mariage de Scarron*).
— Le *Roman comique mis en vers*, en 1733, par Letellier d'Orvilliers ; l'auteur a voulu imiter la forme de la poésie burlesque, et s'est servi de vers octosyllabiques.
Bien d'autres auteurs se sont souvenus du *Roman comique*. Faut-il citer l'œuvre charmante de M. Th. Gautier, le *Capitaine Fracasse*, pastiche manifeste du roman de Scarron, bien qu'elle en diffère profondément par le style, par l'imagination et par le ton général ?

II. LES *NOUVELLES TRAGI-COMIQUES*.

Dans le *Roman comique*, il n'y a pas seulement un roman d'une forte trivialité et d'une vérité admirable, il y a aussi des *Nouvelles*, sous forme de récits, que l'auteur a intercalées dans la trame très lâche de son livre. Dans quelle intention l'a-t-il fait? Voulait-il seulement grossir son ouvrage dont l'intrigue était maigre, et dont les chapitres, écrits dans un style d'une rapidité singulière, semblaient toujours un peu écourtés? Jetait-il ainsi en pâture au lecteur quelques histoires romanesques pour flatter sa manie et pour l'allécher? Ou bien se plaisait-il vraiment à ce genre tout nouveau, et a-t-il ajouté de bonne foi ces ornements à son œuvre comique? La réponse n'est pas douteuse. M. de la Garouffière s'est chargé d'exprimer la pensée même de Scarron, lorsqu'il disserte avec Destin sur les romans en général. « Le conseiller dit qu'il n'y « avait rien de plus divertissant que quelques romans modernes, « que les Français seuls en savaient faire de bons, et que les « Espagnols avaient le secret de faire de petites histoires, qu'ils « appellent *Nouvelles*, qui sont bien plus à notre usage et plus à « la portée de l'humanité que ces héros imaginaires de l'anti- « quité, qui sont quelquefois incommodes à force d'être trop « honnêtes gens; enfin, que les exemples imitables étaient pour « le moins d'aussi grande utilité que ceux que l'on avait presque « peine à concevoir. Et il conclut que si l'on faisait des *Nouvelles* « en français, aussi bien faites que quelques-unes de Michel le « Cervantes, elles auraient cours autant que les romans héroï- « ques[1]. »

Ainsi Scarron préfère la nouvelle au roman héroïque pour deux raisons, parce qu'elle est courte, et parce qu'elle ne renferme que des exemples *imitables*.

On a si souvent raillé les dix volumes de la *Cassandre* et les

[1] *Roman comique*, 1re p., ch. XXI.

vingt-trois de la *Cléopâtre,* que nous pouvons juger fades les plaisanteries que Scarron décoche à leurs trop copieux auteurs : il est pourtant juste de remarquer qu'à cette époque le public semblait partager le goût du poète Roquebrune pour les romans en cinq parties, chacune de dix volumes, et que Scarron fut un des premiers à oser braver en face cette redoutable armée d'in-octavos. Ses critiques ont vieilli comme le bon sens de Boileau ou l'esprit de Voltaire, à force d'être justes. Du reste, il a raillé les romans de son temps, non pas seulement parce qu'ils étaient longs, mais parce qu'il s'y trouvait des longueurs. Par exemple, la mode de la description n'avait jamais été poussée plus loin que dans les premières années du XVIIe siècle : ce n'est ni Chateaubriand, ni Théophile Gautier, ni l'école naturaliste de nos jours qui a inauguré cette habitude de peindre avec une extrême minutie les objets et les choses inanimées, et de donner souvent plus d'ornement au cadre qu'au tableau. Saint-Amant, malgré son génie original, n'est-il pas à jamais ridicule pour avoir décrit avec un peu trop de précision le passage de la mer Rouge par les Hébreux? Et Boileau, qui le traite un peu lourdement de *fou* à ce sujet, ne lui reproche pas d'avoir décrit trop minutieusement, mais d'avoir cherché des détails vulgaires. Il recommande lui-même aux poètes :

> Soyez riche et pompeux en vos descriptions [1].

Les romans alors n'étaient que trop riches et que trop pompeux; ils abondaient en portraits, en descriptions, en narrations superflues. Scarron se moque fort gaiement de ces auteurs qui « règlent « toutes les heures du jour de leur héros », et racontent les moindres de ses actions [2]. Aussi, lorsqu'il a à parler d'un festin, se garde-t-il d'en décrire longuement la salle, comme auraient fait ses confrères. « La salle était la plus magnifique du monde, et, « si vous voulez, aussi bien meublée que quelques appartements

---

[1] *Art poétique,* III.
[2] « Je ne vous dirai point exactement s'il avait soupé, et s'il se coucha « sans manger, comme font quelques faiseurs de romans, qui règlent toutes « les heures du jour de leur héros, les font lever de bon matin, conter leur « histoire jusqu'à l'heure du dîner, dîner fort légèrement, et après dîner « reprendre leur histoire, ou s'enfoncer dans un bois pour y parler tout « seuls, si ce n'est quand ils ont quelque chose à dire aux arbres ou aux « rochers; à l'heure du souper, se trouver à point nommé dans le lieu où « l'on mange, où ils soupirent et rêvent au lieu de manger; puis s'en vont « faire des châteaux en Espagne sur quelque terrasse qui regarde la mer, « tandis qu'un écuyer révèle que son maître est un tel, fils d'un roi tel, et « qu'il n'y a pas un meilleur prince au monde, et que, quoi qu'il fût alors « le plus beau des mortels, il était encore tout autre chose avant que l'amour « l'eût défiguré. » (*Roman comique,* 1re p., ch. IX).

« de nos romans, comme le vaisseau de Zelmandre dans le
« *Polexandre*, le palais d'Ibrahim dans l'*Illustre Bassa*, ou la
« chambre où le roi d'Assyrie reçut Mandane, dans le *Cyrus*, qui
« est sans doute, aussi bien que les autres que j'ai nommés, le
« livre du monde le mieux meublé[1]. » Cette haine de Scarron
pour les ornements superflus lui faisait apprécier la narration
rapide des nouvelles espagnoles qui, en vingt ou trente pages,
renfermaient souvent la matière de longs romans. A tout prendre,
il avait bien raison d'opposer la nouvelle au roman héroïque :
c'était la revanche, peut-être excessive, mais très naturelle, du
court sur le long, des petits livres sur les gros.

Quant à la prétention des nouvelliers à ne peindre que des
exemples imitables, elle peut nous sembler assez peu justifiée,
si nous en jugeons par les nouvelles même que Scarron a traduites, et où se déroulent parfois les aventures les plus romanesques; rendez-vous, billets échangés à travers mille périls, déguisements, reconnaissances, enlèvements, duels : cela ne ressemble
guère à la vie ordinaire des bourgeois de Paris, ni même, je
suppose, à celle de tous les jeunes seigneurs de Madrid, quel que
soit l'effet de mirage que l'on observe sur les rives du Mançanarès. Ces événements ne sont pourtant pas d'un ordre invraisemblable; leur accumulation seule et le tour romanesque qu'ils
prennent excèdent un peu la réalité; mais si on les considère isolément, et si on les dépouille de la couleur espagnole qu'ils revêtent
et qui nous fait un peu sourire, on s'aperçoit qu'ils diffèrent profondément des exploits amoureux ou autres des Amadis et des
Esplandians, et que le roman se passe sur la terre et non pas
dans les régions que hantait l'imagination malade de Don Quichotte. Les héros de ces aventures ne sont plus des chevaliers
fabuleux, ni des personnages de l'antiquité; ce sont des hommes
qui ont des passions ordinaires et des sentiments humains; parfois même, comme dans les *Hypocrites* ou dans le *Châtiment de
l'avarice*, ce sont des êtres vicieux ou ridicules, des escrocs ou
des courtisanes; nous voilà loin des Artamène et des Clélie !
Scarron n'avait donc pas tort de dire que les nouvelles des Espagnols ne contenaient que des exemples imitables. Tout est relatif
en littérature, et il faut replacer chaque auteur dans le temps
même où il a vécu. Quand Cervantes et Marie de Zayas composaient leurs nouvelles, ils écrivaient les œuvres réalistes et
presque naturalistes de l'époque.

[1] *Roman comique*, 1re p., ch. x. Scarron revient très souvent sur cette critique dans le *Roman comique* et dans les *Nouvelles*.

Ce genre, qui semble avoir été créé en Espagne par Juan de Timoneda vers 1576[1], passa les Pyrénées et vint en France en 1618, avec la traduction des *Nouvelles,* de Cervantes[2], que fit paraître d'Audiguier, l'année même où il traduisait aussi les *Relations ou Contes et nouvelles de Marc d'Obregon*[3]. En 1628, le sieur Lancelot avait publié des *Nouvelles tirées des plus célèbres auteurs espagnols*[4]; et en 1644, Rampalle avait traduit les *Nouvelles,* de Juan Perez de Montalvan[5]. Mais ce n'étaient là que des traductions pures et simples, en assez mauvais style. Scarron fit mieux ; en intercalant quatre nouvelles espagnoles dans la trame même du *Roman comique,* il ne se fit pas scrupule de les arranger et de les accommoder au goût de notre pays. D'un genre encore espagnol il fit un genre déjà français. C'est, paraît-il, le chevalier de Méré qui lui conseilla de varier ainsi son *Roman comique,* en y mêlant quelques nouvelles, comme avait fait Cervantes dans son *Don Quichotte*. Ce fut même Méré, à l'en croire, qui lui fournit les quatre originaux en espagnol[6]. Trois de ces nouvelles sont tirées d'un livre intitulé *Alivios de Cassandra* (Barcelone, 1640, in-12), dont l'auteur est ce don Alonso Castillo Solorzanno, auquel Scarron avait déjà emprunté le sujet de *don Japhet*[7]. La seconde, *A trompeur, trompeur et demi (A un engano otro mayor),* est traduite presque littéralement, sans que Scarron ait seulement changé les noms des personnages ; elle est purement romanesque et peu intéressante. La première, l'*Amante invisible* (le titre de l'original espagnol est : *Los efectos que haze amor*) est traduite aussi ; on y sent pourtant d'un bout à l'autre l'esprit de Scarron, qui s'amuse avec son sujet et y intercale des réflexions très plaisantes sur son propre livre, qu'il dit n'être qu'un « ramas de sottises », sur la mode qui règne en Espagne de faire l'amour dans les églises, sur

---

[1] Son livre est intitulé *el Patranuelo* (Alcala 1576, Bilbao 1580). « Ce sont « des nouvelles, et Nicolas Antonio dit que Patranas est un ancien mot « espagnol qui signifie des nouvelles ou petites historiettes, et que Juan de « Timoneda est le premier qui a travaillé en Espagne dans ce genre de ro- « man, qui est court, vif et plus agréable que les grands romans d'amours « et de chevalerie. » *Bibliothèque des Romans,* par Gordon de Percel (Langlet du Fresnoy), page 130.
[2] L'ouvrage de Cervantes est de 1603 (Madrid).
[3] C'est la *Vida del Escudero Marcos de Obregon,* par Vincente Espinel.
[4] Voir *Gordon de Percel* (Ouvr. cité).
[5] *Ibid.*
[6] « Je lui fournis les quatre nouvelles en espagnol, qui sont si agréable- « ment traduites dans ses volumes...... Je lui dis..... qu'il y meslat (au « *Roman comique)* des nouvelles dont je lui fournirais les originaux en es- « pagnol qu'il entendait, et dont j'avais quantité, en quoi il imiterait au « moins don Quixote qui en donne quatre si jolies dans sa première par- « tie..... » (*Note anonyme*).
[7] V. Fournel (Introduction à l'édition elzévirienne du *Roman comique),* page 75, sqq.

les romans du temps, sur *Cyrus*, et l'*Illustre Bassa*, sur la manie qu'on avait, au temps de la Fronde, d'usurper des titres de noblesse, sur les comparaisons poétiques, etc. Cette nouvelle, fort courte et racontée librement avec la nonchalance et la coquetterie du style burlesque, est la moins fastidieuse de celles que Scarron a mises dans son livre. La troisième[1], imitée de *La Confusion de una noche*, et intitulée : *Les deux frères rivaux*, est aussi assez agréable, surtout dans la première partie, que Scarron a traduite à sa guise. Quant à la nouvelle que nous trouvons au quatorzième chapitre de la seconde partie, elle est traduite, non plus de Solorzanno, mais de dona Maria de Zayas y Sotomayor, qui avait publié, en 1634, son joli recueil des *Nouvelles amoureuses et exemplaires*[2]. *Le juge de sa propre cause* (*el Juez de su causa*) est fort long, exclusivement romanesque, et assez ennuyeux : cela ne vaut pas la *Précaution inutile*, que Scarron avait empruntée, en 1655, au même auteur.

En effet, mis en goût par le succès des deux premières nouvelles qui avaient paru en 1651 dans le corps du *Roman*, Scarron avait pris, le 23 avril 1655, un nouveau privilège pour publier des *Nouvelles tragi-comiques, tournées de l'espagnol en français*[3]. La première, intitulée la *Précaution inutile*, parut en juin[4], au moment où Douville venait de mettre en français les *Nouvelles exemplaires* de Marie de Zayas, d'où elle est tirée. Scarron manifesta une vive irritation contre son rival et surtout contre Boisrobert, avec lequel il était en froid depuis l'*Écolier de Salamanque*; il se plaignit amèrement du mauvais procédé de l'abbé, qui avait été prévenu de son projet, et il s'en vengea en raillant l'œuvre de son frère[5]. Il n'avait pourtant pas grand'chose à craindre de la concurrence, car il se montra bien supérieur à Douville et à Marie de Zayas elle-même[6].

---

[1] Qui est la quatrième dans le *Roman comique* (ch. II, p. 19).
[2] *Novelas amorosas y exemplares compuestas por doña Maria de Zayas y Sotomayor, natural de Madrid* (Barcelone, Joseph Giralt). En 1637, nouvelle édition in-4° à Sarragosse.
[3] Méré soutient qu'il a fourni aussi à Scarron les originaux de ces nouvelles tragi-comiques. Mais il faut toujours compter avec la fatuité de Méré.
[4] Je n'ai pu me procurer l'édition originale : mais dans l'*A qui lira*, Scarron dit qu'il était prêt à envoyer son livre à Moreau, quand on lui annonça sa mort. Or, c'est dans la *Gazette burlesque* du 16 juin que Scarron pleure la mort de son jeune ami. La *Précaution inutile* parut donc probablement très peu de temps après : car Scarron ne prit pas la peine ou n'eut pas le temps de chercher une autre personne à qui la dédier.
[5] Il chicane sur la manière dont l'éditeur de Douville a écrit dans son avant-propos le titre : *Precaucionado engañado*, au lieu de la *Precaucionado engañado*, et il dit que le vrai titre est *el Prevenido engañado*.
[6] Scarron dit qu'il a *refait* la nouvelle, « parce qu'elle est déplorablement écrite en espagnol. »

La *Précaution inutile* n'est pas, comme la plupart des nouvelles espagnoles, un récit enchevêtré d'aventures romanesques ; l'intrigue est relativement très simple, mais il s'en dégage un parfum de moralité fort agréable : c'est une nouvelle plutôt *exemplaire* qu'*amoureuse* ; c'est une véritable étude de mœurs.

Un jeune gentilhomme riche et oisif nommé don Pèdre croit à l'amour et choisit une belle maîtresse qu'il adore, qu'il célèbre en vers et en prose et à qui il donne les plus belles sérénades qu'on ait entendues dans Grenade. Il s'aperçoit un beau jour que cette jeune fille qu'il voulait épouser l'a trompé et il la surprend comme elle mettait clandestinement au monde une petite fille. Don Pèdre recueille la pauvre abandonnée, la confie à une tante qu'il charge de l'élever, avec ordre de la mettre dans un couvent à l'âge de trois ans, et surtout de ne lui donner aucune connaissance des choses du monde. Quant à lui, désespéré, il quitte Grenade et court le monde. « Toutes les femmes lui font peur, et sans « considérer qu'il y en a de bonnes et de mauvaises aussi bien « que des hommes, il conclut en lui-même qu'il s'en faut toujours « défier, et plus encore des spirituelles que des sottes, croyant « avec bien d'autres qu'une femme sait plus qu'elle ne doit quand « elle sait plus que le ménage de sa maison et l'éducation de ses « enfants [1]. » Notre misanthrope ou plutôt notre misogyne, par une inconséquence bien humaine, tombe amoureux à Séville d'une jeune veuve qui le réconcilie un instant avec le sexe féminin ; mais hélas, il s'aperçoit vite que « cet ange veuf », malgré sa piété austère et ses airs farouches, avait pour amant un horrible petit nègre de Guinée, qui se mourait pour ne pouvoir suffire aux appétits déréglés de sa maîtresse. A Madrid, don Pèdre commet la sottise d'aimer encore une autre femme, Violante, qu'il surprend un beau jour avec un jeune collégien. Du coup, il passe en Italie et demeure six ou sept ans à Naples, où il continue sans doute sa trop minutieuse enquête. A son retour en Espagne, comme il passait un jour sous les fenêtres d'un beau château proche de Barcelone et qui appartenait à un duc catalan,

---

[1] La *Précaution inutile* (*Œuvres*, III, page 238). — L'anologie avec les théories de Chrysale est frappante :

> Former aux bonnes mœurs l'esprit de ses enfants,
> Faire aller son ménage, avoir l'œil sur ses gens
> Doit être son étude et sa philosophie.
> ....
> Nos pères sur ce point étaient gens bien sensés
> Qui disaient qu'une femme en sait toujours assez
> Quand la capacité de son esprit se hausse
> A connaître un pourpoint d'avec un haut de chausses.
>
> (*Fem. Sav.* II, 7).

la jeune duchesse, dont le vieux mari était à la chasse, fait appeler par un page ce bel étranger qu'elle aperçoit de sa fenêtre et, pour se désennuyer, le régale, le fait causer. Don Pèdre lui avoue tout le mal qu'il pense des femmes et jure bien haut « qu'il « aimerait mieux une laide qui fût fort sotte qu'une belle qui ne « le fût pas [1] » ; la duchesse proteste et nie que la sottise soit une garantie pour la vertu, bien au contraire.

« Et comment une sotte sera-t-elle honnête femme, si elle ne sait pas ce « que c'est que l'honnêteté et n'est même pas capable de l'apprendre ? Com-« ment une sotte vous pourra-t-elle aimer, n'étant pas capable de vous con-« naître ? Elle manquera à son devoir sans savoir ce qu'elle fait, au lieu « qu'une femme d'esprit, quand même elle se défierait de sa vertu, saura « éviter les occasions où elle sera en danger de la perdre. » Ils contestèrent encore longtemps sur le même sujet, le Grenadin soutenant qu'une femme ne doit savoir qu'aimer son mari, lui être fidèle et avoir soin de son ménage et de ses enfants, et la duchesse lui voulant persuader qu'une sotte n'en était pas capable, et, quand même elle serait belle, qu'elle pourrait encore déplaire [2].

Enfin la nuit vient ; don Pèdre et la duchesse étaient sur le point de démentir leurs propres théories, l'un en aimant une jolie femme qui n'était point sotte, l'autre en se laissant conduire à la faute malgré tout son esprit, quand le vieux duc vint troubler la fête. Don Pèdre est enfermé dans une grande armoire, dont la duchesse prend la clef. C'est là que se place la scène délicieuse dont Sedaine a fait sa jolie comédie de la *Gageure imprévue*[3]. J'avoue que le conte me paraît supérieur à la comédie. La conversation qu'avaient eue don Pèdre et la duchesse était bien plus piquante que l'entretien du fade M. Détieulette avec la marquise, et c'est là que gît par avance toute la morale de l'aventure. Si la scène de la gageure est moins vive dans Scarron, en revanche, la

---

[1] Voir Molière :
CHRYSALDE.
Une femme stupide est donc votre marotte ?
ARNOLPHE.
Tant que j'aimerais mieux une laide bien sotte,
Qu'une femme fort belle avec beaucoup d'esprit.
(*École des femmes*. Acte I, sc. 1).

[2] Voir Molière :
Mais comment voulez-vous après tout, qu'une bête
Puisse jamais savoir ce que c'est qu'être honnête ?
Une femme d'esprit peut trahir son devoir,
Mais il faut pour le moins qu'elle ose le vouloir ;
Et la stupide au sien peut manquer d'ordinaire
Sans en avoir l'envie et sans penser le faire.
(*École des femmes*. Acte I, sc. 1).

[3] Représentée pour la première fois sur le Théâtre-Français en 1768.

duchesse s'y prend d'une façon plus spirituelle et plus dramatique que ne fait Mme de Clainville pour allumer la jalousie dans le cœur de son mari. Enfin, l'entreprenante catalane semble avoir poussé très loin son galant tête à tête; elle a commis plus qu'une simple imprudence; de cette petite clef qu'elle agite malicieusement entre ses doigts dépend certainement la vie de son amant, peut-être la sienne. Scarron a très habilement nuancé cet intérêt dramatique qui repose sur une donnée si futile. Il a vraiment écrit, comme il l'avait annoncé, une nouvelle *tragi-comique*, tandis que Sedaine a fait seulement une charmante bluette.

Don Pèdre était enfin sorti de son armoire, plus convaincu que jamais « qu'une femme d'esprit était d'une dangereuse garde. » De retour à Grenade, il alla voir cette enfant qu'il avait sauvée et qui était devenue une jeune fille de seize ans : « Il la trouva belle
« comme tous les anges ensemble et sotte comme toutes les reli-
« gieuses qui sont venues au monde sans esprit et en ont été
« tirées dès l'enfance pour être enfermées dans un couvent [1]. »
Aussi se décida-t-il à l'épouser, bien convaincu que celle-là du moins ne le tromperait pas. Toute cette fin de la *Précaution inutile* rappelle à notre esprit les naïves illusions d'Arnolphe et la singulière éducation qu'il a donnée à cette petite Agnès, dont il veut faire sa femme; seulement, Agnès n'est qu'une fausse innocente, tandis que Laure est une simple idiote [2].

Le récit de la première nuit que passe don Pèdre avec sa femme est d'une invraisemblance extrême, mais il est fort comique :

Plus sot encore que sa femme, il voulut voir jusqu'où pouvait aller sa simplicité. Il se mit dans une chaise, fit tenir sa femme debout, et lui dit ces paroles, ou d'autres encore plus impertinentes : « Vous êtes ma femme [3],
« dont j'espère que j'aurai sujet de louer Dieu, tant que nous vivrons
« ensemble. Mettez-vous bien dans l'esprit ce que je m'en vais vous dire et
« l'observez exactement tant que vous vivrez, et de peur d'offenser Dieu et
« de peur de me déplaire. » A toutes ces paroles dorées, l'innocente Laure

---

[1] *Œuvres,* III, 271.

[2] Les précautions d'Arnolphe ressemblent beaucoup à celles que prend don Pèdre : lui aussi a voulu se faire une femme « au gré de son souhait »; et de même que don Pèdre cherche des servantes encore plus sottes que Laure pour la servir dans la maison qu'il lui a fait meubler, de même Arnolphe dit :

Je n'y tiens que des gens tout aussi simples qu'elle.
(*École des femmes.* Acte I, sc. 1).

[3] Comparer avec le discours qu'Arnolphe tient à Agnès :

Agnès, pour m'écouter, laissez-là votre ouvrage,
Levez un peu la tête et tournez le visage :
Là, regardez-moi là durant cet entretien,
Et jusqu'au moindre mot imprimez-le vous bien.
Je vous épouse, Agnès.....
(*École des femmes*. Acte III. sc. 2).

faisait de grandes révérences, à propos ou non, et regardait son mari entre deux yeux aussi timidement qu'un écolier nouveau fait un pédant impérieux. « Savez-vous », continua don Pèdre, « la vie que doivent mener les « personnes mariées ? » « Je ne le sais pas », lui répondit Laure, faisant une révérence plus basse que toutes les autres, « mais apprenez-la moi et je la « retiendrai comme *Ave Maria* », et puis autre révérence. Don Pèdre était l'homme le plus satisfait du monde de trouver encore plus de simplicité en sa femme qu'il n'en eût osé espérer. Il tira d'une armoire une paire d'armes fort riches et fort légères, qui lui avaient autrefois servi dans une magnifique réception que la ville avait faite au roi d'Espagne ; il en arma son idiote, il lui couvrit la tête d'un petit morion doré couvert de plumes, lui ceignit une épée et, lui ayant mis une lance à la main, lui dit que la vie des femmes mariées qui voulaient être estimées vertueuses était de veiller leurs maris pendant leur sommeil, armées de toutes pièces comme elle était. Elle ne lui répondait qu'avec ses révérences ordinaires, qui ne finirent que lorsqu'il lui fit faire deux ou trois tours de chambre : ce qu'elle fit par hasard de si bon air, sa beauté naturelle et son habit de Pallas y contribuant beaucoup, que le trop fin Grenadin en demeura charmé. Il se coucha et Laure demeura en faction jusqu'à cinq heures du matin [1].

Il est facile de prévoir ce qui arrive : don Pèdre, forcé de s'abssenter pour plusieurs jours, laisse sa jeune épouse, qui continue stupidement chaque soir cette faction de la première nuit, jusqu'au jour où un galant lui vient enseigner qu'il y a d'autres préceptes du mariage plus agréables à méditer [2]. Don Pèdre, à qui sa femme confie naïvement cette belle découverte à son retour, reconnaît alors, mais trop tard « que sans le bon sens, la vertu ne peut être « parfaite, qu'une spirituelle peut être honnête femme d'elle-« même et qu'une sotte ne peut l'être sans le secours d'autrui et « sans être bien conduite ». Morale exquise, que dut approuver tout bas Mme Scarron et qui fait le plus grand honneur à la clairvoyance de son mari.

La *Précaution inutile* peut compter parmi les jolies œuvres de Scarron ; bien qu'il n'en ait pas inventé le fond, il en a assez profondément modifié la forme et beaucoup de détails pour qu'il puisse en revendiquer justement la gloire. La gaieté, l'esprit, le charme du récit et surtout cette prose si vive et si rapide lui appartiennent en propre. Connaîtrait-on la *Nouvelle* de Marie de Zayas si elle était restée écrite dans un mauvais castillan ou si elle n'avait eu pour traducteur que le frère de Boisrobert ? N'est-ce pas le cas de dire que la façon a peut-être mieux valu que l'étoffe ?

---

[1] *Œuvres*, III, 272.
[2] Dans Molière comme dans Scarron, c'est une vieille qui vient négocier une entrevue entre un gentilhomme et la fausse innocente.

La même année, Scarron fit paraître une seconde *Nouvelle*, qui passe pour son chef-d'œuvre dans le genre, les *Hypocrites*[1]; il la dédia à son ami du Raincys, qui en avait lu déjà avec plaisir le commencement : « Cette seconde *Nouvelle* n'est pas enjouée « comme la première, mais aussi il n'y a rien d'emprunté, ni qui « ressemble à un conte de *Peau d'Ane*, et pour moi je vous avoue « que je l'estime davantage... » Sans doute, elle est moins gaie, elle ne contient pas d'histoire impossible comme celle de la nuit de noces de don Pèdre, mais Scarron jugeait bien en la mettant au-dessus de la *Précaution inutile*. Le sujet en est encore plus simple; mais si l'intrigue y est peu de chose, les mœurs y occupent, en revanche, une grande place. Nous y trouvons ce qu'on rencontre assez rarement chez Scarron, des caractères fortement tracés.

Avec quelle vérité il a dépeint ce sinistre trio qui exploite Tolède, Madrid et Séville ! Voici d'abord Hélène, cette dangereuse femme à voir, qu'on ne pouvait s'empêcher d'aimer pour sa beauté et pour la grâce enchanteresse de tout son être ; ces dehors recèlaient l'âme la plus noire ; « elle était si ennemie de la « vérité, qu'il se passait des années entières sans que cette vertu « parût une fois seulement dans sa bouche » ; grande pleureuse, grande comédienne, enrichie de la prostitution et qui passait aux yeux du monde pour la vertueuse Hélène. Voici Mendez « vénérable pour son chapelet et son harnais de prude », vieille Macette éhontée qui pousse Hélène à trafiquer de ses charmes pour fuir la pauvreté. Voici surtout le funeste et redouté Montufar, « com- « plice de toutes les méchantes actions d'Hélène et l'ordinaire « instrument de ses menus plaisirs ». Ils s'aiment tous deux d'un amour de coquins, fait de bestialité et d'habitude, d'intérêt commun et de mépris réciproque ; au fond, ils se haïssent cordialement et pourtant, quand ils se sont quittés, ils se recherchent pour reformer leur criminelle association. Hélène est comme ces filles des rues qui détestent leur ignoble tyran, mais qui, si elles s'en délivrent, ont vite la nostalgie de la servitude et des mauvais traitements. Quand Montufar tombe gravement malade à Guadarrama, Hélène et Mendez, qui croient le misérable frappé à mort par la fièvre, s'assoient de chaque côté de son lit et, avant de l'abandonner lâchement, se donnent l'atroce plaisir de lui dire ses vérités et d'ouvrir leur cœur tout gonflé d'hypocrisie et de haine. Elles le raillent, l'insultent, lui reprochent tous ses crimes

---

[1] *Les Hypocrites, deuxième nouvelle de M. Scarron*, à Paris, chez Sommaville ; achevé d'imprimer le 25 octobre 1655.

passés et le convient ironiquement au repentir en lui disant de se soumettre à la volonté divine ; la vieille lui jette un gros chapelet et lui conseille de le dire avec dévotion ; toutes deux l'embrassent d'une ignoble étreinte et se sauvent bien loin de leur tyran. Montufar, guéri, les rattrape, leur fait rendre gorge, les lie toutes nues à un arbre, les fouette, non sans inviter sa chère Hélène à faire pénitence de ses impuretés et la bonne Mendez des vils métiers qu'elle a faits. Il les abandonne aussi, puis se ravise. « Il « se sut d'abord bon gré de la justice qu'il avait faite ; mais aussi« tôt que le feu de sa vengeance commença à se ralentir, son « amour se ralluma et lui figura Hélène plus belle qu'il ne l'avait « jamais vue [1]. » Il vient les délier lui-même et ils font la paix :

L'amitié se renoua entre eux plus ferme que jamais ; ils considérèrent que la discorde avait ruiné les plus grands empires, et crurent qu'ils étaient apparemment nés l'un pour l'autre.... Après s'être réciproquement promis d'oublier tout sujet de haine, ils s'embrassèrent avec autant de tendresse que de déplaisir de ce qui s'était passé, faisant justement comme les grands, qui n'aiment et ne haïssent rien, mais qui ajustent ces deux passions contraires à leur utilité et à l'état de leurs affaires [2].

Toute cette scène, qui tient une grande place dans la nouvelle des *Hypocrites*, est contée par Scarron d'une manière fort dramatique, et repose sur une observation profondément vraie : je ne crois pas que l'on ait jamais analysé plus finement et marqué de traits plus forts ces amours de scélérats que rive l'un à l'autre la complicité du crime.

Scarron n'a pas moins bien dépeint la fausse dévotion de ces trois coquins. La satire qu'il fait de l'hypocrisie est digne d'être comparée avec celle qu'en ont faite Molière et La Bruyère ; du moins il a l'honneur de les avoir précédés et même de les avoir parfois inspirés. Montufar, Hélène et Mendez, réconciliés, entrent de nuit à Séville où ils ont à exécuter de grands desseins.

Montufar loua une maison, la meubla fort simplement, et se fit faire un habit noir, une soutane et un long manteau [3]. Hélène s'habilla en dévote et emprisonna ses cheveux dans une coiffure de vieille ; et la Mendez, vêtue en béate, fit gloire d'en faire voir de blancs, et de se charger d'un gros chapelet dont les grains pouvaient dans un besoin servir à charger des fauconneaux. Les premiers jours après leur arrivée, Montufar se fit voir dans les rues, habillé comme je vous l'ai déjà dit, marchant les bras croisés et baissant les yeux à la rencontre des femmes [4]. Il criait d'une voix à fendre les pierres : « Béni soit le saint sacrement de l'autel et la bienheureuse

---

[1] *Œuvres*, III, 316.
[2] *Ibid.*, III, 317.
[3] C'était le costume primitif de Tartuffe en 1664.
[4] A rapprocher de la fameuse scène du mouchoir entre Tartuffe et Dorine.

« Conception de la Vierge immaculée ! », et plusieurs autres dévotes exclamations de la même force. Il faisait répéter les mêmes choses aux enfants qu'il trouvait dans les rues, et les assemblait quelquefois pour leur faire chanter des hymnes, des chansons dévotes et leur apprendre leur catéchisme. Il ne bougeait des prisons [1], il prêchait devant les prisonniers, consolait les uns et servait les autres, leur allant quérir à manger, et faisant bien souvent le chemin du marché à la prison avec une hotte pesante sur le dos [2].

Sans doute il y a beaucoup d'ostentation dans cette piété, et La Bruyère pourrait peut-être reprocher à Montufar, comme il a fait à Tartuffe, d'être maladroit et de crier trop haut : *ma haire et ma discipline !* Mais il ne faut pas oublier que le peuple de Séville était un peu plus aisé à duper que les courtisans de Louis XIV, et que l'Espagne a toujours été le pays de la dévotion extérieure la plus outrée, et par conséquent de l'hypocrisie la plus facile. Sur ce sol extraordinaire, la superstition et le libertinage ont poussé côte à côte; les églises servent de lieu de rendez-vous pour les galants, et le livre du jésuite Sanchez peut aussi bien être le code des débauchés que celui des confesseurs. Aussi ne semble-t-il pas étrange que la piété de la bonne Mendez soit estimée à la grosseur des grains de son chapelet, et que Montufar devienne vite aux yeux de la foule le bienheureux frère Martin. Ses génuflexions, ses dévotes exclamations, sa piété affectée auraient peut-être en France trahi l'hypocrite; mais en Espagne ces pratiques font assez vite un saint. En effet, Montufar était en train de le devenir, et l'on ne parlait guère moins que de le canoniser.

Pourtant, malgré ces grossiers appâts qu'il jette à la foule, il n'en est pas moins habile; il sait faire face à la mauvaise fortune, et il excelle à tourner à sa gloire les incidents les plus fâcheux ; il est en cela le digne maître et le modèle de Tartuffe. Tout le monde connaît l'admirable coup de théâtre que Molière a emprunté à Scarron, et dont il a fait une des plus belles scènes de sa comédie. Un jeune homme de Madrid, qui avait été l'amant d'Hélène, et qui connaissait le dangereux trio, rencontre les trois misérables, comme ils sortaient d'une église ensemble, « envi-« ronnés d'un grand nombre de personnes qui baisaient leurs « vêtements [3], et les conjuraient de se souvenir d'eux dans leurs

---

[1] Si l'on vient pour me voir, je vais aux prisonniers
Des aumônes que j'ai partager les deniers.
(*Tartuffe*. Acte III, sc. 2).

[2] *Œuvres*, III, 318.

[3] A la représentation, Orgon baise le bord du manteau de Tartuffe (Fin de l'acte III).

« bonnes prières. » Il s'indigne, comme Damis, à la vue d'une telle imposture, et s'élance pour la démasquer.

..... S'échauffant d'un zèle chrétien, et ne pouvant souffrir que trois si méchantes personnes abusassent de la crédulité de toute une ville, (il) fendit la presse, et donnant un coup de poing à Montufar : « Malheureux fourbes, « leur cria-t-il, ne craignez-vous ni Dieu ni les hommes ? » Il voulut en dire davantage, mais sa bonne intention à dire la vérité un peu trop précipitamment n'eut pas tout le succès qu'elle méritait. Tout le peuple se jeta sur lui, qu'ils croyaient avoir fait un sacrilège en outrageant ainsi leur saint. Il fut porté par terre, roué de coups et y aurait perdu la vie, si Montufar, par une présence d'esprit admirable, ne l'eût pris sous sa protection, le couvrant de son corps, écartant les plus échauffés à le battre, en s'exposant même à leurs coups. « Mes frères, s'écriait-il de toute sa force, laissez-le en « paix pour l'amour du Seigneur, apaisez-vous pour l'amour de la Sainte « Vierge [1]. » Ce peu de paroles apaisa cette grande tempête, et le peuple fit place à frère Martin qui s'approcha du malheureux gentilhomme, bien aise en son âme de le voir si maltraité, mais faisant paraître sur son visage qu'il en avait un extrême déplaisir. Il le releva de terre où on l'avait jeté, l'embrassa et le baisa, tout plein qu'il était de sang et de boue, et fit une rude réprimande au peuple : « Je suis le méchant[2], » disait-il à ceux qui voulurent l'entendre, « je suis le pécheur, je suis celui qui n'ai jamais rien fait « d'agréable aux yeux de Dieu. Pensez-vous, continuait-il, parce que vous me « voyez vêtu en homme de bien, que je n'ai pas été toute ma vie un larron, « le scandale des autres et la perdition de moi-même ? Vous vous trompez, « mes frères : faites-moi le but de vos injures et de vos pierres, et tirez sur « moi vos épées [3]. » Après avoir dit ces mots avec une fausse douceur, il s'alla jeter avec un zèle encore plus faux aux pieds de son ennemi, et les lui baisant, non seulement il lui demanda pardon, mais il alla ramasser son épée, son manteau et son chapeau qui s'étaient perdus dans la confusion. Il les rajusta sur lui et, l'ayant ramené par la main jusqu'au bout de la rue, il se sépara de lui après l'avoir embrassé plusieurs fois et lui avoir donné

[1] Mon frère, au nom de Dieu, ne vous emportez pas!
J'aimerais mieux souffrir la peine la plus dure,
Qu'il eût reçu pour moi la moindre égratignure.
(*Tartuffe*. Acte III, sc. 6).

[2] Oui, mon frère, je suis un méchant, un coupable,
Un malheureux pécheur tout plein d'iniquité
Le plus grand scélérat qui jamais ait été.
Chaque instant de ma vie est chargé de souillures,
Elle n'est qu'un amas de crimes et d'ordures,
Et je vois que le Ciel pour ma punition
Me veut mortifier en cette occasion.........
(*Tartuffe. Ibidem.*)

— Scarron dit aussi de Montufar : « Si on lui demandait son nom, il ré« pondait qu'il était un animal, une bête de charge, un cloaque d'ordures,
« un vaisseau d'iniquité, et autres pareils titres que lui dictait sa dévotion
« étudiée. »

[3] Savez-vous après tout de quoi je suis capable ?
Vous fiez-vous, mon frère, à mon extérieur ?
Et pour tout ce qu'on voit, me croyez-vous meilleur ?
Non, non, vous vous laissez tromper à l'apparence,
Et je ne suis rien moins, hélas ! que ce qu'on pense.]
Tout le monde me prend pour un homme de bien,
Mais la vérité pure est que je ne vaux rien.
(*Tartuffe. Ibidem.*)

autant de bénédictions. Le pauvre homme était comme enchanté de ce qu'il avait vu et de ce qu'on lui avait fait, et si plein de confusion qu'on ne le vit pas paraître dans les rues tant que ses affaires le retinrent à Séville. Montufar cependant y avait gagné le cœur de tout le monde par cet acte d'humilité contrefaite : le peuple le regardait avec admiration et les enfants criaient après lui *au saint, au saint !* comme ils eussent crié *au renard !* après son ennemi, s'ils l'eussent trouvé dans les rues [1].

Le bienheureux Montufar est donc l'ancêtre direct de Tartuffe et, par conséquent, d'Onuphre : il est digne de leur être comparé. Il est le premier, et peut-être le plus redoutable de cette famille d'hypocrites que le génie de nos écrivains a enfantés pour le triomphe de la vérité. Je ne veux pas dire que Scarron ait fait mieux que Molière, et que la plus grande part de gloire ne doive pas revenir à celui qui a su incarner l'hypocrisie dans un type populaire et inoubliable; mais Scarron, s'il n'a pas fait mieux, a du moins essayé de faire plus grand; il a eu une conception plus large que ses deux successeurs. Onuphre est seulement l'hypocrite de cour, prudent et avisé; il a grand soin de ne pas se compromettre, et il sait se contenter de petits profits; par son admirable esprit de conduite, il ressemble, à s'y méprendre, à un véritable dévot; je ne sais vraiment pas comment La Bruyère a appris qu'Onuphre est hypocrite : car il n'y a que Dieu et Onuphre qui puissent le savoir. Tartuffe est plus héroïque; il ne se résignerait pas à végéter obscurément; il lui faut un enjeu plus fort, un danger plus réel; dans la maison d'Orgon il y a un beau coup à faire, une fortune à saisir, une jeune fille à épouser, une jeune femme à séduire : voilà qui vaut la peine qu'on soit hypocrite et qu'on livre bataille. Pour s'emparer de la place, Tartuffe usera de ses armes les plus perfides et de sa tactique la plus savante : car il n'est pas un simple filou de dévotion; il est un dangereux malfaiteur. Montufar est pis encore; moins mesquin qu'Onuphre, moins entreprenant que Tartuffe, il ne borne pas son ambition à conquérir l'estime des honnêtes gens ou à ruiner une seule famille. Il rêve d'asservir tout un peuple, de gouverner une légion d'âmes; il tente la conquête de Séville. Par son hypocrisie, il établira sa domination sur des milliers d'êtres crédules, il lèvera une dîme sur ses sujets, il se fera adorer et encenser, il sera le roi, il sera le saint. Combien cette ambition est plus grande que celle d'Onuphre, qui cherche à dérober quelques écus, et Tartuffe une cassette! Se sentir le maître d'une ville entière, non par la force, mais par le mystérieux pouvoir de l'intelligence et

---

[1] *Œuvres,* III, 319, 320.

de la volonté! Courber sous la loi de son bon plaisir tant de cœurs et tant de consciences! Bâtir son bonheur sur la sottise universelle! Quel triomphe! Quelle ineffable jouissance d'orgueil dut savourer le bienheureux Montufar!

Le grand seigneur, le cavalier, le magistrat et le prélat, l'avaient tous les jours à manger, à l'envi les uns des autres..... Il ne se faisait plus d'aumônes dans Séville qui ne passassent par ses mains ou par celles d'Hélène et de Mendez [1]..... Une veuve, dame de condition, et dévote à vingt-quatre carats, leur envoyait chaque jour deux plats pour leur dîner et autant pour leur souper, et ces plats étaient assaisonnés par le meilleur cuisinier de la ville. La maison était trop petite pour le grand nombre de présents qui y entraient et de dames qui les visitaient. La femme qui avait envie d'être grosse leur mettait entre les mains sa requête, afin qu'ils la présentassent en diligence devant le tribunal de Dieu et la fissent répondre de même. Celle qui avait un fils aux Indes n'en faisait pas moins, non plus que celle dont le frère était prisonnier en Alger. Et la pauvre veuve, qui plaidait devant un juge ignorant contre un homme puissant, ne doutait plus du gain de sa cause, depuis qu'elle leur avait fait un présent selon ses forces. Les unes leur donnaient des confitures, les autres des tableaux et des ornements pour leur oratoire. Quelquefois, on leur donnait du linge et des hardes pour les pauvres honteux, et souvent des sommes d'argent considérables pour les distribuer selon qu'ils jugeraient à propos. Personne ne les venait voir les mains vides, et personne ne doutait plus de leur canonisation future..... Leurs lits, fort simples, n'étaient le jour couverts que de nattes, et la nuit de tout ce qu'il fallait pour dormir délicieusement [2], leur maison étant bien garnie de matelas de laine, de bons lits de plumes, de couvertures fines et de toutes sortes de meubles qui servent à la commodité de la vie, ou pour donner à la veuve, dont les meubles avaient été exécutés, ou pour meubler la jeune fille qui se mariait sans bien. Leur porte en hiver se fermait à cinq heures et en été à sept, avec autant de ponctualité que dans un couvent bien réglé; et alors les broches tournaient, la cassolette s'allumait, le gibier se rôtissait [3], le couvert se mettait bien propre et l'hypocrite triumvirat mangeait de grande force et buvait vigoureusement à leur propre santé et à celle de leurs dupes. Montufar et Hélène couchaient ensemble de peur des esprits, et leur valet et leur servante, qui étaient de même complexion, les imitaient en cette façon de passer la nuit. Pour la bonne femme Mendez, elle couchait toujours seule et était bien plus contemplative qu'active depuis qu'elle s'était adonnée aux sciences noires. Voilà ce qu'ils faisaient au lieu de l'oraison mentale ou de se donner la discipline. Il ne faut pas demander s'ils avaient de l'embonpoint, menant une si bonne vie; chacun en bénissait le Seigneur et ne pouvait trop s'étonner de ce que des gens qui vivaient si austèrement avaient meilleur visage que ceux qui vivaient dans le luxe et

---

[1] Orgon répand des aumônes par les mains de Tartuffe (Acte I, sc. 5).

[2] « Onuphre n'a pour tout lit qu'une housse de serge grise, mais il couche « sur le coton et sur le duvet. » (La Bruyère, *de la Mode*, 24).

[3] ..... Il soupa, lui tout seul, devant elle,
Et fort dévotement il mangea deux perdrix
Avec une moitié de gigot en hachis.
(*Tartuffe*, Acte I, sc. 4.)

dans l'abondance. En trois ans qu'ils trompèrent les yeux de tout le peuple de Séville, recevant des présents de tout le monde et s'appropriant la plupart des aumônes qui passaient par leurs mains, ils amassèrent une si grande quantité de pistoles qu'il n'est pas croyable..... Enfin, Dieu se lassa de souffrir leur mauvaise vie [1].

N'y a-t-il pas une singulière grandeur dans la peinture de cet homme qui devient le fléau de toute une cité et suce la substance de tout un peuple ? Quelle couleur et quelle poésie Scarron a semées dans ce tableau ! Quels traits de comédie il a sommairement indiqués ! Il a bien vraiment fourni l'étoffe, dans laquelle Molière a taillé le noir manteau de son Tartuffe.

Il ne pouvait se soutenir si haut ; les deux *Nouvelles* qu'il dédia en 1656 à M. de Marcilly [2] ne valent pas les *Hypocrites*.

La première, l'*Adultère innocent,* n'est qu'une longue et fade histoire romanesque, dont l'héroïne Eugénie nous intéresse fort peu. Cette gémissante personne, qui cherche à tromper le meilleur des maris avec un homme qu'elle aime, et qui le trompe, sans s'en douter, avec un homme qu'elle n'aime pas, nous semble beaucoup moins innocente que le titre de l'histoire ne le proclame ; elle ressemble par bien des côtés à ces héros à la mode du xviiie siècle, qui jouaient si étrangement de leur cœur et qui croyaient que tout était permis pourvu qu'on eût l'âme *sensible* et la larme à l'œil. Il y a beaucoup de vieux roman dans l'accès de sentimentalisme qui ravagea la littérature au temps de Diderot ; seulement le vieux roman est devenu plus prétentieux et, pour se rajeunir, il s'est agrémenté de tirades philosophiques et d'apostrophes à la nature.

Le *Châtiment de l'Avarice* [3] est bien meilleur ; on y trouve une vraie peinture de mœurs, comme le titre l'indique, et Scarron a marqué de traits assez plaisants la figure de l'Harpagon espagnol. L'avarice avait été souvent déjà l'objet de ses railleries : enfant, il l'avait vue de près au foyer paternel, dans la personne de cette belle-mère acariâtre qui, par économie, « faisait apetisser les trous de son sucrier [4] » et pour laquelle il composa une si plaisante épitaphe [5] ; dans le *Roman comique,* Destin donne de singuliers détails sur la ladrerie de son père, qui « eut l'honneur
« d'avoir le premier retenu son haleine en se faisant prendre la

---

[1] *Œuvres,* III, 321.
[2] *A M. le marquis de Marcilly, lieutenant général des armées du roi, etc.* Cette dédicace a été mise plus tard en tête du recueil complet des *Nouvelles.*
[3] C'est la troisième nouvelle de Maria de Zayas : *El castigo del miseria.*
[4] V. *Factum de Scarron.*
[5] Voir plus haut, page 42.

« mesure d'un habit, afin qu'il y entrât moins d'étoffe », et qui fit payer à une voisine la corde avec laquelle il s'était pendu et qu'elle avait coupée[1]. L'hôte qui discute avec le curé le prix de son enterrement et qui exige d'être enseveli dans un vieux drap troué, au risque de faire mauvaise figure dans la vallée de Josaphat, est aussi un plaisant type d'avare[2]. Quant au don Marcos de la *Nouvelle* de Scarron, cet homme, d'une taille plus petite que la moyenne et qui, faute de nourriture, devient aussi l'homme du monde le plus mince et le plus sec, avait inventé des expédients à rendre jaloux Harpagon lui-même :

> Jamais bout de chandelle ne s'allumait dans sa chambre, s'il ne l'avait volé ; et pour le bien ménager il commençait à se déshabiller dans la rue, dès le lieu où il avait pris de la lumière et, en entrant dans sa chambre, il l'éteignait et se mettait au lit. Mais trouvant encore qu'on se couchait à moins de frais, son esprit inventif lui fit faire un trou dans la muraille qui séparait sa chambre de celle d'un voisin qui n'avait pas plutôt allumé sa chandelle que Marcos ouvrait son trou et recevait par là assez de lumière pour ce qu'il avait à faire. Ne pouvant se dispenser de porter une épée postiche, à cause de sa noblesse qui l'était aussi, il la portait un jour à droite et l'autre à gauche, afin qu'elle usât ses chausses en symétrie, et que le dommage en fût moindre étant également partagé. Dès la pointe du jour, il se tenait sur sa porte et demandait de grâce une fois à boire à tous porteurs d'eau qu'il voyait, et ainsi se fournissait d'eau pour plusieurs jours[3]...

Ce don Marcos, portrait vivant de l'avarice et de la lésine, veut faire un coup de maître en épousant une veuve nommée Isidore, qu'il croit riche et qui n'est qu'une vieille courtisane indigente. Il s'aperçoit trop tard de son malheur, pendant la nuit de noces, qui est signalée par les plus graves mésaventures. On lui vole tout ce qu'il possède et sa femme se montre à lui sous son véritable aspect, dépouillée de sa perruque et de ses dents postiches semées çà et là jusque dans la barbe de son mari. Le pauvre homme court après son précieux coffre qu'on lui a dérobé, et le retrouve au moment où des matelots le hissent à bord d'un vaisseau ; il se suspend à son trésor, la corde casse, l'infortuné don Marcos est précipité au fond de la mer avec son bagage et, dans sa chute, il trouve moyen d'entraîner sa femme Isidore, qui entraîne son neveu, un autre fripon, qui n'entraîna rien. Rien de plus moral, comme on voit, que cette conclusion. Cette *Nouvelle* n'est pas la meilleure de Scarron ; elle est pourtant vivement écrite et elle contient des traits d'observation fort plaisants, qui

---

[1] *Roman comique*, 1re p., ch. XIII.
[2] *Ibid.*, 2e p., ch. VI.
[3] *Œuvres*, III, 422.

ont peut-être inspiré Molière le jour où il a peint de main de maître son Harpagon [1].

Scarron fit encore paraître une nouvelle : *Plus d'effets que de paroles* [2]. La donnée en est plus que simple : Mathilde, princesse de Tarente, est recherchée en mariage par Prosper, prince de Palerme, personnage avare, poltron, impertinent et jaloux, bien plus âgé qu'elle et dont elle a toutes les peines du monde à se défaire ; elle épouse le jeune, brave, généreux et vertueux Hypolite, qui lui sauve la vie à plusieurs reprises et lui prouve son amour par des actes plus que par des paroles. Sur ce thème puéril sont brodées mille aventures romanesques. Scarron semble avoir traduit assez exactement son modèle espagnol sans chercher à l'améliorer. A peine a-t-il intercalé quelques phrases et quelques plaisanteries de sa façon, que l'on reconnaît vite et qui tranchent à travers la longueur fastidieuse du récit. Mais il n'a pas pris la peine de tracer vraiment des caractères. Cette *Nouvelle,* qui est la plus longue qu'il ait écrite, est certainement aussi la plus faible.

Enfin il a laissé quelques pages de deux *Nouvelles* à peine commencées et qui ne semblaient pas promettre autre chose qu'une intrigue amoureuse, comme on en trouve au fond de tous les romans espagnols : l'*Histoire de don Juan Urbina, gentilhomme espagnol,* et l'*Histoire de Mantigny, gentilhomme sicilien.* Ce sont des fragments insignifiants.

En somme, malgré la valeur très inégale de ses œuvres, Scarron a eu le rare mérite d'acclimater en France ce genre de la *Nouvelle,* qui fleurissait depuis quelque temps en Espagne. Sans doute, il est resté trop près de ses modèles et il n'a pas osé ou bien il n'a pas su y être pleinement original ; il cédait au goût du temps en se perdant parfois dans ces imbroglios galants que tous les écrivains chérissaient alors, non seulement ceux qui les délayaient en vingt volumes, mais aussi ceux qui, comme lui, les concentraient en quelques pages. Du moins il les a présentés de la façon la plus vive et la plus spirituelle que comportât le genre, sans être dupe de toutes ces fadeurs. Il ne s'y est pas tenu et il a

---

[1] Ch. Louandre fait un très grand éloge du *Châtiment de l'avarice,* et il donne une longue analyse de la nouvelle. Il porte d'ailleurs un jugement très favorable sur l'œuvre de Scarron romancier : « Pendant les dix dernières « années de la minorité de Louis XIV, Scarron fut à peu près le seul qui « ait tenté de se frayer des voies nouvelles, et qui ait produit des œuvres « vraiment originales. » (*Revue des Deux Mondes,* 1874, 2e vol., p. 106. *Conteurs français au XVII*e *siècle,* par Ch. Louandre.)

[2] Dédiée à *M. de Lorme, conseiller du roy en ses conseils.* Scarron a joint à sa dédicace un madrigal, fort peu intéressant.

essayé, à plusieurs reprises, de faire des études de mœurs et de tracer des caractères. Il y a parfois réussi. Son admirable peinture des *Hypocrites* mérite d'être mise au rang des petits chefs-d'œuvre de notre littérature. C'est la meilleure *Nouvelle* qui ait été écrite au XVIIe siècle : pourquoi les successeurs de Scarron ont-ils dédaigné si longtemps ce genre charmant[1] qui convenait si bien au génie français et qui a seulement trouvé de nos jours tout son éclat ?

---

[1] La publication des *Nouvelles* de Scarron (1648-1655-1656-1657) mit bien pendant quelque temps le genre en faveur. En 1656, Segrais fait paraître les *Nouvelles françaises* ou *les divertissements de la Princesse Aurélie* : mais ce mouvement ne dura pas très longtemps, et pendant le siècle de Louis XIV, aucun des bons auteurs ne s'abaissa à écrire des nouvelles.

CHAPITRE VII

DE LA LANGUE ET DU STYLE DE SCARRON

Le burlesque ne consiste pas seulement dans une dégradation des pensées sérieuses et des sentiments élevés, mais aussi dans un avilissement de l'expression et du style. La langue que parle *Messer Æneas* est aussi peu héroïque que le cœur qui bat dans sa poitrine : il y a harmonie entre le fonds et la forme. C'est précisément ce qui fait la supériorité du burlesque sur l'héroï-comique : celui-ci joue des airs bouffons sur la trompette épique ; celui-là, au contraire, les joue sur un simple mirliton : il accommode ainsi l'instrument à la chanson, et c'est par là qu'il plaît surtout. Rien ne serait plus froid qu'une œuvre composée dans le goût de cette *Iliade travestie* que commit Marivaux en un jour où il oublia d'être lui-même : rabaisser la pensée sans changer le style, salir le beau sans le remplacer par rien, sans purifier le sacrilège par le rire, être grossier sans être gai, voilà à quoi l'on est réduit quand on veut se passer du style comique pour exprimer des idées qui le sont. Si le burlesque a pu régner quinze ans, s'il est encore supportable aujourd'hui, c'est qu'il a mis l'expression en rapport avec la pensée. Il y a donc une langue et un style burlesques. D'où est né ce mouvement qui a momentanément troublé notre idiome ? En quoi a-t-il consisté ? Quelles traces a-t-il laissées ? Scarron nous offre par ses œuvres l'occasion de l'observer.

C'est pour protester contre l'appauvrissement du vocabulaire, que le burlesque a fait irruption dans la langue vers le milieu du XVIIe siècle. Depuis cinquante ans on n'avait fait que raboter la langue, l'éplucher, la rogner. Elle y avait sans doute gagné en clarté, en ordre et en correction ; mais on ne saurait nier qu'elle y ait singulièrement perdu en richesse. Malherbe avait biffé Ronsard, et du même coup il avait biffé tous les termes que la Pléiade avait introduits : ces mots que Ronsard empruntait, non pas directement aux Grecs ni aux Latins, comme l'a prétendu Boileau dans sa dogmatique ignorance et comme on l'a répété aveuglément jusqu'à nos jours, mais à l'ancienne langue française, aux dialectes provinciaux, aux vocabulaires des métiers ; ces composés qu'il formait imprudemment, il est vrai, à l'exemple des Grecs, mais avec des éléments bien français, ces tours nouveaux de versification et de style, tout cela avait été condamné sans appel par le terrible tyran des mots et des syllabes, qui en pourchassait les derniers vestiges jusque dans Des Portes. Puis étaient venues les précieuses, qui avaient encore épuré à leur tour, déclaré la guerre au mot propre, inventé des périphrases pour remplacer certains termes trop rudes, imaginé des alliances de mots souvent ingénieuses et délicates, toujours raffinées et éloignées de la simple vérité. Ce n'est pas le lieu de dire tout le bien et tout le mal qu'elles ont fait à la langue : constatons seulement que si, en distillant le fin du fin, elles l'ont rendue plus précise, plus élégante, plus psychologique, elles ne l'ont pas rendue plus riche, bien au contraire [1] : ce qu'on appelle l'air distingué s'accommode mieux de la maigreur que de l'embonpoint : les pâles couleurs siéent parfois mieux que les apparences d'une trop bonne santé. Pendant que les précieuses raffinaient, Balzac arrondissait ses périodes et déployait son grand style; Descartes pliait le langage à la raison et lui faisait exprimer, avec une admirable exactitude, les vérités d'évidence et de raisonnement que découvrait son génie. Enfin, Vaugelas, scrupuleux observateur de son temps, recueillait une moisson de remarques, et codifiait cette langue réparée, en même temps que les plus belles expressions de M. de Coeffeteau. Grande et salutaire réforme, malgré tout, qui faisait du français la langue la plus forte, la plus claire, la plus exacte, la plus propre à servir la raison et à analyser le cœur humain : dès lors La Rochefoucauld pouvait écrire ses *Maximes*;

---

[1] Les précieuses ont créé très peu de mots, et ces termes semblent plutôt avoir été des expressions d'argot, dont elles se servaient entre elles, et qu'elles n'ont pas eu la prétention d'introduire dans la langue. Scarron en donne un curieux exemple. « *Ah ! ma chère ! à quoi avez-vous passé tout le jour ? — Oh ! ma chère, Bastonneau, tout pur !* C'est un terme de précieuse pour dire acheter des étoffes. » (I, 206, lettre à Marigni). — Les précieuses semblent surtout avoir influé sur le sens de quelques mots.

MM. de Port-Royal leur Logique, et Racine même ses tragédies.

Mais ce côté raisonnable et sérieux de notre littérature, pour être le plus important, n'est pourtant pas le seul à considérer. On ne peut exclure la gaieté et le rire, en un mot le comique; et rien n'avait été fait durant cette première partie du siècle pour lui faire une juste place. Qu'était devenue, en 1640, la langue si riche et si pittoresque de Villon, de Marot, de Rabelais, de Regnier même? Elle avait été abolie par des censeurs trop rigides. Qu'elle ne valût rien pour chanter la prise de la Rochelle, ou pour déduire logiquement les règles de la Méthode, cela va sans dire; mais pour la poésie légère, pour la satire, pour la comédie, pour les œuvres gaies et spirituelles, quelle que fût leur forme, il était bien difficile de s'en passer absolument. Or, on ne s'était jamais occupé de l'épurer comme l'autre, de la rajeunir, de l'organiser : car on n'en avait pas besoin pour la tragédie, ni pour le roman chevaleresque, ni pour les dissertations philosophiques; la comédie était alors un genre fort inférieur : on la traitait dans le goût des Espagnols; elle ne différait pas sensiblement de la tragi-comédie, et la langue de la galanterie lui suffisait. Bannie de la littérature, la langue comique végétait obscurément dans les bas-fonds, dans la farce, plus estimée en province qu'à Paris même, dans les poésies de cabaret, et dans les orgies malpropres où s'élucubrait le *Parnasse satirique*. Il n'y avait vraiment pas ailleurs de langue comique, par la bonne raison qu'il n'y avait pas de littérature comique. Le burlesque a essayé de créer à nouveau l'une et l'autre.

Si l'on dépouille le burlesque des ordures et des scories qu'il a traînées avec lui dans sa confuse poussée, si l'on cherche à s'expliquer la raison d'être de ce genre qui a affolé la France entière pendant la minorité de Louis XIV, on s'aperçoit qu'il a été une énergique et bruyante revendication en faveur de l'élément comique dans la littérature et dans la langue. Il faut faire au comique sa part, sans quoi il envahit et inonde tout. On n'a pas assez compris cette nécessité pendant la première partie du XVIIe siècle : c'est pourquoi Scarron et sa bande l'ont proclamée bien haut, trop haut assurément; ils ont voulu rétablir l'équilibre rompu, et, par un excès contraire, ils se sont jetés tout entiers du côté du comique négligé. La langue a subi le même contre-coup que les genres nobles : la digue élevée par les grammairiens et par les puristes a été rompue, et cela a été comme une submersion générale de notre idiome; tous les mots qu'on avait refoulés et honnis reparurent, avec d'autres qui sortaient on ne sait d'où ; tous ces revenants et ces parvenus se prélassèrent dans la littérature saccagée,

>..... Tas de gueux, drôles patibulaires,
> Habitant les patois, quelques-uns aux galères,
> Dans l'argot, dévoués à tous les genres bas,
> Déchirés en haillons, dans les halles, sans bas,
> Sans perruque, créés pour la prose ou la farce,
> Populace du style au fond de l'ombre éparse,
> Vilains, rustres, croquants, que Vaugelas leur chef
> Dans le bagne Lexique avait marqués d'une F ;
> N'exprimant que la vie abjecte et familière ;
> Vils, dégradés, flétris, bourgeois, bons pour Molière [1] !

Dans cette cohue qui encombra notre langue, tous les mots à coup sûr ne furent pas « bons pour Molière »; quelques-uns pourtant le furent, et cela seul suffirait à justifier cette nouvelle invasion des barbares.

Quant à dresser un lexique ou une grammaire du genre burlesque, c'est une œuvre impossible et, par bonheur, inutile. Scarron se serait moqué le premier d'une pareille tentative. Le Roux y a échoué complètement quand il a voulu composer un « *Dictionnaire comique, satirique, critique, burlesque, libre et proverbial*[2]. » Son livre fourmille d'erreurs ; l'auteur y mentionne les termes de la rue ou des mauvais lieux à côté d'expressions de Pascal ou de La Rochefoucauld ; on ne sait jamais avec lui où finit le français et où commence l'argot : tout y est confondu. En effet, comme le burlesque s'est affranchi à peu près de tout frein pour le choix des mots et pour la tournure des phrases, ce serait faire œuvre vaine que de classer ce qui est naturellement confus, et de découvrir des règles où les auteurs ont affecté de n'en suivre aucune. On perdrait son temps à vouloir chercher la constitution de cet état anarchique. On peut seulement, à propos de Scarron, indiquer les principaux caractères de cette révolution, et les principales sources d'où jaillit ce débordement de vase littéraire, qui, après avoir troublé momentanément notre langue, y laissa pourtant quelques traces fécondes.

Scarron s'intitule quelque part « petit poète suranné »[3] ; ailleurs il s'appelle au contraire « auteur moderne »[4], et il parle de son « style un peu nouveau »[5]. Ces prétentions ne sont pas si

---

[1] V. Hugo. *Les Contemplations. Réponse à un acte d'accusation.*
[2] Par Philibert-Joseph Le Roux.
[3] *Œuvres*, VII, 50. *A la Reine Mère*. Il lui demande à être son malade en titre d'office.
[4] *Œuvres*, I, 156. *Dédicace à Guillemette*.
[5] *Œuvres*, VII, 241. *La Foire Saint-Germain*.

contradictoires qu'elles paraissent ; la nouveauté du style burlesque consiste surtout à revenir à l'ancien, et c'est par l'archaïsme que Scarron s'efforça d'être moderne. La langue foisonne d'expressions et de tours vieillis, et si La Bruyère a pu dire, un siècle et demi après Marot : « Entre Marot et nous, il n'y a guère que la différence de quelques mots », il ne l'aurait peut-être pas dit de Scarron, dont il avait presque été le contemporain.

Le genre comique et à plus forte raison le genre burlesque comportaient presque nécessairement l'archaïsme, parce qu'ils sont des genres populaires. Le peuple ne se plie pas facilement à la langue qu'écrivent les auteurs ; il met longtemps à modifier la sienne, qui est une langue parlée, infiniment plus libre, plus riche et qui contient les expressions d'hier, que l'Académie a rayées, et celles de demain, que l'Académie n'admet pas encore. Lorsque Malherbe disait par boutade que le poète devait se servir de la langue que parlaient les crocheteurs du Port-au-Foin, il voulait signifier la langue française de Paris et il l'opposait aux patois et aux barbarismes d'au delà des Alpes et des Pyrénées ; mais il aurait été fâché qu'on le prît au mot et qu'on écrivît la vraie langue des rues de Paris sans l'éplucher soigneusement et sans la passer au crible. On le vit bien le jour où il critiqua Des Portes et où il releva si vertement chez cet aimable poète une foule de termes et de constructions vieillies. L'école burlesque ne fit que reprendre pour son compte la plupart de ces mots que les écrivains n'admettaient plus dans leurs œuvres, mais que le peuple n'avait pas encore répudiés. Scarron alla fort loin dans cette réaction et, par une coquetterie d'artiste, il exhuma bien des expressions fanées qui n'avaient plus cours. Comme il imitait la naïveté de Villon et de Marot, il se croyait obligé d'imiter aussi un peu leur style. Il y a tout un côté vieillot dans le genre burlesque. C'est ainsi qu'en plein XVII siècle, on vit reparaître dans la langue des formes et même des mots qui en étaient exclus depuis longtemps :

CIL (*Virg.* IV), celui-ci.

AVÈTE (*Virg.* I), abeille — BAYE (*Virg.* IV), bourde — CARMES (très fréquent chez Scarron, par ex. *Typh.* V), vers — CAUTÈLE (*Virg.* I), précaution — CONIL (*Typh.* I), lapin — JUVENCE (*Typh.* V), jeunesse — MALENGIN (*Œuv.* VII, 77), piège.

FUITIF (VII, 70), vieille forme pour FUGITIF.

BIENVEIGNER (*Typh.* IV), bien accueillir — DÉCHEVELER (*Virg.* IV), mettre la chevelure en désordre — DEUILLE, de DOULOIR, souffrir (*Œuv.* VII, 3) — ÉCRAVENTER (*Virg.* IV), écraser, étouffer — Foupir (*Jodelet, Virg.* V), friper, salir — Guerdonner (*Œuv.* VII, 10), récompenser — Mésaigner (*Œuv.* VII, 127), maltraiter — Solu (*Virg.* IV), de soudre — Tollu (*Œuv.* VII, 149), de tollir — Voulsit (*Virg.* V), de vouloir.

Ainçois (*Œuv.* VII, 8), mais.

Illec (*Virg.* VI), là.

Malement (*Virg.* VII), d'une mauvaise manière ou méchamment. — Vergogneusement, etc., etc.

Il faut remonter au XVIe siècle, parfois même jusqu'à Marot et au delà, pour trouver des exemples de ces mots qui n'ont, du reste, pas survécu à l'exhumation qu'en a faite Scarron.

Il semble, au contraire, avoir été plus heureux dans l'emploi de beaucoup d'autres termes déjà vieillis et à peu près inusités, auxquels il a redonné quelque vie. La plupart se trouvent dans Regnier ; La Fontaine, après Scarron, les a repris presque tous ; quelques-uns même ont passé jusqu'à nous :

Cetuy (*Virg.* IV ; La Font., Voltaire.)

Arroi (*Virg.* III ; épigr. contre Dangeau) — Chef — Coupeau (*Œuv.* VII, 164 ; Racan) — Erre (*Virg.* I ; La Font.) — Forcenerie (*Œuv.* I, 180 ; Sévigné) — Huis (*Virg.* IV ; La Font.) — Ire (*Virg.* I ; La Font., Mol.) — Los (*Œuv.* VII, 236 ; La Font.) — Maltalent (*Œuv.* VII, 73, *Virg.* VI ; Bayle, Voltaire) — Maignie (*Œuv.* VII, 19 ; *Ménie* dans la Font.) — Mésaise (*Œuv.* VII, 3 ; Saint-Simon) — Noise (La Font., Mol.) — Ost (*Virg.* V ; La Font.) — Piaffe (*Virg.* IV ; La Font.) — Pourpris (La Font.) — Rais (*Virg.* III ; La Font.) — Randon (*Virg.* IV ; La Font.) — Sagète (*Virg.* IV ; La Font.) — Sauveté (*Virg.* VI ; Saint-Simon) — Soulas (*Œuv.* VII, 77, La Font.) — Vauderoute (*Typh.* V ; Racine).

Aumônier, adj. (*Virg.* I ; Saint-Simon) — Bastant (La Font.) — Brehaigne (*Virg.* IV) — Dépit, adj. (*Virg.* IV ; La Font.) — Pantois (*Virg.* V ; Volt.) — Recru (*Virg.* I ; La Bruy.).

Ardre (*Jodelet* ; La Font) — Atourner (*Œuv.* I, 18) — Accroupir (*Œuv.* VII, 257) — Apetisser (*Factum* ; La Font.) — Barguignier (*Typh.* IV ; Mol.) — Bouquer (*Virg.* V ; Regnard) — Chault, de chaloir (*Virg.* VI ; La Font.) — Duire (*Virg.* V ; La Font.) — Doint, de donner (*Œuv.* VII, 30 ; Rousseau) — Écarbouiller — Giboyer (*Typh.* V ; La Font.) — Griper (*Virg.* IV ; *Grippeminaud* dans La Font., Sév.) — Hucher (*Virg.* IV) — Musser (*Virg.* V) — Occire (*Typh.* IV ; Le Sage) — Ramentevoir (*Virg.* VI ; Mol., Volt.) — Souloir (*Typh.* I ; La Font., La Bruy.).

Ains (*Typh.* V) — Céans, Léans (*Virg.* I ; Mol., La Font.) — Si, pourtant (*Virg.* IV ; La Font., Mol.) — Quantesfois (*Œuv.* VII, 70 ; Bossuet) — Souventefois (*Œuv.* VII, 4) — Prou (*Œuv.* VII, 122 ; La Font., Mol., Sév.), etc., etc...

D'autres fois, Scarron donne à des mots français une signification surannée :

Braire (*Virg. Typh.*), crier — Excroquer (*Virg.* IV), tromper — Faquin (*Rom. com.* I, 18), portefaix — Gifle (*Virg.* II), joue — Gredin (*Virg.* V), gueux — Gaster (*Œuv.* VII, 30), dévaster — Hacher, voler — Huer (*Typh.* IV), appeler — Narquois (*Virg.* III), fourbe — Offense (*Virg.* IV), tache — Pervertir (*Virg.* I), tourner sens dessus dessous — Pis (*Typh.* IV), poitrine — Symptôme (*Virg.* I), frayeur — Visière (*Virg.* I), visage — etc...

Il emprunte aussi des termes aux patois, comme Gouge (*Typh.*, *Virg.*) — Aze (*Virg.* I, *Jodelet*, *Œuv.* VII. 77) au languedocien.

Il en emprunte également aux vocabulaires techniques comme Coup orbe (cité dans Le Roux) — Émeutir (*Typh.* IV) — Espalmer (*Virg.* IV) — Glatir (*Virg.* V) — Volter (*Virg.* III), etc.

Souvent aussi, il use de latinismes qui se trouvent être encore la plupart du temps des archaïsmes et qui sentent la façon de l'écolier limousin. Tels sont les mots :

Buccine (*Virg.*) — Constupration — Copule (*don Japhet*) — Jube (*Virg.*) — Lacrimule (*don Japhet*) — Postères (*Œuv.* VII, 70) — Pyre (*Virg.* IV) — Quérimonie (*Œuv.* VII, 8) — Vitupère (*Virg.* V).

Canicule (*Virg.* IV), très chaude — Exercités (*Virg.*) — Mortifères (*Virg.* V) — Nubileux.

Appéter (*Hér. Rid.*) — Débeller (*Typh.* IV) — Dupliquer (*Virg.* V) — Perturber (*Virg.* IV) — Tripliquer (*Virg.* V), etc., ou bien des mots mal fabriqués comme Monoculistes (*Virg.* III).

Avec un pareil système, on peut aller loin, et toutes les formes latines peuvent passer en français, pourvu qu'on leur donne une désinence acceptable [1].

On voit, par ces exemples, quel trouble apportait la poésie burlesque dans la langue française ; le triage si laborieusement commencé par Malherbe et par les grammairiens était à refaire ; il se refera en effet et, grâce à Scarron, il se fera moins sévère : on

---

[1] Je ne note pas comme archaïsmes chez Scarron les formes : *die, bénie* (subj.) ; *grand* (féminin) ; le sens des mots *ressentiment, franchise, considérable, chance, séance* : les tournures comme *longtemps a que...* Scarron en cela ne faisait que suivre la coutume de son temps.

admettra bien des expressions qui sans lui eussent été perdues [1].

Mais Scarron ne se borna pas à puiser sans retenue dans les trésors confus de notre ancienne langue ; il osa innover plus franchement encore et créer des mots, à lui tout seul, au grand scandale de l'Académie naissante. Ces mots, à vrai dire, il ne les inventait pas de toutes pièces, mais il habillait à sa façon, avec les préfixes et les sufixes qui lui semblaient les plus propres à exprimer sa pensée, les radicaux qui existaient déjà dans la langue. Le nombre des mots qu'il a ainsi fabriqués est considérable :

En ADE, avec un sens amplificatif (la mode en était venue d'Espagne) : BASTONNADE — CARBONNADE (*Typh.* I) — ENJAMBADE (*Virg.* VI) — FROISSADE (*Virg.* III) — GENOUILLADE (*Typh.* IV) — SOUFFLETADE (*Virg.* V), etc...

En OIRE [2], comme AMUSOIRE (*Virg.* V) — DORMITOIRE (*Virg.* I), etc...

En ERIE, avec un sens de dénigrement et de moquerie, comme : CATONNERIE (VII, 89) — JUPITERIE (*Virg.* V) — GIGANTERIE (*Typh.* I) — PARQUERIE (*Relat. vérit.*) — SCARRONNERIE (*Œuv.* I, 237) — BRULERIE (*Virg.* VI) — POËTERIE (*Relat. vérit.*) — TALONNERIE (*Virg.* V) — TIRERIE (*Virg.* V) — SOUFFLERIE (*Virg.* I), etc., sans compter d'autres mots comme MANGERIE, PLEURERIE, CLABAUDERIE employés avant Scarron, mais dont il ignorait peut-être l'existence.

D'autres mots créés par analogie comme INACCOSTABLE (*Œuv.* VII, 189) — INFRIPONNABLE (*don Japh.* II, 1) — INADVERSION (*Virg.* V), ou même sans modèle comme CAQUETOY, lieu où l'on caquette (*Virg.* IV).

Beaucoup de verbes actifs formés avec des adjectifs ou des substantifs suivis du suffixe FIER, comme : CENDRIFIER (*Typh.* IV) — COCUFIER — CROTTIFIER (*Virg.* V) — DIABLIFIER (*Virg.* VI — FOUDRIFIER (*Relat. vérit.*) — HUMIDIFIER (*Virg.* IV) — MEURTRIFIER (*Virg.* V) — OBSCURIFIER (*Virg.* VI) — PRÉLATIFIER (*Œuv.* I, 260) — TENDRIFIER (*Virg.* IV), etc...

Avec le suffixe ISER : FULGRUISER (cité dans Le Roux) — GUITA-

---

[1] Richelet note comme *burlesques* beaucoup d'expressions qui ont survécu et sont restées dans notre langue. — Les doléances de La Bruyère (*De quelques usages*) concernant les termes vieillis sont curieuses à étudier : la plupart des mots dont l'auteur des *Caractères* déplore la perte se trouvent dans Scarron, et plusieurs ont eu leur renouveau avec La Fontaine, à l'insu de La Bruyère.

[2] Le Roux (*Dict. comique*) dit que le burlesque mit cette sorte de mots à la mode : « pendant quelque temps on ne parla qu'en *oire* : l'heure soupatoire, l'heure dinatoire. » (Au mot *amusoire*).

RISER (*Virg.*) — MÉRAUTISER (VII, 88) du nom du propriétaire de Scarron, etc...

Avec le préfixe EN et la terminaison de la première conjugaison des verbes indiquant un commencement d'action : EMBATONNER (*Virg.* I) — EMMASCARADER (*Virg.* VI) — ENCHALYBER, de Chalybé — ENGANIMÉDER (*Œuv.* VII, 144) — ENSOUTANER (*Œuv.* VII, 138) — ENSAFRANER (*Virg.* IV) — ENZINZOLINER (*Virg.* III), etc...

Avec le préfixe DÉ, pour indiquer une cessation d'action, comme : DÉBÉROÏSER, de Beroé, *Virg.* V) — DÉCIGOGNER (*Typh.* IV) — DÉPATRONNER (*Virg.* V) — DÉQUENOUILLER (*Relat. vérit.*) — DÉPHORBER, de Phorbas, (*Virg.* V) — DÉSAFFAMER (*Œuv.* VII, 55) — DÉSEMBARRASSER (*Virg.* IV) — DÉSUPPRIMER (*Œuv.* VII, 254), etc...

Parmi ce fatras de mots à moitié barbares, remarquons quelques créations heureuses ; les verbes s'ACCAGNARDER (*Virg.* IV), PAPERASSER : ce dernier a fait fortune[1] ; le mot FANFARONNADE (*Virg.* IV) dont on ne trouve aucune trace avant Scarron ; le mot PECQUE (*Écol. de Sal.* II, 2) que Molière et Fléchier reprendront ; enfin, une épithète assez originale dans sa bizarrerie : VOS ISCARIOTES PAROLES (*Œuv.* VII, 271), pour dire : VOS TROMPEUSES PAROLES.

Un autre procédé employé fréquemment par Scarron, et renouvelé de Ronsard, consiste dans la formation de mots composés avec plusieurs radicaux, soit deux adjectifs, soit un adjectif et un substantif, soit un verbe et un substantif ; rarement le composé prend la forme d'un verbe. Il y a pourtant l'exemple curieux de S'EAU-BÉNITER (*Virg.* VI) ; presque toujours ce sont des adjectifs qualificatifs. Parfois ces alliances de mots sont heureuses et forment image ; le plus souvent elles sont déplaisantes. Condé est traité de *donne-batailles* et de *grimpe-murailles* ; un cardinal est appelé *rouge-bonnet*, un juge *porte-écarlate*, un avocat *porte-bonnet*, un courtisan *gobe-affront* ; Jupiter est le dieu *foudri-pelant*, *lance-tonnerre*, *lance-pétarade*, *menace-tempête* ; Phœbus est *porte-carquois*, *porte-lumière* et *porte-laurier*, l'Amour *porte-brandon*, la lune *claire-brune*, Mercure *porte-talonnières* et *porte-caducée*, Iris *porte-ambassade*, l'hiver *porte-mitaines*, les vents *porte-soufflets*, Orion est qualifié d'astre *pisse-pluie*, les Harpyes de donzelles *chiche-face*, le menuisier-poète Adam Billaut écrit ses vers d'une main *pousse-rabot*, etc... Le bonhomme Scarron

---

[1] Le Roux dit que Scarron a seul employé ce mot : Scarron l'a créé, mais Mme de Maintenon l'a repris (*A Mme de Glapion*, 21 novembre 1718), et Saint-Simon aussi.

(l'Apôtre), qui avait tant de fois menacé son fils de le déshériter parce qu'il ne goûtait pas assez Ronsard, aurait été content de lui : ces mots composés font penser à ceux qu'avait imprudemment formés la Pléiade : les *aspics porte-épy,* et les *avètes dérobe-fleurs.*

Toutes ces innovations n'étaient pas toujours heureuses, et la plupart n'ont duré que ce qu'a duré le burlesque, c'est-à-dire le temps de l'interrègne politique et littéraire qui sépare Richelieu de Louis XIV. Il est d'ailleurs impossible d'introduire de force dans une langue des tours et des formes qui lui répugnent ; où le génie de Ronsard avait échoué, le talent du petit Scarron ne pouvait pas réussir. De plus, il est tout aussi malaisé de rajeunir une langue par l'archaïsme ; on peut arriver à sauver par hasard de l'oubli quelques mots ; mais on ne peut remonter le courant et raviver les mots que l'âge a flétris ; une langue est comme une armée en marche qui n'a pas le temps de ramasser ses morts et ses blessés [1].

Ce n'est donc pas par le regain de jeunesse qu'il a donné à de vieux mots, ni par la création aventurée de quelques vocables, que le burlesque a influé le plus profondément sur la langue : il faut surtout chercher les traces de son passage dans le tour familier et populaire auquel a pu se plier naturellement notre langue depuis Scarron. La langue comique existait sans doute déjà ; et il n'eût été au pouvoir d'aucun homme, fût-ce de Molière, de la créer un beau matin ; mais elle n'avait pas encore paru au grand jour de la vraie comédie ; singulièrement riche et variée, elle bouillonnait d'une vie intense, mais obscure, dans le sous-sol de notre littérature ; elle était restée mêlée à la langue du peuple, souvent incorrecte, et à celle des mauvais lieux, souvent obscène. Avec Scarron on vit pour la première fois le comique prendre son rang dans la littérature, et même, comme il arrive en temps de révolution, où la populace aime à profaner le palais des rois, le burlesque, dans son triomphe insolent, ne respecta rien et envahit tous les genres ; l'ode, l'épopée, la tragédie même se laissèrent plus ou moins gagner à la contagion ; la langue française, cette belle langue raffinée par les précieuses, anoblie par Balzac, clarifiée par Descartes, étiquetée par Vaugelas et

---

[1] Il faut d'ailleurs remarquer que les archaïsmes les plus choquants se rencontrent surtout dans les premières poésies de Scarron, et dans le *Typhon ;* dans le *Virgile,* l'auteur reprend des mots déjà vieillis, mais qui n'étaient pas encore oubliés ; dans le *Roman comique,* dans les *Nouvelles,* dans les *Lettres,* et dans les dernières poésies, la langue n'est presque plus archaïque.

par l'Académie, fut prise, de 1640 à 1660 environ, d'un grave accès de trivialité. Disons le mot : elle s'encanailla avec Scarron. Cela ne dura fort heureusement qu'un temps ; mais fort heureusement aussi, il en resta toujours quelque chose.

Il serait impossible de noter ici toutes les expressions populaires que Scarron a glissées dans ses ouvrages, et par là même autorisées chez ses successeurs, à cause de la vogue immense du burlesque. Il faudrait presque tout citer : chaque vers du *Virgile travesty* nous en fournirait des exemples. Voici, cueillis au hasard, à travers le quatrième chant, les mots et les tours suivants : *embéguiner, clabauder, accoquiner, patrouiller, requinquer, dondon, salmigondis, filou, tintamarre, caracoler,* etc. ; — *faire dodo, vivre à gogo, pays de cocagne, pour tout potage, fausser compagnie, dire pis que pendre, chanter sa gamme, faire sa main, battre comme plâtre, compter sans son hôte, rayer de ses papiers, enfiler des perles, jouer de la prunelle, manger son blé en herbe, se faire tirer l'oreille, mettre la puce à l'oreille, verser des larmes de crocodile, avoir la berlue, faire venir l'eau à la bouche, faire du quant à soi, faire le renchéri, faire grise mine,* etc. Toutes ces expressions, ainsi que les nombreux proverbes dont Scarron émaille son style, à la façon de Sancho Pança, existaient sans doute bien avant que la poésie burlesque les ait employés : elle n'a fait que puiser dans le fonds populaire ; mais elle a du moins donné cours dans la langue écrite à ces mots qui étaient retombés ou qui étaient toujours restés dans le langage parlé ; elle a imprimé à notre langue comme un cachet de trivialité qui ne s'est jamais depuis complètement effacé. Scarron le premier, au XVIIe siècle, a ouvert le trésor dans lequel puiseront, avec plus de choix que lui assurément, Molière, La Fontaine, Dancourt, Saint-Simon et tous les libres auteurs de l'époque. Il n'est guère d'expression comique ou familière parmi celles qu'ils ont employées qui ne se retrouve dans Scarron ; nous comprenons dès lors pourquoi les rigides critiques de Molière lui reprochaient son jargon et son barbarisme, et pourquoi La Fontaine ne trouvait pas place dans l'*Art poétique*. Grâce à Scarron, ils se relient au XVIe siècle, et au vieux terroir gaulois. Quelle que soit l'indignité du burlesque, cette orgie littéraire a du moins empêché notre langue de devenir trop abstraite et trop spiritualiste : c'est peut-être à Scarron que nous devons un peu la pittoresque franchise de Mme de Sévigné, et même la forte familiarité de Bossuet.

Scarron n'est pas pour autant un grand écrivain, du moins en vers. Il est resté l'esclave et la victime de ce genre burlesque auquel était liée sa réputation. On ne se moque pas impunément du bon sens et de la raison, et ce n'est pas en déclarant la guerre à tous les usages et à toutes les règles qu'on peut fonder une œuvre vraiment durable. Scarron connaissait bien les faiblesses du burlesque; il les a raillées souvent chez autrui, et il a reproché aux poètes de son temps leur style négligé :

> Ils ont pour discours ordinaires
> Des termes bas et populaires,
> Des proverbes mal appliqués,
> Des quolibets mal expliqués,
> Des mots tournés en ridicule,
> Que leur sot esprit accumule
> Sans jugement et sans raison.

Ce qu'il blâmait si justement chez les autres, est-il impossible de le découvrir chez lui? Il a fait dégénérer en licences toutes les libertés qu'il a prises avec le vocabulaire et avec la syntaxe. Il a usé et abusé des archaïsmes, des mots forgés, des expressions triviales. Son style manque d'unité et de tenue; c'est un vrai magasin de bric-à-brac rempli de vieilleries, d'oripeaux traînés dans la boue, et aussi de quelques pièces de choix perdues au milieu de ce fatras. Ce style est parfois à peine correct[1], et l'on ne se douterait jamais que l'auteur a écrit après Malherbe, presque au temps de Boileau; par exemple, il ignore le genre d'une foule de substantifs, bien que la règle en fût fixée depuis longtemps déjà; il se permet des élisions, des inversions, des ellipses violentes comme l'on n'en voyait plus dans la poésie depuis un siècle

> S'eussiez été toujours harpocratique.....
> (VII, 44).

> Quatre ou cinq fois *maudit* soit la harangue
> Que langue fit, et dont punie est langue;
> Car je crois bien que depuis ce temps-là
> Fort peu de quoi mettre sur langue il a.
> (VII, 44, *Requête à Richelieu*).

Sa versification est on ne peut plus négligée ; il n'a jamais perdu son temps à attendre la rime et il a continuellement pesté contre

---

[1] Quelquefois même il ne l'est pas du tout : témoin ces vers :

> Et vous *que* j'ai droit de crier
> Et de vous rompre ainsi les têtes.
> (*Énéide*, IV).

Il y a d'autres passages tout à fait incompréhensibles.

cette dure nécessité du métier. Aussi ne se gêne-t-il pas le moins du monde pour faire rimer ensemble les mêmes mots comme *faire* et *satisfaire*, *armes* et *alarmes*, *prendre* et *entreprendre*, *gorge* et *regorge*, *resoufflés* et *essouflés*, *garder* et *regarder*, *remirent* et *soumirent*, *pièce* et *pièce*, etc., ou bien il procède par allittération plaisante :

> C'est l'infante Lavinia
> Dans laquelle vice il n'y a.

Ou bien il rime en dépit du bon sens : *Princesse* avec *Qu'est-ce*, etc. Il viole la règle de l'*e* muet à la césure :

> Soit qu'ils *louent* ou qu'ils médisent.
> (1re *Gazette burlesque*).

Celle de l'*h* aspirée :

> Si fort que la *tête* hors du froc.
> (*Gazette burlesque*).

Il ne se permet pourtant guère d'hiatus, je ne sais vraiment pas pourquoi : car il a pris de bien autres licences, en faisant des vers de treize syllabes ou bien en glissant impertinemment dans le *Virgile* un vers trop long :

> Vos jours eussent été prolongés.
> (V^e *chant*).

Il ne faut donc chercher chez lui ni la pureté de la langue, ni la correction, ni l'exactitude de la versification. Il est en révolte ouverte avec les règles de son temps et on peut dire avec n'importe quelles règles. Il a laissé aux poètes un détestable modèle qu'ils doivent bien se garder d'imiter. Mais pour lui, nous lui pardonnons tout, à cause de cette gaieté si franche qui circule dans son œuvre et de ce rire qui nous désarme. Scarron a-t-il jamais prétendu à un autre succès ?

Poète contestable, il a été du moins un excellent prosateur. Dans la prose, il redevenait lui-même. Il n'avait plus à subir la tyrannie de la rime contre laquelle il a si souvent protesté, ni même la faible contrainte du vers octosyllabique. Il n'avait surtout plus à satisfaire les exigences d'un imprimeur qui demandait des feuilles et d'un public qui, affolé de mauvais goût, attendait de l'auteur des plaisanteries toujours plus grosses et un style toujours plus bizarre. Il n'y a pas eu, Dieu merci, de prose vraiment burlesque au XVIIe siècle ; la poésie seule a été ravagée par le fléau ; la prose n'en a ressenti qu'indirectement les atteintes. Aussi toute une partie de l'œuvre de Scarron a-t-elle échappé aux graves défauts que nous signalions plus haut. Quand il tournait la charmante *Dédicace à Guillemette*, quand il écrivait à ses amis au gré de sa fantaisie ces jolies *Lettres* dont il nous est resté de trop rares échantillons, quand il composait *Les Hypocrites* et surtout ce fameux *Roman*, la seule œuvre vraiment mûrie et réfléchie qui soit sortie de sa plume, alors on peut dire qu'il ne faisait pas seulement métier de prosateur comme il avait fait trop souvent celui de poète ; il écrivait *par humeur*, comme il dit, et par tempérament. C'est là que nous pouvons le juger, car c'est là que nous trouvons vraiment le génie propre de l'écrivain, préservé des excès et des licences regrettables auxquelles le condamnait la poésie burlesque.

Nous nous apercevons alors que sous les dehors un peu grossiers du style burlesque se cachait parfois le bon sens le plus fin, et on peut même dire le plus classique, celui dont Boileau, quelques années plus tard, éclairera les préceptes de l'*Art poétique*. Par exemple, y a-t-il rien qui fasse plus d'honneur à Scarron que le mépris qu'il professait pour les antithèses de toutes sortes ? A coup sûr l'antithèse, maniée par un Lucain ou par un Corneille, est un puissant procédé de style ; et s'il fallait retrancher du *Cid* les antithèses qui s'y trouvent, on courrait le risque d'en retrancher les plus éclatantes beautés. Il faut pourtant reconnaître que l'abus en est déplorable et que le jeu qui consiste à choquer ensemble des mots ou des semblants d'idées dispense bien souvent de penser juste et de dire vrai. Comme l'antithèse est un procédé matériel qui peut se définir et qui peut s'enseigner, elle est la ressource favorite des auteurs médiocres, qui y cherchent à peu de frais une vigueur empruntée. Combien d'écrivains au XVIIᵉ siècle l'exemple de Balzac et de Corneille n'a-t-il pas gâtés ! On n'a, pour s'en convaincre, qu'à lire dix lignes de Scudéry, ou de Cyrano ou de n'importe quel auteur tragique, de Mairet ou d'un autre. On y trouve là du grand style à bon marché. C'est cette manie déplorable que Scarron a raillée dans le troisième chant du *Virgile* ; il y donne, en un style malheureusement fort négligé, une excellente leçon de goût :

> Dans les vers c'est aller par haut
> Que mettre le *froid* et le *chaud* ;
> Le *ciel*, l'*enfer* ; l'*air* et la *terre* ;
> L'*eau*, le *feu* ; la *paix* et la *guerre*.
> Rimeur qui sait antithéser
> Est ravi quand il peut user
> *Ab hoc* et *ab hac* d'antithèse ;
> (Ceci soit dit par parenthèse.)

> Aussi rimeur antithésant
> Est glorieux et suffisant,
> Et pour bien peu devient fou d'aise
> Quand il en fait bonne ou mauvaise
> Et tel est, fût-il indigent,
> Qui refuserait de l'argent,
> Plutôt qu'omettre une antithèse,
> Le tirât-elle hors de sa thèse.

On doit remarquer en effet combien les antithèses sont rares chez Scarron : on en trouve quelques-unes dans ses tragi-comédies, notamment dans l'*Écolier de Salamanque,* où passe un certain souffle cornélien ; mais dans ses œuvres comiques, dans le *Virgile* même, si grotesque, et à plus forte raison dans le *Roman,* plus sage, Scarron a dédaigné ce moyen factice de tirer l'attention et de soutenir la pensée.

Il a su également s'abstenir des *pointes,* si fort à la mode alors et dont ce grand gascon de Cyrano de Bergerac a parsemé sa prose. Ces pointes n'étaient le plus souvent que de simples jeux de mots produits par des allittérations ou des homonymies ; c'étaient les calembourgs du temps ; la mode en était venue d'Italie et tous les auteurs se paraient à l'envi de ces faux brillants :

> La tragédie en fit ses plus chères délices,
> L'élégie en orna ses douloureux caprices ;
> Un héros sur la scène eut soin de s'en parer
> Et sans pointe un amant n'osa plus soupirer ;
> On vit tous ces bergers, dans leurs plaintes nouvelles,
> Fidèles à la pointe encor plus qu'à leurs belles[1] ;
> Chaque mot eut toujours deux visages divers ;
> La prose la reçut aussi bien que les vers ;
> L'avocat au palais en hérissa son style
> Et le docteur en chaire en sema l'Évangile[1].

Scarron, malgré toute la trivialité du genre burlesque, résista au courant général et en préserva son style. A part un calembourg à la mode sur la présidente Tambonneau[2], il n'a jamais employé aucune pointe ; il avait trop d'esprit naturel pour chercher à plaire par des alliances de mots ou par des équivoques ; il était

---

[1] Boileau dans ce vers ne se laisse-t-il pas aller à commettre une de ces pointes qu'il condamne si justement ? Ou bien a-t-il voulu donner un exemple du genre ?

[2] Incomparable Tambonneau,
Puisqu'avec un visage tant beau
Vous avez l'âme aussi tant bonne...
(VII, 234, *Étrennes*).

On retrouve une plaisanterie analogue sur le nom de la dame chez d'autres poètes du temps.

en cela plus délicat que Rabelais lui-même, qui a souvent eu recours à ce procédé un peu grossier. Aussi a-t-il attiré sur lui la colère puérile de son ennemi Cyrano : « (Ronscar) en est venu à « ce point de bestialité que de bannir les pointes et les pensées « de la composition des ouvrages. Quand par malheur en lisant il « tombe sur quelqu'une, on dirait voir, à l'horreur dont il est « surpris, qu'il est tombé des yeux sur un basilic, ou qu'il a mar- « ché sur un aspic. Si la terre n'avait jamais connu d'autres « pointes que celles des chardons, la nature l'a formé de sorte « qu'il ne les aurait pas trouvées mauvaises [1]. » La chute en est jolie... et l'on ne peut prendre la défense des pointes en un style plus pointu [2]. Voilà, en effet, un genre de beauté que Scarron goûtait peu et il était vraiment bien à plaindre pour sa *bestialité*.

N'employer ni antithèses (ce sont de « fausses fenêtres »), ni pointes, ni périphrase inutile, ni artifice d'aucune sorte. Suivre la nature, voilà le seul procédé de Scarron, si c'en est un. Telle est la qualité éminente du *Roman comique*. Ce style est fait de simplicité et de vérité, dans un temps où l'on allait chercher bien loin des expressions qui n'étaient presque jamais justes et où l'on semblait voué aux grands mots ou aux trop gros mots. On n'a pas parlé au XVIIe siècle de langue plus nette, plus claire, plus vive, plus rapide, en un mot plus française que celle dans laquelle Scarron nous a raconté les amours de Destin et les mésaventures de Ragotin. On n'a qu'à jeter les yeux sur les premières lignes du livre :

> Le soleil avait achevé plus de la moitié de sa course, et son char ayant attrapé le penchant du monde, roulait plus vite qu'il ne le voulait. Si ses chevaux eussent voulu profiter de la pente du chemin, ils eussent achevé ce qui restait du jour en moins d'un demi quart d'heure ; mais au lieu de tirer de toute leur force, ils ne s'amusaient qu'à faire des courbettes, respirant un air marin qui les faisait hennir, et les avertissait que la mer était proche, où l'on dit que leur maître se couche toutes les nuits. Pour parler plus humainement et plus intelligiblement, il était entre cinq et six, quand une charrette entra dans les halles du Mans....

Voilà tout le secret pour bien écrire : Scarron nous le livre sous cette forme railleuse. Ce précepte, si simple qu'il paraît naïf, contient toute la rhétorique des grands écrivains. Un plus grand

---

[1] Cyrano de Bergerac. *Lettre XI, contre Ronscar*.
[2] Dans la même lettre, Cyrano donne d'autres échantillons curieux de ces pointes qu'il affectionnait : « Comment ! les Grecs ont demeuré moins de « temps au siège de Troie, qu'il ne s'en est passé depuis qu'il (Ronscar) est « sur le sien !... Je me trompe fort si tout le monde ne disait de lui, après « l'avoir ouï crier tant de fois sous l'archet, que c'est un bon violon... », etc.

écrivain que Scarron dira plus tard à son tour : « Voulez-vous « dire qu'il pleut ? Dites : il pleut[1]. » Mais Scarron est le premier qui, au XVIIe siècle, ait à la fois donné la règle et l'exemple dans cet admirable *Roman comique,* qui précéda de cinq ans les *Provinciales.*

[1] **La Bruyère** (*De la Société et de la Conversation,* 7).

CONCLUSION

Il est assez malaisé d'assigner à Scarron une vraie place dans l'histoire de la littérature. Sa physionomie et son talent sont si étranges qu'il entrera toujours beaucoup d'humeur dans le jugement qu'on en portera.

Ceux qui tiennent à idéaliser un peu les écrivains qu'ils admirent, à ne pas trop connaître les petits côtés de leur humaine nature et qui jettent pudiquement un voile sur leurs faiblesses, comme les fils de Noé couvrirent jadis leur père, ceux-là seront révoltés à la vue du cynique cul-de-jatte, qui fit parade de sa difformité, de sa laideur, de sa médisance, des défauts qu'il eut et des vices qu'il n'eut pas, en un mot de tout ce que les autres cachent, et qui pourtant fut bon, serviable, généreux, vaillant comme pas un contre la souffrance, qui sut distinguer Françoise d'Aubigné, l'aima et la forma toute prête pour une merveilleuse fortune. D'autres, au contraire, s'apitoieront plus que de raison sur des maux qu'il sut rendre plus célèbres que vraiment émouvants ; ils seront séduits par la figure originale du pauvre paralytique, par cette gaieté intarissable, par cet air provocant de gamin insurgé qui n'est pas, tant s'en faut, l'air des principaux écrivains du siècle ; ils lui sauront trop bon gré de ses bouffonneries et de ses excentricités ; ils lui pardonneront tout en faveur de son esprit, oubliant que l'esprit ne suffit à rien, même en France.

On appréciera fort différemment aussi le talent de Scarron suivant qu'on cherchera avant tout dans les ouvrages de l'esprit certaines qualités de sens et de goût sans lesquelles on ne croit pas qu'il y ait de bons écrits, ou bien qu'on se laissera « aller de « bonne foi » comme dit Molière « aux choses qui nous prennent « par les entrailles ». Tant qu'on lira le *Virgile travesty* et le *Roman comique,* il y aura toujours des gens qui, à la vue de ces personnages que l'imagination de l'auteur a si bizarrement costumés, pousseront de grands éclats de risée et s'amuseront sans regret; et il y en aura aussi toujours d'autres qui, se croyant placés par droit de naissance sur les côtés de la scène ou aux loges, regarderont la foule avec pitié et lui diront rageusement comme le Marquis de la *Critique :* « Ris donc, parterre, ris donc ! » Et ces derniers n'auront pas tout à fait tort : car s'ils ne veulent rire qu'à bon escient, et s'ils considèrent qu'il n'y a pas de gaieté louable en dehors des joies de la raison, la lecture de Scarron les pourra souvent navrer jusqu'au fond de l'âme. Ils ressembleront à des spectateurs qui contempleraient à jeûn une orgie : rien n'est triste alors comme de voir la gaieté des autres.

Si l'on essaie d'échapper à ces préventions, on reconnaîtra pourtant que Scarron ne doit certes pas être mis au rang des premiers écrivains du xviie siècle, mais qu'il ne doit pas non plus être perdu dans la foule médiocre des *poetæ minores* de l'époque.

Il n'a vraiment pas eu ce qu'on appelle du génie, et il n'est assurément pas un maître. Le genre burlesque qu'il avait adopté le lui interdisait; condamné par son essence même à n'être que satirique, il est incapable de rien créer. Le jour où Scarron essaya de faire vraiment une œuvre, le *Roman comique,* il montra bien la pauvreté de son fonds. « Critiquer les actions et les mœurs de « quelques comédiens », je ne dirai pas, avec Segrais, que « c'est « trop bas », mais je dirai que c'est trop peu, et que, quel que soit le talent admirable du peintre, il y a autre chose à peindre. On peut lui reprocher aussi d'avoir trop imité ; il a beau modifier ses modèles et leur donner un tout autre air, il ne les change pas assez. Il a trop peu aimé le travail, et, quoi qu'on pense des belles facilités naturelles, le vrai génie est comme la vraie noblesse : il ne suffit par pour le posséder de s'être donné seulement la peine de naître, il faut avoir longtemps invoqué le dieu intérieur, et lui avoir préparé un temple au fond de son cœur. Scarron n'a pas assez chéri son art. Corneille était épris de l'honneur, Racine aimait les larmes ; qu'a aimé Scarron? Rien, pas même sa gaieté, qui lui pesait souvent, et dont il a médit. Il a raillé tout le premier sa petite muse camarde, et il n'a certes jamais songé à l'appeler dans ses nuits de souffrance, comme Alfred de Musset. Il lui a manqué tout ce qui fait les grands hommes : il n'a jamais été que « le petit Scarron. »

A défaut de génie, il a eu du moins deux qualités éminentes qui lui assignent une place à part dans la littérature de la première moitié du xviie siècle.

A une époque où l'on n'écrivait guère que des œuvres de pure imagination, qu'il s'agît d'héroïsme ou d'amour, avec des personnages et des sentiments de convention, il a osé s'en tenir à l'observation fidèle de la réalité. En 1637, Descartes a ramené la pensée humaine à se connaître elle-même, au lieu de s'égarer en de creuses conceptions. Quelques années plus tard, Scarron a tenté une révolution analogue dans la littérature. Que l'écrivain se peigne lui-même, fût-il cul-de-jatte ; qu'il peigne les autres, fussent-ils grotesques ou vicieux ; mais qu'il renonce à enfanter des Amadis ou des Cyrus qui n'existent que dans la cervelle des romanciers. Doctrine un peu étroite qui restreint beaucoup trop le champ de l'artiste, et qui coupe les ailes à son imagination ; mais doctrine opportune et féconde, en un temps où l'on observait mal, et où il fallait à toute force distraire les esprits des chimères auxquelles ils s'attachaient. Nul n'a possédé au même point que Scarron ce don qui consiste à saisir les ridicules et à les faire sentir vivement ; seulement, dans la crainte de grandir les hommes et de les idéaliser, il les a rapetissés ; il n'a découvert que des sujets de rire, où l'on trouvait matière à admirer ; par une sorte de daltonisme intellectuel, il n'a pas vu le côté sérieux de l'humanité, il n'en a vu partout que le côté futile et ridicule. Pour se sauver du surnaturel, il a versé dans la réalité triviale ; il s'y est complu, et il n'a peint que la face la plus vilaine de notre figure. Mais, à tout prendre, cela ne vaut-il pas mieux que s'il avait fait des portraits qui ne ressemblassent ni à nous, ni à personne ?

Il n'a pas été un observateur morose ; il a été gai : il l'a été au point qu'on lui a reproché de l'être trop, et qu'on l'a traité de bouffon. Sans doute il y a quelque chose de forcé dans ce perpétuel ricanement : il est bien probable que l'auteur de tant d'œuvres burlesques ne s'amusa pas toujours également à être aussi joyeux. Pourtant il n'aurait pas soutenu pendant vingt ans le rôle qu'il a joué, s'il n'avait eu un fonds exceptionnellement riche de bonne humeur et une nature singulièrement heureuse. Ses œuvres sont les plus gaies qui aient jamais été écrites en français. Dans Molière, on sent je ne sais quelle mélancolie délicieuse, qui tempère les saillies de l'auteur comique ; l'observation est trop profonde pour nous faire simplement rire ; elle nous fait aussi penser. C'est le propre de la gaieté de Scarron, et c'est aussi sa faiblesse, de n'avoir pas d'au delà, de ne pas faire rêver, de faire peu penser, de faire seulement rire. Mais quelle verve, et quelle jeunesse ! Comme cela reposait de la littérature grave dont on était saturé depuis la Renaissance, des odes, des tragédies, des épopées, des romans poétiques, dont l'éternel sujet était l'amour, passion qui n'est jamais gaie, même quand elle n'est pas malheureuse! Avec ses petits vers, Scarron mit pendant quinze ans la France en liesse, au sortir de la sévère domination de Malherbe et de Richelieu.

Sa malice et sa gaieté : Scarron n'a eu que ces deux armes pour lutter contre le raffinement de l'époque, et il l'a vaincu. Mais il a mis double charge; il a poussé la satire jusqu'à l'avilissement des personnages et des pensées les plus nobles, et la gaieté jusqu'à la facétie grossière; en un mot, il a poussé le comique jusqu'au burlesque. Pourtant, si méprisable qu'ait été ce genre éphémère, il a eu une salutaire influence sur les œuvres du XVIIe siècle ; il a détruit le précieux ; il a été l'antidote souverain qui a guéri le mal; mais, pareil à ces réactifs puissants qui se volatilisent et disparaissent avec la substance même qu'ils modifient, le burlesque est mort de la mort même du précieux, et a laissé après lui la place nette et purifiée. On dirait un de ces duels fantastiques, comme on en raconte aux petits enfants, où, après une lutte acharnée, on ne retrouve plus rien des deux combattants. Le terrain restait libre pour des hommes nouveaux. Boileau peut venir pour donner aux écrivains les lois du bon sens et pour leur prêcher d'éviter les excès; vingt ans plus tôt sa grave parole n'aurait pas eu la même autorité, ou plutôt il aurait parlé d'un autre ton, forcé de prendre parti dans la lutte ; et qui sait si, obligé d'opter entre les folies romanesques et la naïve trivialité de Scarron, le futur auteur du *Dialogue des héros de roman* n'eût pas préféré encore aux faux sentiments et aux fausses pensées le vrai, qui seul est beau, et qui seul est aimable?

Mais Scarron a-t-il seulement détruit? N'a-t-il fait que déblayer la route, et laisser la place à d'autres? N'a-t-il rien laissé derrière lui qui vive et qui nous donne une idée positive de son talent? N'est-il pas lui aussi un poète? Assurément il y a plus d'une manière d'être poète; et il serait ridicule de prétendre que Scarron ait choisi la meilleure, celle qui mène à la gloire la plus haute qui puisse jamais couronner le front des hommes. Poète créateur et inspiré, qui transporte les esprits et subjugue les cœurs, il était bien empêché de le devenir : aussi ne l'a-t-il pas tenté. Mais à une époque où le goût des grands ouvrages avait tourné toutes les têtes, où la poésie n'était pas encore redescendue des hauteurs où Ronsard et Malherbe l'avaient juchée, où le premier venu parmi les barbouilleurs de papier composait des tragédies, des épopées, des odes à la douzaine, Scarron a eu le courage de se moquer de ces absurdes prétentions, il a montré qu'il ne faut pas se donner les airs d'un *vates* quand on est tout au plus un poètereau; il a prouvé qu'avec huit syllabes seulement par vers, peu de rimes riches, nulle mythologie, nul souffle divin, mais un peu de naturel, de grâce et d'esprit, on peut réussir comme petit poète, ce qui vaut encore mieux que d'être un grand poète manqué. Au lieu de pindariser et de ronsardiser, il s'est contenté de scarroniser, c'est-à-dire d'écrire sans prétention des poésies enjouées et familières. Il a restauré le genre de la poésie légère où avaient brillé nos ancêtres, et où excelleront toujours les esprits vraiment français. Il a fait revivre la poésie si claire et si charmante de Villon et de Marot; dans les vers de Scarron a rejailli la source qui filtrait obscurément depuis un siècle et qui semblait tarie; grâce à lui, elle viendra jusqu'à nous.

Scarron, qui a été un peu plus qu'un petit poète, a presque été un grand prosateur. En un court volume, il a fait le meilleur roman du siècle; en quelques pages, la meilleure nouvelle. Il a inauguré le roman d'observation, la peinture des caractères vrais, des mœurs réelles; il a ouvert la carrière que Le Sage et l'abbé Prévost ont parcourue depuis avec tant d'éclat[1]; il a créé en France la *nouvelle*, aujourd'hui si florissante. Il a parlé la langue la plus pure et la plus vive, débarrassée des latinismes encombrants, et retrempée aux sources du vieux fonds gaulois; s'il avait fait exprimer à cette langue plus d'idées, il aurait pu ravir à Pascal la gloire d'avoir fondé la prose française.

Scarron mérite donc d'occuper dans l'histoire de notre littérature une place plus honorable que celle qu'on lui accorde d'ordinaire. On a exagéré ses défauts, et on l'a chargé de toutes les impuretés de l'époque. Je ne sais pourquoi on lui a fait une telle réputation d'obscénité : il est très libre et s'exprime en une langue assez verte, mais il n'a pas été pire que le temps où il a vécu. Ce sont pures gauloiseries, et rien de plus : du reste, sa bonne humeur et son esprit ont tout fait passer. Les mauvais livres sont rarement gais : et Scarron n'est qu'un perpétuel éclat de rire. La gaieté! Quand même on dénierait à Scarron toutes les autres qualités, en voilà au moins une qu'on ne saurait lui refuser; il a été le *rieur* de notre littérature, et par là même il a exercé une grande influence sur son siècle. En plongeant la poésie dans la

---

[1] Louandre. *Revue des Deux-Mondes*, 1ᵉʳ mars 1874 (p. 106).

trivialité burlesque; il l'a rajeunie et il lui a donné une nouvelle sève. Il a prouvé par son exemple qu'il faut toujours compter en France avec le rire, et qu'il est impossible d'y fonder une littérature triste. Le grand siècle, qui allait s'ouvrir sous le patronage des anciens, l'aurait peut-être oublié. Scarron l'a averti que la raison devra être tempérée, et qu'il faudra faire sa part à la gaieté et aux instincts vraiment gaulois. Qui sait si cette libre et confuse poussée du burlesque, si décriée par Boileau, n'a pas servi à frayer à Molière et à La Fontaine leur place parmi les grands hommes du temps? N'oublions pas que ces deux génies, les plus vivants, les plus populaires, les plus français de tous, ont eu quelque peine à se faire rendre justice : le siècle de Louis XIV aurait très bien pu se passer d'eux et se contenter des fables de Fénelon, ou de quelque sage adaptation de Térence. C'est peut-être la vogue des *Jodelets,* du *Virgile travesty* et du *Roman,* qui a rendu possible la comédie de Molière et le badinage de La Fontaine. Il faut y songer, avant de juger trop durement le « misérable Scarron. »

APPENDICE I

NOTE D'UN ANONYME SUR SCARRON

Il y eut en 1635 une discussion célèbre entre l'Écossais Duncan, médecin à Saumur, père de Cérisante, et Jules Pilet de la Mesnardière, médecin de la marquise de Sablé. Au *Traité de la Mélancolie*, écrit par ce dernier, un ami de Duncan répondit par une *Apologie pour M. Duncan, docteur en médecine, contre le Traité de la Mélancolie*. Un exemplaire de cette *Apologie* est à la Bibliothèque nationale, provenant du fonds Falconnet[1] : sur les marges se trouvent des remarques écrites par La Mesnardière lui-même[2]. Cet exemplaire, ainsi annoté, a appartenu à une personne qui a écrit à son tour une longue note sur les deux gardes du volume. Cette note intéresse Scarron, et jette une lumière toute nouvelle sur certaines particularités de sa vie. Reproduite un peu inexactement par V. Cousin (dans un appendice ajouté à son étude sur *Madame de Sablé*) et par le journal l'*Intermédiaire des curieux et des chercheurs* (1870), elle est restée trop peu connue, et n'a été sérieusement étudiée par aucun des biographes de Scarron. En voici le texte exact :

« Les notes marginales et manuscrittes de ce livre sont
« du sieur de la Menardiere, qui estoit medecin de
« Madame la marquise de Sablé, a ses gages et demeu-

---

[1] Cet exemplaire se trouve dans la *Réserve*; il est inscrit comme double de Td $\frac{86}{14}$.
[2] Elles sont assez nombreuses et fort acrimonieuses, dans le goût des polémiques du temps.

« rant chez elle, et depuis lecteur du Roy. Ce fut lui qui
« donna pour un leger mal des pillules à feu M. Scarron
« (mary de Mme la marquise de Maintenon) qui luy cause-
« rent une contraction de nerfs qui [1] d'homme bien fait et
« tres dispost le rendirent impotent par une contraction
« de nerfs qui augmenta jusques à sa mort. J'ay connu
« particulierement [2] et Me Scarron, avant qu'elle allast
« aux Indes occidentales. Je l'ay veüe depuis à la Martini-
« nique chez sa mere, chez qui je logeay pendant que
« notre navire estoit en charge, et depuis à Saint-Chris-
« tophe chez le commandeur de Poinsy, ou nous demeu-
« rasmes ensemble pendant deux mois, et ou elle estoit
« venue chercher son mary, feu M. d'Aubigné, fils de
« celui qui a fait l'histoire d'Aubigné et le baron de Foe-
« nest, la confession de Sancy et autres ouvrages. J'ay
« demeuré depuis avec M. et Mme Scarron pendant trois
« ans à l'hostel de Troyes, rue d'Enfer, où ils furent
« mariez en 1652, Mme d'Aubigné sa mere m'ayant envoyé
« une procuration [3] pour la validité du mariage, m'ayant
« prié par des lettres de la mettre en quelque religion en
« attendant le mariage projetté auparavant que sa fille
« fust en Poitou avec la marquise de Neuillan à qui elle
« estoit, et qui logeoit à l'hostel de Troyes avec son frère
« M. Tiraqueau ; et ce fut la ou commencerent leurs
« amours. M. Scarron y tenant une portion dont il me
« loüa une partie [4], ensuitte de quoy il me prit en pension
« avec la Fleur, qui me servoit et à qui il fesoit souvent
« faire des tourtes de frangipane devant lui. Ce fut la ou
« il feit à ma persuasion le premier volume de son Roman
« comique qu'il dédia au cardinal de Rets, pour lors
« coadjuteur de Paris, qui venoit souvent passer d'agrea-
« bles heures avec lui au sortir du Luxembourg pendant

---

[1] Phrase très incorrecte ; l'auteur a voulu dire évidemment : « des pillules
« qui le rendirent impotent et qui causèrent une contraction de nerfs qui
« dura..... »
[2] Doit-on suppléer *Monsieur* devant *et Madame ?* C'est probable ; et même
pour que la phrase fût correcte, l'auteur devait avoir l'intention de dire où
il avait connu Scarron.
[3] Dans le manuscrit, il y a *procuraon*.
[4] Là encore, l'auteur s'est embrouillé dans sa rédaction.

« la Fronde. Je lui fournis les quatres nouvelles en espa-
« gnol, qui sont si agreablement traduites dans ses deux
« volumes, aussy bien que les quatre autres qu'il a tra-
« duittes et qu'il a données à part. Je lui proposay une
« nouvelle traduction de Don Quixotte, au lieu de la
« morale de Gassendy sur la traduction de laquelle je le
« trouvay attaché, mais il n'en voulut point tâter accause
« de la précédente traduction par Oudin et un autre,
« quoyque pitoyable. Je luy dis qu'il falloit donc qu'il
« entreprist quelque ouvrage de son chef et de son carac-
« tere enjoué plustôt que cette morale de Gassendy trop
« serieuse pour lui, et qu'il y meslast des nouvelles dont
« je luy fournirois les originaux en espagnol qu'il enten-
« doit et dont j'avois quantité, en quoy il imiteroit au
« moins don Quixote qui en donne quatres si jolies dans
« sa premiere partie, de sorte que je puis dire que le
« public m'a en quelque sorte l'obligation de cet agreable
« ouvrage, bien que je n'en sois pas l'auteur, aussy bien
« que de ses quatres dernieres nouvelles imprimées à
« part. J'ay cent jolies lettres qu'il m'a escrites, que je
« feray peut-être imprimer quelque jour, si sa veufve m'en
« donne la permission. Il m'en ecrist une entre autres
« pendant que j'estois à Sedan qui commence par : « Que
« diable faites-vous sur les bords de la Meuse ? » ou il
« fait l'éloge du maréchal de Fabert, et ou il dit qu'il ne
« ressemble pas à ces marechaux[1] qui ont de l'instinct
« tout au plus, etc...

« M. Duncan, medecin à Saumur, et que j'y ay connu
« particulierement estoit pere de Cerisantes que j'ay connu
« à Paris, y estant resident pour Christine, reyne de
« Suède, et que j'ay veu en 1647 à Rome lors qu'il y fit
« abjuration, car il estoit huguenot. Il suivit M. de Guise
« en sa premiere expedition de Naples, ou il mourut d'un
« coup de mousquet au talon estant à ses necessitez.
« M. de Guise fait admirablement bien son portrait dans
« ses Memoires. Il faisoit de tres-beaux vers latins, et

---

[1] Dans la *note* il y a *marchaux*.

« estoit un grand fou, du reste, avec un esprit de roman ! »;

Cette note fixe certains points importants[2] :

1º La maladie de Scarron n'était au début qu'un léger mal : ce fut La Mesnardière qui, dans sa fatuité ignorante, donna une mauvaise drogue au malade et le rendit perclus.

2º Mme d'Aubigné vivait encore, sinon quand le mariage de sa fille s'accomplit, du moins quand il fut projeté. Cela réduit à néant la prétendue lettre de Françoise, écrite de Niort en 1650 à Mlle de Saint-Hermant, après la mort de Mme d'Aubigné. Cette lettre a été évidemment fabriquée par La Beaumelle pour faire pendant à la lettre célèbre de Scarron : *Je m'étais bien toujours douté que cette petite fille.....* Il a certainement existé une lettre de Françoise à Mlle de Saint-Hermant, puisque Scarron l'a lue; mais elle était certainement différente, car à cette époque la mère vivait encore.

3º Mme d'Aubigné n'était pas à Paris quand le mariage fut décidé. Où était-elle ? En Poitou ? Rien ne l'indique absolument ; Scarron, dans sa seconde lettre à Françoise *(Vous êtes devenue malade...)* la plaint d'être mal soignée dans le Poitou. Ce reproche indirect doit viser plutôt Mme de Neuillant que Mme d'Aubigné. En Amérique ? Peut-être, car il est besoin d'envoyer une procuration en règle, et la mère semble remettre complètement à l'anonyme le soin de sa fille.

4º Le mariage eut lieu, non pas dans une paroisse de Paris, ni dans une église de campagne, mais, à ce qu'il semble, à l'hôtel de Troyes, dans l'appartement même de Scarron, qui voulut échapper à la curiosité publique ; voilà pourquoi on n'en retrouve aucune mention sur les registres paroissiaux de Paris ou des environs.

5º L'anonyme, qui a beaucoup connu personnellement Scarron et sa femme, avant et après leur mariage, parle de « leurs amours » ; ce simple mot jette peut-être un jour nouveau sur les sentiments de Françoise d'Aubigné à cette époque.

6º Scarron avait entrepris la traduction de la morale de Gas-

---

[1] Il y a encore une note de la même main, non plus sur les gardes, mais en marge à la suite d'une sotte observation de La Mesnardière. « Menardiere « qui a écrit ces notes est luy mesme un mechant maréchal de camp aussy « bien que mechant médecin de dire que l'auteur a tort de mettre l'arrière-« garde aprez la bataille. C'est l'ordre. L'auteur a eu *tort* et Menardiere l'a « mal repris. » L'auteur de cette note s'est évidemment trompé et a voulu mettre *raison* au lieu de *tort*.

[2] Voir pour chacun de ces points les passages de la *Vie de Scarron* qui s'y rapportent.

sendi ; il est bien regrettable que cet essai, qui devait singulièrement contraster avec le caractère de ses autres œuvres, ne nous soit pas parvenu.

7º Ce fut cet ami inconnu qui, à ce qu'il prétend, poussa Scarron à écrire le *Roman comique*, un peu sur le modèle du *Don Quichotte*; il lui fournit les quatre nouvelles espagnoles du *Roman*, et les quatre autres qui sont devenues les *Nouvelles tragi-comiques*.

8º Bien des lettres de Scarron n'ont pas été publiées, et ce fut probablement sur la défense de sa veuve, devenue Mme de Maintenon.

De plus, cette note donne quelques détails curieux sur la vie de Scarron, son établissement à l'hôtel de Troyes, ses goûts et ses travaux.

Quel est l'auteur présumé de cette note importante ? Ce ne sont pas les renseignements qui manquent sur ce mystérieux personnage. Il a connu intimement la famille d'Aubigné, et il a vu Françoise d'abord avant son départ pour l'Amérique (à Niort, sans doute), puis à deux reprises aux Antilles ; il a logé chez sa mère, à la Martinique ; c'est lui qui s'occupa du mariage de la fille. — Il fut un ami non moins intime de Scarron, logea chez lui, mangea chez lui, le conseilla pour ses ouvrages, lui chercha des nouvelles espagnoles et des traités d'alchimie, en a reçu plus de cent jolies lettres écrites sur un ton très familier. — Il resta l'ami du ménage après avoir été celui de chacun des deux époux séparément ; il survécut d'ailleurs à Scarron. — Il a beaucoup voyagé : sa présence est mentionnée en Poitou, à la Martinique et à Saint-Christophe avant 1650, à Rome en 1647, à Saumur auparavant, à Sedan en 1654. Scarron a dit de lui, qu'il était « un homme de « grandes et singulières entreprises[1] ».

Voilà bien des pistes à suivre ; mais leur multiplicité même semble plutôt dérouter les recherches que les faciliter. Quel est parmi les amis de Scarron celui qui peut répondre à un signalement aussi complet ? On peut songer un moment à d'Elbène, qui fut, dit La Beaumelle, mêlé à son mariage ; à Marigni, qui lui chercha des comédies espagnoles; à M. Tiraqueau lui-même, cité dans la note ; mais on se heurte vite à des impossibilités absolues. Pourtant, il semble qu'il faille chercher parmi les amis déjà connus de Scarron : est-il vraisemblable que Scarron n'ait jamais, dans ses œuvres imprimées, prononcé le nom de celui qui a tenu

---

[1] Voir la lettre à *** : « Que diable faites-vous... ? (*Œuvres*, I, 194.)

une place aussi importante dans sa vie, qui l'a marié, qui l'a conseillé, qui a entretenu avec lui une correspondance des plus actives? Pour procéder avec méthode, on doit donc commencer par examiner les deux seules lettres qui nous restent de Scarron, adressées à Mlle d'Aubigné ; c'est là que nous avons d'abord quelque chance de rencontrer le nom de cet ami commun. C'est là, en effet, qu'il se trouve.

Le seul homme, dont Scarron fasse mention dans ses deux lettres à Françoise, est le chevalier de Méré. « L'impatience de
« vous voir est un maudit mal. Ne vois-je pas bien comme il
« prend au pauvre M*** de ce qu'il ne vous voit pas si souvent
« qu'il voudrait, encore qu'il vous voye tous les jours? Il nous en
« écrit en désespéré; et je vous le garantis âme damnée à l'heure
« que je vous parle, non pas à cause qu'il est hérétique, mais
« parce qu'il vous aime, et c'est tout dire. » M*** est évidemment Méré : ne serait-ce pas aussi l'auteur de la note anonyme?

Méré est originaire du Poitou ; il y possédait un château, près de Niort [1] ; c'est là qu'il est mort. N'a-t-il pu connaître à Niort Françoise d'Aubigné avant son départ pour l'Amérique?

Méré a fait, nous disent tous ses biographes [2], plusieurs campagnes sur mer ; il quitta le service vers 1645 et revint à Paris. — N'est-il pas très vraisemblable qu'il soit allé en Amérique ? C'est justement à cette époque qu'il a pu connaître aux Antilles le commandeur de Poincy et la famille d'Aubigné.

Quant à sa présence à Saumur, à Rome et à Sedan, nous n'avons pas de quoi la constater, car les détails que nous avons sur la vie du chevalier de Méré sont extrêmement succincts. Pourtant, d'après une lettre qu'il a écrite à la duchesse de Lesdiguières, et où il met en scène un prétendu ami qui a été à Rome, on est un peu en droit de supposer qu'il parle de lui-même.

Ses voyages sur mer, ses instincts aventureux [3], sa passion pour le jeu, son goût pour les mathématiques et pour les sciences, justifient suffisamment l'appréciation de Scarron : « Vous êtes un
« homme de grandes et singulières entreprises. »

Cet ami, à qui Mme d'Aubigné confie sa fille pour la mettre « en
« quelque religion », ne peut-il se confondre naturellement avec celui qui a été le professeur de Françoise, lui a appris le monde

---

[1] Le château de Beaussay.
[2] Nadal le premier l'a affirmé, et il tenait ses renseignements de la marquise de Sepvret, belle-sœur de Méré.
[3] Méré eut beaucoup d'aventures de toutes sortes : il se battit souvent en duel ; il fut blessé et resta incommodé toute sa vie.

et la philosophie, et s'est vanté toute sa vie d'avoir formé une aussi remarquable écolière?

Méré vivait dans le même monde que Scarron ; il connaissait comme lui Mme de Lesdiguières, Mme de Mesmes, Ninon de Lenclos[1], M^mo de Revel, Costar, Ménage, d'Elbène, et il leur a écrit des lettres.

Méré s'occupait de sciences ; n'a-t-il pu procurer à Scarron les traités de Raymond Lulle? Il savait l'espagnol et le traduisait à la duchesse de Lesdiguières ; n'a-t-il pu fournir à Scarron les nouvelles espagnoles ?

Enfin, ce ton protecteur que prend l'auteur de la note, cette fatuité avec laquelle il raconte qu'il a conseillé Scarron dans ses ouvrages, l'a détourné de la traduction de Gassendi, lui a donné l'idée du *Roman comique,* ce sans-gêne avec lequel il s'attribue presque tout l'honneur de cette dernière œuvre, ne conviennent-ils pas à merveille à ce Méré, qui osait faire la leçon à Pascal, lui prétendait qu'il ne savait pas un mot de mathématiques, et osait lui écrire cette phrase stupéfiante : « Souvenez-vous que je vous « ai découvert des choses que vous n'eussiez jamais vues, si vous « ne m'eussiez connu... » N'est-ce pas le même homme[2]?

Deux motifs seulement pourraient faire hésiter à voir dans Méré l'auteur de la note anonyme.

D'abord cette note est très mal écrite, et Méré était un homme distingué qui nous a laissé des échantillons meilleurs de son style. Mais cette raison ne semble pas très importante. Cette note très confuse, écrite sans retouche sur les gardes d'un livre, peut-elle être comparée à une page limée et travaillée? De plus, l'auteur, quel qu'il soit, devait être très âgé lorsqu'il l'écrivit : il parle d'événements assez lointains ; les lettres et les mots viennent avec peine sous sa plume ; il y a des omissions et des fautes graves ; l'écriture est vieille et tremblée ; Méré était alors un octogénaire, et non pas le brillant cavalier qui avait connu Pascal. Enfin, à tout prendre, Mme de Sévigné ne nous a-t-elle pas dit que Méré avait *un chien de style?*

Le second motif qu'on peut alléguer paraît plus grave. Dans la

---

[1] Il en eut un enfant.
[2] Méré prétendait aussi avoir conseillé à Pascal de laisser de côté la question de la grâce après la quatrième *Provinciale*. (Daniel. *Entretiens de Cléandre et d'Eudore,* p. 18.) — Il prétendait aussi (et à tort) avoir engagé Balzac à écrire l'éloge du maréchal de Marillac dans le chapitre des *Belles morts*. « Ce fut moi qui obligeai M. de Balzac à faire ce discours que nous admi-« rons du grand maréchal de Marillac. On voit des lettres que m'en écrivait « cet éloquent homme..... » (Lettre de Méré à René de Marillac.) N'est-ce pas le même ton que celui de l'anonyme que nous cherchons à deviner?

note il est fait mention de la *marquise* de Maintenon[1]; or, on a prétendu que Mme Scarron ne devint pas marquise en 1674, lorsqu'elle acheta Maintenon, mais seulement en 1688[2]; d'autre part, Dangeau apprit le 23 janvier 1685 la mort du chevalier de Méré et la signala dans son journal. Comment Méré, mort à la fin de 1684[3], aurait-il pu appeler *marquise* Mme de Maintenon, qui ne le devint qu'en 1688 ? L'objection paraît très forte; je ne la crois cependant pas invincible. On s'entend d'abord très peu sur la personne même du chevalier de Méré, qu'on a confondu souvent avec son frère M. de Plassac-Méré, et surtout avec un Georges Brossin, chevalier de Méré, qui était tout à fait son contemporain, et qui ne mourut qu'en 1690. Il paraît pourtant certain que notre chevalier s'appelait Antoine Gombaud[4]. Mais quand même il serait absolument acquis que Méré est mort le 30 décembre 1684, n'a-t-il pas pu, avant cette date, appeler *marquise* Mme de Maintenon ? Qu'on n'oublie pas que Mme Scarron avait acheté sa terre en 1674 à Ch. François d'Angennes, *marquis* de Maintenon, que le marquisat semblait donc aux yeux du public lié à la terre, et qu'on dut souvent appeler Mme de Maintenon *marquise* avant que le roi lui en ait donné le brevet. L'acte de 1688 n'a dû être qu'une formalité qui a passé inaperçue aux yeux du monde; pas un seul des historiens ou des biographes de Mme de Maintenon ne l'a notée : tous ont cru, peut-être à tort, Lavallée tout le premier, que le marquisat remontait à l'acquisition de Maintenon. Il est infiniment probable que Méré, qui vivait alors loin de la cour, l'a pensé aussi.

Cet argument ne suffit donc pas à ruiner une hypothèse que tant de raisons semblent confirmer. Tout ce que nous connaissons de la vie du chevalier de Méré, de ses voyages, de ses relations, de son caractère, de ses goûts, s'accorde admirablement à montrer qu'il doit être l'auteur de cette note anonyme. On peut donc attendre avec confiance les nouveaux renseignements qu'ap-

---

[1] Toute cette parenthèse (*mary de Mme la marquise de Maintenon*) est bien de la même main que le reste et il n'y a aucune possibilité de croire à une interpolation.

[2] Voir Jal. *Dictionnaire*; art. *Maintenon*.

[3] On a retrouvé l'acte de décès d'Antoine Gombaud, seigneur et chevalier de Méré, décédé le 30 décembre 1684. (Voir le *Chevalier de Méré*, par Sauzé. Niort, 1869.)

[4] Voir un très intéressant article que M. Révillout a publié dans les *Mémoires de l'Académie des sciences et des lettres de Montpellier* (section des lettres, VIII, 1er fascicule, 1886-1887) : *Antoine Gombaud, chevalier de Méré, sa famille, son frère et ses amis illustres*.

porteront les futurs biographes du chevalier, s'il en a[1], et dire dès maintenant qu'une hypothèse aussi probable est bien près d'être une certitude.

[1] Il mérite d'en avoir, car sa vie est très peu connue. M. Révillout vient pourtant (*ouvr. cité*) d'apporter sur le chevalier de Méré plusieurs détails inédits et fort curieux, mais qui laissent encore dans l'obscurité bien des points importants. Hâtons-nous d'ajouter que parmi ces renseignements nouveaux, il n'en est pas un seul qui contredise notre hypothèse et il en est plus d'un qui semble la confirmer.

APPENDICE II

Les *Boutades du Capitan Matamore* n'ont jamais été réimprimées depuis 1647, et comme cette unique édition est extrêmement rare, en voici quelques extraits, qui donneront une idée plus complète [1] de cette œuvre curieuse :

STANCES.

Un jour, je m'en souviens, les Dieux, à leur malheur,
    Choquèrent ma valeur :
Ce céleste troupeau, cette engeance suprême,
Ces divins avortons voulaient me maltraiter ;
Je surmontai l'effet de leur audace extrême
Et les mis en état de ne plus me heurter ;
Je les frottai si bien, que la plupart encore
Sont bossus et mal faits des coups de Matamore.

Le grand Hercule en fut le premier assaillant,
    Comme le plus vaillant,
A l'abord, il est vrai, j'eus du désavantage,
De ses coups il me fit le visage tout bleu ;
Mais la fureur m'ayant plongé dedans la rage,
Tout mon corps échauffé se convertit en feu,
De sorte qu'à mes yeux sa force fut soumise,
Et je le fis brûler dans sa propre chemise !

Après ce grand combat, le Ciel vint à son tour
    Pour me priver du jour :
Mais dès qu'il aperçut cette face guerrière,
Plus effroyable à voir que le moine bourru,
Il se mit à courir d'une telle manière,
Que depuis ce moment il a toujours couru,
Et cette peur encor si vivement le presse,
Qu'on le voit fuir de crainte et tournoyer sans cesse

---

[1] Voir plus haut, page 285.

Ce cornard de Vulcain, cet infâme maraud,
   Vint encore à l'assaut :
Ce forgeron pensait me priver de lumière,
Et me précipiter d'un seul coup au tombeau ;
Sans que j'y prenne garde, il venait par derrière
Pour me casser la tête avecque son marteau.
Mais j'esquivai le coup, et puis pour ma revanche
Je le pris par le corps et lui cassai la hanche !

L'Amour voulut aussi, par un excès d'orgueil,
   M'envoyer au cercueil.
Ce souverain des cœurs qui triomphe des âmes,
A me faire périr déploya ses efforts ;
Il lança contre moi tous ses traits pleins de flammes,
Pour m'envoyer brûlant au royaume des morts ;
Mais d'une âme tranquille, et nullement émue,
D'une fourche d'acier, je lui crevai la vue.

....

La Mort ensuite vint pour m'ôter la vigueur
   Et me crever le cœur ;
Mais, ventre ! j'écorchai cette engeance cruelle,
J'arrachai ses poumons, ses tripes, ses boyaux,
Son diaphragme, ses nerfs, ses cheveux, sa cervelle,
Ses veines, ses sourcils, ses lèvres, ses naseaux,
Ses membranes, son fiel, sa rate, ses viscères,
Sa langue, son larynx, ses fibres, ses artères,

Ses maudits ligaments, son cœur pernicieux,
   Ses oreilles, ses yeux,
Son foie, ses tendons, ses reins, ses ventricules,
Ses glandes, son nombril, ses organes vitaux,
Ses muscles, ses boudins, sa chair, ses poumicules ;
Bref, je ne lui laissai, parbleu ! rien que les os,
Et je la mis enfin en si pauvre posture,
Que je la fis alors telle qu'on la figure !

AUTRE ENTRÉE POUR LE MATAMORE

IMITÉ D'OVIDE.

Je suis le seul auteur de toute la nature,
Les dieux sont mes sujets, l'homme est ma créature,
L'Enfer est mon esclave, et les esprits damnés
Aux tourments éternels sont par moi condamnés ;
Je suis le seul principe et le moteur des causes,
C'est par moi seulement qu'agit l'ordre des choses
J'ai tiré du néant tout ce vaste univers.
Dans leurs centres, j'ai mis l'air, la terre et les mers ;
J'ai fait voir aux mortels la céleste lumière,
Et sans moi tout serait en sa masse première.

De ce chaos confus le mélange odieux
Arrêterait encor le mouvement des cieux.
La flamme avec les eaux ferait aussi la guerre;
Les airs ne seraient pas d'accord avec la terre;
Et la nuit et le jour, pêle-mêle assemblés,
Comme les éléments seraient encor troublés;
Les Saisons en désordre iraient à l'aventure,
Le printemps n'aurait plus de fleurs ni de verdure,
Cérès dedans l'été n'aurait plus de moissons,
L'automne point de fruits, l'hiver point de glaçons,
Les ans, les mois, les jours, les heures, les minutes,
N'auraient jamais sans moi terminé leurs disputes ;
Pour donner à ce tout un éternel repos,
D'un clin-d'œil à l'instant je rompis le chaos.

AUTRE ENTRÉE POUR LE MATAMORE

A mon lever, pour mes bouillons,
Je prends neuf quintaux de fumée,
Douze barils de renommées
Et trois tonneaux de postillons.

Puis pour remplir mes intestins,
Comme des huîtres à l'escalle,
J'avale vingt prévôts de salle
Et cent mille petits lutins.

L'un de ces jours, sans dire mot,
Je mangerai cent hallebardes,
Et tout le régiment des gardes
Me servira de hoche-pot.

....

Bref, je pense qu'un jour ma faim,
Qui n'aura jamais de seconde,
Me fera manger tout le monde
Comme un petit morceau de pain !

APPENDICE III

EXTRAITS DU *GARDIEN DE SOI-MÊME*

COMÉDIE DE SCARRON[1].

Voici la jolie scène (acte III, scène 5) où Filipin se laisse persuader qu'il est devenu prince :

....

FILIPIN.
Je suis donc devenu grand prince en un instant ?

SULPICE.
Vous ne fûtes jamais autre chose.

FILIPIN.
       Et pourtant
Il est vrai qu'hier au soir, j'étais encor moi-même,
Filipin.

SULPICE.
    Monseigneur, dans la douleur extrême
Que vous causent les fers d'une rude prison,
Vous parlez quelquefois en homme hors de raison...

FILIPIN.
Un homme hors de raison, n'est-ce pas en vulgaire
Un fou ?

SULPICE.
   Non tout à fait, mais il ne s'en faut guère.

FILIPIN.
Je suis donc prince et fou ?

SULPICE.
      L'un des deux.

---

[1] Voir plus haut, page 302, sqq.

FILIPIN.
De Sicile est mon père ?   Et le roi

SULPICE.
    Oui, Seigneur.

FILIPIN.
         Par ma foi !
Je ne l'eusse pas cru, j'ai grand peine à le croire
Et ne le croirai point.

SULPICE.
      Quoi ! de votre victoire
Vous ne conservez pas le moindre souvenir ?

FILIPIN.
Non plus que...

SULPICE.
    Je vais donc vous en entretenir,
Vous parûtes, Seigneur, au milieu de la place
Avec votre air guerrier et votre noble audace.....

FILIPIN.
Est-il bien vrai ?

SULPICE.
     Le prince Henri, neveu du roi
Courut six ou sept fois contre vous.

FILIPIN.
        Contre moi ?

SULPICE.
Oui, Seigneur, sous vos coups, il mordit la poussière ;
Il fallut se sauver en forçant la barrière,
Vous fîtes le démon.

FILIPIN.
   Peste !

SULPICE.
      Je vous joignis
Il fallut trépaner tous ceux que j'atteignis.

FILIPIN.
N'en trépana-t-on pas de ma façon ?

SULPICE.
         Personne ;
Car quand vous vous battez votre bras toujours donne
Du fendant, non du plat. Or donc, pour revenir
Au récit commencé, qu'il faut enfin finir.....

FILIPIN.
Ne vous pressez pas tant, je me plais à l'entendre !

SULPICE.
On nous suivit bien vite, ô mon bon maître Alcandre !
Mais nous fûmes aussi bien vite et fîmes bien,
Ou l'on nous attrapait tous deux en moins de rien.
Nous gagnâmes enfin une roche fort haute.
Nos chevaux, par malheur, peut-être par leur faute,

Se rompirent le cou ; on vous surprit armé,
Et l'on vous a depuis dans ce fort enfermé
Où vous faites le fou de peur que Votre Altesse
Ne soit connue ici : mais de votre finesse
Vous ne tirerez pas beaucoup d'utilité,
Puisqu'on est informé de votre qualité.

FILIPIN.
Vous croyez qu'on la sait ?

SULPICE.
Je n'en fais pas de doute.

FILIPIN.
Et moi, si je la sais, puissé-je ne voir goutte,
Et de la savoir mieux, je le donne au plus fin ;
Si bien qu'on ne veut plus que je sois Filipin !
Quand je vois mon habit, quand je vois qu'on me garde,
Quand je vois maints soldats armés de hallebardes,
Qu'on me sert, que je bois en trou, mange en pourceau,
Que je dors à souhait, dans un lit bon et beau,
Je crois, sans davantage en rechercher la cause,
Que, si je ne suis prince, il s'en faut peu de chose.
Ensuite de cela vient ce menteur maudit
Me bouleverser l'âme avecque son récit ;
Il m'appelle *mon maître*, et me dit à ma face
Que je suis fils d'un roi ; puis dans une grand'place
Me fait paraître armé, comme on dit, jusqu'aux dents,
Me fait tuer un prince et donner des fendants...,
Pendant qu'il donne aussi des coups dont on trépane,
Devant moi, que la peur fait plonger en canard ;
Et puis, toujours monté sur mon cheval Bayard,
Me fait en moins de rien traverser les campagnes,
Ensuite trébucher du sommet des montagnes,
A me rompre le cou ; puis, me fait prendre armé,
Et se trouve avec moi dans un fort renfermé.
Ces deux derniers malheurs sont à moi, mais les autres
Ce menteur, malgré moi, les met parmi les nôtres.
Si comme me soutient ce hardi compagnon,
Je suis prince, je suis un prince champignon,
Venu dans une nuit !......

Filipin scandalise le roi de Naples et sa fille Isabelle par son manque d'éducation et sa grossièreté. Il demande à manger de la soupe avec beaucoup de pain, des poulets de grains, douze pâtés et du fromage de Parmesan :

LE ROI (à part).
Ce prince est sans remède, et ma fille sans yeux
D'aimer un tel brutal.

FILIPIN.
Vous êtes sérieux,

Roi de Naples, et je lis en votre front sévère
Que vous serez sans doute un très fâcheux beau-père,
Laissez-nous seuls ici parmi les jeunes gens,
Les vieillards sont toujours des animaux chargeants..
....
Que dites-vous tout bas, le visage contrit ?
Vous avez, par ma foi, quelque chose en l'esprit ;
J'aime les joviaux et n'aime pas les sages,
Qui craignent en riant de froncer leurs visages.
Réjouissez-vous donc, et que cet air obscur
Disparaisse du front d'un beau-père futur.
Je veux vous rendre gai par une chansonnette
Sur certaines amours depuis peu par moi faite.

  Qui surprendra Filipin
    Soir ou matin
  Sans avoir pris de son vin,
    Sera bien fin ;
  Il n'a jamais de chagrin
    Et sa Mauricette
   Est comme lui faite.

  Cette bonne fille et moi
    En bonne foi
  Plus heureux que reine et roi,
    Chacun pour soi
  Ne vivrons qu'à notre loi ;
    Si quelqu'un en souffle,
   Peste du maroufle !

  O que nous deux, esprits prompts,
    Disputerons ;
  Mais nous nous apaiserons
    Et chasserons,
  Tout autant que nous pourrons,
    De nous la famine
   Et la triste mine !

N'est-ce pas bien chanter et mieux qu'un sansonnet ?
Donnez-moi votre voix ou parlez du bonnet.
          (Acte IV).

Le roi se retire scandalisé.

APPENDICE IV

CHRONOLOGIE DES POÉSIES DIVERSES DE SCARRON

Voici quelques indications pour dater les *Poésies diverses* dont nous avons tiré la plus grande partie de la biographie de Scarron. L'ordre que nous suivrons est celui de l'édition la plus complète et la plus méthodique des œuvres de Scarron, c'est-à-dire de celle de 1786 (Paris, chez Bastien, tome VII).

Immédiatement après le titre de chaque pièce, nous indiquons entre parenthèses l'édition originale dans laquelle parut cette pièce, du vivant de l'auteur [1].

(1re p.) signifie *Recueil de quelques vers burlesques de M. Scarron*, chez Toussainct Quinet. Privilège, 17 avril 1643. Ach. d'imp., 8 juillet 1643.

(1re p. S.) La *Suite des œuvres burlesques de M. Scarron*, chez Toussainct Quinet. Même privilège. Ach. d'imp., 10 nov. 1644.

(2e p.) La *Suite des œuvres burlesques de M. Scaron (sic), IIe partie*, chez Toussainct Quinet. Privilège, 22 décembre 1643. Ach. d'imp., 27 mars 1647.

(R. V.) La *Relation véritable de ce qui s'est passé en l'autre monde au combat des Parques et des poètes, sur la mort de Voiture, et autres pièces burlesques*, par M. Scarron, chez Toussainct Quinet. Ach. d'imp., 30 septembre 1648.

(3e p.) Les *Œuvres burlesques de M. Scarron, IIIe partie*, chez Toussainct Quinet. Ach. d'imprimer, 12 septembre 1650.

(L.) Les *Œuvres de M. Scarron, reveües, corrigées et augmentées de*

---

[1] Les pièces pour lesquelles nous n'indiquons aucune de ces six éditions, parurent à part au moment où elles furent composées, ou bien seulement après la mort de Scarron, dans l'édition de 1668, dédiée à d'Elbène, où l'on réunit pêle-mêle tout ce que l'on trouva de Scarron (chez Luyne).

nouveau[1], chez Guillaume de Luyne. Privilège, 24 avril 1654. Ach. d'imp., 22 mai 1654 [2].

— L'*Auteur à ses vers* (1ʳᵉ p.), 1643. Parut en tête du premier recueil de vers burlesques.

— La *Légende de Bourbon* (1ʳᵉ p.), 1641. En automne, après la saison des eaux.

— La *Seconde Légende de Bourbon* (1ʳᵉ p.), 1642. En automne[3].

— *Adieux aux Marais et à la place Royale* (1ʳᵉ p.), 1642. Scarron parle de la douleur qui le fait « braire » nuit et jour depuis *deux ans*; il ne songe évidemment pas au début de sa maladie, qui remonte à 1638, mais à la rechute, qui date de 1640.

— *A Messieurs mes chers amis Ménage et Sarrazin* (R. V.). Cette lettre ainsi que la *Relation véritable* furent écrites après la mort de Voiture (26 mai 1648) et avant la publication de ce petit recueil, qui eut lieu le 30 sept.

REQUÊTES ET PLACETS.

— *A Monseigneur le Cardinal duc de Richelieu. Requête* (1ʳᵉ p). Le 31 octobre 1642 :

> Fait à Paris ce dernier jour d'octobre.....
> L'an que l'on prit le fameux Perpignan[4].

— *Requête au Roi* (1ʳᵉ p.). Fin de 1642 ou commencement de 1643; après la mort de Richelieu (4 décembre 1642) et avant la foire Saint-Germain, qui se tenait au printemps.

— *Requête à Mgr le président de Bellièvre* (3ᵉ p.), 1649. Scarron est tourmenté par son procès *depuis six ans*.

— *A la Reine mère* (1ʳᵉ p.). *Il demande à être son malade en titre d'office*. 1643, au commencement de l'été, un peu après la mort de Louis XIII (14 mai). *Voir* VII, 243. *Stances à la Reine* :

> Au commencement de l'été,
> Alors que la cour devint noire,
> Il fut son malade avoué.

— *Rogatum à MM. Tubeuf, de Lionne, Bertillac* (R. V.), 1647.

---

[1] Si ce recueil est augmenté, il est aussi *diminué* par la suppression des pièces compromettantes que Scarron avait écrites contre Mazarin (*Sonnet du Typhon, Avis de Dix Millions, Épître à* ***, etc.).

[2] Tous ces recueils, sauf peut-être le dernier, furent imprimés plusieurs fois ; nous avons donné pour chacun la date de l'achevé d'imprimer *pour la première fois*. — En 1655, Quinet réunit dans un même volume les cinq recueils qui avaient paru chez lui, ainsi que le *Typhon*. Mais cette édition ne contient aucune pièce nouvelle (*Recueil des œuvres burlesques de M. Scarron, jouxte la copie, petit in-12, 1655*). Nous n'y renverrons donc pas.

[3] Ces deux *Légendes* avaient déjà circulé séparément avant l'édition de 1643 : mais on ne sait si elles avaient été imprimées.

[4] Parut isolément dès 1642 sous le titre : *Requeste du petit Scarron au Grand Cardinal*.

Scarron dit que la reine lui a déjà donné quatre fois quinze cents livres, et il implore pour le cinquième paiement; il parle de l'*Héraclius* de Corneille (comm. de 1647) comme d'une pièce toute nouvelle.

— *A Monsieur du Laurent* (**R. V.**), 1646.

> Voici la quatrième année,
> Que ma carcasse décharnée
> Sans la reine mourrait de faim.

— *Estocade à Mgr le cardinal Mazarin* (**2e p.**), 1645. Scarron parle de *sept ans de martyre*.

— *A Monsieur le Surintendant. Placet.* Date qui ne peut être antérieure au 5 février 1653, époque à laquelle Fouquet fut nommé surintendant.

— *Placet au même*, 1653 probablement. Scarron parle de *don Japhet*, « qui plut tant au roi. »

— *Autre placet au même.* Postérieur aux précédents. Scarron parle de ses créanciers comme dans les *Épîtres à Pellisson*; il parle aussi d'une affaire qui doit être celle des Déchargeurs. 1657 probablement.

— *Au même.* De la même date environ que le précédent; il ressort de ce placet que Scarron est depuis longtemps déjà le protégé de Fouquet :

> Et si jamais, ô vous, mon seul remède,
> Vous vous lassez de venir à mon aide...

— *A M. l'archevêque de Toulouse; placet pour une religieuse*, en avril 1649? La fin de l'épître, où il est question du sieur de Busine, dans la cuisine duquel écrit Scarron, ressemble à la fin de l'*Épître à Deslandes-Payen* :

> Logé bien haut chez mon ami Busine,
> A quatre vingts degrés de la cuisine...

Cette dernière épître étant de 1649, le placet est probablement de la même année.

ÉPITRES.

— *Épître à M. le Prince* (**2e p.**). Fin 1646. Scarron se dit malade depuis huit ans et plus; il parle de la prise de Dunkerque sur les Espagnols (11 octobre 1646) qui a eu lieu cette année même.

— *Épître à Mgr le duc d'Anguien* (**1re p. S.**), après *son retour d'Allemagne*, c'est-à-dire à la fin de 1644.

— *Épître à M. Deslandes-Payen* (**3e p.**), avril 1649. Deux jours après le retour du roi à Paris, à la suite de la convention de Rueil.

— *Épître à Mlle de Leuville* (**R. V.**).

— *Épître à M. Sarrazin* (**1re p.**), 1643. Scarron est au faubourg Saint-Germain; Ninon vient de s'enfermer au couvent.

— *Épître à l'infante d'Escars* (**1re p.**), fin 1642. Scarron dit qu'il ne marche plus depuis trois ans. *Voir* la suivante.

— *Réponse de Mlle d'Escars* (**1re p.**), déc. 1642, parle de la mort du cardinal de Richelieu comme d'un événement récent.

— *Épître à M. **** (**3e p.**). Cette épître, fort importante, a été écrite sans doute à la fin de 1649 ; au courant de 1650, on avait refusé à Scarron le paiement de sa pension ; Scarron fait allusion à la *Mazarinade* qui n'a pas encore paru.

— *Épître de M. le comte de Saint-Aignan* (**L.**). C'est un remerciement à Scarron, sans doute pour la mention qui est faite du duc dans la *Légende de Bourbon*. Cette épître devrait donc être de 1641 ; mais la réponse de Scarron prouve qu'elle est très postérieure.

— *Réponse à Mgr le comte de Saint-Aignan* (**L.**). Scarron la date de l'*an mil six cent et demi*, c'est-à-dire de 1650. Il appelle Saint-Aignan : *grand comte par Tristan chanté* (la *Mort de Sénèque* est de 1645). Ces deux épîtres sont donc très postérieures aux *Légendes de Bourbon*. Peut-être Saint-Aignan avait-il vu son nom dans une réimpression pour la première fois.

— *Épître à Mme la comtesse de Fiesque* (**L.**), 1648. Les derniers vers semblent faire allusion aux traités de Westphalie :

> L'an que le Lorrain et sa gent
> S'en retourna pour de l'argent.

— *Épître à Mlle de Neuillant* (**L.**). Peu après mars 1651 :

> L'an qu'on demanda les États
> Qu'on croit que l'on ne tiendra pas.

— *Épître à Mlle de Saint-Maigrin* (**L.**).

— *Épître à M. Fourreau* (**L.**). Remonte au temps du procès de Scarron.

— *Épître à Mme de Revel* (**L.**).

— *Épître à M. d'Aumalle d'Haucourt* (**3e p.**). 4 janvier 1650.

— *Épître à Mgr l'évêque d'Avranches* (**3e p.**), 1650. Allusion à la Fronde, qui tourne mal pour Scarron, et au *Virgile travesty*, dont il se lasse.

— *Épître à M. Prieur* (**L.**). Il lui parle de son procès.

— *Épître à la Reine*. Il la remercie d'une gratification (**1re p. S.**) : pendant l'été de 1643, c'est-à-dire après la présentation à la reine et avant l'hiver :

> Sachez que l'hiver me menace
> De deux ou trois maux inconnus.

— *Épître à la Reine*. Il lui parle de sa pension (**1re p. S.**), 1654 ; il a reçu déjà deux fois quinze cents francs.

— *Sur le retour de M. Fouquet*. Probablement après le 21 octobre 1652.

— *Épître aux RR. PP. dom Cosme et dom Jean* (3e p.), 1640 probablement (ou 1638). Scarron dit qu'il est assis depuis dix ans.

— *Épître au R. P. Clausel de la Mercy* (3e p.).

— *Épître à Mme la comtesse de Fiesque*, pour avoir une chienne qu'elle lui avait promise (**R. V.**), 1648 :

> L'an que le sieur de Benserade
> N'alla point en son ambassade.

Scarron reparle de cette chienne dans la dédicace du vie chant du *Virgile*.

— *Épître à Mme de Hautefort : (Sainte Hautefort cependant...)* (2e p.), février ou mars 1646. Scarron écrit du Mans.

— *Épître à Mme de Hautefort : (J'ai beau faire du quant à moi)* (1re p.), juin 1643. Très peu après la présentation de Scarron à la reine.

— *Épître à une dame inconnue*. Se rapporte-t-elle à l'histoire de Madaillan qu'a racontée Segrais ? Alors Fournier se trompe quand il dit que cette aventure arriva à Scarron à l'âge de dix-neuf ou vingt ans. Le poète se dit *chargé d'ans, dans sa chaise grise assis*, le *pire des porte-guignons*. Par analogie avec d'autres pièces où se trouvent les mêmes idées et à peu près les mêmes expressions, cette épître doit être environ de 1651 (*Voir* par exemple I, 175, lettre à Villarceaux).

— *Épître à M. l'abbé d'Espagny* (**L.**), écrite le 5 novembre, très probablement de l'année 1653, pour se venger de Boisrobert, au moment de l'*Écolier de Salamanque*.

— *Épître à Mme la marquise d'Estissac* (?).

— *Épître à Mgr le Chancelier*. Ce sont ses premiers vers à Séguier ; ils sont donc antérieurs à 1650, date à laquelle nous trouvons une pièce sur le *Retour de M. le Chancelier*.

— *Épître à Mme ****. C'est le titre que les éditeurs ont mis à cette pièce. Cette épître ne serait-elle pas adressée à Mademoiselle, dont le trésorier aurait refusé de l'argent à Scarron ? Peut-être est-ce après l'*Écolier de Salamanque* ? Mais ce ne sont que de pures hypothèses.

— *Épître à Mlle d'Escars* (1re **p. S.**), sur le voyage de la reine à la Barre (août 1643).

— *Épître à M. Maynard* (2e p.), 1646. Il est question de la nouvelle édition des œuvres de Maynard, qui venait de paraître.

— *Épître à M. Sarrazin*, en vers de trois syllabes (2e p.). Scarron se plaint que Sarrasin ne vienne pas le voir. A rapprocher de l'épître à Sarrasin (VII, 77).

SATIRES.

— *Épître chagrine à Mlle de Scudéry*, 1656. Après la *Clélie*.

— *Épître chagrine à Mgr le maréchal d'Albret*[1], 1659.

---

[1] Parut à part, comme les autres Épîtres chagrines.

— *Epître chagrine à M. d'Elbène*, 1660. Après l'*Œdipe* de Corneille (1659), les *Épîtres en vers* de Boisrobert (1659), etc.

— *Contre ceux qui font passer leurs libelles...* [1], le permis d'imprimer est du 16 mars 1651.

— *Épître chagrine à Mgr Rosteau* [2] (**L.**), 1652, des bords de la Loire, après son mariage.

— *Imprécations contre celui qui a pris son Juvénal* (**R. V.**), doit être de 1646 environ, peu après la taxe des aisés.

— *Invective contre une vieille dame campagnarde* (**2ᵉ p.**).

— *Requête de Montmort, parasite, à un président* (**1ʳᵉ p.**).

ÉLÉGIES ET ÉPITHALAMES.

— *Élégie à Mᵐᵉ de Hautefort revenant à la cour* (**1ʳᵉ p.**), 1643, après la mort de Louis XIII, qui arriva le 14 mai.

— *Élégie à Mademoiselle* (**1ʳᵉ p. S.**), en 1643 ou 1644; il est question d'une visite faite par Mademoiselle à Marie de Hautefort, qui, avant mai 1643, était exilée au Mans, et, à partir d'avril 1644, se retira dans un couvent, jusqu'au jour où elle devint Mᵐᵉ de Schomberg.

— *Épithalame.... sur le mariage du maréchal de Schomberg* (**2ᵉ p.**), 1646.

— *A M. le maréchal de Schomberg, sur son mariage*, 1646.

— *Chœur des Muses à Mgr de Schomberg* (**2ᵉ p.**), 1647.

— *Épithalame du comte de Tessé et de Mˡˡᵉ de Lavardin* (**1ʳᵉ p.**). Le mariage eut lieu le 8 novembre 1638.

ODES ET STANCES.

— *Remerciement à Mgr le Cardinal. Ode* (**1ʳᵉ p.**), novembre 1642. Ce remerciement est postérieur à la *Requête à Richelieu* (dernier jour d'octobre), et antérieur à la mort du ministre (4 décembre).

— *Ode à Mᵐᵉ la duchesse d'Aiguillon* (**L.**). Peu après la mort de Richelieu; sans doute en 1643.

— *Remerciement à Son Altesse le prince d'Orange* (**3ᵉ p.**), 1650. Très peu de temps avant la mort du prince.

— *Stances héroïques sur la mort de Guillaume de Nassau, prince d'Orange* (**L.**), 1650.

— *Ode héroï-comique à Mgr le maréchal d'Aumont* (**L.**), 1651. C'est cette année là que d'Aumont fut nommé maréchal.

— *Stances sur le retour de Mgr le Chancelier*, 1650.

— *Sur la prise de Tortose* (**R. V.**), 1647.

— *Le chemin du Marais au faubourg Saint-Germain* (**1ʳᵉ p.**), 1643, au commencement de l'année.

— *La foire Saint-Germain* (**1ʳᵉ p.**), 1643, très peu avant la mort du Roi.

---

[1] Parut à part.
[2] *Id.*

— *Stances à la Reine* (**1re p. S.**). Il lui demande un bénéfice, 1643 ou 1644. Il est déjà depuis quelque temps le *malade de la Reine*.

— *Stances à la Reine* (**1re p. S.**). Il rappelle à la Reine la promesse qui lui fut faite d'un logement au Louvre. Fin 1643.

— *Stances chrétiennes*, 1644. Il y a six ans qu'il est malade.

— *Stances* (**1re p. S.**) *(Je voyais tous les jours....)*.

— *Stances* (**1re p. S.**) *(Si je n'aime de tout mon cœur....)*.

— *Remerciement à Mlle de Montpensier* (**1re p. S.**).

— *A la Reine, pour lui demander des livres* (**1re p. S.**), 1643 ou 1644.

— *A la Reine (Reine dont la compassion...)* (**2e p.**), 1646. La reine secourt Scarron depuis trois ans.

— *Stances à Mlle de Lude* (**L.**). En 1641, probablement; car, en 1642, Mlle de Lude (il s'agit ici de l'aînée), épousa le comte d'Avaugourt.

— *Remerciement à Mme de Pommereuil* (**L.**). C'est du temps où Scarron habitait à l'hôtel de Troyes : car il parle de son autel, et de l'aumônier qui dit chez lui la messe. C'est donc du temps de la Fronde.

— *Stances à Mme de Hautefort*, quand elle obtint à la cour le tabouret, c'est-à-dire à la fin de 1643 (**2e p.**).

— *A M. le Commandeur de Souvré* (**1re p. S.**), 1644, après le mois d'avril, c'est-à-dire après la disgrâce de Mme de Hautefort.

— *Ode à M. Dupin* (**L.**), 1652. A la fin de la Fronde. Scarron se déclare indigent « plus que le parti de la Fronde », et il parle déjà du *Japhet*.

— *Désespoir amoureux pour un gentilhomme qui était à Bourbon* (**1re p.**), 1641 ou 1642.

— *Stances à une dame qui devait à l'auteur* (**1re p.**).

— *A M. Mignart (Inimitable Mignart....)*. Il s'agit du portrait de Mme Scarron.

— *A M. Beys, sur ses œuvres burlesques*, 1651. Date de la publication des *Œuvres poétiques de Ch. Beys*.

— *A maître Adam, menuisier de Nevers* (**2e p.**), 1644, en tête de l'édition des *Chevilles*.

— *Satisfaction à M. D. M.* (**1re p.**).

— *Léandre et Héro*[1], 1656.

— *Révélations* (**2e p.**). Pièce tout à fait énigmatique, et peu intéressante.

Voici parmi les petites pièces qui sont réunies à la fin de ce septième volume de l'édition Bastien, celles dont la date offre quelque intérêt :

— *Chanson à boire (Que de biens sur la table...)* (**1re p. S.**). Avant

---

[1] Parut à part.

1642, puisqu'il est question de Cinq-Mars ; avant 1640 ou mieux 1638, puisque Scarron n'est pas encore perclus.

— *Chanson sur le blocus de Paris*[1] (**3ᵉ p.**). Février ou mars 1649.

— *Courante (Je vous ai donné....)* (**R. V.**). Parut en 1648 ; donc il ne peut y être question de Mᵐᵉ Scarron.

— *Étrennes à Mlle de Longueville* (**1ʳᵉ p.**). Scarron était encore au Mans. Avant 1640.

— *Étrennes à Mᵐᵉ de Hautefort* (**1ʳᵉ p.**). Sans doute en 1640.

— *Étrennes à Mᵐᵉ de Belin* (**1ʳᵉ p.**). Ce doit être la belle-fille du comte de Belin que Scarron avait connu au Mans.

— *Étrennes à Mᵐᵉ Tambonneau* (**1ʳᵉ p.**).

— *Étrennes à Mlle Marion Delorme* (**1ʳᵉ p.**).

— *Sonnets au Roi et au duc d'Anjou*, 1655, dans la *Gazette burlesque*.

— *Sonnet à Châteauneuf sur son retour* (**3ᵉ p.**), 1650.

— *Sonnet sur les affaires du temps* (**3ᵉ p.**). Peu après le 4 juillet 1650.

Le roi s'en est allé, Son Éminence aussi.

— *Sonnet à Mlle* ******, *sur la mort de Cinq-Mars* (**1ʳᵉ p. S.**), 1642. Il est adressé à Marie de Gonzague, princesse de Mantoue.

— *Sonnet (Après que d'un style bouffon....)* (**3ᵉ p.**), fin 1644, ou commencement de 1645, après le *Typhon*.

— *Sonnet (Jule, autrefois l'objet....)*. Probablement en 1653 ou 1654.

— *Avis à la Reine* (**1ʳᵉ p. S.**).

— *Remerciement à la Reine (Reine de qui j'ai tous les ans)* (**2ᵉ p.**).

— *Madrigal à Mᵐᵉ de Sévigné*, 1651. Mᵐᵉ de Sévigné est en deuil de son mari.

— *Impromptu à Mᵐᵉ de Pommereuil* (**3ᵉ p.**).

— *Madrigal au comte de Selle* (**3ᵉ p.**).

— *Vers de Mlle de Leuville, et réponse de Scarron* (**2ᵉ p.**).

— *Cartel de défi sur les sonnets de Job et d'Uranie* (**3ᵉ p.**). Remontent sans doute à l'époque des fameux sonnets.

— *Affiche pour les comédiens* (**2ᵉ p.**), 1646, à l'occasion de *Jodelet souffleté*.

— *Épitaphe* sur sa belle-mère, et *épigramme* contre sa sœur : ces pièces datent de l'époque du procès ; elles parurent en 1648 (**R. V.**).

— *Billet (Vous êtes convié jeudi...)* (**3ᵉ p.**), parut en 1651.

— *Billet (De grâce, envoyez une lettre...)* (**1ᵉ p.**). Doit être adressé à Mᵐᵉ de Hautefort. Dans un manuscrit de l'Arsenal (Conrart, 4123), il se trouve immédiatement après la deuxième *Légende de Bourbon*, 1642.

— *A une grande dame* (**3ᵉ p.**), 1647 ou 1649. Scarron, depuis neuf ans, n'a *trotté* qu'en chaise.

— *Avis de dix millions et plus* (**3ᵉ p.**), 1649 ou 1650. Comparer avec l'*Ép. à* ******* (VII, 93).

---

[1] Parut à part.

Voici la chronologie des pièces détachées, en vers ou en prose, que nous trouvons dans le premier volume de l'édition Bastien :

— *Factum, et suite du Factum* (**3ᵉ p.**). 1649. Scarron est malade depuis onze ans.
— *Portrait de Scarron fait par lui-même. Au lecteur qui ne m'a jamais vu* (**R. V.**). Il fut composé avant 1648; Scarron était plus près de trente ans que de quarante.
— *Testament de Scarron*, 1660. Parut sans doute au moment de sa mort. On le trouve dans l'édition de 1668.
— *Épitaphe,* id.
— *Portrait* (du duc d'Albret). Ne parut pas du vivant de Scarron. Il doit être de la fin de la vie de l'auteur.
— *Épître à Mᵍʳ de Bellièvre* (**L.**), 1654. En tête de l'édition de Luyne.
— *Épître à très honnête et très divertissante dame Guillemette, petite levrette de ma sœur* (**2ᵉ p.**), 1647.

Quant aux lettres de Scarron, recueillies à la fin de ce même volume, il n'y en a pas d'antérieure à 1651, ou à 1650. Elles se rapportent toutes à la période qui suivit : les fameuses lettres à Mˡˡᵉ d'Aubigné sont les plus anciennes.

TABLE DES MATIÈRES

PREMIÈRE PARTIE
LA VIE DE SCARRON

CHAPITRE Ier
JUSQU'A SA MALADIE ET SON RETOUR A PARIS
1610-1640

Pages.

Des biographes de Scarron : Bruzen de la Martinière, La Beaumelle, Chauffepié, Mme Guizot, le duc de Noailles, Édouard Fournier, M. Henri Chardon.
La famille de Scarron. — L'Apôtre. — Naissance et enfance de Paul Scarron. — Scarron abbé. — Scarron au Mans chez les Lavardins. — Voyage à Rome. — Scarron, chanoine de Saint-Julien. — Sa vie dans le Maine : ses protecteurs, ses amis. — Première atteinte de la maladie; récit de La Beaumelle. — Scarron chez Mme de Hautefort. — Départ du Mans.. 1

CHAPITRE II
JUSQU'A SON MARIAGE
1640-1652

Disgrâce de l'Apôtre. — La maladie de Scarron s'aggrave. — Les eaux de Bourbon; l'hôpital de la Charité. — Mort de l'Apôtre, au moment où son fils venait d'obtenir sa grâce. — Le procès de Scarron. — Scarron chez la reine. — Premiers recueils de vers burlesques. — La dédicace du *Typhon*. — La pension de Scarron. — Voyage au Mans. — Réputation de Scarron. — Peinture de ses maux. — La Fronde : Scarron est d'abord royaliste. — Il se déclare contre Mazarin. — Il est entraîné par la Fronde et a l'air de la diriger. — Calomnies auxquelles il est en butte. — Cyrano de Bergerac. — Fin de la Fronde; découragement de Scarron............. 2!

CHAPITRE III
M. ET Mme SCARRON. — DERNIÈRES ANNÉES
1652-1660

Projet de départ pour l'Amérique. — Françoise d'Aubigné à l'hôtel de Troyes. — Liaison de Scarron avec Françoise. — Le mariage. — Fin du procès avec les beaux-frères. — La chambre de Scarron et la société qui y fréquente. — Les grands seigneurs, les hommes de lettres, les femmes. — Caractères de cette société : libertinage modéré, gourmandise, esprit satirique, gaîté. — Rôle de Mme Scarron : est-elle restée vertueuse? — Situation malheureuse du ménage ; tentatives désespérées de Scarron pour guérir et pour s'enrichir ; l'or potable, les dédicaces. — Fouquet devient son protecteur. — L'affaire des Déchargeurs. — Mort de Scarron. — Les *Pompes funèbres*. — L'oubli... 70

DEUXIÈME PARTIE
LES ŒUVRES DE SCARRON

CHAPITRE Ier
LE BURLESQUE ; GRANDEUR ET DÉCADENCE DU GENRE

En quoi consiste le burlesque : difficulté qu'on éprouve à le bien définir. — Le burlesque et le comique. — Agrément et indignité du genre. — Les origines du burlesque en Italie et en Espagne. — Comment la littérature française était disposée vers 1644 à adopter le genre burlesque ; réaction contre Ronsard, contre Malherbe, contre les Précieuses, contre la tristesse du règne de Louis XIII. — Harmonie entre le burlesque et la Fronde. — Trois phases dans l'histoire du burlesque. — Croissance du genre avec Sarrasin, Saint-Amant, Scarron. — Pleine floraison au moment de la Fronde : le *Virgile ;* folie générale qui entraîne tous les esprits. — Décadence après 1652 ; Scarron lui-même s'en dégoûte ; il proteste énergiquement contre le mauvais burlesque. — Pellisson, Balzac, le P. Vavasseur : *De ludicrâ dictione*. — Arrêt sévère de Boileau : il est injuste d'en accabler Scarron.. 135

CHAPITRE II
LES POÈMES TRAVESTIS

Scarron était né pour la poésie burlesque ; son goût pour la raillerie ; sa gaîté, son rire. — De la parodie et du travestissement. — Pourquoi Scarron devait-il s'en prendre à l'antiquité? — Le *Typhon :* Hésiode, Ovide et Natalis Comes. — Caractère burlesque des dieux et des déesses ; peinture des géants. — Succès bruyant et prolongé du *Typhon*. — Scarron veut tenter une œuvre plus grande ; pourquoi choisit-il Virgile ? — Scarron est hostile au genre héroïque en général, mais non à Virgile en particulier. — Jugement des contemporains, les épîtres liminaires, le *Parnasse réformé de Guéret*. — Intention purement comique de l'auteur. — L'*Énéide travestita* de Lulli. — Les procédés de Scarron, les anachronismes. — Les personnages : les dieux, les Grecs, les Troyens, les latins. — Des libertés que Scarron prend avec son modèle. — De l'originalité de l'*Énéide travestie*. — Du dommage qu'en a subi Virgile. — Supériorité de Scarron sur tous ceux qui ont voulu l'imiter. — Scarron se dégoûte de son œuvre. — La *Relation véritable* en l'honneur de Voiture. —

L'ode burlesque d'*Héro et Léandre*. — Marot fondateur, malgré lui, de la poésie burlesque. — Comment le burlesque, malgré tout l'esprit de Scarron, ne peut remplacer les genres sérieux : revanche de Virgile.. 164

CHAPITRE III

PAMPHLETS ET GAZETTES

Application du genre burlesque aux pamphlets et aux gazettes. — Les Mazarinades. — La *Mazarinade*. — Quoi qu'on ait dit, Scarron en est certainement l'auteur ; preuves tirées des témoignages des contemporains et des œuvres mêmes de Scarron. — Appréciation de la *Mazarinade*. — Pamphlets attribués à tort à Scarron. — Responsabilité indirecte de Scarron dans ce débordement de pièces burlesques. — Les Courriers et les Gazettes en vers : Saint-Jullien, Loret. — Scarron avait créé le genre avec les *Légendes de Bourbon*. — Il y revient après la Fronde : la *Gazette burlesque de 1655*. — Causes de son insuccès : irrégularité de Scarron ; il ne peut ni ne veut être un simple nouvelliste. — Charme de cette poésie : ces gazettes sont des épîtres familières, satiriques et morales. — Scarron ne sait guère parler que de lui.. 220

CHAPITRE IV

POÉSIES DIVERSES

Le *Testament* de Scarron et le *Testament* de Villon. — L'ode burlesque, l'ode héroï-comique, l'ode héroïque. — Les épithalames. — Les élégies. — Les sonnets. — Les ballets, les mascarades, les courantes, les chansons. — L'épître familière : Scarron y a excellé : rapport de sa poésie avec celle de Marot. — Les *Épîtres à Pellisson*. — La satire : Scarron commence par l'invective ; il s'élève peu à peu. — Les *Épîtres chagrines* : peinture très fine et très spirituelle des pédants, des prudes, des fâcheux. — Pourquoi Scarron n'est resté qu'un demi-poète... 245

CHAPITRE V

LE THÉATRE

Goût de Scarron pour le théâtre. — Vogue des comédies espagnoles en France à cette époque. — *Jodelet* ou le *Maître-Valet* : création du valet de comédie ; critique du genre héroïque et langoureux ; grand succès auprès du public. — *Jodelet duelliste* ; mélange du burlesque et du vrai comique. — *Les Boutades du Capitan Matamore* : poésie assez originale. — L'*Héritier ridicule* : succès auprès du jeune roi. — *Don Japhet d'Arménie* : c'est la pièce la plus bouffonne, la plus connue, mais non peut-être la meilleure ; *Don Japhet* et les romantiques. — L'*Écolier de Salamanque* ou les *Généreux ennemis* : rivalité avec Boisrobert et Thomas Corneille ; Scarron s'élève à la vraie noblesse ; création du rôle de Crispin. — Le *Gardien de soi-même* ; rivalité avec Thomas Corneille ; Scarron échoue malgré le comique assez fin de sa pièce. — Le *Marquis ridicule*. — Comédies contestées ou posthumes ; fragments. — Graves défauts du théâtre de Scarron. — Pourquoi est-il resté si longtemps populaire ? — Scarron, sans avoir fait de chef-d'œuvre, a beaucoup servi la cause de la comédie en France : il a rendu possible Molière.................... 268

CHAPITRE VI
LE ROMAN

I. — Importance du *Roman comique* dans l'œuvre de Scarron. — Les romans comiques en Espagne et en France. — Sorel : *Francion,* le *Berger extravagant.* — Dans quelle intention Scarron a-t-il écrit son roman ? — Peinture des comédiens de campagne ; leur vie et leurs mœurs ; grandeurs et misères du métier. — Destin et Mlle de l'Étoile. — La Caverne : Angélique et Léandre. — Roquebrune : le poète. — La Rancune. — Amour de Scarron pour les comédiens. — Peinture des provinciaux du Mans : Scarron ne les a pas ménagés. — Ragotin : le héros du roman. — La Rappinière. — Mme Bouvillon. — Personnages secondaires : la Baguenodière, les hôtes, les médecins, les curés. — M. de la Garouffière et le marquis d'Orsé. — Les origines du *Roman comique* : *El viago entretenido* de Rojas de Villandrando ; les romans picaresques : *Don Quichotte.* — De l'authenticité des événements racontés par Scarron. — Les clefs mancelles. — Quels sont les comédiens que Scarron a connus au Mans ? — Pourquoi n'a-t-il pas pu y connaître Molière ? — Filandre, sieur de Mouchaingre, est le Léandre du roman ; sa femme Angélique Meunier. — Découvertes qui restent à faire. — De la vérité des peintures dans le *Roman comique.* — De la composition. — Succès et influence de l'œuvre. — Les *Suites*.. 313

II. — Originalité du genre de la *nouvelle* au XVIIe siècle. — Réaction contre les longs romans et les héros surnaturels. — La *nouvelle* en Espagne. — Les nouvelles du *Roman comique.* — Les *Nouvelles tragi-comiques.* — La *Précaution inutile.* — Sedaine et Molière. — La moralité de l'histoire. — Les *Hypocrites.* — Hélène, Mendez et Montufar. — Admirable peinture de l'hypocrisie religieuse. — Montufar plus grand qu'Onuphre et même que Tartuffe. — L'*Adultère innocent :* Eugénie ou la femme sensible. — Le *Châtiment de l'avarice :* Don Marcos et Harpagon. — *Plus d'effets que de paroles.* — Mérite des nouvelles de Scarron.. 361

CHAPITRE VII

DE LA LANGUE ET DU STYLE DE SCARRON................................. 380
CONCLUSION.. 397

APPENDICE I

NOTE D'UN ANONYME SUR SCARRON.. 403

APPENDICE II

LES BOUTADES DU CAPITAN MATAMORE.................................... 412

APPENDICE III

EXTRAITS DU GARDIEN DE SOI-MÊME...................................... 415

APPENDICE IV

CHRONOLOGIE DES POÉSIES DIVERSES DE SCARRON...................... 419

Grenoble, imp. ALLIER.

www.ingramcontent.com/pod-product-compliance
Lightning Source LLC
Chambersburg PA
CBHW050906230426
43666CB00010B/2049